Marketing-Forschung und Käuferverhalten

Effiziente Beschaffung und Analyse von Markt- und Kundeninformationen

von
Prof. Dr. Willy Schneider
Duale Hochschule Baden-Württemberg, Mannheim

Oldenbourg Verlag München

Bibliografische Information der Deutschen Nationalbibliothek

Die Deutsche Nationalbibliothek verzeichnet diese Publikation in der Deutschen Nationalbibliografie; detaillierte bibliografische Daten sind im Internet über http://dnb.d-nb.de abrufbar.

© 2013 Oldenbourg Wissenschaftsverlag GmbH
Rosenheimer Straße 145, D-81671 München
Telefon: (089) 45051-0
www.oldenbourg-verlag.de

Das Werk einschließlich aller Abbildungen ist urheberrechtlich geschützt. Jede Verwertung außerhalb der Grenzen des Urheberrechtsgesetzes ist ohne Zustimmung des Verlages unzulässig und strafbar. Das gilt insbesondere für Vervielfältigungen, Übersetzungen, Mikroverfilmungen und die Einspeicherung und Bearbeitung in elektronischen Systemen.

Lektorat: Thomas Ammon
Herstellung: Constanze Müller
Titelbild: thinkstockphotos.de
Einbandgestaltung: hauser lacour
Gesamtherstellung: freiburger graphische betriebe GmbH & Co. KG, Freiburg

Dieses Papier ist alterungsbeständig nach DIN/ISO 9706.

ISBN 978-3-486-71793-8

Vorwort

Erfolgreiche Marketing-Konzeptionen setzen sich im Wesentlichen aus drei Bausteinen zusammen:

1. Marketing-Forschung und hier insbesondere die Analyse des Käuferverhaltens
2. Strategisches Marketing, das von der Zielbildung über den Einsatz strategischer Planungsinstrumente sowie die Entwicklung eines strategischen Profils bis zur Marketing-Kontrolle und –Organisation reicht
3. Operatives Marketing, das sich der Umsetzung der langfristig ausgerichteten Strategien auf die die mittel- sowie kurzfristige Ebene und damit dem systematischen und koordinierten Einsatz der Marketing-Instrumente product, price, place und promotion widmet.

Einer solchen Systematik folgend muss das Augenmerk der Marketingverantwortlichen zunächst auf den Markt und damit in erster Linie auf die Käufer gerichtet sein. Diesem Themenkomplex widmet sich das vorliegende Lehrbuch. Es versetzt den Leser in die Lage, das komplexe Gebiet der Marketing-Forschung und des Käuferverhaltens zu durchdringen und die gewonnenen Erkenntnisse anwendungsorientiert zu nutzen.

Angesichts der Vielzahl an Marketinglehrbüchern ist einer Neuerscheinung nur dann Erfolg beschieden, wenn es ihr gelingt, eine Unique Selling Proposition, also einen einzigartigen Produktvorteil zu bieten. Alleinstellungsmerkmal des vorliegenden Lehrbuchs bildet der duale Ansatz im Sinne einer konsequenten Vernetzung von Theorie und Praxis. Diese Akzentuierung schlägt sich u. a. darin nieder, dass zahlreiche Praxisfälle in die entsprechenden Abschnitte eingebunden sind sowie dem bewährten Instrument der Fallstudie ein umfangreiches Kapitel eingeräumt wird.

Die Positionierung des vorliegenden Buches lässt sich an folgenden weiteren Punkten festmachen:

- Selektion der für den Studierenden wichtigen Sachverhalte und damit Fokussierung auf das Wesentliche
- Nachvollziehbare Strukturierung des Stoffes, die durch die Visualisierung mit Hilfe von Grafiken unterstützt wird
- Fundiertes Stichwortverzeichnis einschließlich Firmenregister, mit dessen Hilfe der Leser das vorliegende Buch als Nachschlagewerk nutzen und gezielt nach interessanten Fallbeispielen aus der Praxis recherchieren kann

Der Aufbau des Buches hat sich in rund 25jähriger Vorlesungspraxis bewährt. Kapitel 1 vermittelt einen Überblick über die Bausteine einer idealtypisch aufgebauten Marketing-Konzeption und zeigt auf, wie Marketing-Forschung und Käuferverhalten in einen solchen

Prozess eingebunden sind. Es schließen sich zwei Kapitel zum privaten und gewerblichen Käuferverhalten an, da diese den Ausgangspunkt einer jeglichen Marketingentscheidung bilden. Kapitel 4 wendet sich der Marketing-Forschung und damit der Frage zu, wie Informationen über Märkte systematisch gewonnen und ausgewertet werden. Kapitel 5 vernetzt Käuferverhalten und Marketing-Forschung anhand von Praxisfällen zur Marketing-Forschung am Beispiel einer Kundenzufriedenheitsstudie.

Dem dualen Konzept folgend sind Zielgruppen des vorliegenden Buchs sowohl Studierende und Dozenten in Bachelor- und Masterstudiengängen an Dualen Hochschulen, Universitäten, Fachhochschulen sowie Berufsakademien als auch Praktiker, die nicht zuletzt aus den zahlreichen Praxisbeispielen Anregungen für die Bewältigung der sich ihnen stellenden Marketing-Hausforderungen gewinnen können.

Das vorliegende Buch wird flankiert von zwei weiteren Lehrbüchern sowie einem Arbeitsbuch, die zusammen das gesamte Marketing-Wissen abdecken und sich damit zu einem Gesamtwerk zusammenfügen:

- Strategisches Marketing: Von der Planung zum strategischen Profil
- Operatives Marketing: Zielgerichteter Einsatz des Marketing-Instrumentariums
- Arbeitsbuch Marketing-Management und Käuferverhalten

Heidelberg, im Juli 2012 Prof. Dr. Willy Schneider

Inhalt

Vorwort		**V**
1	**Grundlagen**	**1**
1.1	Begriff und Entwicklung des Marketing	1
1.2	Grundkonzept des Marketing	4
1.3	Aufbau einer Marketing-Konzeption	9
1.4	Marketing-Forschung einschließlich Analyse des Käuferverhaltens als Grundpfeiler einer Marketingkonzeption	11
1.5	Zufriedenheit rentabler Kunden als zentrales Anliegen des Marketing	17
1.5.1	Begriff und Komponenten der Kundenzufriedenheit	17
1.5.2	Arten von Kundenzufriedenheit	20
1.5.3	Reaktionen auf (Un-)Zufriedenheit	24
1.5.4	Messung von Kundenzufriedenheit	34
2	**Konsumentenverhalten**	**41**
2.1	Begriff und Fragestellungen	41
2.2	Arten von Kaufentscheidungen	50
2.2.1	Typen individueller Kaufentscheidungen	50
	2.2.1.1 Differenzierung nach dem Grad der kognitiven Beteiligung	50
	2.2.1.2 Differenzierung nach der inneren Beteiligung des Konsumenten	54
	2.2.1.3 Differenzierung nach dem Grad der Kollektivität und dem Vorhandensein eines bestehenden Kaufprogramms	55
2.2.2	Typen kollektiver Kaufentscheidungen	57
	2.2.2.1 Kaufentscheidungen in Partnerschaften	57
	2.2.2.2 Der Einfluss von Kindern auf familiäre Kaufentscheidungen	59
	2.2.2.3 Kaufentscheidungen in verschiedenen Lebensphasen	61
2.3	Ausgewählte Konsumentengruppen sowie deren Charakteristika	64
2.3.1	Kinder und Jugendliche	64
2.3.2	Singles	70
2.3.3	Männer und Frauen	72
2.3.4	Senioren	74
2.3.5	Konsumenten mit Migrationshintergrund	78

2.3.6	Homosexuelle Konsumenten	81
2.3.7	Lebensstil-Typen	82
2.4	Erklärungsansätze des Konsumentenverhaltens	88
2.4.1	Grundmodelle	88
	2.4.1.1 Überblick	88
	2.4.1.2 Behaviorismus und Neobehaviorismus	89
	2.4.1.3 Black-Box-Modelle	90
	2.4.1.4 Strukturmodelle	92
2.4.2	Ausgewählte Partialmodelle	97
	2.4.2.1 Überblick	97
	2.4.2.2 Theorie der kognitiven Dissonanz (= Konsistenztheorie)	98
	2.4.2.3 Kontrasttheorien	100
	2.4.2.4 Assimilations-Kontrast-Theorie	102
	2.4.2.5 Risikotheorie	104
	2.4.2.6 Soziale Austauschtheorie	105
	2.4.2.7 Equity- bzw. Gerechtigkeits-Theorie	105
	2.4.2.8 Lerntheorien	109
	2.4.2.9 Attributionstheorien	112
2.5	Determinanten des Konsumentenverhaltens	113
2.5.1	Externe Faktoren	113
	2.5.1.1 Überblick	113
	2.5.1.2 Anbieterbezogene Faktoten	113
	2.5.1.3 Soziale Faktoren	114
	2.5.1.4 Situative Faktoren	117
2.5.2	Interne Faktoren	121
	2.5.2.1 Aktivierende Prozesse	121
	2.5.2.1.1 Überblick	121
	2.5.2.1.2 Emotion	133
	2.5.2.1.3 Motivation	139
	2.5.2.1.4 Einstellung	147
	2.5.2.2 Kognitive Prozesse	151
	2.5.2.2.1 Überblick	151
	2.5.2.2.2 Informationsaufnahme	151
	2.5.2.2.3 Informationsverarbeitung	170
	2.5.2.2.4 Informationsspeicherung	179
2.6	Paradigmenwechsel vom neokortikalen zum limbischen Modell zur Erklärung des Konsumentenverhaltens	181
2.6.1	Aufbau des menschlichen Gehirns und Erkenntnisse der jüngeren Gehirnforschung	181
2.6.2	Dimensionen des limbischen Systems	183
2.6.3	Limbische Konsumententypologie	186
2.7	Kundenwert als Ausdruck der monetären Bedeutung eines Kunden	188
2.7.1	Überblick	188

2.7.2	ABC-Analyse	189
2.7.3	Kundendeckungsbeitragsrechnung	191
2.7.4	Portfoliotechnik	191
2.7.5	Klassifikationsschlüssel	193
2.7.6	RFMR-Ansatz	193
2.7.7	Scoring-Methode	194
2.7.8	Customer-Lifetime-Value	196
2.7.9	Schlussfolgerungen	200
2.8	Aktuelle Entwicklungen im Konsumentenverhalten	201
3	**Kaufverhalten von Organisationen**	**211**
3.1	Generelle Besonderheiten	211
3.2	Spezifische Besonderheiten	215
3.3	Typen organisationaler Beschaffungsentscheidungen	218
3.4	Ausgewählte Erklärungsansätze des organisationalen Beschaffungsverhaltens	220
3.4.1	Überblick	220
3.4.2	*Webster-Wind*-Modell	221
3.4.3	Promotoren-Opponenten-Modell	225
4	**Marketing-Forschung**	**227**
4.1	Begriff, Aufgaben und wissenschaftstheoretische Grundlagen	227
4.2	Objekte	231
4.3	Fremd- versus Eigenforschung	236
4.4	Primär- versus Sekundärforschung	239
4.5	Methodik einer empirischen Erhebung	242
4.5.1	Überblick	242
4.5.2	Messung	244
4.5.3	Stichprobenziehung	247
	4.5.3.1 Überblick	247
	4.5.3.2 Nichtzufallsgesteuerte Auswahl	249
	4.5.3.3 Zufallsgesteuerte Auswahl	249
	4.5.3.4 Komplexe Formen der Stichprobenziehung	250
	4.5.3.5 Fehlerquellen	251
	4.5.3.6 Stichprobengröße	253
4.5.4	Datengewinnung	254
	4.5.4.1 Befragung	254
	4.5.4.1.1 Schriftliche Befragung	255
	4.5.4.1.2 Mündliche Befragung	258
	4.5.4.1.3 Telefonische Befragung	260
	4.5.4.1.4 Computerunterstützte Befragung	260
	4.5.4.1.5 Projektive Verfahren der Befragung	262

	4.5.4.2 Beobachtung	265
	4.5.4.3 Experiment	267
	4.5.4.3.1 Grundstruktur	267
	4.5.4.3.2 Versuchsaufbau	267
	4.5.4.3.3 Arten von Experimenten	269
	4.5.4.4 Spezialformen	277
	4.5.4.4.1 Panels	277
	4.5.4.4.2 Scanning	283
4.5.5	Feldphase	285
4.5.6	Datenanalyse	285
	4.5.6.1 Bereinigung und Codierung der Daten	285
	4.5.6.2 Analyse qualitativer Daten	286
	4.5.6.3 Analyse quantitativer Daten	287
	4.5.6.3.1 Überblick	287
	4.5.6.3.2 Univariate Datenanalyseverfahren	287
	4.5.6.3.3 Bivariate Datenanalyseverfahren	288
	4.5.6.3.4 Multivariate Datenanalyseverfahren	289
4.5.7	Prognose	297

5 Praxisbeispiele „Marketing-Forschung am Beispiel der Analyse des Käuferverhaltens" — 303

5.1	Aufbau	303
5.2	Desk Research am Beispiel ausgewählter Kennzahlen	304
5.2.1	Kennzahlen der Kundenakquisition	304
	5.2.1.1 Angebotserfolgsquote	304
	5.2.1.2 Bekanntheitsgrad	305
	5.2.1.3 Erstkaufrate	306
	5.2.1.4 Marktanteil, absoluter	307
	5.2.1.5 Marktanteil, relativer	308
	5.2.1.6 Marktausschöpfungsgrad	309
5.2.2	Kennzahlen der Kundenbindung einschließlich Beschwerdemanagement	310
	5.2.2.1 Beschwerdequote	310
	5.2.2.2 Kundenbeziehungsdauer, durchschnittliche	311
	5.2.2.3 Kundenfluktuation	312
	5.2.2.4 Retourenquote	313
	5.2.2.5 Stammkundenquote	314
	5.2.2.6 Wiederkäuferrate	315
5.2.3	Kennzahlen der Kundenrückgewinnung	316
	5.2.3.1 Reaktivierungsquote	316
	5.2.3.2 Rückgewinnungsquote	317
	5.2.3.3 Rückgewinnungskosten je zurückgewonnenem Kunden	318
5.3	Field Research am Beispiel einer Kundenzufriedenheitsbefragung	319
5.3.1	Phasen einer Kundenzufriedenheitsbefragung im Überblick	319

5.3.2	Aufklärung und Motivierung der Mitarbeiter sowie Zusammenstellung eines Projektteams	321
5.3.3	Festlegung von Untersuchungszielen und Zielgruppe	321
5.3.4	Explorative Voruntersuchung	324
5.3.5	Konzeption der Untersuchung	324
5.3.6	Datenerhebung und -analyse	332
	5.3.6.1 Feldarbeit	332
	5.3.6.2 Bereinigung und Codierung der Daten	332
	5.3.6.3 Auswertung der qualitativen und quantitativen Daten	333
	5.3.6.4 Auswertung und Aufbereitung der Zufriedenheitswerte	333
	5.3.6.4.1 Gesamtzufriedenheit und attributspezifische Zufriedenheitswerte	333
	5.3.6.4.2 Kundenzufriedenheitsportfolio als Instrument zur Strategie- und Maßnahmenfindung	334
	5.3.6.4.3 Quer- und Längsschnittanalysen	336
	5.3.6.4.4 Identifikation homogener Zielgruppen mit Hilfe der Clusteranalyse	337
5.3.7	Visualisierung und Präsentation der Ergebnisse	338
	5.3.7.1 Verfassen des Ergebnisberichts	338
	5.3.7.2 Visualisierung der Befunde	339
	5.3.7.3 Präsentation der Ergebnisse	341
	5.3.7.4 Wahl des geeigneten Mediums	343

Quellenverzeichnis   345

Stichwort- und Firmenverzeichnis   363

1 Grundlagen

„Wer weiß, dass er nichts weiß, weiß mehr als der, der nicht weiß, dass er nichts weiß."
Sokrates

Dieses Kapitel vermittelt:
- wie sich das Marketingdenken im Zeitablauf herausgebildet hat,
- was Marketing in seinem heutigen Begriffsverständnis bedeutet,
- wie eine Marketingkonzeption idealtypisch aufgebaut sein sollte und
- warum der Marketingforschung und hier insbesondere der Analyse des Käuferverhaltens beim Aufbau einer Marketinkonzeption zentrale Bedeutung zukommen.

1.1 Begriff und Entwicklung des Marketing

Als **Ursprungsland** des Marketing gilt unbestritten die USA. Die genaue Geburtsstunde ist heute nicht mehr auszumachen, es gilt jedoch als gesichert, dass Marketing (englisch: to market = to buy or sell on markets) an US-amerikanischen Hochschulen um das Jahr 1910 zu einem Schlagwort für die systematische Vermarktung von Produkten heranreifte. Marketing in seiner ursprünglichen Bedeutung war also nichts anderes als ein Synonym für die im deutschsprachigen Raum als **Absatzwirtschaft** bezeichnete unternehmerische Aufgabe bzw. wissenschaftliche Disziplin.

Historisch gesehen sind Entstehung und Aufstieg des Marketing eine Antwort auf die parallel ablaufenden Prozesse des entstehenden Massenwohlstandes und der wachsenden Konkurrenz der Unternehmen (vgl. im Folgenden *Sabel* 1998). Eine solche Situation lässt sich erstmalig in den USA nach dem Ersten Weltkrieg ausmachen. Die Entwicklung in der Zwischenkriegszeit in den USA wiederholte sich mehr oder weniger ähnlich in der Nachkriegszeit in Deutschland (vgl. *Kleinschmidt* 2008). Bis zu diesem Zeitpunkt waren die Bedürfnisse der Verbraucher nicht einmal ansatzweise befriedigt, weil entweder das Angebot nicht für alle Nachfrager ausreichte oder aber die Nachfrager nicht über die entsprechende Kaufkraft verfügten. In einer solchen Marktsituation muss sich ein Anbieter nicht um die Kunden und deren Bedürfnisse kümmern. Konsequenterweise dominierte bis zu diesem Zeitpunkt die Innensicht des Unternehmens, in deren Zentrum das Produkt und damit die Ingenieurwissenschaften standen. Mit zunehmendem Wohlstand und Wettbewerb gewannen nunmehr die Sicht auf den Markt und damit die Bedürfnisse der Kunden die Überhand. Als Voraussetzungen für eine Konsumgesellschaft gelten konsequenterweise Geld und Zeit, Massenproduktion und Vertrieb (vgl. *König* 2008).

Marketing wurde vor allem in den USA schon lange als Wundermittel der Marktsteuerung glorifiziert. Die Marketing-Euphorie gipfelte 1991 in der Aussage „Marketing ist everything.", zu der sich die *Harvard Business Review*, eine der weltweit renommiertesten Marketing-Fachzeitschriften, veranlasst sah.

Die Entwicklung des Marketing setzte in **Deutschland** deutlich später als in den USA ein. Zwar existieren Marken wie *Mercedes*, *Nivea*, *Odol* (in jüngerer Zeit mit Problemen infolge des Versäumnisses, zusätzlich zu den älteren Stammverwendern neue Konsumenten zu gewinnen) und *Persil* bereits seit über 100 Jahren. Doch erste Ansätze eines systematischen Marketing sind hierzulande in der Unternehmenspraxis erst in den 50er Jahren festzustellen. Marketinglehrstühle, -lehrbücher, -zeitschriften sowie -clubs und damit die Übernahme des Marketing-Paradigmas in der Wissenschaft zeigten sich noch deutlich später.

Eine Ursache für die verzögerte Entwicklung ist darin zu sehen, dass dem Marketing in Deutschland lange Zeit etwas Dubioses und Dämonisches anhaftete, und nicht wenige Vertreter aus Politik, Wissenschaft und Kultur darin in erster Linie ein Instrument der Manipulation sahen und sehen. Selbst als sich diese Sozialtechnik längst in der Unternehmenspraxis etabliert hatte, stieß Marketing hierzulande in der Wissenschaft auf wenig Akzeptanz. Dies ist zu einem erheblichen Teil auf das ambivalente Verhältnis der Scientific Community im Nachkriegsdeutschland zu den USA zurückzuführen: Während die einen sich vor einer „Amerikanisierung" deutscher Kultur und Lehre fürchteten, orientierten sich andere am Vorbild des US-amerikanischen Konsumniveaus.

Erst in der sog. **Marketing-Revolution** der sechziger und siebziger Jahre des vergangenen Jahrhunderts fand Marketing in Wissenschaft und Lehre im deutschsprachigen Raum breite Anerkennung.

- Das erste Buch, das Marketing im Titel führte und häufiger zitiert wurde, erschien 1968 (vgl. *Pümpin* 1968).
- Der erste Lehrstuhl für Marketing wurde 1969 in Münster gegründet, Lehrstuhlinhaber war *Heribert Meffert*.
- Die institutionalisierte Zusammenarbeit zwischen Wirtschaft und Wissenschaft lässt sich mit der Gründung der *Deutschen Marketingvereinigung* auf das Jahr 1970 datieren.
- Das erste Lehrbuch mit dem Titel Marketing erschien 1971 (*Nieschlag, R./Dichtl, E./ Hörschgen, H.*: Marketing, 4. Aufl., Berlin 1971; die ersten drei Auflagen erschienen noch unter dem Titel „Einführung in die Lehre von der Absatzwirtschaft").
- Die erste wissenschaftliche Zeitschrift, die sich ausschließlich mit Marketingfragen beschäftigte, erschien 1979 (Marketing – Zeitschrift für Forschung und Praxis, 1. Jg., März 1979).

Doch auch heute noch stößt man in der deutschen Industrie – und hier vor allem im Mittelstand – auf die Vorstellung, dass gute Produkte für sich selbst sprächen und Marketing deshalb überflüssig sei. In Wissenschaft und Großunternehmen hat sich jedoch die Stimmung inzwischen grundlegend gewandelt: Während die Karrierechancen von Marketing-Spezialisten (Marketeers) bis in die achtziger Jahre als begrenzt galten, ist die Bedeutung des Marketing in Theorie und Praxis heute stärker als je zuvor (vgl. *Berghoff* 2007; *Lembke* 2008, S. 12).

Insgesamt lässt sich festhalten, dass sich das Marketing-Paradigma erst allmählich ausgebreitet hat. So haben sich insbesondere innovative Wissenschaftler schon immer mit Marketing beschäftigt, während die Kollegen noch von Absatzwirtschaft sprachen. Ungeachtet dessen kann gesagt werden, dass in Deutschland die Marketingwissenschaft der -realität folgte (vgl. *Sabel* 1998).

Heutzutage hat die Umsetzung des Marketingkonzepts in der Unternehmenspraxis unterschiedliche **Reifegrade bzw. Entwicklungsstadien** erreicht, die sich an den folgenden Konzepten ablesen lassen (vgl. hierzu *Meffert* 2001, S. 1020):

- **Produktkonzeption**: In einem recht frühen Entwicklungsstadium gehen Unternehmen davon aus, dass Konsumenten in erster Linie die Preis/Qualitäts-Relation ins Kalkül ziehen. Im Vordergrund steht hier die Produktpolitik, die auf eine Verbesserung der Produktqualität abzielt. Der Nachfrager kauft das, was der Anbieter offeriert. Ein klassisches Beispiel hierfür ist das Modell T von *Henry Ford*, das es nur in einer einzigen Produktvariante gab, das infolge seines hohen Standardisierungsrades jedoch durch sein günstiges Preis-Leistungsverhältnis überzeugte.

- **Verkaufskonzeption**: Hier lässt man sich von der Annahme leiten, dass Konsumenten nur bei erheblichem Interesse kaufen. Demnach zielen Unternehmen darauf ab, Interesse am Produkt zu wecken und durch ein gesteigertes Absatzvolumen Gewinn zu erzielen. Hierzu bedient man sich des Verkaufs sowie der Kommunikationspolitik. Als Beispiel für dieses Marketing-Stadium kann der Vertrieb von Versicherungen gelten.

- **Marketingkonzeption im engeren Sinne (= Bedarfsorientierung)**: Ausgangspunkt in diesem Fall ist die Erkenntnis, dass Konsumenten bestimmte Bedürfnisse haben, die es zu befriedigen gilt. Die integrierten Marketinganstrengungen zielen hier darauf ab, die Zufriedenheit des Kunden zu erhöhen. Dies kann beispielsweise mittels Markenartikeln erfolgen, die gegebenenfalls mit Serviceleistungen (z. B. Pkw-Servicepakete) angereichert werden (sog. Added-Value-Konzept). Nach diesem Marketingverständnis ist *Coca-Cola* keine Limonade, sondern ein Stück Lebensgefühl. Und Apotheken vertreiben keine Medizin, sondern Lebensfreude.

- **Marketingkonzeption im weiteren Sinne (= Social Marketing)**: Im sozusagen höchsten Reifestadium, dem sog. Megamarketing-Konzept, geht man von einer Lücke zwischen kurzfristigen Einzelinteressen und langfristigen Kollektivinteressen aus, die es mit Hilfe des Marketing-Instrumentariums zu schließen gilt. Marketing ist hier langfristig ausgerichtet und bezieht sämtliche Bezugsgruppen der Unternehmensumwelt ein. Ziel ist dabei die Verbesserung der Lebensqualität, die sich letztlich positiv auf den ökonomischen Erfolg eines Unternehmens auswirkt.

Die meisten Unternehmen haben mittlerweile die Phase der Produktkonzeption verlassen und befinden sich in einem Reifestadium zwischen Verkaufs- und Marketingkonzeption im engeren Sinne. Die Durchsetzung eines Social Marketing dürfte heutzutage noch die Ausnahme bilden, findet jedoch erste Umsetzung im „**Stakeholder-Value**"-**Ansatz**, gemäß dem die Steuerung eines Unternehmens an den Zielen sämtlicher Bezugsgruppen auszurichten ist (vgl. *Freimüller* 2001, S. 1597).

Das Fachblatt „*Journal of Marketing*" veröffentlichte in seiner Ausgabe vom Januar 2008 einen Aufsatz zweier US-amerikanischer Forscher, welche die Rolle des Marketing-Vorstands für den Unternehmenserfolg analysiert hatten. Sie hatten über fünf Jahre hinweg 167 Unternehmen untersucht und kamen zu dem Ergebnis, dass das Vorhandensein eines Marketing-Spezialisten im Vorstand keinerlei Einfluss auf den Unternehmenserfolg ausübte. Hierfür bieten sich folgende **Erklärungen** an:

- Marketing-Überlegungen üben keinen signifikanten Einfluss auf die Unternehmensstrategie aus.
- Für den Unternehmenserfolg spielt es keine Rolle, ob die Stimme des Kunden bis auf die Vorstandsetage vordringt.
- Marketingvorstände sind nicht kreativ und durchsetzungsfähig genug, um einen Unterschied für ihren Arbeitgeber auszumachen.
- Die Aufgaben eines Chief Marketing Officers (CMO) können ohne Wirkungsverluste auch von einem Marketingleiter erfüllt werden, und das auch noch für die halben Bezüge.

Weil auch die Forscher keine schlüssige Interpretation ihrer Befunde anbieten können, bleibt es dem Urteil des Lesers überlassen, welche Erklärung er bevorzugt (vgl. *Littmann* 2007, S. 18). Ungeachtet dessen lässt sich feststellen, dass heutzutage zahlreiche Marketingfunktionen an Dienstleistungsunternehmen wie Marktforschungsinstitute sowie Kommunikations-, Werbe-, Media-, Messe- und Eventagenturen outgesourct werden.

1.2 Grundkonzept des Marketing

Theodore Levitt legte mit seinem Aufsatz **Marketing-Myopia** (Myopia = Kurzsichtigkeit) den Grundstein für das heutige Verständnis von Marketing und gilt somit als dessen Begründer. *Levitt* greift die Vorstellung an, Organisationen müssten produktionsorientiert sein, um Erfolge zu verzeichnen. Stattdessen geht er davon aus, dass der Unternehmenserfolg von der Befriedigung der Kundenbedürfnisse abhängt. Ausgangspunkt der Argumentation von *Levitt* ist folgende These: „Der Niedergang von Unternehmen ist nicht durch Marktsättigung begründbar." Zu diesem Zweck stellt er die Frage: „In welchem Geschäftsfeld ist Ihr Unternehmen tätig?"

Geschäftsfelder lassen sich anhand von **drei Dimensionen** definieren:
- **Produktorientierung**: Was stellen wir her?
- **Kompetenzorientierung**: Was können wir?
- **Bedarfsorientierung**: Was wollen unsere Kunden?

Als Beispiel für die zu enge Auslegung des Geschäftsfeldes nennt *Levitt* den Niedergang der Eisenbahngesellschaften. Diese hätten sich traditionell nur als Eisenbahnbetreiber gesehen und infolge ihrer ausschließlichen Produktorientierung zu spät branchenfremde Unternehmen als Wettbewerber erkannt. Denn der Kunde fragt sich, welches das sicherste, bequemste, wirtschaftlichste oder billigste Transportmittel ist. Er wird das Transportmittel auswählen, das seinen Bedürfnissen am ehesten entspricht, und das muss nicht unbedingt die Bahn sein. Demnach agieren Eisenbahnen im Geschäft der Personenbeförderung (= Bedarfsorientierung) und konkurrieren mit Busunternehmen, Fluggesellschaften, Reedereien und nicht zuletzt dem PKW. Außerdem hätten die Eisenbahngesellschaften infolge ihrer mangelnden Kompetenzorientierung (= Transport von Objekten) die Möglichkeit des Güterverkehrs als Geschäftsfeld zu spät erkannt.

Seinen Überlegungen folgend resultieren die Schwierigkeiten von Unternehmen nicht aus mangelnden Chancen, sondern aus der Kurzsichtigkeit des Managements. Diesem fehle es an Weitsicht und Kreativität, das eigene Geschäftsfeld zu erweitern. Hierbei seien **vier zentrale Fehler** festzustellen:

- Annahme, dass aufgrund des Bevölkerungswachstums automatisch die Nachfrage nach dem eigenen Produkt steigt. Doch selbst wenn die Bevölkerung und demnach die Nachfrage nach beispielsweise Personenbeförderung wächst, garantiert dies nicht Wachstum für Eisenbahnen, da deren Funktion auch von Busunternehmen, Fluggesellschaften, Reedereien und nicht zuletzt dem PKW übernommen werden kann. Demnach muss das Management seinen Horizonte erweitern und neue Geschäftsfelder bearbeiten (im Falle der Eisenbahnen etwa den Güterverkehr).

- Vorstellung, dass Massenproduktion und damit Stückkostensenkung den Unternehmenserfolg gewährleisten. Die Massenfertigung hat sich zwar positiv auf den Preis ausgewirkt, die Berücksichtigung der Kundenwünsche blieb hierbei aber auf der Strecke. Häufig fragen die Kunden aber keine kostengünstigen, standardisierten Produkte nach, sondern individuelle Angebote, die durchaus auch etwas teurer sein dürfen. Ein typisches Beispiel hierfür ist die Modeindustrie, wo Kunden nicht nur die günstigen Produkte kaufen. Und zahlreiche Konsumenten wollen ein Auto, das in Optik, Leistung, Ausstattung etc. speziell auf sie zugeschnitten ist. Dafür sind sie auch bereit, einen höheren Preis zu bezahlen.

- Irrglaube, das eigene Produkt sei das Beste, und damit Missachtung von Substitutionsprodukten. Die Probleme der Filmindustrie waren u. a. darauf zurückzuführen, dass sie das Fernsehen zunächst nicht als ernst zu nehmenden Konkurrenten wahrnahm. Ähnlich ging es den Eisenbahnen, deren Funktionen auch von anderen Branchen übernommen werden können. Wie fatal der Irrglaube der Unersetzbarkeit sein kann, zeigt sich auch in der Ölindustrie: Benzin für Autos lässt sich etwa durch Erd- oder Biogas substituieren. Neuere Beispiele finden sich in der Unterhaltungselektronik. So wurde der Walkman durch den CD-Player und dieser wiederum durch den MP3-Player ersetzt.

- Konzentration auf technischen Fortschritt und damit ausschließliche Investition in die Weiterentwicklung vorhandener Technologien. Doch nicht das Produkt, das am weitesten technologisch entwickelt und wertvoll ist, verbucht Erfolge am Markt, sondern das, welches am ehesten den Kundenbedürfnissen entspricht. Häufig werden Resultate erzielt, die der Kunde gar nicht wünscht. Man denke etwa an immer kleinere Handys, die hierdurch an Bedienungsfreundlichkeit verlieren. Außerdem, so *Levitt*, konzentriere man sich zu stark auf die vorhandenen Produkte und investierte zu wenig in Innovationen. Der Videorecorder beispielsweise wurde aber nicht durch einen bessern Videorecorder, sondern durch einen DVD-Rekorder abgelöst. Und im März 2008 setzte sich als Nachfolgestandard für die DVD die Blue-Ray-Disc. Hierbei handelt es sich um einen optischen Datenträger, bei dem die Informationen mithilfe eines blauen Lasers ausgelesen werden. Sie ermöglicht mit 54 GByte mehr als zehnmal soviel Kapazität wie eine DVD (4,7 GByte) und wird in erster Linie benötigt, um digitalisierte Filme in hochauflösenden HD-Formaten zu speichern.

Angesichts der skizzierten Kurzsichtigkeit des Management fordert *Levitt*, die Produkt- durch die **Kunden-** sprich **Bedarfsorientierung** zu ersetzen. Wenn Unternehmen erfolgreich sein wollen, müssen sie die Bedürfnisse des Kunden in den Mittelpunkt ihres Handelns stellen. Marketing sei demnach keine Funktion am Ende des Fließbandes, sondern stehe an dessen Anfang. „Das Produkt ist das Ergebnis des Marketing, und nicht umgekehrt."

Damit übernimmt das Marketing in Unternehmen eine **Doppelfunktion** (sog. **duales Führungskonzept**; vgl. hierzu *Meffert* 2001, S. 959; *Nieschlag/Dichtl/Hörschgen* 2002, S. 14; *Uhr/Müller* 1998 sowie Abb. 1.1):

- **Marketing als Leitkonzept bzw. Unternehmensphilosophie (= I; ganzheitliche Betrachtung)**

Hierunter versteht man eine Grundhaltung, die sich dadurch auszeichnet, dass sämtliche Unternehmensaktivitäten konsequent an den Anforderungen der Märkte und hier insbesondere der Kunden und Wettbewerber auszurichten sind. In diesem Wandel von einer funktionsorientierten zu einer unternehmensbezogenen Denkhaltung ist der entscheidende Unterschied zur „klassischen" Absatzwirtschaft zu sehen. Letztere verstand sich lediglich als eine betriebliche Funktion „am Ende des Fließbandes", die in der Verwertung von Sach- und Dienstleitungen auf Märkten besteht und Unternehmensfunktionen wie Beschaffung, Produktion, Finanzierung etc. unter- bzw. gleichgeordnet ist.

Angesichts des häufig postulierten und auch kritisierten Dominanzanspruchs (vgl. *Schneider* 1983) steht Marketing nicht selten im Konflikt zu anderen Unternehmensbereichen bzw. betrieblichen Funktionen (Beschaffung, Produktion, Finanzen, Personal, F&E etc.). Zum Beispiel fordert die Marketingabteilung im Regelfall zahlreiche Produktvarianten, wohingegen die Produktionsabteilung wenige bevorzugt. Das Marketing visiert typischerweise einen möglichst hohen Marktanteil an, die Finanzabteilung hingegen einen möglichst hohen Gewinn. Und während die Marketingabteilung von F&E (= Forschung & Entwicklung) möglichst kurze Entwicklungszyklen fordert, setzt sich diese für möglichst lange Entwicklungszeiträume ein.

Des Weiteren dürfen der (fehlinterpretierte?) Dominanzanspruch des Marketing und damit die Fokussierung des Unternehmens auf den Absatzmarkt nicht darüber hinwegtäuschen, dass der Erfolg eines Unternehmens durchaus noch von anderen **Faktoren** beeinflusst wird. Dies belegen folgende **Beispiele**:
- Verschiedene Handelsunternehmen sind u. a. deshalb erfolgreich, weil sie über einzigartige Beschaffungssysteme und -quellen verfügen (z. B. *Aldi*, *Lidl*).
- Der Erfolg zahlreicher Dienstleistungsunternehmen ist auf Leistungspotenzial und Motivation der Mitarbeiter zurückzuführen (z. B. Softwareunternehmen, Unternehmensberatungen).

1.2 Grundkonzept des Marketing

– Schließlich ist die Überlebensfähigkeit vieler Unternehmen auf ihre Fähigkeiten auf den Kapitalmärkten zurückzuführen.

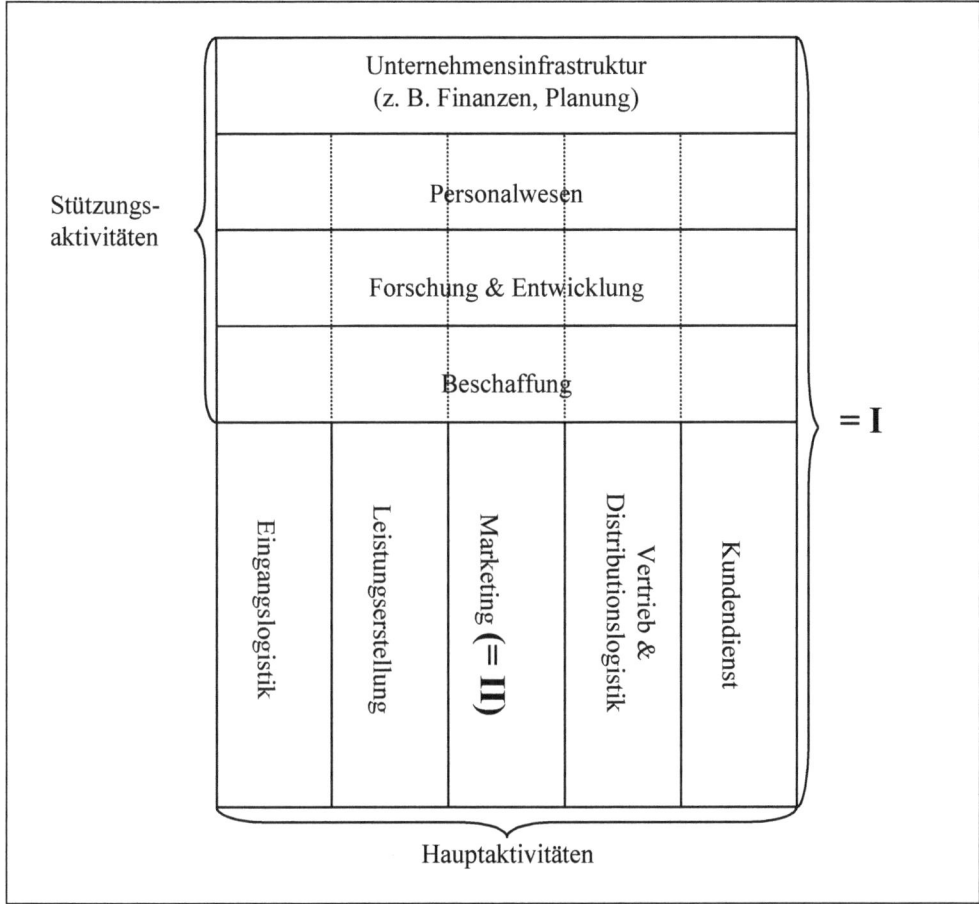

Abb. 1.1: Die Doppelfunktion des Marketing in der Wertkette
(Quelle: in Anlehnung an Porter 1999b, S. 62)

- **Marketing als Unternehmensfunktion (= II; funktionale Betrachtung)**
  Dieser Bereich betrifft die konkrete Ausgestaltung der Absatzfunktion und damit die Anerkennung des Absatzes als gleichberechtigte Unternehmensfunktion. Marketing ist hier das Ergebnis des systematischen Einsatzes von Instrumenten. Dies sind im Wesentlichen die vier „Ps" (Product, Price, Place, Promotion), die explizit erstmalig von *Jeromy McCarthy* (1960) formuliert wurden. (Im Weiteren ersetzt -management den traditionell genutzten Begriff der -politik an den Stellen, wo es zweckmäßig erscheint.) Das Produktmanagement umfasst in erster Linie die Entwicklung, Veränderung und Elimination von Produkten und Dienstleistungen. Hinzu kommen die Ausgestaltung des Produktionspro-

gramms im Falle von Industrieunternehmen, des Angebotsprogramms bei Dienstleistungsunternehmen sowie des Sortiments bei Handelsunternehmen. Das Kontrahierungsmanagement erstreckt sich auf die Ausgestaltung von Preisen und Konditionen (etwa Rabattgewährung, Ausgestaltung von Zahlungsbedingungen, Kreditgewährung und Leasing). In den Bereich des Vertriebsmanagement fallen Standort- und Absatzwegewahl, Kundenmanagement sowie Vertriebslogistik. Dem Kommunikationsmanagement schließlich kommt die Aufgabe zu, die Bezugsgruppen des Unternehmens zu informieren, zu aktivieren, zu überzeugen und zum Handeln anzuregen.

Angesichts der vielfältigen Marketing-Strömungen wurden neben den klassischen vier Säulen weitere Ps formuliert, die sich in Theorie und Praxis mit Ausnahme von People (Personal) im Dienstleistungssektor jedoch kaum etablieren konnten. Hierzu zählen:
- Packaging (Verpackung)
- Physics
- Physical Evidence (Ladengestaltung)
- Politics (Lobbying, d. h. die Einflussnahme von Unternehmen auf die Politik)
- Position (Positionierung des Unternehmens sowie seiner Leistungen)
- Processes (Prozessmanagement)
- Public Voice (die Kommunikation in Blogs, Communities und über Multiplikatoren)

Vor dem Hintergrund der bisherigen Ausführungen lässt sich die **Philosophie des Marketing** anhand folgender **Merkmale** charakterisieren (vgl. hierzu auch *Meffert* 2000, S. 8–9):

- **Leitidee der Marktorientierung**

  Marketing zielt darauf ab, den Bedürfnissen der Zielgruppe(n) zu entsprechen (Kundenorientierung), gegenüber der Konkurrenz Wettbewerbsvorteile zu erzielen (Wettbewerbsorientierung) und so letztlich die Ziele des Unternehmens zu erreichen. Hierfür benötigt man eine Unique Selling Proposition (= USP; Alleinstellungsmerkmal). Dabei sind im Sinne einer Stakeholder-Orientierung neben den Kunden und Wettbewerbern die Bedürfnisse sämtlicher Bezugsgruppen eines Unternehmens ins Kalkül zu ziehen. Die Aufgabe einer marktorientierten Unternehmensführung besteht darin, die Austauschbeziehungen langfristig effektiv im Sinne von Nutzen und Vorteilen für die Austauschpartner („doing the right things") und effizient, d. h. in einem dem Wirtschaftlichkeitsprinzip entsprechenden Kosten/Nutzen-Verhältnis („doing things right"), zu gestalten (vgl. *Klein* 2006, S. 1515).

- **Systematischer Planungs- und Entscheidungsprozess**

  Im Zuge einer systematischen Entscheidungsfindung gilt es einen Planungsprozess zu entwickeln und umzusetzen, der von der Zielbildung und Informationssammlung über die Entwicklung von Strategien sowie deren operativer Umsetzung bis hin zur Kontrolle des Erfolgs reicht.

- **Koordination und Integration sämtlicher Aktivitäten**

  Zum einen gilt es, die vielfältigen Instrumente des operativen Marketing harmonisch einzusetzen. Konkret sind den Abnehmern bedürfnisgerechte Leistungen (Produkte, Dienstleistungen, Ideen, Menschen oder Regionen) anzubieten (Produkt-, Programm- bzw. Sortimentsmanagement: Welche Leistungen bietet ein Unternehmen wem an?), diese sind mit einem Preis auszustatten (Kontrahierungsmanagement: Welche Gegenleistungen soll der [potenzielle] Kunde für die Inanspruchnahme der Leistung entrichten?), bekannt zu machen (Kommunikationsmanagement: Wer wird auf welche Weise über das Angebot informiert?) und zu vertreiben (Vertriebsmanagement: Wie wird dem Kunden das Angebot zugänglich gemacht?). Mittlerweile hat der Begriff Vertrieb den verstaubten Distributionsbegriff verdrängt. Die Abstimmung der operativen Instrumente aufeinander wird mit Marketing-Mix bezeichnet, wobei im Regelfall je nach Aufgabenstellung ein Instrument dominiert (sog. Leitinstrument). Beispielsweise steht im Falle von Innovationen die Produktpolitik im Vordergrund, wohingegen in hart umkämpften Märkten bei gleichzeitig homogenen Produkten der Fokus auf der Preispolitik liegt. Neben der Harmonisierung der Marketing-Aktivitäten müssen sämtliche involvierten Funktionsbereiche des Unternehmens durch ablauf- und aufbauorganisatorische Regelungen koordiniert werden. Auf diese Weise lassen sich Synergieeffekte realisieren bzw. Ineffizienzen abbauen.

- **Interdisziplinäre Ausrichtung**

  Im Zuge einer systematischen Entscheidungsfindung bedienen sich Marketingwissenschaft und -praxis bewusst der Erkenntnisse von Nachbardisziplinen. Beispielsweise liefern Sozialpsychologie sowie Volkswirtschaftslehre wesentliche Beiträge zum Verständnis des Käuferverhaltens, die Marketing-Forschung wäre undenkbar ohne die vielfältigen analytischen Hilfsmittel der Statistik sowie Mathematik, und nahezu jede Marketingentscheidung ist in einen juristischen Rahmen eingebunden.

1.3 Aufbau einer Marketing-Konzeption

In Abb. 1.2 ist der idealtypische Aufbau einer Marketingkonzeption aufgeführt. Im Zuge der **Marketing-Forschung** gilt es zunächst, die Umweltsituation, zu der u. a. das Verhalten der Käufer zählt, sowie die Unternehmenssituation zu analysieren und diesbezügliche Entwicklungen zu prognostizieren. Konkret werden in dieser Phase **Chancen-Risiken-Analysen** und **Stärken-Schwächen-Analysen** durchgeführt, verzahnt und verdichtet.

Daran schließt sich der **Zielbildungsprozess** an, der in der Regel durch diverse Rückkopplungsprozesse mit der Marketing-Forschung gekennzeichnet ist. Bei Marketing-Zielen handelt es sich um anzustrebende Sollzustände in der Zukunft, die auf der inhaltlichen Ebene mittels **Marketing-Strategien** sowie deren operativer Umsetzung in marktgerichtete, strategiekonforme Maßnahmenbündel (sog. **Marketing-Mix**: Produkt-, Programm bzw. Sortiments-, Kontrahierungs-, Vertriebs- und Kommunikationsmanagement bzw. -politik) angesteuert werden. Vereinfacht ausgedrückt geben Marketing-Ziele den Wunschort (Was bzw. Wohin?), Marketing-Strategien die Route (Wie?) und der Marketing-Mix das jeweilige Beförderungsmittel (Mit Was?) vor (vgl. *Becker* 2001, S. 74).

Flankierend zur inhaltlichen Ebene gilt es, die Marketing-Konzeption durch **aufbau- und ablauforganisatorische Regelungen** formal abzusichern. Außerdem muss der Planungs- und Implementierungsprozess durch Controllingprozesse begleitet werden. Hierbei ist zum einen zu prüfen, inwieweit die anvisierten Ziele durch die eingeleiteten Maßnahmen erreicht wurden (sog. **ergebnisorientierte Marketing-Kontrolle**). Zum anderen muss im Sinne einer prozessbegleitenden Kontrolle überwacht werden, inwieweit Anpassungen des Planungs- und Implementierungsprozesses erforderlich sind (= **Marketing-Audit**).

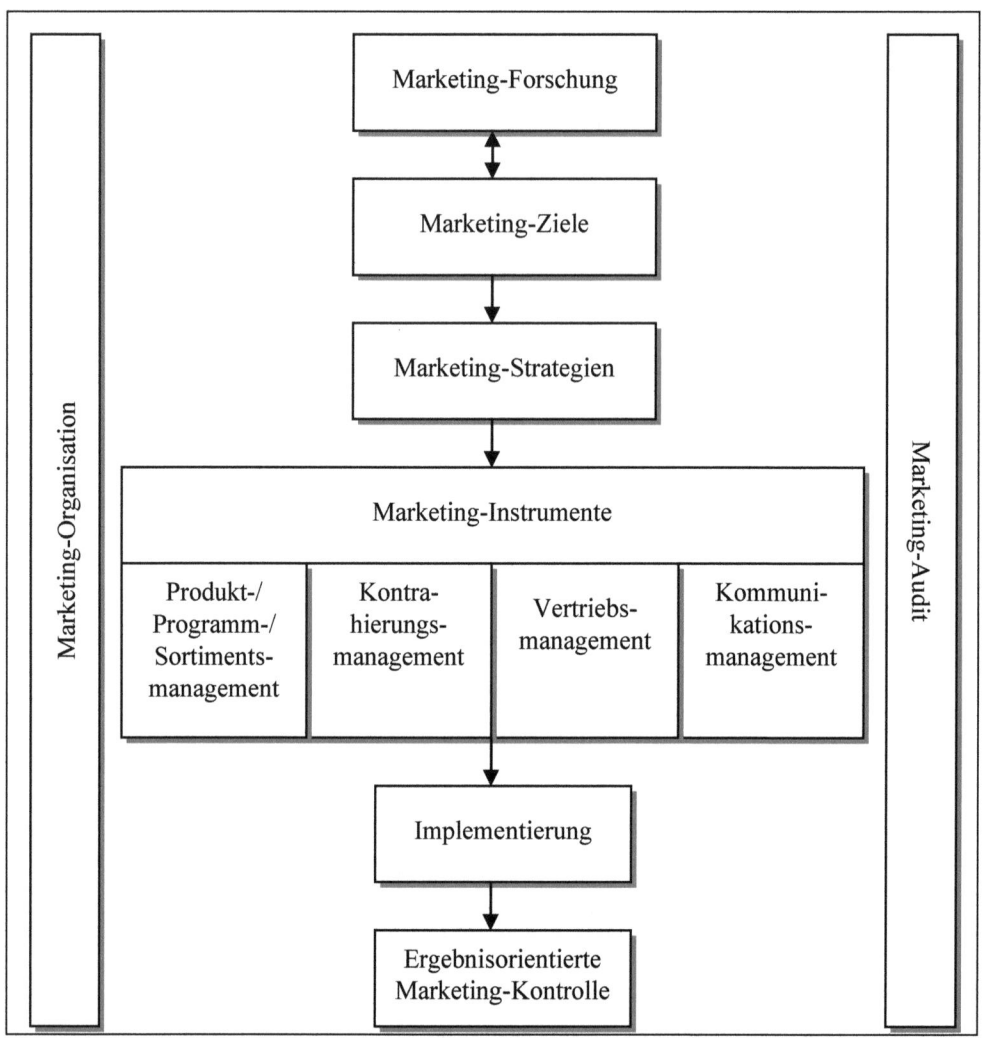

Abb. 1.2: Die Bausteine einer Marketingkonzeption

1.4 Marketing-Forschung einschließlich Analyse des Käuferverhaltens als Grundpfeiler einer Marketingkonzeption

Folgt man dem heutigen Begriffsverständnis von Marketing als **marktorientierte Unternehmensführung**, müssen zunächst die Signale des Marktes mittels der Marketing-Forschung systematisch erfasst, analysiert und bei der Entscheidungsfindung berücksichtigt werden (vgl. *Meffert* 2000, S. 8; *Nieschlag/Dichtl/Hörschgen* 2002, S. 14). Hierbei ist ein Unternehmen den in Abb. 1.3 angeführten **fünf Wettbewerbskräften** ausgesetzt (vgl. *Porter* 1999a).

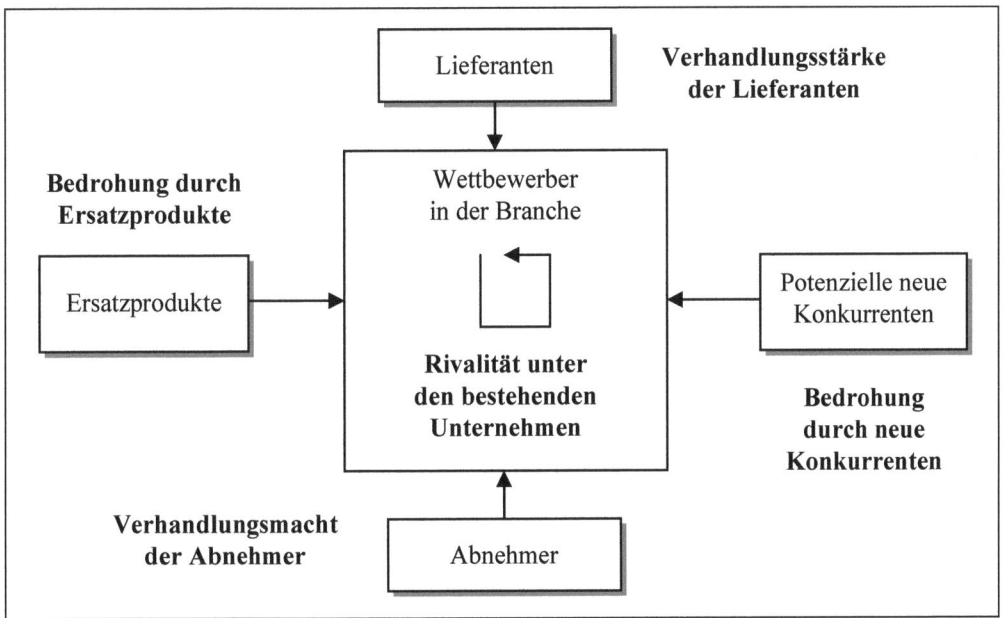

Abb. 1.3: Die fünf Wettbewerbskräfte einer Branche (Quelle: Porter 1999a, S. 26)

Auf der **horizontalen Ebene** konkurrieren Unternehmen mit derzeitigen und potenziellen neuen Wettbewerbern (etwa im Falle von Apotheken Drogeriemärkte und Lebensmitteleinzelhandel beim freiverkäuflichen Sortiment sprich O[ver]T[he]C[ounter]-Produkten in Form von Arzneimitteln, Kosmetik und Nahrungsergänzungsmitteln; gegenüber solchen gilt es Markteintrittsbarrieren aufzubauen) sowie den Anbietern von Substitutionsprodukten (etwa Brauereien mit den Produzenten alkoholfreier Getränke oder mit Winzergenossenschaften). Je höher der Wettbewerbsdruck, desto mehr muss ein Unternehmen in Marketing, Forschung und Entwicklung investieren und/oder die Preise reduzieren, was letztlich die Profite senkt.

Auf der **vertikalen Ebene** stehen Unternehmen in einem Spannungsfeld zwischen ihren Lieferanten auf der Beschaffungsseite und ihren Abnehmern auf der Absatzseite. Zu den **Lieferanten** von Ressourcen im weiteren Sinne zählen die Lieferanten im engeren Sinne (betrifft Beschaffungsmarketing), die Kapitalgeber in Gestalt von Fremdkapitalgebern und Anteilseignern (betrifft Finanzmarketing) sowie potenzielle Mitarbeiter (betrifft Personalmarketing). Besitzen die Lieferanten im weiteren Sinne Macht über das Unternehmen, werden sie ihre Preise erhöhen und damit die Profitabilität des Unternehmens reduzieren. Besondere Angebotsmacht besitzen Anbieter in monopolistischen und oligopolistischen Märkten sowie bei einem begrenzten Angebot. Auf der **Absatzseite** treffen Unternehmen (im Falle von Herstellern) auf den Handel (betrifft vertikales Marketing) sowie die Endverbraucher (betrifft endverbrauchergerichtetes Marketing). Verfügen die Kunden über einen Verhandlungsspielraum (was insbesondere in Käufermärkten der Fall ist), werden sie diesen nutzen, was ebenfalls die Gewinnmargen und damit die Profitabilität eines Unternehmens negativ beeinflusst.

Nach diesem von *Michael E. Porter*, einem der einflussreichsten Managementtheoretiker unserer Zeit entwickelten **Fünf-Kräfte-Modell** bestimmen diese fünf Wettbewerbsfaktoren in jeder beliebigen Branche die Fähigkeit eines Unternehmens, einen positiven Return für die geleisteten Investitionen (RoI = Return on Investment) zu erwirtschaften. Der Wettbewerbsdruck auf der horizontalen und vertikalen Ebene legt weiterhin fest, wie weit der Umsatz über den Kosten liegt. Der Druck, der von den fünf Kräften ausgeht, kann von Branche zu Branche variieren und auch innerhalb eines Sektors aufgrund von Strukturveränderungen ab- bzw. zunehmen.

Nach *Porter* gibt es drei generische sprich Erfolg versprechende Handlungsansätze, mit denen man den fünf Wettbewerbskräften begegnen kann: Kostenführerschaft, Qualitätsführerschaft und Fokussierung. Je stärker die Bedrohung durch die fünf Wettbewerbskräfte, desto weniger attraktiv ist die betreffende Branche und desto schwieriger gestaltet es sich, hier einen nachhaltigen Wettbewerbsvorteil zu generieren. Die Ergebnisse einer Branchenstrukturanalyse nach dem **Fünf-Kräfte-Modell** fließen oft als Umweltanalyse in eine **SWOT-Analyse** ein (vgl. Abschnitt 4.2).

Michael E. Porter

Michael Everett Porter (* 1947) ist Professor für Wirtschaftswissenschaften an der Harvard Business School und Leiter des Institute for Strategy and Competitiveness. Er ist einer der führenden Ökonomen auf dem Gebiet des strategischen Managements. Ein Schwerpunkt seiner Arbeiten liegt darauf zu erklären, wie Firmen oder Regionen Wettbewerbsvorteile erlangen. Popularität erlangte *Porter* insbesondere durch Bestimmung der Branchen- und Marktattraktivität anhand des **Fünf-Kräfte-Modells** (five forces, vgl. Abb. 1.2), die daraus abgeleiteten **drei generischen Wettbewerbsstrategien** (Segmentierung, Differenzierung und Kostenführerschaft) sowie die **Wertkette** („Value chain"; vgl. Abb. 1.3), die den Wertschöpfungsprozess eines Unternehmens in Form eines Blockpfeils abbildet. Die Wertkette ermöglicht es, die strategisch relevanten Tätigkeiten eines Unternehmens systematisch zu erfassen und als Instrument der Strategieentwicklung einzusetzen. *Porter* gilt weiterhin als Begründer der Theorie der Schaffung von Wettbewerbsvorteilen

1.4 Marketing-Forschung als Grundpfeiler einer Marketingkonzeption

durch Clusterbildung im regionalen Kontext. In mehreren Rankings wurde er zu einem der einflussreichsten Managementdenker gewählt.

Quelle: *Porter* 1983, 1986, 1985, 1980, 1984, 1999a, 1999b.

Folgt man der Marketingphilosophie, dass sämtliche Unternehmensaktivitäten konsequent an den Anforderungen der Märkte und hier insbesondere der potentiellen, derzeitigen und abgewanderten Kunden auszurichten sind, kommt dem **Kundenbeziehungslebenszyklus** (Customer Life Cycle; vgl. Abb. 1.4) zentrale Bedeutung zu. Er basiert auf einer ganzheitlichen Perspektive, welche die Beziehungen zum Kunden im Zeitablauf betrachtet und auf Analogien zum Leben von Organismen basiert (vgl. *Schneider* 2008; *Stauss* 2000, S. 15; *Fischer* 2001, S. 1407–1409).

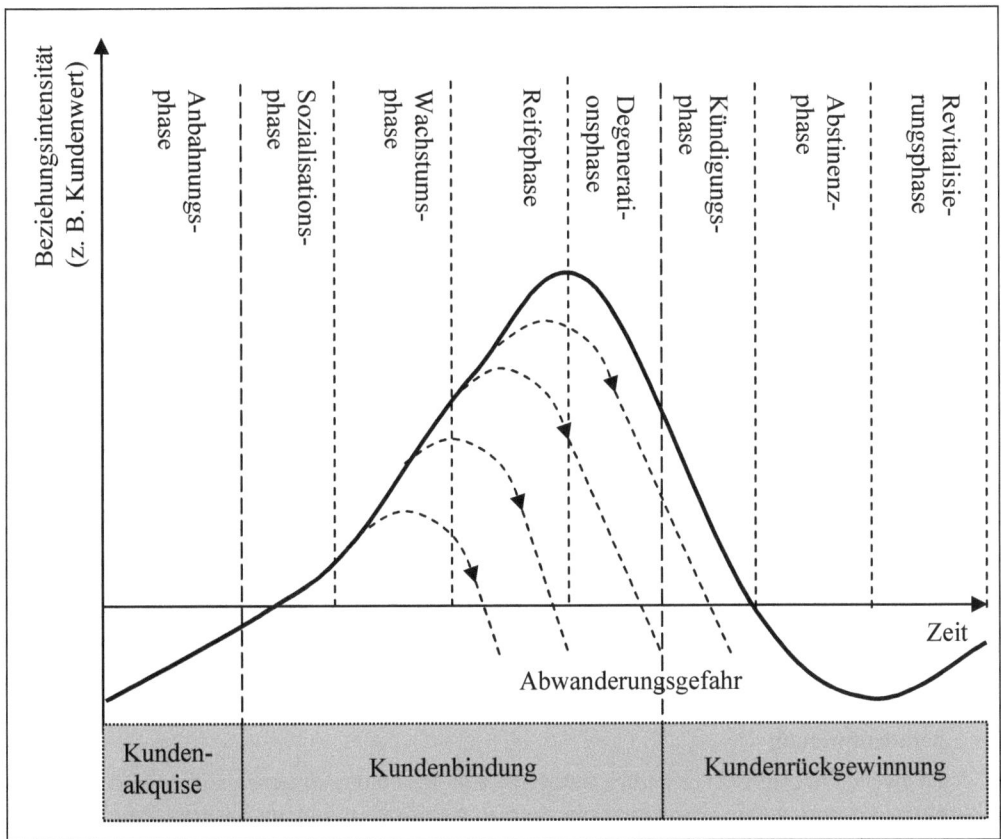

Abb. 1.4: Der Kundenbeziehungslebenszyklus (Quelle: in Anlehnung an Stauss 2000, S. 16)

Diesem Ansatz folgend, der unverkennbare Ähnlichkeiten zum Produktlebenszyklus aufweist, durchlaufen Unternehmen in ihrer Beziehung zum Kunden idealtypische Phasen, welche die Grundlage für eine differenzierte Kundenbearbeitung bilden (vgl. *Bruhn* 2007, S. 43 ff.). Das Konzept beschreibt die Beziehung zum Kunden als Abfolge mehrerer Phasen anhand ausgewählter Größen (etwa Kundenwert).

Dabei werden folgende **Annahmen** getroffen:

- Die Beziehung zum Kunden ist **zeitlich begrenzt,** was nur zum Teil auf ein Ableben des Konsumenten zurückzuführen ist.
- Die Entwicklung der Beziehung zum Kunden lässt sich im Grundkonzept als **S-förmige Kurve** beschreiben. Diese Kurve beschreibt das Erreichen eines gewissen Höhepunkts der Beziehungsintensität und einen darauf folgenden Rückgang, dem es mit entsprechenden Instrumenten entgegenzuwirken gilt.
- Bestimmte **Lebenszyklusphasen** sind abgrenzbar und an Punkten der Kurve mit speziellen Eigenschaften (Wendepunkte, Krümmungsverhalten etc.) darstellbar. Unterschieden werden:
    - Anbahnung (= Kundenakquise),
    - Sozialisation, Wachstum, Reife, Degeneration und Kündigung (= Kundenbindung) sowie
    - Abstinenz und Revitalisierung (= Kundenrückgewinnung).
- Die **Beziehungsintensität steigt** im ersten Teil des Lebenszyklus an und fällt in späteren Phasen ab, um bestenfalls in der Revitalisierungsphase wieder anzusteigen.
- Insgesamt wird der Einsatz der **Marketing-Instrumente** unmittelbar von der jeweiligen Position des Kunden im Kundenbeziehungslebenszyklus beeinflusst.

In der Beziehung zum Kunden, dem Kundenbeziehungslebenszyklus, durchläuft ein Unternehmen idealtypischerweise **drei Phasen** (vgl. Tab. 1.1):

- **Kundenakquisition**

    In dieser Phase tritt ein Unternehmen erstmals mit dem potenziellen Kunden in Kontakt und versucht, diesen für das Unternehmen zu gewinnen. Attraktive Kundensegmente können zum einen Erstverwender und zum anderen Kunden der Wettbewerber sein, die es abzuwerben gilt. Wesentlich hierbei ist es, attraktive Kundensegmente, d. h. potenzielle Kunden mit einem hohen Kundenwert zu identifizieren und diese zu einem Kauf beim Unternehmen zu bewegen.

- **Kundenbindung**

    Im zweiten Schritt geht es darum, attraktive Kunden an das Unternehmen zu binden. Zum einen gilt es, rentable Kundenbeziehungen zu stabilisieren und auszubauen. Zum anderen müssen nicht-rentable Kundenbeziehungen abgebaut werden. Dies kann durch Ausgrenzung (etwa Bestellmöglichkeit erst ab einem bestimmten Auftragsvolumen), Transformation (z. B. nur noch telefonische Betreuung von oder schlechtere Rabatte für C-Kunden) und/oder eine Passivstrategie (etwa Einstellung der Marketingaktivitäten gegenüber nicht-rentablen Kunden) geschehen.

1.4 Marketing-Forschung als Grundpfeiler einer Marketingkonzeption

- **Kundenrückgewinnung**
  Trotz großer Anstrengungen in der Stabilisierung der Beziehung zum Kunden wird ein gewisser Teil der Klientel dem Unternehmen verloren gehen. Ziel der Kundenrückgewinnung ist es, jene attraktiven Kundensegmente zu identifizieren und zurück zu gewinnen, welche die Beziehung zum Unternehmen
  - ruhen lassen (= Revitalisierungsmanagement),
  - abbrechen möchten (= Kündigungspräventionsmanagement) bzw.
  - abbrechen (= Kündigungsmanagement).

Tab. 1.1: Managementaufgaben im Kundenbeziehungslebenszyklus (Quelle: Stauss 2000, S. 18)

Phase im Kundenbeziehungslebenszyklus	Anbahnungsphase	Sozialisationsphase	Wachstums- und Reifephase	Gefährdungsphase		Kündigungsphase	Revitalisierungsphase
Ziel	Anbahnung von neuen Geschäftsbeziehungen	Festigung von neuen Geschäftsbeziehungen	Stärkung von stabilen Geschäftsbeziehungen	Stabilisierung gefährdeter Beziehungen zu sich beschwerenden Kunden	Verhinderung von Kündigungen	Rücknahme von Kündigungen	Wiederanbahnung der Geschäftsbeziehung
Kundenorientierte Managementaufgabe	Interessentenmanagement	Neukundenmanagement	Zufriedenheitsmanagement	Beschwerdemanagement	Kündigungspräventionsmanagement	Kündigungsmanagement	Revitalisierungsmanagement
	Kundenakquise	Kundenbindung				Kundenrückgewinnung	

Während des Kundenbeziehungslebenszyklus kann es immer wieder zu Situationen kommen, in denen die Beziehung zum Kunden gefährdet ist. In solchen Situationen kommt einem **aktiven Beschwerdemanagement** zentrale Bedeutung zu (vgl. im Folgenden *Schneider/Kornmeier* 2006b, S. 155–162). Hierbei gilt es, Beschwerden systematisch

- zu sammeln,
- zu bearbeiten,
- auszuwerten und
- zu nutzen.

Aktives Beschwerdemanagement umfasst demnach die in Abb. 1.5 dargestellten Schritte.

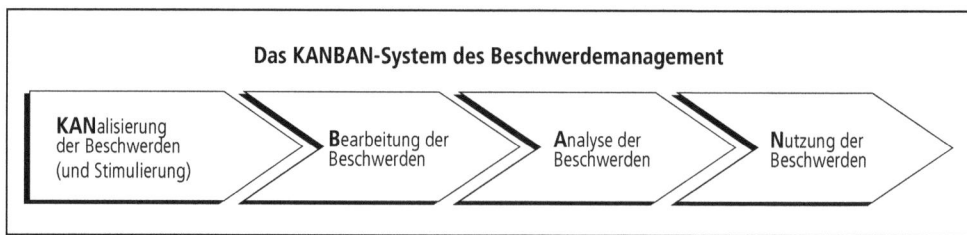

Abb. 1.5: Das „KANBAN-System" des Beschwerdemanagement

1. Kanalisierung der Beschwerden (und Stimulierung)

Unternehmen sollten unzufriedenen Kunden die Möglichkeit geben, ihrem Ärger Luft zu verschaffen. Denn die Unternehmenspraxis zeigt, dass es zahlreichen unzufriedenen Kunden genügt, den Mitarbeitern des betreffenden Unternehmens einmal die Meinung zu sagen und ihnen das Versprechen auf Besserung abzunehmen. Es mag zunächst paradox erscheinen, aber Unternehmen sollten darauf achten, dass sich unzufriedene Kunden auch tatsächlich bei den Mitarbeitern beschweren. Nur so lässt sich verhindern, dass verärgerte Kunden still und leise abwandern.

Folgende Maßnahmen tragen dazu bei, **Beschwerdebarrieren abzubauen**, und erleichtern es demnach unzufriedenen Kunden, sich zu beschweren:

- Aktiver Hinweis der Mitarbeiter auf Möglichkeiten zur Beschwerde
- „Meckerkasten" (z. B. im Verkaufsraum)
- Beschwerdetelefon (Hinweis auf diese Einrichtung auf Rechnungsformularen, Gebrauchsanweisungen, Plakaten, in Anzeigen, Werbebriefen u. ä.)
- Geld zurück-Garantie („Bei Unzufriedenheit Geld zurück")

2. Bearbeitung der Beschwerden

Mitarbeiter müssen mit berechtigten Kundenklagen positiv umzugehen lernen. Dies bedeutet jedoch nicht, dass Unternehmen jede Beschwerde akzeptieren. Mit Blick auf die vielfältigen Beanstandungsursachen und vor dem Hintergrund des zunehmenden **Querulantentums** ist es vielmehr erforderlich, Beschwerden fallweise zu prüfen, indem man sich auf spezielle Kriterien, wie bisheriges Umsatzvolumen, Verantwortlichkeit oder Garantieanspruch stützt. Gilt eine Beschwerde als berechtigt, sollte möglichst schnell eine für alle Beteiligten zufrieden stellende Lösung gefunden werden, nicht zuletzt, um die Zeitspanne für negative Mundpropaganda zu reduzieren.

3. Analyse der Beschwerden

Unternehmen, die aktives Beschwerdemanagement betreiben, um das zukünftige Ausmaß an Unzufriedenheit zu mindern, sollten die Beanstandungen systematisch auswerten, indem sie eine Prüfliste anlegen und die einzelnen Fälle darin dokumentieren. Auswertung und Vergleichbarkeit der Angaben lassen sich vereinfachen, wenn detaillierte Antwortkategorien vorgegeben werden.

4. Nutzung der Beschwerden

Die in der Beschwerdeanalyse gewonnenen Informationen erfüllen nur dann ihren Zweck, wenn sie an die betroffenen unternehmensinternen (z. B. Verkauf) und -externen (z. B. Lieferanten) Stellen weitergeleitet werden. Unternehmensintern können Informationen über Beschwerden für Schwachstellenanalysen genutzt werden (z. B. in Qualitätszirkeln oder Fokusgruppen).

1.5 Zufriedenheit rentabler Kunden als zentrales Anliegen des Marketing

1.5.1 Begriff und Komponenten der Kundenzufriedenheit

Dem Disconfirmation-Paradigma folgend ist Kundenzufriedenheit das Ergebnis eines psychischen Vorgangs, bei dem der Kunde zwischen dem **wahrgenommenen Leistungsniveau** eines Unternehmens (= **Ist-Leistung**) und einem wie auch immer gearteten Standard, in der Regel seinen **Erwartungen** (= **Soll-Leistung**), vergleicht (vgl. im Folgenden *Schneider/ Kornmeier* 2006b).

Nach dem von *Parasuraman/Zeithaml/Berry* (1985, S. 41–50) entwickelten **Servqual-Ansatz** lässt sich die Leistung eines Anbieters in **fünf Dimensionen** untergliedern, die ihrerseits anhand der folgenden **22 Eigenschaften** erfasst werden (vgl. *Parasuraman/Zeithaml/Berry* 1988, S. 31; *Zeithaml/Parasuraman/Berry* 1992, S. 202):

- **Zuverlässigkeit** (Reliability): Die Zuverlässigkeit eines Unternehmens, die versprochenen Leistungen zeitlich und qualitativ erfüllen zu können.
  1. Versprochene Termine werden auch eingehalten.
  2. Das Interesse ist erkennbar, ein Problem zu lösen.
  3. Der Service wird gleich beim ersten Mal richtig ausgeführt.
  4. Die Dienste werden zum versprochenen Zeitpunkt ausgeführt.
  5. Die Belege für die Kunden sind fehlerfrei.
- **Leistungs- und Fachkompetenz** (Competence): Versicherung, dass die in Aussicht gestellte Leistung fachgerecht (kompetent) und rasch erbracht werden kann.
  6. Das Verhalten der Mitarbeiter weckt Vertrauen bei den Kunden.
  7. Bei Transaktionen fühlt man sich sicher.
  8. Mitarbeiter sind stets gleich bleibend höflich zu den Kunden.
  9. Mitarbeiter verfügen über das Fachwissen zur Beantwortung von Kundenfragen.

- **Freundlichkeit und Entgegenkommen** (Responsiveness): Fähigkeit der Mitarbeiter eines Betriebes, auf Kundenwünsche einzugehen und diese zuvorkommend erfüllen zu können.
  10. Mitarbeiter können über die Zeitpunkte einer Leistungsausführung Auskunft geben.
  11. Mitarbeiter bedienen Kunden prompt.
  12. Mitarbeiter sind stets bereit, den Kunden zu helfen.
  13. Mitarbeiter sind nie zu beschäftigt, um auf Kundenwünsche einzugehen.
- **Einfühlungsvermögen** (Empathy): Fähigkeit der Mitarbeiter und Mitarbeiterinnen eines Betriebes, sich in die Kunden einzufühlen und die Erwartungen sowie Bedürfnisse zu erkennen.
  14. Jedem Kunden wird individuell die entsprechende Aufmerksamkeit gewidmet.
  15. Die Dienste werden zu Zeiten angeboten, die allen Kunden gerecht werden.
  16. Mitarbeiter widmen sich den Kunden persönlich.
  17. Interessen der Kunden liegen stets am Herzen.
  18. Mitarbeiter verstehen die spezifischen Servicebedürfnisse ihrer Kunden.
- **Materielles Umfeld** (Tangibles): Dazu zählen insbesondere das Erscheinungsbild und die Ausstattung eines Betriebes.
  19. Die technische Ausstattung ist modern.
  20. Die Einrichtungen fallen angenehm ins Auge.
  21. Die Mitarbeiter sind ansprechend gekleidet.
  22. Die Broschüren und Mitteilungen für die Kunden sind ansprechend gestaltet.

Es wird deutlich, dass es sich bei der wahrgenommenen Qualität einer Leistung um ein mehrdimensionales Phänomen handelt. Die Erlebniswelt des Kunden erstreckt sich dabei über sämtliche Kontakte mit dem Anbieter in der **Vorkauf-, Kauf-** und **Nachkaufphase**. Zufriedenheit wird dabei nicht durch die objektive Qualität einer Leistung bestimmt, sondern durch das, was der Kunde wahrnimmt bzw. wahrnehmen möchte. Dies hat für einen Anbieter folgende **Konsequenzen**:

- Der Kunde muss darüber informiert werden, welche (Teil-)Leistungen ein Produkt überhaupt bietet. Dass dies nicht selbstverständlich ist, wird offenkundig, wenn wir uns vergegenwärtigen, dass die Verbraucher bei einer Vielzahl von Produkten nur einen (Bruch-)Teil des Leistungsspektrums kennen. Man denke in diesem Zusammenhang etwa an die Programmier- und Nutzungsmöglichkeiten von DVD-/Videorecordern, TV-Fernbedienungen, Autoradios, Mikrowellengeräten oder Handys.
- Dem Unternehmen muss es gelingen, die psychischen Barrieren abzubauen, welche den Zugang zu einem Produkt und seinen einzelnen Leistungsfacetten verhindern. Besonders häufig beobachten wir solche Ängste bei älteren Menschen im Umgang mit technologischen Produkten. Diesen Nutzungsbarrieren vermag ein Anbieter dadurch entgegenzutreten, dass er den Kunden bei der Erforschung des Produktes **unterstützend begleitet**. Beispiele hierfür sind Kochkurse für Mikrowellengerätenutzer, Do-it-yourself-Kurse für Heimwerker u. ä.

Das Ausmaß an Qualität bestimmt sich insofern nach dem subjektiven Qualitätsempfinden des Kunden, das im Regelfall weit über die technisch-funktionalen Eigenschaften oder den Verwendungszweck (Fitness-for-Use) eines Produktes hinausreicht.

Bei der Beurteilung der Leistungsqualität kommt dem wahrgenommenen **Preis-Leistungs-Verhältnis** die Rolle eines zentralen kaufentscheidenden Faktors zu. Der Kunde entscheidet dabei, ob das Produkt bzw. die Dienstleistung den geforderten Preis wert ist. Auf den Punkt gebracht ist diejenige Qualität anzustreben, die sich der Kunde leisten will. Sowohl ein Quality-Overengineering als auch Minderqualität versprechen demnach nur wenig Erfolg (vgl. *Stoffl* 1997, S. 340–341).

Als Vergleichsstandard für die Beurteilung der Leistung zieht der Kunde die **Erwartungen** heran, die er mit dem Produkt, der Dienstleistung und/oder dem Anbieter verbindet und die eine dynamische, d. h. sich im Zeitablauf verändernde Größe darstellt (vgl. hierzu ausführlich *Herrmann/Seilheimer* 2000, S. 14–20). Erwartungen sind die Anforderungen, die ein Kunde an ein Produkt, eine Dienstleistung und/oder ein Unternehmen stellt. Die Erwartungen ihrerseits werden von **vier Einflussgrößen** bestimmt (vgl. *Parasuraman/Zeithaml/Berry* 1985):

- mündliche Kommunikation der Kunden
- persönliche Situation der Kunden
- zurückliegende Erfahrungen mit dem Anbieter
- Kommunikation des Anbieters.

Insbesondere der letzte Punkt macht deutlich, dass ein nicht unerheblicher Teil der Unzufriedenheit der Kunden durch die Unternehmen selbst verschuldet wird. Denn leider nur all zu oft wecken Unternehmen in der Werbung oder im Verkaufsgespräch Erwartungen, denen die Realität nicht standhalten kann. Hier drängt der Wunsch nach einem schnellen Geschäftsabschluss das Ziel einer langfristigen, vertrauensvollen Beziehung zum Kunden in den Hintergrund.

Folgende **Arten von Erwartungen** lassen sich identifizieren (vgl. *Georgi* 2001):

- **Erwünschtes Niveau**: Hierunter versteht man die Leistung, die sich der Kunde wünscht und die der Anbieter liefern soll. Hier entsprechen also die Erwartungen den Wünschen des Kunden.
- **Idealniveau**: Diese Erwartung markiert die aus Sicht des Kunden bestmögliche und damit nicht mehr zu überbietende Leistung.
- **Typisches Niveau**: Dies ist die Vorstellung von der typischen oder durchschnittlichen Qualität einer Leistung und bezieht sich häufig auf eine bestimmte Klasse von Produkten oder Dienstleistungen. Wer z. B. häufig in einer bestimmten Hotelkette absteigt oder in Restaurants derselben Fast-Food-Kette speist, der bildet Erwartungen darüber, welche Qualität das Essen in solchen Restaurants hat oder welchen Komfort und welchen Service ein Hotel dieser Kette bietet.
- **Minimal tolerierbares Niveau**: Hier repräsentieren Erwartungen die Vorstellung davon, was eben noch akzeptabel ist. Bei einer Übernachtungsmöglichkeit können das z. B. ein

sauberes Bett und entsprechende sanitäre Einrichtungen sein. Auf Komfort wie ein Fernsehgerät oder eine Minibar mag man notfalls verzichten.

1.5.2 Arten von Kundenzufriedenheit

Ausgehend von der Überlegung, dass es verschiedene Arten von Erwartungen gibt, müssen auch unterschiedliche Formen von Kundenzufriedenheit existieren. In diesem Zusammenhang entwickelten *Bruggemann* (1974) sowie *Bruggemann u. a.* (1975, S. 132 ff.) ein Modell, in welchem sie zwischen verschiedenen Arten der (Un-)Zufriedenheit unterscheiden. Deren Ausmaß hängt davon ab, wie Kunden

- reagieren, wenn sie zwischen ihren Erwartungen und Erfahrungen eine Diskrepanz wahrnehmen, und wie sie
- ihre Erwartungen ändern bzw. anpassen, nachdem sie diese mit neuen Erfahrungen verglichen haben.

Dieses Modell sollte ursprünglich die verschiedenen Formen der Mitarbeiterzufriedenheit erklären, kann aber auch auf das Phänomen der Kundenzufriedenheit angewandt werden (vgl. *Hansen/Emerich* 1998; *Stauss/Neuhaus* 1997). Auch dieser Erklärungsansatz betrachtet Zufriedenheit demnach als Ergebnis eines Soll/Ist-Vergleichs, berücksichtigt aber zusätzlich, dass die daraus resultierende (Un-)Zufriedenheit die intrapsychische Verarbeitung beeinflusst, da sich Situation und Bedürfnisse im Zeitverlauf ändern (vgl. *Gebert/von Rosenstiel* 1996). Falls sich Ist- und Soll-Wert (mindestens) entsprechen, kommt es zu einem Zustand „stabilisierender Zufriedenheit", andernfalls zu „diffuser Unzufriedenheit".

- Im ersten Fall (= **stabilisierende Zufriedenheit**) kann eine Person – mit Blick auf zukünftige Zufriedenheitsurteile – ihr Anspruchsniveau (= Soll-Wert) beibehalten (= **stabilisierte Zufriedenheit**) oder aber anheben. Letzteres wird als „**progressive Zufriedenheit**" bezeichnet, weil sich das neue Anspruchsniveau auf bisherige Erfahrungen oder aber auf latente, unbefriedigte Bedürfnisse beziehen kann.
- Bei **diffuser Unzufriedenheit** können die betroffenen Personen ihre kognitiven Dissonanzen dadurch abzubauen versuchen, dass sie ihr Anspruchsniveau – bewusst oder unbewusst – auf das niedrigere Ist-Niveau senken (= **resignative Zufriedenheit**). In der Realität ist des Weiteren zu beobachten, dass unzufriedene Personen die wahrgenommene Situation verfälschen bzw. verfremden, indem sie den wahrgenommenen Ist-Zustand an das Anspruchsniveau anpassen (= **Pseudo-Zufriedenheit**). In Betracht kommt darüber hinaus, dass sich ein Zustand der „**fixierten Unzufriedenheit**" einstellt, nämlich dann, wenn der Kunde Soll- und Ist-Wert nicht aneinander anpasst und auch keinen Versuch unternimmt, das für die Unzufriedenheit verantwortliche Problem zu lösen. Von „**konstruktiver Unzufriedenheit**" schließlich spricht man, wenn die betreffende Person nach Problemlösungen sucht bzw. den Versuch unternimmt, den Ist-Wert anzuheben, bspw. durch Beschwerden oder durch einen Wechsel des Unternehmens.

Ein wesentlicher Beitrag dieses theoretischen Ansatzes ist darin zu erblicken, dass *Bruggemann* (1974) die prozessuale Perspektive der Zufriedenheit in den Mittelpunkt rückt und verschiedene Ausprägungen von Zufriedenheit unterscheidet (vgl. *Gebert/von Rosenstiel* 1996). Demnach beeinflusst die Qualität der Zufriedenheit das jeweilige Verhalten in erheblichem Maße (z. B. progressive Zufriedenheit vs. resignative Zufriedenheit). Da allerdings offen bleibt, welche Bedingungen dafür sorgen, dass sich das Anspruchsniveau bzw. die Form der Problembearbeitung ändern (vgl. *Neuberger* 1974), kann man ablaufende Prozesse und die damit einhergehende Zufriedenheit nicht vorhersagen. Außerdem fehlt für die sechs Arten der Zufriedenheit bislang ein empirischer Beleg. Dennoch hat der Ansatz von *Bruggemann* (1974) konkreten praktischen Nutzen, da man bspw. erklären kann, warum sich Kunden trotz gleichen Zufriedenheitsniveaus unterschiedlich verhalten. Generell wird Unzufriedenheit durch zu hohe Erwartungen des Kunden, eine zu geringe Leistung des Unternehmens oder eine Kombination aus beidem hervorgerufen. Zufriedenheit stellt sich ein, wenn die Erwartungen des Kunden an das Unternehmen erfüllt wurden. Begeisterung schließlich können wir dann beobachten, wenn ein Anbieter die Erwartungen deutlich übertroffen hat.

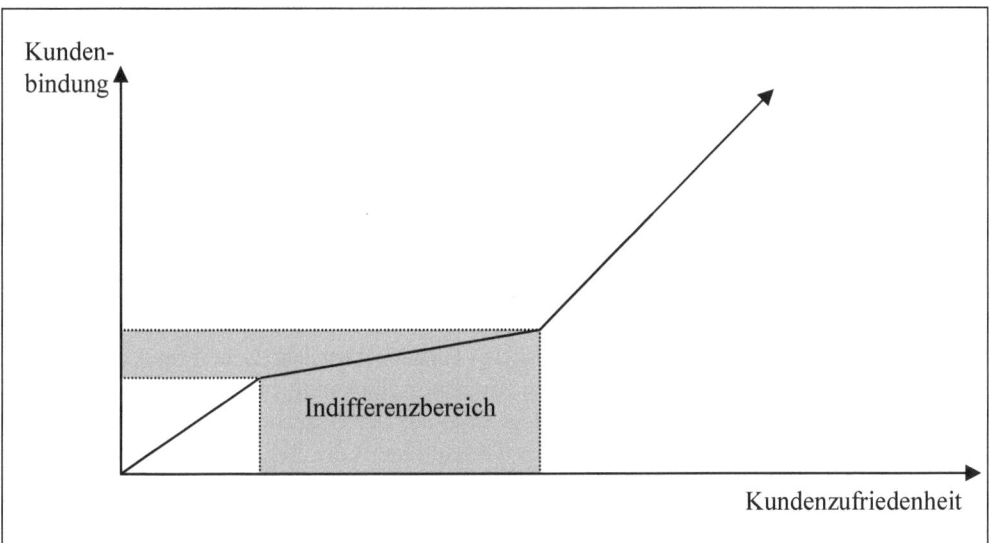

Abb. 1.6: Der Zusammenhang zwischen Kundenzufriedenheit und –bindung

Empirische Studien verweisen immer wieder darauf, dass der Anteil begeisterter Kunden den zentralen Unterschied zwischen erfolgreichen und weniger erfolgreichen Unternehmen ausmacht. Theoretisch lässt sich dies mit der **Assimilations-Kontrast-Theorie** erklären: Erfolgreiche Unternehmen dringen im positiven Sinne in den Kontrast-Bereich vor (vgl. Abschnitt 2.4.2). Hieraus lässt sich ableiten, dass sich erst ein deutliches Übertreffen bzw. Unterschreiten der Erwartungen positiv bzw. negativ auf den Unternehmenserfolg auswirkt (vgl. Abb. 1.6 sowie, auch im Folgenden, *Töpfer/Mann* 1996, S. 41–42).

Diesen Überlegungen folgend unterteilt *Kano* die Anforderungen von Kunden in **drei Leistungskategorien** (vgl. Abb. 1.7 sowie *Froböse/Kaapke* 2000, S. 108–109):

- **Basisanforderungen**: Diese stellen Muss-Kriterien dar. Ihre Nichterfüllung führt zu extremer Unzufriedenheit, ihre Erfüllung jedoch lediglich zu Nichtunzufriedenheit. Die entsprechenden Leistungen sind selbstverständlich und offenkundig, so dass sie vom Anbieter in dessen Kommunikationspolitik nicht artikuliert werden. Offenkundig ist hier die Analogie zu den Hygiene-Faktoren im Zufriedenheitsmodell von *Herzberg* (vgl. Abschnitt 2.4.2).
- **Leistungsanforderungen**: Hierbei handelt es sich um Sollkriterien, mit deren zunehmender Erfüllung die Zufriedenheit des Kunden steigt. Werden diese Kriterien hingegen nicht erfüllt, erhöht sich die Unzufriedenheit.
- **Begeisterungsanforderungen**: Da diese Leistungskomponenten, analog zu den Motivatoren im Modell von *Herzberg*, vom Kunden nicht erwartet werden, löst deren Nichterfüllung keine Unzufriedenheit aus. Werden sie jedoch erfüllt, ist der Kunde begeistert, weil er diese Leistungen weder erwartet noch gefordert hat. Problematisch hierbei ist, dass ein Anbieter im Begeisterungsbereich permanent variieren muss, da die Gefahr besteht, dass eine Begeisterungsleistung nach deren erstmaliger Erbringung beim Kunden zur Leistungsanforderung mutiert.

Die drei Leistungskategorien lassen sich am Beispiel eines **Werkstattaufenthalts** veranschaulichen. Die Basisanforderung, die der Kunde an die Werkstätte stellt, besteht in der sachgemäßen Reparatur bzw. Wartung des Fahrzeugs. Die Einhaltung von Terminzusage und Kostenvoranschlag repräsentiert die Leistungsanforderung. Werden Termin bzw. Kosten unter- bzw. überschritten, führt dies zu Zufriedenheit bzw. Unzufriedenheit. Eine Begeisterungsleistung schließlich könnte in der Bereitstellung eines Leihwagens, der Reinigung des Fahrzeugs oder der Zugabe eines Winterpakets (Türschlossenteiser, Scheibenwischkonzentrat, Enteisungsspray) liegen, ohne dies dem Kunden in Rechnung zu stellen. Wurde die Basisanforderung nicht erfüllt, macht es wenig Sinn, auf der Begeisterungsebene zu agieren. Wurde hingegen eine Leistungsanforderung verfehlt, kann die Begeisterungsleistung u. U. dazu beitragen, das Leistungsdefizit im Sinne einer Wiedergutmachung zu kompensieren.

Fallbeispiel „Begeisterungsfaktoren" – monatlich wechselnde Angebote für *IKEA* Family Card-Besitzer

Die *IKEA* FAMILY Mitgliedschaft, die kostenlos ist, bietet folgende Vorteile, die darauf abzielen, durch Abwechslung immer wieder aufs Neue Begeisterung beim Kunden hervorzurufen:

- Einladungen zu Veranstaltungen wie z. B. Einrichtungsworkshops.
- Spezielle Partnerangebote der Kooperationspartner von *IKEA* (etwa reduzierter Eintritt in Schwimmbäder oder Kinofilme)
- Kostenloser Ersatz der eingekauften Produkte, falls diese beim Eigentransport beschädigt werden

1.5 Zufriedenheit rentabler Kunden als zentrales Anliegen des Marketing

- Gratiskaffee und jeden Monat neue Gerichte zum Mitgliedspreis in den *IKEA*-Restaurants
- E-Mail Newsletter über News, Trends und aktuelle Angebote
- *IKEA* FAMILY LIVE, ein rund 90 Seiten umfassendes und viermal im Jahr erscheinendes Einrichtungsmagazin mit Tipps und Anregungen, das kostenlos im *IKEA* FAMILY Shop mitgenommen werden kann.
- Monatlich wechselnde Angebote zu Sonderpreisen für IKEA Family Card-Besitzer

Quelle: www.ikea.com; Stand: 30.09.2008.

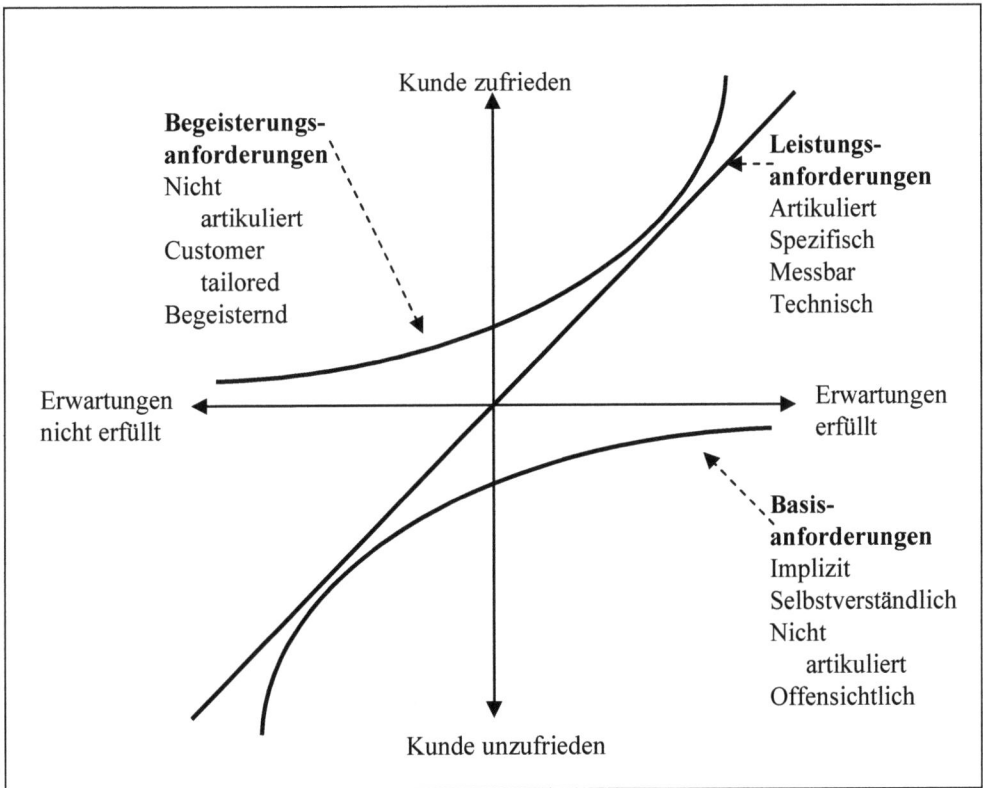

Abb. 1.7: Das Kano-Modell der Kundenzufriedenheit (Quelle: Berger u. a. 1993, S. 26)

Die Konstrukte **Zufriedenheit** und **Einstellung** weisen folgende **Gemeinsamkeiten** auf:

- Orientierung an der **Drei-Komponenten-Theorie**, d. h. Untergliederung des Konstrukts in eine affektive, kognitive und konative Komponente
- **Multiattributiver Charakter**, d. h. beide beziehen sich auf mehrere Eigenschaften eines Objekts

Deutliche **Unterschiede** bestehen hingegen bezüglich folgender Eigenschaften (vgl. hierzu auch Abschnitt 2.4.2):

- **Produkterfahrung**

  Zufriedenheit setzt eine konkrete Erfahrung mit dem Objekt voraus, wohingegen die Einstellung durchaus antizipativen und damit spekulativen Charakter haben kann.

- **Zeitliche Stabilität**

  Die Zufriedenheit kann sich vor dem Hintergrund jeder neuen Erfahrung verändern, wohingegen Einstellungen als zeitlich stabiler gelten.

- **Verhaltensrelevanz**

  (Un-)Zufriedenheit wirkt sich in größerem Maße auf das Verhalten aus als Einstellungen.

Die Vielzahl der Objekte, auf die sich die Zufriedenheit zu beziehen vermag, führt zu unterschiedlichen Spielarten. Betrachtet man den jeweiligen Zustand eines Käufers bzw. Verbrauchers (= **statische Perspektive**), so kann sich Zufriedenheit auf das Wirtschaftssystem, einzelne Branchen (= **Makro-Zufriedenheit**), einen Anbieter, dessen Produkt(e) und Dienstleistung(en) sowie einzelne Eigenschaften davon (= **Mikro-Zufriedenheit**) beziehen. Aus der **dynamischen Perspektive** hingegen wird Zufriedenheit im Zeitablauf, d. h. über die Phasen des Konsumprozesses (Vorkaufphase, Kaufphase und Nachkaufphase) hinweg analysiert (vgl. *Dichtl/Schneider* 1994, S. 7).

1.5.3 Reaktionen auf (Un-)Zufriedenheit

Für ein Unternehmen erscheinen in erster Linie die **Konsequenzen** von Bedeutung, die ein Käufer aufgrund der von ihm empfundenen Übereinstimmung bzw. Divergenz von Erwartungen und tatsächlich Erreichtem zieht (vgl. Abb. 1.8). Ist er zufrieden, stellt dies die Basis für Kundenbindung bzw. Kundentreue sowie positive Mund-zu-Mund-Werbung im sozialen Umfeld und die damit verbundene Diffusion positiver Erfahrung dar. Bei Unzufriedenheit hingegen fallen beim betroffenen Unternehmen neben Aufwendungen für die Befriedigung gelegentlich auftretender Regressansprüche insbesondere Opportunitätskosten im Sinne entgangener Erlöse an. Verantwortlich dafür sind:

- **Abwanderung**, d. h. der Kunde wechselt das Unternehmen bzw. die Marke,
- **negative Mund-zu-Mund-Werbung**, d. h. er bringt seine Unzufriedenheit mit den Leistungen des Unternehmens in seinem sozialen Umfeld zum Ausdruck, sowie
- **Beschwerden** gegenüber Unternehmen und/oder Dritten wie z. B. Verbraucherschutzeinrichtungen, Schiedsstellen und Medien. In den vergangenen Jahren haben sog. „Hate sites" sowie Internet-Meinungsforen (z. B. *Ciao.com, Dooyoo, Hitwin, Vocatus, Epinion*) an Bedeutung gewonnen. Auf diese Weise werden negative Erlebnisse unzufriedener Kunden um ein Vielfaches potenziert. In diesem Kontext gilt es auf das sog. **Beschwerdeparadoxon** hinzuweisen: Sich beschwerende Kunden, die zufriedengestellt werden, sind loyaler als Kunden, die bereits im ersten Anlauf zufriedengestellt wurden. Empirische Studien belegen, dass von denjenigen Kunden, die einen triftigen Grund zur Be-

schwerde haben, rund die Hälfte auf eine solche verzichtet. Demnach gelten Beschwerden als die Spitze des Eisbergs Unzufriedenheit.

Gleichwohl löst nicht jedes negative Erlebnis eine Verhaltensreaktion aus. Unternimmt ein Kunde trotz Verärgerung nichts, besteht die Gefahr, dass sich ein Unternehmen der mangelnden Bedürfnisgerechtigkeit des Angebots nicht oder zu spät bewusst wird und das Ausbleiben von Kritik fälschlicherweise als Zustimmung interpretiert.

Fallbeispiel „Mund-zu-Mund-Werbung" (1) – *Bionade* **und die Expansion ins Mutterland des Softdrinks**

Für das Kultgetränk *Bionade* ist die Erschließung des US-amerikanischen Markts eine Art Reise zurück zu den Anfängen, als das Unternehmen noch wenig Geld besaß und mittels clever ausgelöster Mund-zu-Mund-Werbung zum gefragten Geheimtipp wurde. In den USA soll die Verbreitung des Getränks zunächst nach einem ähnlichen Muster erfolgen – Universitäten, Szenebars und Kantinen von Unternehmen wie *Google* werden als erste Absatzmittler genutzt. Auf diese Weise versucht man, Meinungsführer anzusprechen, die ihrerseits dazu beitragen, Botschaft und Produkt in ihr soziales Umfeld weiterzutragen.

Quelle: *Mende, J.*: Der Regelbrecher, in: LebensmittelZeitung, Nr. 28 vom 11.07.2008, S. 27.

Fallbeispiel „Mund-zu-Mund-Werbung" (2) – die Aktion „Kunden werben" des Telekommunikationsanbieters *Arcor*

- Kunden empfehlen
  Nennen Sie uns einen Bekannten, der sich für *Arcor* interessiert. Und wir schreiben Ihnen bei Vertragsabschluss 20 € gut.
- Werber-Paket bestellen
  Da ist alles drin, was Sie für ein Gespräch mit Ihren Bekannten benötigen: Info-Broschüren und Bestellformulare.
- Kunden werben Kunden – *Arcor* MyCompany
  Sie sind Mitarbeiter eines Unternehmens, das bereits über *Arcor* telefoniert? Sie möchten selbst über *Arcor* günstig telefonieren und surfen? Ihr Arbeitgeber hat sich für das Programm „Kunden werben Kunden – *Arcor* MyCompany" kostenlos registrieren lassen?
  Dann sind Sie hier genau richtig! Beauftragen Sie im Rahmen unseres Kunden werben Kunden-Programms „*Arcor* MyCompany" Ihren neuen Telefon- und Internetanschluss und profitieren Sie zusätzlich von einem Startguthaben in Höhe von bis zu 70,- €.
  1. Unternehmen registrieren
  Um an dem Programm Kunden werben Kunden – „*Arcor* MyCompany" teilnehmen zu können, muss Ihr Unternehmen bzw. Ihr Arbeitgeber bei *Arcor* MyCompany registriert sein. Die Registrierung erfolgt telefonisch unter der kostenlosen Kunden werben Kunden Hotline XXX.

> 2. Vorteilscode empfangen
> Nach der Registrierung stellen wir Ihrem Arbeitgeber einen Vorteilscode zur Verfügung, den Sie dort bitte erfragen und zu Beginn der Online-Beauftragung angeben müssen.
> Ihr Unternehmen ist bereits registriert und Ihnen liegt der Vorteilscode vor? Dann geht es hier zur Online-Beauftragung!
> 3. Auftrag abschließen
> Jetzt müssen Sie nur noch das gewünschte Produkt auswählen und die Bestellung bestätigen. Sobald der neue Vertrag gültig ist, erhalten Sie von uns die Prämie in Form einer Rechnungsgutschrift.
>
> Quelle: www.arcor.de; Stand: 05.10.2008, 12:20 Uhr.

> **Fallbeispiel „Mund-zu-Mund-Werbung" (3) – auf dem Weg zur Maus-zu-Maus-Propaganda**
>
> Zahlreiche Studien belegen den starken Einfluss von Ratschlägen unabhängiger Personen, der im Wesentlichen auf deren Glaubwürdigkeit zurückzuführen ist, auf Kaufentscheidungen. Der klassische Kanal der Mund-zu-Mund-Werbung, nämlich das persönliche Gespräch mit Freunden, Bekannten und Kollegen, wird hierbei zunehmend durch das Internet abgelöst. Angesichts der wachsenden Bedeutung von Produktbewertungsportalen, Online-Foren und Weblogs gilt es, die klassische Marktforschung durch das regelmäßige Monitoring derartiger Internet-Plattformen zu flankieren.
>
> Quelle: *o. V.*: Tippgeber sind die besten Verkäufer, in: LebensmittelZeitung, Nr. 27 vom 04.07.2008, S. 37.

In der Realität begegnet man nicht selten dem Fall, dass Kunden trotz Zufriedenheit die Marke bzw. den Anbieter wechseln. Dieses Phänomen bezeichnet man als **Variety Seeking**, also als Suche nach Abwechslung im Konsum aufgrund von Langeweile bzw. Neugier. Variety Seeking tritt insbesondere bei Produkten auf, deren Erwerb in den Augen des Verbrauchers ein nur geringes Risiko in sich birgt und schwerpunktmäßig von geschmacklichen Aspekten bestimmt wird (vgl. *McAlister* 1982, S. 141 ff.). Eine dauerhafte Beziehung zu den Kunden lässt sich in diesem Fall nicht durch die Optimierung von Kundenzufriedenheit erzielen. Vielmehr müssen Maßnahmen ergriffen werden, die entweder den Kunden technisch, ökonomisch, juristisch, psychisch, sozial und/oder situativ binden, so dass die Bindung den Wunsch nach Abwechslung überlagert, oder auf Abwechslung in den Augen des Kunden ausgerichtet sind.

Neben der **situativen Kundenbindung** (etwa Mangel an verfügbaren Angebotsalternativen, Nähe des Standorts zum Wohnort/Arbeitsplatz) besteht bei manchen Gütern die Möglichkeit, die Kunden über ein System technisch zu binden und auf dieser Basis eine langfristige Beziehung aufzubauen (= **technische Kundenbindung**).

Als Urvater der technischen Kundenbindung gilt *John D. Rockefeller*, der als der reichste Mann seiner Epoche galt. Er erwarb Ölraffinerien in den USA, verschiffte anschließend tonnenweise Öllampen nach China und brachte diese dort günstig – zahlreiche Biographen sagen sogar kostenlos – unter das Volk. Millionen von Chinesen waren nunmehr im Besitz einer Öllampe, benötigten aber Petroleum, um diese nutzen zu können. So entstand eine riesige Nachfrage nach Petroleum. Und da *Rockefeller* in China quasi ein Monopol besaß, war ein riesiger Absatzmarkt auf Jahre hinweg gesichert.

Im Marketing spricht man in diesem Zusammenhang von einem **Lock-in-Effekt** (von to lock in: einschließen, einsperren). Als Verbraucher werden wir durch finanzielle Investitionen in bestimmte Technologien (etwa Kaffeemaschinen, Rasierklingen, Drucker) an einen Anbieter gebunden. Denn der Wechsel zu einem anderen Unternehmen erscheint uns unwirtschaftlich, weil wir dann ja unser für die Anschaffung ausgegebenes Geld verlieren würden. Wir sind also unserer Entscheidungsfreiheit beraubt, wir sind eingesperrt.

Anbieter von Röstkaffeekapseln nutzen systematisch Lock-in-Effekte aus. Im Gegensatz zu den Kaffee-Pads handelt es sich hierbei um geschlossene Systeme, die patentrechtlich geschützt sind. Demnach kann kein anderer Hersteller die erforderlichen Kapseln für ein System liefern, und deshalb können wir auch keine günstigen Kapseln beim Discounter kaufen. *Tassimo*-Automaten sind sogar in der Lage, über einen Strichcode auf den Kapseln zu erkennen, welches Getränk von *Kraft Foods* sie gerade zubereiten sollen.

Alle Anbieter setzen auf eine ähnliche Strategie: Spitzen-Kaffee-Qualität zu einem günstigen Einstiegspreis. Kostet eine entsprechende Maschine doch nur knapp 60 Euro. Erst die speziellen Kaffee-Pads kosten ordentlich Geld. Denn wer bereits ein Kapselgerät in den eigenen vier Wänden stehen hat, wird kaum ein zweites eines Wettbewerbers erwerben. Das riesige Umsatz- und Gewinnpotenzial geschlossener Kapselsysteme ist angesichts der großen Zahl am Markt abgesetzter Maschinen bereits heute absehbar. Die Durchschnittspreise der Kapseln liegen um mehr als das Dreifache über Pads und nahezu siebenmal höher als bei Filterkaffee.

Als weiteres Beispiel für die Nutzung von Lock-in-Effekten kann *Gillette* gelten. Der erste große Erfolg nach diesem Modell war der *Gillette*-Rasierer von *King C. Gillette*. Statt der damals üblichen Rasiermesser, die nachgeschärft werden mussten, verkaufte *Gillette* einen patentierten Klingenhalter, zu dem wegwerfbare Sicherheitsklingen passten. Diese waren kostengünstig herzustellen und wurden mit hohem Gewinn immer wieder an die Besitzer der Klingenhalter verkauft. Die dahinter stehende Strategie: Teuer sind nicht die Klingenhalter selbst, sondern die Klingen, die wir immer wieder kaufen müssen. Und die Klingen anderer Hersteller passen natürlich nicht auf die *Gillette*-Klingenhalter. Da wir aber den Klingenhalter weiterhin nutzen wollen und keinen neuen eines anderen Anbieters kaufen wollen, bleiben wir dem *Gillette*-System treu. Was die Klingen kosten, blenden wir weitgehend aus.

Ähnlich gehen die Anbieter von Billig-Druckern vor. Ein neuer Drucker kostet uns nur wenig mehr als eine neue Tonerkartusche. Bei solchen Druckern sind die Tonerkartuschen jedoch nur zur Hälfte gefüllt, damit bei uns möglichst schnell Ersatzbedarf entsteht. Wollen wir den Drucker nicht wegwerfen, müssen wir notgedrungen wieder die Kartusche kaufen, die in unser Gerät passt. Und das tun wir auch, obwohl die neue Kartusche nur etwas weniger kostet als ein ganz neuer Drucker.

Wie einst *Rockefeller* machen es auch die Mobilfunkanbieter: Das Handy bekommen wir für 1 € quasi geschenkt. Manche Anbieter versprechen beim Abschluss eines Vertrags sogar noch einen Motorroller oder einen Labtop als Zugabe obendrauf. Obwohl uns bei klarem Menschenverstand eigentlich einleuchten müsste, dass jeder Anbieter mittelfristig nichts zu verschenken hat, fallen immer wieder Verbraucher (und offenkundig nicht wenige!) auf solche vermeintlichen Schnäppchen herein. Und dann müssen sie vergleichsweise hohe Gesprächs- und SMS-Gebühren entrichten.

Das Prinzip ist immer das Gleiche: Das Produkt wird uns zunächst billig oder kostenlos angeboten. Erst die Folgekosten bzw. das Verbrauchsmaterial schlagen richtig zu Buche und bescheren den Anbietern Umsatz sowie Gewinn. Und da wir das Produkt nun einmal haben und auch weiterhin nutzen wollen, bleiben wir dem jeweiligen System treu.

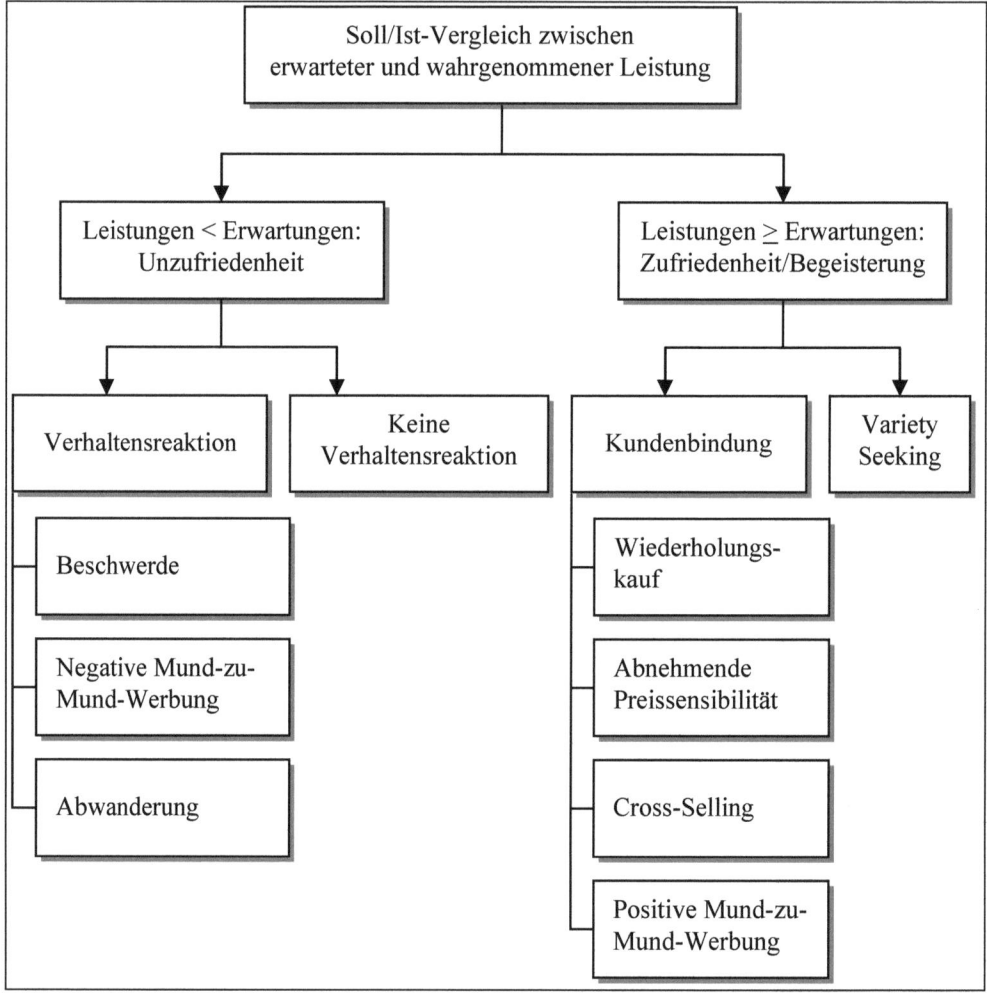

Abb. 1.8: Die Reaktionen des Kunden auf (Un-)Zufriedenheit im Überblick

Fallbeispiel „Technische Kundenbindung" – das *My-Cup*-System von *Melitta*

Längst ist *Douwe Egberts*, die Kaffee-Tochter des US-Konzerns *Sara Lee*, mit der Marke *Senseo* nicht mehr alleine auf weiter Flur. Das Unternehmen hatte vergeblich versucht, sich in Deutschland auf juristischem Weg die Konkurrenz vom Leib zu halten. Doch seit September 2006 haben die Konkurrenten von höchstrichterlicher Instanz Grünes Licht erhalten. Demnach ist das Soft Pad-System nicht für *Senseo* allein geschützt, sondern auch andere Anbieter und unter ihnen *Melitta* dürfen es nutzen. So verwundert es nicht, dass mittlerweile 60 % des Marktvolumens von Handelsmarken abgedeckt werden.

Beim *My-Cup*-System von *Melitta* handelt es sich um ein Kaffee-Einzelportionsgerät, das sich im Wesentlichen von den Konkurrenzprodukten und hier insbesondere vom *Philips*-Gerät „*Senseo*", dem Marktführer, unterscheidet. *Melitta* setzt auf eine Wertschöpfungsstrategie und deshalb nicht unbedingt auf Verdrängungswettbewerb. Während die Preisspanne bei *Senseo* mittlerweile zwischen 50 und 70 € liegt, beträgt die Preisempfehlung für das *Melitta*-Gerät 139 €. Der beachtliche Preisunterschied wird vom Hersteller mit der ausgefeilten Technik begründet, die einen höheren Produktnutzen ermögliche.

Die Kaffee-Pads werden in vier verschiedenen Sorten angeboten und sind wegen ihrer rechteckigen Form ausschließlich im *Melitta*-Gerät verwendbar. Demnach ist *My-Cup* ein in sich geschlossenes System, die runden Pads anderer Hersteller (z. B. *Jacobs*) lassen sich nicht einsetzen. Mit diesem System der technischen Kundenbindung lasse sich die Preisgestaltung besser steuern, da *Melitta* nach eigenen Aussagen kein Interesse habe, die Margen des Handels zu vernichten.

Im Gegensatz zu den Kaffee-Pads sind die Umsätze mit Röstkaffeekapseln für die geschlossenen Systeme, die patentrechtlich geschützt sind und damit auf einer Kombination aus technischer sowie juristischer Kundenbindung basieren, wie *Tassimo* von *Kraft Foods*, *Cafissimo* von *Tchibo* sowie *Nespresso* und *Dolce Gusto* von *Nestlé* noch gering. *Nestlé* hat im Falle von *Nespresso* 1.700 Patente auf die Kapsel und die Art der Kaffeegewinnung angemeldet. Demnach kann bzw. darf kein anderer Hersteller die erforderlichen Kapseln liefern. *Tassimo*-Automaten sind sogar in der Lage, über einen EAN-Code auf den Kapseln zu erkennen, welches Getränk von Kraft Foods sie gerade zubereiten sollen.

Doch die Potenziale geschlossener Kapselsysteme sind angesichts der großen Zahl am Markt abgesetzter Maschinen bereits heute absehbar. Die Durchschnittspreise der Kapseln liegen um mehr als das Dreifache über Pads und nahezu siebenmal höher als bei Filterkaffee (Stand: 2009). Doch mittlerweile droht dem Triumvirat Gefahr durch Handelsmarkensysteme. Mit dem „K-Fee"-System bietet die *Krüger*-Gruppe eine deutlich günstigere Variante an: Die Preise dürften pro Tasse um 20 bis 30 % günstiger sein als bei den Konkurrenzprodukten. Mit weniger als 70 € liegen auch die Preise der Maschinen deutlich unter denen der Wettbewerber. Auch dieses System ist geschützt, doch nicht für die einzelne Marke. Vielmehr bietet *Krüger* die Maschinen und Kapseln seinen Handelskunden unter deren jeweiligen Handelsmarken-Logos an und etabliert damit ein kundenübergreifendes Private-Label-System. Allen Beteiligten wird nur dann Erfolg beschieden sein, wenn die Kaffeekapseln kompatibel und möglichst überall erhältlich sind, also auch bei den am *K-System* teilnehmenden Wettbewerbern.

Angesichts der Konkurrenz durch Handelsmarken forcieren *Kraft Foods*, *Nestlé* und *Tchibo* ihre Geräteverkäufe. Denn wer bereits in den eigenen vier Wänden über ein Kapselgerät verfügt, wird kaum ein zweites erwerben und einen Automaten von *Krüger* kaufen. *Kraft Foods* fährt hierbei eine Co-Branding-Strategie, indem es die neuen *Tassimo*-Maschinen von *Bosch* herstellen lässt.

Doch trotz des Booms der neuen Systeme darf nicht verkannt werden, dass klassischer Filterkaffee mit drei Vierteln – wenn auch mit sinkender Tendenz – noch immer den Löwenanteil am Markt auf sich vereint.

Seit 2010 schlägt *Tchibo* mittels Mischkalkulation eine neue Vermarktungsstrategie ein. Wer ein „*Cafissimo*-Genuss-Abonnement" abschließt und sich damit für ein Jahr verpflichtet, pro Monat für 18 € sprich sechs Verkaufseinheiten á 10 Kapseln Kaffee abzunehmen, erhält die erforderliche *Cafissimo*-Maschine gratis dazu. Dies dürfte bei zahlreichen Verbrauchern die Hemmschwelle herabsetzen, sich eine neue Maschine mit Kapselsystem anzuschaffen. Das Kaffee-Abonnement läuft nach zwölf Monaten automatisch unbefristet weiter, kann ab diesem Zeitpunkt aber jederzeit schriftlich gekündigt werden.

In 2010 brachte die österreichische *Aldi*-Tochter *Hofer* unter der Marke „*Martello*" ein eigenes Kapselsystem auf den Markt und will dieses – ähnlich wie den hauseigenen Champagner – für jedermann erschwinglich machen.

Quelle: o. V.: Melitta engagiert sich in neuer Produktkategorie, in: LebensmittelZeitung, Nr. 28 vom 09.07.2004, S. 17; o. V.: Scharfe Konkurrenz am Kaffeemarkt, in: LebensmittelZeitung, Nr. 13 vom 30.03.2007, S. 12; Mende, J.: Neue Umlaufbahn, in: LebensmittelZeitung, Nr. 27 vom 03.07.2009, S. 29.

Fallbeispiel „Technische Kundenbindung" – Wenn Patente auslaufen, treten Me-too-Produkte auf den Plan.

Lange Zeit lag das lukrative Geschäft mit Wechselköpfen für die Elektro-Zahnbürsten von *Oral-B* aufgrund eines Patents ausschließlich in der Hand von *Procter&Gamble*. *Oral-B* überzeugte mit seinen Geräten und dominierte damit den dynamischen Markt mit elektrischen Zahnbürsten. Hierbei handelte es sich aufgrund von Patenten um ein geschlossenes System ohne alternative Wechselköpfe, und damit lag die Versorgung mit Nachschub ausschließlich in der Hand von *P&G*. Denn wer sich für ein Gerät entschieden hatte, musste stets auch die entsprechenden Wechselköpfe des entsprechenden Herstellers nachkaufen.

Als dieses Patent 2011 auslief, ergriff *GlaxoSmithKline* die Chance, mit preiswerten Wechselköpfen unter *Dr. Best*, einer etablierten Marke bei Handzahnbürsten, an den Grundpfeilern der *P&G*-Marktdominanz bei Wechselköpfen zu rütteln. Die *Dr. Best*-Produkte sind kompatibel mit *Oral-B*-Zahnbürsten und weisen hierauf ausdrücklich auf der Verpackung hin.

Auch Handelsmarkenhersteller standen zum Zeitpunkt des Patentablaufs bereits in den Startlöchern. Obwohl die Anwälte von *P&G* intensiv daran arbeiteten, die Wettbewerber

> zu stoppen, zeigt der Fall, dass eine völlige Abschottung gegenüber Me-too-Produkten mittels technischer Kundenbindung auf lange Sicht erheblichen Gefahren ausgesetzt ist.
>
> Quelle: *Morgen, E.:* Angriff auf die Glückseligkeit, in: LebensmittelZeitung, Nr. 45 vom 12.11.2010, S. 2.

Eine solche technische Verbindung zwischen Anbieter und Kunde ist allerdings in vielen Branchen, insbesondere bei kurzlebigen Konsumgütern, nicht realisierbar. Hier besteht die Möglichkeit, zufriedene, aber wechselfreudige Kunden mit der Gewährung von ökonomischen Anreizen an sich zu ketten (= **ökonomische Kundenbindung**). Sehr häufig werden in diesem Zusammenhang klassische Mengenrabatte eingesetzt. Auch Dienstleister machen mittlerweile von dieser Form der Beziehungspflege Gebrauch. So belohnt die *Deutsche Lufthansa AG* mit dem Miles & More Programm ihre Kunden für ihre Treue oder verleidet ihnen dadurch den Wechselnutzen. Das Prinzip dabei ist einfach: Dem Kunden werden bei jedem *Lufthansa*-Flug die geflogenen Meilen auf einem persönlichen Konto gutgeschrieben. Ab einem bestimmten Mindestkontostand können diese Meilen dann gegen verschiedene Prämien wie Freiflüge oder kostenlose Übernachtungen in Partnerhotels der *Lufthansa* eingetauscht werden, wobei diese Vergünstigungen auch auf andere Personen übertragbar sind (vgl. *Dichtl* 1994).

Auch die in Deutschland an Beliebtheit gewinnenden **Bonussysteme** sind eine Form der ökonomischen Kundenbindung (vgl. hierzu auch die weiter unten aufgeführten Fallbeispiele). Experten schätzen, dass in Deutschland rund 100 Millionen Bonuskarten im Umlauf sind, rund 90 % der Deutschen sammeln irgendwo Bonuspunkte. Hierzulande gibt es rund tausend Bonuskartensysteme mit steigender Tendenz. Marktführer ist *Loyalty* mit seinem im Jahr 2000 eingeführten *Payback*-System. Diesem gehören mittlerweile 20 Unternehmen an (u. a. *Galeria Kaufhof*, *Obi*, *Aral* und *DM-Drogerie*), und 17 Millionen Haushalte verfügen über eine Payback-Karte (Stand: 2007).

Wer an einem System teilnimmt, wird für seine Treue belohnt. Jedes Mal, wenn der Konsument bei einem teilnehmenden Unternehmen einkauft, erhält er eine bestimmte Anzahl von Punkten, Digits, Swops oder Meilen gutgeschrieben, die er dann später als Gutschrift oder in Form von Sachprämien einlösen kann. Darüber hinaus schalten die großen Anbieter wie *Payback* oder *Happy-Digits* (*Karstadt-Quelle, Tengelmann, Deutsche Telekom;* 2009 eingestellt) zumeist noch zeitlich begrenzte Sonderaktionen, bei denen den Kartenbesitzern Rabatte auf den Erwerb von (bestimmten) Produkten eingeräumt werden.

Die Unternehmen nutzen die Bonusprogramme als Instrument der Kundenbindung. In diesem Zusammenhang belegen empirische Analysen aus dem Bereich der „Neuen Institutionenökonomik", dass Unternehmen weniger darauf abzielen, beim Kunden Zufriedenheit hervorzurufen und damit weitere Käufe zu stimulieren, als vielmehr den Preiswettbewerb zu entschärfen. Aus dieser Perspektive sind Bonusprogramme „künstliche Wechselbarrieren" mit wettbewerbswidrigem, preistreibendem Effekt (vgl. *Pfeil/Posselt* 2006).

Darüber hinaus dienen die Daten dazu, Kundenprofile zu erstellen und mit deren Hilfe das Sortiment zu optimieren sowie Streuverluste in Werbung und Verkaufsförderung zu vermeiden. Denn die Kundenkarten enthalten i. d. R. einen Magnetstreifen mit hinterlegten Kundendaten (etwa Name, Adresse über Geburtsdatum bis hin zu Haushaltseinkommen, Anzahl der im Haushalt lebenden Personen, deren Freizeitbeschäftigungen und Präferenzen).

Unternehmen nutzen die Daten nicht nur zum Erstellen von Kundenprofilen, sondern verkaufen/vermieten diese auch weiter. Außerdem führen Datenschützer kritisch an, dass die Informationen nicht nur zur Optimierung des Sortiments genutzt würden, sondern das konkrete Kaufverhalten einzelnen Personen zugeordnet würde. Dies sei noch problematischer, wenn die Karten auch noch mit einer Zahlungsfunktion ausgestattet seien (etwa Kreditkarte oder EC-Karte, die aber nur in den dem Kundenkartensystem angeschlossenen Geschäften funktioniert). Die Unternehmen versprechen sich hierdurch eine häufigere Nutzung der Karte. Datenschutzrechtlich brisant wird es jedoch, wenn die Datenströme bezüglich Sammel- und Zahlungsfunktion nicht strikt voneinander getrennt werden. Dann nämlich wird es beispielsweise möglich, aus dem Kaufverhalten Rückschlüsse auf die Kreditwürdigkeit eines Kunden zu ziehen (vgl. *Hildebrandt-Woeckel* 2007, S. 25).

Als **Emittenten** von Kundenkarten kommen in Frage:
- einzelne Handelsunternehmen,
- regional oder lokale Gemeinschaften von Handelsunternehmen sowie
- spezialisierte Serviceunternehmen, die für Mitglieder die Karten gestalten, verwalten und vertreiben.

Die am weitesten in Deutschland verbreiteten nationalen **Kundenkartenprogramme** sind:
- *Payback* (gegründet: März 2000, Reichweite: 22. Mio. Haushalte),
- *Happy Digits* (gegründet: Oktober 2001, Reichweite: 21. Mio. Haushalte) sowie
- *Deutschland-Card* (gegründet: März 2008, Reichweite: 4. Mio. Haushalte; Stand: 2009).

Fallbeispiel „Gefahren der ökonomischen Kundenbindung" – die Aktion „Einfacher an den Ball kommen" der deutschen *BP Aktiengesellschaft*

Im Zuge der *BP*-Aktion, die vom 06.03.2003 bis zum 06.09.2003 lief, erhielten die teilnehmenden Kunden für den Erwerb von je zehn Litern Tankabsatz, einer Autowäsche oder einem Liter Schmierstoff einen Sammelpunkt. Für 30 Sammelpunkte und einer Zuzahlung von 1 € wurden diverse Ballprämien (Basketball, Fußball, Volleyball, 4er-Set Tennisbälle oder 3er-Set Golfbälle) ausgelobt. Auf diese Weise sollte die Kundentreue gesteigert werden. Außerdem erhielt *BP* umfangreiches Adressmaterial, das zum einen für eigene Marketingaktionen genutzt und zum anderen an andere Unternehmen veräußert bzw. vermietet werden konnte.

Statt der geplanten 4 Millionen Bälle wurden bis zum Ende der Aktion 9 Millionen Bälle abgegeben. Der förmlich explodierte Bedarf, der selbst für erfahrene Spezialisten unerwartet kam und zum Teil darauf zurückzuführen war, dass gewerbliche Kunden und deren Mitarbeiter (etwa LKW-Fahrer) nicht von der Aktion ausgeschlossen worden waren, führte zu Lieferengpässen bei den Prämien und hatte zur Konsequenz, dass zahlreiche Kunden vertröstet werden mussten. Obwohl die Produktion der Bälle auf Hochtouren lief und aus aller Welt Bälle importiert wurden, verzögerte sich die Verteilung der Prämien um Wochen. Verständlicherweise reagierte ein erheblicher Teil der teilnehmenden Kunden mit

Verärgerung, die auch ein eilends verfasster Entschuldigungsbrief des *BP*-Vorstandes wohl kaum verringert haben dürfte. Die Engpässe bei der Auslieferung der Bälle war dem ursprünglichen Ziel der Aktion, nämlich der Erhöhung der Kundenbindung, keinesfalls förderlich.

Nicht unerwähnt bleiben soll, dass im Internet bereits vollständig ausgefüllte Teilnahmekarten für 1 € angeboten wurden. Aus welchen Quellen diese Teilnahmekarten stammten und inwieweit Betrüger für den unerwarteten (vermeintlichen?) Erfolg der *BP*-Aktion verantwortlich waren, blieb zumindest gegenüber der Öffentlichkeit ungeklärt.

Eine weitere Möglichkeit der Kundenbindung bietet der Aufbau rechtlicher Wechselbarrieren (= **juristische Kundenbindung**). Hierzu zählen Exklusivverträge, fixierte Vertragslaufzeiten sowie Monopolsituationen. Dadurch hat der Kunde keine Möglichkeit, den Anbieter zu wechseln. Außerdem kann ein Unternehmen psychologische Hürden (= **psychologische Kundenbindung**) errichten. Man denke in diesem Zusammenhang an die Mühen, die viele Verbraucher mit dem Wechsel der Bankverbindung, der Autoversicherung und/oder des Stromlieferanten verbinden.

Ein in jüngster Zeit beliebtes Mittel zur Stammkundenpflege bildet schließlich die soziale Integration des Kunden (= **soziale Kundenbindung**). Diese wird beispielsweise über die Bildung von Kundenclubs oder die Einrichtung von Kundenbeiräten hergestellt. Die Mitglieder eines Kundenclubs genießen Vorteile in Form von Clubzeitungen, -veranstaltungen, vergünstigten Versicherungen/Reisen, Liefer- und Bestellservice und Vorzugspreisen. Zahlreiche Anbieter unterschiedlicher Branchen bedienen sich der Form des Kundenclubs zur Schaffung einer emotionalen Verbindung zum Konsumenten, wie die Beispiele *Ikea* Family, *Metro* Club, *Tengelmann* Club, *Steigenberger*-, *Porsche*- und *Camel*club zeigen. Der Vorteil solcher sozialen Instrumente der Beziehungspflege liegt darin, dass sie die Kunden sowohl an den Anbieter sozial binden als auch mittels Zusatzerlebnissen wie Clubveranstaltungen das Bedürfnis nach Abwechslung befriedigen.

Die Fähigkeit des Unternehmens, Kunden an sich zu binden, bezeichnet man als **Akquisitorisches Potenzial**. Nach der Höhe des Akquisitorischen Potenzials richtet sich die individuelle Ausgestaltung der Preis-Absatz-Funktion (vgl. Abb. 1.9). Liegt die doppelt geknickte Preis-Absatz-Funktion über der linearen Preis-Absatz-Funktion, bringt dies zum Ausdruck, dass der Konsument auf Preiserhöhungen eines Anbieters weniger sensibel reagiert, d. h. dem Unternehmen treu bleibt und nicht zum Konkurrenten abwandert. Liegt die doppelt geknickte hingegen unter der linearen Preis-Absatz-Funktion, bedeutet das, dass der Konkurrent über Akquisitorisches Potenzial verfügt, d. h. bei Preissenkung unsererseits wandern die Kunden des Wettbewerbers weniger häufig zu unserem Unternehmen ab.

Als monopolistischen Bereich (= gepunktete Linie) bezeichnet man den Abschnitt der Preis-Absatz-Funktion, in dem Preisänderungen zu relativ geringen Änderungen der Absatzmenge führen. Ein Unternehmen kann sich hier unter Konkurrenzbedingungen preispolitisch wie ein Monopolist verhalten. Der monopolistische Bereich ist umso größer, je stärker die Produkte aufgrund ihres positiven Images, einer guten Qualität oder anderer Eigenschaften von den Kunden präferiert werden. Preisschwellen bezeichnen in diesem Zusammenhang Preispunkte, bei denen sich die Preisreaktion sprunghaft verändert und die sich an den beiden Enden des monopolistischen Bereichs befinden.

Dass Unternehmen ihr Handeln an der Maxime „Kundenbindung ist kostengünstiger als Neukundenakquisition" ausrichten, muss zumindest in Zweifel gezogen werden, wenn Telekommunikationsanbieter und Internetbanken potenziellen Neukunden um bis zu 40 % günstigere Konditionen anbieten als ihren Stammkunden. Angesichts solcher Rahmenbedingungen werden Kunden geradezu zu Schnäppchenjägern erzogen, was nicht selten darin mündet, dass sie beispielsweise zahlreiche kostenlose Internetbankkonten parallel unterhalten und bei jedem günstigeren Angebot das Geld von einem zum anderen Kreditinstitut transferieren. Damit ist für die Banken nicht nur die Gefahr eines ruinösen Preiswettbewerbs in Form einer sich immer schneller nach oben drehende Konditionenspirale, sondern auch ein erheblicher Verwaltungsaufwand für vom Kunden unterhaltene, aber kaum genutzte Konten verbunden.

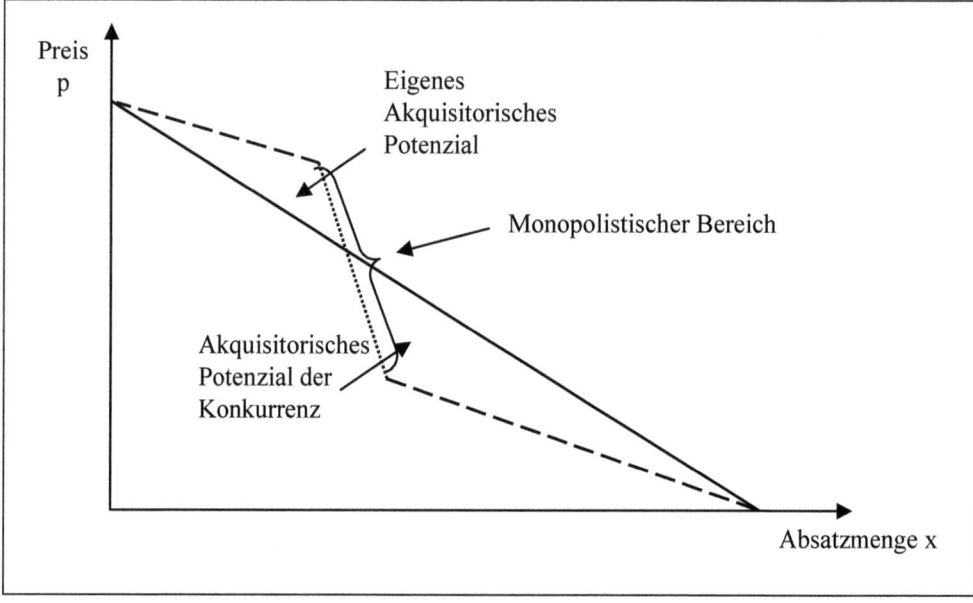

Abb. 1.9: Das Akquisitorische Potenzial zweier Anbieter – dargestellt anhand einer doppeltgeknickten Preis-Absatz-Funktion

1.5.4 Messung von Kundenzufriedenheit

Der Zugang zum Konstrukt Kundenzufriedenheit hängt in entscheidendem Maße von dessen Operationalisierung ab. Die Festlegung geeigneter Indikatoren ist untrennbar mit der Frage verknüpft, welches Erhebungsverfahren herangezogen werden soll. Grundsätzlich lassen sich **zwei Ansätze zur Messung von (Un-)Zufriedenheit** unterscheiden (vgl. Tab. 1.2):

1.5 Zufriedenheit rentabler Kunden als zentrales Anliegen des Marketing

- **Objektive bzw. objektorientierte Verfahren**

  Diese werden in der Unternehmenspraxis am häufigsten eingesetzt. „Objektiv" bzw. objektorientiert bedeutet in diesem Kontext, dass Größen, die unabhängig von der Einschätzung der Betroffenen sind, also am Objekt Unternehmen, Produkt, Dienstleistung etc. ansetzen, erfasst werden. Beispielsweise verwenden Unternehmen Umsatz- und Marktanteilszahlen sowie die Loyalitätsrate als Basis für die Ermittlung der Zufriedenheit ihrer Kunden. Weiterhin werden Äußerungen von Verbrauchern gegenüber Unternehmen und Dritten systematisch analysiert. Auch die statistische Erfassung des Auftretens von Gewährleistungsansprüchen, der Häufigkeit von Reparaturen etc. liefern erste Hinweise auf Leistungsdefizite und damit auf mögliche Ursachen von Unzufriedenheit.

Tab. 1.2: Verfahren zur Messung von Kundenzufriedenheit

Objektorientierte Verfahren	Subjektorientierte Verfahren

Erfassung von
• Umsatz
• Marktanteil
 	
Analyse der Kundenloyalität
 	
Auswertung von
• Reklamationen
• Garantiefällen
• Beschwerden
 	
Durchführung von Qualitätskontrollen
• Testkäufe
• Werkstatt-Tests
	Merkmalsgestützte Verfahren
	• Implizite Verfahren
	  – Registrierung des Beschwerdeverhaltens
	  – Ermittlung der von Kunden wahrgenommenen Leistungsdefizite mittels standardisierter Befragung
	• Explizite Verfahren
	  – Eindimensionale Messung
	  – Mehrdimensionale Messung
	
	Ereignisorientierte Verfahren
	• Methode der kritischen Ereignisse

- **Subjektive bzw. subjektorientierte Verfahren**

  Aufgrund der mangelnden Validität objektiver Kriterien, die auf eine individuell unterschiedliche Wahrnehmung einer gleichartigen Konsumsituation zurückzuführen sein mag, wird die Zufriedenheit häufig auf Basis eines subjektiven Konzeptes erfasst. Dieser Ansatz, der zwischen merkmalsgestützten und ereignisorientierten Verfahren differenziert, basiert auf der Annahme, dass die Bedürfnisgerechtigkeit eines Angebots nur mittels Kundenbefragungen ermittelt werden kann.

  Bei den merkmalsorientierten Verfahren wird die Zufriedenheit zum einen auf indirektem Wege, nämlich mittels Indikatoren, die mehr oder weniger eindeutige Rückschlüsse auf die Bedürfnisbefriedigung der Kunden zu ziehen erlauben, erfasst. Zu diesen sog. impliziten Methoden gehören die Registrierung des Beschwerdeverhaltens sowie die Ermittlung der von Kunden wahrgenommenen Leistungsdefizite mittels standardisierter Befragung. In sog. expliziten Ansätzen ermittelt man dagegen den Grad der Bedürfnisbefriedigung direkt über ein- und mehrdimensionale Zufriedenheitsskalen oder durch einen Soll-Ist-Vergleich von Erwartung und Leistungsbeurteilung.

Mit solchermaßen standardisierten, merkmalsgestützten Aktionen zur Bestimmung der Kundenzufriedenheit erfasst man im Regelfall weder alle relevanten Merkmale noch ist davon auszugehen, dass sie das reale Qualitätserleben in der empfundenen Dringlichkeit angemessen abbilden. Einmal deshalb, zum anderen wegen des Episodencharakters der Anbieter-Kunde-Interaktion, der insbesondere Dienstleistungen charakterisiert, erscheint es zweckmäßig, den Kenntnisstand durch die Ermittlung von Problemen bzw. außergewöhnlich positiven Ereignissen zu verbessern, die Kunden bei ihrem Unternehmen erleben und die ihr Qualitätsurteil bestimmen. Dazu können weitere Verfahren eingesetzt werden, von denen der Methode der kritischen Ereignisse besondere Bedeutung zukommt (vgl. *Hentschel* 1992). Auf diese Weise gelangt ein Anbieter zu Schlüsselinformationen, die er beim Einsatz standardisierter, merkmalsgestützter Fragen u. U. nicht bekommen würde. Zu bemängeln sind dabei jedoch die Aufwendigkeit der Methode, der für die Auswertung der Ergebnisse zu veranschlagende hohe Zeitbedarf sowie die mangelnde Repräsentativität, da es sich um positive bzw. negative Extremerfahrungen handelt, weswegen das Instrument für die regelmäßige Kontrolle von Kundenzufriedenheit kaum in Frage kommen dürfte.

Maxime Kundenzufriedenheit – Ein Königs- oder Irrweg?

Die Zufriedenheit der Kunden – so der allgemeine Tenor – bildet die Basis für den Unternehmenserfolg, weil sie Kundenbindung, Kundentreue oder positive Mundpropaganda nach sich zieht. Unzufriedenheit hingegen verursacht beim betroffenen Unternehmen häufig Kosten, man denke etwa an Aufwendungen für die Befriedigung von Regressansprüchen oder an Opportunitätskosten infolge von Abwanderung, negativer Mundpropaganda und Beschwerden. Und dennoch: Trotz ihrer unbestrittenen Relevanz zeichnet sich das Konstrukt „Kundenzufriedenheit" durch gewisse Schwächen und Unzulänglichkeiten aus.

These 1: Die in der Unternehmenspraxis verwendeten Messansätze werden dem vielschichtigen Phänomen Kundenzufriedenheit allenfalls ansatzweise gerecht.

Zufriedenheit bezeichnet gemeinhin das Ergebnis eines Soll-Ist-Vergleichs. Die Ist-Komponente verkörpert dabei den Zustand, wie eine Person ein Unternehmen, dessen Produkte oder die zugehörigen Eigenschaften erlebt oder wahrnimmt. Weit weniger Einigkeit besteht indessen, was unter der Soll-Komponente zu verstehen ist. Das Spektrum reicht hier von der „Idealvorstellung des Kunden" über seine „Erwartungen" bis hin zu dem aus seiner Sicht „minimal tolerierbaren Zustand". Je nachdem, welche Auffassung von Kundenzufriedenheit zugrunde gelegt wird, gelangt ein Unternehmen zu völlig unterschiedlichen Messbefunden.

Hinzu kommt, dass sich die Soll-Komponente im Zeitablauf verändert, wofür im Wesentlichen vier Faktoren verantwortlich zeichnen: die Kommunikation des Kunden, dessen persönliche Situation und bisherige Erfahrung mit dem Unternehmen sowie die Kommunikation des Anbieters. Der zuletzt genannte Aspekt verdeutlicht, warum Unternehmen für einen nicht unerheblichen Teil der Unzufriedenheit ihrer Kunden selbst verantwortlich sind: Sie wecken in Werbung und Verkaufsgesprächen nur allzu häufig Erwartungen, die sie „in der Realität" nicht erfüllen können. Darüber hinaus ist zu bedenken, dass Zufriedenheit nicht nur vom Urteil über die Qualität abhängt, sondern auch von der Persönlichkeit des Kunden.

Wer kennt sie nicht, die Querulanten, die an allem etwas auszusetzen haben. Kaum hat man ihre Wünsche erfüllt, steigern sie ihre Forderungen. Unternehmen, die diesem „progressiv unzufriedenen" Kundentypus übermäßig viel Aufmerksamkeit schenken, sehen sich schnell in einer immer dynamischer werdenden „Aufwärtsspirale des Anspruchsniveaus".

Gleichfalls persönlichkeitsbedingt ist es, wenn enttäuschte Kunden ihre Erwartungen nach unten schrauben (resignative Zufriedenheit), weil sie meinen, dass sie keine Alternative haben und an der Situation ohnehin nichts ändern können. Zu diesem Segment gehören beispielsweise viele Konsumenten, die in ländlichen Gebieten wohnen und – paradoxerweise – mit ihrer Versorgungssituation zufriedener sind als die Bewohner von Großstädten, obwohl sich die objektiven Gegebenheiten geradezu entgegengesetzt darstellen.

These 2: Zufriedenheit führt in vielen Fällen nicht zu Kundenbindung und damit zu ökonomischem Erfolg.

Schlaglichtartig lässt sich das Kundenverhalten anhand verschiedener Entwicklungen skizzieren. Verbraucher werden in Bezug auf Preis und Leistung immer anspruchsvoller (Anspruchsinflation). Die Kritikbereitschaft vieler Verbrauchergruppen nimmt aufgrund ihrer immer besseren Ausbildung und ihres gestiegenen Anspruchsniveaus zu. Immer mehr Verbraucher verhalten sich „unberechenbar": Beim Kauf von Waren des täglichen Bedarfs suchen sie nach preisgünstigen Produkten, um das Budget für Güter des demonstrativen Konsums aufzustocken. Auch relativ wohlhabende Verbrauchersegmente, die „Smart Shopper", werden immer preissensibler und nutzen die „Schnäppchenjagd" als Freizeitbeschäftigung. Viele Konsumenten erblicken einen besonderen Anreiz in der Möglichkeit, ständig zwischen verschiedenen Marken oder Unternehmen zu wählen, die sie als mehr oder minder gleichwertig wahrnehmen.

Vor dem Hintergrund der skizzierten Entwicklungen ist leicht nachvollziehbar, dass es immer schwieriger wird, Kunden durch günstige Preise oder bessere Qualität und Leistung dauerhaft zufriedenzustellen und an sich zu binden (Verbundenheitsstrategie). Erfolgreich wird nur sein, wer Kunden überdies daran hindert, zu als gleichwertig wahrgenommenen Konkurrenten abzuwandern. Diese Gebundenheitsstrategie lässt sich mit Maßnahmen beziehungsweise Instrumenten umsetzen, die den Kunden technisch (Modularbauweise), ökonomisch (Ratenzahlung), juristisch (Langfristvertrag), psychisch (Markenbildung) und/oder sozial (Kundenclub) an das Unternehmen binden.

These 3: Für Unternehmen kann es schwerwiegende negative Konsequenzen haben, wenn sie sich ausschließlich auf die Zufriedenheit ihrer Kunden konzentrieren und die Neukundenakquisition vernachlässigen.

Vergleichbar mit dem Produktlebenszyklus durchlaufen Unternehmen in ihrer Beziehung zum Kunden (idealtypische) Phasen. Diese reichen von der Anbahnung (Kundenakquise) über Sozialisation, Wachstum, Reife und Degeneration (Kundenbindung) bis hin zu Kündigung, Abstinenz und gegebenenfalls Revitalisierung der Kundenbeziehung (Kundenrückgewinnung). Die Entwicklung der Kundenbeziehung folgt demnach einem S-förmigen Verlauf. Deren Intensität erreicht einen gewissen Höhepunkt und nimmt anschließend ab. Die Beziehung zu den Kunden ist häufig zeitlich begrenzt und kann nur zum Teil mit den Instrumenten des Marketing verlängert werden. Denn Kunden sterben, ziehen aus dem Einzugsgebiet weg oder haben keinen Bedarf mehr an den Produkten des Unternehmens (Babywindeln).

Angesichts dieser natürlichen Fluktuation kann es auf Dauer nicht genügen, sich ausschließlich auf die Zufriedenheit seiner Kunden zu konzentrieren. Vielmehr muss der Kundenbestand immer wieder aufgefrischt werden. Letzteres ist in stark wachsenden Märkten überlebensnotwendig, da sich die Größenvorteile zugunsten der Konkurrenten verschieben. Wer vor diesem Hintergrund ausschließlich die Maxime „Kundenbindung durch Kundenzufriedenheit" verfolgt (und die kostenintensivere Neukundenakquisition vernachlässigt), gefährdet den Unternehmenserfolg.

These 4: Wer den Unternehmenserfolg steigern will, muss in Kauf nehmen, dass bestimmte Kundensegmente unzufrieden sind und abwandern.

Gemeinhin wird davon ausgegangen, dass die Dauer der Kundenbeziehung Rentabilität und Gewinn positiv beeinflusst. Wer daraus jedoch folgert, dass man jeden Kunden zufriedenstellen und damit an das eigene Haus binden muss, erliegt einem Trugschluss. Ziel sollte es vielmehr sein, die wertvollen Kunden herauszufiltern. Weitaus erfolgversprechender als die uneingeschränkte Kundenorientierung ist es, Kunden unter Profitgesichtspunkten auszuwählen und zu betreuen: Unternehmen müssen sich von unrentablen Kunden trennen. „Trennungsgründe" liefert der sog. Customer-Lifetime-Value.

Ausgehend von einer wertorientierten ABC-Analyse, sollten Unternehmen ihre Ressourcen und Aktivitäten stärker auf A-Kunden konzentrieren und die Betreuung der C-Kunden reduzieren beziehungsweise ganz einstellen. Diesen Sachverhalt umschrieb der Regionalvorstand einer deutschen Großbank im Rahmen eines unserer Beratungsprojekte einmal wie folgt: „Wir müssen in Zukunft etwa 50 % unserer Kunden verlieren. Es müssen nur die richtigen 50 % sein."

Damit kein Missverständnis aufkommt: Kundenzufriedenheit gehört zweifellos zu den zentralen Faktoren erfolgreicher Unternehmen, allerdings erweist sie sich nur selten als Königsweg. Wer vermeiden will, dass das Unternehmensziel Kundenorientierung oder Kundenzufriedenheit in die Irre führt, sollte Folgendes beachten:

- Konzeption und Realisation von Kundenzufriedenheitsprojekten sollten wissenschaftlich fundiert und von Spezialisten begleitet werden.
- Ad-hoc-Untersuchungen, die als Momentaufnahmen häufig eher Verwirrung denn Nutzen stiften, sollten durch aussagekräftigere Längsschnittuntersuchungen ersetzt werden.

- Flankierend sind Wechselbarrieren zu errichten (Kundenkarte, Bonuspunkte), um die wachsende Zahl wechselfreudiger Kunden stärker an sich zu binden.
- Fokussierung auf den vorhandenen Kundenstamm darf nicht dazu führen, dass man die Neukundenakquisition vernachlässigt. Nur so lässt sich der Kundenbestand kontinuierlich revitalisieren.
- Anbieter sollten sich von unrentablen Kunden trennen und das so freigesetzte Potenzial in die Betreuung von A- und B-Kunden investieren.

Quelle: *Schneider, W./Kornmeier, M.*: Maxime Kundenzufriedenheit – ein Königs- oder Irrweg?, in: Frankfurter Allgemeine Zeitung, Nr. 36 vom 12.02.2007, S. 18.

2 Konsumentenverhalten

„Zu Beginn des 21. Jahrhunderts ist der Mensch verklemmt und ängstlich, konsumfreudig, aber oft voller Schuldgefühle und stets auf der Suche nach Waren, die wenig CO_2 verursachen, wenig Kalorien haben, biologisch sind und einen fairen Welthandel unterstützen."
Josie Appleton, Redakteurin des britischen Magazins Sp!ked

Dieses Kapitel vermittelt,:
- was man unter Konsumentenverhalten versteht,
- welche Typen von Kaufentscheidungen sich identifizieren lassen,
- wie sich Konsumentenverhalten theoretisch erklären lässt,
- welche Faktoren das Konsumentenverhalten beeinflussen,
- wie sich der Wert eines Kunden bestimmen lässt und
- welche aktuellen Entwicklungen im Konsumentenverhalten zu beobachten sind.

2.1 Begriff und Fragestellungen

Unter Konsumentenverhalten versteht man die Vorgänge bei der Auswahl, dem Kauf, dem Ge- bzw. Verbrauch sowie (gegebenenfalls) der Entsorgung von Produkten und Dienstleistungen zur Befriedigung von eigenen (= originärer Bedarf) oder fremden Bedürfnissen (= abgeleiteter Bedarf). Bezüglich des Konsumentenverhaltens lassen sich **zwei unterschiedlich weite Begriffsauffassungen** identifizieren (vgl. hierzu *Kroeber-Riel/Weinberg* 1999, S. 3). Konsumentenverhalten im engeren Sinne versteht sich als das Verhalten von Menschen beim Kauf und Konsum von wirtschaftlichen Gütern. In einem weiteren Begriffsverständnis, das den Konzepten des Generic- und Meta-Marketing entspringt, definiert sich Konsumentenverhalten als das Verhalten der Endverbraucher von materiellen und immateriellen Gütern. Konsequenterweise zählen hier Patienten, Wähler, Museumsbesucher, Kirchgänger, Spender usw. zur Spezies der Konsumenten.

Der Fokus der weiteren Ausführungen liegt auf dem **Konsumentenverhalten im engeren Sinne** (vgl. im Folgenden *Kroeber-Riel/Weinberg* 1999; *Bänsch* 1998b; *Rosenstiel/Neumann* 1991; *Trommsdorff* 2002). Dieses findet ihren Niederschlag in:
- der Wahl der Einkaufsstätte,
- der Häufigkeit (täglich, wöchentlich, monatlich), dem Zeitpunkt (nach Feierabend, tagsüber) und der Regelmäßigkeit (periodisch versus aperiodisch) des Einkaufens,

- der Wahl der präferierten Produkte, Qualitäten (hochwertig versus preisgünstig) und Marken (Hersteller- versus Handelsmarken),
- dem Grad der Rationalität der Kaufentscheidung sowie
- der Person des Käufers (Welches Haushaltsmitglied kauft ein? Einzel- versus Kollektivkauf?)

Dabei gilt es entsprechend der Phasen des Konsumentenverhaltens folgende Aspekte ins Kalkül zu ziehen:

- In der **Vorkaufphase** kann es bereits Anlässe für Unzufriedenheit geben, die dazu führen, dass ein Interessent auf den Kauf verzichtet bzw. sich einem anderen Anbieter zuwendet. Aus diesem Grund ergeben sich bereits zu diesem Zeitpunkt wichtige Ansatzpunkte zur Verbesserung des eigenen Leistungsangebots.
- **Käufer** und **Verbraucher** (beide Begriffe werden im Folgenden aus Vereinfachungsgründen synonym verwendet) müssen nicht unbedingt identisch sein. Man denke in diesem Zusammenhang an den Erwerb von Geschenken, Babywindeln und Spielzeug (Bedarfsäußerer bei letzteren sind Kinder) sowie Krawatten. Letztere werden noch immer in rund 70 % der Fälle von Frauen (= Käufer) für ihre männlichen Partner (= Verbraucher) erworben. Vor diesem Hintergrund muss neben dem Kauf auch die **Nachkaufphase** beleuchtet werden. Außerdem bieten sich hier Ansatzpunkte für den Verkauf zusätzlicher Produkte (im Falle von Pkws etwa Dachgepäckträger, Koffersets, Fahrräder) und Dienstleistungen (Wartungs- und Reparaturarbeiten, Finanzierungs- und Leasingangebote, kostenpflichtige verlängerte Garantiefristen).

> **Fallbeispiel „Nichtidentität von Käufer und Verbraucher" – Marktforschung bei *Pampers*-Babywindeln**
>
> Die Entwicklung von Babywindeln ist ein kompliziertes Geschäft, denn die Zielgruppe kann nicht befragt werden und selbst der ambitionierteste Produktentwickler käme nicht auf die Idee, Selbsttests mit XXL-Windeln durchzuführen. Aus diesem Grund unterhält *Procter&Gamble* Kontakt zu 1.200 Testfamilien, die pro Jahr insgesamt zwei Millionen Gratiswindeln erhalten. Als Gegenleistung liefern diese Informationen, indem sie Fragebögen ausfüllen, Windeln wiegen und Prototypen testen. Außerdem lädt *Procter* die Testfamilien zu moderierten Diskussionsrunden ein.
>
> Quelle: *Mende, J.*: Die Quadratur des Kreises, in: LebensmittelZeitung, Nr. 41 vom 09.10.2009, S. 40–42.

- Die **Redistributionsphase** kann dazu genutzt werden, neue Verträge abzuschließen. Außerdem kann der Verbraucher dazu motiviert werden, Produkte vor dem endgültigen Nutzungsausfall zurückzugeben (etwa durch die Gewährung von Abwrackprämien oder Preisnachlässen bei der Rückgabe eines gebrauchten Produkts) und damit den Kauf vorzuziehen. Nicht zuletzt die Retourenabwicklung, die im Versandhandel und zunehmend auch im Lebensmitteleinzelhandel aufgrund der sich verschärfenden Restantenproblematik erhebliche Kosten verursacht, gilt es in dieser Phase zu optimieren.

2.1 Begriff und Fragestellungen

Fallbeispiel „Retourenabwicklung" – Bei der *Otto Group* ist die beste Retoure die, welche überhaupt nicht entsteht.

Für den Versandhandel stellt die Senkung der Retourenrate ein zentrales Anliegen dar, da hier erhebliche Kosten für Logistik, Lagerung, Sortierung und Aufbereitung entstehen. Bei der *Otto Group* beispielsweise beträgt die Retourenquote im Textilbereich rund 40 %, im hochmodischen Bereich sogar über 60 %.

Um Retouren zu vermeiden, müssen Distanzhändler und Logistikdienstleister schon zu Beginn der Wertschöpfungskette ansetzen. Größentabellen und Cross-Selling-Hinweise tragen dazu bei, die Anzahl der Auswahlbestellungen durch die Kunden zu verringern. Auch 3D-Zooms im Web-Shop, welche die Textur eines Kleidungsstücks darstellen, tragen zur Vermeidung der Retouren bei.

Bei technischen Geräten beläuft sich die Retourenrate innerhalb der *Otto Group* auf rund 15 %. Diese kann zum einen durch erfahrene Mitarbeiter im Call Center reduziert werden, die Kunden telefonisch bei der Installation von Geräten beraten. Zum anderen lassen sich durch Schulung der Mitarbeiter sowie ein adäquates Handling der Produkte Transportschäden vermeiden.

Kommt es doch zu Retouren, werden diese bei der *Otto Group* von der Tochter *Hermes* abgewickelt, in deren Händen auch die Distributionslogistik liegt. *Hermes* betreibt ein Retouren-Sammelnetz mit rund 60 Standorten in Deutschland. Von dort wird die Ware an drei Retourenbetriebe weitergeleitet. Ist eine Reinigung erforderlich, werden die Retouren an einen zentralen Hamburger Reinigungs- und Retourenbetrieb geschickt.

Quelle: *o. V.:* Restanten verstopfen den Warenfluss, in: LebensmittelZeitung, Nr. 17 vom 24.04.2009, S. 34.

Fallbeispiel „Retouren" – das Remissionsrecht im Pressevertrieb

Der Pressevertrieb in Deutschland zeichnet sich durch **fünf wesentliche Charakteristika** aus:

- **Alleinauslieferungsrecht**
  Alleinauslieferung bedeutet, dass jeder Grossist ausschließlich die Einzelhändler in seinem, von den Verlagen verbindlich definierten Vertriebsgebiet mit Zeitungen und Zeitschriften beliefern und betreuen darf. Der Grossist ist verpflichtet, alle Presseerzeugnisse in den Vertrieb aufzunehmen und auch umsatzschwache Verkaufsstellen in entlegenen Gebieten zu beliefern. Durch die Alleinauslieferung erhält der Grossist genaue Daten über die verkauften Exemplare pro Objekt und Folge. Diese Informationen bilden die Basis für die Berechnung der Bezugsmengen der zukünftigen Ausgaben. Durch die Alleinauslieferung erfüllt der Grossist eine im öffentlichen Interesse stehende Versorgungsfunktion. Das Alleinauslieferungsrecht bedingt aber auch die Neutralität gegenüber den vertriebenen Presseerzeugnissen.
- **Dispositionsrecht**
  Das Ziel der Titel- und Mengendisposition ist es, marktnah zu ermitteln, wie viele

Zeitungen und Zeitschriften standortbezogen benötigt werden. Da die Presse-Grossisten für jedes Objekt und jede Verkaufsstelle die genauen Lieferungs- und Abverkaufsdaten vorhalten, besitzen sie alle Informationen, um ein verkaufsfähiges Sortiment mithilfe moderner Datenverarbeitung zusammenzustellen. Dabei trägt der Verlag das Produktionsrisiko und die Handelspartner das Handlingrisiko. Das Dispositionsrecht findet seinen „Ausgleich" im Remissionsrecht, da zuviel gelieferte Exemplare an die vorgelagerte Handelsstufe zurückgegeben werden können.

- **Remissionsrecht**
Jede Handelsstufe hat das Recht, sämtliche unverkauften Exemplare (Remittenden) an die vorgelagerte Handelsstufe zurückzugeben. Somit entfällt das Risiko, auf unverkaufter Ware „sitzen zu bleiben". Dies ermöglicht es dem Presse Grosso und dem Einzelhandel, sämtliche Presseerzeugnisse in ausreichender Anzahl zum Verkauf vorrätig zu halten. Vor dem Hintergrund des Ziels, den Einzelhandel mit bedarfsgerechten Mengen zu versorgen, dienen Remissionen als Verkaufsreserve, um Nachfrageschwankungen auszugleichen und „Out of Stock"-Situationen zu vermeiden. Das Remissionsrecht ist für die Handelspartner der Ausgleich für das Dispositionsrecht. Andernfalls wären eine Beschränkung der Titel und der Auflagen absehbar.

- **Preis- & Verwendungsbindung**
Verlage haben das Recht, für ihre Erzeugnisse bundesweit einheitliche Einkaufspreise für den Einzelhandel und den Endverbraucher festzulegen. Die Preisbindung darf auch nicht indirekt verletzt werden, d. h. es dürfen weder Nachlässe gewährt noch Zuschläge berechnet werden. Ziel der Preisbindung ist es, den Erwerb von Zeitungen und Zeitschriften überall unabhängig von Nachfrageschwankungen zum gleichen Preis zu ermöglichen. Des Weiteren stehen Preisbindung und Alleinvertrieb in einem unmittelbaren Abhängigkeitsverhältnis. Gäbe es das Alleinvertriebsrecht nicht, würden die Handelspartner bei dem Lieferanten mit dem niedrigsten Abgabepreis einkaufen und die unverkaufte Ware an den Lieferanten mit dem höchsten Abgabepreis remittieren. Nicht zuletzt würden freie Preise eine Disposition maßgeblich erschweren.

Presseerzeugnisse sind ausdrücklich für den Verkauf an Endabnehmer in den belieferten Verkaufsstellen bestimmt. Verleih und Weitergabe der Verlagserzeugnisse an Wiederverkäufer oder Verleiher sind unzulässig. Wären etwa Querlieferungen erlaubt, wäre eine verkaufsorientierte Disposition nicht möglich.

- **Neutralität**
Die Neutralität des Pressevertriebs garantiert, dass jedes Presseerzeugnis ungeachtet seines politischen und wirtschaftlichen Gewichts in den Vertrieb gelangt.

Quelle: *PVG Presse-Vertriebs-Gesellschaft KG:* Unternehmenspräsentation Ausschnitt „Das Presse-Grosso-System", Frankfurt am Main 2011.

Vor diesem Hintergrund gilt es, das Verhalten des Konsumenten in sämtlichen Phasen des Kaufprozesses und damit in der Vorkauf-, Kauf- sowie Nachkauf- und Redistributionsphase zu beleuchten (vgl. im Folgenden auch *Meffert* 1992, S. 43–45). Die Vorkaufphase beginnt

2.1 Begriff und Fragestellungen

idealtypisch mit der Erkennung eines Bedürfnisses bzw. eines Problems durch den Konsumenten, reicht über die Informationssuche bis hin zur Evaluierung und Auswahl von Produkt- bzw. Dienstleistungsoptionen.

Bezüglich der **Vorkaufphase** gilt es aus Sicht des Anbieters u. a. folgende Fragestellungen zu klären:

- Welche Bedürfnisse hat der Konsument (Sicherheit, Prestige, Selbstverwirklichung, Sparen usw.)?
- Lässt er sich einer bestimmten Zielgruppe zuordnen?
- Handelt es sich eher um einen Meinungsführer oder um einen Nachahmer?
- Wo und auf welche Weise werden Kaufanregungen aufgenommen?
- Welche Rolle fällt Meinungsbeeinflussern wie Bedarfsberatern (etwa Ärzte) zu?
- Welche Medien nutzt bzw. bevorzugt der Konsument?
- Welche Glaubwürdigkeit misst er den einzelnen Medien zu?

Die **Kaufphase** ist gekennzeichnet durch die Kaufentscheidung an sich und die Abwicklung des Kaufs. Hier interessieren u. a. folgende Aspekte:

- Qualitativer Aspekt: Welche Güter werden gekauft?
- Quantitativer Aspekt: Wie viele Produkte werden gekauft?
- Räumlicher Aspekt: Welche Einkaufsstätte wird aufgesucht?
- Persönlicher Aspekt: Welches Familienmitglied kauft ein?
- Zeitlicher Aspekt: Wann wird eingekauft (Jahreszeit, Monat, Wochentag, Stunde), wie lange und wie häufig?
- Auf welche Weise wird der Weg zum bevorzugten Geschäft zurückgelegt?
- Wie verhalten sich die Kunden vor und im Geschäft? Wie lange halten sie sich dort jeweils auf?
- Welche Wege bevorzugen sie im Geschäft?
- Wie entnehmen sie die Waren dem Regal?
- Steht der Einkauf in einem Zusammenhang mit bestimmten Anlässen, Festen, Feiertagen, Veranstaltungen usw. (etwa Champagner zum Jahreswechsel, Blumen am Muttertag, Geschenke am Valentinstag, Kostüme an Halloween: Seine historischen Wurzeln hat Halloween im keltischen Gefilden. Hierzulande entwickelte die Fachgruppe Karneval im *Verband der Deutschen Spielwarenindustrie* mit einer breit angelegten Öffentlichkeitsarbeit Halloween zu einem respektablen Großereignis und machte damit den Verkauf von Masken, Kostümen und Gruselaccesoires sowie –dekoartikeln zu einem ansehnlichen Wirtschaftsfaktor.)?
- Wie oft und in welchen Abständen kaufen die Konsumenten (periodisch, aperiodisch)?
- In welchen Einheiten, Mengen, Größen werden die Produkte erworben?
- Welche Preislage, Qualität, Verpackung usw. präferieren sie?
- Mit welchen anderen Gütern zusammen erfolgt der Einkauf?

- Werden auch noch Konkurrenzprodukte bezogen und, falls ja, welche?
- Wie hoch ist der durchschnittliche Einkaufsbetrag?
- Wird bar bezahlt oder auf Kredit gekauft?
- Wer trifft die Wahl? Handelt es sich um einen Individual- oder um einen Kollektivkauf?
- Handelt es sich um einen geplanten oder um einen spontanen Kauf?
- Werden die Produkte vom Kunden abgeholt oder vom Anbieter geliefert?
- Installiert bzw. baut der Kunde die Produkte selbst auf, oder wird diese Aufgabe vom Anbieter übernommen?

Im Rahmen der Nachkaufphase schließlich nutzt bzw. verbraucht der Kunde das Produkt bzw. die Dienstleistung. Hierbei bewertet er u. a. die bis dahin erhaltenen Leistungen bzw. gemachten Erfahrungen, was für das weitere Bestehen der Kundenbeziehung von zentraler Bedeutung ist. Im letzten Schritt entscheidet der Konsument über die Entsorgung bzw. Rückgabe des Produkts. Bezüglich der **Nachkaufphase** stellen sich u. a. folgende Fragen:

- Sind Käufer und Verbraucher identisch?
- Wer benutzt das Gut? Wird das Gut von einer oder mehreren Personen ge- bzw. verbraucht?
- Benötigt der Kunde zusätzliche Produkte bzw. Dienstleitungen?
- Ist der Kunde mit seinem Kauf zufrieden? Entstehen Nachkaufdissonanzen?
- Gibt es Anlass für Reklamationen und Beschwerden? Wie geht der Konsument damit um? Und wie zufrieden ist er gegebenenfalls mit dem Ergebnis seiner Bemühungen?
- Betreibt der Konsument positive oder negative Mund-zu-Mund-Werbung?
- Auf welchem Weg entsorgt der Verbraucher das Produkt? Erwirbt er das geleaste Produkt, oder gibt er es zurück? Ergeben sich hieraus Ansatzpunkte für den Erwerb neuer Produkte? Und kann der Kunde dazu motiviert werden, früher als geplant ein neues Produkt zu erwerben?
- Wie kann gegebenenfalls die **Retourenquote** gesenkt werden?

Aus Tab. 2.1 wird ersichtlich, dass sowohl Privatpersonen (B2C = Business to Consumer: Verkauf an Endverbraucher) als auch Organisationen (B2B = Business to Business: Verkauf an gewerbliche Kunden sowie B2G = Business to Government bzw. B2A = Business to Administration: Verkauf an staatliche Einrichtungen) Kaufentscheidungen fällen. Diese können in beiden Fällen entweder von einer oder von mehreren Person/en getroffen werden. Im Folgenden beschäftigen wir uns zunächst mit dem Kaufverhalten von Privatpersonen. Kapitel 3 ist dem Beschaffungsverhalten von Organisationen gewidmet.

2.1 Begriff und Fragestellungen

Tab. 2.1: Grundtypen von Kaufentscheidungen – differenziert nach Art des Käufers und Anzahl der Entscheider

Anzahl der Entscheider Käufer	Eine Person	Mehrere Personen
Privatperson	Individuelle Kaufentscheidungen von Privatpersonen (Konsumentenentscheidungen)	Kaufentscheidungen von privaten Haushalten und Gruppen (Familien- und Gruppenentscheidungen)
Organisation	Individuelle Kaufentscheidungen in Organisationen (Entscheidung des Einkäufers)	Kollektive Kaufentscheidungen in Organisationen (Entscheidungen des Buying-Centers)

Im Internet muss es nicht immer die Richtung B2C sein. Der Kunde kann die Verhältnisse auch umkehren, was dann als C2B bezeichnet wird. Ein Beispiel hierfür ist die Internetplattform *MyHammer.de*, auf der potenzielle Auftraggeber nach Dienstleistern suchen und selbst den Kontakt zu diesen herstellen können.

Im Folgenden verabschieden wir uns bewusst von dem in der klassischen Ökonomie vorherrschenden und für Marketingzwecke wenig zweckdienlichen Bild vom **Homo oeconomicus**, der sich durch folgende (realitätsferne) Eigenschaften auszeichnet:

- Völlig zweckrationales Handeln
- Gewinn- und Nutzenmaximierung
- Vollkommene Markttransparenz und Informiertheit
- Unendliche Reaktionsgeschwindigkeit und damit sofortige Anpassung an Datenänderungen

Jüngere Forschungsfelder und hier insbesondere die **Neuroökonomie** fördern zutage, dass dieses Menschenbild nur wenig mit der Realität zu tun hat. Denn in Wirklichkeit entscheidet der Mensch irrational, ist altruistisch, präferiert Fairness und lässt sich von Emotionen leiten. Nachweisen lässt sich dies im sog. **Ultimatum-Spiel**. Der Proband A erhält 10 € und die Aufgabe, das Geld zwischen ihm und einer Testperson B aufzuteilen. Lehnt B das Angebot ab, bekommen beide nichts. Würde B streng rational handeln, würde er auch dann zustimmen, wenn A ihm nur einen Cent böte – denn das wäre immer noch mehr als die null Cent, die er bei einer Ablehnung erhalten würde.

In der Realität aber dürfte B sich über ein solches Angebot ärgern und es ablehnen. B ginge dann zwar mit leeren Händen, aber dem guten Gefühl nach Hause, dass A über seine Maßlosigkeit gestolpert sei und ebenfalls leer ausgeht. Das wäre zwar nicht vernünftig im Sinne des Homo oeconomicus, aber durchaus menschlich. Proband A scheint das zu ahnen: Experimente belegen, dass die Testpersonen das Geld in den meisten Fällen nahezu pari aufteilen und „unfaire" Angebote im Regelfall zurückgewiesen werden.

Neuroökonomen können mittels der **funktionellen Magnetfeldresonanztomographie (fMRT)** nachweisen, dass im Falle eines unfairen Angebots von A bei B jene Hirnregionen mit einer gesteigerten Aktivität reagieren, die für die Verarbeitung von Schmerz, Hunger und Durst verantwortlich sind. Gleichzeitig sind aber auch Hirnareale aktiv, in denen kognitive Prozesse ablaufen. B versucht also, das Ziel, möglichst viel Geld zu erhalten, auch weiterhin zu verfolgen. Je unfairer das Angebot aber ausfällt, desto schwerer fällt ihr das und die Emotionen gewinnen die Überhand. Übertragen auf das Kaufverhalten hat dies zur Folge, dass wir uns vom Leitbild des mündigen, souveränen Konsumenten, der aus einem Bündel aus Preis-Leistungs-Kombinationen das für ihn optimale auswählt, verabschieden müssen. Vielmehr sind Konsumentscheidungen oftmals emotional verzerrt (vgl. *Rossbach* 2007, S. 12).

Erst durch die Ablehnung des Konstrukts vom Homo oeconomicus lässt sich beispielsweise erklären,

- warum auf dem Zigarettenmarkt, dessen Produkte alle rationalen Menschen aufgrund der Wahrscheinlichkeit von Lungenkarzinomen als Folge des Rauchens ablehnen müssten, überhaupt Produkte nachgefragt und konsumiert werden und
- einige dieser Marken bei weitgehend identischen Preisen Marktanteile gewinnen und andere verlieren, obwohl Blindtests immer wieder belegen, dass Konsumenten allenfalls zwischen Full Flavor und light, nicht aber zwischen einzelnen Marken unterscheiden können.

Die einzige Erklärung für solche Unterschiede liegt in der Unterschiedlichkeit von Konsumenten und damit der Existenz von Segmenten. Gäbe es nämlich einen Homo oeconomicus, müssten bei gleicher realer Produktqualität und gleichen Preisen die Marktanteile als Folge einer Zufallsauswahl in etwa gleichverteilt sein. Im Falle einer Preisunterbietung hingegen müsste eine Marke sämtliche Marktanteile gewinnen, was in der Realität jedoch nicht zu beobachten ist (vgl. *Sabel* 1998, S. 17f.).

Fallbeispiel „Behavioral Economics und Neuroökonomie" – das Ende des Homo-oeconomicus-Kalküls?

Was beeinflusst menschliches Verhalten? Ökonomen vertraten lange Zeit die Ansicht, der Mensch strebe nach dem absoluten Maximum. Doch Verhaltensforscher, die den Forschungszweig der **Behavioral Economics** vorantreiben, verabschieden sich zunehmend vom Idealbild des **Homo oeconomicus**, der stets rational und egoistisch agiert und auch kurzfristig seinen Nutzen maximiert.

Auf der Suche nach dem, was sich tatsächlich im Kopf von Konsumenten abspielt, liefert ihnen die Neuroökonomie wichtige Erkenntnisse. Hierunter versteht man die interdisziplinäre Zusammenarbeit zwischen Ökonomik, Psychologie und Neurowissenschaften mit dem Ziel, das tatsächliche Verhalten des Menschen allgemein und dessen ökonomische Handlungen im Speziellen näher zu ergründen und von den theoretischen Verhaltensannahmen abzugrenzen. Mittels der **funktionellen Magnetresonanztomographie (fMRT)**, die einen Blick ins Gehirn des Probanden ermöglicht, lässt sich beispielsweise nachweisen, welche neurophysiologischen Prozesse belohnende Anreize im Gehirn auslösen. Wichtige Strukturen des Belohnungssystems liegen im Mittelhirn, in den Basalganglien und im basalen Vorderhirn.

Der reine, schlichte Homo oeconomicus würde sich ausschließlich darauf konzentrieren, dass er für eine bestimmte Leistung möglichst wenig bezahlt bzw. für ein bestimmtes Budget eine maximale Leistung erhält. Für ihn wäre der Vergleich mit anderen Konsumenten konsequenterweise irrelevant. Die fMRT dürfte also keinen Unterschied in der Aktivierung zeigen, wenn der Proband Informationen über Preise und erhaltene Leistungen anderer Verbraucher erhält bzw. sich deren Preis-Leistungsverhältnis ändert. Spielen hingegen soziale Vergleiche eine Rolle, müsste das Belohnungssystem umso stärker aktiviert werden, je geringer der Preis bzw. je höher die Leistung in Relation zu anderen Konsumenten ausfällt.

Befunde der Neuroökonomie deuten an, dass die Entscheidungen von Konsumenten neben dem rein ökonomischen Kalkül auch von Motiven wie Missgunst, Neid, Fairness sowie von der Erwartung eines gerechten Verhältnisses zwischen Leistung und Gegenleistung (Reziprozität) beeinflusst werden. Vor diesem Hintergrund gewinnen die **Theorien des interpersonellen Gleichgewichts** (vgl. Abschnitt 2.3.2) in jüngerer Zeit an Beachtung. Die fMRT und damit die Neuroökonomie besitzen hierbei den Vorteil, die unmittelbaren und völlig unverstellten hirnphysiologischen Reaktionen zu ermitteln. Demnach bietet die neuroökonomische Forschung die Chance, ein realistischeres Bild der menschlichen Motivation zu zeichnen und damit eine bessere Prognose des menschlichen Handelns zu treffen, als es beispielsweise mittels Befragungen möglich ist.

Die MRT-Aufnahme offenbart sogar einige Sekunden, bevor sich ein Mensch bewusst entscheidet, was dieser beabsichtigt. Und das, obwohl der Proband davon überzeugt ist, seine Wahl noch nicht getroffen zu haben. Mit Hilfe des MRT lässt sich demnach erkennen, was das Individuum gleich wollen wird.

Quelle: *Fickinger, N./Horn, K.*: Das Gehirn entscheidet anders, in: Frankfurter Allgemeine Zeitung, Nr. 244 vom 20.10.2007, S. 13.

Das Homo-oeconomicus-Kalkül – eine Fata Morgana?

„Der allwissende kritische Kunde – das A und O der Marktwirtschaft – ist unter heutigen Gesichtspunkten eine Fata Morgana und *Don Quijote* gegen unsere Ökonomen ein Realist. Sogar ehrbare Anbieter vorausgesetzt: Soll ein Kunde zum Beispiel unter Hunderten von Varianten von Zahnpasta, Joghurt, Deo, Käse oder Bettwäsche >>kompetent und kritisch<< abwägen, möglichst noch anhand einer Preis-Leistungs-Analyse? Und sollen selbst solche utopischen Superkunden die alltägliche Schnäppchenjagd auf 50 Kilometer ausdehnen und wie im Modell die Fahrtkosten abziehen? ... Zu diesem Trugbild der Marktwirtschaft passt auch, dass viele Produkte wegen eines Nutzens gekauft werden, der mit dem eigentlichen Gebrauchswert nichts zu tun hat. ... Teure Marken bedeuten schließlich Sozialprestige. Die Albernheit des Markenartikels zeigt sich daran, dass viele identische Produkte desselben Herstellers als teure Nobelmarken und als spotbillige No-Names verkauft werden."

Quelle: *Wieczorek, T.*: Die verblödete Republik, München 2009, S. 125–126.

2.2 Arten von Kaufentscheidungen

2.2.1 Typen individueller Kaufentscheidungen

2.2.1.1 Differenzierung nach dem Grad der kognitiven Beteiligung

Nach dem **Grad der kognitiven Beteiligung** der Verbrauchers lassen sich **vier Arten von Kaufentscheidungen** differenzieren (vgl. im Folgenden Abb. 2.1 sowie *Kroeber-Riel/Weinberg* 1999; *Kuß/Tomczak* 2000; *Payne/Bettman/Johnson* 1993; zu den unterschiedlichen Verhaltenstypologien siehe *Kuß* 2001, S. 745, sowie *Weinberg* 1999, S. 12 f.):

- **Extensive („echte") Kaufentscheidungen**, für die stellvertretend der Erwerb eines Hauses angeführt werden kann, zeichnen sich durch eine hohe kognitive Steuerung sowie große Bedeutung und Neuartigkeit des Kaufs aus. Im Regelfall werden dabei folgende **Phasen** durchlaufen:
  - Anregungsphase, in der das Bedürfnis entsteht, ein Produkt bzw. eine Dienstleistung zu erwerben
  - Suchphase, in welcher der Verbraucher nach Optionen Ausschau hält
  - Bewertungs- und Auswahlphase, an deren Ende die Entscheidung für eine Option steht
  - Kaufaktphase, in der das Produkt bzw. die Dienstleistung erworben wird
  - Nachkaufphase, welche den Ge- bzw. Verbrauch und gegebenenfalls die Rückgabe bzw. Entsorgung der Leistung umfasst

  Folgende Beispiele zählen zum Typus extensiver Kaufentscheidungen (vgl. hierzu sowie zu den folgenden Beispielen *Wöhe* 2002, S. 218 f.):
  - Beim zehnten Makler findet Frau *Smarzly* endlich die Wohnung, die ihr am besten gefällt.
  - Nach umfangreichen Recherchen im Internet, langer Prüfung mehrerer Angebote und intensiver Lektüre einer Verbraucherzeitschrift schließt Herr *Wolf* eine Lebensversicherung bei der *Securitas AG* ab.

- **Limitierte Kaufentscheidungen**: Hier durchläuft der Verbraucher die Such-, Bewertungs- und Auswahlphase mit reduziertem Aufwand, indem er auf bewährte Problemlösungsmuster und Entscheidungskriterien zurückgreift. Beispielsweise bevorzugt er beim Kauf von Produkten grundsätzlich eine bestimmte Preislage, weil er vom Preis für eine Leistung auf deren Qualität schließt und mit dieser Heuristik (= vereinfachende Entscheidungsregel) in der Vergangenheit gute Erfahrungen gesammelt hat. Heuristik (altgriechisch: heurísko = ich finde; heuriskein = (auf-)finden, entdecken) bezeichnet nach *Gigerenzer/Todd* (1999) „die Kunst, mit begrenztem Wissen und wenig Zeit zu guten Lösungen zu kommen".

  Folgende Beispiele repräsentieren diese Art von Kaufentscheidungen:
  - *Schneider* muss Waschmittel einkaufen. Da er sich bei diesen Produkten überhaupt nicht auskennt, aber auch nicht viel Zeit für eine fundierte Auswahl aufwenden will, greift er zu einem Produkt mit dem Aufdruck „*Stiftung Warentest*-Urteil gut".
  - Nachdem Herr *Feuerstein* in einem Fachmarkt für Unterhaltungselektronik DVD-Player angeschaut hat, entscheidet er sich mangels Unsicherheit für einen aus der oberen Preisklasse.

2.2 Arten von Kaufentscheidungen

- **Habituelle Käufe**: Dabei handelt es sich um eine gewohnheitsmäßig getroffene Auswahl, bei der die Such-, Bewertungs- und Auswahlphase stark verkürzt ausfallen. Typisch hierfür ist das Phänomen der Markentreue, bei der Konsumenten unter der Voraussetzung der Zufriedenheit immer wieder den gleichen Markenartikel (= sog. **Muss-Artikel** = Artikel, die immer wieder auf dem Einkaufszettel eines Kunden stehen) erwerben.

  Beispiele für habituelle Kaufentscheidungen sind:
  – Unbeeindruckt von Sonderaktionen und Werbekampagnen kauft Herr *Hennig* immer nur das Bier in der grünen Flasche.
  – Trotz wechselnder Trends und Modeerscheinungen verbringt das Ehepaar *Ermschel* den gemeinsamen Urlaub seit 20 Jahren im selben Hotel im Bayerischen Wald.

- **Impulskäufe** sind Spontanhandlungen, die sehr schnell ablaufen und allenfalls in geringem Maße kognitiv gesteuert werden, da der Käufer weder eine Such- noch eine Bewertungs- und Auswahlphase durchläuft. Typisch hierfür ist der Kauf von Bonbons, Schokolade u. ä.

  Die folgenden Beispiele dienen zur Veranschaulichung:
  – Überwältigt vom Erlebnis des Besuchs eines Konzerts der *Rolling Stones* erwirbt Frau *Rössler* im Eingangsbereich eine CD der Gruppe.
  – Eigentlich wollte Herr *Ungerer* im Kaufhaus lediglich neue Sportschuhe kaufen. Ein günstiges Sonderangebot sowie fantastisches Winterwetter bewegen ihn jedoch dazu, noch ein Paar Langlaufskier zu erwerben.

  Bei Impulskäufen spielen äußere Reize wie Warenpräsentation sowie Verkaufsförderung am Point-of-Sale bzw. -Purchase (= Punkt bzw. Ort, an dem der Verkauf bzw. stattfindet) eine zentrale Rolle.

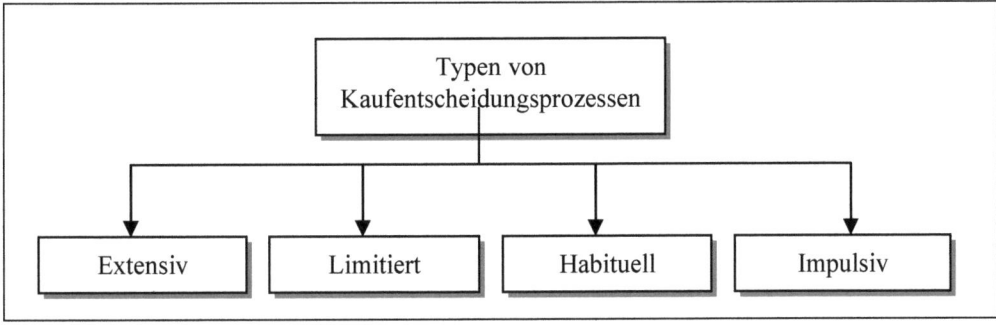

Abb. 2.1: Typen von Kaufentscheidungsprozessen – differenziert nach dem Grad der kognitiven Beteiligung

Fallbeispiel „Habitualisierung" – sinkende Kundeloyalität durch „Out-of-Stocks" bei *Melitta*

„Out-of-Stock" im Handel bezeichnet die Situation, in denen ein Konsument zum Kaufzeitpunkt in einer Verkaufsstätte ein bestimmtes Produkt erwerben will, dieses aber, obwohl das Geschäft das gewünschte Produkt grundsätzlich gelistet hat, gerade nicht verfügbar ist.

In der Literatur wird dabei im Wesentlichen von **drei Hauptkategorien** ausgegangen: Das **Bestell-**, **Regalauffüll-** und **Planungsverhalten** des Handels, indem zu spät bzw. zu wenig bestellt oder die Nachfrage falsch eingeschätzt wird. Weitere Faktoren bilden **Lieferengpässe** sowie zu lange **Dispositionsrhythmen** bei gleichzeitig fehlender Möglichkeit von Zusatzdispositionen sowie **Mindestbestellmengen** seitens der Hersteller.

Der Einfluss von **Mindestbestellmengen** des Herstellers auf Out-of-Stock-Situation soll am Beispiel von Joghurt verdeutlicht werden. Diese können im Regelfall nur als komplette Steige mit 20 Stück abgenommen werden, werden jedoch in der Regel als Einzelartikel verkauft. Die kleinste Bestelleinheit von 20 Stück kann bei C-Artikeln, so genannten Penner-Artikeln, zu Überbeständen führen. Werden zum Beispiel über die Dauer der Restlaufzeit des Mindesthaltbarkeitsdatums im Durchschnitt nur 10 Artikel verkauft, müssen regelmäßig 10 Artikel abgeschrieben werden. Bestellt man in diesem Fall vorzeitig neue Ware nach, so entstehen noch mehr Überbestände und damit höhere Abschriften. Wird jedoch nicht im richtigen Moment nachbestellt, entstehen Präsenzlücken und damit Umsatzausfälle bei diesem Artikel.

Als Hauptursachen für Regallücken aufgrund **unzureichenden Bestellverhaltens** gelten Fehler im Systembestand (= Abweichung zwischen Soll- und Ist-Bestand), keine Zeit des Personals für Bestellungen, zu späte Bestellung bzw. zu geringe Bestellmenge sowie Nicht-Erkennen der „Out-of-Stock"-Situation durch das Personal.

Fehler im Regalauffüllverhalten, also die Ware liegt im Lager, ist aber noch nicht ins Regal verräumt, sind im Wesentlichen auf Mängel in der Instore-Logistik (= alle Prozesse, die in der Filiale vom Wareneingang bis zur Einlagerung in die Warenträger sprich Regale ablaufen) zurückzuführen. Im Wesentlichen ist dies eine unzureichende Regalpflege aufgrund fehlender Motivation (so sind die Regallücken bei Eiscreme und Tiefkühlkost am größten, weil Mitarbeiter nur ungern ins Tiefkühllager gehen, um aus der eisigen Kälte Nachschub für die Truhen zu holen) oder zu zu geringer Personalressourcen bzw. unzureichender Regalbestückungs- oder Regalbelegungspläne. Letztere beinhalten Angaben zur festen Regalbelegung der Artikel oder Warengruppen, Anzahl und Breite der Regalböden sowie die Anzahl der zu verräumenden Artikel und stehen dabei im engen Zusammenhang mit der Ladengestaltung. Bei Waren, die nicht vollständig verräumt werden können, müssen Restbestände in Anbruchpaletten zurück in das Back-Office transportiert und dort eingelagert werden. Der Rücktransport und ein erneutes Verräumen bedingen einen erheblichen Mehraufwand. Eine Alternative dazu besteht in der Zwischenlagerung der Ware in sog. Handlägern ober- oder unterhalb der Warenträger, die zur kurzfristigen Nachverräumung dienen.

Unzureichendes Planungsverhalten ist mit einer falschen Bedarfsermittlung bzw. falschen Einschätzung der Nachfrage aufgrund von Werbeangeboten, Preisänderungen, Neuprodukteinführungen und sonstiger nicht vorhersehbarer situativer Faktoren (etwa heißes Wetter auf Absatz von Getränken und Grillgut) zu erklären. Dies führt dazu, dass der Meldebestand (= Bestellpunkt bzw. Bestellpunktbestand, bei dessen Erreichen eine Bestellung ausgelöst wird) zu niedrig angesetzt wird.

Mögliche **Reaktionen des Kunden** auf „Out-of-Stock"-Situationen sind Wechsel von Artikel („product switch": Es ändert sich entweder die Packungsgröße oder die Sorte, nicht aber die Marke.), Kategorie („category switch": Es wird ein Ersatzprodukt derselben Marke aus einer anderen Produktkategorie gekauft.), Marke („brand switch": Der Kunde erwirbt eine andere Marke in der gleichen Produktkategorie) oder Geschäft („store switch": Das Out-of-Stock betroffene Produkt wird noch am selben Tag in einem anderen Geschäft gekauft), Kaufaufschub („postponement": Das Produkt wird zu einem späteren Zeitpunkt erworben.) sowie Kaufabbruch („not buy": Man verzichtet gänzlich auf den Erwerb des Produkts.). In diesem Zusammenhang belegen Studien, dass jeder vierte Kunde die Marke wechselt, also von seiner habitualisierten Kaufentscheidung abrückt, wenn er *Melitta* Müllbeutel sucht, diese im Regal aber nicht findet. Demnach verliert *Melitta* pro Jahr durch Regallücken im Handel einen Umsatz von rund 1 Mio. €.

Als Hauptursachen für Regallücken gelten Fehler im Systembestand, keine Zeit des Personals für Bestellungen, zu späte Bestellung sowie Nicht-Erkennen der „Out-of-Stock"-Situation durch das Personal. Abhilfe schaffen können demnach der effiziente Datenaustausch zwischen Handel und Industrie, valide Prognosesysteme, gefolgt von der Motivation sowie Sensibilisierung der Mitarbeiter. Dass der Handel dem „Out-of-Stock"-Thema weit weniger Aufmerksamkeit schenkt als die Industrie, wird verständlich wenn man bedenkt, dass nur ein Bruchteil der Konsumenten im Falle eine Regallücke den Kauf ganz abbricht oder zur Handelskonkurrenz wechselt in der Hoffnung, dort fündig zu werden.

Quelle: *Helm, R./Stölzle, W.*: Out-of-Stocks im Handel – Einflussfaktoren und Kundenreaktionsmuster, in: Jahrbuch der Absatz- und Verbrauchsforschung 52. Jg. (2006), Nr. 3, S. 306–325; *o. V.*: Kundenloyalität leidet, in: LebensmittelZeitung, Nr. 13 vom 30.03.2007, S. 28.

Fallbeispiel „Intuitive Entscheidungen" – Triumph des Bauchgefühls

Rund 10.000-mal müssen sich Menschen täglich spontan für oder gegen ein bestimmtes Verhalten entscheiden. Angesichts einer solchen Fülle an Entscheidungssituationen wäre jemand, der sich rein analytischer Methoden bedienen würde, grenzenlos überfordert. Um diesem Dilemma zu entfliehen, nutzen Menschen Routinen und Faustregeln. Solche intuitiven Entschlüsse seien häufig – so die eine „**Rekognitions-Heuristik**„ vertretenden Entscheidungstheoretiker – ökonomischer, schneller und besser als jene, die nach intensivem Nachdenken und gründlicher Analyse getroffen werden. Durch Wiedererkennung gelingt es Menschen, in einer unüberschaubaren Umwelt komplexe Abläufe anhand weniger Kriterien in kurzer Zeit zu bewältigen, indem sie sich Maximen wie „Vertraue auf das Bekannte!" oder „Bleibe beim Status quo!" bedienen.

Quelle: *Gigerenzer, G.*: Bauchentscheidungen. Die Intelligenz des Unbewussten und die Macht der Intuition, München 2007.

2.2.1.2 Differenzierung nach der inneren Beteiligung des Konsumenten

Des Weiteren lassen sich Kaufentscheidungen nach der Intensität der inneren Beteiligung bzw. Betroffenheit des Konsumenten (= **Involvement** = Einbezogenheit, Einbindung bzw. Miteinbezogenheit; vgl. hierzu *Kapferer/Laurent* 1985, S. 290–295) unterscheiden. Von Involvement spricht man im Marketing, wenn der Konsument einen starken Bezug zwischen sich und einem Produkt feststellt. Konkret lassen sich diesbezüglich **drei Arten von Kaufentscheidungen** differenzieren:

- **Low-Involvement-Entscheidung**: Hierbei handelt es sich um eine Kaufentscheidung mit geringer innerer Beteiligung. Charakteristisch sind:
  – geringes Produktinteresse,
  – schwache Aktivierung,
  – oberflächliche Informationssuche und -verarbeitung sowie
  – geringes subjektives Kaufrisiko.
  Typisch für diese Kategorie ist der Erwerb von Haushaltsreinigern, mit dem sich ein Konsument nur oberflächlich beschäftigt und für den er nur im Ausnahmefall viel Mühe aufwenden dürfte.

- **High-Involvement-Entscheidung**: Ein solcher Fall zeichnet sich durch folgende Eigenschaften aus:
  – großes Interesse des Konsumenten am Produkt,
  – starke Aktivierung,
  – intensive Informationssuche und -verarbeitung sowie
  – hohes subjektives Kaufrisiko.
  Dieser Gruppe kann der Kauf hochwertiger Gebrauchsgüter (z. B. Pkw) und Dienstleistungen (z. B. Urlaubsreise, Geldanlage) zugerechnet werden.

- **Medium-Involvement-Entscheidung**: Dieser Typus rangiert zwischen der Low- und der High-Involvement-Entscheidung. Beispiele hierfür sind der Kauf von Krawatten und Parfum.

In Tab. 2.2 finden sich ausgewählte Eigenschaften von Low- und High-Involvement-Entscheidungen, die am Beispiel des Erwerbs von Haushaltsreinigern und Pkws illustriert werden.

Tab. 2.2: Charakteristika von Low- und High-Involvement-Entscheidungen – dargestellt am Beispiel des Erwerbs von Haushaltsreinigern und Pkws (Quelle: in Anlehnung an Kuß/Tomczak 2000, S. 68)

Intensität des Involvement Charakteristika	Low (Erwerb von Haushaltsreinigern)	High (Erwerb eines PKW)
Art der Unternehmenskommunikation	Geringer Informationsgehalt (TV-Spots, Plakate etc.)	Informativ (technische Daten, Ausstattung, Preis) und/oder emotional
Art der Informationsaufnahme	Absichtsloser (= passiver und unabsichtlicher) Kontakt zu Werbung, Verkaufsförderung, Produkt	Aktive Suche nach Informationen (Lektüre von Fachzeitschriften, Prospekten, Testergebnissen; Probefahrten; Gespräche im sozialen Umfeld über Produkterfahrungen)
Art der Informationsverarbeitung	Nutzung von Heuristiken (= vereinfachende Entscheidungsregeln; etwa Fokussierung auf Schlüsselinformationen wie Markenname, Preis oder Urteil der Stiftung Warentest)	Nutzung komplexer kompensatorischer und nicht-kompensatorischer Beurteilungsprogramme (vgl. Abschnitt 2.4.2)
Einfluss von Bezugsgruppen und sozialem Umfeld	Gering	Hoch, da Ausrichtung an (sub-)kulturellen und sozialen Standards; häufig imitatives Verhalten
Bezug zu Persönlichkeit und Lebensstil	Kein nennenswerter Bezug	Hoch, da Produkt Instrument zur Demonstration der eigenen Persönlichkeit und/oder Freizeitgestaltung
Einstellungsänderung	Häufig, aber vorübergehend	Schwierig und selten
Markenpräferenz	Gering; Routinekäufe ohne Markentreue	Hoch; Markentreue häufig

2.2.1.3 Differenzierung nach dem Grad der Kollektivität und dem Vorhandensein eines bestehenden Kaufprogramms

Ruhfus (1976, S. 23) fokussiert seine Betrachtung auf die Kriterien **Grad der Kollektivität** und **Vorhandensein eines bestehenden Kaufprogramms** (vgl. Abb. 2.2). Dieser Kategorisierung folgend lassen sich **drei Typen von Kaufentscheidungen** eines Haushalts unterscheiden:

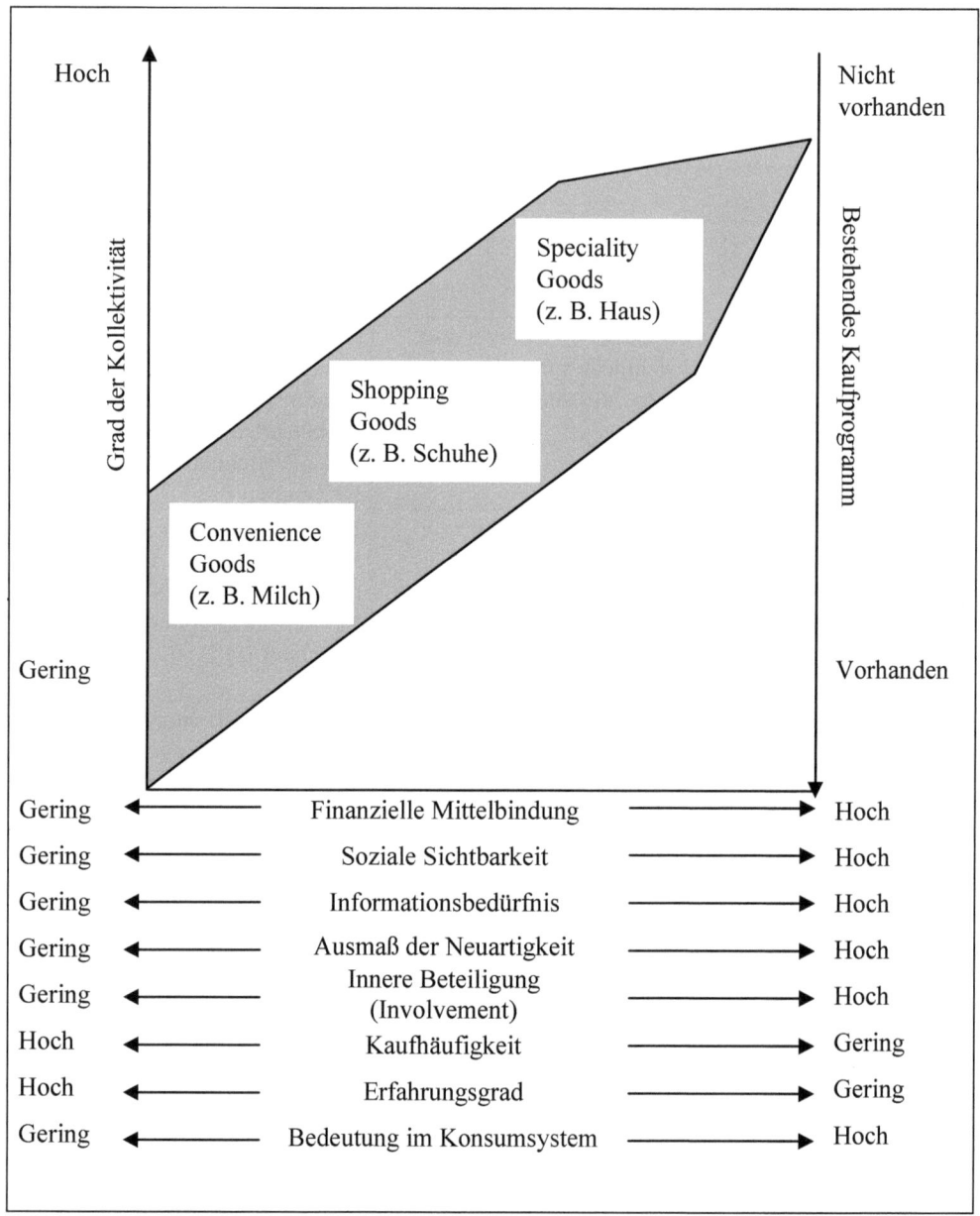

Abb. 2.2: Typen von Kaufentscheidungsprozessen – differenziert nach dem Grad der Kollektivität und dem Vorhandensein eines bestehenden Kaufprogramms
(Quelle: Meffert 1992, S. 44, nach Ruhfus 1976, S. 23)

- **Typ A:** Hier entscheidet i. d. R. das einzelne Familienmitglied alleine, d. h. die kollektive Entscheidungsbeteiligung fällt gering aus. Außerdem ist bereits ein Entscheidungsprogramm vorhanden, d. h. der Verbraucher weiß, anhand welcher Kriterien er seine Wahl trifft. In diese Kategorie fallen die sog. **Convenience Goods** (z. B. Milch, Butter).
- **Typ B:** Bei sog. **Speciality Goods** (z. B. Haus, Wohnung) wird die Kaufentscheidung kollektiv getroffen, ein entsprechendes Entscheidungsprogramm ist nicht vorhanden. Konkret müssen die Käufer sich erst darüber im Klaren werden, welche Kriterien sie heranziehen, wo sie die entsprechenden Informationen finden und wie sie diese zu einem Urteil verdichten.
- **Mischtyp:** Im Falle sog. **Shopping Goods** (etwa Schuhe, Kleidung) ist die Entscheidungsfindung zwischen Typ A und B angesiedelt.

Grundsätzlich bleibt festzuhalten, dass sich die drei vorgestellten Typologien von Kaufentscheidungen teilweise überschneiden. Beispielsweise werden Convenience Goods im Regelfall mit einem geringen Involvement und habituell erworben. Im Gegensatz dazu zeichnet sich der Kauf eines Speciality Goods durch ein hohes Involvement und eine extensive Entscheidungsfindung aus.

2.2.2 Typen kollektiver Kaufentscheidungen

2.2.2.1 Kaufentscheidungen in Partnerschaften

Davis/Rigaux (1974) und *Dahlhoff* (1980) analysierten unter dem Aspekt der Kollektivität die Entscheidungsfindung von Ehepartnern. Konkret stellten sie bei der Analyse von Kaufentscheidungen die Kriterien **Einflussverteilung zwischen Mann sowie Frau** und **Grad der Gemeinsamkeit** in das Zentrum ihrer Analyse (vgl. Abb. 2.3).

Wenn mehr als 50 % der befragten Paare angeben, beide Partner hätten gleichviel Einfluss auf die Kaufentscheidung über ein bestimmtes Produkt, sprechen die Forscher von einer synkratischen Entscheidung. Liegt der Wert darunter, handelt es sich um autonome Entscheidungen. Diese kann zum einen die Frau oder der Mann dominieren. Zum anderen können Mann und Frau etwa gleich häufig alleine entscheiden, so dass die Kontrollhäufigkeit zwischen den Partnern ausgewogen ist.

Demnach lassen **vier Grundtypen** von produktspezifischen Paarentscheidungen unterscheiden:

(I)   Dominanz des Ehemanns: Der Mann trifft (vorwiegend) autonom die Kaufentscheidungen bei einem bestimmten Produkt (z. B. bei Lebensversicherungen).

(II) Weitgehende Autonomie: Sowohl Mann als auch Frau entscheiden ganz alleine und für sich selbst (z. B. bei alkoholischen Getränken).

(III) Dominanz der Ehefrau: Die Frau trifft (vorwiegend) autonom die Kaufentscheidungen bei einem bestimmten Produkt (z. B. Kinderkleidung).

(IV) Partnerschaftliche Struktur (synkratische Entscheidung): Frau und Mann partizipieren gleichermaßen an einer Kaufentscheidung (z. B. bei Urlaubsreisen).

Ein Lesebeispiel soll die Nachvollziehbarkeit von Abb. 2.3 erleichtern. An Punkt 20 %/1,3 finden sich in der Untersuchung von *Dahlhoff* Lebensversicherungen. D. h. in 80 % der Fälle wird die Kaufentscheidung autonom getroffen, wobei der Man dominiert. Ähnlich autonom werden Kinderkleider erworben, wobei hier der weibliche Partner dominiert.

In den vorgestellten Untersuchungen konnten im Wesentlichen **klassische Rollenmuster** bestätigt werden: Während der Mann über größere finanzielle und/oder technische Anschaffungen und hier u. a. den Erwerb des Autos dominiert, kontrolliert die Frau Kaufentscheidungen, die den Haushalt betreffen. Bei der Interpretation der Befunde muss jedoch ins Kalkül gezogen werden, dass die Untersuchungen über 25 Jahre zurückliegen und sich mittlerweile Verschiebungen im Rollenverständnis von Partnerschaften eingestellt haben dürften. Grundsätzlich darf davon ausgegangen werden, dass tendenziell mehr Entscheidungen kollektiv und, falls individuell, wechselseitig getroffen werden (letzteres etwa im Falle des Erwerbs von Lebensmitteln). Aufgrund der zunehmenden Zahl von in Partnerschaften zu treffenden Entscheidungen dürfte sich aber in manchen Bereichen auch eine stärkere Spezialisierung eingestellt haben: Der Mann ist grundsätzlich für diese, die Frau für jene Entscheidungen zuständig.

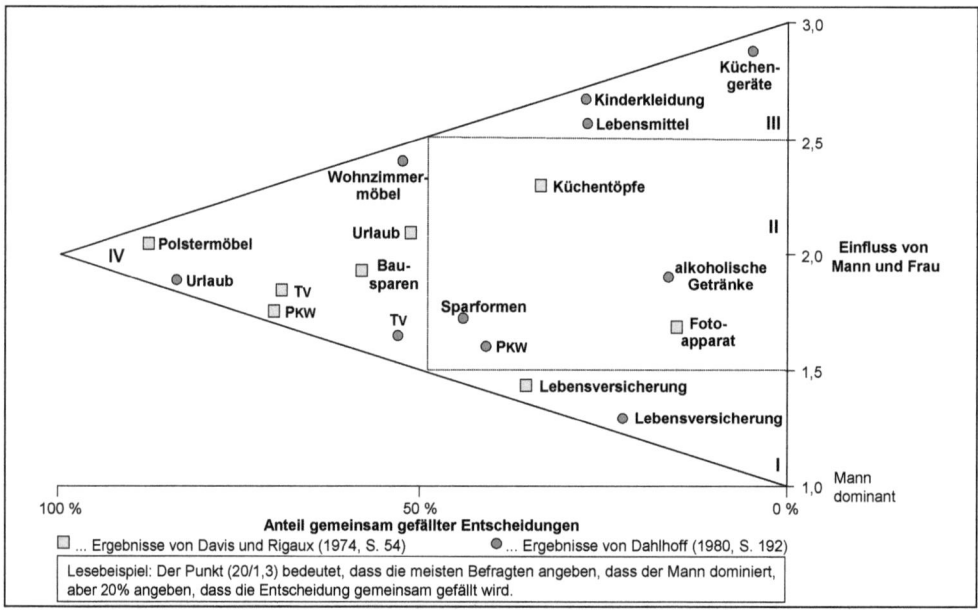

Abb. 2.3: Rollenverteilung bei Kaufentscheidungen von Ehepartnern (Quelle: Davis/Rigaux 1974, S. 54; Dahlhoff 1980, S. 192)

2.2.2.2 Der Einfluss von Kindern auf familiäre Kaufentscheidungen

Ein Aspekt, den beide Untersuchungen vollständig ausblenden, ist die **Rolle von Kindern bei Kaufentscheidungen** in Familien. Diese beeinflussen zum einen als Koalitionspartner der Mutter bzw. des Vaters die Markenwahl. Zum anderen gewinnen Kinder in den Bereichen Informationstechnologie und Unterhaltungselektronik vor dem Hintergrund steigender Komplexität und Innovationsgeschwindigkeit an Entscheidungskompetenz.

Im Kontext von Kaufentscheidungen in Familien lassen sich bereits seit längerer Zeit folgende **Trends** feststellen (vgl. *TV Hören und Sehen/Verlagsgruppe Bauer* 1985):

- Da Familien tendenziell kleiner werden, wenden sich Eltern verstärkt jedem einzelnen Kind zu und geben für dieses auch mehr Geld aus.
- Vor dem Hintergrund kleinerer Haushalte verfügt jedes Haushaltsmitglied im Durchschnitt über ein größeres durchschnittliches Pro-Kopf-Einkommen und damit über ein höheres Konsumpotenzial.
- Der wachsende Anteil berufstätiger Frauen führt zu einem überproportional ansteigenden Einkommen in Haushalten mit Doppelverdienern.
- Die Abkehr von der traditionellen Rollenverteilung zwischen Mann und Frau bedingt ein verändertes Einkaufsverhalten. Beispielsweise kauft nahezu die Hälfte aller Familienväter unter 40 Jahre auch Lebensmittel für ihren Haushalt ein.
- Die Akzeleration der Kinder, d. h. die beschleunigte Entwicklung jüngerer gegenüber früheren Generationen, führt zu mehr Eigenständigkeit, eigener Urteilsfähigkeit und früher Einbeziehung in die Welt der Erwachsenen.
- Während die Markenwahl gemeinsam mit Gleichaltrigen erfolgt, wird der eigentliche Kauf mit den Eltern durchgeführt.
- Das frei verfügbare höhere Einkommen von Kindern und Jugendlichen steigt und führt bereits in frühen Jahren zu einem Geldwertgefühl sowie zu autonomen Kauf- und Markenentscheidungen.
- Der „Demokratisierungsprozess" in der Familie führt verstärkt zu Kaufentscheidungen, die von sämtlichen Mitgliedern beeinflusst bzw. gemeinsam getroffen werden. Dies betrifft nicht nur Produkte wie Urlaubsreisen, sondern in zunehmendem Maße auch Güter des täglichen Bedarfs.
- Die veränderten Handelsstrukturen (etwa Großbetriebstypen des Einzelhandels „auf der grünen Wiese") fördern den Familieneinkauf und damit die Produkt- sowie Markenkenntnis der ganzen Familie in Bereichen, die traditionell einzelnen Familienmitgliedern vorbehalten waren.

Fallbeispiel „Marketing für Kinder" (1) – In jedem siebten Ei!

Dass Werbeslogans bei Kindern eine ganz andere Bedeutung haben können als bei Erwachsenen, belegt folgende Anekdote im Zusammenhang mit Überraschungseiern: Beim gemeinsamen Besuch eines Supermarkts beobachtete *W. S.* seinen Sohn dabei, wie dieser die Überraschungseier im Karton abzählte und das siebte herausnahm. Auf die Frage, was er da gerade mache, antwortete der Filius: „Papa, Du kennst doch die Werbung: In jedem siebten Ei …!".

Mit diesem Slogan will *Ferrero* den Kindern vermitteln, dass sich ein Exemplar der gerade aktuellen Serie – etwa ein *Schlumpf*, eine *Asterix*-Figur oder einer der *sieben Zwerge* – im Durchschnitt in jedem siebten Ei versteckt. Jeglicher Versuch, den Sohnemann in die statistischen Feinheiten von arithmetischem Mittel, Stichprobenziehung und Wahrscheinlichkeitsrechnung einzuführen, scheiterte. Das siebte Ei wurde gekauft, und beim Öffnen war die Enttäuschung groß, als sich das gewünschte Spielzeug nicht darin befand.

Quelle: *Schneider, W./Hennig, A.:* Zur Kasse, Schnäppchen, München 2010.

Fallbeispiel „Marketing für Kinder" (2) – Dreiste Manipulation bis hin zur Körperverletzung durch Irreführung?

Im Rahmen der Marketingaktivitäten rund um die Fußball-Weltmeisterschaft 2010 konnten Kinder beim Kauf von *Ferrero*-Produkten wie dem Kinderriegel, der mit der Extraportion Milch wirbt und damit den Erwachsenen ein ruhiges Gewissen verschafft, Punkte für ein Fan-Trikot sammeln. Die hierfür nötige Menge an Riegeln enthält fünfeinhalb Kilogramm Zucker und entspricht dem Fettgehalt von 18 Stück Butter. Gleichzeitig sponsert *Ferrero* das Sportabzeichen für Kinder.

Quelle: *Bode, T.:* Die Essensfälscher, Frankfurt am Main 2010.

Grundsätzlich beeinflussen kulturelle, soziale, sozioökonomische und individuelle Faktoren wie Berufstätigkeit, Einkommen, soziale Herkunft, Schichtzugehörigkeit, Bildungsweg, Lebensstil usw. die Entscheidungsstruktur innerhalb von Familien. So unterscheiden sich traditionelle und nicht-traditionelle Familien hinsichtlich ihrer Entscheidungsstruktur signifikant (vgl. Tab. 2.3). Während in traditionellen Familien Männer 52 % der Entscheidungen treffen, dominieren in nicht-traditionellen Familien Frauen mit 62,5 %. Ähnlich deutliche Unterschiede treten in Bezug auf den Einfluss von Kindern auf: Während diese beim Vorliegen traditioneller Wertemuster gerade einmal 12 % der Entscheidungen treffen, bringen es Kinder in innovativen Milieus auf immerhin 25 %.

Tab. 2.3: Entscheidungsfindung in Familien mit Kindern (Angaben in %; Quelle: Labrecque/Ricard 2001, S. 175)

Kaufentscheidung durch … Familientypus	Kind	Vater	Mutter
Traditionell	12,0	52,0	36,0
Nicht-traditionell	25,0	12,5	62,5
Gesamt	15,2	42,4	42,4

2.2 Arten von Kaufentscheidungen

Generell lässt sich festhalten, dass der relative Einfluss der einzelnen Familienmitglieder auf Kaufentscheidungen sowohl vom zu erwerbenden Produkt als auch vom Stadium im **Familien-Lebenszyklus** abhängt. Befragt man Kinder im Alter von 6 – 14 Jahren, bei welchen Produkten sie die Kaufentscheidung ihrer Eltern mitbestimmen, ergeben sich folgende Nennungen: Süßigkeiten (89 %), Getränke (84 %), Urlaub (56 %), Computer (25 %), Möbel (22 %), Fernseher (20 %) und Auto (16 %) (vgl. *Synovate Kids + Teens* 2007).

2.2.2.3 Kaufentscheidungen in verschiedenen Lebensphasen

Das Lebenszyklus-Konzept basiert auf der Annahme, dass jeder Mensch im Laufe seines Lebens verschiedene Phasen durchläuft, und zwar nicht unbedingt im gleichen Alter, aber stets in der gleichen Reihenfolge. Dabei können einzelne Phasen auch ausgelassen werden (z. B. bei Kinderlosigkeit). Wie Tab. 2.4 zu entnehmen ist, zeichnet sich jedes Stadium durch spezifische Kauf- und Verhaltensmuster aus. Kritisch anzumerken bleibt, dass Fälle von Scheidung und Single-Dasein in späteren Lebensphasen außen vor bleiben.

Tab. 2.4: Das Lebensphasen-Konzept
(Quellen: Wells/Gubar 1966, S. 362; Murphy/Staples 1979, S. 12 ff.)

Lebensstadium	Charakteristika	Kauf- und Verhaltensmuster
1. Junge Singles	Junge, allein stehende Menschen, die nicht mehr bei ihren Eltern wohnen	• Wenige finanzielle Verpflichtungen • Meinungsführer in Bezug auf Modetrends • Starke Freizeitorientierung • Erwerb von Küchegrundausstattungen, Grundmobiliar, Autos, Kleidung, Urlaubsreisen, Unterhaltungselektronik und Informationstechnologie
2. Frisch verheiratet	Junges Paar ohne Kinder	• Finanziell relativ gut gestellt • Relativ höchste Erwerbsrate bei Gebrauchsgütern, die dem Einrichten der Wohnung dienen • Relativ hohe Mietausgaben

Tab. 2.4: Das Lebensphasen-Konzept (Fortsetzung)

Lebensstadium	Charakteristika	Kauf- und Verhaltensmuster
3. „Volles Nest I"	Das jüngste Kind ist unter sechs Jahren.	• Knappheit liquider Mittel • Unzufriedenheit mit Lebensstandard im Vergleich zu Familien ohne Kinder • Tendenz zu demonstrativem Konsum • Bevorzugter Erwerb stark umworbener Produkte in den Bereichen Kind sowie Wohnungs- und Gartenausstattung
4. „Volles Nest II"	Das jüngste Kind ist sechs Jahre oder älter.	• Finanziell wieder besser gestellt • Berufstätigkeit eines Teils der Ehefrauen • Weniger starker Einfluss von Werbung • Erwerb von Freizeitequipment (Fahrräder, Musikinstrumente)
5. „Volles Nest III"	Ältere Ehepaare mit abhängigen Kindern	• Finanziell noch besser gestellt • Noch höherer Anteil berufstätiger Ehefrauen • Kinder beginnen z. T. zu arbeiten • Geringer Einfluss der Werbung • Kauf von Ersatzbeschaffungen und Erweiterung der Wohnungseinrichtung • Persönlicher Bedarf der Eltern wieder im Vordergrund
6. „Leeres Nest I"	Ältere Ehepaare, Kinder aus dem Haus, Familienoberhaupt noch berufstätig	• Hohes Einkommen • Hochwertiger Konsum • Kein Interesse an neuen Produkten • Erwerb von organisierten Urlaubsreisen, Literatur, Gesundheitsprodukten • Viel geringere Außensteuerung als in früheren Stadien und damit geringere Beeinflussbarkeit durch Kommunikationsinstrumente

Tab. 2.4: Das Lebensphasen-Konzept (Fortsetzung)

Lebensstadium	Charakteristika	Kauf- und Verhaltensmuster
7. „Leeres Nest II"	Ältere Ehepaare, Kinder aus dem Haus, Familienoberhaupt im Ruhestand	• Deutlicher Einkommensrückgang • Sicherung des Eigenheimes, Rückzug ins Privatleben • Gestiegene Nachfrage nach medizinischen Vorrichtungen und gesundheits-, verdauungs- und schlaffördernden Mitteln
8. Allein stehend	Im Ruhestand	• Gleicher oder höherer Bedarf an medizinischer Versorgung und gleiche Produktansprüche wie die anderen Gruppen im Ruhestand • Starker Einkommensrückgang • Besonderes Aufmerksamkeits-, Zuneigungs- und Sicherheitsbedürfnis

---

Fallbeispiel „Konsumentenverhalten" – die sechs Grundprinzipien unseres Verhaltens

Der Verhaltensforscher *Cialdini* hat nach jahrelanger Forschung die folgenden **sechs Prinzipien** herausdestilliert, die unser Verhalten grundlegend beeinflussen:

- **Reziprozität**: Empfangen wir eine Leistung, spüren wir die soziale Verpflichtung, uns in irgendeiner Weise zu revanchieren.
- **Soziale Gleichheit**: Bei Entscheidungsunsicherheit orientieren wir uns an unserem sozialen Umfeld (Bekannte, Freunde, Arbeitskollegen).
- **Commitment und Konsistenz**: Haben wir uns einmal entschieden, neigen wir dazu, diese Entscheidung beizubehalten und auch zu verteidigen.
- **Ähnlichkeit**: Haben wir bereits Erfahrungen mit Objekten gesammelt, tendieren wir dazu, diesbezügliche neue Erfahrungen schneller anzunehmen. Und Menschen, die wir sympathisch und/oder attraktiv empfinden, können uns eher überzeugen als andere.
- **Autorität**: Autoritäten – sei es durch ihre Position oder ihre Kompetenz bedingt – trauen wir größere Kompetenz als uns selbst zu. Somit entlasten diese uns bei der Entscheidungsfindung
- **Knappheit**: Begrenzte Angebote ziehen unsere Aufmerksamkeit an, weil wir die Befürchtung hegen, in diesen Fällen etwas zu verpassen.

Quelle: *Cialdini, R. B.:* Die Psychologie des Überzeugens: Ein Lehrbuch für alle, die ihren Mitmenschen und sich selbst auf die Schliche kommen wollen, Bern 1997.

2.3 Ausgewählte Konsumentengruppen sowie deren Charakteristika

2.3.1 Kinder und Jugendliche

Nach § 1 Jugend-Schutz-Gesetz gelten Personen, die noch nicht 14 Jahre alt sind, als Kinder, und Personen, die 14, aber noch nicht 18 Jahre alt sind, als Jugendliche. Quantitativ wird diese Zielgruppe in Deutschland an Bedeutung verlieren. Trotzdem wird deren absolute Kaufkraft weiter steigen (z. B. via Erbschaften).

Die Zielgruppe „Kinder und Jugendliche" zeichnet sich durch heterogenes Konsumentenverhalten aus (vgl. im Folgenden *Baacke/Sander/Kommer* 1999; *Feil* 2003; *Mappes/Zerzer* 2007, S. 517–528; *Struck* 2002; *Vollborn/Georgescu* 2006). *Jean Piaget* entwickelte in den sechziger Jahren ein **5-Stufen-Modell der kognitiven Entwicklung von Kindern und Jugendlichen**, das als Basis für die Segmentierung der Zielgruppe herangezogen werden kann. Die Kernaussage lautet: Menschliche Erkenntnis entsteht durch aktives Handeln und den Austausch mit der Umwelt über einen längeren Zeitraum (etwa ein Dutzend Jahre). Mittels **Assimilation** (= Anpassung von Wahrgenommenem an die bereits vorhandenen kognitiven Strukturen und damit an das Subjekt) und **Akkommodation** (= Anpassung der kognitiven Strukturen an die neue Situation und damit an die Umwelt) wird nach einem Gleichgewicht gestrebt und damit schrittweise eine höhere Intelligenz entwickelt.

Folgende **fünf Phasen** lassen sich identifizieren:

(1) Stufe der sensumotorischen Intelligenz (0–2 Jahre; Säuglingsalter): Sammlung von Erfahrungen über Sinnesorgane und Motorik.

(2) Stufe des symbolischen oder vorbegrifflichen Denkens (Präoperationale Phase; 2–4 Jahre; Kindergartenalter): logische Irrtümer, „Vermenschlichung" von Gegenständen, Egozentrik, Identifizierung von Objekten, Unmöglichkeit der Quantifizierung, Sprachentwicklung

(3) Stufe des anschaulichen Denkens (4–7/8 Jahre; Grundschulalter):
- Aufnahme von zahlreichen Begriffen, jedoch noch nicht in der Lage, verschiedene Merkmale von Objekten zu kombinieren. Das meist herausragende Merkmal aus der Wahrnehmung wird kennzeichnend für das Objekt.
- Die Welt wird in Themen geordnet, allerdings die Verschachtelung von Klassen ist noch nicht ausgeprägt.
- Im Grundschulalter entwickelt sich ein Verständnis zu Produkten

(4) Stufe des konkret-operativen Denkens (7/8–11/12 Jahre – Grundschulalter im Übergang zu höheren Schulen):
- Konkrete Denkoperationen mit konkreten Objekten oder ihren Vorstellungen sind möglich. Es werden mehrere Dimensionen einbezogen, die sich auf das beschränken, was faktisch und wirklich ist.

2.3 Ausgewählte Konsumentengruppen sowie deren Charakteristika

- Im späteren Verlauf Hinwendung zu „peer groups"; Drang nach Gruppenzugehörigkeit.

(5) Stufe des formalen Denkens (ab 11/12 Jahre; Jugendalter):
- In der Lage, Problemstellungen hypothetisch zu lösen
- Hinwendung zu Erwachsenen-Aktivitäten

Eine differenziertere Einteilung von Kindern und Jugendlichen in **Altersgruppen** nehmen *Garsten/Young* vor:
- Babys (0–1 Jahre): Förderung zum „klugen" Baby
- „small kids" (2–3 Jahre): Entfaltung des eigenen Willens, erste Durchsetzung gegenüber den Eltern
- „pre-school kids" (4–5 Jahre): Werberezeption im TV, Erkennen von Markenzeichen, erste Sozialisation im Kindergarten
- „kids" (6–9 Jahre): Rasche Lernprozesse, aber noch heile Kinderwelt
- „tweens" (10–12 Jahre): Orientierung an jugendlichen Verhaltensweisen
- „teenager" (13–15 Jahre): Orientierung an der Gruppe
- „youngsters" (16–19 Jahre): zunehmendes Interesse an „Erwachsenenmarken"

Kinder und Jugendliche beeinflussen den Konsumprozess auf **drei Arten**, nämlich als:
- Käufer (z. B. im Falle der Ausgabe des Taschengeldes),
- Einflussnehmer auf die Kaufentscheidung der Eltern bis hin zur Expertenrolle und
- zukünftige Konsumenten, denn Verhaltensweisen werden im Jugendalter geprägt und bis ins Erwachsenenalter beibehalten

Bei der Entwicklung eines zielgruppenspezifischen Marketing für Kinder und Jugendliche werden **drei Phasen** durchlaufen:
- Festlegung, welche Altersgruppe mit welche Produkten angesprochen werden soll
- Zusammenstellung der Bedürfnisse der jeweiligen Zielgruppe unter Berücksichtigung der kognitiven Entwicklungsstufe
- Auswahl einer geeigneten Methode zur Beschaffung notwendiger Marktdaten
  - Sekundärforschung (etwa Marktforschungsstudien wie *Youngcom! Jugendstudie* 2011 für die Altersgruppe der 13–20 Jährigen, *Kids-Verbraucher-Analyse* [Kids-VA, K-VA] für die Altersgruppe der 6–13 Jährigen, *Shell*-Jugendstudie 2011 für die Altersgruppe 15–25 Jährigen)
  - Primärforschung (mündliche Befragung eines Kindes, zweier Kinder [Freundschafts-, Paar-Interviews], der Bezugspersonen, beider Gruppen zusammen oder getrennt voneinander; Durchführung von Experimenten [Führen eines Tagebuchs/Geschichten schreiben, Befragen von Freunden, Fotografieren der eigenen Umwelt, Malen/Basteln])

Folgende **Produkte** bzw. **Kommunikationsinstrumente** gelten als besonders geeignet, um Kinder und Jugendliche anzusprechen:

- Videos und Comics von Fernsehsendungen (*Sponge Bob, The Simpsons, Hannah Montana*)
- Merchandising (z. B. Schlümpfe als Sammelfiguren)
- Product Placement (etwa Preise bei Gameshows mit ausdrücklichem Hinweise auf die Marke)
- Kostenlose Mitgliedschaft (etwa *Barbie*-Club, Kids-Club von *McDonald's*)
- Sponsoring (z. B. von Sportveranstaltungen, Schulfesten)

Rund 40 % der Werbespots richten sich an Kinder und Jugendliche. Werbespots, die diese Zielgruppe anvisieren, sind mit einer Schnittfrequenz zwischen einem und drei Sekunden vergleichsweise schnell geschnitten.

Flankierend zu altersspezifischen Unterschieden führt die Erziehung zu geschlechterspezifischen Unterschieden im Verhalten zwischen Jungen und Mädchen. Nicht ohne Grund bietet *McDonald's*, der weltweit größte Spielzeugvertreiber, im Rahmen ihrer Happy Meals getrennte Spielzeugserien für Mädchen und Jungen an.

Eltern, Erzieher und Lehrer stellen an Jungen andere Erwartungen als an Mädchen. Jungen werden häufig konservativ zur Identifikation mit physischer Stärke, Härte gegen sich selbst und andere, Rücksichtslosigkeit und Verachtung von Schwächen, Furchtlosigkeit und selbstherrlichem Überlegenheitsgefühl gegenüber Mädchen erzogen. Die Konsumgüterindustrie nutzt solche tradierten Rollenklischees bei der Umsetzung ihrer Marketing-Instrumente. Beispielsweise zeichnen sich Werbespots, die auf Jungen zugeschnitten sind, durch rasante Wechsel der Kameraperspektive zwischen Realfilm und Trickfilm aus. Die Musik ist härter als bei Mädchenspots, die Farben sind dunkel, die Kontraste krasser. Die Themen sind Abenteuer, Kampf und Gewalt. Die Sprache vermittelt häufig das Gefühl von Macht und Kontrolle.

Die Erwartungen, welche die Gesellschaft an Mädchen stellt, schlagen sich nicht zuletzt in ihren (Rollen-)Spielen nieder. Mädchen spielen Mutter, Vater, Kind, ahmen Figuren und Tiere nach, denken sich Märchen sowie Geschichten als Rahmenhandlung aus und bauen Beziehungsstrukturen zu Freundinnen sowie Bezugspersonen auf. Sie kooperieren, sind gehorsam und anhänglich. Auch hier bedienen sich Unternehmen häufig solcher konservativ-weiblichen Stereotype. Spots für Mädchen behandeln Themen wie Romantik, Schönheit, familiäre Geborgenheit und Liebe. Pastelltöne und Mädchenfarben dominieren (z. B. Pink). Spots und Anzeigen strahlen Harmonie sowie Wärme aus und animieren Mädchen dazu, sich in andere Identitäten hineinzuversetzen (z. B. Prinzessin, Mutter, Hausfrau).

Fallbeispiel „Kinder-Marketing" (3) – *McDonald's* **und der Vorwurf, Kinder und Jugendliche zu manipulieren**

Eine Umfrage unter amerikanischen Schulkindern ergab, dass 96 % *Ronald McDonald* erkannten. Einen höheren Wiedererkennungswert hatte nur *Santa Claus*. Die goldenen Bögen sind dort mittlerweile bekannter als das Kreuz Christi.

In Deutschland kann *McDonald's* als erstes Gastronomie-Unternehmen gelten, das sich von Anfang an auf Kinder und junge Jugendliche als Zielgruppe fokussierte. Ein in diesem Zusammenhang immer wieder vorgetragener Kritikpunkt ist, dass McDonald's Kindern und Jugendliche instrumentalisiere. Das Operations Manual von *McDonald's*, die vor der Öffentlichkeit geheim gehaltene „McBible" für jeden lokalen Restaurantmanager, gibt folgende Anweisungen, um die Zielgruppe kleine Kinder anzusprechen: „*Ronald* liebt *McDonald's* und das Essen von *McDonald's*. Und das tun auch Kinder, weil sie *Ronald* lieben. Denken Sie daran, Kinder üben einen phänomenalen Einfluss aus, wenn es um die Auswahl eines Restaurants geht. Dies bedeutet, dass Sie alles Mögliche tun sollten, um die Liebe der Kinder für *Ronald* und *McDonald's* anzusprechen."

Exemplarisch für alle Kritiker kann *Eric Schlosser*, der US-amerikanische Autor des Buchs „Fast Food Nation" angeführt werden. Er erklärt, wie *McDonald's* die Marketing-Instrumente der *Walt Disney Company* gegenüber Kindern zum Vorbild nahm, was darin mündete, dass Ikonen wie *Ronald McDonald* und die ihn unterstützenden Figuren geschaffen wurden. Die Theorie, die hinter dem Wandel zu einem auf die Zielgruppe „Kinder" ausgerichteten Marketing steht, ist die, dass hierdurch nicht nur Kinder, sondern auch deren Eltern und Großeltern angezogen wurden. Des Weiteren entsteht Markenloyalität, die bis ins Erwachsenenalter anhält und auf nostalgischen Assoziationen basiert. *Schlosser* übt scharfe Kritik an dieser Marketing-Strategie: das Ausnutzen der naiven, unkritischen Natur von Kindern und der Umstand, dass Kinder in den USA rund 21 Stunden in der Woche Fernsehen schauen.

Doch trotz aller Kritik an der Werbung für Kinder geben die Gerichte *McDonald's* Recht, wenn das Unternehmen im Falle von Vorwürfen in Bezug auf die *McDonald's* Werbung Verleumdungsklagen einleitet. Beispielsweise in der vom *McDonald's* Konzern angestrebten Verleumdungsklage vor dem High Court in England fiel das Urteil von Richter *Bell* entschieden zugunsten von *McDonald's* aus. Die Beklagten hatten ein Flugblatt verteilt, das eine große Zahl von Anschuldigungen gegen *McDonald's* enthielt, darunter auch Anschuldigungen in Bezug auf *die McDonald's* Werbung, die das Gericht für diffamierend und unwahr befand. Trotzdem sieht der Richter die Werbung von *McDonald's*, die sich speziell an Kinder richtet, recht kritisch, wie die der folgende Auszug aus dem Gerichtsurteil belegt:

„...; der im Flugblatt enthaltene Vorwurf, die Kläger benutzten Kinder als empfänglichere Werbeadressaten, um ihre Eltern unter Druck zu setzen, damit sie mit den Kindern zu *McDonald's* zu gehen, ist jedoch berechtigt. Es stimmt.

Meinem Urteil nach benutzen die Werbung und das Marketing von *McDonald's* beeinflussbare kleine Kinder in erheblichem Umfang dazu, um sowohl die Kinder als auch die sie begleitenden Eltern zum Konsum von *McDonald's* Produkten zu bewegen, indem die Kinder ihre Eltern bedrängen, mit ihnen zu *McDonald's* zu gehen. Es mag gesagt werden, dass dies das unweigerliche Ergebnis aller Werbung an Kinder, die nicht selbständig einkaufen können, ist. Dem mag so sein. Schließlich hat *McDonald's* aufgrund dieser Behauptung eine Klage eingereicht."

Ronald McDonald spielt auch heute noch eine zentrale Rolle in der Kommunikationsstrategie von *McDonald's*. Mit diesem, den Kindern meistens auch aus Werbespots bekannten Firmenmaskottchen will *McDonald's* seine jüngste Zielgruppe direkt ansprechen und auf der emotionalen Ebene einen Bezug zum Unternehmen herzustellen. *Ronald* trägt den offiziellen Titel eines „Hauptverantwortlichen für Fröhlichkeit" (Chief Happiness Officer) der Fast-Food-Kette.

Nach seiner Erschaffung als Werbemaskottchen 1963 trat *Ronald McDonald* regelmäßig in Fernsehspots im Kinderprogramm auf, wo er sich als stets freundlich lächelnder Clown präsentierte. Er lebte in einem imaginären *McDonald's* Land, wo er mit seinen Freunden, anderen *McDonald's* bezogenen Kunstcharakteren wie *Grimace*, *Hamburglar* und *Birdie*, diverse Abenteuer erlebte. Da Kinder dieses Konzept in den vergangenen Jahren zunehmend als realitätsfern und albern wahrnehmen, beginnen sich die Spots mit *Ronald* zunehmend zu ändern. Aktuell erlebt man ihn immer häufiger mit normalen Kindern in Alltagssituationen. Fernsehspots, die ihn beim Synchronschwimmen und Turmspringen zeigen und die während der von *McDonald's* gesponserten Olympischen Spiele 2004 in Athen geschaltet wurden, wurden von der Werbeindustrie mit viel Beifall bedacht.

Des Weiteren sind – auch in Deutschland – im Auftrag des Unternehmens mehrere Darsteller unterwegs und führen in Kindergärten, Grundschulen und Krankenhäusern Auftritte als *Ronald* durch. Im Rahmen dieser sog. *Ronald McDonald* Kindergartentournee, die 2005 unter dem Motto „Mein Körper, der Schatz" stand, brachte es *Ronald* auf rund 1.300 werbefreie Auftritte vor rund 65.000 Kindern. Nicht zuletzt besuchen die *Ronald*-Darsteller auch kranke Kinder in den *Ronald-McDonald*-Häusern der *McDonald's* Kinderhilfe. Die unterschiedlichen Darsteller müssen sich nach einem strikten Vorschriftenkatalog verhalten. Dieser deckt so unterschiedliche Bereiche wie einen detaillierten Verhaltenskodex, Schminkvorschriften, aber auch Sprachregelungen ab. Auf diese Weise will man die Illusion vermitteln, dass es nur einen einzigen *Ronald* gebe. Um Nachahmer auszuschalten, hat sich *McDonald's* unterschiedlichste Schreibweisen des Namens „*Ronald McDonald*" sowie das Design des verwendeten Kostüms etc. als eingetragene Warenzeichen rechtlich schützen lassen.

Bei sämtlichen *Ronald* betreffenden Fragen hält sich der Konzern traditionell sehr bedeckt. Offenkundig will man Kritikern nur wenig Angriffsfläche bieten. Diese vergleichen *Ronald* nicht selten mit *Joe Camel*, dem ehemaligen Maskottchen der Zigarettenmarke *Camel*. Und so schottet der Konzern, wie es ein Autor bezeichnet, seine Werbefigur ab „wie der Verfassungsschutz seine V-Leute".

Trotz der häufig geäußerten Kritik scheint die Konkurrenz daran interessiert zu ein, das Image von *Ronald McDonald* zu schädigen bzw. „sich mit fremden Federn zu schmücken". Dies belegen die folgende Werbekampagne von *Burger King* sowie die daraus resultierenden Reaktionen von *McDonald's*.

Ein TV-Spot von *Burger King* aus dem Jahr 2002 zeigte das *McDonald's* Maskottchen *Ronald McDonald* als heimlichen Konsumenten der *Burger-King*-Hamburger. Gleichzeitig behauptete *Burger King*, die eigenen Hamburger seien billiger, enthielten aber dennoch mehr Fleisch. Daraufhin erwirkte *McDonald's* vor dem *Landgericht Köln* eine Einstweilige Verfügung gegen die Ausstrahlung dieses TV-Spots sowie der flankierenden Werbung. Werbe- und PR-Kampagnen, in deren Zentrum *Ronald McDonald* steht, zielen darauf ab, Kindern und ihre Eltern dazu zu bringen, *McDonald's Produkte* und insbesondere das bekannte Happy Meal zu kaufen. Happy Meal (früher in Deutschland unter dem Namen Junior-Tüte vertrieben) ist der Produktname des Kinder-Menüs der Fast-Food-Kette und beinhaltete traditionell entweder einen Hamburger, einen Cheeseburger oder vier Chicken Nuggets, dazu eine kleine Portion Pommes Frites und einen Softdrink sowie eine ständig wechselnde kleine Spielzeug-Überraschung.

Die den Menüs beigelegten Spielzeuge bedienen sich beliebter Kindermotive, die monatlich variieren. Häufig handelt es sich bei den Spielzeugen um Serien, die Kinder zum Sammeln und damit zu weiteren Restaurant-Besuchen animieren sollen. Im Jahr 2005 gab es zum Beispiel Figuren von *Barbie*, den *Schlümpfen*, *Mickey Mouse* und *Tarzan*. Durch die lang angelegte Partnerschaft mit *Disney*, die in 2006 aufgelöst wurde, ergaben sich bislang regelmäßig Angebote, die mit den jeweils aktuellen *Disney*-Film-Produktionen abgestimmt waren.

Bereits der Firmengründer von *McDonald's*, *Ray Kroc,* betonte, kein Kind solle seine Restaurants ohne Geschenk („freegifts") verlassen. Das ist auch heute noch das erklärte Ziel des Unternehmens. So stieg *McDonald's* im Lauf der letzten Jahrzehnte zum größten Spielwarenvertreiber der Welt (1,2 Milliarden Spielwaren pro Jahr) auf. Happy Meals sind ein wesentlicher Bestandteil dieses Erfolgs und dienen zugleich der Kundenbindung der jungen Gäste.

Um der Kritik an *McDonald's*, seine Produktauswahl fördere die Fettleibigkeit bei Kindern, und damit an der ursprünglichen Zusammensetzung der Happy Meals entgegenzuwirken, wurden Milch und Obst als mögliche Alternativen aufgenommen und beworben. Zahlen, wie gut diese Alternativen bei Kindern und Jugendlichen ankommen, werden nicht veröffentlicht. Das *Burger King*-Äquivalent zum Happy Meal ist das Kids Menu, das vergleichbare Produkte und Portionen sowie eine Spielzeug-Überraschung enthält.

Quelle: *Schneider, W.:* McMarketing, Wiesbaden 2007, sowie die dort zitierte Literatur.

Abb. 2.4: In den USA angebotenes McKids™ Kinderspielzeug (Quelle: Schneider 2005).

2.3.2 Singles

Ein **Alleinstehender** (statistischer Begriff) bzw. **Single** (umgangssprachliche Bezeichnung) ist ein Mensch, der überwiegend alleine in einem Haushalt lebt. Während **freiwillige Singles** bewusst alleinstehend leben (z. B. Eigenbrötler, Einsiedler, Hagestolze oder katholische Geistliche, die dem Zölibat unterliegen), leben **unfreiwillige Singles** notgedrungen ohne andere (etwa verwitwete bzw. geschiedene Personen oder Menschen, die noch keinen Lebenspartner gefunden haben). Lag der Anteil der Ein-Personen-Haushalte vor rund 100 Jahren bei 6 %, sind es heutzutage rund 40 % mit steigender Tendenz. Insbesondere in Ballungszentren nimmt der Anteil an Single-Haushalten zu (vgl. im Folgenden *Rosenkranz* 1998, S. 22 ff.; *Schneider/Rosenkranz/Limmer* 2000, S. 998 ff.; *www.acnielsen.de*; *www.gfk.de/geomarketing*; *www.marketing-blog.biz/blog/plugin/tag/singlehaushalte*; *www.single-dasein.de*; *www.single-boerse.de*; *www.trendbild.de/text/gesellschaft/single-haushalte.html*; jeweils Stand: 09.07.2011)

Nach Untersuchungen des *Zukunftsinstituts in Kelkheim* lassen sich Singles anhand ihrer Motive in **acht Gruppen** unterscheiden:

- **Nestflüchtlinge**: normaler Auszug aus dem Elternhaus zwischen 20 und 25 Jahren
- **Fun-Singles**: freizeitorientiert, häufig in Ausbildung/Studium, experimentierfreudig
- **Weibliche Panik-Singles**: Frauen zwischen 35 und 45 Jahren, berufstätig, gut ausgebildet, *Ally McBeal*-Syndrom, scheitern auf der Suche nach einem Partner häufig an hohen Ansprüchen
- **Männliche unfreiwillige Singles**: Männer zwischen 30 und 45 Jahren
- **Taktische Singles**: trotz Partnerschaft eigene Wohnung zum Zwecke der Möglichkeit des Rückzugs
- **Teilzeit-Singles**: Menschen in festen Beziehungen, häufig auch mit Kindern, zweiter Wohnsitz für Krisen und Ruhe
- **Arbeits-Singles**: Dauerhafte Entscheidung für entlegenen Arbeitsplatz, „Opfer" der Globalisierung/Mobilität
- **Active Elder Singles**: über 55 Jahre, Partner gestorben oder Scheidung

Singles stellen eine eigenständige, aber heterogene Zielgruppe dar. Neben der unterschiedlichen Single-Dichte in Deutschland (u. a. Stadt-Land-Gefälle) liegen die Schwierigkeiten im Single-Marketing in den verschiedenen Motivstrukturen einzelner Single-Typen sowie deren unterschiedlicher Kaufkraft. Ungeachtet solcher Differenzen lassen sich für das **Single-Marketing** in den einzelnen Marketing-Mix-Bereichen folgende gemeinsame **Ansatzpunkte** finden:

- **Produktmanagement**
  - Lebensmittel: angepasste Gebindegrößen, verzehrfertiges Obst in Kleinmengen, portionierbare Tiefkühl-Kost, diverse Wurst-/Käsesorten in einer Packung
  - Elektronikbereich: Mini-Waschautomaten und -Spülmaschinen (*Bomann*), Single-Kaffeeautomaten (*WMF*), Kompaktküchen (*Limatec*)
  - Freizeitbereich: Single-Reisen, Tagesevents für Singles, Wellness-Angebote für Senioren
- **Preismanagement**
  - Beruflich aktive Singles/gut situierte Rentner: Gutverdiener, für Preis eher eine untergeordnete Rolle spielt versus
  - Beruflich passive Singles/arme Rentner: Schlechtverdiener, für die Preis entscheidend ist
- **Vertriebsmanagement**
  - Flexibilisierung der Öffnungszeiten (8–22/24 Uhr)
  - Angebot von Internetbestellungen mit Just-in-time-Lieferservice
  - Einrichtung von Abholstationen analog den DHL-Paketstationen
  - Separate Regale für Single-Produkte
- **Kommunikationsmanagement**
  - Zielgruppenaffine Belegung der Werbezeiten in Radio/TV
  - Hinweis auf Single-Produkte in Prospekten

- Verstärkte Nutzung spezifischer Worte wie „gemeinsam" und „nicht alleine sein"
- Eigene Internetplattformen wie *www.singleboerse.de*

2.3.3 Männer und Frauen

Gender Marketing beschreibt ein Konzept, das Erkenntnisse aus Psychologie sowie Gehirnforschung nutzt und Produktentwicklung sowie -positionierung an den verschiedenen Bedürfnissen von Männern und Frauen ausrichtet. Gender leitet sich aus dem lateinischen genus = Geschlecht ab. Im Englischen steht Gender für das soziokulturelle Geschlecht. Gemeint ist hingegen nicht das biologische Geschlecht (= sex). Ausgewählte Unterschiede im Konsumentenverhalten zwischen den Geschlechtern finden sich in Tab. 2.5.

Tab. 2.5: Ausgewählte Aspekte des Konsumentenverhaltens im Geschlechtervergleich (Quelle: in Anlehnung an Kreienkamp 2007, S. 98 ff.)

Geschlecht / Aspekt	Weiblich	Männlich
Hormonell gesteuertes Verhalten	Östrogen: Balance, Fürsorge, Bindung, Selbstlosigkeit, Wir-Gefühl	Testosteron: Dominanz, Disziplin, Kontrolle, Egoismus, Ich-Gefühl
Bevorzugter Werbestil	Humor, Respekt, (Sex)	Humor, Action, Ironie, (Sex)
Einkaufsverhalten	Ungezielt, Schaufensterbummel	Gezielt
Bevorzugte Verkaufsraumgestaltung und Inhalte des Verkaufsgesprächs	Ästhetik und Fantasie	Ordnung und gute Leistung
Kommunikative Präferenzen	Emotional, sozial, kommunikativ; weiche Faktoren	Rational, sachlich; harte Faktoren
Informationspräferenzen	Gesamte Information von Interesse	Fokus auf Hauptmerkmale, Affinität zu technischen Produkten, Berechenbarkeit, Dominanz
Betrachtung des Regals	Hohe Aufmerksamkeit mit Blickstopps	Kurzes Überfliegen
Präferenzen Produktform	Weich und rund	Geradlinig und praktisch
Kaufentscheidung	Intensive Auseinandersetzung mit Produkt und Hinterfragen der Verkaufsargumente; ausführliche Prüfung des Produkts	Klarer Entscheidungsprozess; endgültige Entscheidung,; schnell, ungeduldig

2.3 Ausgewählte Konsumentengruppen sowie deren Charakteristika

Grundsätzlich lassen sich zahlreiche Konsumgüter – auch wenn sie per Definition nicht geschlechtsspezifisch sind wie beispielsweise Rasierer – nach ihrem Markenauftritt als männlich oder weiblich klassifizieren. Das Mineralwasser *Evian* gilt als feminin, *Bonaqa* als maskulin. Da Männer durchaus kalorienbewusst konsumieren, aber nicht zur „weiblichen" *Coca-Cola light* griffen, hat der Getränkekonzern der bereits etablierten Diätcola „*Coke Zero*" an die Seite gestellt. Und die „*Lamour-Collection*", die Handys in zarten Pastelltönen umfasst, gilt als einer der erfolgreichsten Produktinnovationen von *Nokia*. Gender Marketing bedeutet also mehr als nur die Version eines Produkts für Frauen „kleiner und pink" zu machen. Vielmehr gilt es, sich detailliert mit den Bedürfnissen der weiblichen Verbraucher zu beschäftigen. Schließlich werden 80 % der Konsumgüter von diesen erworben (vgl. *Lembke*, 2007, S. 18; *Borkowski* 2007; *Jaffé* 2005; *Hurth* 2005).

Fallbeispiel „Männliches Kaufverhalten" – Etwas zum Schmunzeln

Wer kennt ihn nicht, den Sketch von *Otto Waalkes*, der uns unvergleichliche Einblicke in den Körper von Herrn *Soßt* vermittelt, indem er uns auf die ihm eigene Weise am Funkverkehr zwischen den Organen bei einem Kneipenbesuch teilnehmen lässt. Übertragen auf das Kaufverhalten von Männern könnte das Ganze ungefähr so ablaufen:

Wir befinden uns jetzt im Körper von Herrn *Soßt*. Herr *Soßt* betritt ein Kaufhaus. Die Füße schreiten schnell voran, das Auge schaut gerade aus. Die anderen Organe langweilen sich. Da plötzlich meldet sich das Auge:

„Auge an Zwischenhirn, Auge an Zwischenhirn: Hier gibt es ja so viele schöne Dinge. Können wir nicht mal langsamer gehen?"
„Zwischenhirn an Auge: Konzentriere Dich auf das Wesentliche und schau gerade aus."
„Großhirn an Zwischenhirn: Warum informiert mich denn niemand? Ich krieg ja überhaupt nichts mit!"
„Zwischenhirn an Großhirn: Ruhe. Halt Dich aus dem Funkverkehr raus, bis Du gefragt wirst.".
„Zwischenhirn an Füße: Geht mal schneller, Jungs, damit wir endlich ans Ziel kommen."
„Zwischenhirn an Drüsen: Das ist ja richtiger Stress hier. Adrenalin ausstoßen, Blutdruck steigern."
„Ohr an Zwischenhirn: Habe soeben die Frage „Kann ich Ihnen helfen?" vernommen?"
„Zwischenhirn an Ohr: Von wem?"
„Ohr an Zwischenhirn: Ich kann nichts sehen, mal Auge fragen."
„Zwischenhirn an Auge: Wer hat uns gefragt?"
„Auge an Zwischenhirn: Der Typ, der uns gegenüber steht: Variante Verkäufer: Schleimiges Lächeln mit Besserwisser-Visage."
„Zwischenhirn an Großhirn: Dem werden wir mal zeigen, wer der Schlauere von uns beiden ist. Jetzt bist Du dran, Großhirn: Schnell Argumente überlegen und an Zunge weitergeben. ... So, das reicht. Dem haben wir es aber gegeben. Verschwinde jetzt wieder aus dem Funkverkehr."
„Zwischenhirn an Hände: Nehmt das erstbeste Produkt und dann nichts wie raus hier."
„Großhirn an Zwischenhirn: Aber was kostet das und gibt es nichts Besseres?

„Zwischenhirn an Großhirn: Schnauze, ist doch mir egal."
„Zwischenhirn an Füße: Gebt mal endlich Gummi, damit wir hier herauskommen."
„Auge an alle: Ich sehe was, was Ihr nicht seht, und das ist …."
„Zwischenhirn an Auge: Noch so ne Bemerkung und Du fliegst raus."
„Zwischenhirn an alle: Uff, endlich geschafft. Schrittfrequenz langsam runterschalten, Adrenalinzufuhr stoppen, Blutdruck senken. Nach Kneipe Ausschau halten."
„Zwischenhirn an Großhirn: So, jetzt wieder Du."
„Großhirn an Zunge: Großes Bier bestellen und Leber Bescheid sagen! Prost!".

2.3.4 Senioren

Der demographische Wandel in Deutschland lässt sich im Wesentlichen an vier **Entwicklungen** festmachen:

- Abnehmende Bevölkerungszahl
- Wachsender Anteil der 1- und 2-Personen-Haushalte
- Steigende Frauenerwerbstätigkeit
- Absolute und relative Zunahme der Älteren

Besonders stechen der Anstieg der Lebenserwartung und damit der wachsender Anteil der Senioren an der Gesamtbevölkerung hervor (vgl. Abb. 2.5). Das Durchschnittsalter der deutschen Bevölkerung wird von 40,9 Jahren im Jahr 1999 bis auf 48,2 Jahre im Jahr 2050 ansteigen. Die zunehmende Bedeutung der Senioren zeigt sich u. a. daran, dass im Jahr 2008 in Deutschland nahezu die Hälfte der gesamten Kaufkraft auf die über 50-Jährigen entfiel (vgl. *Metro Group* 2008, S. 14). Die geburtenstarken Jahrgänge der 60er Jahre werden ab 2020 in das Rentenalter eintreten, wodurch die Zahl der Pensionäre weiter zunimmt. Gleichzeitig bewirken die geburtenschwachen Jahrgänge ab 1970 einen Bevölkerungsrückgang. Im Jahr 2020 werden 40 % aller Haushalte Rentnerhaushalte sein. Themen wie Gesundheit, Sicherheit, Convenience, Einkaufsatmosphäre und soziale Kontakte beim Einkauf gewinnen vor diesem Hintergrund an Bedeutung, wohingegen der Preis in den Hintergrund tritt (vgl. im Folgenden *Accenture* 2004; *Institut für Handel und Marketing an der Universität St. Gallen/PricewaterhouseCoopers AG* 2006; *KPMG Deutsche Treuhand-Gesellschaft AG WPG* 2006; *o. V.: Mehrheit der Senioren ohne Handy*, in: Der Handel, Nr. 10/2008, S. 6.).

Mit zunehmendem Alter verändern sich die **psychischen Fähigkeiten** folgendermaßen:

- Geringere geistige Beweglichkeit
- Verlangsamte Informationsaufnahme und –verarbeitung
- Abnehmendes Gedächtnis und Sprachvermögen
- Zunehmende Müdigkeit und Antriebslosigkeit

Flankierend lassen sich auf der **physischen Ebene** folgende Entwicklungen feststellen:

- Geringere Muskelkraft und motorische Fähigkeiten
- Zunehmende körperliche Beschwerden und Einschränkungen

- Abnehmende manuelle Geschicklichkeit
- Nachlassen des Seh- und Hörvermögens sowie des Tast- und Geschmackssinns

Das Alter schlägt sich auch im Verhalten nieder. Eine Studie des Hightech-Verbands *Bitkom* förderte zutage, dass 2008 58 % aller Deutschen, die älter als 65 Jahre waren, weder Handy noch PC besaßen. Im Segment der 14- bis 29-Jährigen waren dies gerade einmal 5 %. Offenkundig haben noch viele Senioren Berührungsängste vor neuen Technologien, so dass die digitale Spaltung der Gesellschaft offenkundig eine Spaltung zwischen Alt und Jung ist. Doch gerade ältere Menschen, deren Mobilität häufig eingeschränkt ist, könnten von Online-Angeboten der Behörden sowie Online-Shopping und -Banking profitieren.

Doch trotz ähnlicher psychischer und physischer Veränderungen mit zunehmendem Alter weisen Senioren unterschiedliche Verhaltens- sowie Bedürfnisstrukturen auf und repräsentieren demnach keine homogene Zielgruppe. Der Heterogenität der **Generation 50+** versucht man, mittels zahlreicher Segmentierungsansätze gerecht zu werden. Beispielsweise kann zwischen passiven Älteren, Machern, Genießern, Geselligen, Engagierten und Asketen unterschieden werden. Trotz aller Unterschiede ist sämtlichen Segmenten gemeinsam, dass zwischen tatsächlichem und gefühltem Alter ein Unterschied von rund zehn Jahren besteht. Konkret bedeutet das nichts anderes, als dass ältere Senioren in der Werbung als jüngere Senioren angesprochen werden möchten, jüngere Senioren als spätes Mittelalter usw.

Es lässt sich festhalten, dass eine spezifische Ansprache des Seniorensegments die Chancen bietet, sich gegenüber Wettbewerbern zu profilieren und neue Wachstums- sowie Erfolgspotenziale zu erschließen. Als Risiken gelten die Überschätzung des Einflusses des chronologischen Alters auf das Konsumentenverhalten sowie zunehmende Komplexität und Kosten der Marktbearbeitung. Unternehmen stehen demnach im Spannungsfeld zwischen einem expliziten **Senioren-Marketing** und einer generationenübergreifenden Ansprache (= Integrationsmarketing). Unternehmen benötigen demnach keine Produkte, die extra für die ältere Zielgruppe konzipiert werden, sondern solche, die demographiefest sind. Dies sind nach Aussagen von *Andrea Ferger-Heiter*, Demografiebeauftragte bei *Galeria Kaufhof*, Produkte, die gut aussehen, intuitiv bedienbar und im Gebrauch komfortabel sind. Hinzu kommen eine deutlich beschriftete und leicht zu öffnende Verpackung sowie eine lesbare und verständliche Bedienungsanleitung.

Werbewirtschaft und Fernsehsender fokussierten sich lange Zeit auf junge Zuschauer, da man davon ausging, dass sich diese als sog. Erstverwender vergleichsweise leicht beeinflussen lassen. Ältere Zuschauer hingegen galten angesichts ihrer hohen Markentreue als uninteressant. Doch angesichts des demographischen Wandels stehen Werbewirtschaft und TV-Anstalten mittlerweile vor einem Umdenken. Die Macht der 14- bis 49-Jährigen gehe laut Fachleuten zu Ende und die Bedeutung der 50- bis 65-Jährigen nähme aufgrund ihres überdurchschnittlichen Konsumbudgets zu. Vor diesem Hintergrund gelte es, innovative Formate für neue, kleine Zielgruppen zu entwickeln.

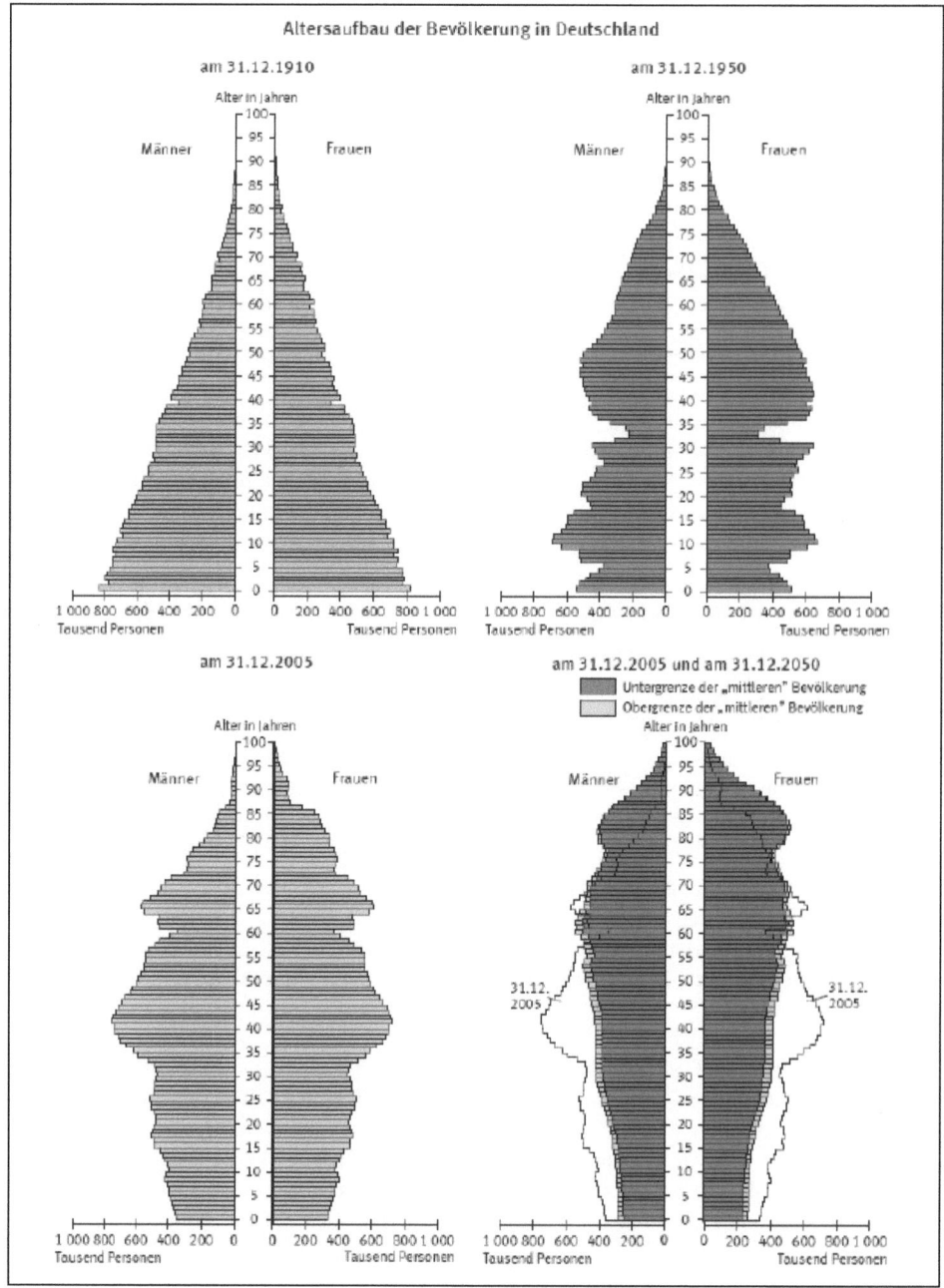

*Abb. 2.5: Demographische Entwicklung der Bevölkerung in Deutschland
(Quelle: Statistisches Bundesamt (Hrsg.): Bevölkerung Deutschlands bis 2050, 11. koordinierte Bevölkerungsvorausberechnung, Wiesbaden 2006, S. 16)*

2.3 Ausgewählte Konsumentengruppen sowie deren Charakteristika

Fallbeispiel „Senioren-Marketing" (1) – der Supermarkt für Generationen in Chemnitz und Lupen bei *DM*

Zahlreiche ältere Menschen, die im Vergleich zum Bevölkerungsdurchschnitt überproportional häufig alleine leben, klagen über zu große Verpackungen im Lebensmitteleinzelhandel. Hier bietet der Supermarkt für Generationen in Chemnitz Abhilfe. Er bietet Spreewaldgurken in kleinen Gläsern, und Möhren können einzeln erworben werden. An den Regalen hängen Lupen, die darin unterstützen, die Schrift auf Produktverpackungen zu entziffern. Und die Kassen bieten genug Platz für Rollatoren und Handwagen.

Der Karlsruher Drogeriemarktbetreiber *DM* stattete im Rahmen eines Pilotprojekts Einkaufswagen mit Vergrößerungsgläsern aus, um auf diese Weise der demographischen Entwicklung in der Bevölkerung Rechnung zu tragen. Die Lesehilfen, die zusätzlich zum Taschenhalter an der rechten Seite der Einkaufswagen angebracht sind, stießen insbesondere bei älteren Konsumenten auf breite Zustimmung.

Quelle: *o. V.*: Dinner for one, in: chrismon – das evangelische Magazin, Nr. 11/2008, S. 6.

Fallbeispiel „Senioren-Marketing" (2) – die Entwicklung von Autos für die Zielgruppe der Best Agers

Um sich in die körperlichen Probleme der Generation 50plus hineinzudenken, nutzen einige Produktentwickler einen **Alterssimulationsanzug**. Dieser erschwert die Bewegungsabläufe durch Gewichte und Manschetten an Brust und Gelenken. Außerdem schränken eine Spezialbrille, Ohrstöpsel und Gummihandschuhe wichtigste Körpersinne ein.

Als Konsequenz verfügen Autos für den „reiferen" Fahrer über größere Türöffnungen für einen bequemeren Ein- und Ausstieg, größere Fenster, Außen- und Innenspiegel für eine bessere Rundumsicht, wenige, dafür aber schnell verständliche Bedienungsinstrumente, eine Notfalltaste mit Freisprecheinrichtung, besonders leichte Servolenkung, große Rundinstrumente wie Tachometer sowie Tankanzeige und nicht zuletzt eine Automatikschaltung.

Quelle: *Jahn, I.*: Produktdesign älter gemacht, in: Glücklich im Alter, Beilage der Frankfurter Allgemeine Zeitung, o. Nr. (2007), S. 15.

Fallbeispiel „Senioren-Marketing" (3) – Handys für Senioren

Handys werden immer kleiner, die Bildschirmschriften können kaum mehr entziffert werden, die Tasten sind winzig und die neu hinzukommenden Funktionen sind auf die internetaffine Twitter-Generation zugeschnitten. Die Zielgruppe mit der größten Kaufkraft bleibt dabei zumeist außen vor: die rüstigen Senioren.
(Der Kurznachrichtendienst **Twitter** (zu deutsch: zwitschern) bietet die Möglichkeit, per Internet oder SMS kurze Nachrichten weiterzuleiten, die für all jene Nutzer lesbar sind, die

als „Follower" den Kanal des Absenders abonniert haben. Die Nachrichtenlänge beträgt maximal 140 Zeichen. Die Nutzung des Dienstes ist kostenlos. Weltweit nutzen 6 Millionen Menschen Twitter (Stand: 2010).)

Spezielle Seniorenhandys, die zumeist nur von mittelständischen Unternehmen entwickelt werden, sind vor allem für jene gedacht, die im hohen Alter gebrechlich sind, schlecht sehen und hören sowie Schwierigkeiten mit der Motorik haben. Konsequenterweise sollte ein dementsprechendes Handy in erster Linie zum Telefonieren dienen und Sicherheit sowie Unabhängigkeit im Alltag gewährleisten. Im Vordergrund müssen einfache Bedienung und Handhabbarkeit stehen. Hierzu dienen große, klar voneinander abgesetzte Tasten mit ordentlichem Druckpunkt, die auch dann bedient werden können, wenn der Nutzer zittert. Eine gut lesbare, eindeutige Beschriftung der Tasten ist ebenso erforderlich.

Da Multimedia bei dieser Zielgruppe keine Rolle spielt, empfiehlt sich ein monochromes Display, das auch noch weniger Strom als Farbvarianten benötigt. Die Bildschriften sollten größer sein und die Menüs müssen auf das Wesentliche beschränkt sein: Telefonbuch, Anruflisten, SMS, Einstellungen und evtl. noch eine Weckfunktion.

Des Weiteren ist eine optische Signalisierung ankommender Anrufe insbesondere für Schwerhörige von Nutzen. Um Störungen des Hörgerätes infolge von Rückkopplungen und Funkübertragung des mobilen Netzes zu vermeiden, sollte im Handy eine Induktionsschleife eingebaut sein, mit der akustische Signale elektromagnetisch ausgesendet und von einer Induktionsschleife im Hörgerät empfangen werden.

Mittels einer eigenen Notruftaste können mehrere Rufnummern (Hausarzt, Kinder, Polizei, Feuerwehr) hintereinander automatisch gewählt werden. Landet der Notruf jedoch bei einem Anrufbeantworter oder einer Mailbox oder antwortet eine Stimme des Netzbetreibers mit dem Hinweis, dass der Angerufene nur über SMS informiert wird, ist die Rufkette unterbrochen. Um das zu vermeiden, erkennen einige Seniorenhandys Anrufbeantworter und gehen dann automatisch zur nächsten Notrufnummer weiter. Andere versenden zusätzlich eine Notruf-SMS, die man im Vorfeld selbst verfassen kann.

Quelle: *Spehr, M.*: Einfach, schlicht und schnörkellos, in: Frankfurter Allgemeine Zeitung, Nr. 166 vom 21.07.2009, S. T1.

2.3.5 Konsumenten mit Migrationshintergrund

Laut *Statistischem Bundesamt* leben in Deutschland mehr als 15,7 Millionen Menschen mit Migrationshintergrund, das entspricht 19,3 % der deutschen Gesamtbevölkerung (Stand: 2010). Die größte Gruppe stammt aus der früheren Sowjetunion: Knapp 4 Millionen Russischsprachige leben in Deutschland, sie konsumieren jedes Jahr Produkte und Dienstleistungen für rund 37 Mrd. Euro. Ca. 3 Millionen Menschen haben ihre familiären Wurzeln in der Türkei. Die Kaufkraft dieser Klientel im konsumfreundlichen Durchschnittsalter von knapp 35 Jahren berechnen Experten mit knapp 20 Mrd. Euro p. a. Aus Polen kommen offiziellen Zahlen zufolge 1,8 Millionen Menschen, aus dem früheren Jugoslawien 1,4 Millionen.

2.3 Ausgewählte Konsumentengruppen sowie deren Charakteristika

Folgende **Besonderheiten** zeigen sich bei Konsumenten mit Migrationshintergrund:
- Generell halten Menschen mit ausländischer Staatsbürgerschaft zumeist sehr intensiven Kontakt zu Verwandten in der Heimat. Für deutsche Telefondienstleister, die ihre Produkte richtig zu vermarkten wissen, besteht hier ein enormes Umsatzpotenzial.
- Einwanderer aus Russland gelten als überdurchschnittlich stark am Bau eines eigenen Heims interessiert und stellen damit eine wichtige Zielgruppe für das Baugewerbe dar.
- Im Vergleich zu den Deutschen besitzen Türken in Deutschland ein ausgeprägtes Marken- und Qualitätsbewusstsein und reagieren schneller auf neue Konsumtrends. So sind beispielsweise deutsche Automarken bei dieser Zielgruppe viel beliebter als bei den Deutschen selbst. Jeder fünfte Türke entscheidet sich für einen Mercedes, aber nur jeder achtzehnte Deutsche.
- Familien arabischer Herkunft gehören zu den besten Kunden der Stromzulieferer, weil in ihren Haushalten mehr Personen leben als in deutschen und folglich mehr Strom verbraucht wird.

Im Vordergrund des **Ethno-Marketing**, das sich an Zielgruppen mit Migrationshintergrund und damit an Konsumenten richtet, die sich von der Mehrheitsbevölkerung eines Landes ethnisch unterscheiden, stehen Kommunikationsstrategien, die gezielt ethnische Minderheiten ansprechen. Hierzu gehören die Werbung in fremdsprachigen Tageszeitungen und TV-Programmen, eine angepasste Werbeästhetik sowie eine Verkaufskultur, die den Erwartungen der jeweiligen Zielgruppe entspricht.

Einige deutsche Unternehmen praktizieren Ethno-Marketing bereits mit Erfolg. Hierzu zählen folgende **Beispiele**:
- *Volkswagen* schaltet unter dem Slogan „*Volkswagen* spricht türkisch" Werbespots auf türkischen (Parallelgesellschafts-)Sendern, die über Satellit und Kabel in Deutschland ausgestrahlt werden.
- Der Telefonanbieter *E-Plus* richtete einen speziellen Tarif für türkische Kunden ein, der unter dem Namen *Ay Yildiz* (Halbmond und Stern) vermarktet wird.
- Bei der *Deutschen Bank* ist Türkisch die Sprache, wenn es darum geht, diese Zielgruppe zu gewinnen (vgl. *www.business-wissen.de; http://www.kom-gmbh.de/flash_vid 04.swf; http://www.ayyildiz.de/; http://www.bankamiz.de/tr/tr_index.html*; Stand: 12.12.2008).

Des Weiteren spielen ethnische Sortimente eine bedeutsame Rolle. Hierunter versteht man Produktangebote, welche die Bedürfnisse ausländischer Bevölkerungsgruppen und Einflüsse anderer Länder berücksichtigen. Im deutschsprachigen Raum sind dies Basissortimente asiatischer, russischer oder türkischer Produkte (vgl. *Metro Group* 2010, S. 123).

Fallbeispiel „Ethno Food" – türkische Lebensmittel in Deutschland

Der deutsche Lebensmittelhandel entwickelt zunehmend Sortimente mit türkischen Produkten. Angesichts von über 2,4 Millionen in Deutschland lebenden Türken bzw. 615.000 türkischen Haushalten mit Ausgaben für Lebensmittel von etwa 3,7 Mrd. € p. a. – Tendenz steigend – sind türkische Lebensmittel ein Instrument, diese Zielgruppe an sich zu binden und nicht an die rund 12.000 türkischen „Onkel-Mehmet-Läden" zu verlieren. Die *Metro Group* beispielsweise führt in 31 Cash&Carry-Märkten ein türkisches Sortiment mit 200 Lebensmittelmarken; teilweise werden die Produkte in türkischer Sprache beworben. Auch in den *Metro*-Vertriebsschienen *Real* und *Extra* finden sich türkische Produkte.

Angesichts der Marktmacht der neuen Konkurrenten muss der türkische Handel reagieren. Denn die Vorzüge der „Onkel Mehmets" wie Frische, Preis-Leistungs-Verhältnis und Nähe reichen alleine nicht mehr aus, um die Kunden an sich zu binden. Vor diesem Hintergrund filialisieren türkische Händler zunehmend. Beispiele hierfür sind *Hüdaverdi* in Mannheim, *Tepe* in Düsseldorf oder *Birlik* in Berlin. Die Kettenbildung bringt allerdings die Kleinläden noch weiter in Bedrängnis, so dass Onkel Mehmet ein ähnliches Schicksal wie Tante Emma drohen könnte.

Quelle: *Skarka, C.*: Onkel Mehmet, wohin?, in: LebensmittelZeitung, Nr. 25 vom 18.06. 2004, S. 53.

Fallbeispiel „Ethno-Marketing" – hohes Potenzial von islamkonformen Lebensmitteln

„Halal" auf Arabisch oder „Helal" auf Türkisch bedeutet im Koran „das Zulässige, das Erlaubte" (Gegenteil: „Haram") und bezieht sich auf die Lebensweise von Muslimen. Nach den entsprechenden Speise-, Trink- und Schlachtvorschriften sind u. a. Blut, Fleisch von Schweinen und Alkohol, mit dem etwa Maschinen und Werkzeuge gereinigt werden, verboten. Um die Einhaltung der Reinheitsgebote zu gewährleisten, müssen beispielsweise in der Wurtwarenproduktion eigene Cutter, Mixer, Schneide- und Verpackungslinien sowie (Zwischen-)-Lager installiert werden.

Obwohl die Umsätze mit Halal-Produkten in Ländern mit hohem muslimischem Bevölkerungsanteil florieren, zeigen sich Unternehmen hierzulande zurückhaltend. Zu groß ist die Befürchtung, mit Tierschützern in Konflikt zu geraten und so Imageschaden zu erleiden. Halalzertifizierte Lebensmittel finden sich konsequenterweise bislang noch selten in den Regalen des deutschen Lebensmitteleinzelhandels. Hinzu kommen Befürchtungen des Lebensmitteleinzelhandels, dass Muslime in einem Markt mit Schweinefleisch und Schweinefleischprodukten kein Halal-Schafffleisch erwerben würden. Doch einige Produzenten beginnen bereits, das als weltweit sehr hoch eingeschätzte Marktpotenzial zu erschließen. *Nestlé* etwa vertreibt in Frankreich den Halalvorschriften entsprechende Tiefkühlprodukte unter der Marke *Maggi*. Der Süßwarenproduzent *Haribo* führt ebenso wie sein Wettbewerber *Mederer* entsprechende Produkte, die er in der Türkei herstellen lässt, im Sortiment. *Agrarfrost* exportiert entsprechende Kartoffelprodukte. Auch der der Geflügelverarbeiter *Wiesenhof*, die Fleischwarenfabrik *Bernhard Meemken* (Wurstwaren) und die Wurstfabrik *Egelbusch* – um nur einige Produzenten zu nennen – bieten ihren Kunden halalkonforme Produkte.

In diesem Zusammenhang bietet die *Bundeszentrale der Verbraucherverbände* einen „Einkaufsführer für Muslime" an. Er vermittelt einen Überblick über 120 Unternehmen aus 19 Produktgruppen. Alle aufgelisteten Produkte enthalten nach Angaben der Produzenten kein Fleisch, keine Fette, Öle oder Zusatzstoffe von Schlachttieren und keine alkoholischen Zutaten. Lebensmittel aus ökologischer Produktionsweise sind separat gekennzeichnet. Kurzversionen des Wegweisers durch den Produkt- und Zutatendschungel gibt es als kostenlose pdf-Downloads auf Arabisch und Türkisch.

Quelle: *o. V.*: Händler zögern bei Halal-Produkten, in: LebensmittelZeitung, Nr. 42 vom 16. 10.2009, S. 43.

2.3.6 Homosexuelle Konsumenten

Homosexuelle Menschen zeichnen sich im Vergleich zur Durchschnittbevölkerung durch große Konsumfreude, höheres Schulbildungsniveau, leicht höheres Einkommen, schnellen Zugriff auf Kapital, starkes Körper- und Gesundheitsbewusstsein, Interesse an Verschönerung der Wohnung, Reisefreude und Lust am Kochen aus (vgl. im Folgenden *BBDO Consulting GmbH/gofelix GmbH* 2001; *Bock* 2001; *Fash Medien Verlag GmbH* 2004 – 2011; *Fonds Gesundes Österreich* 2008; *Groß* 2008; *Kretschmer* 2002; *o. V.*: Gesellschaft – Werbung entdeckt die Homosexuellen, 2011, auf: http://www.stern.de/wirtschaft/unternehmen/ meldungen/gesellschaft-werbung-entdeckt-die-homosexuellen-525895.html; Stand: 19.06.20 11; *Schneider-Lindbergh* 2008, *Stuber* 2011.

In einer von *Condomi* in Auftrag gegebenen Grundlagenstudie kristallisierte sich heraus, dass es nicht „den schwulen Konsumenten" gibt. Vielmehr ließen sich **fünf Typen schwuler Konsumenten** identifizieren:

1. hedonistisch und trendorientiert
2. suchend und convenience-orientiert
3. markenbewusst und karriereorientiert
4. konventionell und häuslich
5. preisbewusst und intellektuell

Da Homosexuelle als führungsstark und orientierungsgebend eingestuft werden, ist diese Zielgruppe nicht nur für das **Gay Marketing**, sondern auch für die Formulierung von Botschaften an heterosexuelle Konsumenten interessant. Hier dienen Schwule zum einen als Eye-Catcher, um Aufmerksamkeit für Werbebotschaften zu erlangen und damit den Bekanntheitsgrad von Produkten zu steigern. Zum anderen lassen sich Homosexuelle in **Diversity Marketing-Kampagnen** einbinden. Ziel ist es hierbei, Offenheit als wesentlichen Wert unserer heutigen Gesellschaft zu kommunizieren und das Leben möglichst real abzubilden.

Als **Risiken** des Gay Marketing gelten:
- Negative Imageeffekte und damit Abschreckung heterosexueller Konsumenten
- Bearbeitung homosexueller Konsumenten als „ein" Marktsegment und damit Vernachlässigung der Heterogenität dieser Zielgruppe

- Schwierige Ansprache der Zielgruppe „Lesben"
- Unglaubhafte Werbung

2.3.7 Lebensstil-Typen

Eine vergleichsweise neue Herangehensweise zur Aufspaltung von Konsumgütermärkten stellt die **Lifestyle-Segmentierung** dar. Lebensstil bezeichnet eine Kombination typischer Verhaltensmuster einer Person bzw. einer Gruppe von Personen, durch die sich diese von anderen Personen bzw. Gruppen abgrenzt (vgl. *Balderjahn/Scholderer* 2000, S. 8; *Kroeber-Riel/Weinberg* 1999, S. 547). Grundsätzlich lassen sich **zwei Ansätze der Lebensstilforschung** unterscheiden:

- Der **theoretisch** ausgerichtete Zweig basiert auf psychologischen, soziologischen, (kultur-)- anthropologischen, biologischen und ökonomischen Studien. Diese unterschiedlichen theoretischen Ausgangspunkte führen zu heterogenen Begriffsauffassungen, was die ganzheitliche Nutzung der Erkenntnisse erschwert.
- Die **empirisch** geprägte Lebensstilforschung betreiben in aller Regel Marktforschungsinstitute, Werbeagenturen sowie Verlage, die damit in erster Linie kommerzielle Anliegen verfolgen. Beispiele hierfür sind:
    - die **Euro-Socio-Styles** der *GFK*, Nürnberg,
    - die *Sinus*-**Milieus** des *Sinus-Instituts*, Heidelberg,
    - die **Typologie der Wünsche (TdW)** des *BurdaVerlags*, München, sowie
    - die **VerbraucherAnalyse (VA)** des *Heinrich-Bauer-Verlags*, Hamburg.

  Eine begrenzte theoretische Fundierung und die seltene bzw. nur ansatzweise Offenlegung der methodischen Vorgehensweise sind charakteristisch für diese Ansätze.

Zur Erfassung von Lebensstilen bedient sich die Marktforschung des **AIO-Ansatzes**, dessen Grundstruktur Tab. 2.6 zu entnehmen ist.

Tab. 2.6: Der AIO-Ansatz im Überblick (Quelle: Kroeber-Riel/Weinberg 1999, S. 549)

Variable	Verhaltensmuster	Beispiele
Activities (Aktivitäten)	Beobachtbares Verhalten: How a person spends his or her time at work and leisure.	Arbeit, Sport, Hobbies, Freizeit, Urlaub, Konsum
Interests (Interessen)	Emotional bedingtes Verhalten: What someone places importance on in his or her immediate surroundings.	Familie, Beruf, Essen, Medien, soziales Umfeld
Opinions (Meinungen)	Kognitive Orientierungen: Where a person stands on issues, society and himself or herself.	Eigene Person, Politik, Wirtschaft, Produkte, Kultur, soziale Probleme

Erfasst werden in Lebensstilanalysen darüber hinaus vielfach auch Werte (Values), weshalb sich in der Literatur auch die Bezeichnung **AIOV-Ansatz** findet.

Als typische Lifestyle-Produkte gelten Autos, Kleidung, Uhren, Mobilfunktelefone, Kosmetika, Kreditkarten, Urlaubs- und Freizeitangebote sowie Wohnungseinrichtungen. Die Lebensstilforschung findet im Marketing konkrete **Anwendung** in der:

- Ermittlung neuer Zielgruppen,
- Charakterisierung bereits identifizierter Segmente sowie
- Entwicklung von Lifestyle-Marken (etwa *Swatch*, *Bacardi*, *Joop*) und -Betriebstypen (z. B. *Citibank*, *Benetton*, *Ikea*).

Fallbeispiel „Lifestyle-Segmentierung" (1) – die Euro-Socio-Styles

Geistiger Vater der Euro-Socio-Styles ist *Bernard Cathelat*, Professor an der Pariser *Sorbonne*, der das theoretische Gerüst für diese Konsumententypologie gemeinsam mit dem in Paris ansässigen Marktforschungsinstitut *Centre de Communication Avancé (CCA)* entwickelte. Seit 1989 ist die *GFK* Lizenznehmer der *CCA* und berechtigt, diesen Marktsegmentierungsansatz mit Ausnahme Frankreichs in ganz Europa zu vermarkten. Mit den Euro-Socio-Styles will die *GFK* Auskunft über das Verbraucherverhalten in 26 europäischen Ländern geben. Zwar existiert nach Ansicht der *GFK* noch kein einheitliches europäisches Verbraucherverhalten, aber es hätten sich Bevölkerungsgruppen mit stark differenzierenden Wertesystemen herausgebildet, in denen sich Weltanschauungen, Überzeugungen, Kaufgewohnheiten und Kommunikationsverhalten zu charakteristischen Lebensstilen verdichten, und zwar länderübergreifend und unabhängig von Alter und sozialen Abstufungen. In ihrem Euro-Socio-Styles-Modell definiert die *GFK* die Tab. 2.7 zu entnehmenden acht Zielgruppen. Diese Konsumententypen sind in einem zweidimensionalen Raum zwischen den Spannungsfeldern Schein und Realität sowie Beständigkeit und Wandel angesiedelt. „Schein" steht dabei für das Bedürfnis Haben, „Realität" für das Bedürfnis Sein, „Wandel" für das Bedürfnis Leidenschaften leben und „Beständigkeit" für Friedens- und Sicherheitsbedürfnis der Konsumenten (vgl. Abb. 6.4).

Tab. 2.7: Die Charakterisierung der Euro-Socio-Styles
(Quelle: www.gfk.de; Stand: 17.01. 2007)

Nr.	Typus	Charakteristika
1	Crafty World – die Abenteurer	Junge, dynamische und opportunistische Leute einfacher Herkunft auf der Suche nach Erfolg und materieller Unabhängigkeit
2	Cosy Tech World – die Behaglichen	Aktive moderne Paare mittleren Alters mit meist überdurchschnittlicher Haushaltsausstattung, die auf der Suche nach persönlicher Entfaltung sind
3	New World – die Weltoffenen	Hedonistische tolerante Intellektuelle mit gehobenem Lebensstandard auf der Suche nach persönlicher Harmonie und sozialem Engagement

Tab. 2.7: Die Charakterisierung der Euro-Socio-Styles (Fortsetzung)

Nr.	Typus	Charakteristika
4	Magic World – die Träumer	Intuitive junge materialistische Leute mit Kindern und geringem Einkommen, die einem Platz an der Sonne hinterher jagen und ihrem guten Stern vertrauen
5	Authentic World – die Kritischen	Rationale, moralische Cocooner-Familien mit guten Einkommen, die engagiert und auf der Suche nach einem harmonischen und ausgeglichenen Leben sind
6	Secure World – die Schutzsuchenden	Konformistische, hedonistische Familien aus einfachen Kreisen, die sich abkapseln, von einem einfacheren Leben träumen und sich traditionellen Rollen verbunden fühlen
7	Steady World – die Bodenständigen	Traditionsorientierte, konformistische Senioren mit mittlerem Lebensstandard, die ihren Ruhestand voll und ganz ausschöpfen
8	Standing World – die Anspruchsvollen	Kultivierte, pflichtbewusste und vermögende Staatsbürger, die ihren Überzeugungen treu bleiben und an Traditionen ausgerichtet sind

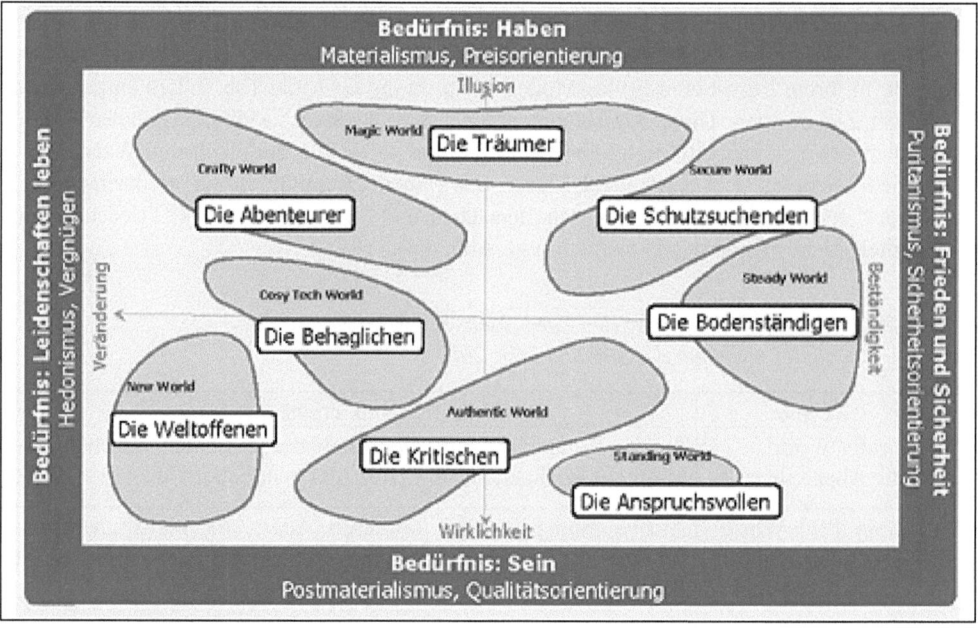

Abb. 2.6: Das Zielgruppenmodell der Euro-Socio-Styles der GFK (Quelle: http://www.mediaundmarketing.de/mafo/zielgruppen/index.php; Stand: 16.01.2007)

Fallbeispiel „Lifestyle-Segmentierung" (2) – die *Sinus*-Milieus

Das Zielgruppenmodell von *Sinus Sociovision* basiert auf sozialen Milieus, in denen Menschen mit verwandter Alltagswirklichkeit gruppiert sind. Diese ähneln sich einander in Lebensauffassung, Lebensweise, Wertprioritäten, sozialer Lage und Lebensstil.

Die *Sinus*-Milieus umfassen folgende Zielgruppen:
- Gesellschaftliche Leitmilieus
  - Etablierte – das selbstbewusste Establishment: Erfolgs-Ethik, Machbarkeitsdenken und ausgeprägte Exklusivitätsansprüche.
  - Postmaterielle – das aufgeklärte Nach-68er-Milieu: liberale Grundhaltung, postmaterielle Werte und intellektuelle Interessen.
  - Moderne Performer – die junge, unkonventionelle Leistungselite: intensives Leben – beruflich und privat, Multi-Optionalität, Flexibilität und Multimedia-Begeisterung.
- Traditionelle Milieus
  - Konservative – das alte deutsche Bildungsbürgertum: konservative Kulturkritik, humanistisch geprägte Pflichtauffassung und gepflegte Umgangsformen.
  - Traditionsverwurzelte – die Sicherheit und Ordnung liebende Kriegsgeneration: verwurzelt in der kleinbürgerlichen Welt bzw. in der traditionellen Arbeiterkultur.
  - DDR-Nostalgische – die resignierten Wende-Verlierer: Festhalten an preußischen Tugenden und altsozialistischen Vorstellungen von Gerechtigkeit und Solidarität.
- Mainstream-Milieus
  - Bürgerliche Mitte – der statusorientierte moderne Mainstream: Streben nach beruflicher und sozialer Etablierung, nach gesicherten und harmonischen Verhältnissen.
  - Konsum-Materialisten – die stark materialistisch geprägte Unterschicht: Anschluss halten an die Konsumstandards der breiten Mitte als Kompensationsversuch sozialer Benachteiligungen.
- Hedonistische Milieus
  - Experimentalisten – die extrem individualistische neue Bohème: Ungehinderte Spontaneität, Leben in Widersprüchen, Selbstverständnis als Lifestyle-Avantgarde.
  - Hedonisten – die spaßorientierte moderne Unterschicht/untere Mittelschicht: Verweigerung von Konventionen und Verhaltenserwartungen der Leistungsgesellschaft

Die Abb. 2.7 zu entnehmende „Kartoffel-Grafik" siedelt die *Sinus*-Milieus in einem zweidimensionalen Raum an:
- Von oben nach unten: Nach sozialer Lage in Schichten, auf der Grundlage von Bildung, Beruf und Einkommen
- Von links nach rechts: Nach der Grundorientierung, in einem Spannungsbogen von traditionell bis postmodern

In der Abb. 2.7 oben sind die gesellschaftlichen Leitmilieus angesiedelt, am linken Rand die Traditionellen Milieus, in der Mitte die Mainstream Milieus und rechts die Hedonistischen Milieus.

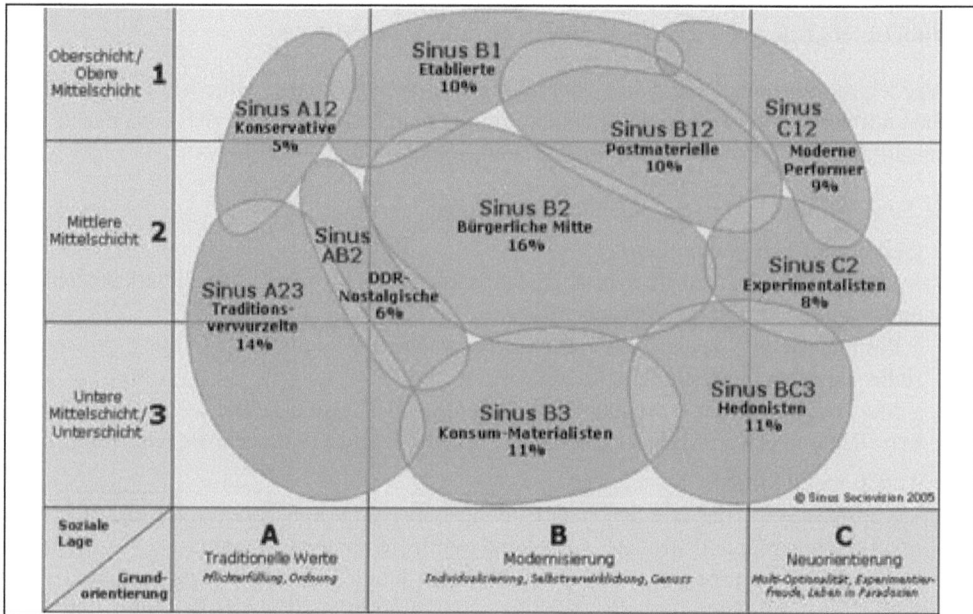

*Abb. 2.7: Das Zielgruppenmodell der Sinus-Milieus von Sinus Sociovision
(Quelle: http://www.sinus-sociovision.de/; Stand: 16.01.2007)*

Zimbardo/Boyd (2008) wählen einen speziellen Zugang zur Lifestyle-Segmentierung, indem sie anhand des Kriteriums **unterschiedlicher Zeitperspektiven sechs Lifestyle-Segmente** identifizieren:

- **Die Rückwärtsgerichteten (High Past-Positives)**
  Sie erinnern sich gerne an die glückliche Vergangenheit und haben eine Vorliebe für die „gute alte Zeit". Sie sind selten besorgt und niedergeschlagen, widersetzen sich aber Veränderungen wie das Kennenlernen anderer Menschen oder neuer Ideen.

- **Die im Jetzt lebenden Hedonisten (High Present-Hedonists)**
  Sinnlich und spontan, dreht sich ihr Leben um kurzfristige Vergnügungen. Sie haben Spaß und Freunde und sind glücklich. Sie zeichnen sich durch intensive Kreditkartennutzung, riskanten Sex, zu viel Alkohol sowie einen unsteten beruflichen Werdegang aus und können gefühlsmäßig aus der Bahn geworfen werden, wenn ihnen unvermittelt etwas genommen wird.

- **Die gegenwartsbezogenen Fatalisten (High Present-Fatalists)**
  Sie leben in der Gegenwart und glauben, dass Schicksal alles bestimmt. Sie verlassen sich nur auf sich selbst, da sie anderen nicht vertrauen. Sie sind häufig temperamentvoll, niedergeschlagen und wenig gewissenhaft.

- **Die rückwärtsgerichteten Enttäuschten (High Past-Negatives)**
  Sie blicken auf eine schmerzhafte Vergangenheit zurück und in ihren Gedanken spielen sich immer wieder Zweifel ab. Sie lassen sich nur schwer hinters Licht führen und sind

nur selten unbegründet optimistisch. Sie tendieren dazu, besorgt, schüchtern und unglücklich zu sein.

- **Die Vorwärtsgerichteten (High Futures)**
Es handelt sich hier um Planer, die auf Ziele fokussiert sind, Belohnungen für sich selbst aufschieben und Verpflichtungen einhalten. Sie sind gesund und verdienen das meiste Geld. Sie verzichten auf sofortige Vergnügungen und bedauern dies später. Im Extremfall blicken sie als Ersatz für jeglichen Spaß auf ihre erfolgreiche Vergangenheit zurück.

- **Die auf die „jenseitige" Zukunft Gerichteten (High Transcendental Futures)**
Sie glauben an eine Ausdehnung der Zeit im Sinne eines Lebens nach dem Tod. Sie sind entspannt und glücklich. Im Extremfall neigen sie jedoch dazu, sich selbst und andere für zukünftige Belohnungen (etwa das ewige Leben im Paradies) zu opfern.

Fallbeispiel „Lifestyle-Segmentierung" (3) – Vornamen der Kinder als Seismographen des Lebensstils der Eltern

Mittels der Analyse von Vornamen lässt sich laut Expertenmeinung mit einer Trefferquote von rund 70 % das Geburtsdatum einer Person ermitteln. Neuere Studien weisen darauf hin, dass die Analyse von Vornamen einen weiter reichenden Ansatzpunkt zur Lifestyle-Segmentierung von Märkten bietet. Traditionell besannen sich Eltern bei der Namensfindung auf kollektive Tradition und nannten ihre Kinder nach Ahnen, Heiligen oder Herrschern. Wie neuere Studien belegen, zählen heute hingegen subjektive Werte wie Modernität, Klang und Seltenheit. Die Eltern lassen sich hierbei von unterschiedlichen Quellen anregen – seien es Filme, Internet, Sport oder Urlaub, also nichts letztlich anderes als Quellen, die ihrem Lifestyle entspringen.

Quelle: *Trechow, P.*: Was Nevaeh, Laura und Else verraten, in: Die Welt vom 19.02.2007, S. 27.

Bei Lebensstil-Studien bleibt häufig intransparent, wie die Verfasser im Einzelfall methodisch vorgehen, wie sie welche Variablen auswählen und operationalisieren und welche davon als aktive Variablen in Clusteranalysen welcher Art eingehen oder welche nur mitgeführt werden. Weiterhin fällt immer wieder die Beliebigkeit der Etikettierung von Clustern auf. Angesichts solcher Intransparenz bzw. methodischer Mängel überrascht es nicht, dass der theoretische Wert solcher Analysen bislang als eher gering einzustufen ist. Lebensstil-Analysen haben demnach in der Mediaforschung vor allem explorativen, heuristischen Charakter.

2.4 Erklärungsansätze des Konsumentenverhaltens

2.4.1 Grundmodelle

2.4.1.1 Überblick

Grundsätzlich lassen sich zwei unterschiedliche Ansätze zur Erklärung des Konsumentenverhaltens unterscheiden (vgl. Abb. 2.8): Auf der einen Seite stehen die naturwissenschaftlich geprägten **Black-Box- bzw. Stimulus-Response-Modelle**. Diese basieren auf der psychologischen Forschungsrichtung des Behaviorismus, der auf der Annahme gründet, dass sich objektive Erkenntnisse über die Bestimmungsfaktoren des Verhaltens ausschließlich über beobachtbare Reiz-Reaktions-Prozesse gewinnen lassen, und damit bewusst innere Vorgänge ausklammert (vgl. hierzu sowie zum Neobehaviorismus ausführlich *Neel* 1974). Zu den wichtigsten Vertretern der Black-Box-Modelle zur Erforschung des Konsumentenverhaltens gehören die **regressionsanalytischen Modelle** sowie die **stochastischen Prozessmodelle**.

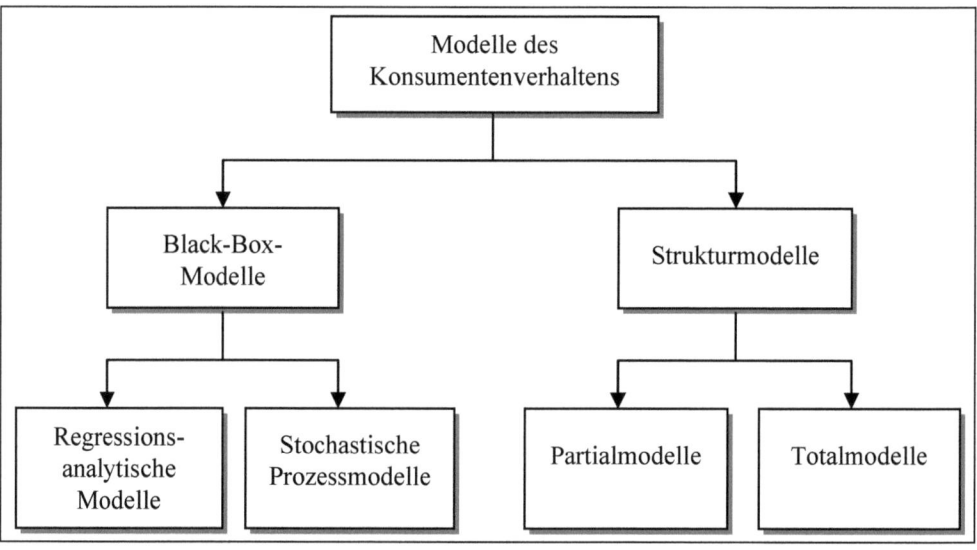

Abb. 2.8: Modelle des Konsumentenverhaltens

Auf der anderen Seite finden sich die sozialpsychologisch geprägten **Stimulus-Organism-Response-Modelle**, die vom **Neobehaviorismus** ausgehen und sog. intervenierende Variablen (aktivierende Prozesse: Emotion, Motivation, Einstellung, Zufriedenheit; kognitive Prozesse: Informationsaufnahme, -verarbeitung, -speicherung) in die Betrachtung einbeziehen. Diese lassen sich ihrerseits nach dem jeweiligen Komplexitätsgrad in **Partial-** und **Totalmodelle** gruppieren.

2.4.1.2 Behaviorismus und Neobehaviorismus

Die Initialzündung des **Behaviorismus** löste *John B. Watson* (1878–1958, Professor an der John Hopkins Universität in den USA) mit seinem berühmten Artikel „Psychology as the Behaviorist views it" (1913) aus, in dem er sich vehement gegen die damals in der Psychologie gebräuchliche Methode der Introspektion (= Selbstbeobachtung, d. h. die Beobachtung und Analyse des eigenen Erlebens und Verhaltens) aussprach und Begriffe wie „Bewusstsein", „Wille", „Fühlen", „Denken" als vorwissenschaftlich verwarf. *Watsons* Ziel war es, die Psychologie als eine Naturwissenschaft gleichsam neu zu begründen. Er verfolgte ausschließlich die sog. „objektive Methode", indem er sämtliche Verhaltensweisen in **Reiz** (= jede Veränderung in der äußeren Umwelt oder im Inneren des Individuums; hierzu zählen folglich nicht nur externe Reize, sondern beispielsweise auch Magenknurren) und **Reaktion** zerlegte (englisch: Stimulus, Response). Aus diesem Grund bezeichnet man diese Form des Behaviorismus auch als „molekularen" Behaviorismus. Die von *Watson* begründete Form des Behaviorismus wird auch als „Klassischer" oder „Methodologischer" Behaviorismus bezeichnet. Er basiert auf folgender Annahme: Wenn ein bestehender Reiz (S) auf einen Organismus trifft, so ist eine bestimmte Reaktion (R) mit einer bestimmten Wahrscheinlichkeit zu erwarten.

Der Klassische Behaviorismus verlor am Übergang zwischen den 20er und 30er Jahren des vergangenen Jahrhunderts an Bedeutung, da sich die von ihm gemachten Erklärungen des Verhaltens als zu einfach erwiesen. Vor diesem Hintergrund begründete *Clark L. Hull* (1935; 1884–1952, u. a. Professor in Yale) den **Neobehaviorismus**. Dieser basierte zwar auch wie *Watsons* Klassischer Behaviorismus auf Reiz-Reaktions-Beziehungen, erweiterte diese aber um nicht direkt beobachtbare hypothetische Konstrukte wie z. B. einen allgemeinen Antrieb, in dem alle im Organismus zu einem bestimmten Zeitpunkt vorhandenen Energien zusammengefasst wurden (= **Aktivierung**). Durch das neue Paradigma vom individuell und nicht uniform und instinktgesteuert auf Reize reagierenden Menschen konnte nicht mehr vom Stimulus allein auf ein entsprechendes Response-Verhalten geschlossen werden. Damit übte *Hull* großen Einfluss auf die psychologische Forschung zur Motivation aus. Denn mittels **interner Variablen** konnte man nunmehr individuell unterschiedliches Verhalten bei identischen Situation erklären.

In den 1950er Jahren löste der von *Burrhus Frederic Skinner* (1974; 1904–1990) begründete **Radikale Behaviorismus** den Neobehaviorismus ab. Denn die *Hullsche* Begründung für die Wirkung von Verstärkungen – die Befriedigung physiologischer Bedürfnisse – erwies sich als zu eng. Außerdem reichte das Prinzip der Reiz-Reaktions-Verknüpfung auf Basis der Klassischen Konditionierung nicht aus, um die Vielfalt des Verhaltens vollständig zu erklären. *Skinners* Verdienst war es, das Forschungsinteresse von Reiz-Reaktions-Ketten im Sinne des Stimulus-Response-Modells weg und hin zum operanten Verhalten zu lenken. *Skinner* entdeckte bei seinen Experimenten, dass Verhalten nicht ausschließlich von vorhergehenden Stimuli abhängig war (wie dies *Watson* und *Pawlow* betont hatten), sondern auch – und vor allem – von Reizen, die erst nach einem Verhalten folgten: Er verstand Verhalten nicht als Reflex nach dem relativ starren Prinzip „Reiz – Reaktion". Vielmehr werde Verhalten durch die auf eine Reaktion folgenden **Konsequenzen** in Form einer Belohnung oder Bestrafung beeinflusst. *Skinner* prägte damit den Begriff der „operanten Konditionierung". Im Unterschied zur klassischen Konditionierung kommt bei der operanten Konditionierung demnach ein weiteres Element hinzu: die auf die Reaktion folgende Konsequenz. Hierbei erweisen sich angenehme Konsequenzen („positive Verstärkung" sprich Belohnungen) im Vergleich zu negativen Verstärkungen (sprich Bestrafungen), die Vermeidungsreaktionen hervorrufen, als wirkungsvoller.

Mittels Formeln lassen sich die beiden Varianten der Konditionierung (Konditionierung = Erlernen von Reiz-Reaktions-Mustern) folgendermaßen beschreiben:

- **Klassische Konditionierung:** S $\Rightarrow$ R (Stimulus = Reiz, Response = Reaktion)
- **Operante Konditionierung:** S $\Rightarrow$ R $\Rightarrow$ C (Consequence = Konsequenz), wobei „C" in jedem Fall entweder positiv oder negativ auf „R" zurückwirkt. Als Folge einer Belohnung steigt die Auftretenswahrscheinlichkeit für die Abfolge S $\Rightarrow$ R $\Rightarrow$ C, aufgrund einer Bestrafung wird sie vermindert.

2.4.1.3 Black-Box-Modelle

Die Black-Box-Modelle zeichnen sich dadurch aus, dass sämtliche Prozesse, die in der Psyche des Verbrauchers ablaufen, als unzugänglicher „schwarzer Kasten" betrachtet und damit aus der Analyse ausgeklammert werden (vgl. Abb. 2.9).

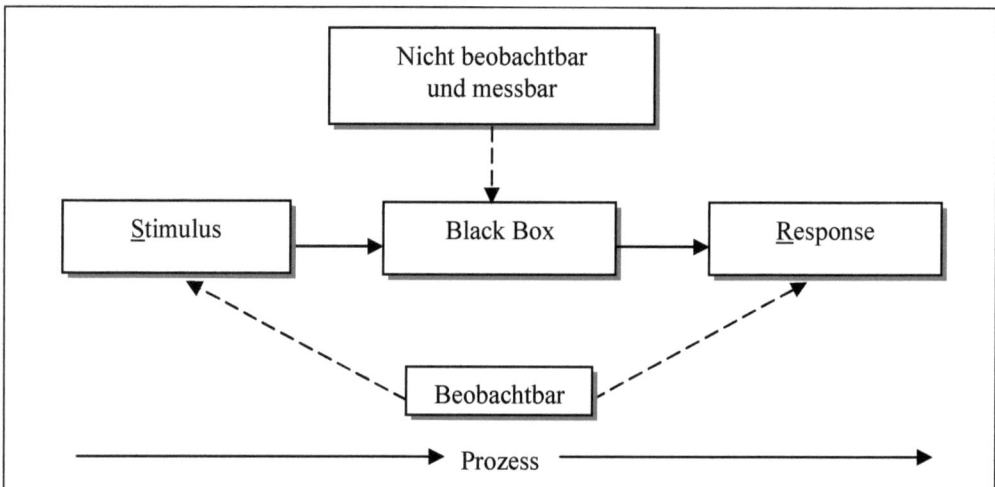

Abb. 2.9: Das SR-Paradigma

Demnach konzentriert man sich ganz im Sinne **naturwissenschaftlicher Forschungstradition** auf beobachtbare und auf damit unmittelbar messbare Variablen. Dies sind zum einen die sog. Stimuli, d. h. die Reize, die auf den Verbraucher wirken und die von den Marketingaktivitäten der Anbieter sowie deren Konkurrenten, vom sozialen Umfeld und/oder der Situation ausgehen. Zum anderen betrachtet man die Response, d. h. die Reaktion des Verbrauchers auf die wahrgenommenen Reize. Hierzu zählen der Kauf eines Produktes, der Wechsel zu einem anderen Anbieter, die Anforderung von Informationsmaterial, das Einlösen von Coupons, die Teilnahme an einer Veranstaltung, eine Probefahrt, die Veränderung des Kauf-

2.4 Erklärungsansätze des Konsumentenverhaltens

zeitpunkts etc. Beispielsweise haben zahlreiche Verbraucher auf die zeitlich befristete Gewährung einer Abwrackprämie (= Stimulus) mit der zeitlichen Vorverlegung eines PKW-Kaufs (= Response) reagiert.

Zu den bekanntesten Vertretern des Black-Box-Ansatzes zählen multivariate strukturprüfende und hier insbesondere regressionsanalytische Modelle (vgl. hierzu Abschnitt 4.5.6) sowie stochastische Prozessmodelle. Im Falle der **regressionsanalytischen Modelle** werden Stimulus (= unabhängige Variable) und Response (= abhängige Variable) mathematisch miteinander verknüpft. Das Spektrum reicht von linear-additiven über multiplikative bis hin zu mathematisch komplexeren Modellen. Zur Veranschaulichung dient das folgende Beispiel, bei dem der Einfluss von Marketingaktivitäten (z. B. Veränderung von Produktqualität, Preis, Distributionsquote, Werbebudget) auf die Höhe des Absatzes analysiert wird:

- Linear-additives Modell:
  $y = k + a \bullet \Delta Q - b \bullet \Delta P + c \bullet \Delta D + d \bullet \Delta W$
- Multiplikatives Modell:
  $y = k \bullet a \bullet \Delta Q \bullet b \bullet \Delta P \bullet c \bullet \Delta D \bullet d \bullet \Delta W$

  Legende:
  y = Absatzvolumen
  k = Konstante
  Q, P, D, W = Marketing-Instrumente (ΔQ = Veränderung Qualität, ΔP = Veränderung Preis, ΔD = Veränderung Distributionsquote, ΔW = Veränderung Werbebudget)
  a, b, c, d = Regressionskoeffizienten, welche die Stärke des Einflusses abbilden

Die wesentlichen **Vorteile** des regressionsanalytischen Ansatzes sind am angeführten Beispiel unmittelbar nachvollziehbar:

- Die Modelle überzeugen durch ihre methodische Pragmatik, da sie universell einsetzbar sind.
- Die Variablen sind praxisnah.
- Die Operationalisierungs- und Datenbeschaffungsprobleme sind als vergleichsweise gering einzustufen.

Stochastische Prozessmodelle ihrerseits verstehen die Kaufentscheidung als Zufallsmechanismus. Konsequenterweise fokussieren sie auf die spezifische Wahrscheinlichkeit, mit der ein Verbraucher auf einen Stimulus reagiert. Als Reaktionen kommen z. B. die Wahl von Marken, Einkaufsstätten, Kaufzeitpunkt (etwa zeitliches Vorziehen eines Kaufs durch Anreize wie Null-Prozent-Finanzierung, Abwrackprämie u. ä. in Betracht (vgl. *Herrmann* 1992, S. 96 ff.; *Nieschlag/Dichtl/Hörschgen* 2002, S. 625; *Topritzhofer* 1974, S. 38). Von besonderer Bedeutung sind in diesem Kontext die Fluktuationsmodelle, die auf eine Transparenz von **Wiederkäuferrate** bzw. Markenloyalität sowie Markenwechsel („Brand Switching") abzielen und deren Grundstruktur am folgenden Zahlenbeispiel verdeutlicht werden soll.

Die in Tab. 2.8 vorgestellte **Fluktuationsmatrix** spiegelt die Situation auf einem gesättigten Markt wider, was sich an dem in Periode t und t + 1 konstanten Marktvolumen von 5.000 Einheiten ablesen lässt. Produkt A hat in beiden Perioden einen konstanten Marktanteil von

50 % (= 2.500 Käufer : 5.000 Käufer). Dieses vermeintlich positive Bild wird getrübt, wenn man einen Blick auf die Markenloyalität wirft. Hier nämlich zeigt sich, dass weniger als die Hälfte, nämlich gerade einmal 1.200 Käufer der Marke A aus Periode t (= 48 %) dieses Produkt in Periode t + 1 wiederkaufen. Ganz anders stellt sich der Fall bei C dar: Hier erwerben 850 der 1.300 Käufer das Produkt erneut in der Folgeperiode, so dass die Markenloyalität bei rund 65 % und damit deutlich höher als bei Produkt A liegt.

Eine solche Fluktuationsmatrix, die im Regelfall auf Daten aus sog. Haushaltspanels (vgl. Abschnitt 4.5.4) basiert, zeigt nicht zuletzt den begrenzten Nutzen von Black-Box-Modellen auf. Zwar erkennt der Betrachter, dass mehr als die Hälfte der Käufer von A das nächste Mal ein anderes Produkt auswählt. Ob dies aufgrund des Geschmacks, des Preises oder sonstiger negativer Eigenschaften des Produkts geschieht, kann er dem Modell jedoch nicht entnehmen. Hierzu bedarf es der nun folgenden Strukturmodelle.

Tab. 2.8: Markenloyalität und -wechsel an einem Praxisbeispiel (Quelle: in Anlehnung an Topritzhofer 1972, S. 297)

		Käufer der Marke in *t + 1*			Marktanteil in Periode *t*	
		A	B	C	absolut	in %
Käufer der Marke in Periode *t*	A	1.200	750	550	2.500	50
	B	900	100	200	1200	24
	C	400	50	850	1.300	26
Marktanteil in Periode *t + 1*	absolut	2.500	900	1.600	5.000	
	in %	50	18	32		100

2.4.1.4 Strukturmodelle

Im Gegensatz zu den Black-Box-Modellen brechen die Struktur- bzw. SOR-Modelle den „schwarzen Kasten" auf und versuchen, einen Einblick in das Bewusstsein des Konsumenten zu ermöglichen (vgl. Abb. 2.10). Die Stimuli, d. h. die Reize, die auf den Verbraucher wirken und die von den Marketingaktivitäten der Anbieter sowie deren Konkurrenten, vom sozialen Umfeld und/oder der Situation ausgehen, und die Response, d. h. die Reaktion des Verbrauchers auf die wahrgenommenen Reize (etwa Kauf eines Produktes) sind hingegen deckungsgleich mit den entsprechenden Größen in Black-Box-Modellen.

2.4 Erklärungsansätze des Konsumentenverhaltens

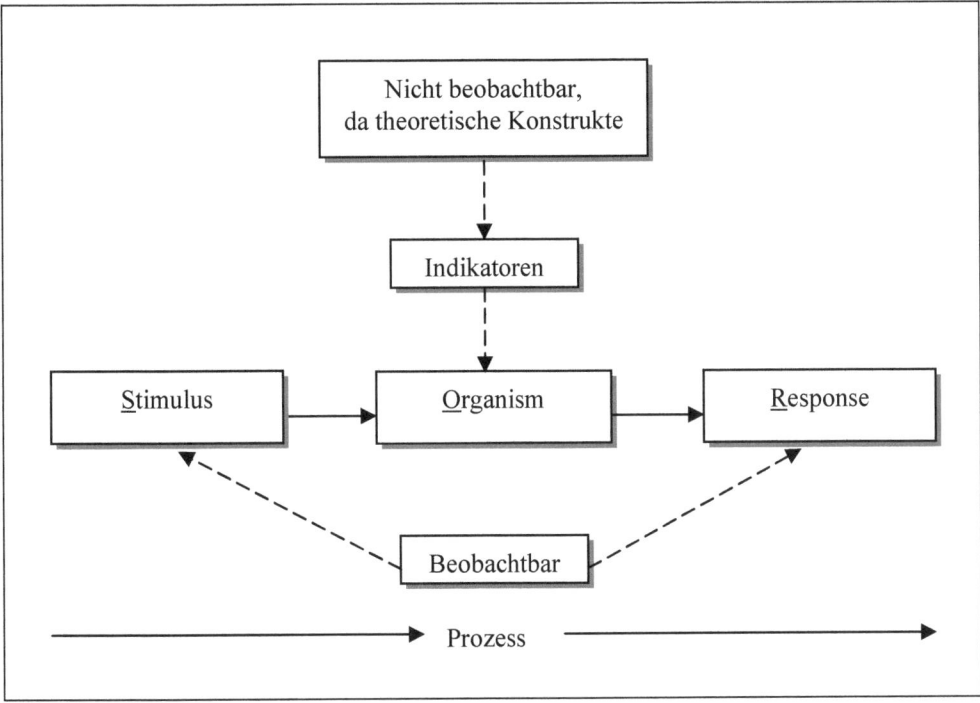

Abb. 2.10: Das SOR-Paradigma

Die psychologischen **Partialmodelle** stellen ein zentrales hypothetisches Konstrukt aus dem Organismus in den Mittelpunkt der Betrachtung. Hierzu zählen neben den aktivierenden (Emotionen, Motive, Einstellungen [Images], Zufriedenheit) und kognitiven Prozessen (Informationsaufnahme, -verarbeitung, -speicherung) Konstrukte wie kognitive Dissonanz, subjektiv empfundener Produktnutzen sowie wahrgenommenes Kaufrisiko (vgl. *Hansen* 1972, S. 432 ff.). Ein typisches Beispiel für ein Partialmodell wäre die Analyse des Einflusses einer „Bei Unzufriedenheit zurück"-Garantie (= Stimulus) auf das wahrgenommene Kaufrisiko (= Organismus), das sich seinerseits auf den Kauf eines Produkts (= Response) auswirkt.

Die soziologischen Partialmodelle befassen sich mit einzelnen externen Determinanten. Hierzu zählen soziale Gruppen (= ein soziales, dauerhaftes System mit einer überschaubaren Menge von Mitgliedern, die sich zusammengehörig fühlen), Rollen (= Positionen innerhalb einer sozialen Gruppe wie z. B. Gruppenführer, Mitläufer, Sündenbock, Außenseiter), Meinungsführer sowie Diffusionsprozesse (= Prozesse, die durch die Einführung und Verbreitung von Innovationen in einem sozialen System wie dem des Marktes ausgelöst werden).

Die **Totalmodelle** hingegen, als deren bekannteste Vertreter die Modelle des Konsumentenverhaltens von *Howard/Sheth* (1969), *Nicosia* (1966) sowie *Engel/Blackwell/Miniard* (2000) gelten, zielen darauf ab, einen umfassenden Einblick in die Struktur psychischer Kaufentscheidungsprozesse zu vermitteln. Aufgrund der hieraus resultierenden Komplexität verschließen sich diese Modelle weitgehend einem empirischen Zugang, was ihre Praxisrelevanz erheblich einschränkt.

Obwohl *Howard/Sheth* ihren Ansatz bereits in den 60er Jahren entwickelten, gilt dieser auch heute noch als das komplexeste und gleichzeitig detaillierteste Totalmodell des Konsumentenverhaltens (vgl. Abb. 2.11). Das Modell basiert auf dem Grundgedanken, dass das Käuferverhalten von **drei Gruppen von Variablen** bestimmt wird, wobei Input- und Outputvariablen beobachtbar und damit messbar sind:

1. **Inputvariablen** bzw. **Stimuli**: Bei ihnen handelt es sich um kaufrelevante Informationen, die der Käufer von Unternehmen und seinem sozialen Umfeld bezieht. Situative Stimuli fehlen im vorliegenden Modell. Bei den von Unternehmen übermittelten Informationen werden Stimuli, die das Produkt auf den Konsumenten direkt selbst ausübt (beim Betrachten, Betasten, Ausprobieren usw.; sog. signikative Informationen), und Stimuli, die durch bildliche und sprachliche Informationen (etwa Werbung) ausgelöst werden, unterschieden.

2. **Hypothetische Konstrukte**: Sie sollen die Vorgänge im Organismus erklären. Es handelt sich dabei um zwei Gruppen von Konstrukten, nämlich
   - die **Wahrnehmungskonstrukte**: Im Wahrnehmungssubsystem werden die auf den Organismus treffenden Informationen in quantitativer und qualitativer Hinsicht aufgenommen und verarbeitet. Dabei erfolgt die quantitative Veränderung durch **drei Konstrukte**:
     - **Suchverhalten**, das ausgelöst wird, wenn dem Konsumenten die ihm vorliegenden Informationen für eine fundierte Kaufentscheidung nicht ausreichen
     - **Stimulus-Mehrdeutigkeit** ist die Eigenschaft eines Reizes, die beim Konsumenten einen Mechanismus auslöst, der beim Überschreiten eines gewissen Schwellenwerts Ignoranz/Selektion dieser Stimuli auslöst. Bis zu diesem Schwellenwert versucht der Verbraucher, die Mehrdeutigkeit des Reizes entweder durch gesteigerte Aufmerksamkeit oder durch Suchverhalten zu verringern.
     - **Aufmerksamkeit** ist die Bereitschaft des Organismus, Umweltreize aufzunehmen. Diese wird entweder durch Stimulus-Mehrdeutigkeit oder die Einstellungen des Konsumenten gegenüber den Stimulusinformationen gesteuert.

     Die **qualitative Veränderung** erfolgt durch das Konstrukt **Wahrnehmungsverzerrung**. Diese steht in enger Beziehung zu den Konstrukten Motive, Einstellungen und Entscheidungskriterien: Hierbei verzerrt der Konsument die aufgenommenen Informationen dahingehend, dass sie seinen Einstellungen oder seiner gegenwärtigen Interessenlage entsprechen.
   - die **Lernkonstrukte**: Im Lernsubsystem wird die Lösung eines Kaufentscheidungsproblems programmiert. Hierbei werden folgende Konstrukte unterschieden:
     - **Markenkenntnis** ist die Kenntnis von der Existenz von Marken und ihren Eigenschaften.
     - **Motive** aktivieren die Aufmerksamkeit des Konsumenten, je nachdem, ob sie produktrelevant oder produktirrelevant sind.
     - **Entscheidungskriterien** sind kognitive Regeln zur Bewertung alternativer Marken.

2.4 Erklärungsansätze des Konsumentenverhaltens

- Einstellung bezeichnet einen kognitiven Zustand des Konsumenten, in dem die einzelnen Marken nach ihrer Eignung zur Bedürfnisbefriedigung bewertet werden.
- Der Grad der Sicherheit bezeichnet die vom Konsumenten empfundene subjektive Verlässlichkeit seiner Markenkenntnis, wobei große Sicherheit eine ausgeprägte Kaufabsicht, geringe Sicherheit eine geringe Kaufwahrscheinlichkeit bewirkt.
- Kaufabsicht stellt die Verbindung zwischen Einstellung und Kauf her. Ist eine Einstellung auf Grund mangelnder Sicherheit nicht stabil genug, kommt es nicht zum Kauf. Externe Restriktionen wie hoher Preis oder Nichterhältlichkeit hingegen können dazu führen, dass eine andere als die der Einstellung entsprechende Marke erworben wird.
- Befriedigung bzw. Zufriedenheit ist das Maß für die Erfüllung der Konsumentenerwartungen nach dem Kauf. Werden die Erwartungen erfüllt bzw. übertroffen, stabilisiert sich die Einstellung und der Grad der Sicherheit gegenüber der Marke erhöht sich.

3. **Outputvariablen** bzw. **Response**: Das sind im Einzelnen Aufmerksamkeit, Markenkenntnis, Einstellung, Kaufabsicht und Kauf. Mit Ausnahme des Kaufs haben diese Variablen ihre Entsprechungen bei den hypothetischen Konstrukten. Im Gegensatz zu den hypothetischen Konstrukten handelt es sich hier jedoch um empirisch zugängliche Variablen. Bei sämtlichen Variablen wird zwischen dem Informationsfluss, d. h. der Abfolge, in der die einzelnen Konstrukte aktiviert werden, und Rückkopplungseffekten unterschieden.

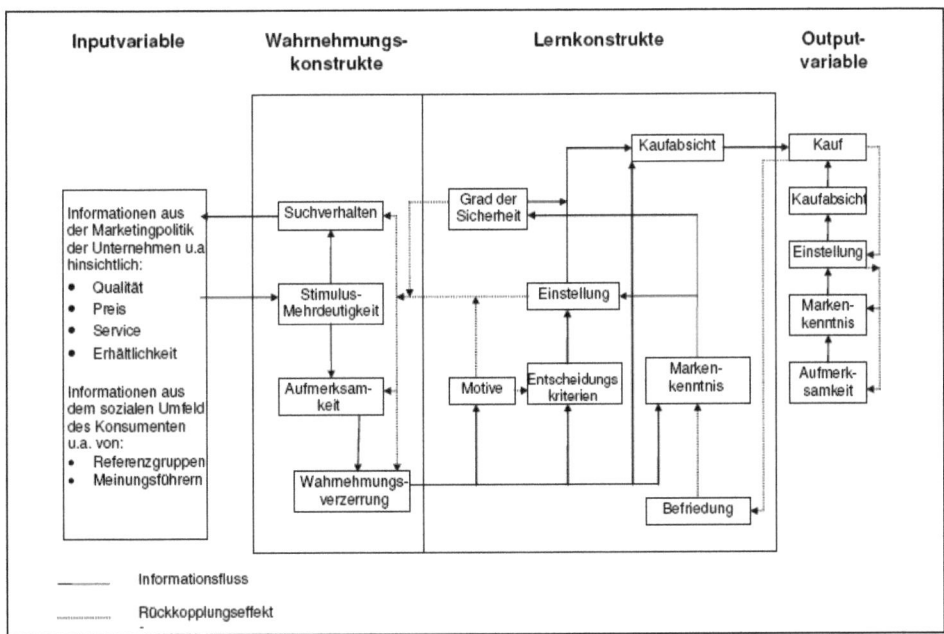

Abb. 2.11: Das Totalmodell zur Erklärung des Konsumentenverhaltens von Howard und Sheth (Quelle: Howard/Sheth 1969, zitiert nach Bänsch 1998b, S. 126)

Howard/Sheth gehen davon aus, dass nicht unbedingt alle Konstrukte bei jedem einzelnen Entscheidungsprozess relevant werden. Nach dem Intensitätsgrad des bewussten Kaufprozesses unterscheiden sie vielmehr:
- die extensive Problemlösung,
- die eingeschränkte sprich limitierte Entscheidungsfindung sowie
- das routinisiert reaktive sprich habituelle Verhalten.

Impulsives Verhalten wird aus dem vorliegenden Modell ausgeblendet.

Exogene Variablen sind nicht Teil des Entscheidungsprozesses sondern externe Faktoren, die den gesamten Kaufprozess beeinflussen, z. B. soziale Klasse, Geschlecht und Persönlichkeitsmerkmale wie Beeinflussbarkeit und Risikobereitschaft.

Im Zentrum des Modells von *Blackwell/Engel/Miniard* stehen **fünf Phasen**, die ein Konsument bei seiner Entscheidung durchläuft:

1. **Problemerkennung**
   Hier existiert ein zu lösendes Problem in Form eines Bedürfnisses. Ein solches entsteht entweder durch die Verschlechterung des bisherigen Zustands (etwa wenn ein Produkt aufgebraucht oder nicht mehr funktionsfähig ist) oder durch die Veränderung des Idealzustands (beispielsweise infolge der Einführung eines neuen und besseren Produkts).

2. **Informationssuche**
   Die gesuchten und aufgenommenen Informationen fließen in den Entscheidungsprozess ein und bilden die Basis für die Entscheidung. Dem Konsumenten stehen zwei Informationsquellen zur Verfügung: interne Informationen, die aus dem eigenen Gedächtnis abgerufen werden, und externe Informationen aus interessengebundenen (etwa die Werbung der Anbieter) und nicht-interessengebundenen Quellen (z. B. Meinungsführer aus dem sozialen Umfeld, Zeitschriften unabhängiger Testinstitute). Dauer und Intensität einer aktiven Informationssuche hängen dabei beispielsweise von der Persönlichkeit, der sozialen Schicht, dem Einkommen und der Erfahrung des Konsumenten ab sowie von der Zufriedenheit mit früheren Käufen, dem mit dem Kauf verbundenen (finanziellen) Risiko sowie der Bedeutung des Kaufs.

3. **Vor-Kauf-Alternativen-Bewertung**
   Ziel dieser Phase ist es, aus den vorhandenen Optionen anhand individueller und situationsspezifischer Kriterien die aus Sicht eines Konsumenten optimale auszuwählen. Hierzu ordnet und bewertet der Verbraucher die aufgenommenen Produktinformationen, so dass ein Qualitätsurteil entsteht. Dazu bedient er sich unterschiedlicher Programme sprich Entscheidungsregeln (vgl. Abschnitt 2.4.2).

4. **Kauf**
   Hier manifestiert sich das Ergebnis des Kaufentscheidungsprozesses in Verhalten. Der Konsument entscheidet sich endgültig, ob er das während der Vor-Kauf-Bewertung ausgewählte Produkt erwirbt, ob er zu einem anderen Produkt wechselt oder ob er den Kauf abbricht und das Geschäft ohne ein Produkt verlässt. Die Unterscheidung zwischen Vor-Kauf-Bewertung und Kauf wird getroffen, da die Entscheidung für ein bestimmtes Produkt nicht immer sofort in tatsächliches Kaufverhalten umsetzbar ist.

2.4 Erklärungsansätze des Konsumentenverhaltens

5. Nachkaufphasen
Diese bestehen aus Nutzung und Nach-Kauf-Bewertung. Mit dem Kauf entscheidet sich der Konsument nicht nur für das gekaufte, sondern auch gegen die nicht erworbenen Produkte. Erscheinen ihm nicht gewählte Optionen attraktiver als das erworbene Produkt, können kognitive Dissonanzen entstehen (vgl. Abschnitt 2.3.2). Werden die ursprünglichen Erwartungen nicht erfüllt, entsteht Unzufriedenheit. Der jeweilige Grad der Nachkaufdissonanz sowie Zufriedenheit bzw. Unzufriedenheit hat wiederum Rückwirkungen auf Überzeugungen hinsichtlich des Produkts und dadurch auf die Alternativenbewertung beim nächsten Kauf: Hohe Zufriedenheit und geringe Nachkaufdissonanz verstärken eine positive Einstellung gegenüber dem gewählten Produkt und erhöhen die Wahrscheinlichkeit für einen Wiederkauf. Unzufriedenheit bzw. hohe Nachkaufdissonanzen hingegen bewirken eine negative Einstellung gegenüber dem Produkt, können demnach eine erneute externe Informationssuche auslösen und verringern die Wahrscheinlichkeit für einen Wiederkauf.

2.4.2 Ausgewählte Partialmodelle

2.4.2.1 Überblick

Die hier vorgestellten Partialmodelle des Konsumentenverhaltens lassen sich in **drei Gruppen** klassifizieren:

- **Theorien des intrapersonalen (Un-)Gleichgewichts.** Diese psychologisch geprägten Ansätze erklären Verhalten mit dem Bestreben des Menschen, ein inneres Gleichgewicht herzustellen bzw. zu erhalten. Zu dieser Gruppe gehören u. a.:
  - Theorie der kognitiven Dissonanz
  - Kontrasttheorie
  - Assimilations-Kontrast-Theorie
  - Risikotheorie

- **Theorien der interpersonellen Austauschbeziehung**: Diese sozialpsychologisch ausgerichteten Modelle basieren auf der Annahme, dass sich Konsumenten in der Weise verhalten, dass sie den Austausch mit anderen Personen als gerecht empfinden. Hierzu zählen:
  - Soziale Austauschtheorie
  - Equity- bzw. Gerechtigkeits-Theorie

- **Theorien der Verhaltensbeurteilung**: Hier beobachtet bzw. beurteilt der Konsument das eigene Verhalten bzw. das anderer und zieht entsprechende Konsequenzen für zukünftige Handlungen. Dieser Gruppe lassen sich zuordnen:
  - Lerntheorien
  - Attributionstheorien

2.4.2.2 Theorie der kognitiven Dissonanz (= Konsistenztheorie)

Die Theorie der kognitiven Dissonanz (*Festinger* 1978) basiert auf der Annahme, dass Individuen nach einem inneren sprich kognitiven Gleichgewicht streben (= Konsonanz), welches dann erreicht ist, wenn die kognitiven Elemente (Wissen, Erfahrungen, Einstellungen, Meinungen) miteinander vereinbar sind. Dementsprechend stehen bei kognitivem Ungleichgewicht (= Dissonanz) die kognitiven Elemente widersprüchlich zueinander. Dissonanz wird als unangenehmer Zustand empfunden, von dem ein Druck zur Reduktion ausgeht. Je stärker die Dissonanz empfunden wird, desto stärker ist der Druck nach Dissonanzreduktion.

Als dissonanzbeeinflussende **Faktoren** bei Kaufentscheidungen gelten:

- Produkterfahrung: Umso weniger Erfahrungen der Konsument mit dem entsprechenden Produkt gesammelt hat, desto unsicherer ist er in Bezug auf die Richtigkeit seiner Kaufentscheidung, was dissonanzsteigernd wirkt.
- Informationen über Konkurrenzprodukte: Erfährt der Verbraucher, dass Produkte von Wettbewerbern dem erworbenen Produkt überlegen bzw. unterlegen sind, steigert bzw. verringert dies seine Dissonanz.
- Soziale Unterstützung bzw. Missbilligung: Erstere wirkt dissonanzreduzierend, letztere steigert das kognitive Ungleichgewicht.
- Involvement: Je stärker eine Person von den Konsequenzen seiner Entscheidung oder seines Verhaltens (innerlich) betroffen ist, desto stärker fällt die kognitive Dissonanz aus.
- Entscheidungsfreiheit und Eigenverantwortlichkeit: Kognitive Dissonanz entsteht nicht, wenn das einstellungskonträre Verhalten auf Zwang oder einer ausreichend hohen Belohnung basiert.

Fallbeispiel „Kognitive Dissonanz und Belohnung" – Geringe Belohnung zwingt zu nachträglicher Rechtfertigung.

Versuchspersonen mussten an einem langweiligen und zeitaufwendigen Experiment teilnehmen. Im Anschluss sollten sie wartenden Personen erzählen, dass es sich um einen interessanten Versuch handle. Für diese falsche Information erhielten die Probanden entweder 1 oder 20 Dollar. Die 1 Dollar-Gruppe gab signifikant häufiger vor, dass es sich um ein interessantes Experiment handle, als die 20 Dollar-Gruppe. Die unangemessen geringe Belohnung führte dazu, dass das der eigenen Einstellung entgegenstehende Verhalten nicht auf äußere Faktoren, im vorliegenden Fall auf eine Belohnung (wie in der 20 Dollar-Gruppe) zurückgeführt werden konnte. Vielmehr mussten die Probanden mit der geringen Belohnung ihre Einstellung nachträglich an ihr Verhalten anpassen. Um kognitive Dissonanzen abzubauen, glaubten sie später tatsächlich, dass es sich um ein interessantes Experiment gehandelt habe. Denn sonst könnten sie vor sich selbst nicht rechtfertigen, warum sie aufgrund einer so geringen Belohnung gelogen hatten.

Quelle: *Festinger, L. E./Carlsmith, J. M.:* A study of normal and informational social influences upon individual Judgement, in: Journal of Abnormal and Social Psychology, Vol. 58 (1959), pp. 203–210.

2.4 Erklärungsansätze des Konsumentenverhaltens

Dem Konsumenten bieten sich folgende Möglichkeiten, um Dissonanz **abzubauen**:
- Änderung des Verhaltens (z. B. Meiden eines Herstellers)
- Suche nach konsonanzfördernden Informationen aus der Umwelt (z. B. Information über Produkte anderer Anbieter mit einem schlechteren Preis-Leistungs-Verhältnis)
- Hinzufügen neuer kognitiver Elemente (z. B. Umbewertung eines Kaufs von einer High- in eine Low-Involvement-Entscheidung, um dadurch die Bedeutung einer bereits getroffenen Fehlentscheidung zu verringern; vgl. hierzu Abschnitt 2.2.1)

Ein Anbieter kann auf folgende Arten zur **Dissonanzvermeidung** bzw. **-reduktion** beitragen:
- Realistische Information des Kunden in der Vorkaufphase über das Leistungsangebot
- Verzicht auf „High-Pressure"-Marketing, bei der psychischer bzw. sozialer Druck auf den Konsumenten ausgeübt wird
- Freiwillige „Bei-Unzufriedenheit-zurück"-Garantien: In diesem Zusammenhang stellt sich die Frage, was die in der Werbung gebetsmühlenartig wiederholte „Bei-Unzufriedenheit-zurück"-Garantie für den Trinkjoghurt *Actimel* konkret bedeuten soll. Obwohl wohl kein normaler Mensch eine angebrochene Trinkjoghurtpackung an den Hersteller zurücksenden und sein Geld zurückfordern dürfte, hat sich diese Pseudo-Garantie im Hirn der Verbraucher eingebrannt und flößt Vertrauen zum Produkt ein.
- „Niedrigstpreis"-Garantien: Hier verspricht ein Einzelhändler seinen Kunden, dass der von ihm verlangte Preis dem seiner Wettbewerber entspricht oder sogar niedriger ausfällt. Unterbietet ein Konkurrent den Preis für das gleiche Produkt bei gleicher Leistung, wird dem Kunden das Recht eingeräumt, sich den Differenzbetrag auszahlen zu lassen oder das Produkt zurückzugeben und den vollen Kaufpreis erstattet zu bekommen („Geld-zurück"-Garantie). Im Falle solcher Garantieversprechen achten die Kunden viel weniger auf die Preise und führen anschließend auch nur selten Preisvergleiche in den anderen Geschäften durch.

> **Fallbeispiel „Niedrigstpreis-Garantie" – tägliche Tiefstpreis-Kontrolle bei *Rewe***
>
> Da *Rewe* auch zukünftig mit einem höchst preissensitiven Verbraucherverhalten rechnet, verspricht das Handelsunternehmen seinen Kunden eine tägliche Tiefstpreis-Kontrolle. Als Maßstab für das Versprechen „Keiner ist billiger" gilt der jeweilige *Aldi*-Preis.

- Versorgung mit positiven und damit konsonanzfördernden Informationen über die erworbene Leistung in der Nachkaufphase (z. B. Übersendung einer Kundenzeitschrift, in der ein positives Testergebnis bezüglich des gekauften Produkts präsentiert wird; zu Beginn einer Bedienungsanleitung: „Wir gratulieren Ihnen zum Kauf unseres ausgezeichneten DVD-Recorders!")

Fallbeispiel „Kognitive Dissonanz und Nachkaufinformation" – Wie man anderen den Urlaub verderben kann

Vor einigen Jahren verbrachte *W. S.* gemeinsam mit seiner Ehefrau einen All-inclusive-Urlaub in der Türkei. Am ersten Abend an der Bar – die bessere Hälfte war schon auf das Zimmer gegangen – kam das Lieblingsthema einer jeden Urlauberunde auf den Tresen: Wer hat die Pauschalreise am günstigsten gebucht? Links nannte eine blasse Buchhalternase stolz einen Preis von 499 €, den er nach wochenlangen Recherchen im Internet (was hätte man in dieser Zeit alles machen können?) aufgespürt hatte. Von rechts kam der Konter eines cleveren Schwaben, der seinem als besonders sparsam geltenden Volksstamm (Badener sprechen hier von geizig) alle Ehre machen wollte: Das sei doch gar nichts. Bei der Buchung bei einem Reiseanbieter am Flughafen in Stuttgart (auf schwäbisch: Stuegatt) habe man lediglich 449 € entrichten müssen.

S. zerrte das Ganze zunehmend an den Nerven, weil er mit seinen 549 € offensichtlich am meisten bezahlt hatte und sein Selbstbild vom intelligenten Shopping-Forscher Gefahr lief, irreparable Risse zu bekommen. Jetzt kam die Schattenseite seines Wesens zum Vorschein: Er gab vor, 399 € berappt zu haben, trank sein Bier leer und stand auf, ohne es zu versäumen, den anderen mit seinem schönsten Lächeln eine angenehme Nachtruhe und – falls man sich nicht mehr sähe – noch schöne Tage am Meer zu wünschen. Zurück blieb eine Runde von sprach- und ratlosen Urlaubern, die irgendwie das Gefühl hatte, sich nicht mehr richtig über ihren Urlaub freuen zu können.

Kam *S.* in den nächsten Tagen an die Bar oder in den Speisesaal, schlug ihm alles andere als die Sympathie seiner Mitreisenden entgegen. Und zu Hause beklagte seine Ehefrau, noch nie so wenige Bekanntschaften wie in diesem Urlaub geschlossen zu haben. Wenn sie diese Zeilen lesen wird, weiß sie endlich, warum.

Quelle: *Schneider, W./Hennig, A.:* Zur Kasse, Schnäppchen, München 2010.

2.4.2.3 Kontrasttheorien

Diese Ansätze gehen auf die **„Adaption-Level"-Theorie** (Adaptionl-Level = Standard) von *Helson* (1947, 1964) zurück. Basierend auf vergangenen eigenen und fremden Erfahrungen bildet der Konsument ein sog. Adaptions-Level bzw. ein Referenzniveau, mit dem er die später wahrgenommene Leistung vergleicht. Eine Leistung wird demnach immer relativ zum persönlichen Standard bzw. Bezugspunkt beurteilt. Positive Erfahrungen heben den Standard, negative lassen ihn sinken. Mit dieser Theorie lässt sich erklären, dass man sich an sehr gute Leistungen gewöhnt, d. h. dass auf Dauer ursprünglich hervorragende Produkte und/oder Dienstleistungen nach einer Weile keine Zufriedenheit mehr auslösen („hedonistische Tretmühle" bzw. Anspruchsniveausteigerung). Umgekehrt lässt sich verstehen, warum auch schlechte Leistungen auf Dauer Zufriedenheit beim Kunden erzeugen (sog. resignative Zufriedenheit).

Speziell die Kontrasttheorie basiert auf der Annahme, dass Individuen im Falle von Unstimmigkeiten sprich Abweichungen zum Bezugspunkt dazu tendieren, diese sogar noch zu vergrößern („aus einer Mücke einen Elefanten machen"). Damit nehmen die Kontrasttheorien

2.4 Erklärungsansätze des Konsumentenverhaltens

eine Gegenposition zu den Konsistenztheorien ein, zu denen die Theorie der kognitiven Dissonanz zählt.

Beispielsweise tendieren Konsumenten bei einer **Wartezeit** an der Kasse von mehr als 90 Sekunden dazu, diese zu kontrastieren, d. h. die subjektiv wahrgenommene übersteigt die reale Wartezeit (vgl. *Underhill* 2000). Mit der Erkenntnis, dass Diskrepanzen sowohl bei positiven als auch bei negativen Abweichungen übertrieben werden, leisten die Kontrasttheorien einen wichtigen Beitrag für das Marketing in den Bereichen **Beschwerdemanagement** und **Mund-zu-Mund-Werbung**.

Fallbeispiel „Wartezeiten" – Deutschland in der Spitzengruppe

Handelsexperten stimmen darin überein, dass die Zufriedenheit von Kunden am stärksten durch die Wartezeit an der Kasse beeinflusst wird. Wenn wir zu lange warten und uns zu langweilen beginnen, steigen Blutdruck sowie Adrenalinspiegel an und wir werden ärgerlich.
In kaum einem anderen Land stehen die Kunden länger an der Kasse als in Deutschland. Zu diesem Ergebnis gelangt das Beratungsunternehmen *Grass Roots Performance*, in deren Auftrag mehr als 2.500 Testkunden in 24 europäischen Ländern eingekauften. Während die deutschen Verbraucher durchschnittlich sieben Minuten in der Warteschlange stehen, sind dies in Österreich gerade einmal 2,7 Minuten. Aus 4,7 Kunden besteht hierzulande die durchschnittliche Warteschlange, lediglich in Italien und Griechenland sind es noch mehr. Jeder vierte Kunde verlässt wegen der Warterei an der Kasse frustriert den Supermarkt. In der Hälfte der getesteten Geschäfte hätte die Wartezeit durch Öffnung einer zusätzlichen Kasse verkürzt werden können.
Mathematiker haben das Phänomen Warteschlange intensiv untersucht und Überraschendes zu Tage gefördert: Nicht die Länge der Schlange, sondern andere Faktoren sind verantwortlich dafür, wie schnell es an der Kasse vorangeht. Wie viele Artikel liegen im Einkaufswagen? Wie schnell packen die Kunden ihre Ware in den Einkaufswagen? Muss die Kassierkraft die Ware drehen, damit der Scanner den EAN-Code erfassen kann? Kramen die Kunden in ihrem Portemonnaie nach Kleingeld („Moment, ich hab's passend!")? Funktioniert die EC-Kartenzahlung? Wird die PIN falsch eingegeben? Vertippt sich die Kassierkraft und muss ein anderer Mitarbeiter dazugeholt werden, um die Buchung zu stornieren? Und, und, und.
Untersuchungen haben aber gezeigt, dass man die Kasse meiden sollte, die am nächsten am Kundenstrom liegt. Denn hier stellt sich der Großteil der Kunden aus einfacher Bequemlichkeit an. Und auch die Kasse, welche am weitesten vom Kundenstrom entfernt ist, empfiehlt sich nicht. Denn hier stehen die Kunden, die besonders schlau sein wollen. Und das sind erfahrungsgemäß nicht wenige. Außerdem empfehlen sich Expresskassen, die für Kunden mit weniger als zehn Artikeln eingerichtet werden. Und wohl keine Kassierkraft wird uns wegschicken, wenn es mal 13 Artikel sein sollten.
Die wohl kürzesten Wartezeiten in Deutschland verzeichnet *Aldi*. Damit der Scanner die Ware problemlos lesen kann, ist dort die EAN-Codierung auf mehreren Seiten angebracht. So muss die Kassierkraft die Ware nicht mehrfach drehen, bis das Lesegerät den Code erfassen kann, sondern nur einmal über den Laserstrahl ziehen. Der Einkaufswagen muss in

> einer Einbuchtung geparkt werden und eine lange Ablagefläche sucht man hier vergeblich. Dies zwingt uns dazu, nicht herumzutrödeln, sondern die Ware direkt und schnell in den Einkaufswagen einzuräumen. Das drehbare EC-Kartenlesegerät ist narrensicher aufgebaut und die Kassierkraft unterstützt den Kunden dabei, die Karte richtig einzuschieben. Und sollten Kunden bar bezahlen, hat die Kassierkraft bereits die Münzen bis zum nächst höheren runden Betrag in der Hand, so dass Konsumenten gar nicht damit anfangen, nach Cent-Stücken im Geldbeutel zu kramen. Letzteres hat übrigens erhebliche Auswirkungen auf das Cash-Management: Denn es fließt viel mehr Hartgeld zu den Kunden, als umgekehrt in die Kassen strömt. Der Kassiervorgang beim Discount-Primus ist mittlerweile so optimiert, dass sich zahlreiche Kunden unter Zeitdruck gesetzt fühlen und sich etwas mehr Langsamkeit wünschen.
>
> Quelle: *Schneider, W./Hennig, A.:* Zur Kasse, Schnäppchen, München 2010, sowie die dort zitierte Literatur.

2.4.2.4 Assimilations-Kontrast-Theorie

Diese Kombination aus Konsistenz- und Kontrasttheorie basiert auf den Überlegungen von *Sherif/Hovland* (1961). Ausschlaggebend für die kognitive Reaktion des Menschen ist die Größe der Diskrepanz zwischen zwei Kognitionen: Bei einer kleinen Dissonanz werden die Kognitionen im Sinne der Konsistenztheorie einander angeglichen sprich assimiliert, d. h. dem Adaptionsniveau angenähert. Bei großen Abweichungen und damit ab einer bestimmten Schwelle hingegen werden Diskrepanzen kontrastiert und damit überbetont, d. h. die beiden Eindrücke werden als unterschiedlicher angesehen als es den objektiven Gegebenheiten entspricht. Abb. 2.12 verdeutlicht diesen Zusammenhang graphisch. Je größer das Involvement des Konsumenten ausgeprägt ist, desto kleiner fallen der Assimilationsbereich und desto größer der Kontrastbereich aus. Folglich sind involvierte Personen anderen Meinungen gegenüber intoleranter.

Die Assimilations-Kontrast-Theorie findet im Marketing u. a. folgende **Anwendungsbereiche**:

- **Preisreaktionen**: Vor dem Hintergrund der gemachten Erfahrungen bilden Verbraucher für jedes Qualitätsniveau und jede Produktkategorie einen Referenzpreis. Dieser dient als Grundlage für die Beurteilung von Preisforderungen. Liegt eine Preisforderung in unmittelbarer Nähe zum Referenzpreis, wird sie assimiliert, d. h. in der Wahrnehmung in Richtung des Ankers verschoben. In diesem sog. Akzeptanzbereich werden Preisdifferenzen nicht wahrgenommen oder unterschätzt, auf jeden Fall aber toleriert. Überschreitet die Diskrepanz zwischen Referenz- sprich Ankerpreis und Preisforderung hingegen eine bestimmte Grenze, wird die Abweichung in der Wahrnehmung noch vergrößert (= Kontrastbereich). Preissenkungen sollten grundsätzlich in den Kontrastbereich vordringen, wohingegen sich Preiserhöhungen im Assimilationsbereich bewegen sollten.

Würde man mit einer Preiserhöhung in den Kontrastbereich vordringen, böte es sich an, den Preis indirekt zu erhöhen, indem bei konstantem Preis die Packungsgröße verkleinert wird. Weiterhin kann der Preis dann erhöht werden, wenn der Ankerpreis diffus ist bzw.

wird. Dies ist beispielsweise der Fall nach der Sommerpause sowie zum Jahreswechsel. So eröffnet die Sommerpause bei *Mon Chéri*-Produkten u. a. den Vorteil, dass im September niemand mehr weiß, was diese Artikel im Mai gekostet haben. Außerdem lässt sich das Herausbilden eines Ankerpreises erschweren, indem zahlreiche Packungsvarianten mit unterschiedlichem Gewicht angeboten werden. Auch dieses Phänomen ist bei den Pralinen mit der *Piemont*-Kirsche festzustellen.

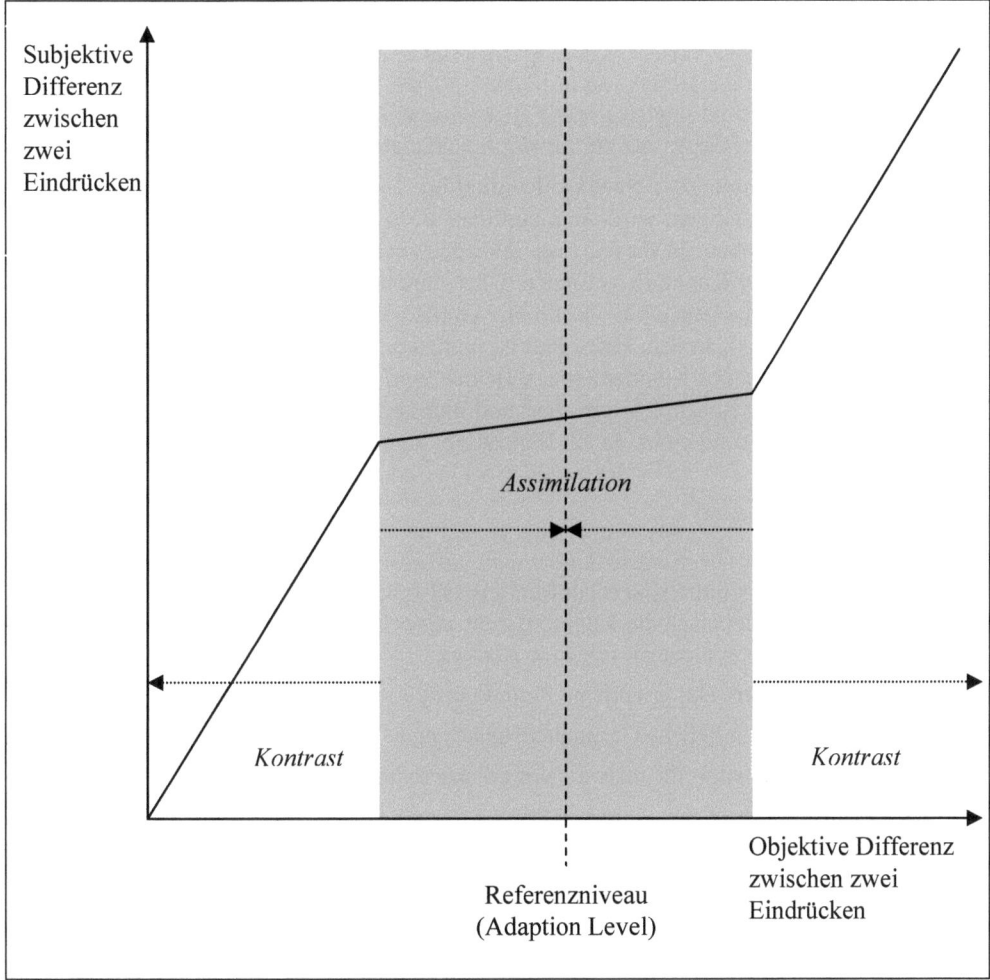

Abb. 2.12: Der Assimilations-Kontrast-Effekt

Insbesondere bei Produkten, die regelmäßig und in kurzen Abständen erworben werden, haben sich jedoch in den Köpfen der Verbraucher vergleichsweise klare Preisvorstellungen verfestigt. Da der Kunde sich bei derartigen Produkten recht genau an die zuletzt gezahlten Preise erinnern kann, bewirkt eine Preissenkung einen starken Anstieg des Absatzes. Werden diese Ankerpreise jedoch überschritten, werden emotionale Preisbarrieren überschritten und es sind kurzfristig deutliche Absatzrückgänge zu verzeichnen. Die Kaufzurückhaltung hält jedoch nur für eine kurze Zeit an. Bleibt der Preis über längere Zeit über dem vormaligen Ankerpreis, bildet sich beim Konsumenten eine neue, höher liegende Preisbarriere heraus und die Verkaufszahlen nehmen wieder Fahrt auf.

Im vorliegenden Zusammenhang kann man unterstellen, dass durch die Umstellung von D-Mark auf € der Assimilationsbereich der Konsumenten größer geworden ist. Konkret stuft der Durchschnittsverbraucher eine Preissteigerung um 10 Cent geringer ein als eine solche um 20 Pfennige vor der Währungsumstellung. Interessant erscheint in diesem Zusammenhang die Fragestellung, ob in Ländern, deren Währung nicht wie in Deutschland rund 2 zu 1, sondern beispielsweise 0,5 zu 1 umgestellt wurde, sich der Assimilationsbereich des Kunden im Gegensatz zur Situation hierzulande verkleinert hat.

- **Kundenzufriedenheit bzw. Nachkaufevaluation**: Liegt eine Leistung in unmittelbarer Nähe zu den Erwartungen, wird sie assimiliert, d. h. in der Wahrnehmung in Richtung des Ankers verschoben. In diesem sog. Akzeptanzbereich werden Abweichungen nicht wahrgenommen, der Kunde ist zufrieden. Überschreitet die Diskrepanz zwischen Erwartung und Leistung hingegen eine bestimmte Grenze, wird die Abweichung in der Wahrnehmung kontrastiert. In dem einen Fall ist man zutiefst enttäuscht, im anderen Fall begeistert. Angesichts des Kontrastierungseffektes wird nachvollziehbar, warum der zentrale Unterschied zwischen erfolgreichen und nicht erfolgreichen Unternehmen nicht im Anteil zufriedener, sondern im Anteil begeisterter Kunden liegt.

2.4.2.5 Risikotheorie

Dieser von *Bauer* (1960) begründete Ansatz geht davon aus, dass sich jeder Konsument beim Erwerb eines Produktes mit Risiken konfrontiert sieht, da er nur über unvollständige Informationen verfügt und demnach die Konsequenzen seiner Handlung nicht umfassend abschätzen kann. Dabei unterscheidet man folgende **Risiken**:

- **Funktionales Risiko**: Das erworbene Produkt erfüllt seine Aufgabe nicht.
- **Physisches Risiko**: mögliche Gesundheitsbelastungen durch das Produkt
- **Psychologisches Risiko**: Identifikation mit dem Produkt
- **Soziales Risiko**: Durch den Kauf des Produkts verstößt man gegen soziale Normen oder erhält nicht die erwartete Anerkennung seiner Umgebung.
- **Finanzielles Risiko**: Das gleiche Produkt hätte man einem anderen Ort und/oder zu einem anderen Zeitpunkt günstiger erwerben können.

Das empfundene Risiko hängt von folgenden **Faktoren** ab:

- Negative Konsequenzen eines Fehlkaufs
- Neuartigkeit eines Produktes
- Qualitätsunterschiede zwischen Marken
- Verschlechterung eines Markenimages
- Mit einem Produkt verbundenes Sozialprestige

2.4 Erklärungsansätze des Konsumentenverhaltens

Der Verbraucher versucht mittels bestimmter **Strategien**, die geschilderten Risiken zu vermindern bzw. ganz abzubauen. Hierzu zählt u. a. der Kauf:

- von bekannten, vertrauten (= Markentreue) oder verbreiteten Marken.
- kleiner Mengen eines Produktes.
- des billigsten Produktes, wodurch das finanzielle Risiko vermindert wird.
- des teuersten Produkts, wodurch der Verbraucher das funktionelle Risiko eines Produktes verringern will. Hier fungiert der Preis als Indikator für Qualität („Was nichts kostet, ist nichts wert.", „Qualität hat ihren Preis.").

Des Weiteren lassen sich Risiken dadurch verringern, dass man sich im Vorfeld umfangreich informiert (, was sämtliche Risiken betrifft), Garantieleistungen der Anbieter beachtet bzw. erwirbt (etwa Mobilitätsgarantien im Kfz-Bereich, „Bei-Unzufriedenheit-zurück"-Garantien, Preis-Garantien) und/oder sich an Meinungsführern orientiert (= Abbau sozialer Risiken). Schließlich lassen sich die empfundenen Risiken dadurch reduzieren, dass man sein Anspruchsniveau absenkt.

2.4.2.6 Soziale Austauschtheorie

Dieser Ansatz, der von *Homans* (1958) begründet und von *Thibaut/Kelley* (1959) weiterentwickelt wurde, versteht jegliche Interaktion, also auch die zwischen Anbieter und Nachfrager, als Austausch von Belohnungen (= die erworbene Leistung) und Bestrafungen (= mit dem Erwerb verbundene Kosten sowie nicht-monetäre Aufwendungen). Jeder Interaktionspartner bildet die Differenz der Erträge und Aufwendungen einer Beziehung (sog. Outcomes). Hierbei werden die Outcomes vor dem Hintergrund gemachter Erfahrungen, sozialer Vergleiche sowie möglicher Alternativen bewertet. Übersteigen die Erträge die Aufwendungen, hält der Partner die Beziehung aufrecht (z. B. Kundenloyalität). Im gegenteiligen Fall bricht er den Kontakt ab (z. B. Kundenabwanderung).

Ein Anbieter sollte demnach dem Verbraucher zum einen verdeutlichen, welche Mehrleistung er im Vergleich zur Konkurrenz bietet (etwa kaufmännische und technische Serviceleistungen vor, während und nach dem Kauf). Zum anderen gilt es dem potenziellen Kunden sämtliche Kosten bewusst zu machen, die mit dem Erwerb eines Produktes beim Wettbewerber verbunden sind. In der Regel fixiert sich ein Konsument nämlich auf den Anschaffungspreis und vernachlässigt Folgekosten sowie nicht-monetäre Aufwendungen für Information, Verhandlungen, Transfer und Kontrolle der Richtigkeit seiner Kaufentscheidung.

Schließlich bietet sich die Möglichkeit, den Preis bzw. die Aufwendungen für das Produkt in der Wahrnehmung des Kunden „zu verkleinern" (Aufspaltung des Preises in monatliche Raten; Reduzierung der monatlichen Leasingraten durch höhere Anzahlung; 0 %-Leasing bzw. –Finanzierung; günstiger Anschaffungspreis, der durch Mischkalkulation mit Verbundprodukten bzw. sich anschließenden Service- und Reparaturleistungen kompensiert wird).

2.4.2.7 Equity- bzw. Gerechtigkeits-Theorie

Dieser auf *Adams* (1963) zurückgehende Ansatz basiert auf folgender Annahme: Empfindet ein Mensch das Verhältnis von Aufwand und Ertrag im Verhältnis zu seinem Austauschpartner als unfair, spürt er Spannungen, die es abzubauen gilt. Sind die Spannungen beseitigt, führt dies zu einem Gleichgewicht und damit zu Zufriedenheit. Mathematisch lässt sich Gleichgewicht folgendermaßen darstellen:

$$\frac{\text{Output A}}{\text{Input A}} = \frac{\text{Output B}}{\text{Input B}}$$

Anwendung findet diese Theorie im Marketing u. a. bei der Analyse von Anbieter-Kunde-Beziehungen (sog. **Relationship-Marketing**). Soziale Austauschprozesse unterliegen der Regel, dass das Verhältnis von Kosten und Nutzen für jeden Austauschpartner ausgeglichen sein muss (= Equity). Ungleichgewicht (= Inequity) kann sich in Form von zwei Konstellationen einstellen. Entweder hat der Konsument das Gefühl, im Vergleich zu seinem Austauschpartner (im Falle des Konsumentenverhaltens im Regelfall das Unternehmen) für seinen Input zu wenig Output zu bekommen (Fall 1), oder er glaubt, für seinen Input zu viel zu erhalten (Fall 2).

Verbrauchern bieten sich folgende Ansatzpunkte, um im Fall 1 Ungleichgewichte abzubauen:

- Entweder fordert er mehr Output von seinem Gegenüber (etwa weitere Zusatzleistungen) oder er leistet weniger Input (etwa durch Preisnachlässe).
- Er meidet unausgeglichene Situationen und wandert ab, um zukünftig faire Beziehungen aufzubauen.
- Er bewertet das Verhältnis neu, indem er den eigenen Nutzen aufwertet und/oder die eigene Leistung abwertet.
- Er verbessert das Verhältnis zwischen Output und Input durch Betrug.

Im Fall 2 greift die sog. **Reziprozitätsnorm**. Wenn das Gegenüber mehr als man selbst in eine Austauschbeziehung investiert, empfindet man einen Spannungszustand und fühlt sich verpflichtet, dem anderen entgegenzukommen, indem man ihm eine genauso große Gefälligkeit erweist.

Anbieter machen sich die Reziprozitätsnorm folgendermaßen zu Nutzen:

- Der Verbraucher nimmt **Gratisproben** oder Verkostungen als Geschenk wahr. Im Gegenzug fühlt er sich verpflichtet, dem Anbieter das Produkt abzukaufen. Beispielsweise fühlen sich viele Frauen der Gastgeberin bei einer Tupper-Party gegenüber verpflichtet. Selbst wenn man sie nicht braucht, weil der Küchenschrank sowieso schon überquillt, kauft man noch eine Plastikdose mehr, weil es vorher schon ein kleines Geschenk für jeden Gast gab. Und auch im Supermarkt wird die Reziprozitätsnorm zielgerichtet eingesetzt. Kunden kommen mit ihren Kindern an einem Probierstand vorbei. Die nette Dame schenkt den Kleinen einen Anstecker und bietet dem Kunden die neue Käsesorte zum Probieren an. Jetzt hätte der Verbraucher ein schlechtes Gewissen, wenn er der netten Dame nicht auch etwas Gutes tun würde. Deshalb kauft er ihr eine Packung ab, obwohl der neue Käse nicht einmal besser schmeckt als seine Stammsorte. Und schon ist die Reziprozitätsfalle zugeschnappt.

- **„Door-in-the-face"-Technik**: Der Verkäufer bietet zunächst bewusst eine überteuerte Leistung an. Der Kunde weist dieses Angebot ab. Darauf folgt ein günstigeres und damit realistischeres Angebot, das der Kunde aus drei Gründen annimmt: Zunächst fühlt er sich durch das Zugeständnis des Gegenübers dazu verpflichtet, das Gleichgewicht der Zugeständnisse wieder herzustellen; des Weiteren entsteht ein Kontrasteffekt dergestalt, dass der Kunde glaubt, er habe viel Geld gespart, da ihm das zweite im Vergleich zum ersten Angebot günstiger erscheint als es tatsächlich ist. Dies wäre nicht eingetreten, wenn der Anbieter nur das zweite Angebot unterbreitet hätte. Schließlich fühlt sich der Kunde an dem ausgehandelten Preis-Leistungs-Verhältnis stärker beteiligt und ist folglich mit dem Ergebnis zufriedener. Das Neuverhandeln nach Zurückweisung wirkt auch dann, wenn das zweite Angebot immer noch vergleichsweise teuer ist.
- **„That's-not-all"-Technik**: Der Anbieter bietet dem Kunden eine Leistung zu einem bestimmten Preis an. Bevor der Kunde das Angebot ablehnen kann, ergänzt der Anbieter sein Angebot durch Zugabe weiterer Leistungen und/oder Preiszugeständnissen. Dies verleitet den Kunden zum Kauf, ohne dass es zu Verhandlungen gekommen ist.

Fallbeispiel „Reziprozitätsnorm" – wie Du mir, so ich Dir

Versuchspersonen schätzten zusammen mit einem verdeckt agierenden Tester Bilder ein. Der eigentliche Zweck der Untersuchung lag jedoch darin, die Relevanz der Reziprozitätsnorm zu untersuchen. Zu diesem Zweck brachte der Tester den Versuchspersonen der Experimentalgruppe nach einer Pause unaufgefordert ein Getränk mit, wohingegen er in der Kontrollgruppe darauf verzichtete. Am Ende der Untersuchung bat der verdeckt vorgehende Tester die Versuchspersonen, ihm ein paar Lose abzukaufen. Es zeigte sich, dass die Experimentalgruppe signifikant mehr Lose kaufte als die Kontrollgruppe.

Cialdini berichtet, wie der Kellner *Vincent* durch Nutzung der Reziprozitätsnorm sein Trinkgeld massiv aufbessern konnte. Bei Aufnahme der Bestellung lehnte er sich ein wenig nach vorne und sprach mit vertrauensvoller, leicht abgesenkter Stimme: „Ich verrate Ihnen etwas: Ich fürchte, das Gericht, das Sie sich ausgesucht haben, ist heute nicht so gut wie sonst. Ich empfehle Ihnen stattdessen X oder Y." Die von ihm empfohlenen Gerichte waren ein wenig günstiger als das ursprünglich anvisierte Gericht. Auf den ersten Blick handelte *Vincent* gegen sein eigenes Interesse zum Wohl der Gäste. Denn in den USA empfehlen Kellner möglichst teure Speisen, da sie nicht vom Restaurant bezahlt werden, sondern einen prozentualen Anteil an der Endsumme der Rechnung als Lohn erhalten. Je höher die Rechnung ausfällt, desto höher ist demnach deren Lohn. Die Gäste hatten das Gefühl, dass *Vincent* ihnen zu seinem eigenen Nachteil geholfen hatte. Sie fühlten sich ihm gegenüber nunmehr verpflichtet und gaben ihm ein üppiges Trinkgeld bzw. folgten auch seiner Empfehlung beim (nunmehr – wenn wundert es – recht teuren!) Wein oder Dessert.

Quelle: *Regan, R. T.*: Effects of favor and liking compliance, in: Journal of Experimental Social Psychology, Vol. 7 (1971), pp. 627–639; *Cialdini, R. B.*: Die Psychologie des Überzeugens: Ein Lehrbuch für alle, die ihren Mitmenschen und sich selbst auf die Schliche kommen wollen, Bern 1997.

Fallbeispiel „Door-in-the-Face-Technik" – der Pfadfinder-Trick

Der Sozialpsychologe *Cialdini* wurde an der Haustür von einem Pfadfinder gefragt, ob er für je fünf Dollar Karten für ein Pfandfinderfest erwerben wolle. Nachdem dieser ablehnte, fragte der Pfadfinder, ob er wenigstens Schokoriegel für einen Dollar kaufen wollte. Durch dieses Zugeständnis fühlte sich *Cialdini* unter Druck gesetzt und erwarb zwei Schokoriegel, obwohl er sie eigentlich gar nicht mochte.

Quelle: *Cialdini, R. B.:* Die Psychologie des Überzeugens: Ein Lehrbuch für alle, die ihren Mitmenschen und sich selbst auf die Schliche kommen wollen, Bern 1997, S. 38–81.

Fallbeispiel „Neuroökonomie" – der Konsument im Kaufrausch oder auf der Suche nach dem ultimativen Kaufknopf

Bei der Neuroökonomie handelt es sich um einen innovativen Zweig der Hirnforschung, auf dem Neurologen, Marktforscher, Ökonomen und Psychologen zusammenarbeiten. Ihren Erkenntnissen zufolge verfügt der Konsument über drei Schalter sprich Hirnareale, deren Betätigung bzw. Aktivierung durch den Anbieter zur Folge hat, dass die Entscheidung zum Kauf quasi zwangsläufig abläuft.

Der Nucleus Accumbens befindet sich im basalen Vorderhirn des Konsumenten. Seine Aktivierung führt dazu, dass sich der Konsument belohnt fühlt. Die verlustanzeigende Insula ist im Großhirn, über den Augenhöhlen angesiedelt. Im Mesialen Präfrontalen Kortex (MPFC) schließlich erstellt der Kunde eine Art Bilanz, eine Gewinn-Verlust-Rechnung im Falle des Erwerbs eines Produkts. Folgt man den Überlegungen der Neuroökonomen, ist eine individuelle Kaufentscheidung nichts anderes als der hedonistische Wettstreit zwischen der unmittelbaren Befriedigung des Erwerbs und dem gleichzeitigen Schmerz des Zahlenmüssens. Als überzogen wahrgenommene Preise schmerzen, die Insula feuert, und die MPFC schaltet auf Ablehnung.

Demnach könne der mittels Kernspintomographen ermöglichte Blick ins Hirn des Konsumenten individuelle Kaufentscheidungen entschlüsseln, aber auch die Relevanz ökonomischer Theorien überprüfen. Beispielsweise gelang es nachzuweisen, dass Kreditkartenkäufer primär deshalb dazu neigen sich zu überschulden bzw. vergleichsweise viel auszugeben, weil ihnen der unmittelbare schmerzhafte Verlust-Impuls der Insula fehlt. Das verzögerte Zahlenmüssen betäube den Konsumenten quasi. Kunden, die mit Kredit- oder EC-Karte bezahlen, sind also glücklicher, weil sie den Geldverlust schmerzfrei in die Zukunft verlegen. Geschlechtsspezifische Unterschiede in der Aktivierung der drei Hirnareale konnten die Wissenschaftler übrigens nicht feststellen.

Dieses Phänomen machen sich beispielsweise **Revolving-Credit-Cards** zunutze. Sie greifen die ursprüngliche Idee eines Kredits auf und statten eine Karte mit einem flexiblen Rahmenkredit aus. Erweitert durch eine *Maestro*-, *Mastercard*- oder *VISA*-Funktionalität kann die Karte weltweit eingesetzt werden. Das Revolving-Konto wird im Soll, also als Schuldenkonto geführt.

Im Gegensatz zu Kreditkarten mit Teilzahlungsoption ist hier nicht turnusmäßig der Einzug des monatlichen Abrechnungsbetrages per Lastschrift vorgesehen, sondern es wird lediglich mit der monatlichen Mindestrate von meist fünf bis zehn Prozent des Rechnungsbetrages getilgt. Sonderzahlungen sind jedoch jederzeit möglich. Wenn der Karteninhaber keine Sollzinsen zahlen möchte, muss er den offenen Saldo der Monatsabrechnung innerhalb des Zahlungsziels jeweils manuell überweisen. Ansonsten fallen Kreditzinsen ab dem Zeitpunkt des Umsatzes an. Und diese können bis zu 20 % betragen.

Quelle: *Müller-Jung, J.*: Der Konsument – Im Kaufrausch, in: Frankfurter Allgemeine Zeitung, Nr. 3 vom 04.01.2007, S. 36.

2.4.2.8 Lerntheorien

Hier lassen sich **vier grundsätzliche Ansätze** unterscheiden (vgl. im Folgenden *Mielke* 2001):

- **Lernen durch klassische Konditionierung (*Pawlow*'scher Hund)**

  Klassische Konditionierung bezeichnet das Lernen durch Kopplung von Stimuli. Als Begründer dieses Ansatzes gilt *Iwan P. Pawlow* (1849–1936). In seinem bekannten Hundeexperiment koppelte er einen neutralen Stimulus (= Ertönen einer Glocke) an einen unbedingten Stimulus (= Präsentation von Futter), der seinerseits einen unbedingten Reflex (= Speichelabsonderung) auslöste. Nach mehrmaligem Wiederholungen stellte sich ein Lerneffekt dergestalt ein, dass der nunmehr durch Erfahrung bedingte Stimulus (= Glocke) auch ohne Futterabgabe zum nunmehr bedingten Reflex (= Speichelabsonderung) führte, wobei die Wirkung im Zeitablauf bis zur vollständigen „Löschung" nachließ.

  Man spricht in diesem Zusammenhang von einem Lernen durch Reizsubstitution: Der Reiz „Glocke" wandelte sich zum Ersatz (Substitut) für die Wahrnehmung des Futters.

  Auch anhand des Lidschlussreflexes lässt sich die klassische Konditionierung nachweisen: Wird kurz vor einem Luftstoß auf das Auge ein Ton eingespielt, lernen die Probanden schnell, bereits beim Erklingen des Tons die Augen zu schließen. Sie tun dies auch dann, wenn bei späteren Versuchswiederholungen gar kein Luftstoß mehr erfolgt.

  Kroeber-Riel – offenkundig inspiriert durch die Erfolgsgeschichte der Marke *Fa* (Seife, Duschbad etc.) – griff diese Erkenntnisse in seinem *Hoba*-Experiment auf und verdeutlichte damit das Nutzenpotenzial der klassischen Konditionierung für den Marketingbereich (vgl. *Kroeber-Riel/Weinberg* 1999, S. 133–140). Er verband einen neutralen Stimulus, nämlich das Kunstwort *Hoba*-Seife, mit einem unbedingten Stimulus (= Präsentation einer nackten Frau in einem Werbespot), der seinerseits bei den männlichen Versuchspersonen einen unbedingten Reflex (= sexuelle Erregung) auslöste. Nach einer angemessenen Wiederholung der Kopplungen löste alleine das ursprünglich nichts sagende Wort *Hoba* bei den Probanden sexuelle Erregung aus, auch wenn nunmehr keine erotischen Bilder gezeigt wurden.

  Musik in der Werbung bedient sich ebenfalls der klassischen Konditionierung. Die Marke (= zunächst neutraler Stimulus) wird zeitgleich mit Musik (= unbedingter Stimulus) präsentiert, die wiederum eine positive Stimmung (= unbedingter Reflex) auslöst. Nach mehreren Wiederholungen wird das Produkt zum bedingten Stimulus und löst auch dann positive Gefühle aus, wenn nun keine Musik mehr gespielt wird.

- **Lernen durch operante (= instrumentelle) Konditionierung**

Während sich die klassische Konditionierung bei der Entstehung von Stimulus-Response-Verknüpfungen auf die Stimulus-Komponente fokussiert, rückt die operante Konditionierung, die von *Edward L. Thorndike* (1874–1949) theoretisch ausgearbeitet und von *Burrhus Frederic Skinner* empirisch abgesichert (1904–1990) wurde, die Response-Komponente in den Vordergrund, indem sie Lernen als Konsequenz des Verhaltens interpretiert (**Law of Effect**). Individuen werden tendenziell eher das Verhalten wiederholen, für das sie belohnt wurden bzw. dessen Effekt sie als angenehm empfinden, und jenes Verhalten vermeiden, für das sie bestraft wurden bzw. deren Konsequenz sie als unangenehm empfinden. Zwischen Verhalten und Konsequenz muss ein funktionaler und zeitlicher Zusammenhang bestehen. Folgen auf ein Verhalten positive Konsequenzen (Verstärker), dann tritt es in Zukunft häufiger auf. Die Wirkung eines Verstärkers ist abhängig von Alter und Entwicklungsstand des Individuums, Intensität sowie Qualität des Verstärkers sowie Bedürfnis nach dem Verstärker. Grundsätzlich kommen materielle (Geld, Süßigkeiten, Zigaretten), soziale (Aufmerksamkeit, Zuwendung) sowie Handlungsverstärker (längerer Ausgang, Fernsehen) in Frage. Ein Verhalten tritt auch dann in Zukunft häufiger auf, wenn hierdurch eine Vermeidung bzw. Verringerung negativer Konsequenzen erreicht wird. Hierbei besteht die „Belohnung" aus der Abschwächung oder Beendigung von etwas Unangenehmem, Schmerzhaftem, Negativem etc. (z. B. Einnahme einer Kopfschmerztablette). Wird hingegen ein bestimmtes Verhalten bestraft, vermeidet man dieses in Zukunft. Hierbei sinkt die Auftrittswahrscheinlichkeit zum einen, wenn das Verhalten eine unangenehme Konsequenz zur Folge hat (Stromschlag, Ohrfeige), und zum anderen, wenn das Verhalten eine angenehme Konsequenz beendet (Wegnahme von Geld, Zuwendung; vgl. Tab. 2.9).

Eine der im Zusammenhang mit der operanten Konditionierung bekanntesten Versuchsanordnungen ist die *Skinner*-Box. Hierbei handelt es sich um einen Käfig, in dem die Versuchstiere zunächst rein zufällig Hebel betätigen und dafür belohnt bzw. bestraft werden. Im Laufe der Zeit lernen die Tiere jedoch, auf einen bestimmten Hebel zu drücken, um eine Belohnung zu erhalten (z. B. Futter) bzw. eine Bestrafung zu vermeiden (etwa Elektroschock, Wasserspritzer). Sie verstehen nunmehr den Zusammenhang zwischen Reaktion und Bestrafung bzw. Belohnung.

Im Marketing werden diese Erkenntnisse dergestalt genutzt, dass in der Werbung gezeigt wird, dass ein bestimmtes Produkt geeignet ist, Belohnungen zu erlangen (z. B. gelungenes Familienfest durch Kredenzen einer bestimmten Kaffee-Marke; höhere Attraktivität durch Parfumduft; besseres Fitnessgefühl durch Konsum eines Müsliriegels) bzw. Bestrafungen zu vermeiden (durch Kaugummi kein Mundgeruch und damit keine soziale Ächtung; durch Tragen von *GEOX*-Schuhen, die über eine Membran in der Schuhsohle verfügen, welche aus speziellem mikroporigem Material hergestellt wird und den Schweiß durch die Innensohle aufnimmt und ihn in Form von Wasserdampf nach außen hin wieder abgibt, kein Fußschweißgeruch mehr; durch Nutzung des *AXE*-Deodorants keine übermäßige Schweißabsonderung). Werden in der Werbung jedoch falsche Erwartungen geweckt und tritt der in Aussicht gestellte Effekt beim oder nach dem Erwerb des Produkts nicht ein, wird der Konsument enttäuscht sein und das betreffende Produkt kein zweites Mal mehr erwerben.

Demnach lässt sich Markentreue als operante Konditionierung interpretieren. Wird durch stetiges Wiederholen gelernt, dass beispielsweise das Tragen einer bestimmten Kleidermarke zu Anerkennung (Verstärker) führt, dann fühlt sich der Kunde in seinem Kauf bestätigt und wird diese Kleidermarke auch zukünftig erwerben.

Tab. 2.9: Die Verstärkungs/Verhaltens-Konstellationen im Überblick

Verhalten Zustand	Verstärkt	Verhindert
Angenehm	Positive Verstärkung (materiell: Geld, Süßigkeiten, Zigaretten; sozial: Aufmerksamkeit, Zuwendung; Handlungsverstärker: längerer Ausgang, Fernsehen); man tut etwas häufiger, weil man etwas Angenehmes dafür bekommt	Bestrafung Typ II: Reduzierung einer positiven Verstärkung (Wegnahme von Geld, Zuwendung); man tut etwas seltener, weil man ansonsten etwas Angenehmes verlieren würde.
Unangenehm	Negative Verstärkung = Reduzierung einer negativen Verstärkung (z. B. durch Einnahme einer Kopfschmerztablette); man tut etwas häufiger, weil etwas Unangenehmes dadurch beendet oder vermieden wird.	Bestrafung Typ I: Steigerung einer negativen Verstärkung (Stromschlag, Ohrfeige); man tut etwas seltener oder gar nicht mehr, weil einem ansonsten etwas Unangenehmes widerfahren würde.

- **Imitatives Lernen am Modell**

Hier wird Lernen als Nachahmung anderer Personen durch bloßes Beobachten verstanden. Diese Form des Lernens tritt bereits im frühkindlichen Stadium auf, wenn Kinder ihre Eltern sowie Geschwister beobachten und deren Verhalten imitieren. Wird beispielsweise eine Hausfrau („Modell von nebenan") wegen ihrer blütenweißen Wäsche von ihrem Mann gelobt, lernt der Betrachter, dass das entsprechende Waschmittel mit Belohnungen verbunden ist, und wird dieses Verhalten gegebenenfalls imitieren. Und wenn ein erfolgreicher Rennfahrer („bekannte Persönlichkeit des öffentlichen Lebens") im Alltag eine bestimmte Automarke bevorzugt, geht der Betrachter davon aus, dass es sich um ein Fahrzeug von hoher Qualität handeln muss, weil ein ausgewiesener Experte diesen sonst nicht auswählen würde. Ähnlich gelagert ist der Fall, wenn ein Fußballspieler ein bestimmtes Deodorant benutzt, um sich nach Training oder Spiel frisch und sicher zu fühlen. Das Lernen am Modell tritt besonders intensiv auf, wenn der Beobachter sieht, dass das Modell für sein Verhalten belohnt wird, das Modell hohes Prestige genießt sowie einen hohen sozialen Status besitzt, der Beobachter sich als dem Modell ähnlich empfindet und sich mit ihm identifizieren kann, der Beobachter belohnt wird, wenn er dem Modell viel Aufmerksamkeit schenkt, und das Verhalten des Modells gut wahrnehmbar ist und sich deutlich von konkurrierenden Modellen unterscheidet.

- **Kognitives Lernen**

    Diese Ansätze gehen von der Annahme aus, dass Lernen aufgrund des Erkennens der jeweiligen Zusammenhänge und damit durch Aufspüren von Mittel-Zweck-Beziehungen erfolgt. Die Werbung nutzt diesen Ansatz dann, wenn dem Verbraucher die Wirkung komplexer Produkte durch simple Analogien nahe gebracht wird.

> **Fallbeispiel „Kognitives Lernen" – die Werbekampagnen von *BMW*, *Audi* und *Elmex***
>
> Mit unkonventionellen Methoden umwarb *BMW* das intelligente Allradsystem xDrive. Ein Hampelmann (engl. „Jumping Jack") stand darin im Mittelpunkt und erklärte mit Gestik und Mimik den Nutzen sowie die Funktion des High Tech Systems. xDrive verteilt die Kraft auf die vier angetriebenen Räder, und zwar nicht nur unabhängig zwischen Vorder- und Hinterachse, sondern auch zwischen den einzelnen Rädern, je nachdem, wo die Kraft gerade benötigt wird. Das sichert maximale Traktion unter allen Fahrbedingungen und hält das Fahrzeug auch in kritischen Situationen stabil.
>
> Das Hauptmotiv der Kampagne, ein animierter Hampelmann, visualisierte auf einfache Art und Weise die Funktionalität der neuen Allrad-Technologie xDrive. In Analogie zum System bewegte er seine Arme und Beine. Erst streckte der Hampelmann alle vier von sich, dann zwei Füße, dann zwei Hände, dann diagonal eine Hand und ein Bein und am Schluss alle Gliedmaßen separat.
>
> *Audi* verdeutlichte ehemals die Wirkung von ProConTen, einem komplizierten Sicherheitssystem, das im Falle eines Autounfalls das Lenkrad aus dem Gefahrenbereich des Autofahrers zieht, an einem einfachen Modell aus Streichholzschachtel, Büroklammer und Bindfaden.
>
> Und die Produzenten von *Elmex Sensitive*, einer Zahncreme für empfindliche Zähne, nutzten folgenden Vergleich: „Wenn ein Baum keine Rinde mehr hat, ist er schutzlos der Witterung ausgesetzt. Genauso ist es bei Zähnen, wenn die Zahnhälse freiliegen. Das ist der wunde Punkt."
>
> Das Schmerzmittel *Dolormin* kombiniert den Wirkstoff *Ibuprofen* mit dem körperverwandten Baustein *Lysin*. Um den schnellen Wirkungseintritt zu verdeutlichen, wird zunächst eine Pyramide (= klassisches Schmerzmittel) und dann eine Kugel (= *Dolormin*) in einer Kugelbahn, wie sie Kinder zum Spielen verwenden, gezeigt.

2.4.2.9 Attributionstheorien

Diese Ansätze, die von *Heider* (1958) und *Herkner* (1980) entwickelt wurden, gehen davon aus, dass die für ein beobachtetes Ereignis bzw. Verhalten wahrgenommenen Ursachen weitgehend bestimmen, wie man darauf reagiert (lat. attribuere = zuschreiben; Attribution = Wahrnehmung von Kausalbeziehungen). Dabei vermutet man ein Motiv, beobachtbare Ereignisse auf die zugrunde liegenden Sachverhalte zurückzuführen. Mögliche **Annahmen** sind hierbei:

- **Interne Attribuierung**: Diese liegt vor, wenn Eigenschaften des Handelnden als Ereignisursache gesehen werden (= dispositionelle Erklärung).

- **Externe Attribuierung**: Hier werden situative Einflüsse als Ursache eines Zustandes gesehen (= situative Erklärung).

Beispielhaft sei hier der Erwerb eines Gebrauchtwagens angeführt, bei dem nach einer Woche ein Schaden an der Auspuffanlage entdeckt wird. Geht der Kunde davon aus, dass der Verkäufer diesen Schaden bereits kannte und gewisse Tatsachen bewusst verschwiegen hat (= interne Attribuierung), wird er sich – mit einer erheblichen Wut im Bauch – beschweren. Vermutet er hingegen, dass der Verkäufer den Schaden nicht kannte (= externe Attribuierung), wird er weniger erzürnt reagieren.

2.5 Determinanten des Konsumentenverhaltens

2.5.1 Externe Faktoren

2.5.1.1 Überblick

Grundsätzlich lassen sich externe und interne Faktoren des Konsumentenverhaltens unterscheiden. Während man bei den internen Faktoren zwischen aktivierenden und kognitiven Prozessen differenziert, lassen sich die externen Faktoren in anbieterbezogene, soziale und situative Einflussgrößen gruppieren. In den SR-Modellen werden lediglich externe Faktoren betrachtet, wohingegen in den SOR-Modellen der Einfluss sowohl externer als auch interner Faktoren analysiert wird.

2.5.1.2 Anbieterbezogene Faktoten

Die **anbieterbezogenen Faktoren** bestehen im Wesentlichen aus den vier „Ps", nämlich:
- Product,
- Price,
- Place und
- Promotion.

Da der Konsument seine Informationsverarbeitung selektiv ausrichtet, widmet er seine Aufmerksamkeit nur bestimmten Reizen und filtert ihm unwichtig erscheinende Stimuli aus. Die vielfältigen Reize, die auf den Konsumenten einströmen, werden durch dessen Aufmerksamkeit gefiltert. Die Filterfunktion der Aufmerksamkeit schützt den Konsumenten vor Reizüberflutung bzw. Informationsüberlastung und ist demnach die erste Hürde, die von Anbietern überwunden werden muss. Um Aufmerksamkeit zu erzeugen, bieten sich folgende **Arten von Reizen**:
- **Intensive Stimuli**: Diese bedürfen keiner besonderen inhaltlichen Ausgestaltung, da sie alleine durch ihre im Vergleich zum Umfeld hohe Intensität wirken. Sie werden jedoch nur selten eingesetzt, weil sie i. d. R. nur wenige Informationen vermitteln und Unglaubwürdigkeit ausstrahlen. Man denke in diesem Zusammenhang an Marktschreier, Sonderangebote, Glücksspiele u. ä.

- **Interessenorientierte Stimuli**: Diese greifen subjektiv wichtige Themen oder Objekte auf und sprechen so die Interessen bestimmter Zielgruppen (etwa Autofans, Ernährungsbewusste, Sportler) an.
- **Neuartige Stimuli**: Diese überraschen oder sind im inhaltlichen Sinne neu und rufen deshalb beim Betrachter Aufmerksamkeit hervor.

2.5.1.3   Soziale Faktoren

Die **sozialen Determinanten** entstammen dem Umfeld des Konsumenten und können folgendermaßen untergliedert werden (vgl. dazu u. a. *Kroeber-Riel/Weinberg* 1999; *Solomon/Bamossy/Askegaard* 1999; *Wiswede* 1998):

- **Kultur** (= intergesellschaftlicher Begriff), d. h. die Gesamtheit der Wertvorstellungen und Lebensformen einer Gemeinschaft und damit das Wertesystem bzw. der Wertewandel in einer Gesellschaft, an denen sich das Verhalten orientiert (etwa Erlebnis- und Genussorientierung, Gesundheits- und Umweltbewusstsein, Betonung der Freizeit, internationale und multikulturelle Ausrichtung, Individualismus, Technologieorientierung). Kulturelle Muster werden den Konsumenten durch eigene oder fremde Erfahrungen sowie die mediale Umwelt vermittelt. Die von *Hofstede* entwickelten Dimensionen zur Charakterisierung von Kulturen haben sich in der Literatur weitgehend durchgesetzt. Konkret lassen sich **fünf Kulturdimensionen** identifizieren:
  1. **Individualismus versus Kollektivismus**
     Während einige Kulturen ein großes Maß an persönlicher Selbstbestimmung und Entscheidungsfreiheit für erstrebenswert halten, verstehen sich die Menschen anderer Kulturen vorrangig als Mitglieder einer Gruppe bzw. Gemeinschaft.
  2. **Machtdistanz**
     Kulturen lassen sich anhand des Ausmaßes charakterisieren, indem sie Hierarchien und Ungleichgewichte hinsichtlich Prestige, Wohlstand sowie Macht ihrer Mitglieder bejahen bzw. ablehnen.
  3. **Vermeidung von Ungewissheit**
     Diese Dimension misst, bis zu welchem Grad ihre Mitglieder darauf eingestimmt sind, sich in unstrukturierten, weil z. B. neuartigen, unbekannten Situationen wohl bzw. unwohl fühlen.
  4. **Maskuline versus feminine Orientierung**
     Maskuline Gesellschaften bevorzugen Leistungsbereitschaft, Karrierestreben, Konkurrenzkampf und Entschlossenheit, während feminine Gesellschaften auf zwischenmenschliche Beziehungen, Solidarität und Lebenswert großen Wert legen.
  5. **Langfristige versus kurzfristige Orientierung**
     Während Fleiß und Durchhaltevermögen Ausdruck der langfristigen Orientierung sind, stehen Traditionsbewusstsein, Erfüllung sozialer Pflichten und „Wahrung des Gesichts" für eine kurzfristige Ausrichtung.
  In Tab. 2.10 sind sieben ausgewählte Länder anhand der Kriterien Ausmaß von Individualismus, Machtdistanz und Vermeidung von Unsicherheit charakterisiert. Man erkennt beispielsweise, dass Deutschland individualistisch, Indien hingegen kollektivistisch geprägt ist. Kollektivistische, d. h. den Gemeinsinn fördernde Kulturen neigen dazu, eine gute körperliche Verfassung und Zeit, die mit Familie und Freunden

2.5 Determinanten des Konsumentenverhaltens

verbracht wird, als dominante Werte hervorzuheben. Individualistische Gesellschaften hingegen, in denen die Vorstellung von Freiheit und persönlich zur Verfügung stehender Zeit geschätzt wird, betonen Entspannung und Zeit, die man mit sich selbst verbringt.

Tab. 2.10: Die Charakterisierung ausgewählter Länder anhand der für die Kommunikation relevanten Kulturdimensionen von Hofstede (Quellen: in Anlehnung an Hofstede 1992, S. 312f.; Müller/Kornmeier 2002, S. XIX f.)

Land	Individualismus	Machtdistanz	Vermeidung von Ungewissheit
China	Gering	hoch	gering
Dänemark	hoch	gering	gering
Deutschland	hoch	gering	hoch
Indien	Gering	hoch	gering
Japan	Gering	Durchschnittlich	hoch
Mexiko	Gering	Hoch	hoch
USA	hoch	gering	gering

- **Subkultur** (= intragesellschaftlicher Begriff), d. h. durch gemeinsame Erfahrungen oder Merkmale geprägte Gruppen innerhalb einer Kultur (z. B. ethnische oder religiöse Minderheiten, nationale oder geographische Volksgruppen, Altersgruppen). Subkulturen lassen sich nach geographischen Gebieten, Alter, nationaler Herkunft, Religionsgemeinschaften u. ä. differenzieren. Als nationale Minderheiten werden Gruppen deutscher Staatsangehöriger angesehen, die in der Bundesrepublik Deutschland traditionell heimisch sind und in ihren angestammten Siedlungsgebieten leben, sich aber von der Mehrheitsbevölkerung durch eigene Sprache, Kultur und Geschichte unterscheiden und diese Identität bewahren wollen. Vier Volksgruppen (etwa 190.000 Menschen) sind als nationale Minderheiten anerkannt: die Dänen in Schleswig-Holstein, die Friesen in Schleswig-Holstein und Niedersachsen, die Sorben in Brandenburg und Sachsen sowie die Sinti und Roma (vgl. *Harenberg* 2008, S. 293).

- **Soziale Schicht**: Hierunter versteht man einen relativ homogenen und stabilen Teil einer Gesellschaft mit gleichem Status, der sich durch ähnliche Werte, Interessen, Verhaltensweisen und Lebensstile auszeichnet. Die soziale Schicht bzw. Klasse lässt sich anhand von Beruf, Einkommen, Vermögen, Ausbildung, Wohlstand, Lebensstil und ähnlichen Kriterien definieren. Die Relevanz der Schichtzugehörigkeit für das Marketing ist in einem schichtspezifischen Konsumverhalten bzw. dem Streben der Personen, sich durch entsprechenden Konsum zu einer Schicht zugehörig zu fühlen, begründet. Traditionell äußerte sich schichtspezifisches Verhalten darin, dass Personen aus der „Unterschicht" aufgrund ihres geringen Einkommens ein größeres Kaufrisiko wahrnahmen und schwerpunktmäßig in Discountern anzutreffen waren, während die Oberschicht das Einkaufen auch als gesellschaftliche Veranstaltung sowie demonstrative Selbstdarstellung ansah und ausschließlich höher positionierte Betriebstypen aufsuchte. Doch im Laufe der Jahre manifestierte sich Kritik an der Aussagekraft „soziale Schicht" als Indikator für Konsumentenverhalten. Heutzutage lässt sich zwischen Käuferverhalten und Schichtzugehörigkeit kein eindeutiger Zusammenhang mehr identifizieren. Beispielsweise tritt in allen Schichten „geiziges" oder „verschwenderisches" Konsumentenverhalten auf. Des Weiteren sind im Lebensmitteldiscounter mittlerweile sämtliche soziale Schichten als Kunden anzutreffen, wie das Phänomen des hybriden Käuferverhaltens belegt. Und über sämtliche Schichtgrenzen hinweg lässt sich ein sog. multioptionales, d. h. mehrere Handlungsprinzipien gleichzeitig verfolgendes Konsumverhalten beobachten.

- **Bezugsgruppen**: Eine Gruppe ist eine Mehrzahl von Personen, die in wiederholten und nicht zufälligen wechselseitigen Beziehungen zueinander stehen. Hierbei wird zwischen Primärgruppen, d. h. kleinen Gruppen, für die eine persönliche Interaktion der Mitglieder kennzeichnend ist (Familie, Freunde, Nachbarn, Kollegen), Sekundärgruppen, d. h. großen Gruppen, deren Mitglieder ein eher formal begründetes Verhältnis zueinander haben und die sich meist nicht alle persönlich kennen (Berufsverbände, Gewerkschaften, Parteien, Religionsgemeinschaften u. ä.), und Leitbild- bzw. Antileitbildgruppen (z. B. Popstars, Schauspieler, Sportler u. ä.) unterschieden. Zentrales Kennzeichen sozialer Gruppen ist das Zusammengehörigkeitsgefühl („Wir-Bewusstsein"). Bezugsgruppen setzten Normen und veranlassen die Mitglieder zu konformen Urteilen und Verhaltensweisen. Der Einfluss von Bezugsgruppen zeigt sich insbesondere bei Produkten, deren Demonstrationseffekt und Prestigewert von großer Bedeutung sind.

Welchen Einfluss soziale Determinanten ausüben, lässt sich beispielsweise daran ablesen, dass Wein subjektiv besser schmeckt, wenn er teurer ist, was dem Verbraucher eine große Nachfrage suggeriert. Und Kleidung gilt als chic, wenn sie modisch ist, sprich: von vielen getragen wird. Derartige Alltagserfahrungen lassen sich auch in wissenschaftlichen Versuchen bestätigen: Während in der einen Hälfte der Hotelzimmer im Badezimmer ein Hinweisschild angebracht war, dass es umweltfreundlicher sei, ein Handtuch mehrfach zu benutzen, betonten die Hinweise in der anderen Hälfte der Zimmer, dass die Mehrheit der Gäste das Textil bereits mehrfach verwende. Den vermeintlichen Vorbildern folgte ein Drittel mehr Probanden als dem Argument des Energiesparens (vgl. *Cialdini 1997*, zitiert nach *Siefer/Miltner* 2007, S. 74).

Fallbeispiel „Kulturelle Determinanten des Konsumentenverhaltens" – die Sortimentspolitik von *McDonald's*

Grundsätzlich strebt *McDonald's* an, weltweit einen fest definierten Kern an zur Auswahl stehenden Produkten (zum Beispiel den *Big Mac*, Pommes Frites, Soft-Drinks) anzubieten. Wo dies nicht möglich ist, ersetzt bzw. ergänzt das Unternehmen die Standardprodukte durch kulturell akzeptierte Speisen. Zur Veranschaulichung dienen die folgenden Beispiele:

- *McDonald's* Restaurants servieren in der arabischen Welt „Halal"-Menüs, was bedeutet, dass die islamischen Regeln für die Zubereitung von Speisen, insbesondere Rind, eingehalten werden. Außerdem werden in den Restaurants in Saudi-Arabien keine Figuren und Poster von *Ronald McDonald* aufgestellt, da der Prophet die Zurschaustellung von „Götzenbildern" verboten hat. In muslimischen Ländern wie Malaysia wird

auf den Hamburgern und in Frühstücksmenüs kein Schinken angeboten, weil Schwein haraam ist, was soviel bedeutet, dass der Verzehr von Schweinefleisch im Islam verboten ist.
- Der erste koschere *McDonald's* eröffnete 1995 in eine Vorstadt von Jerusalem, mittlerweile gibt es auch in Buenos Aires ein solches Restaurant. Am Samstag, dem jüdischen Sabbat, bleiben die Restaurants geschlossen, und es werden nur koschere Speisen serviert, die nach den strengen Glaubensregeln zubereitet sind. Beispielsweise werden keine Cheeseburger angeboten, da die Mischung von Fleisch und Milchprodukten verboten ist. Grundsätzlich werden keine Milchprodukte serviert. Und während des achttägigen Paschafests, bei dem die gläubigen Juden nur ungesäuertes Brot essen dürfen, werden entsprechende Hamburger-Brötchen verwendet.
- Da im Hinduismus der Verzehr von Rind verboten ist, bietet *McDonald's* stattdessen Lamm an. Dort wurde der *Big Mac* in den *Maharaja Mac*, einen Lammfleisch-Burger, sowie den *Chicken Maharaja Mac*, eine Hühnchen-Variante, umgewandelt. Außerdem werden aus Respekt gegenüber Vegetariern vegetarische und fleischhaltige Speisen in verschiedenen Bereichen des Restaurants zubereitet.
- In Japan findet man auf der Speisekarte Reisgerichte, einen Teryaki-Burger und einen Hähnchen-Burger, der mit Soja-Soße und Ingwer serviert wird. Und dort wurde der ursprüngliche Firmenname in „*Makudonarudo*" umgewandelt, da sich das in den Ohren der Japaner freundlicher anhört.

Quelle: *Schneider, W.*: McMarketing – Einblicke in die Marketing-Strategie von McDonald's, Wiesbaden 2007, S. 65 f.

2.5.1.4 Situative Faktoren

Zu den **situativen Faktoren**, die das Konsumentenverhalten determinieren, zählen u. a.:
- physisches Umfeld des Kaufs (etwa Bedingungen am Point-of-Sale [etwa Out-of-Stock und deshalb Wechsel zu einem anderen Produkt], Wetter [Grillgut beispielsweise wird bei schönem Wetter signifikant häufiger erworben als bei schlechtem Wetter]),
- Zweck des Erwerbs (z. B. persönliche Nutzung des Produktes [, was den Erwerb von Handelsmarken unterstützen dürfte] versus Geschenk [, was dem Kauf von Herstellermarken förderlich ist]) sowie
- Zeitfaktor (Tageszeit [In den Vormittagsstunden wird an Tankstellen beispielsweise mehr Kaffee erworben, in den Abendstunden mehr Bier.], Wochentag [Für Vollsortimenter wie Supermärkte, Verbrauchermärkte und SB-Warenhäuser und den *Edeka*-Discounter *Netto* ist der Samstag der frequenz- und umsatzstärkste Tag der Woche. So erzielen selbständige Einzelhändler bis zu 50 % ihres Wochenumsatzes am Freitag und Samstag.], Jahreszeit/Saison [Im Dezember etwa werden mehr Champagner und Sekt gekauft als im Juli. *Fürst von Metternich Riesling Sekt* verkauft im Dezember 54 % seines gesamten Jahresabsatzes. Zur Weihnachtszeit gibt es 33 % mehr *Coca-Cola*-Käufer als im Jahresdurchschnitt, was zum Teil auf die intensiven Werbeaktivitäten zurückzuführen sein dürfte. Denn *Coca-Cola* hat den Weihnachtsmann, wie wir ihn heute kennen, entwickelt und zur

Werbeikone stilisiert.], Dringlichkeit [Die Preissensibilität von Konsumenten in Bezug auf Geschenke verringert sich mit zunehmender Nähe zum Weihnachtsfest. Anders ausgedrückt: Wer am Morgen des 24. Dezembers noch kein Geschenk für seine/n Partner/in hat, zahlt nahezu jeden Preis, Hauptsache, er findet überhaupt noch ein passendes Geschenk.]).

Fallbeispiel „Situative Determinanten des Konsumentenverhaltens" (1) – attraktive Verkäuferinnen als Umatzbremse

Kundinnen vergleichen sich mit dem Verkaufspersonal: Schätzen sie sich selbst als weniger attraktiv als die Verkäuferinnen ein, ist es weniger wahrscheinlich, dass sie etwas kauften. Die Befunde der von der *University of South Australia* durchgeführten Studie waren unabhängig davon, ob das Produkt in einer Beziehung zum Aussehen stand (etwa Kosmetik) oder nicht (z. B. Handys). Offenkundig nehmen Kundinnen attraktive Verkäuferinnen als soziale Bedrohung war. Ein Vergleich mit Menschen, die als sozial überlegen wahrgenommen werden, könne Angst auslösen, das Selbstbewusstsein herabsetzen und das Gefühl von Unzulänglichkeit vermitteln, so *Bianca Price*, die Leiterin der Studie.

Fallbeispiel „Situative Determinanten des Konsumentenverhaltens" (2) – die Abhängigkeit der Nachfrage nach Grillprodukten vom Wetter

Bei Frischfleisch handelt es sich um eine sehr sensible Warengruppe, da die kurze Haltbarkeit und damit verbunden die begrenzte Abverkaufszeit eine optimale Bestellung durch den Einzelhandel erschweren. Speziell bei Grillfleisch und -wurst kommen verschärfend die Abhängigkeit von Sonderveranstaltungen (etwa Fußballweltmeisterschaft) sowie Wetter hinzu.

Neben der Dispositionshilfe, die auf filialspezifischen Abverkaufs- und Bestelldaten der Vergangenheit basiert, gilt es bei der Bestellung konsequenterweise den Wetterbericht bzw. die Wetterprognose ins Kalkül zu ziehen. Als Komponenten des Wetters und damit Determinanten des Kaufverhaltens gelten:

- Sonnenscheinstunden pro Tag (positiver Einfluss)
- Niederschlag (positiver Einfluss)
- Temperatur (stark positiver Einfluss)
- Wind (kein Einfluss)
- Periodische Wetterumschwünge (also der Wechsel vom einem Tief- zu einem Hochdruckgebiet und umgekehrt; positiver Einfluss).

Empirische Untersuchungen belegen, dass die Aufnahme des Wetterberichts (insbesondere Temperatur und periodische Wetterumschwünge) in die Dispositionshilfe Frischfleisch des Einzelhandels wesentlich zur Optimierung des Bestellwesens und damit zur Vermeidung von Out-of-Stock-Situationen bzw. Überbeständen beitragen kann.

Quelle: *Helnerus, K.*: Die Lücke im Regal: Out-of-Stock-Situationen aus der Sicht der Kunden und des Handelsmanagements, Köln 2007.

Fallbeispiel „Situative Determinanten des Konsumentenverhaltens" (3) – Dimensionen der Zeitkomponente

Ökonomische Zeit

Zeit ist ein knappes Gut des Konsumenten. Sein Zeitbudget beeinflusst seine Entscheidungen und sein Kaufverhalten in vielfältiger Weise. Wenn ein Konsument viel Zeit hat, sucht er i. d. R. sorgfältiger nach Informationen und denkt intensiver über den Kauf nach, als wenn er kurz vor Geschäftsschluss an Weihnachten noch ein Geschenk kaufen muss.

Des Weiteren suchen Konsumenten infolge des Gefühls der Zeitarmut nach Produkten, die helfen, Zeit zu sparen. Vor dem Hintergrund des Gefühls, zu wenig Zeit zu haben, gewinnt auch die Liefergeschwindigkeit als Entscheidungskriterium an Stellenwert.

Psychologische Zeit

Hier steht die Frage im Vordergrund, wie Zeit vom Verbraucher erfahren wird. Um die wahrgenommene Wartezeit zu reduzieren, versuchen Unternehmen, z. B. durch Abwechslung die Aufmerksamkeit auf andere Sachverhalte zu lenken. Nachdem eine Hotelkette zahlreiche Beschwerden über die Wartezeit vor Aufzügen erhalten hatte, wurden in der Nähe der Aufzüge Spiegel installiert. Die natürliche Tendenz des Menschen, sein Aussehen zu prüfen, reduzierte die Zahl der Beschwerden, obwohl die tatsächliche Wartezeit unverändert blieb.

Flugzeugpassagiere beschweren sich häufig, dass sie zu lang auf ihr Gepäck warten müssen. In einem Flughafen liefen sie eine Minute vom Flughafen bis zur Gepäckausgabe. Dort mussten sie dann sieben Minuten auf ihr Gepäck warten. Nachdem der Weg so geändert worden war, dass es sechs Minuten dauerte, bis die Fluggäste zur Gepäckausgabe gelangten, und sie dort nur noch zwei Minuten warten mussten, gab es praktisch keine Beschwerden mehr.

Soziale Zeit

Sozial bezieht sich auf die Zeit von sozialen Prozessen, Rhythmen und Zeitplänen in der Gesellschaft. Diese Zeit gibt an, in welchem Maß unser Leben von miteinander in Beziehung stehenden Zeitfaktoren wie Arbeitsstunden, Öffnungszeiten, Mahlzeiten und anderen institutionalisierten Zeitplänen bestimmt wird. In diesem Kontext spielen Aspekte wie verkaufsoffener Sonntag, Einkauf rund um die Uhr, Empfänglichkeit für Werbung zu bestimmten Zeiten (etwa Bierwerbung morgens um 8 Uhr) eine Rolle. Und während Capuccino in Italien ausschließlich zum Frühstück konsumiert wird, gilt er in anderen Ländern als Ganztagsgetränk.

Angesichts der verschiedenen Dimensionen von Zeit wird deutlich, dass diese in der Werbung für Produkte berücksichtigt werden müssen. Deutlich wird dies am Beispiel von Sonnencreme für Skifahren und Sonnenbaden Während im Sommer die Eigenschaft hervorgehoben wird, dass die Tube schwimmt und im Sommer nicht leicht abhanden kommt, wird im Winter der Antifrostschutz betont.

Quelle: *Solomon, M./Bamossy, G./Askegaard, S.:* Consumer Behavior. A European Perspective, New York et al. 1999.

Fallbeispiel „Konsumentenverhalten und Feiertage" – die Kommerzialisierung des Muttertages durch die Floristen

Der Muttertag wurde weder von Floristen, die ihn als erste ökonomisch instrumentalisierten, noch von den Nationalsozialisten, die ihn für ihre Zwecke pervertierten, erfunden, sondern 1908 von der Suffragette sprich Feministin *Ann Jarvis* aus West Virginia, USA. Interessanterweise fällt in dasselbe Jahr die geniale Erfindung von *Fleurop* durch den Berliner Blumenhändler *Max Hübner*: Eine Firma, die nicht mehr Blumen, sondern lediglich Aufträge verschickt. Nunmehr lassen sich über die Vermittlung via Brief, Fernruf oder Telegramm zwischen Floristen europaweit Blumengrüße übermitteln. Später wird sich zeigen, dass der Aufstieg von Muttertag und *Fleurop* Hand in Hand gehen.

Schon in den zwanziger Jahren des vergangenen Jahrhunderts ertönte hierzulande der Slogan „Lasst Blumen sprechen." Die Floristen witterten die Chance, mit dem neuen Feiertag aus den USA die Spätfrühlingsflaute zu überwinden. Ein gewisser *Rudolf Knauer* reiste als Beauftragter des Verbandes Deutscher Blumengeschäftsinhaber durchs Land und warb in Vorträgen für den Feiertag zu Ehren „der stillen Heldinnen unseres Volkes".

Um die Blumenoffensive nicht allzu offensichtlich voranzutreiben, wird 1925 eine neutrale Institution, nämlich die „Arbeitsgemeinschaft für Volksgesundung" gegründet. Diese schaltet scheinbar neutrale Anzeigen wie „Ehret die Mutter", klebt Plakate an Straßenbahnen sowie Litfaßsäulen, und dichtet für die Lokalpresse Lyrisches zum kostenlosen Abdruck: „Gedenke heute deiner Mutter Güte, bring ihr eine frische Blüte".

Schon drängt die Konkurrenz in Gestalt von Pralinen-, Parfüm- und Kleiderherstellern auf den Muttertags-Markt. Um Markteintrittsbarrieren aufzubauen, postuliert die Arbeitsgemeinschaft schnell die zehn Gebote zum Muttertag. Das zweite Gebot lautet ganz im Sinne der Floristen: „Stelle frühmorgens Blumen ans Lager." Und das vierte Gebot fordert: „Gehe zum Friedhof, wenn dort deine Mutter liegt, und schmücke das Grab mit den Blüten des Frühlings." Von da an nehmen die geschäftlichen Auswüchse um den Muttertag ihren unaufhaltbaren Lauf.

Quelle: *Kegel, S.:* Die Muttertagsmaschinerie, in: Frankfurter Allgemeine Zeitung, Nr. 109 vom 10.05.2008, S. Z!4.

2.5.2 Interne Faktoren

2.5.2.1 Aktivierende Prozesse

2.5.2.1.1 Überblick

Die internen bzw. psychischen Variablen sind im Inneren des Menschen und damit in der Psyche sprich dem Organismus angesiedelt (vgl. im Folgenden *Kroeber-Riel/Weinberg* 1999, S. 42 ff.; *Gröppel-Klein* 2001, S. 36–39). Hierbei unterscheidet man aktivierende und kognitive Prozesse.

Unter Aktivierung (Arousal) versteht man sämtliche Vorgänge, die mit inneren Erregungen verbunden sind und menschliches Verhalten antreiben. Sie versorgen den Organismus mit Energie und versetzen ihn in einen Zustand der Leistungsbereitschaft und -fähigkeit (vgl. *Fischer/Wiswede* 1997, S. 104 ff.). Damit wirken sie ihrerseits auf die kognitiven Prozesse (= Informationsaufnahme, -verarbeitung und -speicherung).

Grundsätzlich lassen sich tonische und phasische Aktivierung unterscheiden. **Tonische Aktivierung** bezeichnet das allgemeine und damit länger anhaltende Aktivierungsniveau (= Wachheitsgrad) und dementsprechend die grundsätzliche Leistungsfähigkeit eines Individuums. Die **phasische Aktivierung** hingegen beleuchtet kurzfristige Aktivierungsschwankungen als Folge bestimmter Stimuli (etwa Werbung).

Das Aktivierungsniveau lässt sich u. a. anhand der **psychogalvanischen Reaktion** (PGR) sprich Hautwiderstandsmessung erfassen. Mit zunehmender Aktiviertheit lassen sich psychobiologische Reaktionen des Körpers im peripheren Gewebe feststellen. Eine plötzliche Aktivierung führt durch physiologische Vorgänge zu einer schnellen Verringerung des elektrischen Hautwiderstands. Der Widerstands- bzw. Leitfähigkeitsindikator kann demnach das Ausmaß der Aktiviertheit nahezu zeitgleich zum Stimulus und außerordentlich sensibel erfassen, viel besser als man Aktiviertheit empfinden und ausdrücken kann. Zur Messung legt man über zwei benachbarte Elektroden (z. B. an zwei Fingern einer Hand) eine schwache Spannung an die Hautoberfläche und misst die Spannungsänderungen, die durch die sich ändernde Leitfähigkeit des Gewebes auftreten. Mit Hilfe eines Polygrafen kann der Aktiviertheitsverlauf im Zeitablauf kontinuierlich aufgezeichnet werden. Wenn zugleich aufgezeichnet wird, wann welche Reize dargeboten wurden, lässt sich aus der Zuordnung von Ausschlägen der PGR auf das Aktivierungspotenzial der Reize schließen. Wohlgemerkt kann mit derartigen psychogalvanischen Messungen nichts anderes als die Stärke der Aktivierung, nicht aber deren Qualität gemessen werden. Die Qualität der Reaktionen – positiv oder negativ – lässt sich durch ein ergänzendes Interview erfassen.

Andere Verfahren, die zur Untersuchung der Aktivierung herangezogen werden, sind Messungen von Hirnströmen, Herz-, Atem- und Pulsfrequenz, Blutdruck und periphere Durchblutung sowie Pupillometer oder Speichelflussreflexmessung. Der Aufwand der apparativen Messungen ist im Verhältnis zu den erzielten Ergebnissen zu groß, so dass diese Verfahren heute nur noch selten eingesetzt werden. Zwar gelingt es, gewisse Reaktionsweisen zu ermitteln, ohne dass die Probanden nachdenken müssen. Doch muss zur Erklärung der identifizierten Aktivierung auf das Interview zurückgegriffen werden, was die Objektivität der erhaltenen Resultate relativiert.

Zu den **aktivierenden Prozessen** zählen im Wesentlichen die folgenden **hypothetischen Konstrukte**, die im Sinne eines Stufenmodells aufeinander aufbauen (vgl. Abb. 2.13):

- **Emotion**: Hierunter versteht man einen zentralnervösen Erregungszustand, der mehr oder minder bewusst erlebt und kognitiv interpretiert wird, indem man ihn als angenehm oder unangenehm einstuft („Es ist angenehm.", „Ich fühle mich wohl.").
- **Motivation**: Dies sind Emotionen und Triebe, die kognitiv handlungs- bzw. zielorientiert sind. Konkret geht es auf dieser Ebene um die Frage, durch welche Handlungen unangenehme Emotionen vermieden und angenehme Gefühle gesteigert werden können („Ich will Z erreichen.", „Ich möchte dies tun.").
- **Einstellung**: Darunter fasst man die kognitive Beurteilung eines Gegenstandes, d. h. inwieweit bestimmte Objekte geeignet sind, um Motive zu befriedigen („Ich halte A für gut.", „Ich ziehe G vor.").

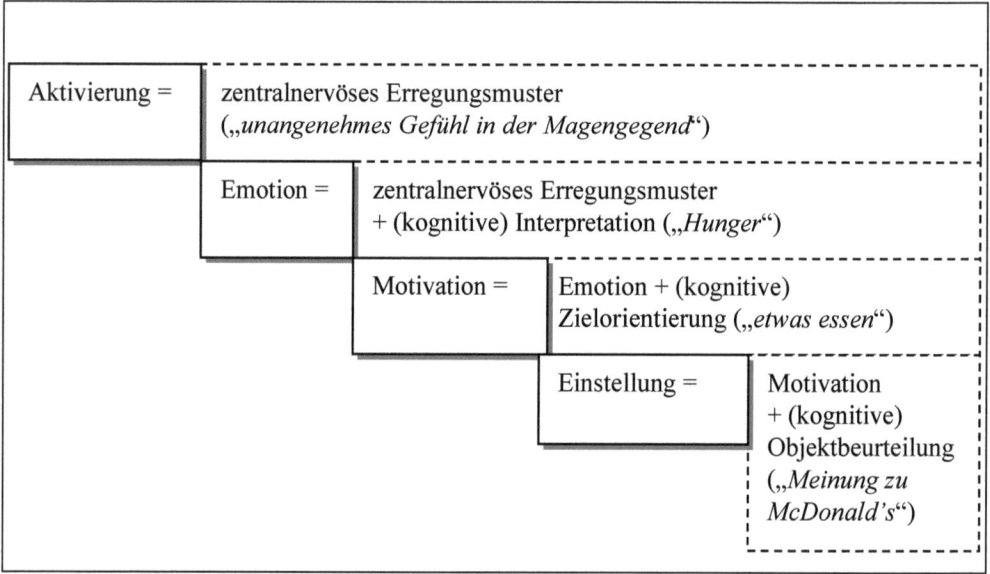

Abb. 2.13: Das Stufenmodell aktivierender Prozesse
(Quelle: Kroeber-Riel/Weinberg 1999, S. 54 f.; Behrens 1991, S. 52)

Die Vorgänge Emotion, Motivation und Einstellung, die durch ihre Aktivierungskomponente gekennzeichnet sind, bauen aufeinander auf: Motivation basiert auf Emotion, Einstellung auf Motivation. Von den Erregungen und Spannungen, die mit Emotion, Motivation und Einstellung einhergehen, hängt es ab, wie viel psychische Energie freigesetzt wird und als spezifische Antriebsspannung für das jeweilige Verhalten zur Verfügung steht. Mit erhöhter Antriebsstärke steigt die Wahrscheinlichkeit des Verhaltens.

2.5 Determinanten des Konsumentenverhaltens

Aktivierungs- bzw. Erregungszustände lassen sich durch folgende **Arten von Reizen** auslösen:

- **Physisch intensive Reize** (etwa Farbe, Größe, Kontrast, Klarheit, Position einer Anzeige; eine größere Annonce, die auf den Anfangs- oder Endseiten einer Zeitschrift platziert ist, wird mehr beachtet als eine kleinere in der Mitte der Zeitschrift; bei Fernsehwerbung Bewegung und Dynamik, schnelle Bildschnitte/-folgen, Lichteffekte, Einstellungstechnik, Wechsel zwischen Nah- und Fernaufnahmen, Akustik [Lautstärke, Sprachtempo, Stimmqualität, Sprechmelodie])

- **Kognitive Reize** (beispielsweise in der Werbung durch gedankliche Konflikte [Putzfrauen unterhalten sich über Aktienanlage, Schauspieler mit allseits bekannten Alkoholproblemen trinkt demonstrativ Milch, Erwachsene essen Kindermilchriegel, Tiere sprechen], Widersprüche [*McDonald's* Slogan: „Spar Dich satt.", Männer tragen Frauenkleidung, Frauen sprechen mit Männerstimme], Überraschungen [auf dem Kopf stehende Anzeigen, rückwärts oder schneller laufende Werbespots], Mehrdeutigkeit oder Neuartigkeit)

- **Emotionale Reize**. Hierbei handelt es sich um sog. Schlüsselreize, die biologisch vorprogrammierte Reaktionen auslösen, weitgehend automatisch ablaufen und gedanklich nicht kontrolliert werden können. Derartige Stimuli besitzen eine visuelle (sog. Attrappen wie Kinder und Babys, erotische Reize, kleine Tiere, Augen, Mimik u. ä.), akustische (hören), taktile (fühlen) und/oder olfaktorische Dimension (= riechen von Produkten oder Verkaufsräumen).

Im Rahmen der emotionalen Reize kommt dem **Kindchenschema** zentrale Bedeutung zu. Dieses bezeichnet die bei Menschen und vielen höheren Tierarten vorkommenden kindlichen Proportionen, die als Schlüsselreiz wirken und Fürsorgeverhalten sowie Kümmerungsverhalten beim Betrachter auslösen. Auf diese Weise wird gerade im Tierreich gewährleistet, dass sich die Eltern um ihre Jungen kümmern, sie beschützen und groß ziehen. Die Evolution der höheren Arten verlangte bei der immer länger dauernden Großzucht zur Selbständigkeit einen Mechanismus, um die Eltern ans Kind zu binden.

Konrad Lorenz begründete 1943 den Begriff Kindchenschema als Bezeichnung typischer Merkmale des Kleinkindergesichts. Hierzu zählen ein großer Kopf, eine große Stirnregion und damit einhergehend eine relativ weit unten liegende Platzierung der Gesichtsmerkmale (Augen, Nase, Mund, Ohren). Darüber hinaus zählen große, runde Augen, eine kleine Nase, ein kleines Kinn, rundliche Wangen und eine elastische, weiche Haut zu den Charakteristika. Der kindliche Kopf ist im Vergleich zum Körper größer als beim Erwachsenen und die Gliedmaßen (Arme, Beine, Finger) sind kürzer.

Aus evolutionsbiologischer Perspektive bietet dieses Aussehen für Kinder den Vorteil, dass die Eltern die Schwäche sowie Hilfsbedürftigkeit des Heranwachsenden erkennen und dadurch zu Schutz- und Pflegeverhalten angeregt werden. Diesen Zusammenhang belegte *Thomas Alley* (1983, pp. 411–427): Erwachsene verhalten sich gegenüber kindchenschemagerechten Merkmalen stärker schützend, fürsorglicher und weniger aggressiv als sie sich gegenüber Merkmalen älterer Individuen verhalten. Das Gegenstück zum Kindchenschema – die erwachsenen Proportionen, insbesondere Gesichtsproportionen – wird als das Mutterschema bezeichnet, das bei Kleinkindern Vertrauen und Klammern auslöst.

Fallbeispiel „Multisensuale Qualität" – die Messung optischer, akustischer und haptischer Reize

Folgt man der von zahlreichen Praktikern vertretenen These, dass Kunden ihre Entscheidungen weniger nach physikalisch messbaren technischen Parametern als nach haptischen, akustischen und optischen Eindrücken treffen, kann der Eindruck, ob eine Tür satt ins Schloss fällt, für den Kauf entscheidender sein als die objektiven Ergebnisse eines Crashtests. Marktforscher berichten in diesem Zusammenhang immer wieder, dass Kunden in Autohäusern in Fahrzeugen, die dort präsentiert werden, lange vor einer möglichen ersten Probefahrt mit Vergnügen Türen öffnen und schließen oder Knöpfe drücken und Hebel umlegen.

Der Gesichtssinn (optischer Eindruck) gilt als wichtigster, dann folgen der akustische Eindruck und schließlich der haptische. Die optische Qualität eines Bauteils lässt sich mittels Kamera und Spektrometer und anhand von Struktur und Farbmetrik einer Kunststoffoberfläche oder Präzision und Leuchtdichte von Symbolen auf Anzeigen oder Schaltern bestimmen.

Um der haptischen Qualität auf den Grund zu gehen, messen Experten beispielsweise, welche Kraft und welches Moment ein Roboter aufwenden muss, um einen Schalter umzulegen, und wie sich die Kraft-Weg-Kurve, die sich daraus ableiten lässt, mit den Jahren, aber auch von Schalter zu Schalter verschiebt. Denn der Schalter, seine Bedienbarkeit und die Konstanz seiner Qualität vermitteln einen Eindruck von der Qualität des Fahrzeugs. Demnach gilt es als wichtig zu ermitteln, ob das Bauteil gleichmäßig und zuverlässig schaltet oder ob sich jeder Taster im Armaturenbrett unterschiedlich bedienen lässt.

Der akustische Eindruck beim Betätigen eines Schalters schließlich wird mit Mikrofonen erfasst. So lässt sich feststellen, ob ein Schalter mit einem hellen, technisch anmutenden „Klick", wie es *Audi* wünscht, oder mit einem weichen, sanfteren sonoren „Klack" einrastet, wie es *Mercedes* bevorzugt.

Quelle: o. V.: Der Kunde sucht den Audi-Klick und den Mercedes-Klack, in: Frankfurter Allgemeine Zeitung, Nr. 304 vom 30.12.2008, S. 14.

Fallbeispiel „Akustische Reize" – die Beschallung von Filialen im Lebensmitteleinzelhandel

Das Hören ist der wichtigste Sinn des Menschen. Denn wenn unsere Augen versagen (etwa in der Dunkelheit, wenn sich etwas von hinten nähert oder beim Schlafen mit geschlossenen Augen), sind wir einzig und alleine auf unser Gehör angewiesen.

Die Hintergrundmusik im Einkaufsgeschäft soll uns in eine angenehme Stimmung versetzen. Denn in einem geräuscharmen Umfeld beginnt der Mensch, sich unwohl, vielleicht ängstlich

oder unsicher, vielleicht verlassen oder beobachtet zu fühlen – daher das sprichwörtliche Pfeifen im Walde. Außerdem kann Hintergrundmusik die unangenehmen Geräusche beim Einkaufen – das Klappern der Einkaufswagen, das Schreien kleiner Kinder, die Fahrgeräu-

sche der Palettenfahrzeuge, das Piepsen der Kasse – überdecken oder zumindest abmildern.
Doch auch der Einsatz von Hintergrundmusik ist ein Vabanquespiel: Was dem einen Kunden gut gefällt, nervt den anderen. Deshalb gilt: Je einheitlicher der Musikgeschmack der gerade im Geschäft anwesenden Kunden ist, desto einfacher fällt es, die passende Musik herauszusuchen. Morgens, wenn viele Rentner einkaufen gehen, läuft deshalb ganz andere Musik, als in der Mittagspause oder abends, wenn eher die Berufstätigen im Geschäft sind.
Die Auswahl der richtigen Supermarkt-Musik ist eine Wissenschaft für sich, denn sie muss natürlich zur Kundengruppe passen, damit sie gefällt. Einige Unternehmen haben diese Marktlücke für sich entdeckt und sich auf die Komposition von Supermarkt-Musik spezialisiert. Denn die Supermarkt-Musik muss einerseits laut genug sein, um wahrgenommen zu werden, und andererseits leise genug sein, um schön dezent zu bleiben. Sie muss abdämpfen, darf aber nicht dominieren. Der Kunde muss sich wohl fühlen. Kunden, denen die Musikrichtung gefällt, sollen sich dran erfreuen. Kunden, denen die Musikrichtung nicht so gefällt, sollen sich nicht daran stören.
Die beste Musik hat – so haben Untersuchungen gezeigt – 72 Taktschläge pro Minute. Dies entspricht unserem Ruhepuls und bewirkt, dass wir unsere Einkaufsgeschwindigkeit drosseln und zu schlendern beginnen. Auch sanfte Musik bringt uns dazu, langsamer durch den Laden zu flanieren.
Eine weitere Möglichkeit, den Kunden über den Hörsinn anzusprechen, bietet der Einsatz eines speziellen Einkaufsradios: Neben Musik und Kurznachrichten wird in kurzen Spots auf aktuelle Angebote und das Sortiment hingewiesen. Deutschlands größtes Marktforschungsunternehmen, die *GFK* mit Sitz in Nürnberg, hat herausgefunden, dass in Geschäften, in denen Einkaufsradio zu hören ist, der Absatz um durchschnittlich ein Viertel höher liegt als in Märkten, die nicht über Einkaufsradio verfügen.
Und die Hersteller von Einkaufswagen bieten heute Rollen an, die deutlich geräuschärmer sind als früher. Denn dann fühlt sich der Kunde nicht durch das Klappern seines Gefährts gestört.
Dass Musik die Kaufentscheidung beeinflusst, konnte in zahlreichen Studien nachgewiesen werden. Die teure Damenwäsche von *Victoria's Secret* etwa wurde einer amerikanischen Studie zufolge bei klassischer Musik im Hintergrund deutlich hochwertiger angesehen als ohne musikalische Begleitung.
In einem amerikanischen Weinladen griffen die Kunden zu teueren Weinflaschen, als die Musik von Popmusik auf leichte klassische Musik umgestellt wurde. Und in einem britischen Supermarkt stieg bei deutscher Volksmusik im Hintergrund der Absatz deutscher Weine und bei französischen Chansons der Absatz der französischen Weine.

Quelle: *Schneider, W./Hennig, A.:* Zur Kasse, Schnäppchen, München 2010, sowie die dort zitierte Literatur.

Fallbeispiel „Olfaktorische Reize" (1) – die Beduftungsanlage des *Maybach Zeppelin*

Der *Maybach Zeppelin*, der zu den exklusivsten Limousinen der Welt zählt und in der Grundausstattung rund 500.000 € kostet, bietet als Zusatzausstattung ein automatisch arbeitendes System zur Beduftung des Innenraums. Zum Aufpreis von rund 4.700 € werden zwei vom Anbieter als exklusiv bezeichnete Düfte einschließlich patentierter Beduftungsanlage angeboten. Zum Lieferumfang gehören drei Flakons, die an die Klimaanlage angeflanscht werden können. Den Kunden, die den olfaktorischen Eindruck ihres *Maybach Zeppelin* ganz individuell gestalten möchten, bietet sich die Möglichkeit, ihr ganz persönliches Parfum mixen zu lassen. Mit der olfaktorischen Komponente eröffnet sich eine weitere Dimension des **Customizing**.

Fallbeispiel „Olfaktorische Reize" (2) – die Beduftung von Filialen im Lebensmitteleinzelhandel

Dass sich bei vielen Lebensmitteleinzelhandelsunternehmen eine Bäckerei am Eingang befindet, ist kein Zufall. Durch den Duft von frisch Gebackenem werden erst unser Appetit und dann unsere Kauflust angeregt. Deshalb wird deren Duft mit Ventilatoren in den Verkaufsraum geblasen. Und wenn sich die Bäckerei oder auch ein Brotbackautomat aus baulichen Gründen irgendwo im Laden befindet, wird der Duft der frischen Backwaren nicht selten über versteckte Rohre in den Bereich geleitet, in dem Kaffee, Marmelade und Cerealien im Regal stehen.
In diesem Zusammenhang fällt auch auf, dass bei den Kaffeepaketen auf einer Palette oder im Regal immer eine Packung Kaffeepulver geöffnet ist. Was aussieht, als sei aus Versehen eine Packung kaputtgegangen, ist in Wahrheit die Absicht, dass es beim Kaffee eben nach Kaffee riecht.
Weil die Beduftung über die allgemeine Klimaanlage nicht zielgenau funktioniert, bedienen sich immer mehr Handelsunternehmen spezieller Beduftungsanlagen, die ein bestimmtes Regal, eine bestimmte Zone oder sogar ein bestimmtes Produkt sanft bedufen. Manche Verpackungen sind mit Ventilen versehen, damit der intensive Geruch ausströmen kann. Sogar Mikrokapseln kommen zum Einsatz. Sie sind im Lack von Verpackungen und setzen aromatische Düfte frei, sobald jemand die Ware in die Hand nimmt.

Wie stark Düfte unser Verhalten beeinflussen, zeigt auch folgende Studie: In einem Experiment wurden Probanden in einen Raum gebeten, in dem ohne ihr Wissen ein Putzeimer mit einem Allzweckreiniger abgestellt worden war. Der hiervon ausgehende Zitrusduft war so gering, dass kein Versuchsteilnehmer den Duft bewusst wahrnahm. Im Vergleich zur Kontrollgruppe, bei welcher der Putzeimer fehlte, hatten die dem Zitrusduft ausgesetzten Versuchsteilnehmer in einem Worttest mehr sauberkeitsbezogene Assoziationen und verließen den Versuchsraum ordentlicher. Offensichtlich entschlüsselt das Gehirn automatisch die Bedeutung des Zitrusdufts. Es verbindet damit Reinlichkeit, Saubermachen und Putzen und löst unbewusst entsprechende Verhaltensprogramme aus.

Quelle: *Schneider, W./Hennig, A.*: Zur Kasse, Schnäppchen, München 2010, sowie die dort zitierte Literatur.

2.5 Determinanten des Konsumentenverhaltens

Als **Gefahren** der Aktivierung gelten:
- **Ablenkung**: Aktivierende Reize (z. B. Blickfang sprich Eye Catcher) werden bevorzugt betrachtet und lenken von der eigentlichen Botschaft ab (sog. Vampireffekt).
- **Irritation**: Die Werbung löst ein Gefühl der Verunsicherung und Störung aus, was zu Abwehrhaltung der Umworbenen (= Reaktanz) und Verschlechterung der Kaufabsicht führt.
- **Unzureichender Fit**: Aktivierende/nicht-aktivierende Gestaltungselemente (Werbebotschaft/Marke) werden von den Umworbenen als nicht zusammenhängend wahrgenommen (z. B. Werbung mit freizügigen Modellen für konservativ positioniertes Produkt).

Aktivierung gilt gemeinhin als notwendige Voraussetzung für jede menschliche Leistung, also auch für den Kauf eines Produktes. Hierbei lässt sich der Zusammenhang zwischen Aktivierung – gemessen anhand des Hautwiderstandes = Elektrodermale Reaktion – und kognitiver Leistung anhand einer umgekehrten U-Funktion (∩-Funktion; vgl. Abb. 2.14) abbilden, wobei sich folgende **vier Aktivierungsphasen** identifizieren lassen:
- **Minimalaktivierung** bzw. entspannte Wachheit: Ein Mindestmaß an Aktivierung, das jenseits der Grenze des Schlafes liegt, ist Voraussetzung jeder menschlichen Leistung.
- **Normalaktivierung** bzw. wache Aufmerksamkeit: Mit zunehmender Aktivierung nimmt die menschliche Leistung zu.
- **Überaktivierung** bzw. starke Erregung: Übersteigt die Aktivierung ein gewisses Niveau, wirkt sie leistungsmindernd.
- **Maximalaktivierung** bzw. Panik: Bei extremer Überaktivierung ist keine Leistung mehr möglich, das Individuum reagiert mit Panik. Der Volksmund bezeichnet diesen Zustand mit „vor Schreck erstarren" oder „gelähmt vor Schreck sein".

Kroeber-Riel/Weinberg (1999, S. 80 ff.) postulieren die Hypothese, dass im Marketing keine Überaktivierung erzeugt werden kann und deshalb von einer Normalaktivierung auszugehen ist. Sie konnten in empirischen Untersuchungen einen annähernd linearen Zusammenhang zwischen der Aktivierungsstärke von Werbeanzeigen und deren Wirkung (gemessen anhand der Erinnerungsleistung) nachweisen. Trotzdem ist in der Werbepraxis ein gemeinhin vorsichtiger Umgang mit Angst- bzw. Furchtappellen (sog. **Fear Appeals**) zu beobachten, wie die Beispiele von Versicherungsunternehmen, Anbietern von Gesundheitsprodukten u. ä. belegen.

Furchtappelle weisen auf die ungünstigen Konsequenzen hin, die der Empfänger der Botschaft zu erwarten hat, wenn er den Empfehlungen des Kommunikators nicht folgt. Ändert der Empfänger hingegen sein/e Einstellungen bzw. Verhalten im vom Kommunikator intendierten Sinne, kann er seine Furcht und damit die vermeintliche Gefahr abbauen (vgl. im Folgenden *Barth* 2000; *Bengel/Barth* 1998; *Brosius/Fahr* 1996, S. 188–227).

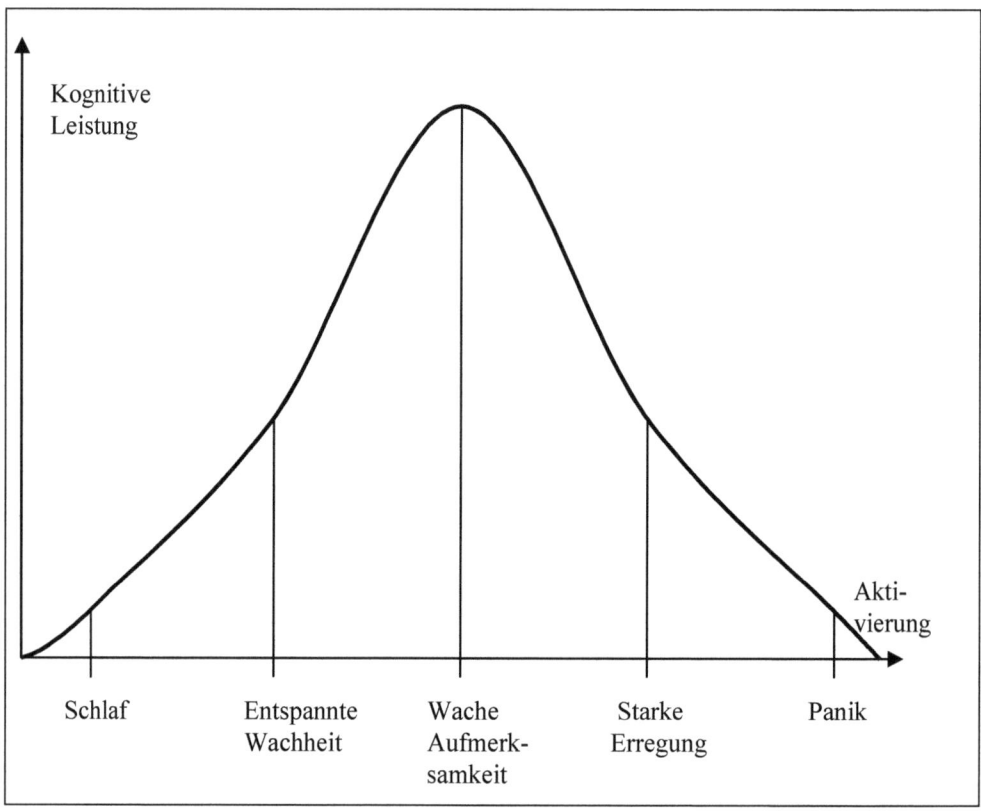

Abb. 2.14: Der Zusammenhang zwischen Aktivierung und kognitiver Leistung (Lambda-Hypothese; Quelle: Kroeber-Riel/Weinberg 1999, S. 79)

Bislang konnte den Nachweis einer dauerhaften bzw. lang anhaltenden Wirkung von Furchtappellen noch nicht erbracht werden. Deshalb gibt es auch keine verbindlichen Ratschläge für den Einsatz von Furchtappellen, da deren Wirkung von zahlreichen **Faktoren** abhängt. Hierzu zählen:

- **Konkrete Bedrohung bzw. Gefahr**: Während einer Influenza-Epedimie dürfte man gegenüber entsprechenden Furchtappellen vergleichsweise empfänglich sein.
- **Auftretenswahrscheinlichkeit des Ereignisses**: Erkrankt nur einer von 10 Millionen Menschen an einem Virus, wird dies nur wenig Furcht in der Bevölkerung auslösen.
- **Art und Weise der Botschaft**: Agiert man in der Anti-Aids-Werbung mit Humor (Präservativ: passt auf jede Gurke) oder mit schockierenden Bildern (sterbender Aids-Kranker)?
- **Stärke des Furchtappells**: Je stärker der Appell, desto höher die Reaktanzwahrscheinlichkeit. D. h. der Empfänger widersetzt sich dem Appell.

- **Situative Faktoren**: Ein Jugendlicher, dem in einer Gruppe mit Freunden schockierende Bilder von Verkehrsunfällen vorgeführt werden, wird anders reagieren, als wenn er diese Bilder alleine sieht.
- **Empfänger**: Persönlichkeitseigenschaften wie Ängstlichkeit, Risikoaversion etc.
- **Realisierbarkeit einer effektiven Schutzmaßnahme**: Existiert z. B. einen wirkungsvoller Impfstoff, der erhältlich und bezahlbar ist?

Aufklärungs- und Werbekampagnen beispielsweise, die darauf abzielen, Autofahrer zu einem sicherheitsbewussten Fahrstil zu motivieren, bedienen sich zunehmend einer „Schock-Strategie". In teilweise sehr drastischen Bildern werden den Zielgruppen (zumeist junge Männer) die Folgen z. B. des Alkoholkonsums oder des zu schnellen Fahrens vor Augen geführt mit dem Anliegen, diese zu einer Verhaltensänderung zu motivieren. Eine Auswertung der Forschungen kommt zu dem Ergebnis, dass sich der erwünschte Effekt kaum einstellen dürfte. Gerade junge Männer werden von solchen Bildern nicht beeinflusst (eher noch Frauen). Insbesondere wenn den Botschaftsempfängern nicht zugleich Möglichkeiten aufgezeigt werden, wie sie die dargestellte Gefahr vermeiden können (also erwünschtes Fahrerverhalten modelliert wird), bleiben die Kampagnen wirkungslos. Viele Betrachter vertreten auch die Ansicht, die dargestellte Gefahr betreffe sie nicht. Demnach sind nicht unbedingt schockierende Bilder nötig – diese fördern ohnehin nur die Abstumpfung der Angesprochenen -, sondern ein Ansatz, der den Fahrern verdeutlicht, dass gerade für sie das Risiko hoch ist (vgl. *Lewis/Watson/Tay/White* 2007, S. 203–222).

„Schockierende" Werbung ist definiert als „das Werben mit einer ‚gestellten' oder realistischen Bildaufnahme, die Not, Leid und Elend, aber auch religiöse oder politisch höchst sensible Themen zum Inhalt hat, keinerlei oder nur unzureichenden Sachbezug zu dem zu bewerbenden Produkt oder Unternehmen aufweist und lediglich bzw. dennoch mit dem Logo einer Firma oder eines Produkts verbunden ist, die aber aufgrund ihres unerwarteten Motivs geeignet ist, Reaktionen vielfältiger Art von heftigster Intensität hervorzurufen." (*Wuennenberg* 1996, S. 4). Da Konsumenten zunehmend mit Reizen und Informationen überflutet werden, müssen diese mittels Werbebotschaften, die besonders stimulieren, angesprochen werden. In diesem Zusammenhang soll schockierende Werbung provozieren, Aufmerksamkeit erregen und helfen, das Produkt abzusetzen sowie den Bekanntheitsgrad von Marke und Unternehmen zu steigern. Kritiker bemängeln, dass diese Form der Kommunikation häufig gegen die „guten Sitten" und den guten Geschmack verstoße und immer häufiger gesellschaftliche Tabus verletze. Beispielsweise führen die auf Betroffenheit beim Betrachter abzielenden Werbekampagnen von *Benetton* nicht selten zu Verstörung von Verbrauchern und damit zu negativen Imageeffekten, was sich u. a. anhand der massiven Kritik seitens der Franchise-Nehmer ablesen lässt.

Fallbeispiel „Fear Appeals" – die schockierende Werbung von *Benetton*

Als ebenso populäres wie umstrittenes Beispiel für schockierende Werbung gilt die *Benetton*-Werbung. Themenkomplex der *Benetton*-Kampagne bilden aktuelle tagespolitische Themen wie z. B. Flüchtlingsströme in Dritte-Welt-Ländern, Krieg, Kinderarbeit, Aids oder Verschmutzung der Meere durch Tankerunglücke; also reale und aktuelle Not- oder

Katastrophensituationen wie Kriegs- und Flüchtlingsszenen. Zur Veranschaulichung dienen die folgenden Kampagnen-Beispiele:

- „H.I.V. positive": Hier wird ein Körperteil gezeigt, auf dem ein Stempel mit der Aufschrift „H.I.V. positive" aufgedruckt ist. Dieses Motiv wurde am 03.04.1994 vom Ober-Landes-Gericht Frankfurt/Main als sittenwidrig nach §1 UWG erklärt. Als Argument führten die Richter den fehlenden Zusammenhang mit dem beworbenen Produkt an – wie dies auch bei zahlreichen anderen *Benetton*-Motiven der Fall sei. Dem Werbetreibenden gehe es lediglich um eine wettbewerbswidrige Schockwerbung, denn es handle sich im vorliegenden Fall nicht bloß um Werbung mit der Realität, sondern einfach um Werbung, die die durch sie ausgelöste Publicity für ihre Zwecke ausnutze.
- Der Vergleich mit Holocaust-Opfern liegt nahe; in Auschwitz wurden die Häftlinge am Handgelenk mit eingebrannten Nummern versehen, wie dies auch bei geschlachteten Tieren der Fall ist. Der Mensch werde somit wie Schlachtvieh behandelt, was mit Realität nichts zu tun habe. Dies ist eine Herabsetzung und eine Verletzung der menschlichen Würde (vgl. Artikel 1 Grund-Gesetz). Gleichzeitig wird dieser Stempel als stigmatisierend, also erniedrigend empfunden, als Brandmarkung, da eine Zuordnung von bestimmten, von der Gesellschaft als negativ bewerteten, Merkmalen erfolgt. Der Stempel kennzeichnet somit in diskriminierender Weise den Abgebildeten. Das Leid der Aids-Kranken wird außerdem zu niederen Zwecken benutzt, ihre Würde mit Füßen getreten. Der Bundes-Gerichts-Hof urteilte, dass diese Werbung „den Bereich bloß schlechten Geschmacks weit überschritten habe." (zitiert nach *Kassebohm* 1995, S. 83; vgl. hierzu auch *Nickel* 1998).
- Blutige Uniform eines getöteten Soldaten: Hierbei wurde der Vorwurf gegen *Benetton* laut, dass das Unternehmen Werbung mit dem Entsetzten betreibe und ein tragisches Schicksal schamlos ausnutze, um den Absatz voran zu treiben. Dieses Motiv enthält außer dem Firmenlogo einen Satz auf Serbokroatisch, mit dem der Vater des Gefallenen seine Zustimmung zur Werbung gibt. Die Gesellschaft für bedrohte Völker stellte Strafantrag gegen *Benetton* wegen des niederen Motivs, im Angesicht von Massenmord und Völkervertreibung gezielt seinen Profit erzielen zu wollen.
- Sterbender Aids-Kranker: Hier ist ein an Aids schwer erkrankter Mann im Kreis seiner Familie zu sehen, die um ihn trauert. Das Motiv wurde am 09.03.1992 durch einstweilige Verfügung untersagt. Auch in diesem Fall wurde die Werbung als schockierend und besonders auch bei Betroffenen als grob anstößig und ihre Menschenwürde verletzend eingestuft. Man solle auch die Gefahr der Abstumpfung gegenüber dem Schicksal leidgeplagter Menschen bedenken.

Luciano Benetton bemerkt dazu, dass es Ziel der Werbekampagne sei, „den Wettbewerb zu gewinnen und nicht den Kopf zu verlieren" (*Kassebohm* 1995, S. 113). Proteste seien im Vorfeld erwartet worden und Teil der Strategie – von Anfang an. Die Kampagne ist also wie jede andere auch auf ökonomische Ziele ausgerichtet – und nicht etwa, um die Welt zu verbessern, Kunst zu schaffen oder die Leute zum Nachdenken über sich und ihre Umwelt anzuregen.

Einen anderen Eindruck gewinnt, wer die Ausführungen von *Oliviero Toscani*, der seit den achtziger Jahren die *Benetton*-Kampagnen entwarf, liest: „Wenn mich die Leute fragen, was denn der Krieg in Ex-Jugoslawien, Aids oder aktuelles Zeitgeschehen mit Pullovern

2.5 Determinanten des Konsumentenverhaltens

zu tun haben, antworte ich, sie hätten gar nichts miteinander zu tun. Ich mache Werbung. Ich verkaufe nicht. Ich versuche nicht, das Publikum zu überreden. Ich nutze die Möglichkeiten, die Wirkungskraft und die Gelegenheit zur Präsentation einer unausgeschöpften und verachteten Kunst, nämlich der Werbung. Ich kratze die öffentliche Meinung dort, wo es sie juckt." (*Toscani* 1996)

„Halleluja! Treten Sie ein in die beste aller Welten, das Paradies auf Erden, das Reich der Glückseligkeit, der sicheren Erfolge und der ewigen Jugend. In diesem Wunderland mit immer blauem Himmel trübt kein saurer Regen das glänzende Grün der Blätter, nicht der kleinste Pickel wölbt die babyrosa Haut der Mädchen, und niemals verunziert ein Kratzer die spiegelblanken Karosserien der Autos. Auf leer gefegten Straßen fahren junge Frauen mit langen, braun gebrannten Beinen in schimmernden Limousinen, die soeben aus der Waschanlage kommen. Unfälle, Glatteis, Radarkontrollen und geplatzte Reifen sind ihnen fremd. Wie Aale schlängeln sie sich durch die Staus der Großstädte, entgehen allen braungebrannten Autoscheibenputzern an den Ampelkreuzungen und verirren sich auch niemals in heruntergekommene Viertel, sondern gleiten geräuschlos zu geräumigen Altbauwohnungen oder zu luxuriösen Wochenendhäusern mit unbezahlbaren Möbeln.

Dort erwarten sie Opapa und Omama – natürlich in Topform – inmitten eines Blumenmeeres und zu den heiteren Klängen eines Violinkonzerts. Die Kinder hüpfen lachend um sie herum und sind außer sich vor Freude dank Onkel *Dittmeyer* und der lila Kuh. Sie weinen nicht mehr, bekommen nie Läuse oder Scharlach und sie stecken auch niemals die Finger in die Steckdose. Ihre Mami – zwanzig Jahre alt, kein Gramm Zellulitis und ohne einen einzigen Schwangerschaftsstreifen – wickelt singend die strammen Babypopos, die niemals vollgeschissen sind, sondern wunderbar duften. Tja, und dann wischt die hübsche blonde Fee, die sooo gut gebaut ist!, tanzend die Fliesen einer Küche, die jedem Großrestaurant eine Ehre machen würde. Mit Hilfe eines Zauberpulvers verwandelt sie Berge von schmutziger Wäsche in ordentliche Stapel neuer Kleidung. Und schließlich, oh Wunder!, wird ihr Regelblut hellblau und hinterlässt keine Flecken mehr auf dem Schlüpfer. Blau wie der Himmel, der durchs Fenster lächelt, blau wie das Pipi ihres Babys, das nie in die Hose geht. Ein Refrain mit Ohrwurm-Charakter trällert: „Das Glück ist da".

In der Zwischenzeit entwickelt die Welt sich weiter! Gut aussehende junge Banker empfangen Papi, ihren besten Freund, in ihren Bürolandschaften und versprechen ihm das süße Leben. Keine Engpässe mehr am Monatsende, Kredite, Finanzierungspläne, Rentenversicherung, Bausparpläne – kein Problem! Aufgeklärt, ach was: erleuchtet geht Papi nach Hause, jetzt ist Schluss mit der Krise, Schluss mit Entlassungen, Arbeitslosigkeit, Konkursverfahren. Mit seiner neuen Kreditkarte gehört ihm die Welt, er kann mal eben nach Saint-Tropez oder nach Bangkok jetten, mit Sohnemann auf den Malediven Haie fischen oder sich in einem Vier-Sterne-Hotel in Guayaquil mit Mädchen in String-Bikinis amüsieren. Keine schlaflosen Nächte mehr, es genügt, die Zauberkarte in den Traumautomaten zu schieben – lebe jetzt, zahle später. Begeistert ruft er, Telefonrechnung hin oder her, Mami an, die sich eine ihrer zahllosen Schönheitskuren in den Bergen oder an einem Palmenstrand, (aber ohne Eingeborene) gönnt. Kurz darauf entschwebt er in einem fliegenden Ohrensessel, lässt sich von verführerischen Stewardessen bedienen, schläft in den Wolken ein und erwacht – ohne Verspätung und frisch rasiert – am anderen Ende der Welt. Mami, das Ebenbild *Claudia Schiffers* mit stets frisch gewaschenem und seidig glänzendem Haar, wirft sich in Designerrobe in Papis Arme. Dann umschlingt er sie auf aphrodisischen Matratzen und eine neue Melodie säuselt eindringlich „Alles ist gut" und „AIDS kann uns nichts anhaben".

Nach dem Aufwachen verteilt Mami eine Wundercreme auf ihrem Gesicht. Wie durch Zauberei glätten sich die Falten, ihre Lippen sind glänzend und üppig wie die der Stars, die Zellulitis verschwindet unter ihren Händen, ihr Busen strafft sich und streckt sich gen Himmel, ihr Po wird fest und rund, sie hat wieder den schlanken Körper eines jungen Mädchens und die Beine eines Top-Models. Dank seiner Cowboy-Zigaretten und seines Wikinger-Parfums ist Papi feurig – und begehrt sie wie am ersten Tag. Vergessen sind Stress und Müdigkeit, sie baden in ihrer Liebe, ihre Augen leuchten, und die Kinder machen sich inzwischen mit Feuereifer an die Hausaufgaben. ...

Wozu sich Sorgen machen? Braun gebrannte Vierziger hinter imposanten Schreibtischen kümmern sich um alles und versichern Sie gegen alle Risiken und alle Krankheiten – aber psst! dieses Wort ist hier verboten! Sie erstatten Ihnen, ohne mit der Wimper zu zucken, alle Arztkosten und sorgen dafür, dass Sie Ihren Ruhestand in einem Landhaus mit nachgemachtem Fachwerk und altmodischem Kachelofen verbringen können. Was will das Volk? Na, nichts! Auf unserem Planeten ist das Leben doch schön.

Diese idyllische Welt ist, wie Sie bestimmt bemerkt haben, das künstliche und abgeschmackte Reich der Werbung, die uns seit bald dreißig Jahren verblödet. Basti cosi! Schluss damit!" (*Toscani* 1996, S. 9–12)

Insgesamt findet die Aktivierungsforschung, zu der auch die Analyse schockierender Werbung zählt, große Akzeptanz in der Praxis, wie die zahlreichen erfolgreichen Anwendungen in Werbe-, Produkt- und Verpackungs- sowie Ladengestaltung belegen. Problematisch erweisen sich jedoch zwei Aspekte: Zum einen ist Aktivierung eine notwendige, aber keine hinreichende Bedingung für den Kauf eines Produktes. Zum anderen sagt Aktivierung nichts über die Qualität der damit verbunden Empfindungen aus.

Fallbeispiel „Neuromarketing" – der *Coke*-gegen-*Pepsi*-Test

Neuromarketing ist ein relativ neuer und kontrovers diskutierter Forschungszweig des Marketing, der sich noch auf der Ebene der Grundlagenforschung bewegt, und stellt ein Teilgebiet des übergeordneten neuroökonomischen Ansatzes dar. Gemäß Definition beschäftigt sich Neuromarketing mit dem Einsatz von Hirnforschungsmethoden im Marketing. Konkret werden medizinische Technologien wie die funktionelle Magnetresonanztomografie eingesetzt. Diese Methode misst Veränderungen der Gewebsdurchblutung in den verschiedenen Hirnregionen, die durch den Energiebedarf aktiver Nervenzellen hervorgerufen werden. Sie kann dadurch funktionelle Abläufe im Gehirngewebe in Form von Schnittbilderserien (sog. Brain Scans) darstellen.

Dem **SOR-Paradigma** folgend liegt das Ziel des Neuromarketing in einem besseren Verständnis des Konsumentenverhaltens als eine Reaktion auf Marketingstimuli und somit eine erhöhte Effektivität und Effizienz der Marketingaktivitäten durch das Studium von Gehirnaktivitäten. Hierzu werden die Prozesse, welche die Entscheidung für oder gegen ein

Produkt steuern, erforscht und in Beziehung zu objektivierbaren neurophysiologischen Abläufen gesetzt.

In erster Linie wird analysiert, welche Gehirnareale durch verschiedene Produkte aktiviert werden: So löst die Darstellung von Produkten, mit denen sich ein Konsument stark identifiziert, eine erhöhte Aktivität im medialen Präfrontal-Cortex aus. Dieser ist – wie man aus anderen Versuchen weiß – für höhere kognitive Funktionen zuständig und spielt eine prägende Rolle für das Selbstbild einer Person.

Allerdings steht das Neuromarketing nach Einschätzung von Experten erst am Anfang. Die Verfahren der Computertomographie seien noch viel zu grob, um die komplexen Hirnfunktionen wirklich aufzuschlüsseln. Umstritten sind auch die weitreichenden Schlussfolgerungen, die aus Hirn-Scans geschlossen werden. Schließlich sehen Kritiker des Neuromarketing in den neuen Techniken die Gefahr einer gezielten Manipulation des Konsumenten.

Bislang hat sich die Neuromarketing-Zunft u. a. mit dem sog. „*Pepsi*-Problem" beschäftigt. Hierbei geht es um die Frage, warum die meisten Leute *Coca-Cola* trinken, obwohl ihnen *Pepsi-Cola* besser schmeckt. Eine Antwort liefert der texanische Neuroforscher *Read Montague*. Er hat den *Coke*-gegen-*Pepsi*-Test wiederholt und die Gehirne der Probanden im Kernspintomographen überwacht. Hierbei gelangte er zu folgenden Befunden: Im Blindversuch leuchtete beim *Pepsi*-Trinken, wie zu erwarten, das Belohnungszentrum stärker auf. Sobald *Montague* jedoch die jeweilige Marke enthüllte, änderte sich nicht nur die Präferenz der Untersuchungspersonen, sondern auch das Muster ihrer Hirnaktivität. Der Name *Coca-Cola* stimulierte deutlich eine Region im Stirnhirn, den medialen präfrontalen Cortex, der für höhere kognitive Funktionen verantwortlich ist und eine prägende Rolle für das Selbstbild des Menschen spielt. Offenbar, so *Montagues* Interpretation, werden mit dem Namen *Coca-Cola* positive Assoziationen und Selbstwertgefühle verbunden. Sie und nicht der Geschmack machen den Wert der Marke aus.

Quelle: *Heines, V.*: Neuroeconomics und Neuromarketing, aus: http://www.isu.unizh.ch/marketing/research/diplomarbeit/NeuroeconomicsundNeuromarketing.pdf; http://www.zeit.de/2003/47/Neuromarketing; http://flexicon.doccheck.com/Neuromarketing; Stand: 11.11. 2004.

2.5.2.1.2 Emotion

Emotionen gelten als die grundlegenden menschlichen Antriebskräfte. Unter einer Emotion versteht man eine innere Erregung, die angenehm bzw. unangenehm empfunden (= zentralnervöse Erregungsmuster; „Es ist mir angenehm.", „Ich fühle mich wohl.") und mehr oder minder bewusst erlebt wird (= kognitive Wahrnehmung). Emotionen ergeben sich aus einer Aktivierung und einer Interpretation. Hierbei handelt es sich um eine weitgehend automatische und ziemlich einheitliche Reaktion auf emotionale Reize. Solche Schlüsselreize sind u. a. erotische Darstellungen, kleine Kinder, Tiere und Naturaufnahmen.

Emotionen:
- werden mehr oder weniger bewusst erlebt,
- können willentlich kaum kontrolliert werden,
- führen wesentlich schneller zu einem Urteil als Kognitionen und
- wirken sich infolge ihre Aktivierungswirkung auf Denken und Informationsverarbeitung aus.

Emotionen bilden den Gegenpol zur Kognition und lassen sich anhand von **vier Dimensionen** beschreiben:

- **Objektbezug**
  Emotionen beziehen sich auf Gegenstände, wobei diese physischer (z. B. Produkte, Marken) oder psychischer Natur (etwa Umweltschutz) sein können. Hierbei muss der Auslöser einer Emotion (= Stimulus: etwa ein attraktives Modell in der Werbung) nicht zwingend ihr Objekt (= Marke bzw. Produkt) sein.
- **Zeitliche Limitierung**
  Emotionen entstehen aus dem Moment heraus und sind zeitlich begrenzt. Hierbei lassen sich emotionale Emotionen und emotionale Dispositionen unterscheiden. Erstere charakterisieren Emotionen, die bei Kontakt mit einem Stimulus auftreten („*Willy* ärgert sich über die schlechte Note, die er erhalten hat."). Die emotionale Disposition hingegen bezeichnet die grundsätzliche Bereitschaft einer Person, auf einen Stimulus zu reagieren („*Willy* ist ein ärgerlicher Mensch.").
- **Intensität**
  Emotionen können entsprechend ihres Aktivierungsgrades variieren (starke versus schwache Emotionen). Manche Emotionen vergleichbarer Qualität werden auch entsprechend ihrer Aktivierungsstärke semantisch voneinander unterschieden (etwa Ärger und Wut, Sorge und Furcht).
- **Valenz**
  Emotionen wirken sich positiv (etwa Freude) oder negativ (etwa Traurigkeit) auf das eigene Wohlergehen aus.

Nach der Emotionspsychologen *C. E. Izard* (1994) existieren zehn Emotionen, die weltweit und kulturübergreifend vorkommen: Interesse, Leid, Widerwille, Freude, Zorn, Überraschung, Scham, Furcht, Verachtung und Schuldgefühl. In Anlehnung an diese Aufzählung bietet sich die in Tab. 2.11 angeführte Klassifizierung von Emotionen an.

Da es sich bei Emotionen um hypothetische Konstrukte handelt, die nicht unmittelbar erfassbar sind, stellt sich die Aufgabe, geeignete **Messverfahren bzw. Indikatoren** zu identifizieren. *Izard* (1981) nennt in diesem Zusammenhang **drei Ebenen**, um Emotionen zu charakterisieren (zu definieren):

(1) die neurophysiologischen Vorgänge (z. B. Herzrasen, Schweißabsonderung, Muskelverspannungen),

(2) das subjektive Erlebnis (Gefühl, das wir bei einer Emotion erleben, sowie Kognition, etwa in Form der Erwartung, dass etwas Schönes passieren könnte) sowie

(3) das beobachtbare Ausdrucksverhalten (Mimik, Gestik, Körperhaltung und -bewegung).

2.5 Determinanten des Konsumentenverhaltens

Tab. 2.11: Mögliche Klassifikationen von Emotionen (Quelle: in Anlehnung an Izard 1994)

Emotionsklasse	Ausprägungsformen
Primäre Emotionen	Ärger, Freude, Vergnügen, Furcht, Schreck, Entsetzen, Überraschung, ...
Selbstbewertende Emotionen	Scham, Schuldgefühl, Reue, Stolz, ...
Personenbezogene Emotionen	Hass, Liebe, Mitleid, Geringschätzung, Verachtung, ...
Sinnesreizbezogene Emotionen	Abscheu, Ekel, Schmerz, ...
Stimmungsabhängige Emotionen	Traurigkeit, Kummer, Übermut, Zorn, Wut, ...

Da sich Emotionen stets auf diesen **drei Ebenen** manifestieren, werden auch Messungen von Emotionen auf diesen Ebenen durchgeführt. Demnach bieten sich grundsätzlich drei Zugangsmöglichkeiten an:

- **Psychobiologische Messung**
  Hierbei erfasst man die Intensität der Emotion mittels Indikatoren, die auf der psychobiologischen Ebene des Individuums angesiedelt sind. Im Einzelnen sind dies Herzrate, Blutdruck bzw. -volumen, elektrodermale Reaktionen (z. B. Hautwiderstand) sowie Gehirnströme (EEG).
  Mittels des klassischen Lügendetektors, also des Polygraphen, beispielsweise zieht man mittels Hautwiderstand, Blutdruck sowie Atem- und Herzfrequenz Rückschlüsse auf die Gedanken des Probanden. Störvariablen wie Tageszeit, Schwankungen der Raumtemperatur, Erwartungsanspannung aufgrund Laborsituation u. ä. wirken sich nachteilig auf diesen Messansatz aus. Hinzu kommt, dass eine Bewertung der Empfindung nicht möglich ist, d. h. die Frage, ob eine Situation als angenehm oder als unangenehm empfunden wird, bleibt unbeantwortet.

- **Subjektive Erlebnismessung**
  Auf dieser Ebene lassen sich Emotionen zum einen auf verbalem und zum anderen auf non-verbalem Wege erfassen. Als Beispiel einer verbalen Messung sei das Semantische Differential angeführt. Hierbei handelt es sich um ein Verfahren, bei dem die Versuchspersonen ein Objekt (z. B. ein Produkt) anhand 7-stufiger, bipolarer Ratingskalen mit Gegensatzpaaren in Form von Adjektiven (z. B. angenehm – unangenehm, schön – hässlich, anziehend – abstoßend) einzustufen haben. Zur Auswertung des Semantischen Differentials wird der graphische Vergleich von Profilverläufen unterschiedlicher Objekte (z. B. Produkt A, B und C) bzw. der Vergleich des Profilverlaufs desselben Objekts bei verschiedenen Befragungsgruppen (z. B. Käufer versus Nicht-Käufer) herangezogen. Als Vorteil dieses Verfahrens gilt der hohe Differenzierungsgrad. Als Nachteil wird ins Feld geführt, dass die Versuchspersonen zur Abgabe eines Urteils anhand vorgegebener Dimensionen gezwungen werden und deshalb häufig nicht in der Lage sind, einen Bezug zwischen dem zu beurteilenden Objekt und den jeweiligen Dimensionen herzustellen. Des Weiteren gilt es kritisch anzumerken, dass die Befragung mittels des Semantischen Differentials i. d. R. ex-post, d. h. in einem mehr oder wenig langen zeitlichen Abstand zu der Präsentation des Objektes (z. B. Produkte, Werbespots) erfolgt, was einige Fehler-

quellen (Vergessen, falsche Zuordnung etc.) in sich birgt (vgl. *Neibecker* 2001, S. 1528–1529).

Als Beispiel einer nonverbalen Messung kann die Beurteilung eines Werbespots mit Hilfe eines Programmanalysators dienen. Hier übermittelt die Versuchsperson ihre kategorische Zustimmung (+) oder Ablehnung (–) mit einer Art Joyce-Stick. Auf diese Weise kann die Messung, wenn auch undifferenziert, flankierend zum präsentierten Stimulus erfolgen, wobei durch die Laborsituation, in der sich der Proband befindet, Aufmerksamkeitsverzerrungen nicht auszuschließen sind.

- **Messung des Ausdrucksverhaltens**
  Unter Einsatz von Videotechnik wird die Körpersprache, insbesondere aber die Mimik der Versuchsperson bei der Präsentation eines Objektes aufgezeichnet, um daraus Rückschlüsse auf deren Emotion zu ziehen. Mögliche Interpretationen für unterschiedliche Körperhaltungen bietet Tab. 2.12 an.

Tab. 2.12.: Interpretation unterschiedlicher Körperhaltungen
(Quelle: in Anlehnung an Weinberg 1986; Nerdinger 2001)

Körpersprache	Interpretation
Kopf ruckartig zurückwerfen	Trotz, Ablehnung oder Ungläubigkeit
Kopf einziehen (Schultern hochziehen)	Angst, Nervosität oder Verkrampfung
Stirnrunzeln	Entrüstung
Augenbrauen anheben	Ungläubigkeit oder Arroganz
Durch den Gesprächspartner hindurchschauen	Geistesabwesend
Gesprächspartner mit geradem Blick anschauen	Interesse
Keinen Blickkontakt halten	Unsicherheit oder Arroganz
Häufig die Augenlider bewegen	Nervosität
Brille hochschieben	Versuch, Zeit zu gewinnen
Brille (hastig) abnehmen	Nervosität oder Angriff
Kurz an die Nase greifen	Gefühl, ertappt zu werden, oder Verlegenheit
Sich die Nase reiben	Nachdenklichkeit
Den Mund öffnen	Erstaunen oder Wunsch nach Unterbrechung
Immer leiser oder langsamer sprechen	Unsicherheit oder Unwilligkeit
Lippen zusammenpressen	Verhaltener Zorn oder Starrsinn

Als Kanäle **nonverbaler Kommunikation** sind zu nennen:
- Blickverhalten,
- Gesichtausdruck (Mimik),
- Körperhaltung und –bewegung (Gestik),
- Berührung (Taktilität),

- räumliche Distanz (interpersonaler Raum) sowie
- stimmliche Charakteristika (Tonfall, Sprechgeschwindigkeit, Betonungen, Pausen usw.).

Hinzu kommen Faktoren wie Kleidung, Schmuck, Frisur, Make-up und Parfüms, mit denen man etwas über die eigene Persönlichkeit ausdrücken will und die auf der Beziehungsebene wirken.

In Studien aus den siebziger Jahren konnten sieben universelle Gesichtsausdrücke identifiziert werden, die kulturübergreifend von allen Menschen gleich interpretiert werden: Angst, Ekel, Freude, Trauer, Überraschung, Verachtung und Wut (vgl. *Ekman 2006*).

Im Marketing macht man sich durch den Einsatz von Duftstoffen, Tönen, Farben, Bildern, Worten, Geschmacksrichtungen und nicht zuletzt durch die Schaffung von Erlebniswelten (durch Lichteffekte, Farben, Musik oder interaktive Elemente wie das Ausprobieren eines Golfschlägers direkt im Geschäft) den Umstand zunutze, dass Emotionen die Kaufbereitschaft positiv beeinflussen können. Denn gemeinhin gilt eine positive Stimmung als selektiver Filter der Informationsaufnahme. Zwischen **Emotion** und den **kognitiven Prozessen** lassen sich folgende **Zusammenhänge** identifizieren:

- Durch ihre aktivierende Wirkung stimulieren Emotionen die gesamte Leistungsfähigkeit eines Organismus. Demnach fördert das Erleben von Gefühlen die Informationsaufnahme, –verarbeitung und –speicherung.
- Der Konsument nimmt Reize, die ein positives Gefühl hervorrufen, eher wahr als negativ besetzte Stimuli.
- Menschen in positiven Stimmungen richten ihre Aufmerksamkeit auf positive Details, in negativen Stimmungen auf negative Details.
- Menschen in guter Stimmung lassen sich leichter überzeugen als solche in schlechter Stimmung (Stimmungskongruenzeffekte).
- In guter Stimmung werden Entscheidungen bereits auf Basis weniger Informationen unter Zuhilfenahme des Bauchgefühls getroffen. In schlechter Stimmung hingegen sucht man nach weiteren, die Entscheidung hinausschiebenden Informationen.
- Menschen in guter Stimmung ist es wichtiger, wer etwas wie sagt. Schlecht gelaunte Menschen vertrauen mehr auf die Ratio sprich Argumente.
- Emotionale Reize entlasten die kognitiv-rationale Informationsverarbeitung und wirken damit der Informationsüberlastung (Information-Overload) des Konsumenten entgegen.

Des Weiteren gewinnen Emotionen für das Marketing vor dem Hintergrund veränderter Marktgegebenheiten an Bedeutung. In gesättigten Märkten sieht sich der Verbraucher meist ausgereiften und damit im Grundnutzen austauschbaren Produkten gegenüber. Eine Differenzierung über technisch-funktionale Eigenschaften ist kaum mehr möglich. Im Grundnutzen homogene Produkte lassen sich demnach nur noch mittels Zusatz- und Geltungsnutzen und damit emotional differenzieren (**emotionale Produktdifferenzierung**; vgl. Tab. 2.13). Diese Entwicklung lässt sich als „Trend zum erlebnisorientierten Konsumenten" oder noch prägnanter als „Entmaterialisierung des Konsums" bezeichnen. Nicht zuletzt zeigt sich, dass etwa Zorn Konsumenten geizig werden lässt und in Einkaufsexperimenten dazu führt, dass Probanden zum erstbesten Produkt greifen (vgl. *Siefer/Miltner* 2007, S. 69).

Tab. 2.13 : Für das Marketing relevante Emotionen und entsprechende Indikatoren der subjektiven Erlebnismessung
(Quelle: Richins 1997; Übersetzung ins Deutsche: Bauer/Knackfuß 2007)

Emotion	Beschreibende Adjektive
Romantische Liebe	Romantisch, sexy, leidenschaftlich
Liebe	Liebend, sentimental, warmherzig
Friedlichkeit	Ruhig, friedlich
Zufriedenheit	Zufrieden, erfüllt
Optimismus	Optimistisch, ermutigt, hoffend
Freude	Glücklich, erfreut, entzückt
Aufregung	Aufgeregt, begeistert, enthusiastisch
Überraschung	Überrascht, erstaunt, verwundert
Wut	Frustriert, wütend, genervt
Unzufriedenheit	Unerfüllt, unzufrieden
Sorge	Nervös, besorgt, angespannt
Furcht	Verängstigt, fürchtend, panisch
Scham	Verlegen, beschämt, gedemütigt
Neid	Neidisch, eifersüchtig
Einsamkeit	Einsam, Heimweh haben
Schuld	Schuldig
Eifer	Eifrig
Erleichterung	Erleichtert
Stolz	Stolz

Fallbeispiel „Emotionale Produktdifferenzierung" – Marken-Erlebniswelten

Unternehmen bedienen sich sog. **Marken-Erlebniswelten**, um ihren Markenauftritt in den Vordergrund stellen (vgl. *Kilian* 2008). Zur Veranschaulichung dienen folgende Beispiele:

- **Marken-Experimentierfelder**: Die *Deutsche Bank* eröffnete 2005 „Die *Deutsche Bank* der Zukunft", um auf diese Weise das Bankgeschäft für Privat- und Geschäftskunden erlebbar zu machen. Die Bankprodukte wurden einfacher und unkomplizierter konzipiert und die Beratungsleistungen sind stark ausgebaut worden. Dadurch sollten innerhalb eines Jahres 50 % mehr Neukunden gewonnen werden. Gleichzeitig sollte erreicht werden, dass Kundenzufriedenheits- und Kundenbindungswerte um 25% über dem Durchschnitt aller Invest- und Finanzcenter der *Deutschen Bank* liegen.
- **Flagship Stores** sind exklusive Filialen in geringer Anzahl, die meist in Großstädten oder internationalen Metropolen angesiedelt sind, das komplette Programm einer Marke anbieten, Identität und Markenbotschaft vermitteln, qualitative Standards setzen und

zum Markenimage beitragen. Ein bekanntes Beispiel sind die mittlerweile über *200 Apple Flagship Stores*, die jährlich von rund 34 Millionen Kunden besucht werden.
- **Marken-Freizeit-/Themenparks**: Die *Universal Studios* sind eins der größten amerikanischen Filmstudios. Neben den angebotenen Studio-Rundfahrten wurde ein Vergnügungspark rund um die Studios angelegt. Die Marke wird somit durch spielerisches Erleben in den Köpfen der Kunden verankert und emotionalisiert.
- **Corporate Visitor Center**: Im Mai 2006 eröffnete das Unternehmen *Voith* in Heidenheim das modernste Papierforschungszentrum der Welt. Hier forschen Papiermacher, Automatisierungsexperten und Papieringenieure gemeinsam mit Kunden am Papier der Zukunft.
- **Brandlands/Markenparks**: Insbesondere bei Unternehmen der Automobil-Branche sind Brandlands beliebt. Bekannte Beispiele sind die „*VW Autostadt Wolfsburg*". die „*BMW Welt*" in München, das „*Mercedes Benz Museum*" und das „*Audi Forum*" in Ingolstadt. Mittels dieser dauerhaft angelegten multisensorischen Erlebniswelten sollen die Marke und deren Geschichte erlebbar gemacht werden und emotional aufgeladen werden, damit die Zielpersonen emotional stärker an die Marke gebunden werden.

2.5.2.1.3 Motivation

Emotionen sind zwar mit kognitiven Vorgängen verknüpft, doch fehlt ihnen eine Ausrichtung auf konkrete Handlungsziele. Diese Zielorientierung ist im Wesentlichen ein kognitiver Prozess, der gedankliche Handlungsprogramme des Individuums einbezieht. Ist eine solche Zielorientierung vorhanden, so spricht man von Motivation.

Unter Motivation versteht man folglich Emotionen und Triebe (Hunger, Durst, Sexualität), die mit einer Zielorientierung für das Verhalten verbunden sind. Demnach lässt sich Motivation in eine **Gefühlskomponente** (= Emotion), die eine Handlung auslöst (z. B. Hunger), und eine **Wissenskomponente**, welche die Richtung der Handlung vorgibt (= Zielorientierung: z. B. kochen, Essen gehen), zerlegen. Damit zielt dieses hypothetische Konstrukt darauf ab, Verhaltensursachen zu erklären.

Grundsätzlich lassen sich folgende, nicht ganz überschneidungsfreie **Arten von Motiven** unterscheiden:

- **Physiologische versus psychologische Motive**
  Physiologische Motive sind auf der biologischen Ebene angesiedelt. Hierzu zählen Hunger, Durst, Sexualität, Schlaf, Wärme. Die psychologischen Motive hingegen sind das Ergebnis gedanklicher Prozesse. Als Vertreter dieser Kategorie lassen sich Sicherheit, Liebe, Selbstentfaltung und Prestige nennen.

- **Primäre versus sekundäre Motive**
  Während primäre Motive angeboren sind (etwa Hunger), werden sekundäre Motive erst im Zuge des Sozialisationsprozesses erlernt (z. B. Geld, um etwas zum Essen zu kaufen und damit Hunger zu befriedigen).

Die unbestritten bekannteste Motivationstheorie ist die vom US-amerikanischen Psychologen *Abraham H. Maslow* (1908–1970) 1958 entwickelte **Bedürfnishierarchie** (1987), die fünf Arten von Bedürfnissen unterscheidet (siehe Abb. 2.15).

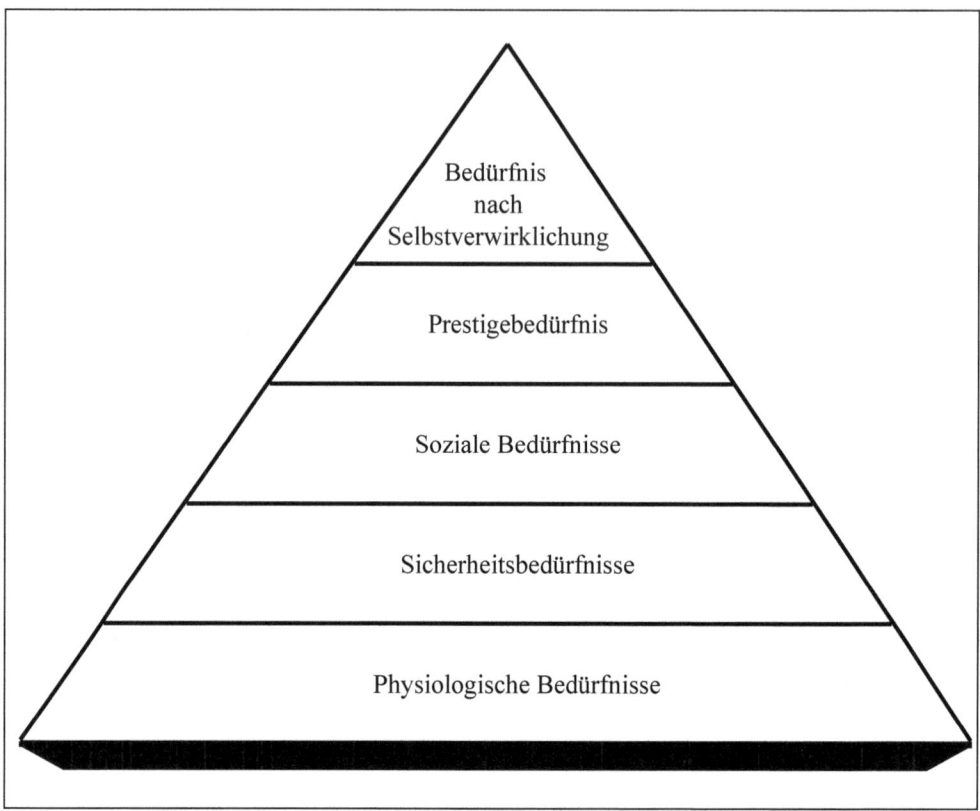

Abb. 2.15: Die Hierarchie menschlicher Bedürfnisse nach Maslow

Angefangen von dem, was zum Überleben notwendig ist (Nahrungsaufnahme, Schlaf), reicht das Spektrum von Kaufmotiven über Bedürfnisse wie Sicherheit, soziale Kontakte und gesellschaftliche Anerkennung bis hin zum Wunsch nach Selbstverwirklichung. Hierbei gilt nach *Maslow* das Prinzip der relativen Vorrangigkeit in der Motivaktualisierung: Solange die Bedürfnisse auf einer niederen Ebene nicht befriedigt sind, kann die nächste Stufe nicht erklommen werden. Dieses Prinzip hat zur Konsequenz, dass sich Phänomene wie **Voluntary Simplicity**, d. h. der freiwillige Konsumverzicht trotz eines entsprechenden Budgets, mit der Theorie von *Maslow* nicht erklären lassen.

Obwohl die Theorie von *Maslow* empirisch kaum belegt ist, wird ihr sowohl in den theoretischen Modellen des Käuferverhaltens als auch in der empirisch ausgerichteten Markt-, Werbe- und Kaufverhaltensforschung zumindest einige Plausibilität attestiert (vgl. hierzu auch Tab. 2.14). Insbesondere in den westlichen Industriegesellschaften trägt die Bedürfnispyramide zur Erklärung bei, dass mit zunehmender Befriedigung der physiologischen Bedürfnisse, die auf der untersten Ebene der Bedürfnishierarchie rangieren, der Prestige- und Statuswert von Produkten und damit das Streben nach Befriedigung von Bedürfnissen, die auf den höheren Ebenen angesiedelt sind, in den Vordergrund rücken. Folgt man diesen Überlegungen, dann werden Produkte nicht oder nicht ausschließlich und generell in immer geringerem Maß wegen ihres Gebrauchswerts, sondern wegen des Zusatznutzens, den der Konsument von ihnen erwartet, erworben.

Tab. 2.14: Motive nach Maslow und deren Konkretisierung im Konsumentenverhalten (Quelle: in Anlehnung an Dichtl 1994, S. 77)

Motive nach *Maslow*	Grundlegende Konkretisierungen	Konkretisierung beim Konsum	Marketingbezogene Verhaltens- und Leistungskategorien
Bedürfnis nach Selbstverwirklichung	Individualität, Talententfaltung, Altruismus, Güte, Kunst, Philosophie und Glaube (Welterklärung und Leitlinien, Ethik)	• Erlebnisstreben • Genussstreben • Freude am Können • Spaß an der Technik	Alternative Lebensweise, Do-it-yourself, Hobbys (Lesen, Musizieren, Malen, Basteln), Reparaturen und Wartung am Haus und Kraftfahrzeug, Gartenarbeit, Sport, (Weiter-)Bildung, religiöse Erbauung
Prestigebedürfnisse	Status, Wohlstand, Geld, Macht, Karriere, sportliche Siege, Auszeichnungen, Statussymbole, Rangerfolge	• Anerkennung • Prestige • Ruhm	Nobelautos und -marken, edle Getränke, exklusive Kleidung und Parfums, Zweitwohnsitz, exotische Reiseziele, Mitgliedschaften in exklusiven Zirkeln

Tab. 2.14: Motive nach Maslow und deren Konkretisierung im Konsumentenverhalten (Fortsetzung)

Motive nach Maslow	Grundlegende Konkretisierungen	Konkretisierung beim Konsum	Marketingbezogene Verhaltens- und Leistungskategorien
Soziale Bedürfnisse	Freundeskreis, Partnerschaft, Liebe, Nächstenliebe, Kommunikation, Fürsorge	• Liebe, Zuneigung • Geselligkeit, Nächstenliebe, soziales Engagement	Nachbarschaftsläden, Gastronomie, Hotellerie und Spendenmarkt, Cluburlaube
Sicherheitsbedürfnisse	Wohnung, fester Arbeitsplatz, Gesetze, Versicherungen, Gesundheit, Ordnung, Religion (Ritual und Handlungshilfen [Moral]) und Lebensplanung (vor allem Planung der Befriedigung körperlicher Grundbedürfnisse und auch Geburtenkontrolle)	• Schutz von Gesundheit, Hab und Gut sowie Umwelt • Absicherung gegen Versorgungsengpässe, Kaufrisiken, Unwissenheit, Krankheit, Arbeitslosigkeit und Alter	Biokost, naturbelassene Lebensmittel, Kranken-, Lebens- und sonstige Versicherungen, Sanatorien, betreutes Wohnen, Altenheime, Sicherheitsdienste, Finanzberatung, Markenartikel, (freiwillige) Garantieleistungen, Hygieneprodukte (etwa Reinigungstücher, Desinfektionssprays)
Physiologische Bedürfnisse	Atmung, Wärme, Trinken, Essen, Schlaf, Sexualität	• Sicherung der Daseinsgrundlagen	Essen, Trinken, Kleidung, Wohnung („Dach über dem Kopf"), Möbel, Auto

Als generelle **Kritikpunkte** an der Bedürfnispyramide von *Maslow* gelten:

- Vage Definition und mangelhafte Operationalisierung der angeführten Motive
- Fehlende empirische Bestätigung; lediglich für die beiden untersten Stufen existieren Belege.
- Unzureichende Berücksichtigung situativer Faktoren (z. B. kulturelle und subkulturelle Eigenheiten; hat man etwa großen Hunger, dominiert das alle anderen Motive.)
- Zweifel am Prinzip der relativen Vorrangigkeit in der Motivaktualisierung

Auch die **Motivationstheorie** von *Herzberg*, die ihren Ursprung in der Arbeitszufriedenheitsforschung hat, erscheint im Kontext der Konsummotive fruchtbar. *Herzberg* unterscheidet grundsätzlich zwischen **Hygienefaktoren**, die dazu beitragen, Unzufriedenheit abzubauen, und **Motivatoren**, welche die Zufriedenheit steigern (vgl. *Herzberg/Mausner/Snyder-*

2.5 Determinanten des Konsumentenverhaltens

man 1959). Eine Weiterentwicklung findet dieser Ansatz im *Kano*-Modell (vgl. Abschnitt 1.5.2).

Einen eher pragmatischen Weg beschreitet *Trommsdorff* (1998), der zwischen folgenden **Konsummotiven** differenziert:

- Prestige, Status, soziale Anerkennung
- Ökonomik, Sparsamkeit, Rationalität
- Soziale Erwünschtheit, Einhaltung von Normen
- Lust, Erregung, Neugier
- Sex, Erotik
- Angst, Furcht, Risikoneigung
- Konsistenz, Dissonanz, Konflikt

In jüngerer Zeit erlangten die Arbeiten des US-amerikanischen Testanalytikers und Motivationsforschers *Steven Reiss*, Professor für Psychologie und Psychiatrie an der Ohio State University, große Popularität. Mittels empirischer und testanalytischer Befragungen von über 20.000 Männern und Frauen aus den USA, Kanada und Japan entwickelte er eine komplexe, nicht hierarchische Ordnung von **16 Grundmotiven des Menschen**:

- Macht (Streben nach Erfolg, Leistung, Führung)
- Unabhängigkeit (Streben nach Freiheit, Autarkie)
- Neugier (Streben nach Wissen und Wahrheit)
- Anerkennung (Streben nach sozialer Akzeptanz, Zugehörigkeit und positivem Selbstwert)
- Ordnung (Streben nach Stabilität, guter Organisation)
- Sparen/Sammeln (Streben nach dem Anhäufen materieller Güter)
- Ehre (Streben nach Loyalität und charakterlicher Integrität)
- Idealismus (Streben nach sozialer Gerechtigkeit und Fairness)
- Beziehungen (Streben nach Freundschaft, Kameradschaft, Humor)
- Familie (Streben nach eigenen Kindern, Familie)
- Rache/Wettkampf (Streben nach Konkurrenz, Kampf, Vergeltung)
- Eros (Streben nach erotischem Leben, Sexualität und Schönheit)
- Essen (Streben nach Essen und Nahrung)
- Körperliche Aktivität (Streben nach Fitness und Bewegung)
- Emotionale Ruhe (Streben nach Entspannung und emotionaler Sicherheit)
- Status (Streben nach Reichtum, social standing)

Obwohl diese Motive das Leben aller Menschen beeinflussen, unterscheiden sich Individuen beträchtlich darin, wie stark sie diese erleben und befriedigen möchten. Da es insgesamt über drei Milliarden verschiedener Motivprofile gibt und keines dem anderen gleicht, zeigt das

Reiss-Profil wie ein Fingerabdruck ein spezifisches, charakteristisches Motiv-, Interessens- und Werteprofil eines jeden einzelnen Menschen.

Im Kontext der Konsummotive nimmt der Wunsch nach Prestige einen besonderen Stellenwert ein. Dieses Motiv tritt u. a. im sog. **Snob- bzw. *Veblen*-Effekt** zutage, der erstmals von dem amerikanischen Ökonomen *Thorstein B. Veblen* benannt wurde. *Veblen* beschreibt in seiner „Theorie der feinen Leute" (1899; 1993) das Phänomen, dass bei einigen Produkten bei Preiserhöhungen die Nachfrage steigt, weil Konsumenten auf diese Weise ihrem Umfeld finanzielle Stärke sprich Wohlstand demonstrieren wollen. Vor diesem Hintergrund wird nachvollziehbar, warum Markenartikelhersteller, die das Prestigemotiv ins Zentrum ihrer Marketing-Strategie stellen (etwa *Rolex*, *Lacoste*), nicht selten dem Problem der Produktpiraterie bzw. -imitation ausgesetzt sind. Das Problem beschränkt sich längst nicht mehr auf Luxusgüter des täglichen Bedarfs, sondern betrifft mittlerweile auch Autos (z. B. imitiert die 1988 gegründete chinesische Firma *Shuanghuan* den *BMW X5*, *den Honda CR-V* sowie den *Smart Fortwo*), Investitionsgüter Maschinen, Flugzeugteile oder Medikamente. Den betroffenen Unternehmen wird u. a. empfohlen, ihre Originalprodukte mit spezieller Beschriftung wie Hologrammen zu versehen oder Schlüsselpatente zurückzuhalten, um Erfindungen nicht zu früh publik zu machen. Weitere Ansatzpunkte sind kurze, aber damit auch kostspielige Innovationszyklen, um den Fälschern immer einen Schritt voraus zu sein, Verzicht auf die Auslagerung von Abteilungen, um den Abfluss von Know-how zu vermeiden, und die bewusste Abweichung von DIN-Normen, um Produktpiraten in die Irre zu führen (vgl. *Erd/Rebstock* 2010). Dass der Erwerb von Luxusprodukten jedoch nicht alleine auf die Demonstration von Wohlstand, sondern auf recht heterogene Motive zurückgeführt werden kann, zeigt. Tab. 2.15.

Tab. 2.15: Motive für den Erwerb von Luxusprodukten (Quelle: in Anlehnung an Trommsdorff/Heine 2008, S. 1669–1674; Vigneron/Johnson 1999, S. 4 ff.; Tsai 2005, S. 433 ff.)

Soziale Motive: Demonstration von/des ...	Persönliche Motive
Wohlstand: Veblen	Vergnügen: Hedonist
Konformität: Bandwagon	Selbstbeschenkung: Coddie
Status: Snob	Qualitätsbewusstsein: Perfektionist
eigenen Wertsystems: Individualist	Übereinstimmung mit dem eigenen Wertesystem: Fellow

Nach ***Veblen*** erwerben Konsumenten Luxusprodukte, um eigenen Wohlstand zu demonstrieren, z. B. als Ausdruck des persönlichen Erfolgs. Für solche Konsumenten ist der Preis ein Indikator für Prestige. Demnach bevorzugen sie Produkte, deren Preis anderen bekannt ist.

Nach *Leibenstein* signalisieren Luxusprodukte die Zugehörigkeit zu einer bestimmten Bezugsgruppe (sog. **Bandwagon-Effekt**). Diese Bezugsgruppe können Freundeskreis, Berufsgruppe oder Subkultur, aber auch nicht persönlich bekannte (etwa Stars) oder nicht real existierende Gruppen (z. B. eine Dynastie aus texanischen Ölmagnaten aus einer TV-Serie) sein. Hier kommt es also weniger auf den Preis als vielmehr auf die mit Luxusprodukten verbundene Symbolik an.

2.5 Determinanten des Konsumentenverhaltens

Snobs kaufen Luxusprodukte wegen des hohen Preises sowie der Seltenheit. Im Gegensatz zu Bandwagon-Konsumenten, die Zugehörigkeit zu einer Gruppe demonstrieren wollen, wollen Snobs sich von anderen abheben, indem sie Produkte kaufen, weil andere sie nicht besitzen (können). **Individualisten** schließlich drücken durch Luxusprodukte ihre Persönlichkeit und persönlichen Werte aus. Sie suchen nach Symbolik und Unverwechselbarkeit.

Während soziale Motive sich nur in der Beziehung mit anderen Menschen befriedigen lassen, sind **persönliche Motive** unabhängig von Dritten. Hierzu zählen Vergnügen (**Hedonismus**), das Bedürfnis, sich selbst zu beschenken (**Coddies**), Qualitätsbewusstsein und Risikominderung aus ökonomisch rationalen Gründen (**Perfektionist**) sowie Übereinstimmung mit dem eigenen Wertesystem (sog. **Fellows**). Im Gegensatz zu den Individualisten), die ihre Selbstverwirklichung demonstrieren wollen, steht bei den Fellows die Selbstwahrnehmung im Vordergrund. Durch den Kauf von Luxusprodukten wollen diese ihren Selbstwert steigern, indem sie Luxusprodukte als eine Art Partner nutzen. In der Realität lässt sich der Kauf von Luxusprodukten zumeist gleichzeitig auf mehrere soziale und persönliche Motive zurückführen.

Angesichts der skizzierten Fülle von Motiven bleibt es unausweichlich, dass mehrere Motive gleichzeitig wirksam werden und sich der Konsument mit entsprechenden Konflikten konfrontiert sieht. Dabei werden **drei Arten von Konflikten** unterschieden (vgl. *Kroeber-Riel/ Weinberg* 1999, S. 159 ff.; *Solomon/Bamossy/Askegaard* 1999, S. 96 f.):

- **Appetenz-Appetenz-Konflikt** (lat. appetentia = Streben, Verlangen, Trachten, Trieb)

  Hierbei werden zwei Motive mit unterschiedlicher Handlungsorientierung und ähnlicher Intensität aktiviert. Der Konsument hat beispielsweise die Qual der Wahl, wenn er zwei verschiedene Produkte als ähnlich attraktiv einstuft, mit seinem Budget aber nur eines von beiden erwerben kann. So kollidiert beispielsweise das Prestigemotiv (im Falle des Kaufs eines *Porsches*) nicht selten mit dem Wunsch nach Sicherheit (beim Erwerb eines *Volvo*).

- **Aversions-Aversions-Konflikt** (lat.: aversus = abgewandt, abgekehrt)

  Hier muss sich der Konsument zwischen zwei „ungeliebten" Optionen sprich dem geringeren Übel entscheiden. Beispielsweise kann er vor der Frage stehen, schon wieder einen Gebrauchtwagen zu kaufen oder aber das alte Fahrzeug reparieren zu lassen.

- **Appetenz-Aversions-Konflikt**

  Hier ermöglicht ein identischer Zielzustand die Befriedigung eines Motivs, während er die Befriedigung eines anderen Motivs verhindert. Beispielsweise ist eine Urlaubsreise mit dem Motiv der Entspannung verknüpft, verhindert aber das Motiv des Sparens. Ein positiver Saldo führt zum Erwerb der Reise, im Falle eines negativen Saldos verzichtet der Konsument darauf.

Das letztgenannte Beispiel macht deutlich, dass der Erwerb eines Produktes grundsätzlich im Konflikt zum **Sparmotiv** steht. Der Anbieter kann jedoch dazu beitragen, diese Konfliktsituation zu entschärfen, wobei sich grundsätzlich zwei Ansatzpunkte bieten: Zum einen kann er dem Verbraucher aufzeigen, dass dieser beim Erwerb des Produkts Geld spart (etwa durch für einen bestimmten Zeitraum besonders günstige Ausstattungspakete, Energieeinsparungen u. ä.). Zum anderen bietet sich die Möglichkeit, durch bestimmte Finanzierungsformen die

Ausgaben zu relativieren (etwa Finanzierung oder Leasing zu günstigen Konditionen, Einräumen von Zahlungszielen).

In diesem Zusammenhang haben Forscher vom *Massachusetts Institute of Technology* in Zusammenarbeit mit der *Stanford University* entdeckt, dass der Anblick von Preisen das Schmerzareal im Gehirn des Verbrauchers aktiviert. Also genau jenen Bereich im Hirn, der stark durchblutet wird, wenn wir uns den Fuß irgendwo anstoßen. Und je höher der Preis ist, desto mehr tut es uns weh. Der Schmerz lässt sich auf ganz banale, aber langfristig umso gefährlichere Weise lindern. Zahlen wir mit Kredit- oder EC-Karte, wirkt dies wie ein Schmerzpflaster und uns tut das Geldausgeben weniger weh. Lesen wir dann aber zu einem späteren Zeitpunkt unsere Kontoauszüge, wird uns das Schmerzpflaster mit einem Ruck heruntergerissen. *Homburg/Koschate* (2005 a, b) konnten in diesem Zusammenhang herausfinden, dass die Bereitschaft, Geld auszugeben, viel größer ist, wenn der Kunde mit Karte bezahlt, statt Bargeld aus seinem Portemonnaie zu ziehen.

Geldausgeben lässt sich auch mit Hilfe des **Kleingeldeffekts** entschärfen. Die Verhaltenspsychologie charakterisiert damit das Phänomen, dass wir bereit sind, einen Betrag in Münzen zu entrichten, den wir mit einem Schein nicht bezahlt hätten. Amerikanische Fast-Food-Unternehmen machen sich diesen Effekt zunutze: Wenn Verbraucher dort einen Burger für 4,39 $ kaufen, bietet ihnen der Kassierer – unterstützt durch eine Software – sofort ein Getränk oder eine Portion Pommes frites für 0,61 $ an. Knapp ein Drittel der Kunden sagt ja, weil es doch „nur" um das Wechselgeld geht, das hier ausgegeben wird. Und das Restaurant freut sich über den lohnenden Zusatzverkauf, auch wenn das Getränk oder die Pommes einzeln 0,69 $ gekostet hätte.

> **Fallbeispiel „Appetenz-Aversions-Konflikt" – die Werbung für den *Porsche Cayenne***
>
> Gemeinhin hat der Kauf eines *Porsche* zur Folge, dass für die Familie wenig bzw. kein Platz im Auto zur Verfügung steht. Der Autobauer aus Zuffenhausen greift diesen Appetenz-Aversions-Konflikt in seiner Werbung auf. Mit der Aussage „1 *Porsche*. 2 Erwachsene. 3 Kinder. Geht nicht zusammen? Ausprobieren." will *Porsche* verdeutlichen, dass ein solcher Konflikt im Falle des Kaufs eines *Cayenne* ausbleibt.

Wie aber setzen Anbieter die Motive von Verbrauchern in Kommunikationsstrategien um? Im ersten Schritt aktivieren und verstärken sie eine soziale Emotion (Geselligkeitsgefühl, Prestige usw.) durch kommunikationspolitische Aktivitäten (etwa Werbung). Im zweiten Schritt verdeutlichen sie, dass die beworbenen Produkte bzw. Marken zur Realisierung dieser Gefühle beitragen. Damit bauen sich auf die in Abschnitt 2.3.2 vorgestellte instrumentelle sprich operante Konditionierung. Kritiker zweifeln die Legitimität einer solchen Vorgehensweise vor dem Hintergrund folgender **Problemfelder** an:

- Werbung kann gegen **gesellschaftliche Werte verstoßen**. Wenn beispielsweise die Anzeigenkampagne eines Automobilherstellers dazu führt, dass mehr Auto gefahren wird, ist damit in letzter Konsequenz eine verstärkte Belastung der Umwelt verbunden und damit wird ein gesellschaftlicher Wert betroffen.

- Werbung kann zu **ruinösem Konsum** führen. Beispielhaft hierfür sei das Phänomen des Konsumrauschs angeführt, der häufig in Verschuldung endet.
- Werbung kann – nicht zuletzt Jugendliche – zu **gesundheitsschädlichem Verhalten** verleiten (etwa bei Drogen wie Alkohol und Zigaretten oder bei Fettleibigkeit durch übermäßigen Verzehr von Fast Food).

2.5.2.1.4 Einstellung

Auf Grund einer Motivation werden Gegenstände genauer beurteilt. Diese im Dienste vorhandener Verhaltenstendenzen stehende Beurteilung eines Objekts ist mit zusätzlichen kognitiven Aktivitäten verbunden, die zu einer strukturierten Haltung, eben einer Einstellung, gegenüber dem Gegenstand führen.

Die **Einstellung**, die als Schlüsselbegriff der modernen Sozialpsychologie gilt, ist definiert als die **Bereitschaft zur positiven oder negativen Bewertung eines Objektes** (vgl. *Güttler* 2000, S. 95 ff.; *Fischer/Wiswede* 1997, S. 206 ff.). Die Einstellung ist die wahrgenommene Eignung eines Gegenstandes zur Befriedigung von Motiven und somit die Schlüsselvariable zur Erklärung und Prognose des Konsumentenverhaltens. Hieraus leiten sich die drei **zentralen Eigenschaften** des Einstellungskonstrukts ab:

- **Objektbezug**
  Einstellungen beziehen sich auf Gegenstände, wobei diese physischer (z. B. Produkte) oder psychischer Natur (etwa Umweltschutz) sein können.
- **Erworbenheit**
  Einstellungen basieren auf eigenen und/oder fremden Erfahrungen (etwa durch Aufnahme und Verarbeitung von Informationen aus dem sozialen Umfeld).
- **Systemcharakter**
  Nach der sog. Drei-Komponenten-Theorie setzen sich Einstellungen aus einer affektiven (= Emotionen, d. h. die gefühlsmäßige Haltung gegenüber einem Einstellungsobjekt), einer kognitiven (= das subjektive Wissen über das Einstellungsobjekt) und einer konativen Komponente (= Handlungstendenz, d. h. die Handlungstendenz gegenüber dem Einstellungsobjekt [z. B. Kaufabsicht], d. h. man schließt vom offen zutage tretenden Verhalten auf die dahinter stehende Einstellung) zusammen (vgl. *Irle* 1975, S. 278).

Ausgehend von der konativen Komponente der Einstellung wurde die **E-V-Hypothese** formuliert, die folgenden Zusammenhang unterstellt: Einstellungen bestimmen das Verhalten (vgl. *Roth* 1967). In der Empirie konnte jedoch lediglich ein unbefriedigender Einstellungs-Verhaltens-Zusammenhang festgestellt werden, was sich am Beispiel des Umweltschutzes unmittelbar nachvollziehen lässt: In Untersuchungen bekundet die weit überwiegende Mehrzahl der Befragten immer wieder, wie wichtig ihnen Umweltschutz sei. Das ökologische Verhalten dieser Menschen (etwa Mülltrennung, Nutzung öffentlicher Verkehrsmittel, Kauf ökologischer Produkte) sieht im Regelfall jedoch eher entgegengesetzt aus.

Als wesentliche **Gründe** für den unzureichenden Zusammenhang zwischen Einstellung und Verhalten können genannt werden (vgl. hierzu *Ajzen/Fishbein* 1977):

- **Spezifitätsproblematik**

  Beispielsweise kann ein Verbraucher generell eine positive Einstellung zu Wein bekunden, trotzdem wird er im spezifischen Fall einen pfälzischen (oder badischen oder württembergischen ...) Wein nicht konsumieren.

- **Nichtberücksichtigung sozialer Faktoren**

  Soziale Normen und Erwartungen stehen nicht immer mit den persönlichen Einstellungen im Einklang. Hierdurch kann es zu Abweichungen von dem Verhalten kommen, welches aufgrund der Einstellungen eines Menschen erwartet wird. Beispielsweise bevorzugt ein Mitarbeiter legere Kleidung, muss jedoch aufgrund bestehender Regeln im Büro Anzug und Krawatte tragen. Und obwohl viele Mitarbeiter des *VW*-Konzerns laut psychologischer Tests mit Sicherheit eine andere Marke bevorzugen würden, verbietet es sich ihnen quasi von selbst, etwas anderes als die unternehmenseigenen Produkte zu fahren. Soziale Faktoren greifen umso stärker, je geringer das Selbstbewusstsein des Handelnden ausgeprägt ist.

- **Nichtberücksichtigung situativer Faktoren**

  Sonderangebote, beschränkte Verfügbarkeit, Verkaufsförderung am Point-of-Sale, Preis, Wetter, Zeitdruck können das ursprünglich mit der Einstellung konforme Verhalten modifizieren.

- **Nichtberücksichtigung psychologischer Faktoren**

  Das Konstrukt Einstellung berücksichtigt bestimmte Determinanten des Verhaltens wie Aufmerksamkeit, intellektuelles Niveau, Lernfähigkeit, Erfahrung, Kontrolle etc. nicht oder allenfalls unzureichend. Zum Beispiel dürfte es für viele Übergewichtige ein erstrebenswertes Ziel sein abzunehmen, schaffen es aber nicht, weil sie sich nicht unter Kontrolle haben.

- **Restriktionen**

  Budgetrestriktionen („Zu wenig Geld, um einen positiv eingeschätzten *Porsche* zu kaufen") und/oder gesetzliche Verbote (z. B. Kauf von Drogen) verhindern, dass Einstellungen in Verhalten umgesetzt werden können.

- **Informationsverlust durch Operationalisierung**

  Bei der Messung von Einstellungen sind Vereinfachungen erforderlich, wodurch ein Informationsverlust entsteht. Außerdem werden im Regelfall nur einzelne Einstellungen gemessen, deren interaktive Verknüpfung hingegen bleibt häufig vernachlässigt. Schließlich können Verfälschungen durch sozial erwünschtes Antwortverhalten auftreten. Hierunter fasst man das Phänomen, dass Probanden nicht die persönlich zutreffende Antwort geben, sondern nach sozialen Normen antworten, die nach Auffassung der Versuchsperson erwünscht sind.

Bezüglich der E-V-Hypothese konnten *Fazio/Zanna* (1981) nachweisen, dass Einstellung und Kaufverhalten **positiv** korrelieren, wenn:

- der Konsument seine Entscheidung bewusst gedanklich steuert (so bei extensiven und limitierten Entscheidungen und weniger bei emotionalen sprich impulsiven Handlungen; vgl. Abschnitt 2.2.1),

2.5 Determinanten des Konsumentenverhaltens

- der Konsument bei seiner Kaufentscheidung hoch involviert ist (sog. Hig-Involvement-Entscheidung; vgl. Abschnitt 2.2.1),
- die gemessene Einstellung und das Verhalten den gleichen Allgemeinheitsgrad aufweisen (Korrespondenzhypothese) und/oder
- die Einstellung auf eigenen Erfahrungen (und nicht auf Kommunikation) basiert, gedanklich hoch verfügbar (Offenkundig existieren starke und schwache Einstellungen. Den meisten Menschen wird ihre religiöse oder politische Meinung wesentlich stärker am Herzen liegen als die Marke ihrer Deosprays.) und stabil ist.

Vor dem Hintergrund der skizzierten Unzulänglichkeiten plädieren die Kritiker der Einstellungs-Verhaltens-Hypothese auf einen Verzicht des Einstellungsbegriffs zugunsten des Konstrukts **Kaufabsicht**. Doch auch dieses Konstrukt ist mit Unzulänglichkeiten behaftet. Zum einen weiß man nicht, warum jemand ein Produkt kauft oder nicht. Zum anderen kann jemand, der heute – etwa aufgrund seines begrenzten Budgets – noch nicht in der Lage ist, ein Produkt zu erwerben, bereits eine positive Einstellung zu diesem besitzen und im Falle einer zukünftigen Einkommenssteigerung das Produkt später kaufen.

Da es sich bei der Einstellung um ein theoretisches bzw. hypothetisches Konstrukt handelt, muss dieses mittels entsprechender **Indikatoren** messbar gemacht werden. Der hierbei zu beschreitende Weg vom Konstrukt zum Skalenwert kann in Abb. 2.16 nachvollzogen werden.

Eine bekannte Methode zu Ermittlung von Einstellungen mittels Befragung ist das *Fishbein-Modell*. Der Gesamtwert der Einstellung eines Probanden zu einem Objekt leitet sich aus der subjektiven Kenntnis der Eigenschaften des Objekts (kognitive, wissensbezogene Komponente der Einstellung; „Dass man in dem Geschäft XY gut beraten wird, halte ich für 1 = sehr unwahrscheinlich bis 5 = sehr wahrscheinlich.") und der subjektiven Wertung dieser Eigenschaften (affektive, wertende Komponente; dass man im Geschäft XY gut beraten wird, halte ich für -2 = völlig unwichtig bis 2 = sehr wichtig"). Die kognitive und die affektive Komponente werden für jede Eigenschaft multiplikativ verknüpft und sodann mittel Addition zu einem Einstellungsindex aggregiert.

Die Formel lautet:

$$E_{ij} = \sum_{k=1}^{n} B_{ijk} * a_{ijk}$$

Legende:

E_{ij} = Einstellung von Person i zu Produkt j

B_{ijk} = die von Person i wahrgenommene Wahrscheinlichkeit der Existenz der Eigenschaft k bei Produkt j

a_{ijk} = Bewertung Eigenschaft k von Produkt j durch Person i

n = Anzahl der zu bewertenden Eigenschaften

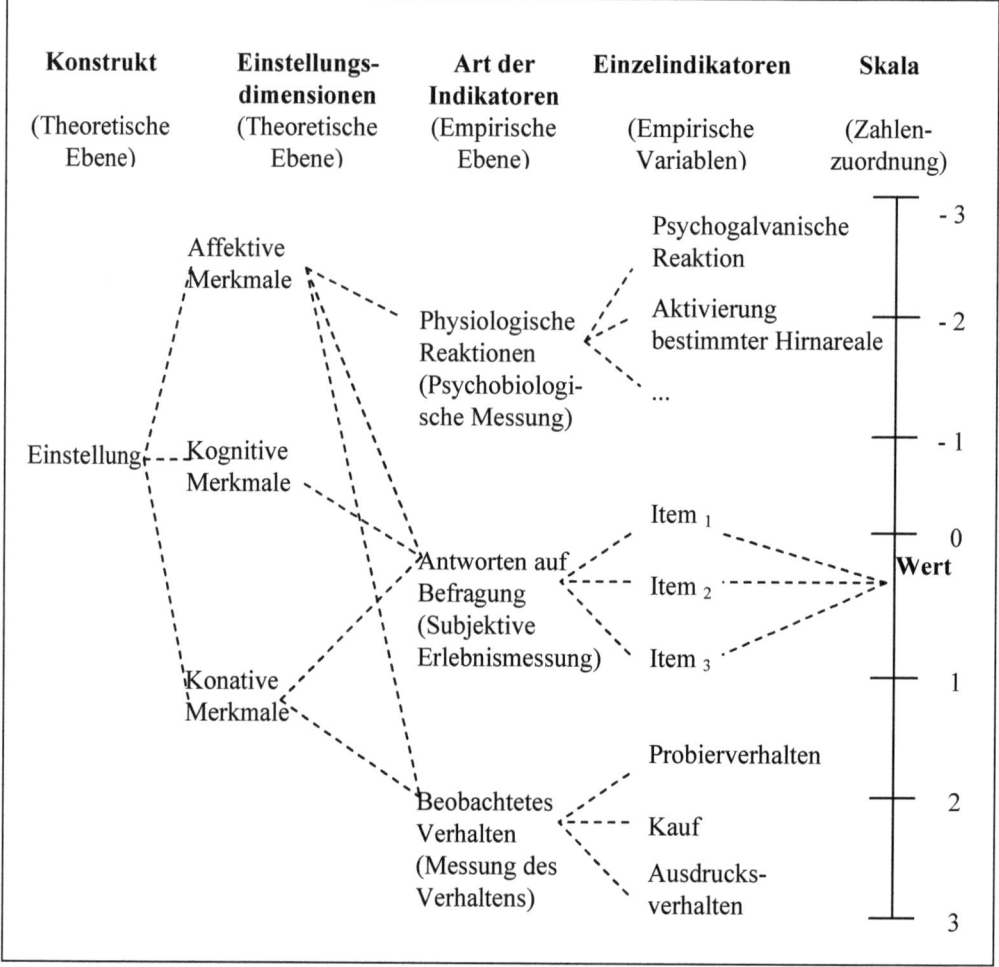

Abb. 2.16: Vom theoretischen Konstrukt zum Skalenwert – dargestellt am Beispiel des Einstellungskonstrukts (Quelle: Kroeber-Riel/Weinberg 1999, S. 189)

Die messtheoretischen Probleme, die aus der Erhebung der kognitiven Komponente im Sinne einer Wahrscheinlichkeit des Vorhandenseins einer Eigenschaft sowie der multiplikativen Verknüpfung von kognitiver und affektiver Komponente resultieren, veranlasste *Trommsdorff* (1975) zur Entwicklung eines eigenen Modells (sog. **Trommsdorff-Modell**):

- Die Ausprägung einer Eigenschaft wird von dem Probanden mittels einer Skala auf direktem Wege ermittelt („Wie gut wird der Kunde in Geschäft XY beraten?" 1 = sehr schlecht, 5 = sehr gut).

2.5 Determinanten des Konsumentenverhaltens

- Der Proband muss anschließend die ideale Ausprägung der jeweiligen Eigenschaft bestimmen („Wie gut sollte der Kunde von einem idealen Discounter beraten werden?" 1 = sehr schlecht bis 5 = sehr gut).
- Nun wird für jede Eigenschaft die Distanz zwischen der idealen Ausprägung und der wahrgenommenen Ausprägung (= kognitive Komponente) ermittelt.
- Die merkmalsspezifischen Distanzen werden schließlich durch Addition zu einem Gesamteinstellungswert aggregiert.
- Die Formel lautet:

$$E_{ij} = \sum_{k=1}^{n} |B_{ijk} - I_{ik}|$$

Legende:

E_{ij} = Einstellung von Person i zu Produkt j
B_{ijk} = die von Person i wahrgenommene Ausprägung der Eigenschaft k bei Produkt j
I_{ijk} = von der Person i gewünschte Ausprägung der Eigenschaft k bei einem Idealprodukt

2.5.2.2 Kognitive Prozesse

2.5.2.2.1 Überblick

Die aktivierenden Prozesse gelten als Maß für die Wachsamkeit, Reaktionsbereitschaft und Leistungsfähigkeit des Menschen und beeinflussen ihrerseits die zweite Gruppe des psychischen Variablen, die sog. kognitive Prozesse (lat: cognoscere = erkennen). Hierunter fasst man den **Prozess der Informationsverarbeitung** und damit sämtliche Vorgänge im psychischen Bereich, mit denen das Individuum sich selbst sowie seine Umwelt erkennt und das eigene Verhalten kontrolliert und willentlich steuert (vgl. *Kroeber-Riel/Weinberg* 1999, *Bettmann* 1979).

Kognitive Prozesse dienen demnach der gedanklichen Kontrolle und willentlichen Steuerung des Verhaltens. Im Einzelnen sind dies:

- **Informationsaufnahme** (Wahrnehmung)
- **Informationsverarbeitung** (Denken + Entscheiden)
- **Informationsspeicherung** (Lernen + Gedächtnis)

2.5.2.2.2 Informationsaufnahme

Am Anfang der kognitiven Prozesse steht die Informationsaufnahme. Der Bereich der Informationsaufnahme umfasst alle Vorgänge bis zur Übernahme von Reizen bzw. Informationen in den zentralen Prozessor (Kurzzeitspeicher bzw. -gedächtnis), wo die eigentliche kognitive Verarbeitung stattfindet, d. h. es werden nur jene Reize betrachtet, die vom sensorischen Speicher in den Kurzzeitspeicher gelangen.

Hierbei ist grundsätzlich zwischen interner und externer Informationsaufnahme zu unterscheiden (vgl. *Bettman* 1979, S. 197 ff.). Bei der **internen Informationssuche** greift der

Verbraucher zunächst auf seinen internen Informationsvorrat, d. h. auf seine Erfahrungen aus früheren Kaufentscheidungs- und Konsumprozessen zurück (= Internal Search). Reichen diese Kenntnisse nicht aus, schaltet er auf **externe Informationsaufnahme** (= External Search) um. Bei der **aktiven Suche** sucht der Verbraucher bewusst und absichtlich nach Informationen im Umfeld (z. B. durch das Studieren von Testzeitschriften, einen Schaufensterbummel u. ä.). Zur Auswahl stehen zum einen **interessengebundene** (etwa die Werbung der Anbieter) und zum anderen **nicht-interessengebundene Informationsquellen** (z. B. Meinungsführer aus dem sozialen Umfeld, Zeitschriften unabhängiger Testinstitute). Letztere mutieren nicht selten zu interessengebundenen Informationsquellen, wenn sie von Herstellern Anreize erhalten (etwa Prämien im Rahmen von „Kunden werben Kunden"-Aktionen; Einladung von Autotestern auf Kosten des Herstellers an attraktive Orte). Zur **absichtslosen Übernahme** (= passive und unabsichtliche Informationsgewinnung) hingegen zählen beispielsweise das Aufschnappen von Äußerungen oder die unbewusste Aufnahme von Werbebotschaften.

Die Aufnahme externer Informationen ist unmittelbar mit der Wahrnehmung verknüpft. **Wahrnehmung** bezeichnet die Aufnahme und Verarbeitung von Sinnesreizen. Diese kann in **fünf Dimensionen** erfolgen:

- **Visuelle Wahrnehmung** (z. B. die Wahrnehmung von Helligkeit, Farben, Kontrast, Linien, Form und Gestalt, Bewegung und Räumlichkeit) mittels der Augen
- **Auditive bzw. akustische Wahrnehmung** (Wahrnehmung von Schall, insbesondere von Geräuschen, Tönen, Rhythmen und Klängen) mittels der Ohren
- **Haptische Wahrnehmung** (auch Tastsinn; Wahrnehmung von beispielsweise Berührungen, Härte oder Hitze) mittels der Gesamtheit aller Tast-, Wärme- und Kälte-Rezeptoren
- **Olfaktorische Wahrnehmung** (Wahrnehmung von Riech- und Duftstoffen) mittels der Nase, genauer gesagt der Riechschleimhaut. Geruchswahrnehmungen werden im Gedächtnis stark mit Emotionen assoziiert. Die Ansprache des Konsumenten mittels **Düften** bietet **zwei zentrale Vorteile**:
  - Gerüche erreichen das Gehirn unmittelbar und werden dort direkt in Erinnerungen umgesetzt. Denn sowohl für Gerüche als auch für die Erinnerung ist der Hippocampus, eine der älteren Hirnregionen, zuständig.
  - Verbraucher werden mit Werbung und damit mit visuellen und akustischen Botschaften überflutet. Gerüche bieten hier einen bislang weitgehend ungenutzten Weg, den Konsumenten zu beeinflussen (vgl. *Brügge* 2008, S. 62).
- **Gustatorische Wahrnehmung** (auch Geschmack; Wahrnehmung von chemischen Qualitäten von Nahrung) mittels der Zunge mit ihren Geschmacksknospen

Die Informationen aus Umwelt- und Körperreizen (sehen, hören, riechen, schmecken, fühlen) werden im Zuge der Wahrnehmung durch Transformationsprozesse modifiziert und verarbeitet. Der Vorgang der **Wahrnehmung** ist definiert als kognitive Repräsentation von Stimuli (Informationen) im Bewusstsein und zeichnet sich durch folgende **Eigenschaften** aus:

- **Aktivität**, d. h. vom Individuum muss ein Impuls, eine Bereitschaft zur Wahrnehmung ausgehen. Demnach ist Wahrnehmung kein passives Aufnehmen von Umweltinformationen, sondern ein aktives Rekonstruieren dieser Stimuli.

- **Selektivität**, d. h. das Individuum kann bzw. will nur einen Teil der Umweltreize wahrnehmen und einen noch kleineren Teil kognitiv verarbeiten. Deshalb wählt es aus der Vielzahl der vorhandenen Reize aus, indem es Reizaufnahme-, Empfindungs- bzw. Wahrnehmungsschwellen aufbaut, um sich so vor Informationsüberlastung zu schützen (sog. **Information-Overload** = Überlastung des Konsumenten mit zum Teil irrelevanten Informationen; Reizüberangebot führt zwangsläufig zu einer selektiven Wahrnehmung; gerade einmal 2 % der angebotenen Informationen erreichen ihren Empfänger; bei Werbung liegt die Informationsüberlastung im allgemeinen insgesamt sogar noch höher; bei Printwerbung sind es rund 5 %; vgl. *Rinne/Renhank* 2006, *Kroeber-Riel/Esch* 2000). Der amerikanische Psychologe *George Miller* hat in zahlreichen Studien herausgefunden, dass der Mensch nur etwa sieben Informationen zur gleichen Zeit verarbeiten kann. *Häusel* kommt zu dem Ergebnis, dass beim Menschen nur 0,004 % der wahrgenommenen Informationen tatsächlich auch in das Bewusstsein gelangen. In diesem Zusammenhang spricht man auch von „Informationsarmut im Informationsüberfluss" oder, aus einer anderen Perspektive, „The world is overnewsed, but underinformed". Konkret bedeutet das nichts anderes, als dass es sich immer schwieriger gestaltet, im rasant zunehmenden Informationsangebot die relevanten Informationen zu finden bzw. herauszufiltern.
- **Subjektivität**, d. h. Wahrnehmung ist kein objektives Abbild der Realität, sondern eine Modifikation derselben durch Transformationsprozesse. Das Ergebnis sind Empfindungen und Vorstellungen über die Umwelt sowie die eigene Person. In diesem Kontext postuliert die Hypothesentheorie, dass Wahrnehmung nichts anderes als ein Kompromiss zwischen Erwartung und Realität ist.

Fallbeispiel „Information-Overload" (1) – Umfangreiche Informationen werden unterbewusst verarbeitet.

In einem Versuch sollten sich Probanden zwischen (Phantasie-)Autos entscheiden, die entweder vier oder zwölf positive bzw. negative Eigenschaften (z. B. Benzinverbrauch, Beinfreiheit) aufwiesen. Unter den Modellen mit vier Merkmalen gelang es den Untersuchungsteilnehmern problemlos, das optimale Fahrzeug zu identifizieren. Sie versagten hingegen, wenn sie in ihre Entscheidungsfindung zwölf Merkmale einbeziehen mussten. Der Erfolg stellte sich erst wieder ein, wenn die Forscher die Testpersonen nach der Informationsphase vier Minuten lang mit einem Puzzle ablenkten. Die Befunde lassen die Schlussfolgerung zu, dass wir komplexe Entscheidungen am besten treffen, wen wir nicht bewusst über das anstehende Problem nachdenken.
Befragungen von Konsumenten zu 40 verschiedenen Produkten bestätigen diese Befunde: Hatten die Konsumenten intensiv überlegt, waren sie nach dem Kauf einfacher Produkte (etwa eines Topfes) zufrieden. Beim Kauf komplexer Artikel (z. B. einer Espressomaschine) hingegen führte Nachdenken eher zur Unzufriedenheit.
Je mehr Argumente ein Konsument hört, desto verwirrter ist er im Regelfall. Das menschliche Arbeitsgedächtnis kann höchstens fünf Inhalte gleichzeitig bereitstellen. Alles, was darüber hinausgeht, verarbeitet das Gehirn zwar, aber der Mensch bekommt davon nichts mit. Nach einiger Zeit springt nur noch das Resultat der Berechnungen ins Bewusstsein. Vor diesem Hintergrund solle man komplexe Entscheidungen keinesfalls spontan treffen,

sondern sich Zeit lassen. Forscher geben hierbei die Maxime aus: Je komplexer ein Problem, desto länger solle man sich für die Entscheidung Zeit lassen, aber nie länger als zwei Tage.

Quelle: Siefer, W./Miltner, F.: Mal Intuition, mal Strategie, in: Focus, Nr. 30/2007, S. 64–74.

Fallbeispiel „Information-Overload" (2) – Werbeslogans werden kürzer.

Die Analyse der Entwicklung und Veränderung von 4.000 Werbeslogans über sechs Jahre hinweg fördert zutage, dass Claims immer kürzer werden. Indikatoren hierfür sind die stark rückläufige Anzahl von Wörtern in Slogans und die Ausbreitung von Claims mit nur ein bis drei Wörtern (2003: 44,5 %; 2007: 56,7 %). Hierzu einige Beispiele:

- Ein Wort
  - „More" – *Pepsi*
  - „Wow"– *Microsoft*
  - „Intensiver" – *Peugeot*
  - „Clearly" – *Smirnoff*
  - „Imagine" – *Samsung*
- Zwei Wörter
  - „Das Auto" – *Volkswagen*
  - „Weiter denken" – *Mercedes*
  - „Entdecke *Opel*" – *Opel*
  - „Deine Flügel" – *Germanwings,*
  - „Einfach näher" – *T-Mobile*
  - „Entscheide Dich" – *Afri-Cola*
  - „Hallo Zukunft" – *Telekom*
- Drei Wörter
  - „Liebe jeden Tag" – *Visa*
  - „Schlauer ist das" – *Jet*

Angesichts der zunehmenden Komplexität der Umwelt und der wachsenden Informationsüberlastung wächst beim Konsumenten der Wunsch nach Einfachheit. Überzogene Kunstwörter (Positives Gegenbeispiel: „Unkaputtbar"), artifiziell wirkende Satzkonstruktionen (Positives Gegenbeispiel *Ikea*: „Wohnst Du noch, oder lebst Du schon?") sowie Anglizismen und englische Slogans (Beispiel *Douglas*: „Come in and find out.", was von Verbrauchern häufig mit: „Komme herein und finde wieder heraus." übersetzt wird.) scheinen hingegen an Bedeutung zu verlieren.

Gegen den Trend nutzt *Burger King* Werbeslogans, die sich des „Denglisch" (Kunstwort aus deutsch und englisch) bedienen. Hierzu zwei Beispiele:
- „We Know Us Out With Barbecue." Bad American Headline, Great American BBQ-Taste: The Whopper® from Burger King

2.5 Determinanten des Konsumentenverhaltens

- „The Eyes Eats With." Bad American Headline, Great American BBQ-Taste: The Whopper® from Burger King

Quelle: *Löwer, Ch.*: Kurz ist in, in: Handelsblatt, Nr. 248 vom 21.12.2007, S. 18; *Wermuth, I./Hahn, A./Perzhorn, O.*: Werbetrends 2007, auf: www.slogans.de; Stand: 05.01. 2008, 14:12 Uhr.

Fallbeispiel „Information-Overload" (3) – Das Wissen auf der Welt verdoppelt sich alle drei Jahre.

Die Informationsfülle nimmt von Jahr zu Jahr zu. Eine normale Ausgabe der *New York Times* enthält mehr Informationen als ein Durchschnitts-Engländer im 17. Jahrhundert im Laufe seines gesamten Lebens präsentiert bekam. Der Durchschnitts-US-Amerikaner ist täglich rund 3.000 Marketing-Botschaften ausgesetzt. Und in den letzten drei Jahren sind auf dem Gebiet der Chemie mehr Publikationen erschienen als in der gesamten Geschichte dieser Wissenschaft bis zum Beginn des 20. Jahrhunderts. Jährlich werden rund eine Million neuer Buchtitel, 25.000 verschiedene Zeitungen, 80.000 Zeitschriften und 40.000 Fachzeitschriften veröffentlicht. Der Deutsche nutzt im Durchschnitt rund 10 Stunden pro Tag Medien, wobei das Radio mit 221 Minuten die Spitzenposition einnimmt. Im Fernsehen werden pro Tag rund 2.200 Werbeminuten bzw. 6.300 Werbespots ausgestrahlt. Damit hat die Anzahl der im Fernsehen ausgestrahlten Spots in den letzten Jahren um rund 1.500 % zugenommen.

Quelle: www.communication-college.org; Stand: 30.06.2008, 12:17 Uhr; *Rinne, S./Rennhak, C.*: Information Overload – warum wir in der Kommunikation neue Wege gehen müssen, Munich Business School Working Paper, Nr. 5/2006, München 2006.

Fallbeispiel „Information-Overload" (4) – die Betrachtungsdauer von Kommunikationsmitteln

Durchschnittlich enthalten Anzeigen in Publikumszeitschriften Informationen, für deren Aufnahme der Betrachter 35 bis 40 Sekunden benötigt. Tatsächlich aber wendet ein Zeitschriftenleser für das Betrachten einer Anzeige rund zwei Sekunden auf. Nachdem 5 % der angebotenen Informationen aufgenommen wurden, bricht der Kontakt ab. Dies spricht für die Verwendung von Bildern, die schneller als Textinformationen aufgenommen und verarbeitet werden können. Ähnliches lässt sich bei der Direktwerbung feststellen: Nach sechs bis acht Sekunden wandern bereits 50 % der Direct-Mails in den Papierkorb.

Quelle: *Schapperer, T.*: Kommunikationspolitik, Trier 2009.

Dass Wahrnehmung nicht unbedingt zu einem objektiven Abbild der Realität führen muss, belegen die in Abb. 2.17 vorgestellten **optischen Täuschungen**:

- Beim *Rubin*'schen Becher (links oben) handelt es sich um eine von dem dänischen Psychologen *Edgar John Rubin* (* 1886, † 1951) entdeckte schwarz-weiße Täuschungsfigur, die als ein Becher (weißes Innenfeld) oder als zwei Gesichter (schwarze Scherenschnittprofile) wahrgenommen werden kann.
- Beim *Hermann*'schen Gitter (links unten) kann man an den Kreuzungspunkten der grauen Quadrate im Augenwinkel schwarze, flimmernde Punkte erkennen. Wenn man aber versucht, einen der Punkte zu fixieren, verschwindet dieser.

  Dieses Phänomen lässt sich darauf zurückführen, dass die Informationen der Sehzellen zur Weiterleitung an das Gehirn in Gruppen zusammengefasst werden. Man bezeichnet diese als rezeptive Felder.

  Wenn Licht auf ein Feld fällt, kann die von dem Vorgang betroffene Nervenfaser in ihrer Aktivität verstärkt, aber auch gehemmt werden. Entscheidend ist, ob der Lichtreiz im Zentrum oder im Außenbereich des Feldes wirkt. Wird das gesamte Feld belichtet, kann auch Hemmung stattfinden, d. h. der Seheindruck ist weniger hell.

  An den Kreuzungspunkten des Gitters fällt mehr Licht auf die Randbereiche der rezeptiven Felder. Dadurch kommt es zu einer starken Hemmung in der Lichtempfindung. So erscheinen die Kreuzungen dunkler. Das ständige Flimmern entsteht übrigens durch die unwillkürlichen rhythmischen Bewegungen des Augapfels.
- Die *Müller-Lyer*'sche Täuschung (rechts oben) zeigt zwei gleich lange waagerechte Linien. Trotz dieses gleichartigen Reizes wirkt die rechte waagerechte Linie kürzer als die linke.
- Ähnlich verhält es sich bei der *Ebbinghaus*'schen Täuschung (rechts unten). Die jeweils in der Mitte liegenden Kreise haben den gleichen Durchmesser, aber in Abhängigkeit von der Größe der sie umgebenen Kreise verändert sich die Wahrnehmung; der untere Kreis wirkt größer als der obere. Kenntnisse über den Reiz allein reichen offenbar nicht aus, um die Wahrnehmung vorherzusagen.

2.5 Determinanten des Konsumentenverhaltens

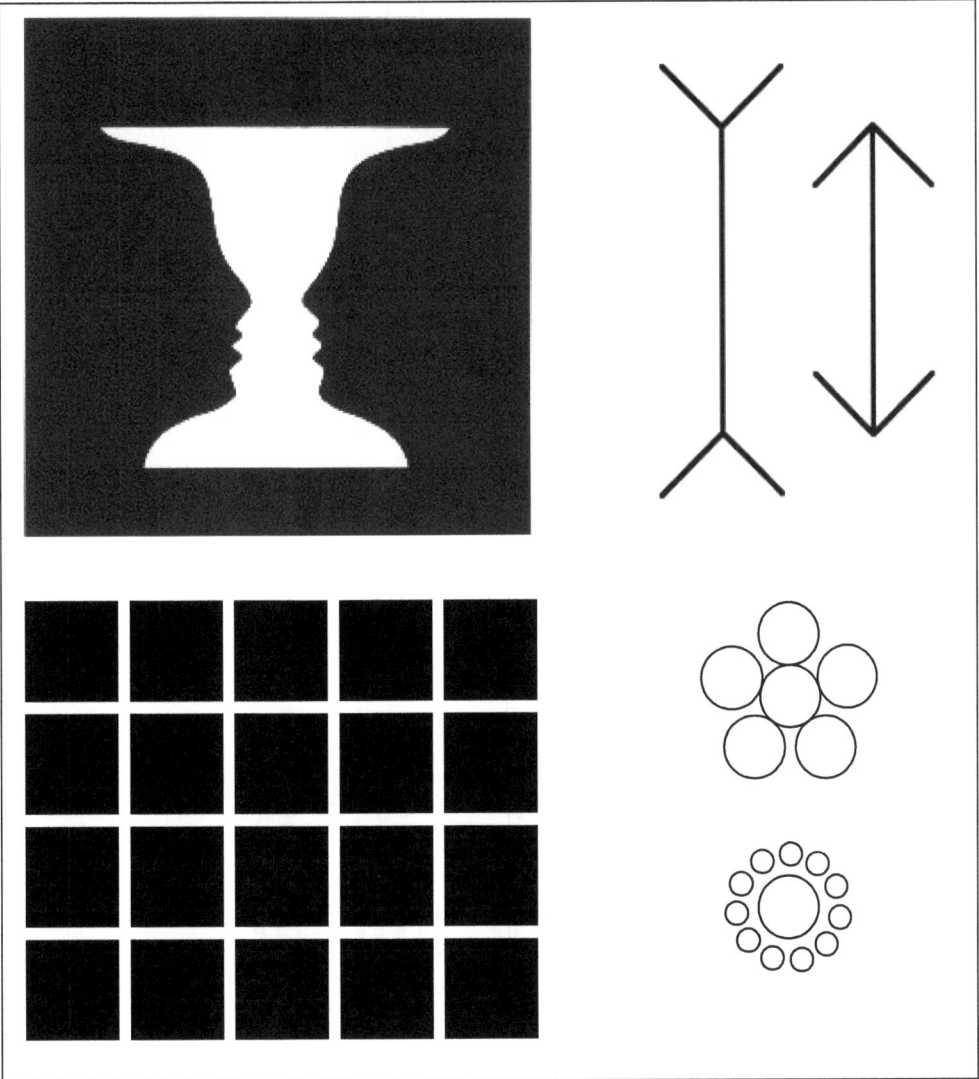

Abb. 2.17.: Beispiele für optische Täuschungen (Quelle: www.icg.informatik.uni-rostock. de; Stand: 20.10.2002; Ditzinger 1998; Panic/Holm 2005)

Im Folgenden finden sich noch einige weitere verblüffende Täuschungen, die belegen, dass Wahrnehmung ein subjektives und keinesfalls ein objektives Abbild der Realität darstellt:
- Abb. 2. 18 wirft die Frage auf, ob die Frau in einer Abwärtsspirale steht oder ob der Boden völlig eben ist. Letzteres ist der Fall. Solche optischen Täuschungen sind Wahrnehmungsfehler unseres Gehirns. Bis heute rätseln Wissenschaftler, wie solche falschen Eindrücke überhaupt entstehen können. Der Amerikaner *Mark Changizi* argumentiert, dass

etwa eine Zehntelsekunde vergeht, bis unser Gehirn einen Eindruck ausgewertet hat und es diese Zeit hinzuberechnen muss. Sehen wir zum Beispiel Fluchtpunkte, glaubt unser Gehirn, dass es sich bewegen wird. Es wirft automatisch ein Art Blick in die Zukunft – und kann, wie die optischen Täuschungen belegen, damit auch mal daneben liegen.

- Die waagrechten und senkrechten Trennlinien zwischen den schwarzen und weißen Quadraten in Abb. 2.19 sind exakt gerade.
- Zunächst betrachtet man Abb. 2.20 etwa eine Minute lang, als ob man durch das Bild hindurchblicken würde. Schaut man dann auf eine weiße Wand oder ein weißes Blatt Papier, erblickt man ein Bild von Jesus Christus.
- Wenn man sich bei Abb. 2.21 vor- und zurückbeugt, scheinen sich die beiden Kreise in entgegengesetzter Richtung zu drehen.
- In Abb. 2.22 glauben wir, etwas zu sehen, was gar nicht existiert, nämlich weiße Scheiben an den Schnittstellen der durchbrochenen Linien. Auch in Abb. 2.23 lässt sich ein nicht vorhandenes Objekt entdecken: Die weißen Linien durch die schwarzen Kreise scheinen einen Würfel zu bilden.
- Abb. 2.24 und 2.25 ermöglichen dem Betrachter mehrere mögliche Sichtweisen: Frau oder Vogel, Frau im Spiegel oder Totenkopf?
- In Abb. 2.26 scheinen diagonale Linien spitz aufeinander zuzulaufen. In Wahrheit verlaufen sie aber parallel.

Abb. 2.18.: Optische Täuschung „Abwärtsspirale oder ebener Boden?" (Quelle: DDP, entnommen: http://weltderwunder.de.msn.com/mensch-und-natur-gallery.aspx?cp-documentid=149940114; Stand: 09.10.2009)

2.5 Determinanten des Konsumentenverhaltens

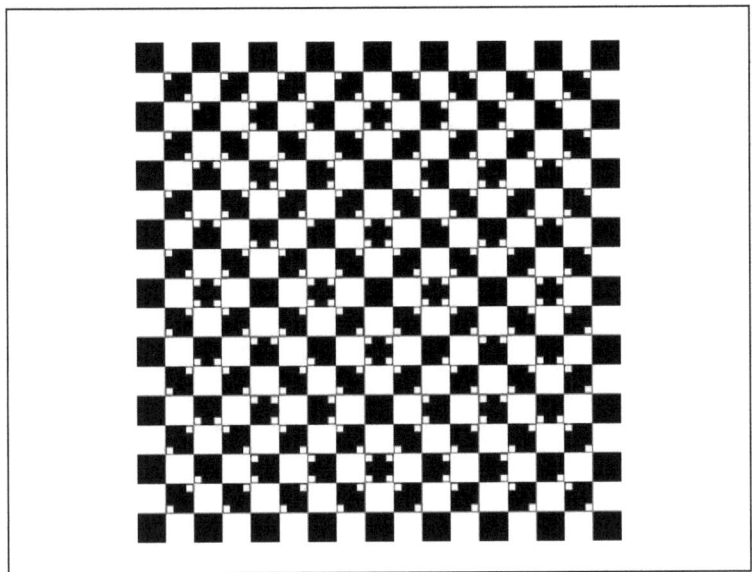

Abb. 2.19.: Optische Täuschung „Gerade oder krumme Linien?" (Quelle: GNU, entnommen: http://weltderwunder.de.msn.com/mensch-und-natur-gallery.aspx?cp–documentid=149940114; Stand: 09.10.2009)

Abb. 2.20.: Optische Täuschung „Negativ wird zu Objektiv." (Quelle: Public Domain, entnommen: http://weltderwunder.de.msn.com/mensch-und-natur-gallery.aspx?cp-documentid=149940114; Stand: 09.10.2009)

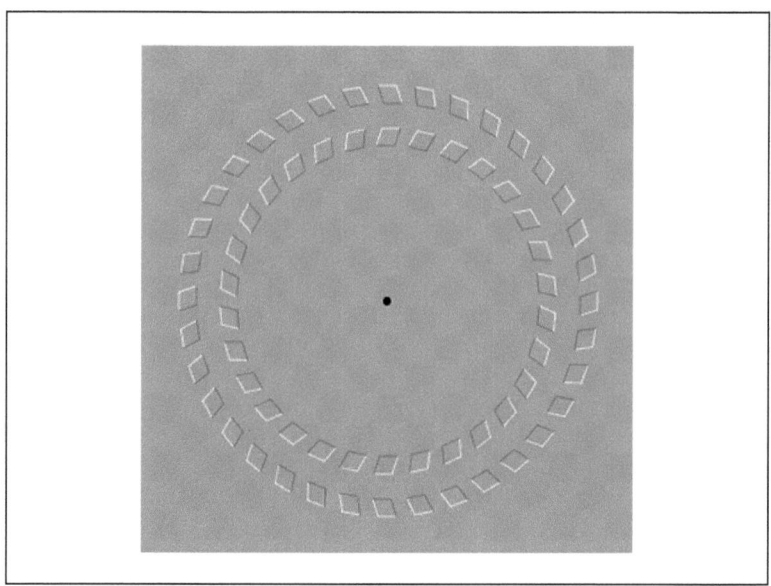

Abb. 2.21.: Optische Täuschung „Sich drehende Kreise" (Quelle: GNU, entnommen: http://weltderwunder.de.msn.com/mensch-und-natur-gallery.aspx?cp-documentid=149940114; Stand: 09.10.2009)

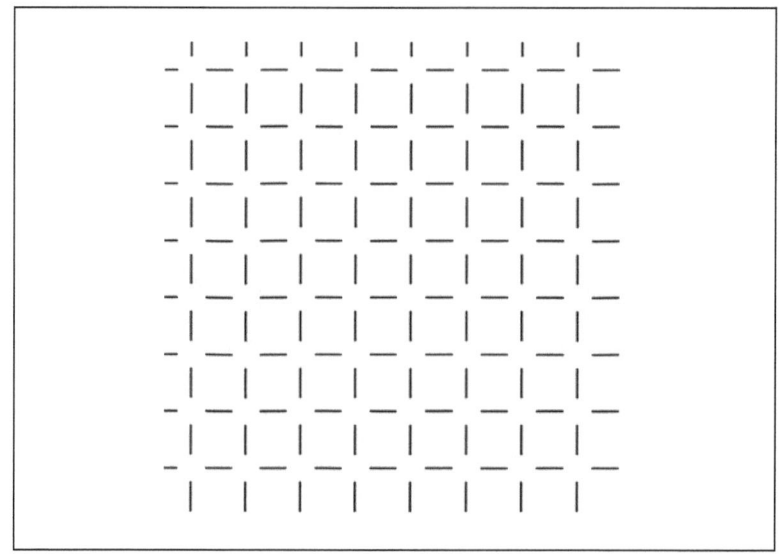

Abb. 2.22.: Optische Täuschung „Weiße Scheiben" (Quelle: GNU, entnommen: http://weltderwunder.de.msn.com/mensch-und-natur-gallery.aspx?cp-documentid=149940114; Stand: 09.10.2009)

2.5 Determinanten des Konsumentenverhaltens

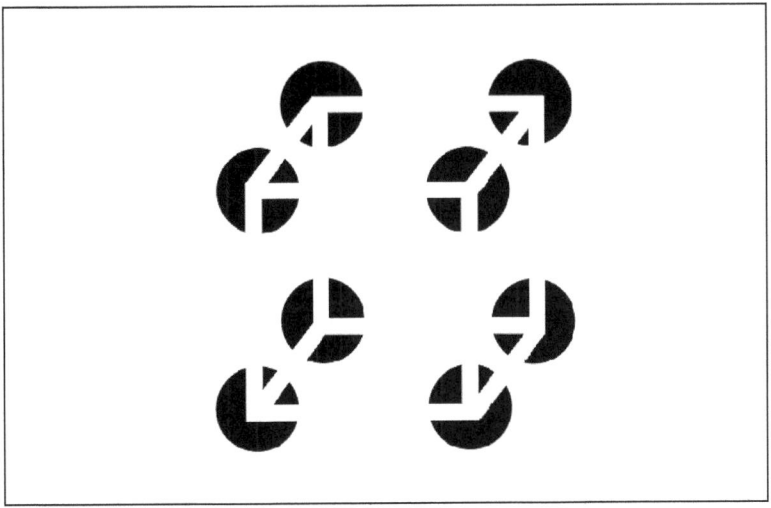

Abb. 2.23.: Optische Täuschung „Der vermeintliche Würfel" (Quelle: GNU, entnommen: http://weltderwunder.de.msn.com/mensch-und-natur-gallery.aspx?cp-documentid=149940114; Stand: 09.10.2009)

Abb. 2.24: Optische Täuschung „Frau oder Vogel?" (Quelle: Creative Commons, entnommen: http://weltderwunder.de.msn.com/mensch-und-natur-gallery.aspx?cp-documentid=149940114; Stand: 09.10.2009)

Abb. 2.25: Optische Täuschung „All is Vanity" (Alles ist vergänglich) von C. Allan Gilbert (Quelle: Public Domain, entnommen: http://weltderwunder.de.msn.com/mensch-und-natur-gallery.aspx?cp-documentid=149940114; Stand: 09.10.2009)

Abb. 2.26: Optische Täuschung „Parallel oder spitz aufeinander zulaufende Linien? (Quelle: GNU General Public License, entnommen: http://weltderwunder.de. msn.com./mensch-und-natur-gallery.aspx?cp-documentid=149940114; Stand: 09.10.2009)

2.5 Determinanten des Konsumentenverhaltens

Im Zusammenhang mit Wahrnehmung wird seit den 50er Jahren die sog. **unterschwellige Werbung** (englisch: subliminal bzw. subthreshold advertising) diskutiert. Hierbei handelt es sich im visuellen Bereich um sehr kurze, zehntel-sekundenlange tachistoskopische (vgl. hierzu Abschnitt 4.5.4) optische Botschaften, die der Betrachter auch bei äußerster Konzentration nicht bewusst wahrnehmen kann, denen aber unterstellt wurde, dass sie beeinflussen. Die Wirksamkeit unterschwelliger Werbung in Form optischer und akustischer Reize konnte empirisch nicht belegt werden. Neue mögliche Anwendungen eröffnen olfaktorische Reize, d. h. die Ansprache des Konsumenten über den Geruchssinn (etwa in Form der Ladenbeduftung).

Fallbeispiel „Subliminale Wahrnehmung" – die Iss-Popcorn-trink-Cola-Studie von *James Vicary*

1957 löste der US-amerikanische Marktforscher *James Vicary* in einer Pressekonferenz in New York eine Welle von einerseits Euphorie und andererseits Entrüstung aus, die bis heute nicht ganz abgeebbt ist. *Vicary* führte den versammelten Journalisten einen kurzen Film über Fische vor. Dabei warf ein Spezialprojektor 169-mal die Botschaft „Trink *Coca-Cola*!" auf die Leinwand – alle fünf Sekunden einmal. Die Projektionen waren nur 1/3000 Sekunde lang und damit folglich zu kurz, als dass die Zeitungsleute diese hätten bewusst wahrnehmen können. Erst als der Vorführer sie absichtlich dunkler stellte, waren die Botschaften wie ein Wasserzeichen im Film zu sehen.

Vicary behauptete, er habe das gleiche Experiment kurz zuvor in einem Kino in Fort Lee, New Jersey, durchgeführt. Während sechs Wochen seien dort 45.699 Filmbesucher ohne deren Wissen den geheimen Botschaften „Iss Popcorn!" und „Trink *Coca-Cola*!" ausgesetzt worden. Als Folge seien der Verkauf von *Coca-Cola* an der Kinokasse um 18,1 % und der von Popcorn um 57,5 % gestiegen.

Während die Werbebranche auf die Befunde euphorisch reagierte, brach in der Öffentlichkeit und hier insbesondere unter Verbraucherschützern ein Sturm der Entrüstung aus. Wer Kinobesuchern ohne deren Wissen den Wunsch zum Popcornkauf ins Hirn pflanzte, konnte der nicht auch Morde befehlen, ein Heer willenloser Zombies in den Krieg schicken oder Frauen von der Hausarbeit abhalten?

Es gab Gerüchte, wonach *Vicary* in dieser Zeit über 4,5 Millionen Dollar an Beratungshonoraren von Werbeagenturen bezahlt bekommen habe. Doch nach und nach wurden erste Zweifel an den Befunden von *Vicary* laut. Denn obwohl zahlreiche Unternehmen sich der neuen Technik bedienten, führten die unterschwelligen Botschaften keineswegs zu einem signifikant geänderten Kaufverhalten.

Und auch den Wissenschaftlern ging langsam die Geduld aus, denn alle Versuche, das Experiment von *Vicary* zu wiederholen, scheiterten. Dieser weigerte sich mit dem Hinweis auf die laufende Patentierung seines Spezialprojektors, das genaue Vorgehen und die exakten Daten zu seinem Versuch bekannt zu geben.

In einem 1962 im Branchenblatt Advertising Age publizierten Interview rang sich *Vicary* zu dem Eingeständnis durch, dass seine Daten die von ihm in Umlauf gebrachten weitreichenden Schlussfolgerungen nicht erlaubten. Gleichwohl hielt er prinzipiell am Effekt der subliminalen Wahrnehmung fest und verkündete weiterhin, sein für diesen Zweck entwickelter Projektor funktioniere grundsätzlich. „Wir ersuchten um ein Patent, nachdem wir das Ding in einem Kino in Fort Lee getestet hatten. Journalisten bekamen Wind davon. Da waren wir gezwungen, an die Öffentlichkeit zu gehen, bevor wir wirklich bereit waren. Ich hatte nur sehr wenig Daten – zu wenig, um ein sinnvolles Resultat zu bekommen." Im Jahr des Interviews, also fünf Jahre nach der erstmaligen Veröffentlichung seiner vermeintlichen Befunde, ging sein Unternehmen, die Subliminal Projection Co., in Konkurs.

Vicary verschwand später spurlos. Es ist unklar, ob er noch lebt und ob seine letzte Version der Geschichte stimmt. Zwar wurde am 7. Mai 1958 tatsächlich ein Patent für einen „Apparat zur Erzeugung visueller Stimulation" eingereicht, der sich für die Präsentation unterschwelliger Werbung eignete. Doch dieses Patent mit der Nummer 3 060 795 lautet auf *Robert E. Corrigan* und *Hal C. Becker* von *Precon and Equipment Corporation* in New Orleans und nicht auf *Vicary*.

Die Iss-Popcorn-trink-Cola-Studie wurde in abgewandelter Form inzwischen tatsächlich durchgeführt und mehrfach wiederholt. Signifikante Ergebnisse dergestalt, dass subliminale Botschaften das menschliche Verhalten direkt beeinflussen, konnten jedoch nicht erzielt werden. Und obwohl der Aufschrei in der Öffentlichkeit schon lange abgeebbt ist, hat *Vicary* es geschafft, das Wort „subliminale Werbung" im Sprachschatz der Öffentlichkeit zu verankern.

Eine Neuauflage hatte *Vicarys* Experiment im US-Wahlkampf, als die Wahlhelfer des Demokraten *Al Gore* in einem Fernsehspot des Republikaners *George W. Bush* etwas Sonderbares entdeckten: Für die Zuschauer unsichtbar wurde im Zusammenhang mit Kritik an den Demokraten das Wort „RATS" (Ratten) über den ganzen Bildschirm für wenige Millisekunden eingeblendet (vgl. Abb. 2.27). Der Produzent des Films verteidigte sich später mit der gewundenen Erklärung, die Einblendung habe das alleinige Ziel gehabt, das darauf folgende Wort „bureaucrats" optisch interessanter erscheinen zu lassen. Wahrscheinlicher ist, dass die Ratten im Spot der Republikaner späte Erben von *Vicarys* Experiment waren – eines Experiments, das nie stattgefunden hat. Ob die geheime Botschaft einen Effekt hatte, konnte nicht eindeutig geklärt werden.

Der niederländische Psychologe *Johan Karremans* von der Universität *Nijwegen* konnte in einem Experiment nachweisen, wie unterschwellig vermittelte Botschaften doch einen Effekt haben können. Er präsentierte seinen Probanden kurze Spots, bei denen diese zählen sollten, wie häufig der Buchstabe B vorkam. In die Hälfte der Spots hatte der Wissenschaftler unterschwellige Botschaften integriert: Sie enthielten den Namen eines Eistee-Herstellers. Die Kontrollgruppe sah lediglich eine sinnlose Buchstabenfolge.

Die unterschwellige Botschaft war jedoch nur ein Teil des Experiments. Beide Gruppen wurden erneut unterteilt: Die einen erhielten vor der Aufgabe Salzgebäck zu essen (= Experimentalgruppe), die anderen nicht (= Kontrollgruppe). Im Anschluss bekamen alle Probanden etwas zu trinken, wobei sie zwischen der eingeblendeten Eisteemarke und schlichtem Mineralwasser wählen konnten. Die Gruppe, die vorher Salzgebäck gegessen hatte, also bereits während der Aufgabe durstig war und zusätzlich die unterschwellig eingeblendete Werbung gesehen hatte (= Kontrollgruppe), wählte zu achtzig Prozent Eistee. In den anderen Gruppen griffen die Teilnehmer gleichmäßig Eistee und Mineralwasser.

Subliminale Botschaften wirken demnach, wenn zuvor die Aufmerksamkeit für das Thema geweckt wurde. Die Probanden, die schon vorher durstig waren, hatten offensichtlich eine

2.5 Determinanten des Konsumentenverhaltens

erhöhte Aufmerksamkeit für Getränke entwickelt, so dass die Eisteewerbung – auch wenn sie nicht bewusst wahrnehmbar war – tatsächlich wirken konnte.

Einen solchen Effekt bezeichnen Kommunikationswissenschaftler als „Priming". Ist unser Gehirn auf einen bestimmten Sachverhalt eingestimmt, nehmen wir alles stärker wahr, was damit in Zusammenhang steht. Auf diese Weise können selbst solche unterschwelligen Botschaften Spuren in unserem Gedächtnis hinterlassen.

Dass unser Gehirn unterschwellige Botschaften tatsächlich wahrnimmt, belegen auch Ergebnisse aus der Neurowissenschaft. Forscher konnten mittels Kernspintomographen erstellter Gehirn-Scans nachweisen, dass selbst kleinste Reize Reaktionen im Gehirn auslösen – sofern die Aufmerksamkeit vorhanden ist und unser Gehirn nicht gerade mit einem anderen Sachverhalt beschäftigt ist.

Der britische Wissenschaftler *Bahador Bahrami* konnte nachweisen, dass auch Bilder, die unsere Netzhaut nur Millisekunden lang streifen, Reaktionen im primären visuellen Cortex auslösen, also jenem Teil der Großhirnrinde, die für unsere visuelle Wahrnehmung verantwortlich ist. Obwohl seine Probanden glaubten, nichts gesehen zu haben, zeigte seine Magnetresonanztomographie Veränderungen im Gehirn an.

Können wir also doch beeinflusst werden, ohne dass wir es merken, also unterschwellig manipuliert werden? Einigkeit herrscht unter den Wissenschaftlern dahingehend, dass unterschwellige Botschaften niemals eine Handlung auslösen, sondern höchstens eine bestehende Absicht verstärken können. Ohne eine bestimmte Voreinstellung oder Aufmerksamkeit für das Thema seien die Bilder schließlich wirkungslos geblieben.

Quelle: *Dijksterhuis/Aarts/Smith* (2005), S. 77–107; *Schneider*, auf: http://www.nzzfolio.ch/www/d80bd71b-b264-4db4-afd0-277884b93470/showarticle/17af3e96-dff1-449 d-b817-6482c3eeba50.aspx; Stand: 08.05.2007, 17:15 Uhr; *Spitzer* (2006), S. 615–622; *Theus* (1994), S. 271–290.

Gibt es in Fernsehsendungen unterschwellig eingeblendete Botschaften, die uns beeinflussen sollen? Was unglaublich klingt, war tatsächlich Teil von *George W. Bushs* Wahlkampagne. Das Abb. 2.27 zu entnehmende Bild mit dem Schriftzug „Rats" – Ratten – war für wenige Millisekunden in einen Wahlwerbespot eingeblendet worden, der die Politik der Demokraten kritisierte. Ob die geheime Botschaft einen Effekt auf das Wahlverhalten hatte, konnte nicht eindeutig geklärt werden.

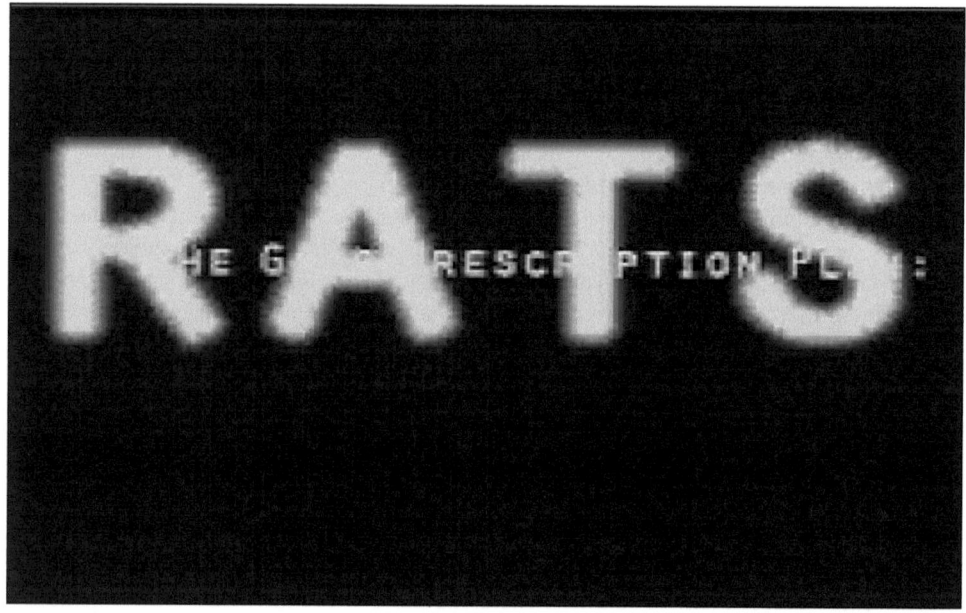

Abb. 2.27: Unterschwellige Einblendung des Wortes „Rats" in einem Wahlkampfspot von George W. Bush (Quelle: AFP)

Umfang und Intensität der Informationsaufnahme können sowohl interindividuell als auch intraindividuell unterschiedlich ausfallen. Zur **Erklärung differierenden Informationsverhaltens** bieten sich folgende **theoretischen Ansätze** an (vgl. *Silberer* 1979, S. 95 ff.):

- **Arousalansatz**

  Arousal (= Aktivierung) bezeichnet einen Erregungsvorgang des zentralen Nervensystems, der den Organismus mit Energie versorgt und einen Zustand der Leistungsbereitschaft und -fähigkeit bewirkt. Individuen streben danach, ein bestimmtes Reizniveau aufrechtzuerhalten. Diesen Überlegungen folgend suchen Individuen in reizarmen Situationen aktiv nach Informationen, um sich auf diese Weise zu stimulieren.

- **Komplexitätsansatz**

  Die vorhandenen Informationen (Informationsmenge, -konflikte, Zahl der Alternativen) stehen in Beziehung zu Struktur und Fähigkeiten des kognitiven Systems eines jeden Individuums, diese aufzunehmen und zu verarbeiten. Vor diesem Hintergrund wird einsichtig, warum bestimmte Konsumenten ein umfangreiches Informationsangebot präferieren (z. B. „Ich wälze gerne Reisekataloge, weil Vorfreude die schönste Freude für mich ist."), wohingegen andere Verbraucher durch eine Vielzahl von Produktinformationen regelrecht verwirrt werden. Bei letzteren empfiehlt es sich aus der Perspektive eines Anbieters, sog. Schlüsselinformationen („Information Chunks") wie Gütezeichen, Urteile von Verbraucherschutzorganisationen, Markennamen u. ä. zu nutzen.

Fallbeispiel „Schlüsselinformationen" – ein Wegweiser durch die wichtigsten Prüfzeichen, Gütesiegel und Zertifikate

Mittlerweile gibt es über 30 gebräuchliche Kennzeichen, die den Verbraucher über bestimmte Merkmale des Produkts informieren sollen. Doch die Vielfalt der Zeichen stiftet bei den meisten Konsumenten mehr Verwirrung als Unterstützung bei der Kaufentscheidung. Im Folgenden finden sich die wichtigsten Zeichen und ihre Bedeutung:

- Mit dem Biosiegel, einem grünen Sechseck, zeichnet das *Verbraucherschutzministerium* Produkte aus, die aus kontrolliert ökologischer Landwirtschaft stammen. Solche Lebensmittel dürfen nicht zur Konservierung bestrahlt werden, die Nutzung von Gentechnik ist verboten. Des Weiteren muss auf künstliche Pflanzenschutzmittel verzichtet werden. Tiere müssen artgerecht gehalten werden.
- Der Blaue Engel, der für zwei oder vier Jahre vergeben wird, kennzeichnet besonders umweltschonende und gesundheitlich unbedenkliche Produkte und Dienstleistungen. Das *Umweltbundesamt* bestimmt die Kriterien in Zusammenarbeit mit der Jury Umweltzeichen, in der sowohl Umwelt- und Verbraucherverbände als auch Vertreter von Gewerkschaften, Industrie und Handel vertreten sind.
- Die CE-Kennzeichnung (Communauté Européene) belegt, dass die Produkte die Bestimmungen aller EU-Richtlinien erfüllen. Hinweise auf die Qualität der Produkte bietet das Kenneichen nicht.
- Das GS-Zeichen (Geprüfte Sicherheit), das von staatlich zugelassenen Prüfstellen wie dem *TÜV* vergeben wird, belegt, dass ein Produkt aus technischer Perspektive ohne Risiken gebraucht werden kann. Das Zeichen muss spätestens nach fünf Jahren neu beantragt werden.
- Mit dem Logo der *Stiftung Warentest* samt Testnote werden einzelne Produkte bewertet. Die Stiftung ist eine staatlich unterstützte Verbraucherschutzorganisation. Über die Tests, die von unabhängigen Instituten durchgeführt werden, entscheiden Vertreter von Verbrauchern und Wirtschaft sowie neutrale Sachverständige. Die Tests sind objektiv, stellen aber lediglich eine Momentaufnahme dar, da die Produkte und Dienstleistungen nicht ständig überwacht werden.
- Das VDE-Zeichen, ein Dreieck, bestätigt elektrischen Geräten, dass sie die gesetzlichen Anforderungen für elektrische Sicherheit und Gesundheitsschutz erfüllen. Nach Vergabe durch den *Verband der Elektrotechnik, Elektronik und Informationstechnik* werden die Produkte und ihre Herstellung einmal jährlich kontrolliert.
- Bei *Marine Stewardship Council*, kurz *MSC*, handelt es sich um eine unabhängige Institution, die sich gegen die Überfischung der Meere und für verantwortliche Fischerei engagiert. Deshalb kommen nur solche Fischereibetriebe in den Genuss des blauen Siegels, die keine umweltschädlichen Fangmethoden einsetzen, die Fischbestände auf dem natürlichen Niveau halten und Überfischung vermeiden. Die ökologischen, gesetzlichen und sozialpolitischen Standards werden laufend überprüft.
- Das Signet „Made in Germany" war ursprünglich eine Schutzmaßnahme für die britische Wirtschaft. Das 1887 erlassene Handelsmarkengesetz legte fest, dass alle auf die Insel importierten Produkte als ausländische Erzeugnisse gekennzeichnet werden mussten. Das Gesetz richtete sich in erster Linie gegen die aufstrebende deut-

sche Industrie, die britische Industriemarken kopierte. Dem britischen Käufer sollte auf diese Weise (vermeintlich) schlechte und billige Massenware angezeigt werden. Doch schon bald mutierte die Bezeichnung zum Gütesiegel für Zuverlässigkeit und Qualität. Dies veranlasste die deutsche Industrie dazu, das Qualitätssiegel „Made in Germany" auch bei der Ausfuhr in solche Länder zu nutzen, die eine derartige Ursprungsbezeichnung nicht forderten.

Die Teilung Deutschlands führte zu Problemen dergestalt, dass die Bezeichnung „Made in Germany" auch für DDR-Unternehmen zugelassen wurde. Um mögliche Verwechslungen entgegenzuwirken, änderten westdeutsche Unternehmen die Bezeichnung nach einem entsprechenden Urteil des *Bundesgerichtshofs* von 1974 in „Made in West Germany". Einige Jahre nach der Wiedervereinigung war der West-Hinweis jedoch wieder vom Markt verschwunden.

Quelle: *www.label-online.de*; Stand: 23.02.2007.

- **Risikotheoretischer Ansatz**
Hier wird Informationsbeschaffung als Strategie der Risikoreduzierung verstanden (vgl. Abschnitt 2.3.2). Je größer ein Verbraucher das Risiko einer Kaufentscheidung einschätzt, desto höher setzt er seine Informationsstandards. Hierbei lassen sich finanzielle (Angemessenheit des Preises und Tragbarkeit der finanziellen Belastungen), funktionale (Funktionsfähigkeit des Produkts), physische (mögliche Gesundheitsbelastungen durch das Produkt), psychologische (Identifikation mit dem Produkt) und soziale Risiken (Akzeptanz des Produkts im sozialen Umfeld) unterscheiden. Das Risikoempfinden des Verbrauchers wird u. a. determiniert durch Neuheitsgrad, technische Komplexität, Preis, Mindestabnahmemenge des Produktes sowie Selbstvertrauen und Risikobereitschaft.

- **Allgemeines Gedächtnismodell**
Dieser Ansatz postuliert, dass Informationen beim Transfer vom Kurz- in den Langzeitspeicher des Menschen verloren gehen. Falls der Verbraucher den internen Informationsvorrat als unzureichend empfindet, sucht er aktiv nach externen Informationen, die seine Kaufentscheidung unterstützen könnten.

- **Dissonanztheoretischer Ansatz**
Kognitive Dissonanz bezeichnet einen erkannten bzw. empfundenen Widerspruch zwischen einzelnen Wahrnehmungen und Überzeugungen (vgl. Abschnitt 2.3.2). Dissonanzen sind vor allem nach Kaufentscheidungen zu erwarten. Als Ursachen sind zu nennen:
  – Erkenntnis, auf die Vorteile der nicht gewählten Produktalternativen verzichten zu müssen
  – Enttäuschungen mit dem erworbenen Produkt
  – Kritik durch Dritte an der getroffenen Entscheidung
  – Werbekontakte, welche die Stärken konkurrierender Angebote hervorheben
Um derartige kognitive Ungleichgewichte abzubauen bzw. erst gar nicht entstehen zu lassen, konzentrieren sich Verbraucher auf solche Informationsquellen, welche die getroffene Kaufentscheidung bestätigen.

2.5 Determinanten des Konsumentenverhaltens

- **Kosten-Nutzen-Ansatz**

    Diesem Erklärungsansatz folgend suchen Verbraucher nach Informationen, wenn die zu erwartenden Erträge (bessere Kaufentscheidung, Bestätigung des bereits getätigten Kaufes) höher eingeschätzt werden als die antizipierten Kosten der Informationsbeschaffung in Form monetärer, zeitlicher, physischer und psychischer Aufwendungen.

Am Ende der Informationssuche steht das sog. **Awareness Set** (vgl. Abb. 2.28 sowie *Meffert* 1992, S. 41). Hierbei handelt es sich um den Teil der erhältlichen Produkte, die dem Verbraucher bekannt sind (= **Available Set** abzüglich **Unawareness Set**). Das **Awareness Set** wird um diejenigen Produkte reduziert, die dem Kunden nicht näher vertraut und damit für die weitere Kaufentscheidung unwichtig sind (= **Foggy Set**).

Das verbleibende **Processed Set** wird nun weiter differenziert. Zum **Reject Set** gehören die Produkte, mit denen der Verbraucher bereits negative Erfahrungen gesammelt hat und die er deshalb ablehnt. Das **Hold Set** bilden diejenigen Produkte, die mit Hilfe einfacher Entscheidungsregeln ausgesondert, aber noch in der Hinterhand gehalten werden. Für die eigentliche Kaufentscheidung relevant ist lediglich das **Evoked Set**.

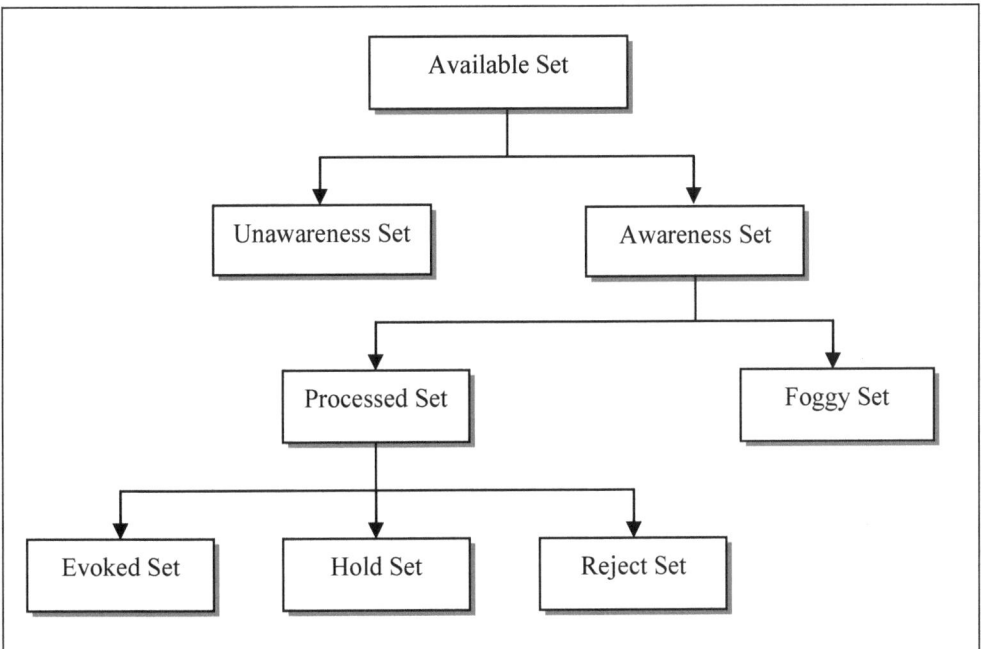

Abb. 2.28: Ein Modell zur selektiven Markenauswahl von Konsumenten
(Quelle: Brisoux/Laroche 1980)

Tab. 2.16 vermittelt einen Überblick über empirisch ermittelte Evoked Sets.

Tab. 2.16: Beispiele für empirisch erhobene Evoked Sets (Quelle: Schobert 1979, S. 58)

Produktgruppe	Individuelles Evoked Set (Median)	Aggregiertes Evoked Set	Quelle
Bier	4	27	N
Kanadisches Bier	7	15	U
Deodorant	3	20	U
Deodorant	2	15	N
Hautcreme	5	30	U
Nichtverschreibungspflichtige Arzneimittel	3	20	U
Schmerzlinderungsmittel	3	18	U
Shampoo	4	30	U
Mundwasser	1	8	N
Zahnpasta	3	14*	C
Zahnpasta	2	9	N
Waschmittel	5	24*	C
N = *Narayana/Markin* (1975); U = *Urban* (1975); C = *Campbell* (1969)			
* = ... alle im regionalen Teilmarkt verfügbaren Marken			

2.5.2.2.3 Informationsverarbeitung

Im Zuge der Informationsverarbeitung ordnet und bewertet der Verbraucher die aufgenommenen Produktinformationen, so dass ein Qualitätsurteil entsteht. Hierzu bedient er sich zum einen **komplexer Programme** (sog. kognitive Algebra; vgl. im Folgenden *Kuß* 2001, S. 747–749; *Uhr/Müller* 1998). Diese lassen sich in kompensatorische und nichtkompensatorische Entscheidungsregeln unterscheiden.

Die **kompensatorischen Entscheidungsregeln** basieren auf der Annahme, dass negative durch positive Eigenschaften eines Produkts ausgeglichen werden können. Beim sog. **Beurteilungsmodell** (= linear-kompensatorische Regel) werden die zur Auswahl stehenden Alternativen zunächst isoliert betrachtet, indem die relevanten Eigenschaften bewertet, gewichtet und additiv zu einem Gesamturteil verknüpft werden. Die Alternative, die den höchsten Wert aufweist, wird schließlich präferiert.

Fallbeispiel „Beurteilungsmodell beim Kauf eines Grills"

Die drei Produkte „Koffergrill", „Eimergrill" und „Picknickgrill" stehen zur Auswahl (vgl. Tab. 2.17). Diese werden anhand von vier Eigenschaften jeweils anhand einer von 1 = sehr schlecht bis 10 = sehr gut reichenden Skala bewertet. Die Gewichtung der Eigenschaften nach ihrer Bedeutung für den Konsumenten erfolgt auf einer Skala von 1–3, wobei 3 sehr wichtig und 1 unwichtig bedeuten. Die Gewichtungsfaktoren werden mit der Qualitätsbewertung multipliziert und sodann für jedes Produkt addiert. Der Eimergrill entspricht mit 67 Punkten am ehesten den Anforderungen des Konsumenten.

| Koffergrill | Eimergrill | Picknickgrill |
| 11 € | 19 € | 34,90 € |

Tab. 2.17: Beispiel für ein Beurteilungsmodell beim Kauf eines Grills

Produkt Eigenschaft	Gewichtung	Koffergrill		Eimergrill		Picknickgrill	
		Bewertung	Punkte	Bewertung	Punkte	Bewertung	Punkte
Preis	2	10	20	8	16	1	2
Design	3	1	3	7	21	10	30
Handhabung	2	1	2	10	20	4	8
Reinigung	1	1	1	10	10	6	6
Summe Punkte			26		67		46
Rang			3		1		2

Beim **Auswahlmodell** hingegen vergleicht der Verbraucher die Produkte paarweise miteinander, um dann eine Rangfolge festzulegen. Hierzu stehen **drei Regeln** zur Verfügung:

- **Attribut-Dominanzregel**: Hierbei werden die Produkte paarweise nach relevanten Eigenschaften miteinander verglichen. Schließlich wird das Produkt ausgewählt, welches am häufigsten besser abschneidet. Demnach handelt es sich hierbei um einen ordinalen Paarvergleich, die attributspezifischen Abstände zwischen den Eigenschaften bleiben unberücksichtigt.

- **Erwartungsregel**: Diese Regel entspricht der Attribut-Dominanzregel, wobei die Eigenschaften gewichtet werden.
- **Additive Differenzregel**: Hierbei werden die Produkte paarweise anhand verschiedener relevanter Eigenschaften miteinander verglichen. Die Differenzen der Einzelbewertungen werden gewichtet und schließlich additiv zu einem Gesamturteil zusammengefasst. Die sich so ergebenden Gesamturteile beziehen sich nur auf die jeweils andere Alternative und sind somit relativ. Demnach müssen mehrere Paarvergleiche hintereinander geschaltet werden, um schließlich die beste Alternative zu bestimmen.

Im Gegensatz zu den kompensatorischen Entscheidungsregeln, bei denen ein schlechtes Abschneiden bei einer Eigenschaft durch ein gutes Abschneiden bei einer anderen Eigenschaft ausgeglichen werden kann, kann bei den **nicht-kompensatorischen Regeln** eine attributspezifische Schwäche bereits dazu führen, dass ein Produkt aussortiert wird. Dabei lassen sich im Wesentlichen **vier Regeln** identifizieren (vgl. *Aschenbrenner* 1977, S. 28; *Bettman* 1979, S. 176 ff.):

- **Disjunktionsregel**: Der Konsument wählt ein dominierendes Kriterium aus. Er sortiert diejenigen Produkte aus, die einem auf recht hohem Niveau festgelegtem Ausschlusskriterium nicht entsprechen. Erfüllt kein Produkt das Kriterium, wird das Niveau schrittweise abgesenkt, bis zumindest ein Produkt den Anforderungen genügt.
- **Lexikographische Regel**: Der Konsument bildet eine Rangreihe aller relevanten Eigenschaften gemäß ihrer Wichtigkeit. Zunächst wird nur die wichtigste Eigenschaft ins Kalkül gezogen, wobei das Produkt ausgewählt wird, das hier am besten abschneidet. Erzielen mehrere Produkte das gleiche Ergebnis, wird für diese die nächst wichtigere Eigenschaft herangezogen. Ein Beispiel hierfür ist die Entscheidungsregel: „Kaufe das billigste Produkt!".
- **Konjunktive Auswahlregel**: Für jede relevante Eigenschaft wird ein Minimalniveau bestimmt. Unterschreitet ein Produkt diese Minimalanforderungen, wird es ausgesondert. Bleibt danach kein oder mehr als ein Produkt übrig, müssen die Mindestanforderungen solange nach unten bzw. oben justiert werden, bis nur noch ein Produkt übrig bleibt. Diese Entscheidungsregel ist in erster Linie bei extensiven Entscheidungen anzutreffen.
- **Eliminationsregel**: Der Konsument bildet eine Rangreihe aller relevanten Eigenschaften gemäß ihrer Wichtigkeit und definiert für jede Eigenschaft ein bestimmtes Minimalniveau. Anschließend bewertet er sämtliche Produkte anhand des wichtigsten Merkmals. Produkte, die das Niveau unterschreiten, werden aussortiert. Die übrig gebliebenen Produkte werden anhand des zweiten Merkmals bewertet usw., bis schließlich nur noch ein Produkt übrig bleibt.

Zum anderen entwickeln Verbraucher Denkschablonen (sog. **Heuristiken** = vereinfachende Regeln), um den psychischen Aufwand bei der Entscheidungsfindung zu reduzieren. Hierzu zählen (vgl. *Kroeber-Riel/Weinberg* 1999, S. 298 ff.):

- **Attributdominanz**: Das gesamte Image eines Produkts wird von der Wahrnehmung eines Merkmals dominiert. Hierbei handelt es sich um sog. Schlüsselinformationen wie Markenname, Urteil der *Stiftung Warentest* oder Preis.

In letzterem Fall schließen wir vom Preis auf Qualität eines Produkts. Wir glauben: Je höher der Preis, desto besser die Qualität. Volksweisheiten wie „Qualität hat ihren Preis" oder „Was nichts kostet, ist nichts wert." dienen uns dazu, uns im Konsumdschungel schnell und ohne allzu große geistige Kraftanstrengungen zurechtzufinden. Doch stimmt diese Regel?

In einer umfangreichen Studie wurde der Frage nachgegangen, inwieweit Kunden mit preisgünstigen Produkten befriedigende Kaufresultate erzielen können. Zugrunde gelegt wurden mehr als 10.000 Einzelproduktests der unabhängigen *Stiftung Warentest*. Dabei lässt sich feststellen, dass sich die Produktqualität der jeweils billigsten Artikel einer Warenkategorie seit 1979 deutlich gebessert hat. Der Trend zur Qualitätsangleichung zwischen billigen und teuren Konsumartikeln hält weiterhin an. Für nahezu jede zweite Produktart (49 %) konnte in jüngerer Zeit kein Qualitätsunterschied zwischen dem teuersten und dem preisgünstigsten Artikel ausgemacht werden. Im Jahre 1975 galt dies nur für jede dritte Produktart (genau: 35 %).

Demnach lässt sich heutzutage zwischen Preis und Qualität keine systematische Beziehung mehr nachweisen. Offenbar ist der Preis ein schlechtes Indiz für Qualität. Die verbreitete Überzeugung, dass wir mit einem teureren Produkt auch eine entsprechend bessere Produktqualität erwerben, ist wissenschaftlich nicht zu belegen und in vielen Fällen falsch (vgl. *Fürst/Heil/Daniel* 2004, S. 219–234).

- **Irradiation**: Hierbei wird die Wahrnehmung dahingehend verzerrt, dass ein Attribut (z. B. die Farbe eines Lebensmittels) auf ein anderes (z. B. den vermuteten Geschmack) ausstrahlt. Abb. 2.29 zeigt ein einfaches und bekanntes Beispiel dafür, wie die Veränderung eines Attributs ein anderes beeinflusst. Beide Bilder bestehen aus den gleichen Elementen: Kreis, zwei Punkte, Strich und Halbkreis. Durch Drehung des Halbkreises um 180 Grad entsteht für den Betrachter jedoch ein völlig neuer Eindruck. Das gesamte Bild hat sich verändert und es scheint, als würden die Augen des linken Männchens fröhlicher aussehen als die des rechten, obwohl diese in beiden Bildern identisch sind.

- **Halo-Effekt** (engl.: halo = Heiligenschein; auch Hof-Effekt von griech. hálos = Lichthof): Ein bereits gefälltes Urteil strahlt auf sämtliche Eigenschaften des Produkts aus. Der Terminus wurde von *Edward Lee Thorndike* eingeführt. Der Einfluss des Halo-Effektes ist besonders stark, wenn der Beurteiler speziell auf ein Merkmal Wert legt und dieses entsprechend überbewertet.

Im Marketing wird der Begriff Halo-Effekt auch für die Beeinflussung der Wahrnehmung beim iterativen Konsum verwandter Produkte verwendet. Bewerten wir z. B. ein Produkt einer Markenfamilie positiv, wird auch unsere Wahrnehmung von anderen Produkten dieser Markenfamilie positiv verzerrt. Haben wir etwa mit *Nivea Body Lotion* gute Erfahrungen gesammelt, gehen wir davon aus, dass sämtliche Produkte mit dem Namen *Nivea* qualitativ hochwertig sind. Dies erleichtert und beschleunigt zukünftige Entscheidungen.

Und wenn wir in den Prospekten eines Supermarkts einige Sonderangebote sehen, schließen wir daraus, dass dort sämtliche Artikel günstig sind. Wir kaufen dort dann die von uns benötigten Produkte, unseren Warenkorb, und achten dabei gar nicht mehr auf den Preis jedes einzelnen Produkts. Dieses vereinfachte Denken machen sich Handelsunternehmen durch die sog. Mischkalkulation zu Nutze. Will ein Unternehmen erfolgreich sein, kann es normalerweise nicht sämtliche Produkte günstiger als die Konkurrenz an-

bieten. Deshalb stellt es in seinen Prospekten die Preisgünstigkeit bestimmter Artikel heraus. Die wenigsten von uns haben aber weder Zeit noch Lust, ein Produkt-Picking zu betreiben, d. h. von Einkaufsstätte zu Einkaufsstätte zu wandern und dort jeweils nur die Sonderangebote zu erwerben. Wir neigen vielmehr zum One-Stop-Shopping, indem wir unseren gesamten Bedarf an Waren des täglichen Bedarfs in einer Einkaufsstätte decken wollen. Deshalb bieten Unternehmen die Produkte, die nicht in der Werbung und damit nicht im Preisfokus stehen, teurer an. Und am Ende kommt es dann zum sog. Nullsummenspiel: Das, was wir bei einigen Produkten in unserem Einkaufswagen gespart haben, haben wir bei anderen Produkten mehr ausgegeben.
- **Selektivität**: Konsumenten ignorieren ihnen unwichtige Reize automatisch. So spielt es für einen Single u. U. keine Rolle, wie viel Platz bzw. Beinfreiheit die Rücksitze eines Autos bieten.

Fallbeispiel „Attributdominanz" – Marke beeinflusst Geschmacksempfinden von Kindern.

Bereits bei Vorschulkindern beeinflussen Fast-Food-Marken das Geschmacksempfinden. US-Kinderärzte servierten Drei- bis Fünfjährigen im Rahmen einer Studie Speisen und Getränke, die typisch für Schnellrestaurants sind. Die Kinder erhielten jeweils identische Hamburger, Chicken McNuggets und Pommes Frites in neutralen Verpackungen und in solchen mit *McDonald's*-Logo. Nach dem Essen erklärte eine klare Mehrheit der Probanden, die Produkte mit *McDonald's*-Aufdruck hätten besser geschmeckt. Ähnliches behaupteten die Kinder, wenn sie nur glaubten, die Speisen seien von *McDonald's*. Diejenigen Kinder, die am häufigsten die Werbung des Fast-Food-Giganten gesehen oder dort schon gespeist hatten, zogen zumeist auch deren Menüs vor.

Quelle: *o. V.*: Die Marke macht's, in: Focus, Nr. 32/2007, S. 16.

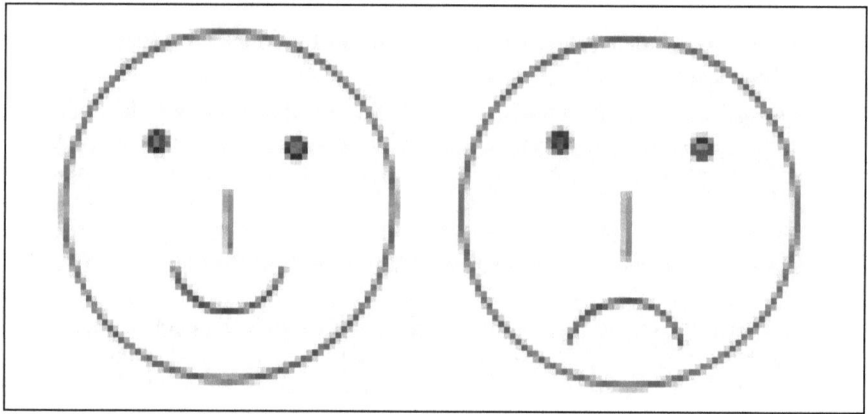

Abb. 2.29: Beispiel für den Irradiations-Effekt (Quelle: von Rosenstiel 1969, S. 83)

2.5 Determinanten des Konsumentenverhaltens

Fallbeispiel „Irradiation" – mit den Augen schmecken und Qualität einstufen

Beim Trinken wird die Geschmacksempfindung in erheblichem Maße von den Augen bestimmt, wie Versuche mit nachgefärbtem Orangensaft belegen. War der Saft heller gefärbt als üblich, blieb die höhere Süße im nachgezuckerten Getränk unentdeckt. War das Getränk hingegen dunkler gefärbt, glaubten die Probanden bei dem gleichen Saft in unterschiedlichen Gläsern Geschmacksunterschiede wahrzunehmen.

Der Dosenfleischhersteller *Hormel* aus Austin, Minnesota, fügte seinem Logo einen Petersilienzweig hinzu und erreichte dadurch, dass Testpersonen der Meinung waren, das Fleisch schmecke besser als anderes.

Als *Seven Up* dem Grün der Dose 15 % mehr Gelb beimischte, behaupteten die Probanden nahezu einstimmig, dass das Getränk nunmehr zitroniger bzw. limoniger schmecken würde.

Der amerikanische Publizist *Vance Packard* hat in seinem konsumkritischen Bestseller „Die geheimen Verführer" schon 1976 über ein interessantes Experiment berichtet: Hausfrauen bekamen über längere Zeit drei vermeintlich unterschiedliche Waschmittel zum Testen. Die eine Sorte hatte eine tiefblaue Verpackung, die zweite war in einem knallgelben Karton, und die dritte Verpackung war blau und hatte gelbe Farbtupfer. Das Ergebnis war eindeutig: Das Waschmittel in der blauen Packung war den Hausfrauen zu wenig reinigungsstark, die Wäsche bliebe oft dreckig. Das gelb verpackte Waschmittel sei in seiner Wirkung zu aggressiv gewesen. Nur mit dem dritten Waschmittel waren die Frauen zufrieden. Was die Hausfrauen nicht wussten: In allen drei Kartons war dasselbe Waschmittel.

Um eine objektive Beurteilung des Geschmacks von Lebensmitteln in der Endstufe der Produktentwicklung zu sicherzustellen, werden die Tests in einem Licht durchgeführt, in dem keine eindeutige Farberkennung mehr möglich ist. Wenn etwa *McDonald's* neue Lieferanten auf die Qualität von Paddies – so nennt man im Fachjargon die Hackfleischscheiben – untersucht, sitzen die Tester in einer Kabine, die mit einem Speziallicht ausgestattet ist. Durch die Beleuchtung sehen alle Test-Paddies gleich aus, so dass vom visuellen Eindruck kein Einfluss auf das Geschmacksempfinden ausgehen kann.

Doch wo bzw. wie wird festgelegt, welche Vorstellungen wir mit Farben verbinden? Hier lassen sich **drei Erklärungen** finden:

Das sind als erstes die **eigenen Erfahrungen**: Wir haben im Laufe unseres Lebens gelernt, dass bestimmte Gegenstände bestimmte Farben tragen. Reife und wohlschmeckende Orangen zeichnen sich durch eine bestimmte Farbe namens Orange aus. Pflaumen hingegen sollten blau und nicht grün sein, wohingegen Gurken grün und nicht orange sein müssen.

Im Laufe der Zeit kann es passieren, dass wir uns so an die Farben gewöhnt haben, dass andere Farben eines sonst völlig gleichwertigen Produkts als Mangelerscheinung oder Defizit bewertet werden. Wir selbst halten ein Lebensmittel nur dann für gesund und appetitlich, wenn es in Geschmack, Form, Konsistenz, Geruch und eben Farbe unseren Erwartungen entspricht.

Legendär ist in diesem Zusammenhang der Misserfolg von „*Crystal Pepsi*". Mit diesem klaren Softdrink sollte die „neue Nachfrage nach Reinheit" befriedigt werden. Die Verbraucher erwarteten jedoch von einem Produkt mit dem Namen *Pepsi*, dass es auch wie *Pepsi* aussah. Nicht einmal ein Jahr später stellte Pepsi die Produktion von „*Crystal Pepsi*" ein und brachte einen Nachfolger mit dem Namen „*Crystal*" in die Regale. Die Negativassoziationen hielten sich jedoch hartnäckig – *Crystal Nr. 2* setzte sich noch weniger durch als sein unbeliebter Vorgänger.

Der zweite Grund für die Irradiation durch Farbe ist die **Evolution**: Bestimmte Farbvorstellungen sind rund um den Globus gleich. Beispielsweise verbinden alle Menschen mit der Farbe Grün sauer und mit Gelb und Orange süß. Zumeist handelt es sich hierbei um Farben, die in der Natur stark vertreten sind. Unsere Farbassoziationen hängen also nicht nur von unseren eigenen Erfahrungen ab, sondern auch von jahrhundertealten Überlieferungen. Assoziationen zu Farben haben sich hier im Laufe der Evolution herausgebildet.

Als drittes spielt aber auch die **Kultur** eine Rolle, in der man aufwächst: Hier gibt es zwischen den einzelnen Kulturen erhebliche Unterschiede in den Vorstellungen. In unserem Kulturkreis etwa ist Schwarz die Farbe der Trauer, in Asien hingegen ist es Weiß. In diesem Zusammenhang erlitt der *McDonald's*-Konzern vor einiger Zeit mit einer Werbekampagne in Japan Schiffbruch. Grund dafür war das Maskottchen des Konzerns, der Clown *Ronald McDonald*, welcher üblicherweise mit einem weiß geschminkten Gesicht auftritt. In Japan ist ein weiß geschminktes Gesicht bei Männern und Kindern aber ein Symbol für den Tod.

Anbieter nutzen Lebensmittelfarben, um über einen längeren Zeitraum hinweg eine gleich bleibende Farbe zu erreichen. Auch bei Farbverlusten können die Farbstoffe helfen: So werden Produkte mit Farbstoffen aufgepeppt, um die bei Verarbeitung und Lagerung verloren gegangene Farbe wieder herzustellen. Salate beispielsweise verlieren mit zu nehmender Lagerdauer die grüne Farbe. Damit sie dem Verbraucher weiterhin attraktiv erscheinen, werden sie grün nachgefärbt. So lassen sich Lebensmittel mit niedriger Qualität durch Lebensmittelfarben aufwerten. Farben werden auch eingesetzt, um den Geschmack, den ein bestimmtes Lebensmittel vermitteln sollte, erkennbar zu machen und zu unterstreichen.

Farben können auch dazu dienen, uns an ein bestimmtes Aussehen von Produkten zu gewöhnen. Unsere Kaufentscheidung wird auf diese Weise nachhaltig geprägt. Völlig gleichwertige Produkte, die nicht über diese Farbe verfügen, werden als minderwertig eingestuft.

Außerdem helfen Lebensmittelfarben bei der Farbkorrektur von Produkten, die durch andere Inhaltsstoffe einen schwächeren Farbton aufweisen, als es die Verbraucher erwarten. Die vorhandene Farbe wird intensiviert, um den Qualitätsanspruch zu erhöhen. In vielen Buttersorten ist beispielsweise Karotin beigemischt, damit die Butter leuchtend gelb erscheint.

Doch keine Regel ohne Ausnahme: Mit der Einführung von *Green* stellte *Heinz* sämtliche Regeln der Farbpsychologie auf den Kopf. Ein gift-grüner Ketchup – das hatte die Welt noch nicht gesehen. Als *Green* auf dem deutschen Markt in der 300–ml-Squeeze-Flasche im August 2001 zunächst in limitierter Auflage zu einem Preis von 3,49 DM eingeführt wurde, war die neueste Markenerfindung des Kult-Ketchup-Machers in den USA längst ein Renner und wurde auf alles geschüttet, was Kids gerne essen: Pommes Frites, Hamburger, Fleisch, Hot Dogs, Teigwaren, Fisch, und und und.

Auch in Deutschland wurde der gift-grüne Pommes-Weichmacher für kurze Zeit zum Kids-Kult. Wie die Pressestelle von *Heinz* mitteilte, können „besorgte Mütter" beruhigt sein. Denn für die grüne Farbe seien in der *Europäischen Union* zugelassene Lebensmittelfarben verantwortlich, wie sie auch in Soft Drinks, Eis oder Desserts verwendet werden. Der grüne Ketchup schmeckt übrigens genau so wie sein roter Bruder.

Quelle: *o. V.*: Sinnesphysiologie – Augen entwickeln beim Trinken Geschmack, in: Welt am Sonntag, Nr. 7 vom 18.02.2007, S. 76; *Havener, T.:* Ich weiß, was Du denkst, 15. Aufl., Reinbek bei Hamburg 2010, S. 106; *Schneider, W./Hennig, A.:* Zur Kasse, Schnäppchen, München 2010, sowie die dort zitierte Literatur.

Fallbeispiel „Halo-Effekt" – das *Coca Cola-Pepsi*-Experiment

In einem Blindversuch sollten Probanden den Geschmack von *Diet Coke* und *Diet Pepsi* bewerten, ohne dass sie die Produktnamen sahen. Eine andere Gruppe hingegen wusste, welche Marke sie gerade verkostete. Während beim Blindtest *Pepsi* minimal vorne lag, päferierte die andere Gruppe eindeutig *Coca Cola*. Da *Coca Cola* die bekanntere und auch beliebtere Marke ist, übertragen Konsumenten die mit der Marke verknüpften positiven Eigenschaften auf die gesamte Produktpalette (= Halo-Effekt).

Quelle: *Chernatony/McDonald* (1992).

Fallbeispiel „Selektivität" (1) – ein Selbstversuch

Bitte nehmen Sie sich 30 Sekunden Zeit und schauen Sie sich in dem Raum um, indem Sie sich gerade aufhalten. Merken Sie sich jetzt so viele grüne Gegenstände, wie Sie von Ihrem Platz aus sehen können. Lesen Sie erst dann weiter.
Haben Sie viele grüne Objekte gesehen? Gut, dann nennen Sie jetzt bitte, ohne sich erneut umzuschauen, drei blaue Gegenstände aus demselben Raum. Es wird Ihnen nicht gelingen, weil Sie sich auf bestimmte Objekte konzentriert und alle anderen Informationen ausgeblendet haben.
Um der Informationsüberlastung zu entgehen, filtern wir permanent die uns wichtig erscheinenden Informationen heraus. Hierbei tauschen wir auch häufig unsere Filter aus, und das mehr oder weniger bewusst. Wenn wir beispielsweise ein neues Auto erworben haben, sehen wir dieses Auto nunmehr überall herumfahren. Der Wagen kommt in Wahrheit nicht häufiger vor, sondern wir haben unseren Selektionsfilter gewechselt. Ähnlich geht es uns, wenn wir uns in einer anderen Stadt oder einem anderen Land aufhalten: Aus Tausenden von Nummernschildern stechen uns immer nur die aus unserer Heimatstadt ins Auge.
Ähnlich ergeht es uns auch, wenn wir uns beim Lesen des fogelnden Tetxes auf die esrten (**Primacy-Effekt**) und letzetn Bustchabnen (= **Recency-Effekt**) eines jeden Wotres konzentrieren und den Text versteheen, obwohl die Reiehnfloge der mittleren Buhctsaben flasch ist.

Quelle: *Havener, T.:* Ich weiß, was Du denkst, 15. Aufl., Reinbek bei Hamburg 2010, S. 19–22.

Fallbeispiel „Selektivität" (2) – Wissenschaftliche Versuche und Werbepraxis

Eine Untersuchung der *Universität Ohio* zeigt, wie selektiv der Mensch wahrnimmt: Ein vermeintlicher Tourist spricht auf der Straße einen Passanten an, um ihn nach dem Weg zu fragen. Während sich die beiden unterhalten, werden sie von zwei Männern unterbrochen, die eine große Holztür zwischen den beiden hindurch tragen. Dieses Ablenkungsmanöver dient nur dazu, den Touristen gegen einen anderen Mann auszutauschen. Das erstaunliche Ergebnis: Die Hälfte aller Passanten merkte nicht, dass ihnen nun ein anderer Mann gegenüberstand. Sie hatten ihre Wahrnehmung auf andere Aspekte konzentriert, nicht aber auf das Aussehen des Gesprächspartners.

Auch eine Werbung von *VW* für das *Passat Coupé* spielte mit der selektiven Wahrnehmung: In dem Fernsehspot sah man das sportliche Fahrzeugmodell durch Stadt und Landschaft fahren. Kurze Zeit danach wurde das Bild eingefroren und darauf hingewiesen, dass soeben ein Leopard von einer attraktiven Frau durch das Bild geführt worden war. Dass der Betrachter dies nicht bemerkt hatte, wurde dem sportlichen Aussehen des Passat Coupé zugeschrieben. Dass die selektive Wahrnehmung auch bei einem Kleinwagen oder einem Transporter unsere Aufmerksamkeit auf das Auto gelenkt hätte, so dass wir den Leopard übersehen hätten, verschwieg die Werbung selbstverständlich.

Abb. 2.30 vermittelt einen zusammenfassenden Überblick über den Prozess der Informationsverarbeitung.

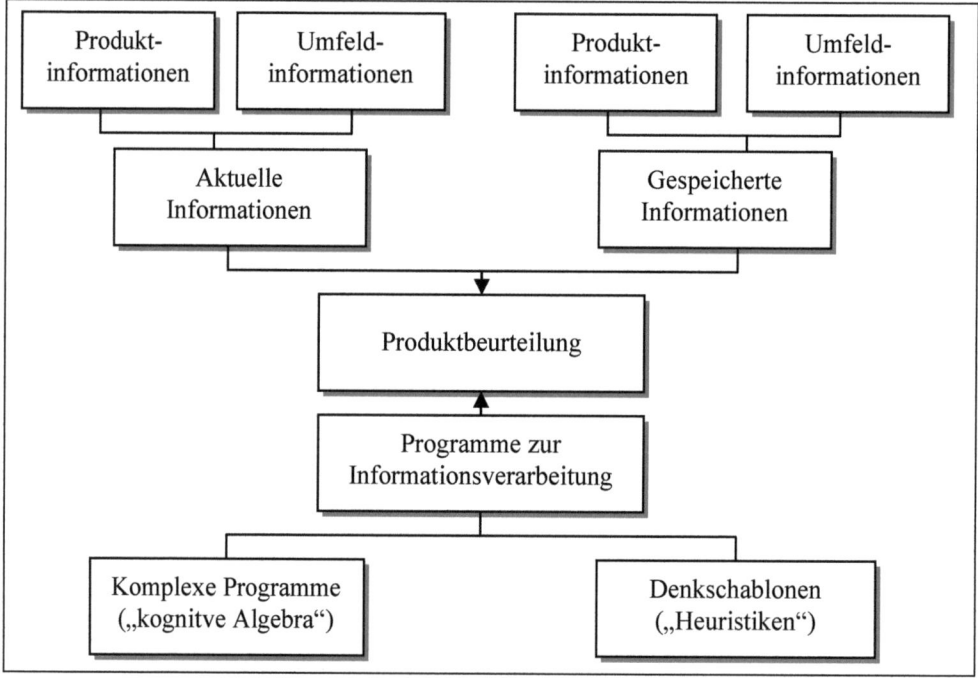

Abb. 2.30: Der Prozess der Informationsverarbeitung im Überblick

> **Fallbeispiel „Heuristiken" – wie Laien Börsenprofis schlagen**
>
> Wer eine im strengen Sinne rationale Entscheidung treffen will, muss scheitern, weil sich selbst mit den leistungsstärksten Computern nicht alle Informationen sammeln und auswerten lassen, die Auswirkungen der einzelnen Informationen auf die Entscheidung unbekannt sind und sich nach dem zeitintensiven Sammeln die Informationen bereits wieder verändert haben.
>
> Der Mensch wendet daher zumeist einfache Regeln sprich Heuristiken an, ohne sich dessen zumeist bewusst zu sein. Dass solche Heuristiken durchaus erfolgreich sein können, konnte *Gerd Gigerenzer*, Direktor des *Max-Planck*-Instituts für Bildungsforschung in Berlin, nachweisen. In einer von ihm durchgeführten Untersuchung konnte eine Gruppe von Laien bei Aktienspekulationen Börsenprofis schlagen. Befragt nach ihrer Vorgehensweise nannten die Laien Heuristiken wie „Kaufe die bekannte Marke!" oder „Imitiere die Erfolgreichen!".
>
> In diesem Zusammenhang nennt *Gigerenzer* auch die Regel: „Frage andere um Rat, die es besser wissen!" Dieser Regel folgend ist es in einem Restaurant im Ausland besser, die Bestellungen einheimischer Gäste als die Speisekarte zu studieren.
>
> Entscheidungen werden offenkundig nicht besser, wenn Konsumenten mehr Informationen sammeln und mehr Auswahl haben. Außerdem führen zu viele Optionen zu Konfusion. Versuche mit Marmeladen kommen zu dem Ergebnis, dass Kunden bei einer Auswahl von sechs Produkten mehr kaufen als bei einem Angebot von 24 Marken. Hinzu kommt, dass jene Probanden, die vor einer Entscheidung viele Informationen sammeln (sog. Maximierer), unzufriedener sind als die Satisficer, die sich mit wenigen Informationen begnügen.
>
> Quelle: *Gigerenzer, G.*: Bauchentscheidungen. Die Intelligenz des Unbewussten und die Macht der Intuition, München 2007.

2.5.2.2.4 Informationsspeicherung

Die Informationsspeicherung setzt sich zusammen aus Lernen und Gedächtnis. Unter **Lernen** versteht man eine relativ dauerhafte Verhaltensänderung als Ergebnis von Erfahrungen oder Beobachtung (vgl. hierzu *Kroeber-Riel/Weinberg* 1999, S. 316). Dem Lernen kommt insbesondere bei limitierten und habituellen Kaufentscheidungen eine zentrale Rolle zu. Grundsätzlich können **vier lerntheoretische Erklärungsansätze** unterschieden werden (vgl. hierzu ausführlich Abschnitt 2.3.2):

- Lernen durch klassische Konditionierung
- Lernen durch operante Konditionierung
- Lernen am Modell (= Nachahmung anderer Personen durch bloßes Beobachten)
- Kognitives Lernen (= Lernen aufgrund des Erkennens der jeweiligen Mittel-Zweck-Beziehungen)

Lernen setzt voraus, dass der Konsument die aufgenommenen und verarbeiteten Informationen im Gedächtnis abspeichert und zu gegebenem Zeitpunkt darauf zurückgreifen, d. h. die Informationen mehr oder weniger originalgetreu reproduzieren kann (= Informationsnutzung). Hierbei lassen sich ein prospektives und ein retrospektives Gedächtnis unterscheiden. Im prospektiven Gedächtnis („Gedächtnis für die Zukunft") sind sämtliche Handlungspläne und Ziele abgespeichert, die zu einem bestimmten Zeitpunkt durchgeführt oder erreicht werden sollen. Nur so gelingt es, Termine einzuhalten und langfristige Ziele zu verfolgen. Das retrospektive Gedächtnis hingegen bezieht sich auf die Vergangenheit. Im Mittelpunkt der Forschung stehen hier Lernen und Vergessen.

Ständig wirken Reize aus dem Körperinneren und der Umwelt auf das Gehirn ein. Pro Sekunde sind dies rund 10 Millionen Signale. Jeder Reiz wird blitzschnell mit bereits vorhandenem verglichen, nach seiner Bedeutung eingeordnet und einer Reaktion zugeführt. Doch die wenigsten der einwirkenden Reize gelangen überhaupt in das Bewusstsein des Menschen. Bei der Speicherung eingehender Informationen agiert das Gehirn nach einer Art „Sortierkorb-System". In diesem Kontext lassen sich **drei Arten von Informationsspeichern** (sog. **Mehrspeichermodell des Gedächtnisses**; vgl. Abb. 2.31 sowie *Kroeber-Riel/ Weinberg* 1999, S. 225) identifizieren:

- **Sensorischer Speicher bzw. Sekundärgedächtnis**: Er bildet die Grundlage für Auswahl, Interpretation und Verknüpfung aufgenommener Reize und speichert Sinneseindrücke nur für ganz kurze Zeit. Die Kapazität des Sensorischen Speichers ist sehr groß, seine Speicherdauer aber sehr gering. Ist dieser „Korb" voll, wird aussortiert. Unwichtiges wird sofort gelöscht. Der Rest gelangt ins Kurzzeitgedächtnis.

- **Kurzzeitspeicher bzw. Arbeitsgedächtnis:** Dieser übernimmt aus dem sensorischen Speicher einen Teil der aufgenommenen Reize zur weiteren Verarbeitung, indem er sie entschlüsselt, interpretiert und organisiert. Zu diesem Zweck wird auf den Langzeitspeicher zurückgegriffen, d. h. es wird eine Beziehung zwischen gegenwärtiger und vergangener Erfahrung hergestellt. Die Informationen verbleiben für Stunden oder Tage im Kurzzeitgedächtnis. Ist dieser „Korb" voll, wird wieder umgeräumt. Da die Kapazität des Kurzzeitspeichers sehr beschränkt ist, werden unwichtige Informationen schließlich gelöscht und wichtige in den Langzeitspeicher übertragen. Was das Gehirn als wichtig einstuft, wird durch
  – Vergleich mit anderen Informationen, die bereits im Langzeitgedächtnis lagern,
  – die Intensität, mit der die Informationen auf das Gehirn einwirken (etwa hell – dunkel, laut – leise, gefährlich – ungefährlich) oder
  – Wiederholung derselben Information
  beeinflusst.

- **Langzeitspeicher** (= Gedächtnis im engeren Sinne): Hier werden die verarbeiteten Informationen langfristig abgespeichert. Im Langzeitgedächtnis lassen sich drei Bereiche unterscheiden. Im deklarativen Gedächtnis befindet sich Faktenwissen (etwa Paris ist die Hauptstadt Frankreichs). Das episodische Gedächtnis ist für unsere Erinnerungen an Lebensereignisse wie z. B. unsere erste Schulstunde zuständig. Im prozeduralen Gedächtnis schließlich sind unsere motorischen Fähigkeiten wie Fahrradfahren, Schwimmen etc. verankert. Aus Sicht der Marketingtreibenden erscheint es zweckmäßig zu gewährleisten, dass Informationen nicht vergessen werden. Hierzu bieten sich zwei Strategien an. Die sog. Erinnerungswerbung zielt darauf ab, die Informationen durch möglichst häufige Wiederholung im Langzeitgedächtnis zu verankern. Diesen Weg schlagen häufig Marktführer ein, die über das für eine Penetration erforderliche Budget verfügen und die nach vergleichsweise hoher Sicherheit streben, was mit spektakulären Aktionen unvereinbar erscheint. Marktherausforderer hingegen, bedienen sich spektakulärer, möglichst kreativer Instrumente, um den Nachteil spärlicher finanzieller Mittel auszugleichen. Denn Inhalte werden leichter abgespeichert, wenn sie Interesse und Neugier wecken und eine positive emotionale Stimmung erzeugen.

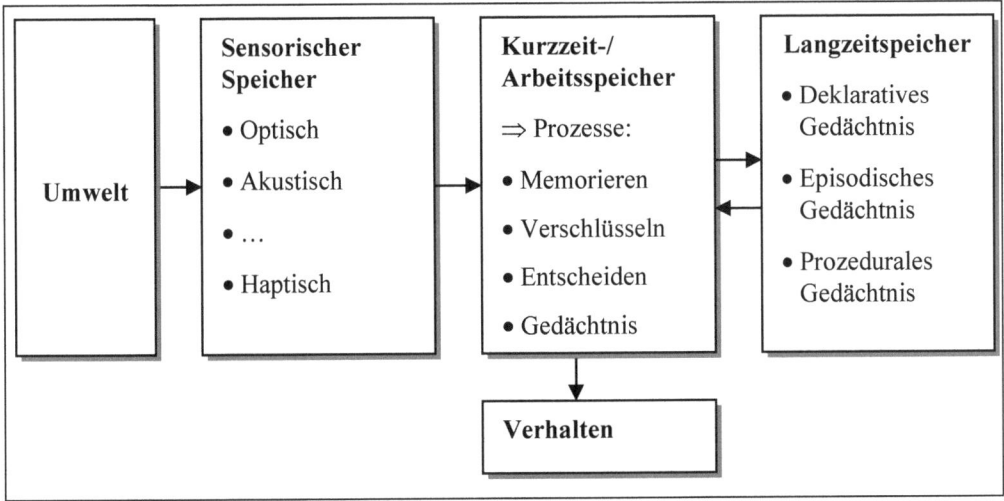

Abb. 2.31: Das Drei-Speicher-Modell der Informationsspeicherung

2.6 Paradigmenwechsel vom neokortikalen zum limbischen Modell zur Erklärung des Konsumentenverhaltens

2.6.1 Aufbau des menschlichen Gehirns und Erkenntnisse der jüngeren Gehirnforschung

Traditionell wurde davon ausgegangen, dass das Großhirn, genauer ausgedrückt der **Neokortex** als Sitz der Vernunft, die wichtigste und bestimmende Hirnregion des Menschen sei. Der Mensch und demnach auch der Konsument sei demnach ein vernunftgesteuertes Wesen.

Folgt man den neueren Erkenntnissen der Gehirnforschung, muss man sich vom Bild des rein vernunftgesteuerten Konsumenten und erst recht vom Idealbild des Homo oeconomicus endgültig verabschieden (vgl. im Folgenden *Häusel* 2002a, b). Denn die Informationsverarbeitung und Entscheidungsfindung des Konsumenten laufen in zwei unterschiedlichen, einander ergänzenden Systemen ab: Einem System, welches Entscheidungen mittels Intuition fällt (= **Autopilot**, der im Zwischenhirn sitzt), und einem rationalen System, das logisch denkt (= **Pilot**, der im Großhirn, sprich Neokortex angesiedelt ist).

Der **Neokortex** (= Großhirnrinde) ist das einzigartige Kennzeichen des Menschen. Im Laufe der Evolution vom frühen Australo pithecus (= Südlicher Halbaffe) vor 4,5 Mio. Jahren, der sich durch einen aufrechten Gang auszeichnete, bis zum heutigen Homo sapiens (= wissender Mensch) hat sich das menschliche Neokortex-Volumen von damals 300 ccm auf ca. 1.200 bis 1.300 ccm rund vervierfacht.

Mit der Entwicklung des Neokortex hat sich zwar die Komplexität des Verhaltens und Denkens erhöht. Die grundsätzlichen Zielsetzungen sind aber im Zwischenhirn verankert, das uns den Konsumenten wie ein Autopilot unbewusst auf Kurs hält. Kommt er von seinem Kurs ab, ruft dies negative Gefühle (Angst, Ärger, Wut) hervor, die er durch entsprechende Handlungen zu beseitigen bzw. zu vermeiden sucht. Befindet er sich wieder auf dem richtigen Kurs, wird er durch positive Gefühle (Lust, Spaß, Geborgenheit, Glück) belohnt. Diesen Überlegungen folgend hat nicht der vernünftige Neokortex, sondern das **Reptilienhirn** eine Vormachtstellung im Gehirn des Menschen.

Der **Autopilot** im Zwischenhirn trifft schnell, automatisch und mit wenig Aufwand Entscheidungen. Er steuert den Menschen durch die normalen alltäglichen Routinen und lässt uns schnell sowie effizient entscheiden. Die weit überwiegende Mehrzahl der Kaufentscheidungen, nämlich impulsive und habituelle Käufe, wird unbewusst und damit vom Autopiloten getroffen.

Beim verbleibenden und deutlich kleineren Rest schaltet sich der Pilot ein, der im Neokortex sitzt. Hier denkt der Konsument nach, nimmt sich Zeit und will es ganz genau wissen. Dementsprechend ist der Pilot langsam, kontrolliert und arbeitet mit erheblichem Aufwand. Er schaltet sich bei extensiven und limitierten Entscheidungen ein (vgl. Abschnitt 2.2.1).

Zwischen beiden Systemen besteht ein wesentlicher **Unterschied**: Der Autopilot lernt nur sehr langsam. Hat der Konsument aber einmal eine Regel verinnerlicht, wendet er sie ohne Nachzudenken oder sogar unterbewusst an. Hierzu zählen die in Abschnitt 2.4.2 vorgestellten **Denkschablonen** (sog. **Heuristiken** = vereinfachende Regeln), mit denen der Verbraucher seinen psychischen Aufwand bei der Entscheidungsfindung reduzieren will. Hierzu zählen **Attributdominanz, Irradiation, Halo-Effekt** und **Selektivität**.

Der Pilot hingegen ist sehr flexibel, er kann sich gut auf neue Situationen einstellen und neue Regeln lernen. Auf den Punkt gebracht: Menschen können aufgrund der höheren Komplexität, welche die Zellstruktur unseres Neokortex zulässt, sehr komplexe Entscheidungen treffen. Die eigentlichen Entscheidungen werden jedoch im Reptilienhirn, dem entwicklungsgeschichtlich ältesten Teil des Gehirns, vom Autopiloten getroffen: Um Energie zu sparen, schaltet das Gehirn mit Vorliebe auf Autopilot um.

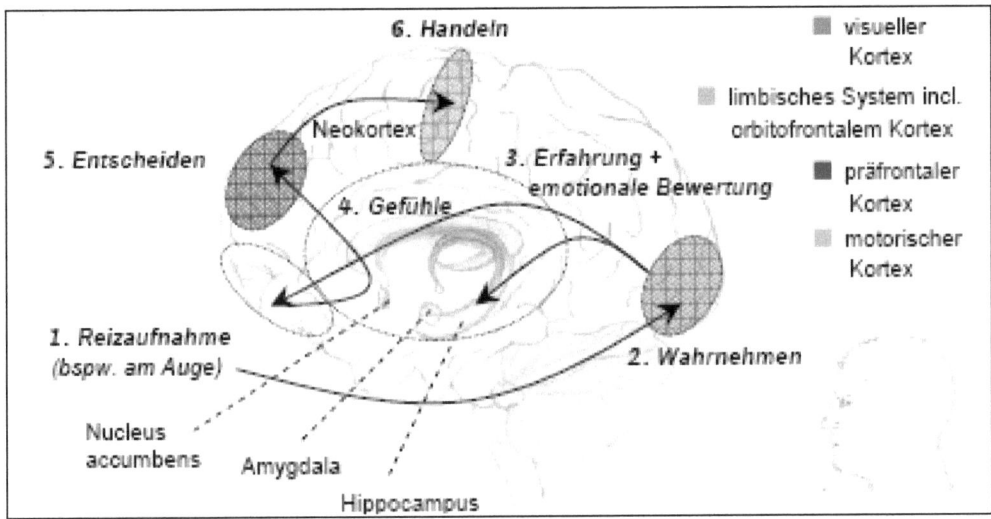

*Abb. 2.32: Der neuronale Ablauf einer emotionalen Kaufentscheidung
(Quelle: Ceranic, B./Lorenz, B.: Das Konsumentenverhalten aus dem Blickwinkel des Neuromarketing, in: Technische Universität Braunschweig (Hrsg.): TU BS Marketing Report WS 06/07, Nr. 8, Braunschweig 2006, 1–5.)*

2.6.2 Dimensionen des limbischen Systems

Auf den Punkt gebracht basiert das limbische System des Konsumenteverhaltens auf folgender **Hypothese**: Menschen können aufgrund der höheren Komplexität, welche die Zellstruktur unseres Neokortex zulässt, sehr komplexe Entscheidungen treffen. Die eigentlichen Entscheidungsparameter werden jedoch im Reptilienhirn in Form eines Autopiloten festgelegt.

Der Autopilot sitzt im **Reptiliengehirn,** dem sog. **limbischen System**. Dieses Gefühlszentrum steuert Emotionen und Motive. Hier sind **drei zentrale Motivfelder** verankert: Balance, Dominanz und Stimulanz.

Balance ist das stärkste Motiv. Es lässt den Menschen nach Harmonie, Ruhe und Sicherheit suchen und führt dazu, dass gefährliche oder risikoreiche Situationen vermieden werden. Der Wunsch nach Ausgeglichenheit schlägt sich in folgenden Verhaltensregeln sprich **Imperativen** nieder:

- Vermeide jede Gefahr!
- Baue auf Gewohnheiten und verzichte auf Veränderungen!
- Erhalte Altbewährtes!
- Vergeude nicht unnötig Kraft und Energie!

Hält der Konsument diese Regeln ein, wird er mit positiven Gefühlen wie Geborgenheit und Sicherheit belohnt. Beispielsweise suchen Konsumenten mehr oder weniger bewusst nach

Balance, wenn sie Bioprodukte, naturbelassene Lebensmittel, Kranken-, Lebens- und sonstige Versicherungen, Altersvorsorgeprodukte, altbekannte Markenartikel, (freiwillige) Garantieleistungen (Mindestpreis-, Mobilitäts- oder Bei-Unzufriedenheit-Geld-zurück-Garantie) und nicht zuletzt Hygieneprodukte (etwa Reinigungstücher, Desinfektionssprays) erwerben. Und immer, wenn sich Konsumenten für Qualität, Tradition, Familienunternehmen, persönliche Kundenbeziehungen und bekannte Geschäfte entscheiden, steckt dahinter nichts anderes als der Wunsch nach Ausgeglichenheit.

Dominanz motiviert dazu, sich im Kampf um knappe Ressourcen durchzusetzen, das Herrschaftsgebiet auszudehnen und Macht zu steigern. Das Dominanzmotiv zeigt sich, wenn Menschen nach Weiterkommen, Macht, Gewinnen und Sieg über andere streben. Dominanz kommt in folgenden Regeln zum Ausdruck:

- Setze Dich gegenüber anderen durch!
- Sei besser als Deine Konkurrenten!
- Strebe nach oben und vergrößere Deine Macht!
- Erweitere dein Territorium!

Befolgen Konsumenten diese Regeln, mündet dies in Stolz und einem Gefühl von Überlegenheit. Verstoßen Menschen dagegen, reagieren sie mit Ärger, Wut und Minderwertigkeitsgefühlen. Das Dominanzmotiv wird befriedigt durch beispielsweise schnelle und PS-starke Autos, Statusprodukte wie exklusive Kleidung, Parfums und Getränke, Abenteuerreisen und nicht zuletzt Mitgliedschaften in exklusiven Kreisen.

Stimulanz schließlich weckt im Menschen den Wunsch nach Abwechslung, Erlebnis, Individualität und Neuem. Typische Verhaltensanweisungen sind:

- Suche nach neuen und unbekannten Reizen!
- Brich aus alten Gewohnheiten aus!
- Strebe nach Abwechslung!
- Sei anders als die anderen!

Folgen Menschen diesen Anweisungen, empfinden sie Spaß, Erregung, Prickeln und Begeisterung. Tun sie es nicht, endet dies in Langeweile und Frustration. Neugierde befriedigen Konsumenten beispielsweise beim Konsum von Genussmitteln sowie in den Bereichen Freizeit, Reisen, Unterhaltungselektronik und (Erlebnis-)Gastronomie.

Die gesamte kognitive Struktur, d. h. die Wahrnehmung und Bewertung der Außenreize (= Stimuli), also das, was für den Körper (= Organismus) als wichtig und weniger wichtig eingestuft wird, erfolgt nach den Vorgaben des limbischen Systems. Demnach steuern die limbischen Instruktionen die kognitive Ebene des Menschen.

2.6 Paradigmenwechsel vom neokortikalen zum limbischen Modell

Mit den limbischen Instruktionen eng verbunden sind die folgenden **Vitalbedürfnisse**:

- **Schlaf und Atmung**: Da diese Bedürfnisse ohne Konkurrenzkampf befriedigt werden können, liegen sie stärker auf der Balanceseite. Insbesondere der Schlaf ist eng mit der Optimierung des Energiehaushalts verbunden.
- **Sexualität und Nahrungsaufnahme**: Da der Kampf um die besten Gen- und Zeugungspartner und um Nahrungsressourcen zur Entwicklung der limbischen Dominanz- und Stimulanz-Instruktion geführt haben, sind diese in deren Nähe angesiedelt.

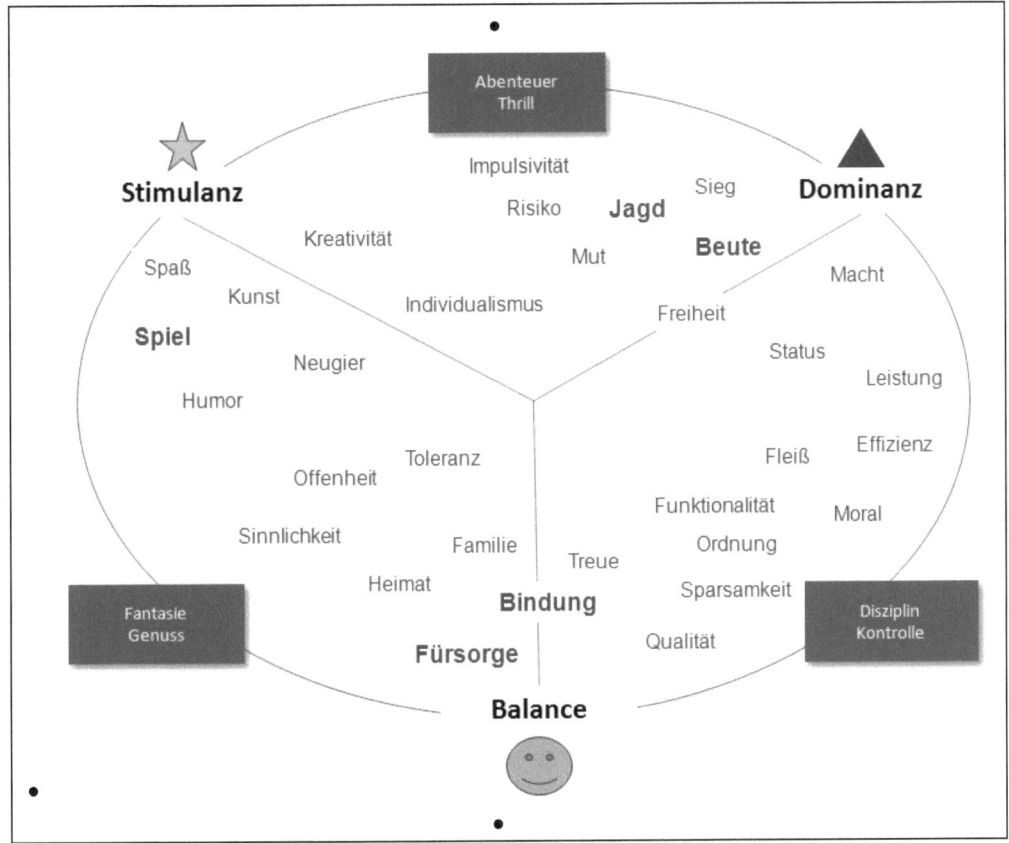

Abb. 2.33: Der neuronale Ablauf einer emotionalen Kaufentscheidung
(Quelle: http://www.zoonpoliticon.ch/blog/wp-content/uploads/limbicmap.png; Stand: 23.07.2011)

2.6.3 Limbische Konsumententypologie

Die drei Motivfelder Balance, Dominanz und Stimulanz sind bei je nach Konsumtyp unterschiedlich stark ausgeprägt. Je nach Stärke der Balance-, Dominanz- und Stimulanz-Motive lassen sich **sieben Konsumtypen** ausmachen:

- **Der Abenteurer**: Er ist risikoreich und eine Kämpfernatur. Qualität und Beratung sind ihm weniger wichtig. Ihm geht es mehr um Spaß, Stimulanz, Mehrleistung und Risiko. Charakteristisch sind die Suche nach dem ultimativen Kick und Spaß an Grenzerfahrungen. Der Abenteurer ist wenig bildungsorientiert, geht unkonventionelle Pfade und probiert gerne Neues und Unbekanntes aus. Abenteuerreisen und -sportarten sind Teil seines Lebens.

- **Der Hedonist**: Im Gegensatz zum Abenteurer sucht dieser Konsumtyp zwar auch das Erlebnis, aber es fehlt ihm die aggressive, sich selbst durchsetzende Komponente. Bei ihm stehen Genuss, Glücklichsein und Lustgewinn im Vordergrund. Er sucht immer das Neue, Ungewöhnliche, Schrille und Einzigartige. Im Mittelpunkt stehen schnelle Belohnungen ohne viel Mühen. Typisch sind hier ausgefallene Mode, Urlaub an exotischen Orten und ein unkonventioneller Einrichtungsstil. Der Hedonist ist extrem unberechenbar in seinen Kaufentscheidungen, weil er ständig den neuesten Trends hinterher jagt.

- **Der Genießer**: Er genießt das Leben sowie seine Annehmlichkeiten und gönnt sich häufig etwas. Er wird gerne stimuliert, liebt das Einkaufen und bevorzugt Marken mit Erlebnischarakter. Aufgrund des starken Balancemotivs ist der Genuss eher passiv ausgeprägt im Sinne von „sich verwöhnen lassen". Man genießt, geht dabei aber weder Risiko noch allzu große Mühen ein. Die Devise lautet: Leben und leben lassen, also tolerant und offen gegenüber anderen und allem Neuen sein. Im Urlaub werden Entspannung, aber auch eine gewisse Abwechslung gesucht. Wellness-Produkte und -Angebote erfreuen sich großer Beliebtheit.

- **Der Bewahrer**: Er sucht nach Sicherheit, Vertrauen und Qualität. Er überlegt sich genau, was er kauft und was nicht. Er setzt auf Altbewährtes und Tradition, Neuem steht er eher skeptisch gegenüber. Da er tendenziell unsicher ist, nutzt er Beratungsangebote jeglicher Art. Er achtet auf Qualität, wobei der Preis eine bedeutende Rolle spielt. Ausgefallenes wird gemieden. Er konsumiert am liebsten so wie die Masse bzw. die Gruppe, zu der er sich zugehörig fühlt. Für den Urlaub werden Orte bevorzugt, die keine größere Veränderung der Gewohnheiten erfordern.

- **Der Disziplinierte**: Er möchte keine Risiken eingehen. Doch im Gegensatz zum Bewahrer, der eher passiv ist, zeichnet sich der Disziplinierte durch Aktivität aus. Der Tag hat feste Regeln. Er kauft nach langem Überlegen und immer nur das, was er tatsächlich auch benötigt. Alles soll berechenbar und überschaubar sein. Bei Lebensmitteln beispielsweise sind Herkunftsangabe, Inhaltsstoffe, Kalorienzahl und Auswirkung auf den Cholesterinspiegel wichtiger als der Geschmack. Er bevorzugt vertraute Geschäfte und überschaubare Sortimente, in denen er sich schnell zurechtfindet.

- **Der Performer**: Sein zweiter Name ist Ehrgeiz. Bei ihm stehen Karriere und Erfolg im Vordergrund. Produkten, Sportarten und Freizeitaktivitäten mit Status- und Leistungscharakter kommt eine große Bedeutung zu. Die privaten Interessen sind relativ begrenzt und

2.6 Paradigmenwechsel vom neokortikalen zum limbischen Modell

richten sich an Geld und beruflichem Erfolg aus. Der demonstrative Konsum, durch den man zeigt, was man (geleistet) hat, ist wichtiger als Genuss. Dementsprechend liebt der Performer Statusprodukte, Spitzenleistung und Qualität sowie technische Perfektion.

- **Der Gleichgültige**: Während die bisher charakterisierten Konsumententypen sich dadurch auszeichnen, dass bestimmte Motive stärker als andere sind, sind beim Gleichgültigen Balance, Dominanz und Stimulanz gleichmäßig und nicht sonderlich stark ausgeprägt. Dieser Typ bevorzugt Massenprodukte und verfügt kaum über ausgeprägte Vorlieben. Da er von externen Reizen kaum angesprochen wird, passen auf ihn Bezeichnungen wie (positiv) „stabilintrovertiert" oder (weniger positiv) „gleichgültig-phlegmatisch".

Es existieren demnach sieben Konsumtypen: Abenteurer, Hedonist, Genießer, Bewahrer, Disziplinierter, Performer und Gleichgültiger. Da die drei Motivfelder Balance, Dominanz und Stimulanz in unterschiedlicher Stärke bei allen Menschen vorhanden sind, muss – so die Vertreter dieses Ansatzes – beim Konsumentenverhalten in Wahrscheinlichkeiten und nicht in sicheren Ereignissen gedacht werden. Der Hedonist kauft auch Produkte mit Balancecharakter, aber über einen längeren Zeitraum hinweg eben wesentlich seltener als der Bewahrer.

Bei jedem Menschen und in jeder Altersstufe sind Balance, Dominanz und Stimulanz demnach mehr oder weniger stark ausgeprägt. Sucht man nach Unterschieden zwischen den Geschlechtern, zeigt sich, dass bei den Bewahrern und Genießern Frauen überwiegen.

Bei den Hedonisten und Disziplinierten sind beide Geschlechter in etwa gleichmäßig vertreten. Bei den Performern und Abenteurern dominieren eindeutig die Männer.

Mit dem **Alter** verlieren Dominanz- und Stimulanzbedürfnisse an Stellenwert, während der Wunsch nach Balance zunimmt. Demnach sind Hedonisten, Abenteurer und Performer im Durchschnitt wesentlich jünger als Genießer, Bewahrer und Disziplinierte.

Betrachtet man **Alter** und **Geschlecht** gleichzeitig, dann zeigt sich:
- Junge Männer haben einen ausgeprägten Wunsch nach Dominanz und Stimulanz.
- Ältere Männer tendieren zu Werthaltungen wie Tugend, Disziplin und Sparsamkeit.
- Junge Frauen haben etwas weniger Dominanz, dafür aber eine hohe Stimulanzausprägung.
- Ältere Frauen neigen zu Balance, Sicherheit, Disziplin, Tradition und Humanismus.
- Männer tendieren beim Einkauf zu Dominanz, Frauen zu Stimulanz.
- Mit zunehmendem Alter kommt bei beiden Geschlechtern das Balancemotiv stärker zum Tragen.

2.7 Kundenwert als Ausdruck der monetären Bedeutung eines Kunden

2.7.1 Überblick

Im Zentrum des CRM steht die Kundenbindung, da sich die Dauer der Beziehung zum Kunden positiv auf Rentabilität bzw. Gewinn auswirkt. Die **Ertragszuwächse** im Zeitablauf sind im Wesentlichen auf folgende **Ursachen** zurückzuführen:
- Erhöhung der Kauffrequenz,
- Verringerung der Betriebskosten (etwa Werbung, Kundenberatung u. ä.),
- Preiszuschläge, die aufgrund abnehmender Preissensibilität des Kunden immer weniger wahrgenommen werden, und nicht zuletzt
- Weiterempfehlung an neue Kunden.

Reichheld, Bain & Company und *Sasser* (1991) untersuchten anhand von 100 Unternehmen aus 24 Branchen den Zusammenhang zwischen Kundenbindung und Gewinnen. Sie weisen nach, dass im Falle von Stammkundenbeziehungen der Gewinn des ersten Jahres im Laufe von sieben Jahren auf das Neunfache gesteigert werden konnte. Davon entfallen ca.:
- 11,1 % auf den Grundgewinn des ersten Jahres,
- 34,4 % auf den Gewinn aus erhöhter Kauffrequenz und gestiegenen Rechnungsbeträgen,
- 21,1 % auf Gewinn aufgrund geringerer Verwaltungs- und Vertriebskosten,
- 33,2 % auf Gewinne aufgrund von Weiterempfehlungen (sog. positive Mund-zu-Mund-Werbung) sowie
- 0,2 % auf Gewinne aus Preisaufschlägen infolge abnehmender Preissensibilität des Kunden.

Des Weiteren wurde in der angeführten Untersuchung festgestellt, dass sich die Kosten der Neukundenakquisition auf das 1,3fache des Gewinns des ersten Jahres belaufen. Aus den vorliegenden Befunden sollte man jedoch keinesfalls vorschnell schlussfolgern, dass es jeden Kunden an das Unternehmen zu binden gilt. Vielmehr stellt sich Unternehmen die Aufgabe, aus der Gesamtheit der Klientel die **wertvollen Kunden herauszufiltern** und diese intensiv zu bearbeiten (vgl. im Folgenden *Loyalty Consulting Hamburg* 2003; http://www.loyalty-hamburg.de/th_bed_kuwert_rfmr.html; Stand: 19.09.2003; *Krafft/Rutsatz* 2001, S. 239–258; *Krafft* 2002; *Hofmann/Mertiens* 2000).

> **Fallbeispiel „Kundenwert" – die Wertschöpfung im Lebenszyklus eines Automobils**
>
> Eine Studie der *Daimler Chrysler AG* hat ergeben, dass beispielsweise für einen *Mercedes Benz* mit einem Anschaffungspreis von 39.000 € im Verlauf von zehn Jahren insgesamt 100.000 € ausgegeben werden (einschließlich Reparaturen, Wartung, Kraftstoff). Bezogen auf den Umsatz hätten die Finanzierungs- und Versicherungsdienstleistungen daran zwar

lediglich einen Anteil von 30 %. Von den Gewinnen entfielen aber immerhin 46 % auf diese Dienstleistungen (vgl. Tab. 2.18).

Quelle: o. V.: Am gesamten Autoleben beteiligt, in: Frankfurter Allgemeine Zeitung, Nr. 70 vom 23.03.2004, S. 16.

Tab. 2.18: Die Wertschöpfung im Lebenszyklus eines Automobils
(Quelle: o. V.: Am gesamten Autoleben beteiligt, in: Frankfurter Allgemeine Zeitung, Nr. 70 vom 23.03.2004, S. 16.)

Erfolgsgröße Ausgabenbereich	Umsatzanteile *(in %)*	Gewinnanteile *(in %)*
Neufahrzeug	39,0	8,0
Reparaturen/Ersatzteile	12,0	30,0
Service	10,0	11,0
Kraftstoff	9,0	5,0
Finanzierung/Versicherung	30,0	46,0

Zur Kundenbewertung bieten sich folgende **Instrumente** an:
- ABC-Analyse,
- Kundendeckungsbeitragsrechnung,
- Portfoliotechnik,
- Klassifikationsschlüssel,
- RFMR-Ansatz,
- Scoring-Methode sowie
- Customer-Lifetime-Value.

2.7.2 ABC-Analyse

Die ABC-Analyse strukturiert und klassifiziert Kunden mit Blick auf deren Bedeutung: A-Kunden sind sehr wichtig, B-Kunden weniger wichtig und C-Kunden eher unwichtig. Zur Strukturierung eignen sich verschiedene Kriterien, wobei sich die Unternehmenspraxis am häufigsten für den Umsatz entscheidet (vgl. Abb. 2.34). Ziel der ABC-Analyse ist es, Ressourcen und Aktivitäten noch stärker auf A-Kunden zu konzentrieren, die Betreuung der C-Kunden hingegen zurückzuschrauben bzw. ganz einzustellen.

Wegen ihrer gewöhnlich eindimensionalen Ausrichtung (z. B. Umsatz als alleiniges Selektionskriterium) birgt die ABC-Analyse die Gefahr, dass Unternehmen aus den Ergebnissen falsche Schlussfolgerungen ziehen. Deshalb sollten **weitere Überlegungen** in die Entscheidung einfließen:

- Umsatzstarke Kunden sind nicht unbedingt die ertragsstärksten, weshalb es nahe liegt, neben dem Umsatz zusätzliche Kriterien heranzuziehen, z. B. Rendite, Deckungsbeitrag.
- Die ausschließliche Konzentration auf A-Kunden eröffnet zwar Kostenvorteile, vergrößert aber die Abhängigkeit von diesen „Cash cows". Erwirtschaftet ein Unternehmen bspw. 70% seines Umsatzes mit A-Kunden, dann wären – im Falle von Absatzproblemen – 70% des Umsatzes gefährdet.
- ABC-Analysen sind im Allgemeinen gegenwarts- bzw. vergangenheitsbezogen. Wie sich die einzelnen Kunden in Zukunft entwickeln werden, bleibt indessen unberücksichtigt.

Trotz ihrer Schwächen ist die ABC-Analyse in der Praxis weit verbreitet, nicht zuletzt deshalb, weil sie einfach zu handhaben und flexibel einsetzbar ist. Im Übrigen ist der Umsatz nach wie vor eine der wichtigsten Zielgrößen.

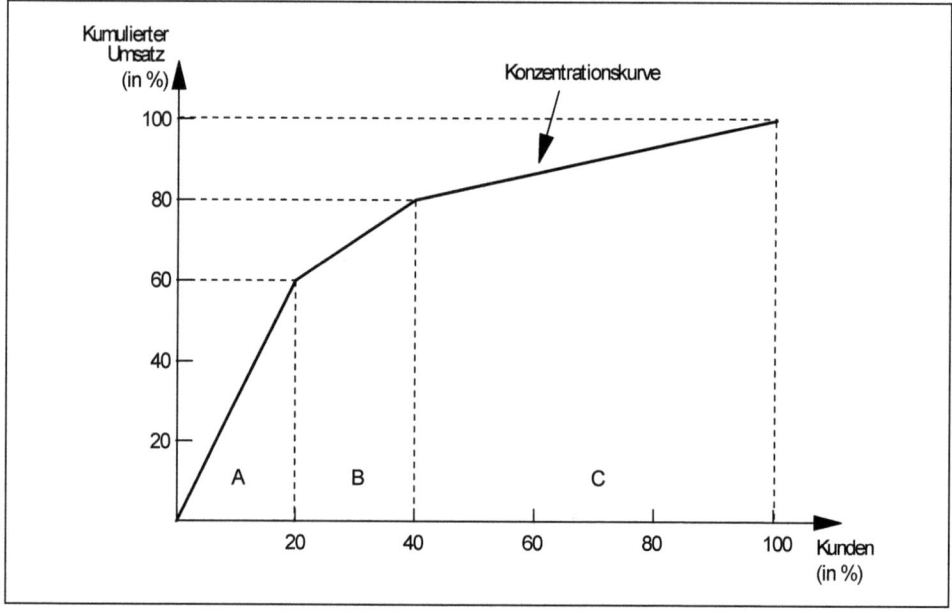

Abb.2.34: Kundenbewertung mit Hilfe der ABC-Analyse

2.7.3 Kundendeckungsbeitragsrechnung

Die Kundendeckungsbeitragsrechnung zielt darauf ab,
- den kundenindividuellen Beitrag zum Periodengewinn zu ermitteln und
- damit Aussagen über die momentane Rentabilität des Kunden zu treffen

Durch eine verursachungsgerechte Zuordnung von Erlösen und Kosten wird versucht, einen monetären, aussagefähigen Kundenwert zu berechnen. Hierbei bedient man sich des folgenden Berechnungsschemas (vgl. *Köhler* 2005, S. 338; *Link* 1995, S. 108):

Kunden-Bruttoerlöse pro Periode
− kundenbezogene Erlösschmälerungen (Boni, Skonti, Rabatte)
___

= Kunden-Nettoerlöse pro Periode
− Kosten der vom Kunden bezogenen Produkte (variable Stückkosten, multipliziert mit den Kaufmengen)
___

= Kunden-Deckungsbeitrag I
− Eindeutig kundenbedingte Auftragskosten (z. B. Vorrichtungen, Versandkosten)
___

= Kunden-Deckungsbeitrag II
− Eindeutig kundenbedingte Besuchskosten (z. B. Kosten der Anreise zum Kunden)
− Sonstige relative Einzelkosten des Kunden pro Periode (z. B. Gehalt eines speziell zuständigen Key Account-Managers)
___

= Kunden-Deckungsbeitrag III

Ein zentrales Problem der Kundendeckungsbeitragsrechnung liegt in der **Periodenbezogenheit** der Erlöse und Kosten. Denn Investitionen in den Kunden können durchaus über den Betrachtungszeitraum hinaus wirken. Des Weiteren sagt ein positiver Deckungsbeitrag nichts darüber aus, ob die fixen Kosten komplett gedeckt sind und ein Einnahmenüberschuss erwirtschaftet wird. Aus diesem Grund sollte flankierend der Gewinn pro Kunde untersucht werden. Schließlich handelt es sich um eine Berechnung auf Basis von Vergangenheitsdaten, die keine fundierte Prognose über das Entwicklungspotential eines Kunden zulassen.

2.7.4 Portfoliotechnik

Bei der im Zuge der Kundenbewertung eingesetzten Variante der Portfolioanalyse werden die Kunden anhand der Kriterien „**Umsatzanteil**" und „**Geschätzter eigener Anteil als Lieferant**" (Share-of-Wallet) in vier Felder eingeordnet (vgl. Abb. 2.35).

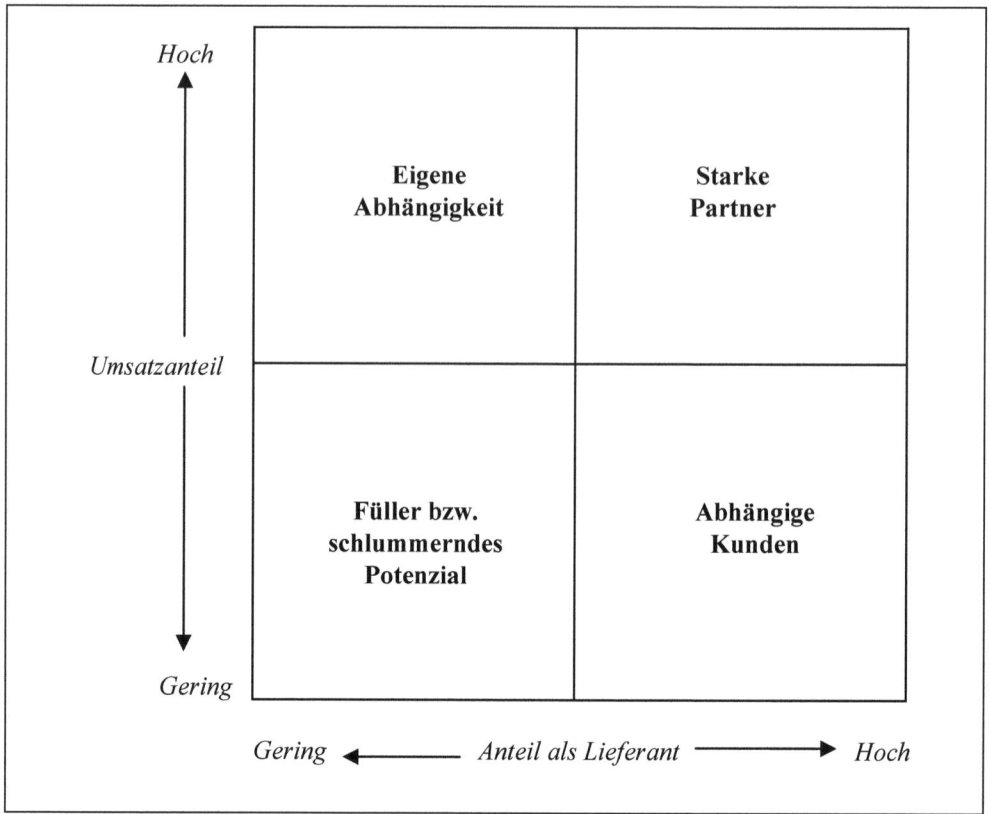

Abb. 2.35: Die zur Kundenbewertung eingesetzte Variante der Portfolioanalyse

Für die einzelnen Felder bieten sich folgende **Betreuungsstrategien** an:
- **Links-Unten-Position: Füller bzw. schlummerndes Potenzial**

    Dieses Kundensegment muss intensiv durchleuchtet werden. Denn hier befinden sich zum einen „Zeitdiebe", deren Betreuung deutlich zurückgenommen werden sollte. Zum anderen schlummern hier Umsatzpotenziale, die es zu entdecken gilt.
- **Rechts-Unten-Position: Abhängige Kunden**

    Hier sollte die Betreuungsintensität deutlich reduziert werden, da es sich aufgrund des geringen Umsatzanteils auf den ersten Blick nicht lohnt, hier noch weitere Lieferantenanteile zu erkämpfen.
- **Links-Oben-Position: Eigene Abhängigkeit**

    Dies sind die Kunden, die zwar einen hohen Anteil des Umsatzes auf sich vereinen. Die Position als Lieferant ist jedoch aufgrund des geringen Anteils am Einkaufsvolumen des Kunden vergleichsweise schwach. Hier müssen Lieferantenpositionen durch beispielsweise intensives Key Account Management ausgebaut werden.

- **Rechts-Oben-Position: Starke Partner**
  Dies sind Lieblingskunden. Hier sollte die Betreuungsintensität aufrechterhalten werden, um in diesem Segment die Position des Unternehmens zu festigen.

Der Portfolioansatz repräsentiert eine anschauliche Methode, mit der sich unmittelbar Strategien ableiten lassen. Allerdings gilt es ins Kalkül zu ziehen, dass es sich im vorliegenden Fall um eine reine Umsatzbetrachtung mit all ihren Vor- und Nachteilen handelt.

2.7.5 Klassifikationsschlüssel

Mit dieser Methode verdichtet man die Informationen über den Kunden mit Hilfe eines firmenspezifischen Kundenschlüssels. Neben demographischen (z. B. 1 für Großhandel, 2 für Einzelhandel) und geographischen Größen (z. B. nach Postleitzahlengebiet) kann beispielsweise die Kundenbedeutung durch die Höhe des Deckungsbeitrags (etwa 1 für Deckungsbeitrag bis 1.000 € p. a., 2 für Deckungsbeitrag bis 2.000 € p. a. usw.) ausgedrückt werden. Der Zahlenschlüssel 2-69-2 würde beispielsweise für einen Einzelhandelskunden aus dem Raum Heidelberg stehen, mit dem ein Deckungsbeitrag zwischen 1.000 und 2.000 € p. a. erwirtschaftet wird.

Hierbei handelt es sich um eine praktikable Methode, mit deren Hilfe zahlreiche Kriterien verwaltet werden können. Gleichzeitig besteht die Gefahr von Zahlenfriedhöfen, auf denen der Kunde zu einer anonymen Zahlenkombination degradiert wird.

2.7.6 RFMR-Ansatz

Bei diesem Ansatz, der bereits in den dreißiger Jahren entwickelt wurde und der eine pragmatische Variante des Kundenwertes darstellt, bewertet man den Kunden nach

- seinem letzten Kauf (Recency),
- der Kaufhäufigkeit (Frequency) sowie
- der Kaufsumme (Monetary Ratio).

Dabei wird der Kunde, der erst vor kurzem etwas erworben hat, höher bewertet als der Kunde, der vor längerer Zeit eingekauft hat. Dementsprechend ist ein Kunde, der oft bzw. viel kauft, mehr wert als ein Kunde, der selten bzw. wenig einkauft.

Der RFMR-Ansatz ist, sofern die erforderlichen Daten ermittelt sind, eine einfach handhabbare Methode, mit der sich eine Momentaufnahme vom Kunden anfertigen lässt. Als Nachteile gelten der nicht zu unterschätzende Erhebungsaufwand sowie die Ausblendung des Kundenpotenzials.

2.7.7 Scoring-Methode

Der grundlegende Aufbau der Scoring-Methode kann dem in Tab. 2.19 aufgeführten Bewertungsschema einschließlich Praxisbeispiel entnommen werden (vgl. *Krafft* 2002). Bei der Anwendung der Scoring-Methode zur Bestimmung des Wertes von Kunden gilt es, die folgenden **drei Schritte** durchführen:

- **Schritt 1: Auswahl der Faktoren**

  Zunächst müssen die Faktoren bestimmt werden, die den Wert eines Kunden ausmachen. Diese sollten sowohl die derzeitige Bedeutung als auch das zukünftige Potenzial der Abnehmer abbilden und harte sowie weiche Faktoren erfassen. Dabei haben sich die in Tab. 2.19 angeführten Faktoren in der Unternehmenspraxis als wesentlich für den Wert eines Kunden herausgestellt.

- **Schritt 2: Gewichtung der Faktoren**

  Nicht alle Faktoren beeinflussen den Wert eines Kunden gleich stark. Deshalb muss die Bedeutung der einzelnen Größen vor dem Hintergrund der unternehmensspezifischen Situation gewichtet werden. Im vorliegenden Beispiel wiegt der Deckungsbeitrag am stärksten (30 % des Gesamtkundenwerts). Da der Umsatz weniger Aussagekraft besitzt als der Deckungsbeitrag und ein enger Zusammenhang zwischen beiden Größen besteht, wird er hier mit lediglich 10 % gewichtet. Die Potenziale dieser beiden Größen wiegen jeweils die Hälfte des zugehörigen aktuellen Wertes (15 bzw. 5 %), da sich der betrachtete Markt noch in der Wachstumsphase befindet. Das Informationspotenzial des Kunden wird unter den weichen Faktoren am stärksten gewichtet, da es sich im vorliegenden Fall um eine sehr dynamischen Markt handelt und man dementsprechend auf Informationen von Seiten der Kunden angewiesen ist.

- **Schritt 3: Bestimmung des Kundenwertes**

  Anhand einer Skala von 1 bis 10 wird nun für jeden Faktor der Wert des Kunden bestimmt. Während Umsatz und Deckungsbeitrag vergleichsweise leicht zu bestimmen sind, gestaltet sich die Ermittlung der Potenzialgrößen sowie der weichen Faktoren vergleichsweise schwierig. Hierbei können folgende Fragestellungen hilfreich sein:
  - Wie und wie schnell wird sich das Unternehmen/der Markt zukünftig entwickeln? (**Umsatzpotenzial**)
  - Handelt es sich aus unserer Sicht eher um einen Wachstums- oder um einen gesättigten Markt, auf dem ein ruinöser Preiswettbewerb zu erwarten ist? Gibt es ernstzunehmende Wettbewerber und, falls ja, welche Vorteile besitzt das Unternehmen gegenüber diesen? Und wie viel Prozent am gesamten Auftragsvolumen des Kunden deckt das eigene Unternehmen ab? (**Deckungsbeitragspotenzial**)
  - Wie gestaltet sich die Zahlungsbereitschaft des Kunden? Nimmt der Kunde Zahlungsziele in Anspruch? Wie solide tritt der Kunde insgesamt auf? Und wie sind seine Überlebenschancen im Wettbewerb? (**Liquiditätspotenzial**)
  - Verfügt der Kunde über Informationen, die wichtig für den Anbieter sind? Stellt er diese auch in Zukunft zur Verfügung? (**Informationspotenzial**)

- Inwieweit trägt die Zusammenarbeit mit dem Kunden dazu bei, die Leistungserstellung zu optimieren (**Kooperationspotenzial**; etwa gemeinsame Entwicklung von Software durch Softwareanbieter und Pilot-Kunden)?
- Kennt der Kunde die gesamte Leistungspalette des Anbieters? Gibt es noch andere Leistungen des Anbieters, die für den Kunden nützlich sein könnten? Und gibt es Bedürfnisse des Kunden, denen der Anbieter durch seine Leistungen bislang nicht gerecht wurde? (**Cross-Selling-Potenzial**)
- Ist der Kunde ein positiver Imageträger? Wie stark ausgeprägt ist die Bereitschaft des Kunden, den Anbieter weiterzuempfehlen? Und inwieweit ist der Kunde dazu geeignet, dass der Anbieter ihn als Referenzadresse nutzt? Was würde passieren, wenn der Kunde etwas Negatives über den Anbieter berichten würde? (**Referenzpotenzial**)

Nunmehr müssen die einzelnen Faktorwerte mit ihrer prozentualen Bedeutung gewichtet und zu einem Gesamtkundenwert addiert werden. Dieser kann von 1 = kein Kundenwert bis 10 = sehr hoher Kundenwert reichen. Im vorliegenden Beispiel hat der Kunde einen Wert von 6,90. Trotz des hohen Umsatzes (= 10) ist dies ein allenfalls durchschnittlicher Kundenwert.

Tab. 2.19: Der grundlegende Aufbau eines Scoring-Modells zur Bestimmung des Kundenwerts

Faktor	Bedeutung (in %)	Punkte (1 = kein Wert bis 10 = sehr hoher Wert)	Gewichteter Punktwert
Harte Faktoren			
Umsatz	0,10	10	1,00
Umsatzpotenzial	0,05	8	0,40
Deckungsbeitrag	0,30	5	1,50
Deckungsbeitragspotenzial	0,15	4	0,60
Liquiditätspotenzial	0,05	7	0,35
Weiche Faktoren			
Informationspotenzial	0,10	10	1,00
Kooperationspotenzial	0,10	10	1,00
Cross-Selling-Potenzial	0,10	8	0,80
Referenzpotenzial	0,05	5	0,25
Kundenwert			6,90

Bei der vorgestellten Scoring-Methode handelt es sich um ein fundiertes und gleichfalls pragmatisch handhabbares Instrument zur Bestimmung des Kundenwertes. Obwohl auch Praktiker das Verfahren als sehr sinnvoll einstufen, nutzen sie es nur selten. In diesem Zusammenhang förderte eine vom *Institut für Marketing und Handel* der *Universität St. Gallen* durchgeführte Befragung von 700 Top-Unternehmen zutage, dass gerade einmal 9 % der Untersuchungsteilnehmer die Scoring-Methode regelmäßig einsetzen (vgl. *Krafft* 2002).

> **Fallbeispiel „Cross-Selling durch Data Mining" – das Beispiel *Amazon***
>
> *Amazon.com* verwaltet eine riesige Matrix, die jedes der mehr als zehn Millionen Produkte jedem anderen zuordnet mit der Information, wie viele Menschen sowohl das eine als auch das andere gekauft haben. Daraus werden mittels statistischen Verfahren Empfehlungen generiert.
> Beispielsweise kann anhand des Kaufverhaltens politischer Bücher eindeutig zwischen einem Pro- und einem Anti-*Bush*-Lager unterschieden werden. Beide Fraktionen sind nur durch einen einzigen Titel miteinander verbunden: „What Went Wrong". Angesichts dieser nur einzigen Verbindungslinie und der sich daran abzeichnenden klaren Trennung zwischen beiden Gruppen können den Kunden aufgrund ihres bisherigen Kaufverhaltens Bücherempfehlungen unterbreitet werden, die mit hoher Wahrscheinlichkeit auf ihr Interesse stoßen.
>
> Quelle: *o. V.*: Ich suche, also bin ich; Interview mit Andreas Weigend, dem ehemaligen Chefwissenschaftler von Amazon.com, in: Focus, Nr. 41 vom 04.10.2004, S. 146–148.

2.7.8 Customer-Lifetime-Value

Um insbesondere mit Blick auf zukünftige Geschäftsbeziehungen lukrative Kunden identifizieren zu können, muss der Wert eines Kunden auf die gesamte Dauer der Geschäftsbeziehung abgeschätzt werden. Hierzu dient der Customer-Lifetime-Value (= **CLV**), der auf der **Kapitalwertmethode** basiert und bei dem pro Kunde ein Wert ermittelt wird, der den derzeitigen Wert als auch das zukünftige Potenzial eines Kunden aufzeigt. Der grundlegende Aufbau eines Schemas zur Berechnung des CLV findet sich in Tab. 2.20.

Der Customer-Lifetime-Value (CLV) ist der individuelle Wert eines Kunden für ein Unternehmen für die gesamte Dauer der Geschäftsbeziehung. Er enthält sowohl quantitative als auch qualitative Bestimmungsgrößen.

Die **quantitativen Bestimmungsgrößen** enthalten:
- Zu Beginn der Kundenbeziehung anfallende Akquisitionskosten
- Sämtliche Einzahlungen des Kunden gemindert um die jeweils anfallenden Kosten in Form von Stückkosten etc.
- Kosten für Kundenbindungsmaßnahmen (etwa Mailingaktionen, Kundenbesuche, Werbegeschenke, Serviceleistungen)
- Rückgewinnungskosten

2.7 Kundenwert als Ausdruck der monetären Bedeutung eines Kunden

Tab. 2.20: Schema zur Berechnung des quantitativen CLV

Faktor \ Zeitraum	Jahr t	Jahr t + 1	Jahr t + 2	...	Summe
Umsatz					
./. Einstandspreis					
./. Vertriebskosten					
./. Servicekosten					
./. Akquisitionskosten					
./. Kundenbindungskosten					
./. Rückgewinnungskosten					
= Kundendeckungsbeitrag p. a. (= Potential-Value)					
Abzinsungsfaktor (Basis: 10 %)	1,00	0,91	0,83		
Kapitalwert des Kundendeckungsbeitrags (= Present-Value)					
Wiederkaufrate (jährl. Kauf)		0,75	0,56		
Customer-Lifetime-Value					CLV

Qualitative Kundenwertfaktoren sind:

- Ausschöpfbares Up-Selling- (z. B. Entwicklung des Kunden hin zu einem höherwertigen Produkt) und Cross-Selling-Potenzial (Entwicklung des Kunden hin zu weiteren Produkten/Dienstleistungen aus der Angebotspalette)
- Funktion des Kunden als Lead-Customer (= Meinungsführer in seinem Umfeld)
- Weiterempfehlungspotenzial (= positive Mund-zu-Mund-Werbung in seinem Umfeld)
- Wert als Datenlieferant für Marketing-Forschung

Die Berechnung des Customer-Lifetime-Value erfolgt in drei **Schritten**:

- Berechnung des **Potential-Value** (= Kundendeckungsbeitrag). Zu diesem Zweck sind die zukünftigen Erträge und Aufwendungen abzuschätzen und in einer Zeitreihe anzuordnen. Der Potential-Value bildet das Potenzial des Kunden für die Unternehmung ab.
- Berechnung des **Present-Value** (= diskontierter Kundendeckungsbeitrag). Hierzu werden die in einer Zeitreihe angeordneten Erträge und Aufwendungen auf den Bezugszeitpunkt abgezinst. Dabei bedient man sich i. d. R. der Kapitalwertmethode. Die zentrale Aufgabe bei diesem Schritt liegt in der realistischen Festlegung des Abzinsungsfaktors.
- Berechnung des **Present Value mit Retention-Rate** (= Customer-Lifetime-Value). Ein Teil der Kunden wandert im Zeitablauf ab, die anderen kaufen die Produkte des Unternehmens weiterhin. Um diesem Sachverhalt Rechnung zu tragen, wird die sog. **Retention-Rate** (= Wiederkaufrate) berechnet. Bezieht man die Wiederkaufrate in die Berechnung ein, erhält man den Customer-Lifetime-Value. Diese Größe beinhaltet zunächst nur die quantitativen Bestandteile und müsste idealtypischerweise um die qualitativen Kundenwertfaktoren ergänzt werden. Letzteres gestaltet sich infolge der Erfassung dieser „weichen" Faktoren in der Unternehmenspraxis zugegebenermaßen als sehr schwierig.

Der CLV-Ansatz wird in erster Linie von Unternehmen genutzt, die über recht umfangreiche sowie aussagefähige Kundendaten verfügen. Hierzu zählen Telekommunikationsunternehmen, Banken, Versicherungen und Energiekonzerne. Diese Unternehmen verfügen aus Sicht der Kunden über ein im Vergleich zur Konkurrenz nur schwer differenzierbares Leistungsspektrum. Vor diesem Hintergrund ist bei der Klientel eine starke Bereitschaft festzustellen, den Anbieter zu wechseln. Entsprechend hoch sind die Aufwendungen für Akquisition, Kundenbindung und Kundenrückgewinnung. Die Kundenwertbetrachtung soll in diesem Zusammenhang zum ökonomischen Einsatz der Ressourcen und damit zu einem rentablen Management der Kundenbeziehung beitragen.

Fallbeispiel „Berechnung des CLV am Beispiel der *Optifit* GmbH"

Ein Kunde (Diplom-Betriebswirt, 28 Jahre, verheiratet, 1 Kind) kauft am 2.1.2009 bei einem Autohändler einen Kleinwagen. Der Vertriebsleiter möchte den Customer-Lifetime-Value dieses Kunden auf einen Horizont von 10 Jahren berechnen. Hierzu zieht er den Tab. 2.21 zu entnehmenden Auszug über den „typischen" Kleinwagenkunden aus der Vertriebsabteilung heran.

Der **Customer-Lifetime-Value** des Kunden beträgt 1.473,34 € und berechnet sich nach dem in Tab. 2.22 vorgestellten Schema. Der berechnete Kundenwert ist u. a. folgendermaßen **nutzbar**:

- Den Mitarbeitern kann mit Hilfe dieser Kennzahl vor Augen geführt werden, was ein Kunde für das Unternehmen wert ist und welch fatale Folgen es hat, wenn er wegen Unzufriedenheit frühzeitig abwandert.
- Ein Unternehmen kann mit Hilfe des Kundenwertes berechnen, inwieweit Kulanz gewährt werden soll.

2.7 Kundenwert als Ausdruck der monetären Bedeutung eines Kunden

- Ähnlich gelagert ist der Fall, wenn es darum geht, ob, und, falls ja, mit welchem finanziellen Aufwand ein Kunde zurückgewonnen werden soll.
- Schließlich kann es durchaus sinnvoll sein, sich von Kunden mit einem geringen bzw. niedrigen Kundenwert zu trennen und die vorhandenen Ressourcen auf lukrativere Zielgruppen zu fokussieren.

Der berechnete CLV kann durch **drei Maßnahmenbündel** gesteigert werden:
- Verlängerung der Kundenverweildauer durch Erhöhung der Kundenzufriedenheit und/oder Einsatz der ökonomischen, juristischen, technologischen, sozialen und psychologischen Instrumente der Kundenbindung
- Erhöhung des Umsatzes mit dem Kunden durch Steigerung der Verwendungsintensität der gekauften Produkte und/oder Weckung bzw. Befriedigung zusätzlicher Bedürfnisse
- Senkung der durch den Kunden entstehenden variablen Kosten: Beispielsweise kann bei Kunden mit einem geringen CLV von persönlicher Betreuung durch den Außendienst auf Telefonverkauf umgestellt werden.
- Grundsätzlich gilt es ins Kalkül zu ziehen, dass die Berechnung des CLV auf einer Betrachtung des **derzeitigen Zustandes** basiert. Dabei bleibt unberücksichtigt, dass sich Kunden von ihrem Umsatzvolumen durchaus entwickeln können. Konkret bedeutet das nichts anderes, als dass Kunden, die vom heutigen Standpunkt einen geringen Kundenwert besitzen, durch gezielte Kundenentwicklung in Zukunft durchaus an Attraktivität gewinnen können.

Tab. 2.21: Charakteristika des durchschnittlichen Kleinwagenkunden

Umsatz	12.000 €
Einstandspreis	10.000 €
Vertriebskosten	400 €
Akquisitionskosten	500 €
Kundenbindungskosten p. a.	50 €
Nutzungsdauer (= nach dieser Zeit kauft der Kunde sicher ein neues Auto)	4
Abzinsungsfaktor p. a.	10 %
Wiederkaufrate (= Wahrscheinlichkeit, dass der Kunde bei dem betreffenden Unternehmen ein Fahrzeug kauft)	60 %

Tab. 2.22: Schema zur Berechnung des quantitativen CLV (Angaben in €)

	2009	2010	2011	2012	2013
Verkaufspreis	12.000				12.000
Einstandspreis	-10.000				-10.000
Vertriebskosten	-400				-400
Akquise	-500				-500
Kundenbindung	-50	-50	-50	-50	-50
K.-DB p. a.	1.050	-50	-50	-50	1.050
Abzinsungsfaktor	1,00	0,91	0,83	0,75	0,68
Kundenwert	1.050	-45,5	-41,5	-37,5	714
Wiederkaufrate					0,6
CLV	1.050	-45,5	-41,5	-37,5	428,4

Tab. 2.22: Schema zur Berechnung des quantitativen CLV (Angaben in €; Fortsetzung)

	2014	2015	2016	2017	2018	Σ
Verkaufspreis				12.000		
Einstandspreis				-10.000		
Vertriebskosten				-400		
Akquise				-500		
Kundenbindung	-50	-50	-50	-50	-50	
K.-DB p. a.	-50	-50	-50	1.050	-50	2.800
Abzinsungsfaktor	0,62	0,56	0,51	0,47	0,42	
Kundenwert	-31,0	-28,0	-25,5	493,5	-21,0	2.027,5
Wiederkaufrate				0,36		
CLV	-18,6	-16,8	-15,3	177,7	-7,56	1.473,34

2.7.9 Schlussfolgerungen

Unabhängig davon, welche der vorgestellten Instrumente eingesetzt werden, lassen sich aus den Befunden der Kundenwertanalyse drei zentrale **Konsequenzen** ziehen:

- Kunden mit einem hohen Kundenwert sollten systematisch an das Unternehmen gebunden werden. Dies erfordert eine Erhöhung der Kundenzufriedenheit und/oder den Aufbau von Wechselbarrieren mit ökonomischen, juristischen, technologischen, sozialen und psychologischen Instrumenten der Kundenbindung (vgl. hierzu ausführlich Abschnitt 2.4.2). Neukunden sollten nur im Falle eines erwarteten positiven Kundenwerts akquiriert werden.
- Um die Kundensegmente mit durchschnittlichem Kundenwert in Top-Kunden zu wandeln, bieten sich diverse Instrumente an. Hier zählen eine gemeinsam mit dem Kunden

durchgeführte Bedarfsanalyse, Product-Bundling, Members-get-Members-Programme, eine kulante Beschwerdebearbeitung und Incentives im Falle der Teilnahme an Kundenfokusgruppen. Nicht zuletzt gilt es in Erwägung zu ziehen, die Leistung so zu reduzieren, dass die Profitabilität der Kundenbeziehung ohne wesentliche Einbußen für den Kunden verbessert wird (**Value Engineering**).

- Die Geschäftsbeziehungen zu den restlichen, sprich unattraktiven Kunden sollten nach weitergehenden Analysen reduziert, delegiert (z. B. an den Verkaufsinnendienst) oder im Extremfall ganz eingestellt (falls die Trennungskosten wie beispielsweise negative Presse geringer als die negativen Kapitalwerte sind) werden.

2.8 Aktuelle Entwicklungen im Konsumentenverhalten

Im Wesentlichen lassen sich die für das Konsumentenverhalten relevanten Entwicklungen, die hier nur schlaglichtartig beleuchtet und keinesfalls vollständig angeführt werden können, in eine soziodemographische, eine psychographische und eine verhaltenspezifische Kategorie unterteilen (vgl. hierzu *Meffert* 2000, insbesondere S. 104–108).

Auf der **soziodemographischen und ökonomischen Ebene** sind folgende Veränderungen festzustellen:

- Anstieg der Lebenserwartung und damit wachsender Anteil der Senioren an der Gesamtbevölkerung
- Die Mittelschicht wird kleiner, wohingegen die Einkommens- und Vermögenspole anwachsen werden. In der Konsequenz werden B- und C-Marken weniger nachgefragt werden, wohingegen das Warenangebot im Einstiegs- und im Premiumbereich zunehmen wird.
- Wachsender Anteil ausländischer Mitbürger und damit Trend zu einer multikulturellen (Konsum-)Gesellschaft. Rund 15 Millionen Verbraucher in Deutschland sind Ausländer oder ausländischer Herkunft. Um diese bislang vernachlässigte und gleichzeitig werbeaffine Zielgruppe adäquat bearbeiten zu können, müssen Ethno-Produkte und segmentspezifische Kommunikationskonzepte entwickelt werden.
- Steigendes Ausbildungsniveau, was u. a. die Kritikbereitschaft in der Bevölkerung stärkt und sich damit z. B. auf Beschwerdeverhalten bzw. -management auswirkt, aber auch erhöhte Anforderungen an das Verkaufspersonal stellt.
- Heranwachsen einer sog. Erbengeneration (bedingt durch die längste Friedensperiode in Deutschland) und dadurch Möglichkeit des früheren bzw. gesteigerten Konsums. Von 2008 bis 2013, so Berechnungen der deutschen Großbanken, werden hierzulande 1 Billion € vererbt. Im Zeitraum zwischen 2013 und 2018 werden es sogar 1,2 Billionen € sein. Infolge des steigenden verfügbaren Einkommens wird die Kernzielgruppe der Discounter schrumpfen (vgl. *de Vries* 2008, S. 92–93).

- Anstieg der Single-Haushalte sowie Rückgang der Drei-Generationen-Haushalte. Der Einzelhandel versucht dieser Entwicklung beispielsweise durch Mini-Packs (= in kleinen Mengen abgepackte Ware) Rechnung zu tragen. Da beispielsweise *Aldi Süd* keine lose Ware nach Gewicht an der Kasse verkauft, versucht der Discounter, diesen Nachteil bei der Bedienung kleinerer Haushalte durch Mini-Packs bei Obst und Gemüse auszugleichen.

Demographischer Wandel – Ursachen und Entwicklungen

Die Hauptdeterminanten der Bevölkerungsentwicklung lassen sich in **drei Bereiche** kategorisieren:

- **Geburtenrate**: Die Geburtenraten werden weiterhin niedrig bleiben. Sie sind in den alten Bundesländern etwas höher als in den neuen Bundesländern. Das Niveau wird sich voraussichtlich dem der alten Bundesländer anpassen.
- **Allgemeine Lebenserwartung**: Die derzeitige Lebenserwartung eines neugeborenen Jungen beträgt im Durchschnitt 77 Jahre, die eines neugeborenen Mädchens sogar 82 Jahre. Die Lebensdauer in einer Zeitspanne von 120 Jahren hat sich damit um etwa 40 Jahre verlängert. Die steigende durchschnittliche Lebenserwartung ist unter anderem durch Fortschritte in der Medizin, Gesundheitsvorsorge, Hygiene, Unfallverhütung und durch die allgemeine Wohlstandssteigerung begründet.
- **Wanderungsströme**: Deutschland wird auch weiterhin ein Einwanderungsland bleiben. Doch der Bevölkerungsrückgang ist selbst mit einer Zuwanderung von 200.000 Migranten pro Jahr nicht mehr zu stoppen. Berechnungen durch das Statistische Bundesamt belegen, dass sich bei einer jährlichen Zuwanderung von 200.000 Migranten und 1,4 Kindern pro Frau im Jahr 2050 die Bevölkerungszahl von heute 81,5 Millionen auf 73,6 Millionen reduzieren würde.

Quelle: *Badura, B./Walter, U./Hehlmann, T.*: Betriebliche Gesundheitspolitik – Der Weg zur gesunden Organisation, 2. Aufl., Berlin 2010, S. 12; *Langhoff, T.*: Den demographischen Wandel im Unternehmen erfolgreich gestalten: Eine Zwischenbilanz aus arbeitswissenschaftlicher Sicht, Berlin 2009, S. 8; http://www.destatis.de/jetspeed/portal/cms/Sites/destatis/Internet/DE/Content/Statistiken/Bevoelkerung/VorausberechnungBevoelkerung/InteraktiveDarstellung/InteraktiveDarstellung, templateId= render Print.psml, Stand: 12.08.2010.

Fallstudie „Senioren-Marketing" – Sensibilisierung mit Hilfe des Alterssimulationsanzuges

Vor dem Hintergrund des demographischen Wandels stehen Handelsunternehmen vor der Herausforderung, den Point-of-Sale seniorengerecht zu gestalten. Eine Möglichkeit, sich in die Lage älterer Menschen hineinzuversetzen und die Einschränkungen des Alterns spürbar zu machen, bietet ein Alterssimulationsanzug oder Age Explorer®. Hierbei handelt es sich um einen Overall, der mit Gewichten bestückt ist, um die im Alter eingeschränkte Bewegungsmöglichkeit infolge einer Abnahme der Muskelkraft und Gelenkigkeit zu simulieren. Das Einkaufen wird hierdurch deutlich erschwert. Des Weiteren verfügt der Simulationsanzug über einen Helm mit speziellem Visier und einem Gehörschutz. Dieser vermittelt die eingeschränkte Seh- und Hörkraft älterer Menschen. Die „volle Montur" zielt darauf ab, das Einkaufen für ein Alter von 70 Jahren aufwärts zu simulieren.

Quelle: *Meyer-Hentschel, H./Meyer-Hentschel, G.* (Hrsg.): Jahrbuch Senioren-Marketing 2010/2011: Strategien und Innovationen, Frankfurt a. M. 2010, S. 281 ff.

Die Entwicklungen auf der **psychographischen Ebene** lassen sich anschaulich anhand der folgenden Spannungsfelder beschreiben:

- Materialistische versus soziale/ökologische Gesellschaft. Als Reaktion auf dieses Spannungsfeld hat sich ein egoistischer Altruismus herausgebildet: Konsumenten haben erkannt, dass zwischen ihren Einkäufen und dem Zustand der Welt ein Zusammenhang besteht.
- Genuss („Hedonismus") versus Gesundheit und Umweltbewusstsein. Letzteres suchen die sog. Lohas (= Lifestyles of health und sustainability). In rezessiven Zeiten beispielsweise ist zu beobachten, dass sich Verbraucher mit Markenprodukten – etwa mit Süßigkeiten – belohnen, was zu Lasten der Eigenmarken des Handels geht.
- High-Tech- (z. B. Electronic Shopping) versus High-Touch-Gesellschaft (z. B. Emotionalisierung der Konsumerlebnisse)
- „Instant"- (Convenience: „Alles muss schneller und einfacher gehen.") versus Freizeit-Gesellschaft infolge, zumindest bei einem Teil der Bevölkerung, abnehmender (Lebens-)-Arbeitszeit bzw. zunehmender Lebenserwartung. Ersteres schlägt sich beispielsweise im Trend zu Chilled Food nieder. Hierunter versteht man Warengruppen mit einer hohen Convenience-Anmutung, die meist zum warmen Verzehr vorgesehen sind (Fertig-, Teilfertig- und Beilagenprodukte) und im SB-Regal angeboten werden. Das umsatzstärkste Segment im Chilled Food sind Teilfertiggerichte (Fleischvarianten ohne Beilagen), gefolgt von Komplettgerichten und Snacks. Als weiteres Beispiel für Convenience-Produkte kann die Pasta im Kochbeutel von *Birkel* gelten: vier Beutel, die jeweils einer Nudel-Portion entsprechen, in einer Packung mit einer Kochzeit von gerade einmal 3 Minuten versprechen einfaches Handling und lockere Nudeln.
- Standardisierte versus individualisierte Gesellschaft
- Multi-Optionen-Gesellschaft versus Voluntary Simplicity (= Konsumverzicht trotz vorhandener finanzieller Ressourcen). Um dem Teufelskreis der „Zuvielisation" zu durchbrechen, tendieren einzelne Verbrauchersegmente dazu, etwas weniger, dafür aber exzellent im Sinne von besser, einzigartiger, transparenter und/oder nachhaltiger zu konsumieren. In diesem Kontext hat sich der Begriff „happy frugality" herausgebildet: Bescheidenheit, die mit Zukunftsvertrauen und Erfüllung verbunden ist.
- Globale Konsummuster versus nationale, regionale und lokale Werte und Geschmacksausprägungen (etwa Konsumpatriotismus, d. h. der Erwerb von Produkten, die aus dem

regionalen bzw. nationalen Umfeld stammen, was sich beispielsweise im Trend zur Ostalgie niederschlägt). Auf dem Marktplatz *Kisju.de* beispielsweise findet der Kunde seit 2009 regionale Spezialitäten aus Urlaubsorten. Und *Vita Cola* bringt es in ihrer Heimat Thüringen auf knapp 40 % und belegt damit Platz zwei hinter *Coca-Cola*. In den Alten Bundesländern hingegen bewegen sich die Marktanteile der ostdeutschen Traditions-Getränkemarke gerade einmal im unteren einstelligen Prozentbereich.

- Anstieg des subjektiven Risikoempfindens versus Rückgang des objektiven Risikos

---

Fallbeispiel „Konsumpatriotismus" (1) – wie das Westpaket zum Ostpaket mutierte

Vor der Wiedervereinigung unterstützten Wessis ihre Verwandtschaft in der DDR mit Westpaketen. Heute ist es dank Unternehmen wie dem Online-Shop *ostprodukteversand.de* umgekehrt. Der Online-Shop bietet ausnahmslos Produkte an, die in den Neuen Bundesländern produziert werden. Die Bestellungen für Lebensmittel wie der Brotaufstrich *Kalter Hund* von *Vadossi* oder die *Halloren-Kugeln* mit dem Geschmack von *Köstritzer Schwarzbier* stammen in erster Linie aus den Alten Bundesländern, da der größte Teil dieser Produkte nicht im West-Handel erhältlich sind. Kunden sind Ossis, die im Westen nicht auf ihre lieb gewonnenen Produkte verzichten wollen und Wessis, die ganz einfach neugierig sind.

Quelle: *o. V.:* Wie aus dem Ostpaket ein Westpaket wurde, in: LebensmittelZeitung, Nr. 44 vom 30.10.2009, S. 34.

Fallbeispiel „Konsumpatriotismus" (2) – Discounter entwickeln Regional-Marken.

Die Globalisierung wird dem Verbraucher zunehmend suspekt, und so verlangt er nach Produkten aus der Region, auch wenn er dafür höhere Preise zahlen muss. Die neu erwachte Heimatliebe ist letztlich nichts anderes als der Wunsch nach guten, ehrlichen Lebensmitteln, die Nähe und Vertrauen vermitteln. Denn die Lebensmittelskandale der vergangenen Jahre haben in der Psyche des Verbrauchers ihre Spuren hinterlassen. Waren regionale Sortimente traditionell die Domäne der Vollsortimenter, haben mittlerweile auch die Discounter dieses Segment für sich entdeckt. *Lidl* beispielsweise startet unter dem Logo „Ein gutes Stück Heimat" eine Regional-Marke. Dass solche Konzepte durchaus discountkompatibel sein können, zeigt die *Aldi*-Tochter *Hofer* seit 2006 in Österreich mit ihrer Regionalmarke „Zurück zum Ursprung". Bei anderen Discountern wie *Norma* (für Ostdeutschland und Franken) und *Penny* (für Ostdeutschland: Östlich = köstlich) sowie Vollsortimentern wie *Coop* (für Norddeutschland: „Unser Norden") und *Bünting* (für Norddeutschland: „Küstengold") finden sich bereits seit längerem Regionalkonzepte. Sollten sich die Regionalkonzepte der Discounter in Deutschland durchsetzen, dürfte eine der letzten Bastionen der Vollsortimenter erstürmt sein.

Quelle: *Wessel, A.:* Heimatliebe beim Discount, in: LebensmittelZeitung, Nr. 45 vom 06.11.2009, S. 2.

2.8 Aktuelle Entwicklungen im Konsumentenverhalten

Auf der **Verhaltensebene** schließlich zeichnet sich bei den Verbrauchern die generelle Tendenz ab, die Marke bzw. den Anbieter zu wechseln. Für die **sinkende Loyalität** der Verbraucher sind u. a. folgende Entwicklungen verantwortlich:

- **Steigende Mobilität**, was dazu führt, dass sich das Einkaufsgebiet der Kunden vergrößert und damit die Zahl der Einkaufsoptionen wächst
- **Zunehmende Markttransparenz** durch Medien (Print-Medien; Internet; TV), so dass der Verbraucher einen immer besseren Überblick gewinnt
- **Längere Einkaufszeiten** durch flexiblere Arbeitszeiten sowie eine Ausdehnung der Ladenöffnungszeiten mit der Konsequenz, dass der Kunde die verschiedenen Angebote eingehend miteinander vergleichen kann
- **Schnäppchenjagd** sowie „**Smart Shopping**" als Freizeitbeschäftigung vergleichsweise wohlhabender Verbrauchersegmente, wodurch die Preissensibilität steigt. Ein „Smart Shopper" ist auf Schnäppchen fokussiert und wechselt dafür jederzeit den Anbieter. Anders als der Schnäppchenjäger, der nur nach Angeboten im untersten Preissegment sucht, ist der „Smart Shopper" durchaus qualitätsorientiert und markenbewusst. Smart-Shopping beschreibt demnach Konsumentenverhalten, das durch gleichzeitiges Streben nach Preisvorteilen sowie Qualität (beispielsweise in Gestalt hochwertiger Marken) gekennzeichnet ist. Lediglich die Suche nach dem preiswertesten Produkt im jeweiligen Segment ist beiden Käufergruppen gemein. Befunde des *Institut für Demoskopie Allensbach (2003)* deuten darauf hin, dass rund ein Viertel der Deutschen dieser Zielgruppe angehört („Ich versuche teure und exklusive Markenartikel immer so günstig wie möglich zu bekommen, z. B. durch Einkauf direkt beim Hersteller, beim Großhändler oder so."). Doch nicht alle Konsumenten reagieren positiv auf Sonderangebote, Aktionspreise und Rabattaktionen. Neben „Smart Shopper" und Schnäppchenjäger, die gezielt nach Sonderangeboten suchen, tritt der „**Trust Shopper**". Um den Aufwand bei der Suche nach Preisinformationen zu begrenzen, aber dennoch preisgünstig zu konsumieren, kauft er ohne weitere Prüfung bei Händlern, von denen er annimmt, dass sie insgesamt preisgünstig sind. Das gilt insbesondere dann, wenn es sich um periodisch anfallende Käufe handelt.
- **Hybride Konsumstrukturen**, d. h. diese Verbraucher wechseln ihr Kaufverhalten situativ, indem sie bei Gütern des täglichen Bedarfs nach dem günstigsten Preis suchen, um hierdurch ihr Budget zugunsten von Gütern des demonstrativen Konsums zu entlasten. Ein in diesem Zusammenhang immer wieder angeführtes Beispiel ist die Nerzmantel tragende *Porsche*-Fahrerin, die bei *Aldi* einkauft. Bereits 2002 wiesen *Roland Berger Strategy Consultants* in einer Studie darauf hin, dass „durch zwei gegensätzliche Konsummuster, die der hybride Konsum vereint, diese Konsumentengruppe nicht mehr mit herkömmlichen Segmentierungskriterien einem Marktsegment zugeordnet werden kann. … Um diesen neuen Verbrauchertypus zu charakterisieren, grenzt man ihn am besten gegenüber dem traditionellen Konsumenten ab. Der neue Konsument ist unabhängiger von Statussymbolen. … Außerdem ist er individualistischer. … und die Entwicklung hin zur Informationsgesellschaft begünstigt, dass der neue Konsument besser informiert ist. Dadurch ist er kritischer und mündiger als der alte Verbrauchertyp. Die größere Unabhängigkeit und die stärkere Individualität führen zu einem komplexen, sprunghaften Ver-

halten." Der hybride Konsument ist deutlich gegenüber dem **Smart Shopper** abzugrenzen, der generell Qualitätsware zu möglichst geringen Preisen erwerben möchte.

Angesichts des hybriden Konsumentenverhaltens stoßen klassische Segmentierungsansätze, die auf sozioökonomischen, demographischen und geographischen Kriterien basiere, zumindest isoliert betrachtet an ihre Grenzen. Allgemeine (etwa Meinungsführerschaft) und produktspezifische (etwa Involvement) psychographische Segmentierungskriterien hingegen erlangen mehr Bedeutung. Auch verhaltensorientierte Modelle mit Kriterien wie Preisverhalten, Informations- und Kommunikationsverhalten, Einkaufsstättenwahl und Produktwahl gewinnen an Stellenwert (vgl. *Brändli* 2007, S. 3).

Fallbeispiel „Discount" – Hybride Konsumenten benötigen hybride Konzepte.

Angesichts der immer noch zunehmenden Bedeutung von hybriden Konsumenten experimentieren Discounter mit **Betriebstypen**, die zahlreiche Elemente des Discountprinzips (= Harddiscount-Modell) mit Convenience (entsprechend den britischen Convenience Stores, also Nachbarschaftsläden in Innenstädten) verbinden. Eine solch ungewöhnliche Verbindung erscheint Erfolg versprechend, da man mit einigen wenigen, eingestreuten Serviceelementen ein effizientes Vertriebssystem etablieren kann, ohne die Klientel über einen langen Zeitraum an das System heranführen zu müssen. Zu derartigen **Serviceelementen** zählen:

- Bequem zu Fuß zu erreichende innerstädtische Standorte, zumeist in der Nähe von Bahnhöfen und Busterminals (sog. City-Konzepte), die vor dem Hintergrund hoher Benzinpreise und dem Trend zurück in die Innenstädte an Bedeutung gewinnen
- Einkaufskörbe flankiert durch einige wenige kleine Einkaufswagen und damit einhergehend Verzicht auf sperrige Waren
- Reduziertes und damit überschaubares Sortiment (vor allem Frische- und Convenience-Artikel) auf begrenzter Fläche, was einen schnellen Einkauf ermöglicht
- Food-to-Go (sog. Meal Deals), Aufbackstation für frisches Brot und Brötchen, vollautomatische Kaffeeautomat für frisch gebrühte Kaffee, lose angebotenes Obst sowie einzeln portionierte Getränke
- Expresskassen, im Stehen bedient und ohne Förderband.

Dass Discounter sich der zunehmenden Bedeutung hybrider Konsumenten bewusst werden, lässt sich auch an der 2009 von *Lidl* gestarteten Werbekampagne unter dem Motto „Genuss mit Stern" ablesen. Die von den Neckarsulmern engagierten drei Sterne-Köche haben hierzu spezielle Rezepte für Gourmetgerichte entwickelt, die mit *Lidl*-Produkten nachgekocht werden können.

Quelle: *Queck, M.*: Caffè Lidl, in: LebensmittelZeitung, Nr. 34 vom 22.08.2008, S. 25.

Um frühzeitig auf Veränderungen im Konsumentenverhalten aufmerksam zu werden, erscheint es zweckdienlich, einen Blick auf die diesbezüglichen Befunde der **Trendforschung** zu werfen. *Brain Reserve*, eines der weltweit renommiertesten Trend-Forschungs-Unternehmen und Herausgeber des in der Wirtschaft vielbeachteten Popcorn-Reports, hat in diesem

2.8 Aktuelle Entwicklungen im Konsumentenverhalten

Zusammenhang die folgenden **16 fundamentalen Trends im Verbraucherverhalten** identifiziert (vgl. im Folgenden *Popcorn/Marygold* 1999):

1. **Leben im Kokon** (sog. „Cocooning", auch „Cozy Living" bzw. „Cozy Homing") bezeichnet man den Rückzug aus Zivilgesellschaft und Öffentlichkeit in das häusliche Privatleben („My home is my castle."). Solche Menschen suchen Geborgenheit unter wenigen ausgewählten Menschen in den eigenen vier Wänden. Davon zu unterscheiden ist das „Homing" (= Verlagerung der sozialen Kontakte in den häuslichen Bereich). Die Verbraucher neigen dazu, sich auf vertrautes Terrain zurückzuziehen, um sich auf diese Weise vor den vermeintlichen Gefahren in bzw. aus der Umwelt zu schützen und abzuschotten. Zu diesen Sicherheitszonen gehören die eigenen vier Wände, aber auch der „mobile Kokon", nämlich das Auto. Damit einher geht der Wunsch nach Sicherheit und Schutz vor Bedrohungen jeglicher Art. Hierbei ist das Phänomen zu beobachten, dass das subjektive Risikoempfinden, d. h. die Wahrnehmung von Risiken durch den Einzelnen, kontinuierlich zunimmt, obwohl die objektiven, d. h. tatsächlichen Risiken immer weiter abnehmen. Als Profiteure dieses Trends gelten Baumärkte, Feinkostanbieter sowie Fernsehsender und Verlage. Beispielsweise gibt es in Deutschland rund 30 Wohnzeitschriften. Auch Handelsunternehmen versuchen an dieser Entwicklung zu partizipieren. Beispielsweise bietet Tesco, das führende Handelsunternehmen auf der britischen Insel, unter dem Motto „Eating-out at Home" Eigenmarken in Restaurant-Qualität an. Restaurants, Fernreiseanbieter und Discounter hingegen werden vom Cocooning tendenziell negativ tangiert.

2. **Clanning**: Immer mehr Menschen hegen den Wunsch, zu einer oder mehreren Gruppen von Gleichgesinnten zu gehören, die gemeinsame Werte vertreten und weitgehend identische Bedürfnisse hegen (sog. Sekundärgruppen). Dieses Bedürfnis wird umso stärker, je zersplitterter sich unsere Gesellschaft gestaltet und je höher die geforderte Mobilität für den Einzelnen ausfällt. Letztlich ist Clanning nichts anderes als die Suche nach einem Ersatz für die klassische Großfamilie (= Primärgruppe) bzw. den Bekanntenkreis.

3. **Fantasy-Abenteuer**: Auf der einen Seite hegen die Menschen den Wunsch nach Rückzug und Zugehörigkeit, auf der anderen Seite suchen sie Abwechslung und Nervenkitzel bei aufregenden, aber trotzdem risikoarmen Unternehmungen, um so dem Alltagsstress zu entfliehen. Hierzu gehören in erster Linie Reisen, Essen und die virtuelle Realität.

4. **Genießen? Jetzt erst recht!**: Zahlreiche Verbraucher sind der Einengung durch Regeln und Vorschriften leid. Um dies zu kompensieren, stürzen sie sich – in einer Art Befreiungsschlag – in heimliche Orgien. Standen traditionell bei den guten Vorsätzen zum Jahreswechsel gesundheitliche Punkte oben an („Abnehmen", „Mit dem Rauchen aufhören"), tendieren die Verbraucher nunmehr dazu, ab und zu bewusst zu sündigen und ihren Gelüsten spontan nachzugeben, um sich danach umso intensiver Fitness und Gesundheit zuzuwenden.

5. **Kleine Belohnungen**: Mit dem vorigen Trend einher geht der verstärkte Wunsch der Verbraucher, sich mit erschwinglichem Luxus im Kleinen selbst zu belohnen. Die Wurzel dieses Trends liegt letztlich in dem Gefühl, zu kurz gekommen zu sein bzw. aufgrund der aufgebürdeten Lebensbedingungen die eigenen Wünsche nicht ausreichend erfüllen zu können.

6. **Halt und Sinn**: Verbraucher besinnen sich auf ihre geistigen Wurzeln in der Vergangenheit und übernehmen das Altbewährte, um für die Zukunft gewappnet zu sein. In der Hektik des modernen Lebens besteht eine tiefe Sehnsucht nach einer stabilen Basis. Im Kern ist es die Suche nach Antworten auf die großen Fragen des Lebens, bei welcher der Blick zurück in die Vergangenheit gerichtet wird und Werte übernommen werden, die damals Trost und Sicherheit bedeuteten. Man bemüht sich, in der Erinnerung tragfähige Lösungen zu finden, die helfen, das tägliche Chaos zu meistern.
7. **Ichbezogene Wirtschaft** (sog. „**Egonomics**"): In Zeiten der Standardisierung und Normierung entsteht das Bedürfnis nach etwas ganz Individuellem, nach einer persönlichen Note. Bestimmender Faktor bei diesem Trend ist das eigene Ich. Verbraucher beanspruchen auf die eigene Person zugeschnittene, individuelle Produkte und Dienstleistungen.
8. **Weibliches Denken**: Werte verschieben sich weg vom zielorientierten, hierarchischen Denken hin zu einem prozessorientierten, familiären, auf Anteilnahme und Mitwirkung setzenden Modell. Frauen zeichnen sich durch eine zunehmende finanzielle Autonomie, Unabhängigkeit, Selbstbewusstsein, gesellschaftlichen und beruflichen Aufstieg sowie Vereinbarkeit von Beruf und Familie aus. Diese Entwicklung erfordert speziell auf Frauen zugeschnittene Marketing-Konzepte. Besonders wichtig erscheint dies bei technischen Produkten, die traditionell die Domäne des Mannes waren, diesbezügliche Kaufentscheidungen aber zunehmend von Frauen beeinflusst werden. Besonders tangiert sind Automobilbranche, Finanzdienstleister und Bau- & Heimwerkermärkte.
9. **Mannzipation**: Mit diesem Begriff wird der neue Mann identifiziert. Denn bei immer mehr Männern ist ein neues Denken festzustellen, das durch Warmherzigkeit sowie individuelle Freiheit und nicht ausschließlich durch Geschäft sowie Karriere charakterisiert ist. Ein neues Rollen- und Vaterbild, mehr Emotionalität, gleichberechtigte Partnerschaft und Körperbewusstsein sowie Gesundheit gewinnen an Bedeutung. Betroffen sind Branchen wie Kosmetik, Mode, Gesundheit und Ernährung.
10. **99 Leben auf einmal**: Zunehmendes Tempo und ständiger Zeitmangel zwingen die Verbraucher in eine große Rollenvielfalt. Dies führt dazu, dass vieles auf einmal erledigt werden muss. Viele Menschen haben zu wenig Zeit für all die Aufgaben, die sie erfüllen sollen, so dass sie in aller Hektik nur selten zu sich selbst kommen.
11. **Dosierter Ausstieg**: Berufstätige Frauen und Männer, für die Karriere um jeden Preis kein erstrebenswertes Ziel darstellt, entscheiden sich für einen einfacheren, erfüllteren Lebensstil (sog. **Voluntary Simplicity**). Hierbei geht es keinesfalls um eine Null-Bock-Mentalität, sondern um einen dosierten Ausstieg aus Karriere und Konsumrausch.
12. **Gesundes und langes Leben**: Immer mehr Menschen wird klar, dass ein ganzheitlicher Ansatz ihr Leben bei guter Gesundheit beträchtlich verlängern kann. Damit verfolgen sie den Wunsch, bei der steigenden Lebenserwartung so lange wie möglich gesund zu bleiben. Heute reicht es nicht mehr, älter zu werden, man will auch etwas vom Leben haben, d. h. mehr Lebensqualität.
13. **Der wehrhafte Verbraucher**: Eine zunehmende Anzahl frustrierter und verärgerter Verbraucher sucht nach Möglichkeiten, ihrem Unmut Luft zu machen.
14. **Gegen die Großen**: Ein Großteil der Bevölkerung stellt die Vertreter von Politik, Wirtschaft und Verwaltung als Stützen der Gesellschaft in Frage oder lehnt diese sogar ab.

Die in Deutschland zu beobachtende Politikverdrossenheit ist nur ein Beispiel für diese Entwicklung, die sich auf der Verbraucherseite darin niederschlägt, dass man mehr und mehr Sympathien für die Kleinen hegt.

15. **Rettet unsere Gesellschaft** (S.O.S. – Save Our Society): Weite Teile der Bevölkerung entdecken ihr soziales Gewissen wieder, eine Mischung aus Moral, Mitleid, Umweltbewusstsein und Leidenschaft. Diese bevorzugen Unternehmen, die Umweltbewusstsein, Verantwortung für die Gesellschaft und Engagement für das Bildungswesen zeigen.
16. **AtmosFear**: Genmanipulierte bzw. verseuchte Nahrungsmittel sowie durch Menschen verursachte Umweltkatastrophen und -schäden rufen beim Verbraucher zunehmende Verunsicherung hervor. Immer mehr Menschen stellen sich die Frage, ob ihre Umwelt überhaupt noch sicher ist.

Nicht jeder der vorgestellten Trends betrifft Unternehmen in gleichem Maße. Außerdem sollten die Entwicklungen keinesfalls unreflektiert auf Europa bzw. Deutschland übertragen werden. Nicht zuletzt stellen die vorgestellten 16 Trends kein in sich völlig widerspruchsfreies bzw. überschneidungsfreies System dar. Trotz dieser Kritikpunkte leistet die Trendforschung einen nicht zu unterschätzenden Beitrag, wenn es darum geht, zentrale Entwicklungen im Verhalten von Konsumenten frühzeitig zu identifizieren und darauf abgestimmte Konzepte zu entwickeln.

Fallbeispiel „Konsumentenverhalten" – Zwei Seelen wohnen, ach, in meiner Brust.

Konsumenten sind zweigeteilte Wesen und spüren in einer globalisierten Welt nicht selten zwei Seelen in ihrer Brust: die eines Konsumenten und die eines Bürgers. Der Konsument freut sich darüber, wenn er zwischen zig Shampoo-Sorten auswählen kann, zu Hause über einen Computer mit Internetanschluss verfügt und dank des medizinischen Fortschritts immer älter wird. Dem Bürger hingegen graut es vor der wachsenden Kluft zwischen Arm und Reich, vor Arbeitsplatzunsicherheit, Umweltverschmutzung und Klimaerwärmung. Der häufig scheinheilige Konsument will mit billigen Handys telefonieren, reagiert aber empört, wenn *Nokia* einen Produktionsstandort nach Rumänien verlagert. Wir gehen bei *Aldi* und *Lidl* auf Schnäppchenjagd, trauern aber um den Tante-Emma-Laden, der seine Türen für immer schließt. Wir bestellen unsere Bücher bei *Amazon*, wundern uns aber, wenn der Buchhändler um die Ecke vor dem Aus steht. Dem Konsumenten bleiben nur zwei Möglichkeiten, um diese Gegensätze aufzulösen: Unternehmen daran hindern, die Spielregeln selbst festzulegen, und das Konsumenten-Tier in sich zu zähmen.

Quelle: *Reich, R.*: Der Superkapitalismus. Wie die Wirtschaft unsere Demokratie untergräbt, Frankfurt am Main 2008; *Rossbach, H.*: Das Tier im Konsumenten, in: Frankfurter Allgemeine Zeitung, Nr. 23 vom 28.01.2008, S. 12.

Fallbeispiel „Cocooning" – der Erfolg von Wohnzeitschriften

In Zeiten schneller Veränderungen und wirtschaftlicher Instabilität wachsen Verunsicherung, Orientierungslosigkeit sowie Stress und mit ihnen der Wunsch nach Geborgenheit. Angesichts dieses Trends, dem sog. Cocooning, werden die eigenen vier Wände zum letzten rettenden Hort. Von der Renaissance der Häuslichkeit profitieren u. a. die Wohnzeitschriften. Bis Mitte der neunziger Jahre gab es in Deutschland neben dem Gruner+Jahr-Klassiker „Schöner Wohnen", der 1960 gegründeten und heute mit mehr als zwei Millionen Lesern meistgelesenen Wohnzeitschrift Europas, lediglich vier bis fünf Wettbewerber auf dem Markt. Mittlerweile werden rund 40 Wohntitel angeboten – mit steigender Tendenz und das inmitten einer heftigen Zeitungs- und Zeitschriftenkrise.

Quelle: *Kegel, S.*: Nesthockerinnen, wollt ihr ewig wohnen?, in: Frankfurter Allgemeine Zeitung, Nr. 102 vom 03.05.2003, S. 36.

3 Kaufverhalten von Organisationen

> Dieses Kapitel vermittelt:
> - welche generellen und spezifischen Besonderheiten das organisationale Beschaffungsverhalten aufweist,
> - welche Typen organisationaler Kaufentscheidungen sich identifizieren lassen und
> - wie sich organisationales Beschaffungsverhalten theoretisch erklären lässt.

3.1 Generelle Besonderheiten

Unter organisatorischem Beschaffungsverhalten versteht man sämtliche Prozesse, die im Zuge einer Kaufentscheidung für gewerblich beschaffte Güter und Dienstleistungen anfallen (vgl. *Diller* 2001, S. 1231). Organisationales Beschaffungsverhalten unterscheidet sich vom Kaufverhalten einer Privatperson in folgenden Punkten:

- **Multipersonalität**
  Zwar beeinflussen auch im Privathaushalt mitunter mehrere Individuen die Kaufentscheidung. Doch geschäftliche Transaktionen sind häufig sehr komplex und nehmen ein finanzielles Ausmaß an, welches es notwendig macht, dass an ihnen mehrere Personen aus verschiedenen Bereichen des Unternehmens mit gegebenenfalls unterschiedlichen Interessen teilnehmen. Demnach handelt es sich i. d. R. um Kollektiventscheidungen.

- **Multioperativität**
  Organisationale Käufe sind weiterhin häufig dadurch gekennzeichnet, dass die Entscheidungsfindung in mehreren Phasen abläuft (vgl. hierzu *Backhaus* 1999, S. 62). Diese reichen von der Festlegung der Eigenschaften und Mengen der benötigten Produkte bzw. Dienstleistungen über die Suche nach potenziellen Bezugsquellen und das Einholen sowie die Analyse von Angeboten bis hin zur Auswahl eines (= „single sourcing") oder mehrerer Lieferanten (= „multi sourcing"), der Bestellung sowie deren Abwicklung und der Ausführungskontrolle sowie -abwicklung. Ablauf und Inhalt der Phasen sind i. d. R. formal festgelegt, d. h. schriftlich fixiert. Der Kaufentscheidungsprozess ist im Regelfall stärker von rationalen Erwägungen geprägt, läuft aber in keinem Fall ohne Emotionen ab.

- **Multiorganisationalität**

  Hier treffen zwei Organisationen aufeinander, die sich im Vergleich zum B2C(Business-to-Consumer)-Bereich hinsichtlich Informationsstand und Professionalität nur wenig unterscheiden.

- **Multitemporalität**

  Transaktionen im B2B(Business-to-Business)- und B2G(Business-to-Government)- bzw. B2A(Business-to-Administration)-Bereich können recht lange dauern, es kommt mitunter zu intensiven Interaktionen zwischen Anbieter und Nachfrager. Vor diesem Hintergrund fällt dem Beziehungsmarketing (sog. **Relationship-Marketing**) eine tragende Rolle zu.

Weitere Unterschiede werden offenkundig, wenn man die Struktur von Investitionsgüter- und Konsumgütermärkten vergleichend gegenüberstellt (vgl. hierzu Tab. 3.1 sowie *Backhaus* 1999; *Spiegel-Verlag* 1982; *Strothmann* 1979; *Plinke* 2001, S. 706–711; *Kleinaltenkamp/ Plinke* 2000, 1997).

Tab. 3.1: Die Struktur von Investitionsgüter- und Konsumgütermärkten im vergleichenden Überblick

Märkte Merkmale	Investitionsgütermarkt (z. B. Produktionsanlage)	Konsumgütermarkt (z. B. Schokoriegel)
Struktur der Bedarfsträger	• Gewerbliche Abnehmer • Geringe Zahl • Derivativer (abgeleiteter) Bedarf • Großer durchschnittlicher Bedarf • Bedarfsträger einzeln bekannt	• Private Abnehmer = Endverbraucher • Große Anzahl • Originärer Bedarf • Geringer durchschnittlicher Bedarf • Bedarfsträger nicht einzeln bekannt
Verhalten der Käufer	• Starkes Informationsbedürfnis • Umfangreiche Beschaffungsanstrengungen, d. h. mehrphasiger Kaufprozess • Formalisierte Entscheidungsfindung durch Fachleute • Prozessorientierte, multipersonale Entscheidung • Idealtypisch emotionslos, nicht-impulsiv und faktenorientiert	• Tendenziell geringeres Informationsbedürfnis • Begrenzte Beschaffungsanstrengungen • Keine formalisierten Entscheidungen, teilweise durch Laien • Keine prozessorientierte, zumeist individuelle Entscheidung • Häufig emotional und impulsiv

Tab. 3.1: Die Struktur von Investitionsgüter- und Konsumgütermärkten im vergleichenden Überblick (Fortsetzung)

Märkte Merkmale	Investitionsgütermarkt (z. B. Produktionsanlage)	Konsumgütermarkt (z. B. Schokoriegel)
Art der angebotenen Leistungen	• I. d. R. Auftragsfertigung • Enge Hersteller-Kunden-Beziehungen • Langfristiges Beziehungsgefüge • Geringes Gefälle zwischen Anbieter und Nachfrager hinsichtlich Markttransparenz und Professionalität	• I. d. R. Massenfertigung • Keine direkte Hersteller-Kunden-Beziehungen • Kurzfristiges Beziehungsgefüge • Starkes Gefälle zwischen Anbieter und Nachfrager hinsichtlich Markttransparenz und Professionalität

Fallbeispiel „Organisationales Beschaffungsverhalten" – die Beschaffungsstrategie von *McDonald's*

Die Zusammenarbeit zwischen *McDonald's* und seinen Lieferanten basiert auf sog. „handshake agreements", d. h. die Übereinkünfte werden mittels Handschlag besiegelt. Eine solche Kooperation kann nur funktionieren, wenn sich die Vertragspartner gegenseitig vertrauen und auch bereit sind, etwaige Risiken zu teilen („risk sharing"). Fokussiert sich nämlich ein Lieferant auf die Geschäftsbeziehung zu *McDonald's*, so weisen die hierfür spezifischen Investitionen zumindest zum Teil Fixkostencharakter auf und können nur über häufige Transaktionen mit großen Volumina abgedeckt werden. Dies birgt erhebliche Gefahren für den Lieferanten in sich, die er nur durch eine enge, auf Vertrauen beruhende Zusammenarbeit abzumildern vermag. Denn erst so werden die Gefahren opportunistischer Verhaltensweisen begrenzt und eine schnelle, zur Koordination der interdependenten Aufgaben notwendige Kommunikation zwischen den Geschäftspartnern gewährleistet.

Ausgangspunkt der Zusammenarbeit sind genaue Spezifikationen der Produkte, wobei der Qualität zentrales Augenmerk geschenkt wird. *McDonald's* bewertet die Qualität seiner Lieferanten anhand des SQI, des Supplier Quality Indexes. Aus diesem lassen sich auch Ansatzpunkte für die Weiterentwicklung des jeweiligen Lieferanten ableiten.

Die von *McDonald's* eingeschlagene Kooperationsstrategie findet ihren Niederschlag u. a. darin, dass 30 Lieferanten, die konsequenterweise als Lieferantenpartner bezeichnet werden, seit mehr als 20 Jahren mit dem Unternehmen zusammenarbeiten. Dies entspricht rund 30 % der knapp 100 in- und ausländischen Lieferanten, von denen *McDonald's Deutschland* seine mehr als 550 Artikel aus dem Lebensmittel- und Verpackungsbereich bezieht.

„Diese langjährige Zusammenarbeit bringt beiden Seiten Vorteile", so *Thomas Burscheidt*, Assistant Vice President Einkauf und Qualitätssicherung bei *McDonald's Deutschland*. „Dazu gehören neben gegenseitigem Vertrauen die Nutzung von Synergien und ein stetiges gemeinsames Wachstum." Durch die enge und langjährige Beziehung zu seinen Lieferanten gewährleistet das Unternehmen nicht zuletzt die Einhaltung der sich auferlegten Qualitätsmaßstäbe.

Wie wichtig strategische Geschäftsbeziehungen, die eine enge, auf Vertrauen beruhende Zusammenarbeit erfordern, für *McDonald's* sind, wird nachvollziehbar an der Neuentwicklung von Angeboten, wie sie zum Beispiel für Promotionaktionen anstehen. Egal, ob die Bäckerei *Kamps* nun ein Brötchen in Fußballform liefern soll, *Develey* eine eigene Soße für die Asia Wochen kreiert oder *Agrarfrost* an einer Kartoffelspezialität arbeitet: All dies wird erst möglich durch die schnelle, sich über Jahre hinweg eingespielte Kommunikation zwischen den Geschäftspartnern, welche die Koordination solch interdependenter Aufgaben erst ermöglicht.

Der überwiegende Teil der Produkt-Zutaten wird von Markenartikel-Herstellern geliefert, die der Verbraucher aus dem Lebensmitteleinzelhandel kennt: *Hochland*, *Bonduelle*, *Schwartau* oder *Jacobs* sind nur einige Beispiele. Dadurch will *McDonald's* gegenüber seinen Kunden zum einen den hohen Qualitätsanspruch kommunizieren, den das Unternehmen an seine Lieferanten stellt. Zum anderen zielt *McDonald's* darauf ab, dass das Image der Markenartikler positiv auf das Bild des eigenen Hauses ausstrahlt. Im Imagetransfer liegt wohl auch das größte Risiko dieser Einkaufsstrategie: Wandelt sich beispielsweise das Ansehen eines der Lieferantenpartner ins Negative (etwa durch schlechte Warentestergebnisse oder Verbraucherklagen), strahlt dies entsprechend auf *McDonald's* aus.

Die Beschaffungsstrategie von *McDonald's* erscheint unter **zwei weiteren Aspekten** interessant:

- **Anzahl der Bezugsquellen sprich Lieferanten**
  McDonald's betreibt bei Produkt-Zutaten in neun von zwölf Fällen (= 75 %) „**single sourcing**", d. h. greift nur auf einen Lieferanten zurück. Durch eine solch intensive Zusammenarbeit will *McDonald's* individuell angefertigte Produkte mit hoher Qualität beziehen. Da diese Lieferanten durch die hohen Produktionsvolumina **Erfahrungskurveneffekte** erzielen, ist dies auch mit Einkaufsvorteilen für McDonald's bzw. seine Franchise-Nehmer verbunden. Allerdings begibt sich der Lieferant in eine erhebliche Abhängigkeit, was das Investitions- und Beschäftigungsrisiko beträchtlich steigert. Für *McDonald's* verringert sich die Liefersicherheit.
  Bei Brötchen und Pommes Frites gibt es zwei Lieferanten (=„**dual sourcing**"), im Falle von Salat sogar drei Zulieferer (=„**multiple sourcing**"). Dass hier auf mehrere Bezugsquellen zurückgegriffen wird, dürfte u. a. an den hohen Beschaffungsmengen in diesen Produktkategorien begründet liegen. Die angeführten Lieferanten arbeiten entweder exklusiv für McDonald's, wie z. B. der Fleisch- und Geflügel-Spezialist *Esca Food Solutions* in Günzburg und Duisburg. Oder es sind renommierte Markenartikler, darunter *Develey*, *Meggle*, *Zott*, *Goldmilch*, *Agrarfrost* oder *Coca-Cola*.

- **Beschaffungsareal**
  Der lokale Einkauf von *McDonald's*, der auf Landesebene angesiedelt ist, koordiniert die Zusammenarbeit mit den nationalen Lieferanten. Im Falle multinationaler Lieferanten hingegen stimmt der europäische Einkauf die Beschaffung der einzelnen Länder aufeinander ab.
  Rund 90 % des Beschaffungsvolumens von McDonald's Deutschland gehen an deut-

sche Produktionsstätten, 99,7 % der eingekauften Waren stammen aus der EU. An diesen Zahlen wird deutlich, dass McDonald's ein **Domestic Marketing** favorisiert, bei dem die Beschaffungsquellen im Inland angesiedelt sind. Neben den rein logistischen Vorteilen einer solchen Beschaffungsstrategie dürfen die damit verbundenen Auswirkungen auf das Image nicht vernachlässigt werden. Denn das Fast-Food-Unternehmen ist bestrebt, sein amerikanisches Image abzulegen und sich als deutsches Unternehmen zu positionieren. Getreu dem Motto: „Unser Name klingt zwar amerikanisch, wir aber sind ein deutsches Unternehmen."

McDonald's betont, dass Angebote aus Deutschland innerhalb des internationalen Unternehmensnetzwerks hohes Ansehen genießen. Dafür spricht die Tatsache, dass viele hiesige Stammlieferanten *McDonald's* Restaurants in mehr als 30 europäischen Ländern beliefern. Beispielsweise kommen die Gurken für sämtliche *McDonald's* Restaurants in Europa von der deutschen Firma *Develey*. Damit sichert der Fast-Food-Riese, wie er betont, ca. 5.300 zum Teil hoch qualifizierte Arbeitsplätze in den hiesigen Zulieferbetrieben.

Quelle: *Schneider, W.*: McMarketing, Wiesbaden 2007.

3.2 Spezifische Besonderheiten

Neben den generellen Besonderheiten lassen sich jeweilige Spezifika des Beschaffungsverhaltens von Industrieunternehmen, Handelsbetrieben und Öffentlichen Einrichtungen feststellen (vgl. im Folgenden *Meffert* 1992, S. 138–174; *Bänsch* 1998b; *Kuß/Tomczak* 2000). Die **Kaufentscheidung von Industrieunternehmen** zeichnet sich durch folgende Eigenschaften aus:

- Hohe Bedarfsspezialisierung und damit präzise Vorstellung über das zu erwerbende Produkt bzw. die gewünschte Dienstleistung

- Ausgeprägtes Planungs- und Informationsverhalten und damit umfangreiche Kaufentscheidungsprozesse

- Beteiligung technischer und kaufmännischer Spezialisten am Entscheidungsprozess, was nicht selten ein erhebliches Konfliktpotenzial in sich birgt

Im Gegensatz zur Kaufentscheidung von Industriebetrieben handelt es sich bei der **Beschaffungsentscheidung von Handelsunternehmen** in der überwiegenden Zahl der Fälle um einen habitualisierten Vorgang, der durch regelmäßige Sortimentskontrollen abgesichert wird. Extensive Entscheidungsprozesse fallen lediglich bei der Aufnahme neuer Produkte (= Neulistung) bzw. Eliminierung vorhandener Produkte (= Auslistung) sowie beim Erwerb von Investitionsgütern an.

Die Zahl der Entscheider ist von der Unternehmensgröße abhängig, und die Entscheidungsfindung verlagert sich zunehmend zu den Zentralen des Handels. Traditionell finden sich die Einkaufsgremien des Handels in einem Spannungsfeld zwischen Einkaufsseite (etwa vertreten durch Chef- sowie Ressorteinkäufer) und Vertriebsseite (repräsentiert durch beispielsweise Vertriebsleiter, Verkaufsförderer und Firmeninhaber bzw. Geschäftsführer). Infolge der zunehmenden Bedeutung des sog. Pull-Effekts, bei dem der Endverbraucher einen Nachfragesog schafft, der den Handel zwingt, die Ware zu listen, dominieren bei Einkaufsentscheidungen hier zunehmend die Vertriebsexperten.

Insgesamt werden die Entscheidungen im Handel vergleichsweise schnell getroffen, da mit ihnen „weichere" Konsequenzen verbunden sind. Beispielsweise lässt sich das Risiko einer Fehlentscheidung durch Bestellung kleiner Mengen verringern. Oder der Verkauf schlechtverkäuflicher Ware kann durch Sonderangebote forciert werden.

Fallbeispiel „Dezentralisierung von Entscheidungsmacht" – Bei *Real* dürfen Marktleiter selbst bestimmen.

Real will seinen Marktleitern zukünftig mehr Entscheidungsmacht übertragen. Für ausgewählte Produktgruppen dürfen die Marktleiter je nach Wettbewerbssituation die Preise selbst festlegen. Eine eigens dafür erstellte Software soll sicherstellen, dass die Marktleiter darüber informiert sind, wie sich die Preisänderungen auf die Erträge auswirken. Bislang wurden die Filialen in Cluster eingeteilt und die Zentrale steuerte die Preise.

Beschaffungen öffentlicher Einrichtungen liegen vor, wenn Verwaltungsbetriebe des Bundes, der Länder oder der Gemeinden sowie öffentliche Unternehmen Güter bzw. Dienstleistungen nachfragen. Ziel ist es, die Beschaffungskosten unter der Bedingung einer Bedarfsdeckung in zeitlicher, örtlicher, qualitativer und quantitativer Hinsicht zu minimieren. Als gesetzliche Grundlagen dienen das *Haushaltsgrundsätzegesetz* (HGrG), die *Bundeshaushaltsordnung* (BHO) sowie das *Grundgesetz* (GG). Als Grundsätze gelten die Prinzipien Vollständigkeit, Sparsamkeit und Wirtschaftlichkeit. Vor diesem Hintergrund müssen Beschaffungsentscheidungen Öffentlicher Einrichtungen einer kritischen Überprüfung der Verwendung Öffentlicher Mittel (etwa durch *Bundes-* und *Landesrechnungshöfe, Bund der Steuerzahler*) standhalten.

Eine wesentliche Besonderheit bei der **Beschaffungsentscheidung von Öffentlichen Einrichtungen** stellt die gesetzlich vorgeschriebene **Ausschreibung** dar (vgl. hierzu *Meffert* 1992, S. 168), deren Ablauf Abb. 3.1 zu entnehmen ist. Unter Ausschreibung wird die Aufforderung von Anbietern verstanden, Angebote für eine nachgefragte Leistung unter Beachtung bestimmter Verfahrensregeln (Geheimhaltung der Angebote bis zum Ende der Angebotsfrist, Ausschluss von Nachverhandlungen) verstanden. Die eigentliche Ausschreibung beginnt mit Erstellung der Auftragsunterlagen: Hierbei wird zunächst ein Verzeichnis erstellt, in dem die gewünschte Leistung spezifiziert wird (sog. Leistungsverzeichnis).

Eine Ausschreibung kann öffentlich oder beschränkt erfolgen. Bei der **öffentlichen Ausschreibung** fordert ein öffentlicher Auftraggeber sämtliche Anbieter eines Produktes bzw. einer Dienstleistung dazu auf, ein Angebot über die spezifische Leistung abzugeben. Hierbei ist die Zahl der Anbieter unbegrenzt. Die Veröffentlichung erfolgt in Tageszeitungen, amtlichen Veröffentlichungsblättern, bundeslandinternen Ausschreibungsportalen, auf Internetportalen, auf *www.bund.de*, in gewerblichen Fachblättern und Portalen sowie auf kommunaler Ebene. Das Vergaberecht enthält Regeln über die Vergabe öffentlicher Aufträge durch öffentliche Auftraggeber und unterscheidet die Angebote nach Kriterien wie z. B. Leistungen

3.2 Spezifische Besonderheiten

oder Projektgröße. Wettbewerbsverletzungen können auf Seiten sowohl der Auftragnehmer (z. B. durch Preisabsprachen) als auch der Auftraggeber (z. B. durch Bestechlichkeit) auftreten.

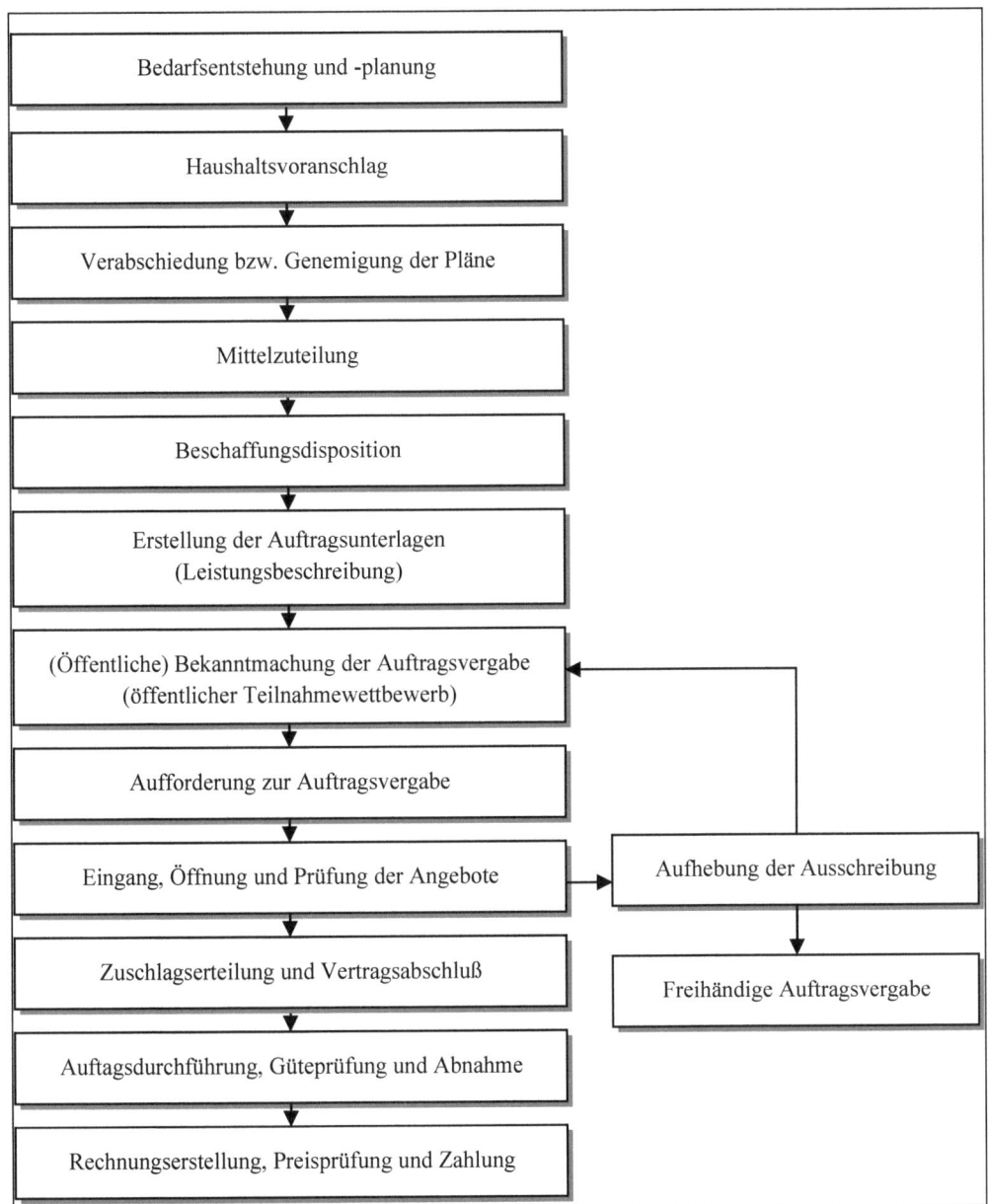

*Abb. 3.1: Der Prozess einer öffentlichen Ausschreibung
(Quelle: in Anlehnung an Hammann/Lohrberg 1999, S. 61)*

Im Gegensatz zur öffentlichen Ausschreibung zeichnet sich die **beschränkte Ausschreibung** durch eine begrenzte Anzahl an Teilnehmern (etwa ortsansässige Unternehmen; mindestens drei voneinander unabhängige Anbieter, die fachkundig, leistungsfähig und zuverlässig sind) aus. Ihr geht ein Teilnahmewettbewerb voraus, bei dem die Vergabestelle die sich bewerbenden Unternehmen überprüft. Daran anschließend werden gezielt Unternehmen zur Angebotsabgabe aufgefordert.

Bei der öffentlichen bzw. beschränkten Ausschreibung erhält grundsätzlich das Unternehmen den Zuschlag, welches das preisgünstigste (bzw. zweitgünstigste) Angebot unterbreitet hat. Die Ausschreibung ist damit ein Instrument, das im Sinne des Sparsamkeitsprinzips, dem Öffentliche Einrichtungen unterliegen, den Wettbewerb unter den Anbietern gewährleistet.

Öffentliche Einrichtungen sichern sich durch Ausschreibungs- und Bietungsgarantien ab. Hierbei garantiert eine Bank die Ernsthaftigkeit des Angebots und stellt sicher, dass das Angebot bindend ist. Bei Ausfall haftet die Bank haftet mit 5–10 % des Angebotspreises.

Im Falle der seltener anzutreffenden **freien Vergabe von Aufträgen** liegt es im Ermessen des Öffentlichen Auftraggebers, welches Angebot er letztlich präferiert. Die Vergabe von Aufträgen erfolgt ohne ein förmliches Verfahren. Der Verfahrensablauf ist frei gestaltbar, d. h. die Vergabestelle kann über Inhalt und Preise der Angebote verhandeln. Die freie Vergabe von Aufträgen findet bei Leistungen mit geringem Wert sowie hoher Eilbedürftigkeit sowie bei Angebotsmonopolen und bei patent- bzw. lizenzgeschützten Leistungen statt.

3.3 Typen organisationaler Beschaffungsentscheidungen

Die Dauer des Beschaffungsprozesses hängt von der Komplexität und dem kognitivem Aufwand der Entscheidungsfindung ab. Danach lassen sich **drei Typen von Kaufentscheidungen** identifizieren (vgl. *Robinson/Faris/Wind* 1967 sowie Tab. 3.2):

- **Erstkauf** („new task"): Hier sind die Einkäufer mit einer völlig neuen Problemstellung konfrontiert. Da die Entscheider nicht auf die Erfahrung ähnlicher Käufe zurückgreifen können, benötigen sie eine Vielzahl von Informationen. Ein Erstkauf ist also mit der extensiven Kaufentscheidung privater Haushalte vergleichbar (vgl. hierzu Abschnitt 2.2.1). Im Regelfall werden folgende Phasen durchlaufen:
  - Problemerkennung
  - Festlegung der Produkteigenschaften
  - Beschreibung der Produktionseigenschaften
  - Lieferantensuche
  - Beurteilung der Lieferanteneigenschaften
  - Einholung von Angeboten
  - Bewertung von Angeboten
  - Auswahl der Lieferanten

3.3 Typen organisationaler Beschaffungsentscheidungen

- Abwicklung des Kaufs
- Ausführungskontrolle und -beurteilungen
- **Modifizierter Wiederholungskauf** („modified rebuy"): Es wurde bereits eine ähnliche Kaufentscheidung getätigt, nur haben sich die Situation und damit die Anforderungen an das zu beschaffende Objekt leicht geändert. Deshalb müssen flankierend zu den bisherigen Erfahrungen zusätzliche Informationen beschafft und ins Kalkül gezogen werden. Folglich bestehen unverkennbare Analogien zur limitierten Kaufentscheidung.
- **Reiner Wiederholungskauf** („straight rebuy"): Hier erwirbt ein Unternehmen ein Produkt oder eine Dienstleistung zum wiederholten Male. Der Käufer möchte einen wiederkehrenden Bedarf decken und greift hierzu auf den ihm aus vorangegangenen Verhandlungen sehr genau bekannten Anbieter zurück. Ein reiner Wiederholungskauf ähnelt daher der habitualisierten Kaufentscheidung einer Privatperson.

Tab. 3.2: Arten organisationaler Kaufentscheidungen – differenziert nach dem kognitiven Aufwand der Entscheidungsfindung (Quelle: Robinson/Faris/Wind 1967, S. 25)

Kriterium Kaufklasse	Neuartigkeit des Problems	Informationsbedarf	Betrachtung neuer Optionen
Erstkauf	Hoch	Hoch	Ausgeprägt
Modifizierter Wiederholungskauf	Mittel	Mittel	Begrenzt
Reiner Wiederholungskauf	Gering	Gering	Keine

Das **Buygrid-Modell** kombiniert die verschiedenen Kaufklassen (Erstkauf, modifizierter Wiederholungskauf, reiner Wiederholungskauf) sowie Kaufphasen miteinander und ordnet diesen die jeweiligen Funktionsträger zu (vgl. Tab. 3.3).

Tab. 3.3: Funktionsträger nach verschiedenen Kaufklassen und Kaufphasen

Kaufklasse Kaufphase	Erstkauf	Lieferantenwechsel	Wiederholungskauf
Problemerkennung	Geschäftsführung	Einkäufer	Lagerkontrolle
Festlegung der Produkteigenschaften	Technisches Personal	---	---
Beschreibung der Produktionseigenschaften	Technisches Personal	---	---
Lieferantensuche	Technisches Personal	Einkäufer	(geprüfte Lieferanten)

Tab. 3.3: Funktionsträger nach verschiedenen Kaufklassen und Kaufphasen (Fortsetzung)

Kaufklasse Kaufphase	Erstkauf	Lieferantenwechsel	Wiederholungskauf
Beurteilung der Lieferanteneigenschaften	Technisches Personal	Technisches Personal + Einkäufer	(geprüfte Lieferanten)
Einholung von Angeboten	Einkäufer + technisches Personal	Einkäufer	Einkaufsabteilung
Bewertung von Angeboten	Technisches Personal	Einkäufer	Einkaufsabteilung
Auswahl der Lieferanten	Technisches Personal, Geschäftsführung, Einkäufer	Einkäufer	Einkaufsabteilung
Abwicklung des Kaufs	Einkäufer	Einkäufer	Einkaufsabteilung
Ausführungskontrolle und -beurteilungen	Technisches Personal + Einkäufer (informal)	Einkäufer (informal) System (formal)	Einkäufer (informal) System (formal)

3.4 Ausgewählte Erklärungsansätze des organisationalen Beschaffungsverhaltens

3.4.1 Überblick

Die Ansätze zur Erklärung organisationalen Beschaffungsverhaltens lassen sich nach folgenden **Kriterien** unterscheiden (vgl. hierzu *Meffert* 1992, S. 141–157):

- **Nach den Akteuren: Personale versus Organisationale Ansätze**

  Der Personale Ansatz beschäftigt sich mit dem Einfluss der Eigenschaften von Verkäufern und Käufern. Man geht davon aus, dass eine Transaktion dann erfolgreich verläuft, wenn sich beide bezüglich ökonomischer, sozialer, psychischer und physischer Merkmale ähnlich sind (sog. Matching-Studien). Betrachtet wird dabei u. a. der Verhandlungsstil von Personen.

  Der Organisationale Ansatz hingegen geht davon aus, dass die Personen sowohl auf Abnehmer- als auch auf Anbieterseite in eine Gruppe bzw. Organisation eingebunden sind und demnach multipersonale bzw. kollektive Entscheidungen treffen. Dieser Ansatz fokussiert auf die Rollen, welche die Personen im Buying-Center (= Einkaufsgremium) und im Selling-Center (= Verkaufsgremium) einnehmen. Demnach stehen vor allem Aspekte wie Macht, Konflikt, Kooperation und soziale Beziehungen im Vordergrund.

- **Nach den Einflussgrößen: Strukturelle versus Prozessuale Ansätze**

  Der Strukturelle Ansatz beschäftigt sich mit den Merkmalen einer bzw. mehrerer Organisation/en und deren Einfluss auf die Kaufentscheidung. Hierbei werden Aspekte sowohl der Aufbauorganisation als auch der Ablauforganisation in die Analyse einbezogen. Demnach handelt es sich um eine statische Betrachtungsweise. Im Gegensatz dazu nimmt der Prozessuale Ansatz eine dynamische Perspektive ein, indem er die Phasen des Transaktionsprozesses sowie den Aufbau von Geschäftsbeziehungen analysiert.

- **Nach der Organisationszahl: Monoorganisationale versus Multiorganisationale Ansätze**

  Bei den Monoorganisationalen Ansätzen steht das Entscheidungsverhalten einer einzelnen Organisation im Vordergrund. Demnach bleiben die Interaktionsprozesse zwischen Anbieter und Nachfrager außen vor. Der Multiorganisationale Ansatz hingegen bezieht mehrere Organisationen als Parteien bei der Verhandlung in die Betrachtung ein.

- **Nach der Komplexität: Partial- versus Totalmodelle**

  Während die Partialmodelle sich auf bestimmte Determinanten der Kaufentscheidung konzentrieren, zielen Totalmodelle darauf ab, (aus der jeweiligen Perspektive) sämtliche Faktoren, welche die organisationale Kaufentscheidung beeinflussen, zu erfassen und zu analysieren. Ein Überblick über die Totalmodelle des organisationalen Beschaffungsverhaltens findet sich bei *Backhaus* (1999, S. 116 ff.).

3.4.2 *Webster-Wind*-Modell

Als bekanntestes Modell zur Analyse des organisationalen Beschaffungsverhaltens gilt das **Modell von *Webster/Wind*** (1972), das den Monoorganisationalen Strukturellen Totalmodellen zuzurechnen ist. Die Autoren unterscheiden **vier Faktorengruppen**, die hierarchisch abgestuft sind:

- **Umweltfaktoren**

  Hierzu zählen sämtliche Bereiche der Makro-Umwelt (= ökonomische, soziokulturelle, technologische, physische, politisch-rechtliche Umwelt) und Mikro-Umwelt (= Lieferanten, Abnehmer, Konkurrenten, Staat, Gewerkschaften, Handelskammern, Verbände etc.; vgl. hierzu Abschnitt 4.2). Obwohl der Einfluss solcher Faktoren schwierig zu identifizieren und zu messen ist, sollten Unternehmen diesbezüglich eine hohe Sensibilität entwickeln. Einen besonderen Stellenwert haben de Umweltfaktoren bei länderübergreifenden Beschaffungsprozessen.

- **Faktoren der Organisation bzw. des Unternehmens**

  Darunter fasst man Unternehmensziele, finanzielle, technologische und personelle Ressourcen sowie die formale Organisationsstruktur (etwa Aufbau- und Ablauforganisation, Belohnungssystem, Status- und Machtzuteilungen).

- **Interpersonelle Faktoren**

  Diese ergeben sich aus den Prozessen zwischen denjenigen Mitarbeitern, die am Einkaufsvorgang beteiligt sind. Dabei lassen sich aufgabenbezogene (= Task-Variablen mit direktem Einfluss) und nicht-aufgabenbezogene Variablen (= Non-Task-Variablen mit

indirektem Einfluss) unterscheiden. Die aufgabenbezogenen Faktoren resultieren aus der Rolle der Person im sog. **Buying-Center** (= Einkaufsgremium; vgl. hierzu *Bagozzi/Rosa/Celly/Coronel* 2000, S. 435–441 sowie Abb. 3.2). Hierunter versteht man die Gruppe von Personen innerhalb einer Organisation, die für die Beschaffung (Einkauf) – im Regelfall von Investitionsgütern bzw. bei komplexen, nicht routinemäßigen Entscheidungen – zuständig ist. Die Mitglieder eines solchen Buying-Center sind:
- **Gatekeeper (Vorselektierer)**, dessen Aufgabe es ist, entscheidungsrelevante Informationen zu sammeln, die in Betracht kommenden Kaufoptionen zu identifizieren und damit die Entscheidung vorzubereiten. Anbieter, denen es nicht gelingt, diese Schleuse zu passieren, gelangen erst gar nicht in die engere Auswahl. Die Rolle des Gatekeepers übernimmt häufig eine Stabsstelle (etwa Assistent/in des Deciders) oder das Sekretariat.
- **Decider (Entscheider)**: Er übernimmt vom Gatekeeper die Informationen und verarbeitet diese weiter. Bei ihm liegt letztlich die Entscheidung, ob ein Objekt erworben wird oder nicht. Da er die formale Macht der Auftragsvergabe besitzt, nimmt er eine exponierte Stellung innerhalb des Buying-Centers ein. Beim Decider handelt es sich um eine Person in leitender Position, die über eigene Etats verfügt und demnach Mittel freigeben kann (etwa Einkäufer oder Management). In kleineren Unternehmen bzw. ab einem bestimmten Beschaffungsvolumen übernimmt häufig der Geschäftsführer bzw. die Geschäftsführung die Funktion des Deciders.
- **Buyer (Einkäufer)**: Er ist für die Überwachung des gesamten Kaufprozesses verantwortlich. Damit fallen ihm die Aufgaben zu,
    - potenzielle Partner aufzufordern, ihre Angebote abzugeben,
    - den Kaufvertrag abzuschließen,
    - Nachverhandlungen im Detail zu führen,
    - die Kaufabwicklung zu überwachen und
    - evtl. Reklamationen in die Wege zu leiten.
  Diese Funktion übt zumeist der Chefeinkäufer bzw. ein Vertreter der Einkaufsabteilung aus. Er besitzt formale Verantwortung und Autorität, insbesondere wenn es um Lieferantenanfragen geht.
- **User (Verwender)**: Das ist die Person, die das anzuschaffende Objekt bzw. die zu beschaffende Dienstleistung letztlich benutzen wird und damit die Leistungsanforderungen am besten spezifizieren kann. Sie ist persönlich von der Anschaffung betroffen und konzentriert sich demnach auf die Funktionserfüllung unabhängig davon, was es kostet. Häufig bringt der User den Kaufentscheidungsprozess in Gang, indem er einen empfundenen Mangelzustand signalisiert. Geht die Bedarfsmeldung nicht von ihm aus, löst eine andere Person, der sog. Initiator (Auslöser), den Entscheidungsprozess aus.
- **Influencer (Beeinflusser)**: Er nimmt formal nicht am Kaufprozess teil, unterstützt diesen aber durch seine Fachkompetenz. Diese Funktion übernehmen Externe (z. B. Unternehmensberater, Fachkollegen aus anderen Unternehmen mit ihren Referenzen, Medien) oder Mitarbeiter einer internen Serviceabteilung (z. B. Rechenzentrum oder technisches Personal und Ingenieure, welche Informationen bereitstellen und dadurch Entscheidungen beeinflussen).
- **Approver (Zustimmer)**: Hierbei handelt es sich um diejenigen Personen, welche die Empfehlungen der Decider autorisieren, nachdem sie die Bedenken der Influencer und User überdacht haben. Normalerweise sind die Approver in der Unternehmenshierarchie über den Decidern angesiedelt.

3.4 Ausgewählte Erklärungsansätze des organisationalen Beschaffungsverhaltens

Nunmehr wird nachvollziehbar, dass die Mitglieder des Buying-Centers zwar allesamt derselben Organisation angehören, aber verschiedene Ziele verfolgen, die Realität unterschiedlich wahrnehmen und/oder nicht die gleichen Mittel einsetzen, um ein Gesamtziel zu erreichen. Während beim Decider etwa technische Aspekte im Vordergrund stehen und beim Approver Kosten/Nutzen-Überlegungen dominieren, trifft der User seine Wahl unter Gesichtspunkten wie Prestige, Bequemlichkeit und Ästhetik.

Für einen Lieferanten ist es deshalb wichtig zu analysieren, wer dem Buying-Center eines potenziellen Kunden angehört, welche Rolle/n er spielt sowie welchen Einfluss er dort ausübt und welches Informations- sowie Entscheidungsverhalten ihn charakterisiert. Für den externen Betrachter erweist es sich jedoch gemeinhin als problematisch zu identifizieren, welche Personen welche Funktionen ausüben und wie hoch deren Anteil an der Entscheidungsfindung ist.

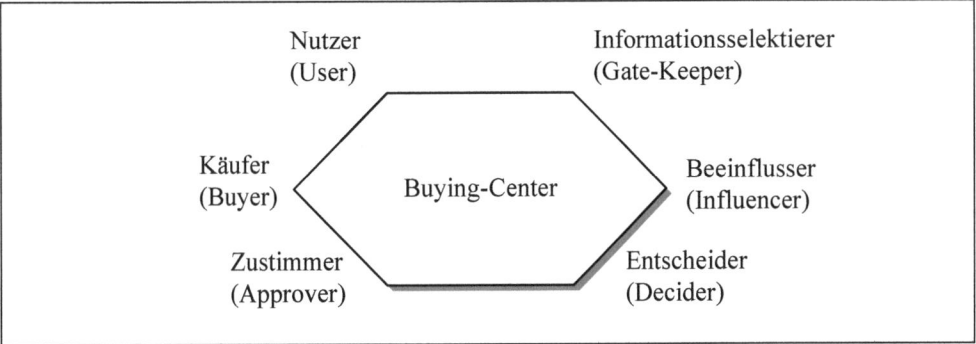

Abb. 3.2: Die Rollen im Buying-Center
(Quelle: Webster/Wind 1972, S. 78–80)

Neben die aufgabenspezifischen Rollen im Buying-Center treten **Non-Task-Variablen**, d. h. Rollen, welche die Mitglieder ausüben, die aber nichts mit ihrer eigentlichen Aufgabe im Unternehmen zu tun haben. Beispielsweise können sich die individuellen Werte aus der Rolle als Mitglied einer politischen Partei, welche die Belange des Umweltschutzes vertritt, durchaus auf die Beschaffungsentscheidung im Unternehmen auswirken.

Analog zum Buying-Center lässt sich auf der Angebotseite ein **Selling-Center** identifizieren (vgl. *Pepels* 2000, S. 225–227). Diesem gehören folgende Rollentypen an:
- Außendienst-Mitarbeiter (als Pendant zum Gatekeeper)
- Geschäftsführer (als Pendant zum Decider)
- Key Account Manager (als Pendant zum Buyer)
- Anwendungsberater (als Pendant zu Influencer)
- Techniker (als Pendant zum User)

- **Intrapersonelle Faktoren**
Da das Verhalten von Organisationen letztlich auf der Vernetzung individuellen Verhaltens basiert, gilt es auf dieser Ebene, die psychologischen Merkmale der/s Einkäufer/s zu ergründen. Hierzu zählen – analog zum Beschaffungsverhalten von Privatpersonen – aktivierende (Emotionen, Motive, Einstellungen) und kognitive Prozesse (Informationsauf-

nahme, -verarbeitung, -speicherung; vgl. hierzu Abschnitt 2.4.2). Weitere Faktoren sind Bildung, Persönlichkeit und Risikofreude.

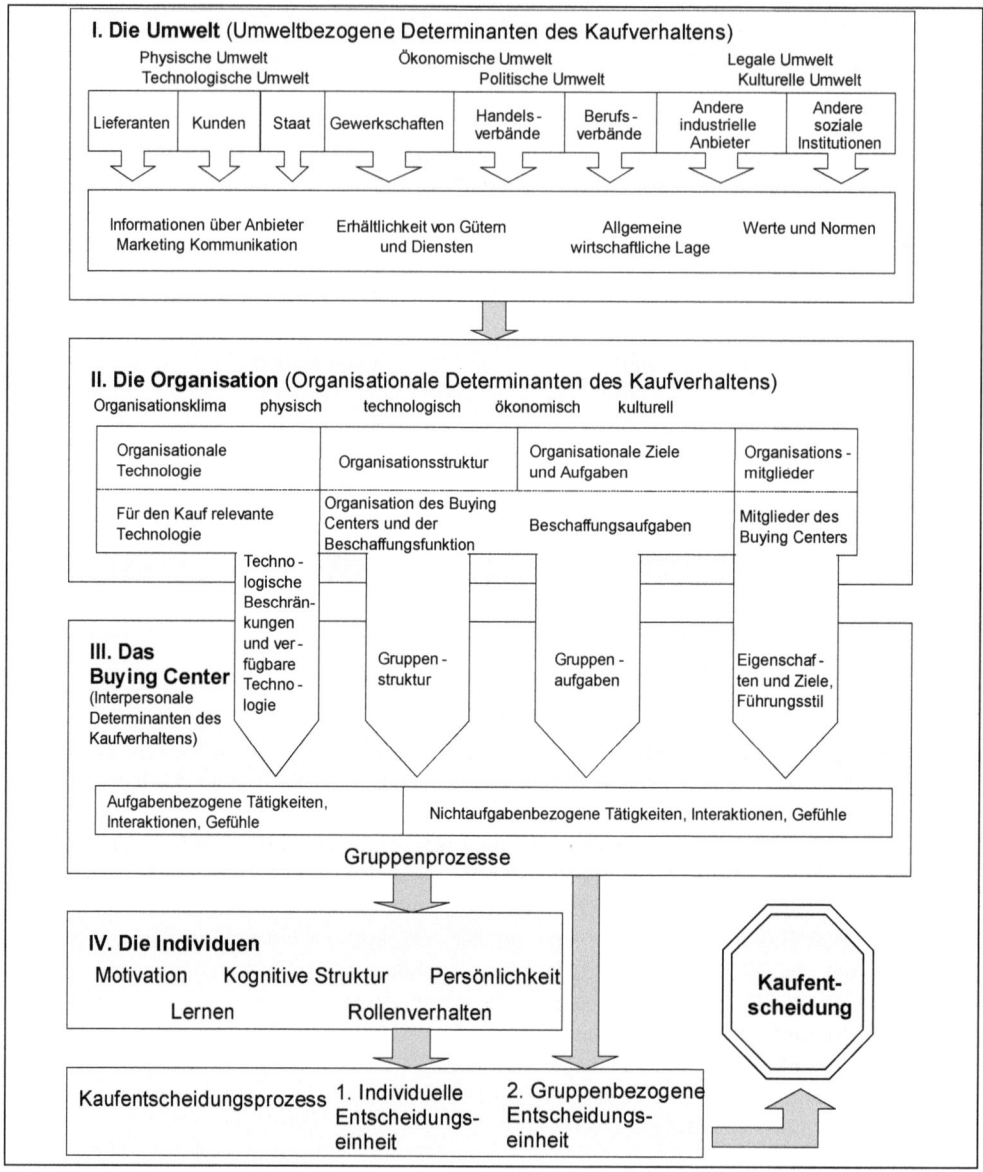

Abb. 3.3: Das Webster-Wind-Modell
(Quelle: in Anlehnung an Webster/Wind 1972, S. 15)

Es lässt sich festhalten, dass der Ansatz von *Webster/Wind* (vgl. zusammenfassend Abb. 3.3) einen wesentlichen Beitrag zur Systematisierung der Vielzahl zu berücksichtigender Einflussfaktoren auf das organisationale Beschaffungsverhalten leistet. Aufgrund der schwierigen Erfassbarkeit und der Unklarheit des Zusammenwirkens der Variablen werden die Anforderungen an ein deterministisches Modell, welches Ursache-Wirkungs-Beziehungen aufdeckt, jedoch nicht erfüllt.

3.4.3 Promotoren-Opponenten-Modell

Im Zentrum des Promotoren-Opponenten-Modells steht die organisationsinterne Auseinandersetzung zwischen Personen, die einen Erstkauf unterstützen und damit eine Veränderung fördern (sog. **Promotoren**), und Mitarbeitern, welche einen solchen Wandel aus weltanschaulichen, sachlichen und/oder persönlichen Motiven verhindern, verzögern oder zumindest nur teilweise akzeptieren wollen (sog. **Opponenten**; vgl. *Witte* 1973; *Hauschildt/ Chakrabarti* 1988, S. 378–388). Damit handelt es sich um ein Monoorganisationales Partialmodell.

Wie Tab. 3.4 zu entnehmen ist, lassen sich Macht-, Fach- und Prozesspromotoren unterscheiden. Analog zu diesen differenziert man zwischen Machtopponenten, die Entscheidungen aufgrund ihrer hierarchischen Position behindern, Fachopponenten, die den Prozess kraft ihres Spezialistenwissens torpedieren, und Prozessopponenten, die sich mittels ihres Knowhows über interne Prozesse Innovationen entgegenstemmen.

Machtpromotoren nehmen eine hohe hierarchische Position im Unternehmen ein. Sie fokussieren sich bei ihrer Entscheidungsfindung weniger auf technisch-organisatorische Details als vielmehr auf die Konsequenzen der Entscheidung für das Unternehmen als Ganzes. Konkret stellen sie Ressourcen bereit, legen Ziele fest, sanktionieren Akteure und blockieren Opponenten. Ihre Macht beziehen sie – ebenso wie die Machtopponenten – aus verschiedenen **Quellen**:

- Fördermöglichkeiten (= Belohnungsmacht),
- Sanktionsmöglichkeiten (= Bestrafungsmacht),
- hierarchische Autorität (= Legitimationsmacht),
- informelle Überzeugungskraft (= Identifikationsmacht) und/oder
- Vorenthalten bzw. Gewähren von Fachwissen (= Expertenmacht).

Während die Machtpromotoren den Entscheidungsprozess durch ihre Entscheidungsgewalt vorantreiben, verfügen die **Fachpromotoren** über eine von der Hierarchie unabhängige Fachautorität. Sie sind typischerweise im mittleren Management angesiedelt. Sie evaluieren Probleme, entwickeln, beurteilen sowie realisieren Problemlösungen und fördern Lernprozesse.

Die **Prozesspromotoren** schließlich sind für die administrativen Abläufe zuständig, d. h. sie sorgen dafür, dass Entscheidungen in einer Organisation durchgesetzt werden. Solche Personen sind mit den formalen und informellen unternehmensinternen Prozessen genau vertraut.

Sie sammeln, filtern, übersetzen sowie interpretieren Informationen, leiten diese gezielt an Akteure weiter und fördern Kommunikationsbeziehungen und Koalitionen.

Alle drei Rollen sind für die Überwindung von Kaufwiderständen der Opponenten und damit für einen erfolgreichen Kaufentscheidungsprozess bedeutsam. Da jedoch insbesondere die Opponenten bestrebt sind, ihre Absichten zu verschleiern, um keine Aktivitäten der Gegenseite zu provozieren, bleibt Externen deren Einfluss auf den Beschaffungsprozess häufig verborgen.

Tab. 3.4: Rollenmodelle des Macht-, Fach- und Prozesspromotors (Quelle: Walter 1998, S. 106 ff.)

Kriterium Rolle	Machtquellen	Leistungsbeiträge	Barrieren
Macht-promotoren	• Hohe hierarchische Position	• Bereitstellung von Ressourcen • Festlegung von Zielen • Gewährung von Anreizen • Sanktionen gegen Akteure • Blockade von Opponenten	• Willensbarrieren • Hierarchiebarrieren
Fach-promotoren	• Expertenwissen	• Evaluation neuartiger und komplexer Probleme • Beurteilung und Entwicklung von Problemlösungsvorschlägen • Realisation von Problemlösungen • Initiierung und Förderung fachspezifischer Lernprozesse	• Fachspezifische Fähigkeitsbarrieren
Prozess-promotoren	• Organisationskenntnisse • Organisationsinternes Kommunikationspotenzial	• Sammeln, Filtern, Übersetzen und Interpretieren von Informationen • Gezielte Weiterleitung von Informationen an Akteure • Förderung von Kommunikationsbeziehungen und Koalitionen	

4 Marketing-Forschung

„Glaubt man der Marktforschung, liest kein Mensch die *Bild-Zeitung* und niemand isst bei *McDonald's*."
Tobias Bachmüller, *Katjes*-Chef

> Dieses Kapitel vermittelt:
> - was man unter Marketing-Forschung versteht,
> - mit welchen Objekten sich die Marketing-Forschung beschäftigt,
> - was Charakteristika sowie Stärken und Schwächen von Fremd- und Eigenforschung sowie von Sekundär- und Primärforschung sind,
> - wie eine empirische Erhebung idealtypisch ablaufen muss, wobei detailliert auf Messung, Stichprobenziehung, Datengewinnung, Feldphase sowie Datenanalyse eingegangen wird, und
> - was eine Prognose ist und welche Varianten existieren.

4.1 Begriff, Aufgaben und wissenschaftstheoretische Grundlagen

Systematisches Marketing-Management basiert auf Informationen. Die Gewinnung und Auswertung solcher Informationen bilden die zentralen Aufgabenbereiche der Markt- bzw. Marketing-Forschung (vgl. im Folgenden *Berekoven/Eckert/Ellenrieder* 1999; *Böhler* 1982; *Green/Tull* 1982; *Hammann/Erichson* 1994; *Hüttner* 1999, 1979; *Meffert* 1992). Während beide Bezeichnungen in der Literatur häufig synonyme Verwendung finden, wird hier ein differenziertes Verständnis zugrunde gelegt. Die **Marktforschung** (engl.: Market Research) hat zur Aufgabe, Informationen über die Märkte des Unternehmens (= Mikro-Umwelt) zu gewinnen. Hierfür bedient sie sich ausschließlich externer Daten. Die **Marketing-Forschung** (engl.: Marketing Research) hingegen umfasst ein weiteres Aufgabenfeld. Zum einen bezieht sie neben der Marktforschung auch die weitere Unternehmensumwelt (= Makro-Umwelt; z. B. technische oder rechtliche Entwicklungen; vgl. hierzu Abschnitt 4.2) in die Untersuchung ein. Hierbei handelt es sich um externe Informationen, die jenseits der Märkte eines Unternehmens liegen, dieses aber durchaus tangieren können. Zum anderen schließt sie die Gewinnung und Analyse unternehmensinterner Daten (etwa über die Ressourcen des Unternehmens) mit ein (vgl. *Nieschlag/Dichtl/Hörschgen* 2002, S. 377). Abb. 4.1 verdeutlicht diesen Zusammenhang.

Dem in Abschnitt 1.1 vorgestellten Marketingverständnis folgend wird im Weiteren der Begriff **Marketing-Forschung** präferiert. Hiermit bezeichnet man den systematischen Prozess der Sammlung und Auswertung von Informationen über Beschaffungs- und Absatzmärkte und die Makro-Umwelt des Unternehmens sowie den Innenbereich des Unternehmens als Grundlage für Marketing-Entscheidungen. Auf der Beschaffungsseite stehen Lieferanten, Finanzpartner und potenzielle Mitarbeiter, auf der Absatzseite Wettbewerber und potenzielle, derzeitige und abgewanderte Kunden im Zentrum der Betrachtung. Auf letzteren liegt unbestritten der Schwerpunkt der Marketing-Forschung.

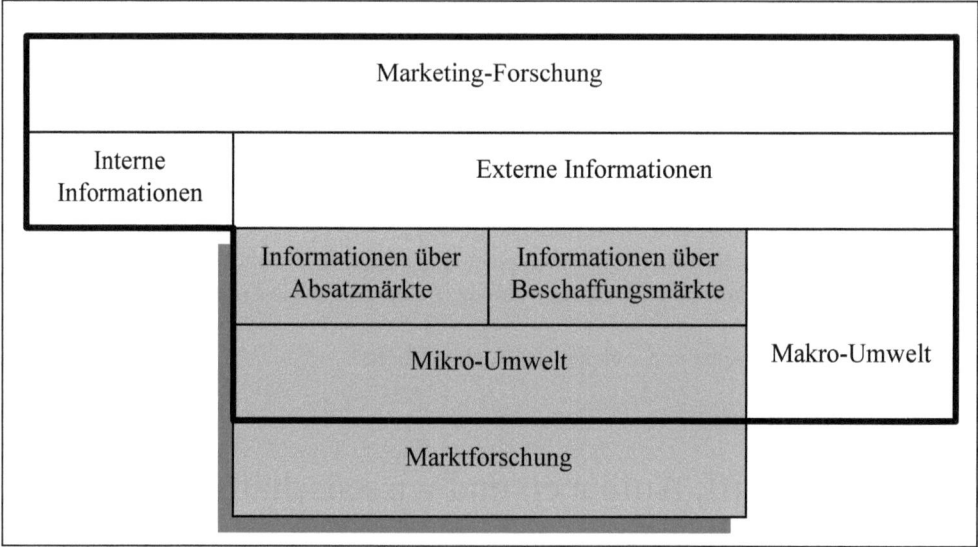

Abb. 4.1: Die Abgrenzung zwischen Marketing-Forschung und Marktforschung

Grundsätzlich kann die Marketing-Forschung **drei Aufgaben** erfüllen:
- Phänomene entdecken (**explorative Komponente**),
- Sachverhalte so genau wie möglich beschreiben (**deskriptive Komponente**) und
- Ursache-Wirkungs-Zusammenhänge zwischen Variablen aufdecken (**kausale Komponente**).

Häufig kommt noch eine weitere Aufgabe hinzu, nämlich die Entwicklung von Gestaltungsempfehlungen (**normative Komponente**).

Insbesondere auf der **kausalen Ebene** gilt es sich mit der wissenschaftstheoretischen Grundfrage „Induktion oder Deduktion?" auseinanderzusetzen (vgl. *Manktelow* 1999). **Induktion** (lat.: inducere = herbeiführen, veranlassen, einführen) schließt von einem speziellen Fall (= Empirie) auf allgemeine Voraussetzungen (= Theorie). **Deduktion** (lat.: deducere = herab-

4.1 Begriff, Aufgaben und wissenschaftstheoretische Grundlagen

führen) bildet den Gegenpol zur Induktion und schließt demnach vom Allgemeinen (= Theorie) auf das Besondere (= Empirie; vgl. Abb. 4.2). Genauer gesagt werden mit Hilfe der Deduktion spezielle Einzelerkenntnisse aus allgemeinen Theorien gewonnen. Für die Zwecke der Marketing-Forschung kann der scheinbare Gegensatz zwischen Induktion und Deduktion dergestalt aufgelöst werden, dass auf der explorativen Ebene tendenziell induktiv vorgegangen wird, wohingegen auf der explikativen Ebene der deduktiven Methode der Vorzug zu geben ist.

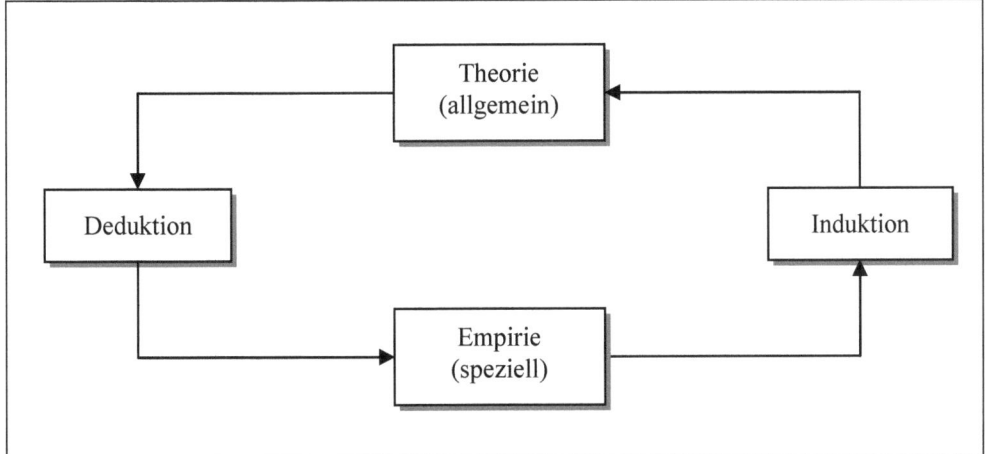

Abb. 4.2: Der Gegensatz zwischen Deduktion und Induktion

Dem deduktiven Ansatz folgend erscheint es zweckmäßig, auf der explikativen Ebene zunächst ein **Messmodell** (auch Kausalmodell bzw. Theoretical Model) aufzustellen, welches das vermutete und demnach empirisch zu überprüfende Beziehungsgefüge zwischen den Variablen abbildet. Beispielsweise sollen die Determinanten sprich Einflussgrößen sowie Auswirkungen der Kundenzufriedenheit empirisch überprüft werden. Aus der Theorie lässt sich das Abb. 4.3 zu entnehmende Messmodell ableiten.

Aus diesem Mess- sprich Kausalmodell lassen sich verschiedene Hypothesen sprich Vermutungen ableiten („Je höher das Alter ist, desto größer ist die Kundenzufriedenheit ausgeprägt.", „Je größer die Kundenzufriedenheit ausgeprägt ist, desto höher ist die Wahrscheinlichkeit des Wiederkaufs."). Nunmehr werden die Hypothesen mit tatsächlich beobachteten Ereignissen (= Empirie) verglichen. Ist eine Übereinstimmung gegeben, haben sich die jeweilige Hypothese und die dieser zugrunde liegende Theorie bewährt.

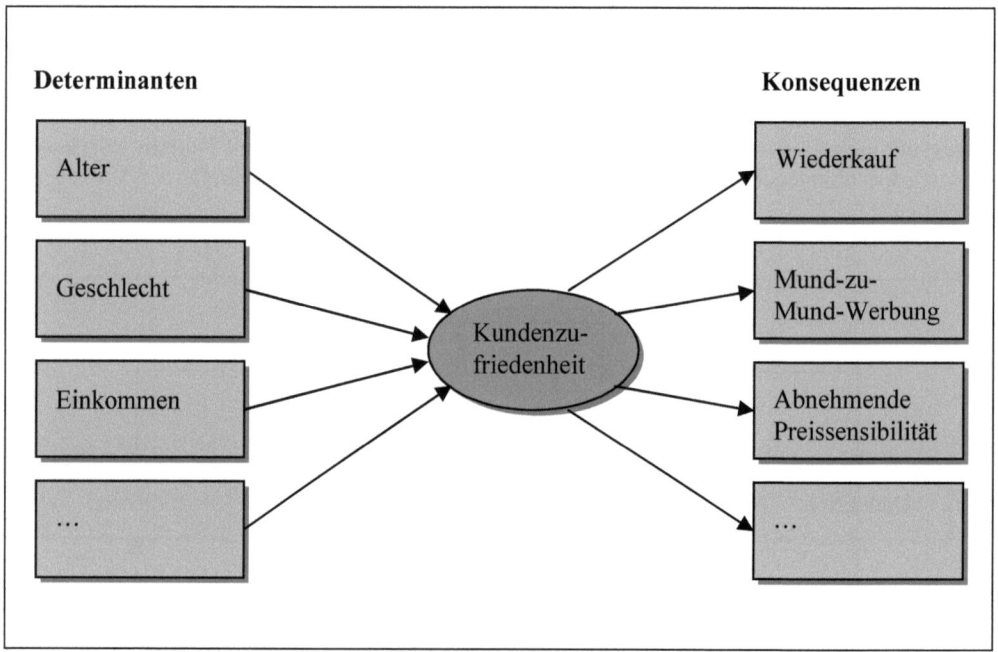

Abb. 4.3: Ein Messmodell zu den Determinanten und Konsequenzen der Kundenzufriedenheit

Die klassische Wissenschaftstheorie sah die Aufgabe der Wissenschaft darin, Hypothesen (z. B. „Alle Schwäne sind weiß.") zu „beweisen" sprich zu verifizieren. Das erscheint jedoch schwer möglich, da dazu von Einzelfällen auf eine allgemeine Regel geschlossen werden müsste, was logisch nicht zulässig ist. Denn wenn 100 aufgespürte Schwäne weiß sind, bedeutet das noch lange nicht, dass der 101. Schwan nicht schwarz sein kann. Diese Überlegung basiert auf dem **Kritischen Rationalismus**, der von *Karl Popper* (2005) wesentlich entwickelt wurde und die heutige Marketing-Forschung prägt.

Popper verwirft die Verifikation von Hypothesen, da sicheres Wissen nicht möglich ist und demnach auch nicht das Ziel der Wissenschaft sein kann. An deren Stelle setzt er den sog. **Falsifikationismus**, der darauf abzielt, Hypothesen zu widerlegen sprich zu falsifizieren. Die Suche nach Falsifikationen, also nach den denkbaren Anwendungsfällen, an denen Hypothesen sowie Theorien scheitern, und damit letztlich nach Fehlern bzw. Schwächen, erachtet *Popper* als entscheidend für den Erkenntnisfortschritt.

Nur die Korrektur dieser Fehler durch entweder Widerlegung von Hypothesen bzw. Theorien oder durch denen Verallgemeinerung bzw. Verfeinerung führt demnach zu einer Annäherung an die Wahrheit. Konkret heißt das: Je häufiger es nicht gelingt, eine Hypothese zu widerlegen, desto näher ist diese an der Wahrheit angesiedelt.

Die folgenden, aus Bauernregeln abgeleiteten und zugegebenermaßen humorvoll gemeinten Beispiele sollen verdeutlichen, wie Hypothesen verallgemeinert bzw. verfeinert werden kön-

nen. Der **Informationsgehalt einer Hypothese** lässt sich zum einen steigern, indem die **Wenn-Komponente ausgeweitet** und damit der Allgemeinheitsgrad erhöht werden:
- Basis: Wenn der Hahn kräht auf dem Mist, dann ändert sich das Wetter.
- Hypothese 1: Wenn der Hahn irgendwo kräht, dann ändert sich das Wetter.
- Hypothese 2: Wenn irgendein Vogel irgendwo kräht, dann ändert sich das Wetter.

Der Informationsgehalt einer Hypothese lässt sich zum anderen steigern, indem die **Dann-Komponente präzisiert** und damit die Hypothese verfeinert wird:
- Basis: Wenn der Hahn kräht auf dem Mist, dann ändert sich das Wetter.
- Hypothese 1: Wenn der Hahn kräht auf dem Mist, dann bessert sich das Wetter.
- Hypothese 2: Wenn der Hahn kräht auf dem Mist, dann steigt die Temperatur um 5 Grad Celsius in der Stunde.

4.2 Objekte

Objekte der Marketing-Forschung sind die Makro- (= globale Unternehmensumwelt) und Mikro-Umwelt (= der Markt) sowie der Innenbereich des Unternehmens (siehe Abb. 4.4 sowie *Diller* 2001, S. 1024–1025). Die **Makro-Umwelt** setzt sich aus allen Bereichen zusammen, die zwar den Erfolg eines Unternehmens tangieren, von diesem selbst aber nicht oder nur in vernachlässigbarem Ausmaß beeinflusst werden können. Im Einzelnen sind dies:

- **Ökonomische Komponente**: Hierzu zählen volks- und weltwirtschaftliche Rahmenbedingungen wie Konjunktur, langfristiges Wirtschaftswachstum, Volkseinkommen, Beschäftigungs- und Auftragslage in verschiedenen Wirtschaftszweigen, Arbeitslosenquote, Zinsniveau, Geldmenge, Handelshemmnisse im internationalen Warenverkehr, Wechselkursverhältnisse u. ä. Eine wichtige Rolle in der Makro-Umwelt kommt den **Lebenshaltungskosten** zu. Hierunter versteht man die Güter und Dienstleistungen, die Privathaushalten zur wirtschaftlichen Gestaltung der Lebensführung zur Verfügung stehen, erfasst in Wertangaben. Zur Berechnung der Preisentwicklung der Lebenshaltungskosten definiert das *Statistische Bundesamt* einen Warenkorb. Er enthält die Menge an Waren und Gütern, die statistisch den typischen Verbrauch eines privaten Haushalts innerhalb eines bestimmten Zeitraums darstellen. 750 ausgewählte Waren und Dienstleistungen, die zu neun Warengruppen (wie Nahrungsmittel, Bekleidung, Wohnungsmieten, Energie, Möbel, Gesundheits- und Körperpflege, Verkehr, Bildung, Unterhaltung, persönliche Ausstattung) zusammengefasst sind, bilden das Gerüst des Warenkorbs. Bei der Zusammenstellung des Warenkorbs werden außerdem die Konsumgewohnheiten unterschiedlicher Haushalte (sog. Indexhaushalte) berücksichtigt. Die Zusammensetzung des Warenkorbs wird etwa alle fünf Jahre überprüft (vgl. *Harenberg* 2008, S. 254).
- **Soziokulturelle Komponente**: Diese fokussiert sich auf die Gesellschaftsstruktur und umfasst Aspekte wie Bevölkerungsstruktur (Alter, Schulabschluss, Wohn- und Arbeitsort etc.), gesellschaftlicher Konsens bzw. Dissens sowie gesellschaftliche Werte, Normen und fest gefügte Verhaltensweisen.

- **Technologische Komponente**: Diese umfasst die Bereiche der Prozess- (z. B. neue Fertigungstechnologien), Produkt- sowie Sozialinnovationen (etwa neue Lebensarbeitszeitkonzepte) und gilt als wesentlicher Faktor des wirtschaftlichen Wachstums. Wie beispielsweise der Handel im Laufe der Zeit durch Innovationen grundlegend verändert wurde, zeigen folgende technologischen Entwicklungen: Einkaufswagen (1948), Tiefkühltruhe (1955), Selbstbedienung (1957), elektronische Kasse (1973), Barcode (1977), Kartenzahlung (1985), Internet (1995), RFID (2000), Self-Scanning-Kasse (2003) und Handy als Zahlungsmedium, Navigationsgerät und Werbeplattform (2008; vgl. *Ochs* 2008, S. 150–151).
- **Physische Komponente**, d. h. das klimatische, geographische und infrastrukturelle Umfeld, in dem ein Unternehmen agiert.
- **Politisch-rechtliche Komponente**: Dazu gehören die rechtlichen Regelungen und andere politische Entscheidungen, die den unternehmerischen Handlungsspielraum beschränken bzw. erweitern (vgl. *Nieschlag/Dichtl/Hörschgen* 2002, S. 98–102). Beispielsweise haben die Liberalisierung des Ladenschlussgesetzes und die davon ausgehende Möglichkeit, Supermärkte und Discounter bis in die Nachtstunden geöffnet halten zu können, Tankstellen Absatz und Umsatz gekostet.

Zur **Mikro-Umwelt** rechnen sich alle Bereiche, die in einer wechselseitigen Beziehung zum Unternehmen stehen. Die sind:

- gewerbliche und private Abnehmer,
- Konkurrenten,
- Lieferanten,
- Absatzmittler (Groß- und Einzelhandel) sowie
- Absatzhelfer wie Handelsvertreter, Makler und Kommissionäre sowie Speditionen, Banken, Versicherungen, Marktforschungsinstitute, Unternehmensberater, Werbeagenturen u. ä.

Im Zuge der **Chancen-Risiken-Analyse** gilt es, die in der Makro- und Mikro-Umwelt angesiedelten Chancen (z. B. Wachstumsmöglichkeiten, ungenutzte Vertriebskanäle, Bedarf für neue Produkte) und Risiken (z. B. Preisverfall, neue Wettbewerber, Substitutionsprodukte, Produktimitationen und -piraterie, Preissteigerungen bei Rohstoffen, gesetzliche Regelungen) zu erkennen, zu analysieren und zu bewerten (vgl. *Bruhn* 2001, S. 42–44).

Im Innenbereich fällt der Marketing-Forschung die Aufgabe zu, Informationen über andere Unternehmensfunktionen bzw. –bereiche (etwa Forschung & Entwicklung, Leistungserstellung, Personalwesen) zu gewinnen. Aufgabe ist es hier, eine sog. **Stärken-Schwächen-Analyse** durchzuführen. Dabei werden die Ressourcen eines Unternehmens in Relation zu den bzw. dem wichtigsten Konkurrenten untersucht und bewertet (**Benchmarking**). In diesem Zusammenhang haben sich die Analyse einzelner Unternehmensfunktionen sowie deren Visualisierung in einem Stärken-Schwächen-Profil bewährt.

4.2 Objekte

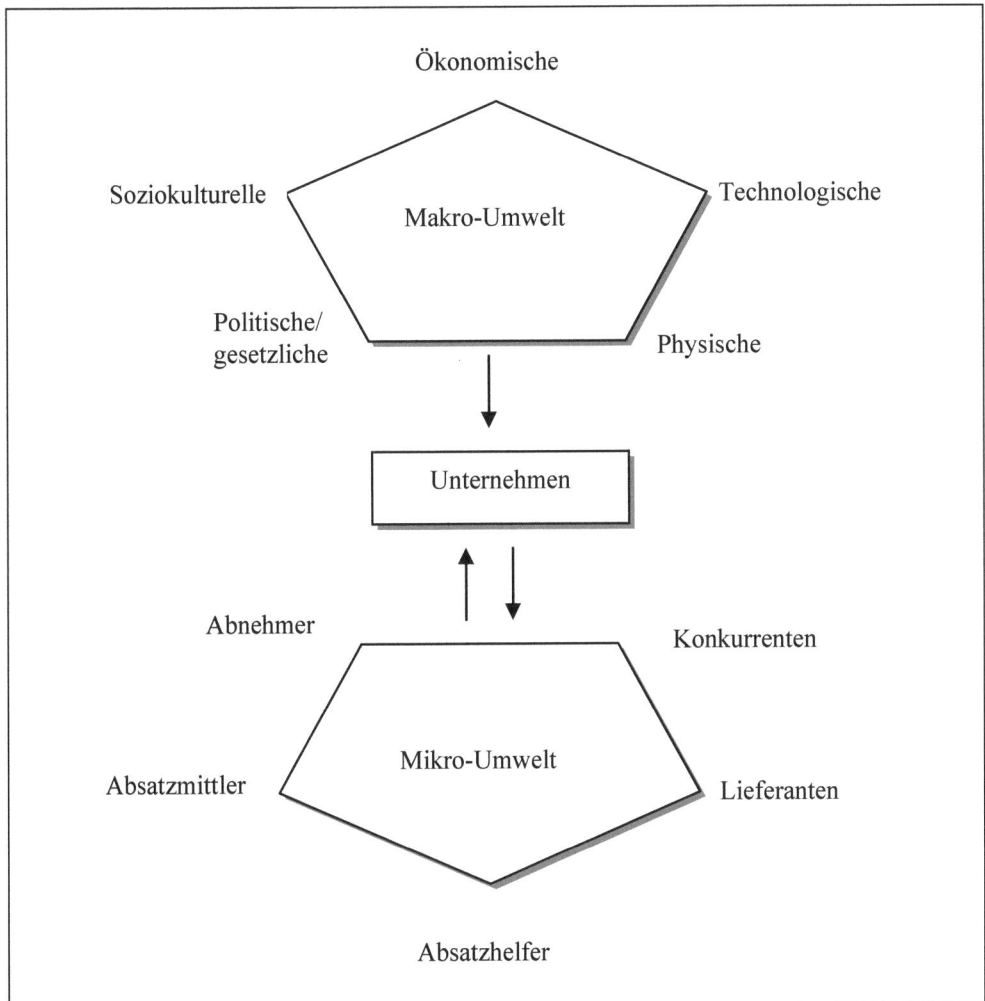

Abb. 4.4: Die Objekte der Marketing-Forschung

Wie Tab. 4.1 zu entnehmen ist, weist das betrachtete Unternehmen gegenüber seinem wichtigsten Konkurrenten Schwächen bei Eingangslogistik, Leistungserstellung und Marketing auf. Pari steht es bei Unternehmensstruktur sowie Forschung & Entwicklung. Stärken schließlich zeigen sich bei Vertrieb & Vertriebslogistik, Kundendienst, Personalwesen sowie Beschaffung.

Tab. 4.1: Beispielhafter Aufbau einer Stärken-Schwächen-Analyse

Ausprägung Funktionen bzw. Merkmale	Sehr schwach	Schwach	Mittelmäßig	Stark	Sehr stark
Eingangslogistik					
Leistungserstellung					
Marketing					
Vertrieb & Vertriebslogistik					
Kundendienst					
Unternehmensinfrastruktur (z. B. Finanzen, Planung)					
Personalwesen					
Forschung & Entwicklung					
Beschaffung					

Legende: ——— = eigenes Unternehmen;   - - - - - - = stärkster Wettbewerber

In einem nächsten Schritt gilt es nunmehr, die Stärken-Schwächen-Analyse auf die Ebene der Merkmale einzelner Funktionen herunterzubrechen. Die Befunde der Stärken-Schwächen- (= unternehmensintern) und Chancen-Risiko-Analyse (= unternehmensextern) müssen schließlich in einer **SWOT-Analyse** (Strengths, Weaknesses, Opportunities, Threats; vgl. *Macharzina* 1999, S. 254, sowie *Nieschlag/Dichtl/Hörschgen* 2002, S. 103–117) zusammengeführt werden. Ein Beispiel für eine SWOT-Analyse findet sich in Tab. 4.2.

Tab. 4.2: Der Aufbau einer SWOT-Analyse am Beispiel Daimler Benz (Quelle: Datamonitor, zitiert nach: http://www.marketlineinfo.com/library/Default.aspx; Stand: 09.09.2009)

Strengths	Weaknesses
• Geschäftliche und geographische Diversifikation • Starker Fokus auf Forschung und Entwicklung • Marken-Image	• Schwächer werdender finanzieller Erfolg • Freiwillige Rentenzahlungen an Mitarbeiter
Opportunities	**Threats**
• Wachsende Nachfrage nach Hybrid-Fahrzeugen • Chancen im asiatischen Markt	• Ökonomischer Abschwung • Wettbewerb auf dem Weltmarkt für Fahrzeuge • Schärfere Emissions-Standards

In einem weiteren Analyseschritt werden die Ressourcen des Unternehmens (interne Perspektive) und die Umweltentwicklung (externe Perspektive) in einer **Key-Issue-Matrix** (Schlüsselbefunde-Matrix) zusammengeführt. Der grundlegende Aufbau einer Key-Issue-Matrix ist Tab. 4.3 zu entnehmen.

Tab. 4.3: Der Aufbau einer Key-Issue-Matrix

Interne Perspektive Externe Perspektive	Unternehmensstärken	Unternehmensschwächen
Marktchancen	Ausbauen	Aufholen
Marktrisiken	Absichern	Meiden

Fallbeispiel „Marketing in Krisenzeiten" – die drei Gewinntreiber aktivieren

Kosten, Preis und Volumen gelten gemeinhin als die drei Gewinntreiber. *Hermann Simon*, anerkannter Fachmann auf dem Gebiet des Preismanagement, empfiehlt, in Krisenzeiten fünf Marketing-Regeln zu beachten, um den Gewinn abzusichern:

1. **Zurückfahren der Produktionsmengen**: Unternehmen, die in Krisenzeiten zu große Mengen auf dem Markt anbieten, werden unweigerlich mit Preis- und Margenverfall konfrontiert. Hohe Fixkosten, verbunden mit geringen variablen Kosten, die in guten Zeiten von Vorteil sind, wandeln sich in rezessiven Zeiten zum Nachteil. Denn hohe

Fixkosten erfordern eine Verteilung auf möglichst hohe Stückzahlen, was wiederum den Vertrieb unter Druck setzt, der seinerseits mit Preiszugeständnissen reagiert. Erfolg in Krisenzeiten haben demnach Unternehmen mit hoher Produktionsflexibilität.

2. **Vermeiden von Preissenkungen**: In der Krise verzichten die Verbraucher auf einen Kauf nicht wegen zu hoher Preise, sondern weil sie verunsichert sind. Deshalb führen Preissenkungen nicht unbedingt zu Mengensteigerungen. Verschärft wird diese Situation durch Wettbewerber, die ihrerseits mit Preissenkungen und/oder Sonderrabatten reagieren, was schnell zu einem Preiskrieg führen kann. Sollten Preiszugeständnisse unabwendbar sein, sollten Natural- statt Preisrabatte gewährt werden.
3. **Umschichtung von Produkt zu Service**: Bei vielen Unternehmen tragen Service und Ersatzteilgeschäft 15 bis 20 % zum Umsatz, aber 40 % zum Gewinn bei. Die Erfahrung zeigt, dass die Potenziale des Servicegeschäfts in Boomjahren zugunsten des Produktgeschäfts nicht voll entwickelt bzw. sogar vernachlässigt wurden, was in Krisenzeiten umso stärker negativ zu Buche schlägt.
4. **Umschichtung von Ressourcen und Personal**: Der durch die Krise ausgelöste Nachfragerückgang führt zu Überkapazitäten in der Produktion, oder, aus einer anderen Perspektive, zu Unterkapazitäten in Vertrieb und Marketing. Dies erfordert eine entsprechende Umverteilung von Ressourcen und Personal von Produktion Richtung Marketing/Vertrieb. Studien belegen, dass erfolgreiche Unternehmen fünfmal häufiger Versetzungen zwischen Funktionen vornehmen als weniger erfolgreiche Unternehmen.
5. **Angebot von Lösungen für Krisenängste der Kunden**: Beispielsweise bieten Autohersteller in Krisenzeiten Rabatte von 2.000 € und mehr. Wäre es nicht erfolgreicher, den Benzinpreissorgen der Konsumenten dadurch zu begegnen, dass ein Produzent für die Leasingdauer einen bestimmten Benzinpreis garantiert? Bei einer Fahrleistung von 20.000 Kilometern im Jahr, einer Leasingdauer von 3 Jahren, einer Garantie von 1,20 € pro Liter und einem tatsächlichen Marktpreis von 1,50 € pro Liter würde dies 1.800 € kosten. Eine solche Garantie dürfte sich stärker in den Verkaufszahlen niederschlagen als ein Preisnachlass von 2.000 €.

Quelle: *Simon, H.:* Menge und Marge in der Krise, in: Frankfurter Allgemeine Zeitung, Nr. 287 vom 08.12.2008, S. 20.

4.3 Fremd- versus Eigenforschung

Bei der Entscheidung zwischen **Eigen- und Fremdforschung** stellt sich die Frage, ob ein Unternehmen eine Studie durch unternehmensinterne Organe (z. B. Marketingabteilung oder Stabsabteilung Marketing-Forschung) und damit in Eigenregie durchführen oder den Auftrag an versierte Externe (Marktforschungsunternehmen, Werbeagenturen, Unternehmensberater) vergeben soll (vgl. im Folgenden *Nieschlag/Dichtl/Hörschgen* 2002, S. 379). Grundsätzliche Empfehlungen können aufgrund unternehmens- und brancheneigener Besonderheiten nicht

4.3 Fremd- versus Eigenforschung

ausgesprochen werden. Entscheidungshilfe können aber die im Folgenden aufgeführten Vor- und Nachteile der Eigen- und Fremdforschung bieten.

Für die **Eigenforschung** sprechen folgende **Vorteile**:

- Größere Vertrautheit mit dem Problem
- Höhere Praxisrelevanz der Analyse
- Größere Einfluss- und Kontrollmöglichkeiten der Geschäftsführung auf den Ablauf der Untersuchung
- Geringere Kommunikationsprobleme
- Job-Enrichment für die eingesetzten Mitarbeiter
- Höhere Diskretion über die Untersuchungsergebnisse
- Uneingeschränkter Verbleib der Kenntnisse, Forschungserfahrungen und Erste-Hand-Informationen im eigenen Haus

Eigenforschung empfiehlt sich insbesondere bei der Ermittlung von sekundären Daten, sofern entsprechende Personalkapazität vorhanden ist. Sollen auch Primärdaten durch eigene Mitarbeiter erfasst und ausgewertet werden, wird aber keine eigene Marketing-Forschungsabteilung unterhalten, kann ein Unternehmen auf die Dienste von Unternehmens- bzw. Marktforschungsberatern zurückgreifen. Diese fungieren in erster Linie als Vermittler sowie Berater und unterstützen insbesondere kleinere und mittlere Unternehmen bei der Durchführung von Marktforschungsprojekten.

Häufig gilt es jedoch zu prüfen, ob Studien nicht extern vergeben werden sollen und damit für das Unternehmen Kosten- und/oder Effizienzvorteile verbunden sind. Als **Vorteile** der **Fremdforschung** gelten:

- Keine Betriebsblindheit der Forschenden
- Geringere Gefahr interessengefärbter Ergebnisse und damit höhere Objektivität
- Einsatz von Spezialisten (z. B. bei Fragebogengestaltung, statistischer Auswertung der Daten)
- Aktualität des Fachwissens

Schließlich dienen nicht wenige an Externe vergebene Studien und Analysen den Auftraggebern als eine Art Rückversicherungspolice. Scheitert eine Produktneueinführung oder eine Werbekampagne, müssen die externen Ratgeber als Sündenböcke herhalten.

Am Markt findet sich eine ganze Reihe von Instituten, die als Spezial- oder Vollserviceanbieter Aufgaben im Rahmen der Marketing-Forschung übernehmen. Soll lediglich die Datenerhebung ausgelagert werden, kann man auf sog. **Feldinstitute** zurückgreifen. Diese haben sich darauf spezialisiert, eingespielte Feldorganisationen zur Verfügung zu stellen, um Primärdaten zu erheben, besitzen aber nicht die Möglichkeit, die gesammelten Daten auszuwerten. Will man hingegen neben der Datenerhebung auch eine Plausibilitätsprüfung sowie die strukturierten Auswertungen mit den sich daraus ergebenden Empfehlungen für die endgültige Entscheidungsfindung extern durchführen lassen, muss ein **Vollserviceanbieter** engagiert werden.

Auch wenn die Erforschung des Marktes von Marktforschungsinstituten durchgeführt wird, sind Auswertung und Vorbereitung zur Entscheidungsfindung zumindest durch innerbetriebliche Stellen zu begleiten. Der **klassische Ablaufplan der Zusammenarbeit zwischen Auftraggeber und Marktforschungsinstitut** (vgl. *Schütz* 1996, S. 34 sowie 37) gestaltet sich folgendermaßen:

- **Research-Briefing**

  Wesentliche Bestandteile dieser Phase sind:
  - Formulierung des Problemhintergrundes, d. h. warum will das Unternehmen eine Marktforschungsstudie in Auftrag geben
  - Übersicht über bereits vorhandene Daten, d. h. Ergebnisberichte bisheriger Studien, sekundärstatistisches Datenmaterial wie Reklamations- und Garantiestatistiken, Unternehmenspublikationen, Geschäftsberichte, Umsatz- und Gewinnentwicklungen u. ä.
  - Gegebenenfalls Vorstellungen zum Forschungsdesign, z. B. nur Befragung gewerblicher Kunden mittels persönlicher Interviews
  - Budget und Zeitrahmen
  - Benennung von Ansprechpartnern aus dem Unternehmen; gegebenenfalls Einrichtung eines Projektteams, das mit Vertretern des Hauses sowie Mitarbeitern des Marktforschungsinstituts besetzt ist
  - Festlegung sog. Action-Standards, d. h. von Maßnahmen, die je nach Untersuchungsbefund ins Auge gefasst werden

- **Konferenz**

  Im Mittelpunkt dieser Veranstaltung steht die Frage, inwieweit es dem Marktforschungsunternehmen bzw. dem Projektteam gelungen ist, die Vorstellungen des Auftraggebers in einem Erhebungsinstrument (etwa Fragebogen) und ein entsprechendes Untersuchungsdesign umzusetzen.

- **Zwischenbericht**

  Hier berichten die Vertreter des Marktforschungsinstituts über den Stand des Projektes, was angesichts des häufig zu beobachtenden Zeit- und Entscheidungsdrucks bei Ad-hoc-Studien die Möglichkeit bietet, eventuell notwendige Korrekturen durchzuführen.

- **Auswertungssitzung**

  Sofern auf der Seite des Auftraggebers Marktforschungskompetenz vorhanden ist, sollten die Kondensation der Befunde und das Ableiten von Gestaltungsempfehlungen gemeinsam vorgenommen werden.

- **Endpräsentation der Befunde**

  Die Präsentation der Befunde sollte folgende Bestandteile enthalten:
  - Ausgangssituation und Ziel der Untersuchung
  - Darstellung des Untersuchungsdesigns
  - Zeitraum der Planung, Durchführung der Feldarbeit sowie Analyse der Daten
  - Bei schriftlichen Befragungen: Höhe der Rücklaufquote
  - Angaben zur Repräsentativität der Befunde
  - Übersichtliche und interpretierte Darstellung der Befunde, keine Zahlenfriedhöfe
  - Abschließend Fokussierung der Ergebnisse auf einige Kernaussagen

An die Präsentation der Befunde schließt sich in der Regel eine **Diskussion** mit den Teilnehmern an.

4.4 Primär- versus Sekundärforschung

Im Zuge der Marketing-Forschung stellt sich u. a. die Aufgabe, Daten zu ermitteln. Hierfür bieten sich grundsätzlich zwei Wege an: Entweder kann auf bereits vorhandenes Datenmaterial zurückgegriffen werden (sog. Sekundärforschung = Schreibtischforschung bzw. Desk Research), oder die entsprechenden Informationen müssen erst erhoben werden (sog. Primärforschung = Feldforschung bzw. Field Research; vgl. *Berekoven/Eckert/Ellenrieder* 1999; *Meffert* 1992, S. 195–197).

Im Falle der **Schreibtischforschung** bilden die Finanzbuchhaltung (externes Rechnungswesen) sowie die Kosten- und Leistungsrechnung (internes Rechnungswesen) die Hauptquellen (vgl. im Folgenden auch *Sand/Hörner* 1981). Derartige Informationen müssen nicht selten durch Daten aus einzelnen betrieblichen Funktionsbereichen (etwa Vertriebs- und Marketingabteilungen oder Personalwesen) ergänzt werden. Konkret können dies sein:

- Außendienstinformationen
- Anfragen von Kunden
- Messeberichte
- Informationen aus eigenen Datenbanken (Kunden-, Produkt-, Auftrags-, Umsatz-, Adress-, Vertriebsdatenbanken), die idealtypischerweise in einem Data Warehouse zusammengeführt werden

Liegen zu einer bestimmten Problemstellung keine internen Informationen vor, muss man sich auf die Suche außerhalb des Unternehmens machen. Zahlreiche Daten können Unternehmen dabei selbst recherchieren. Hierzu zählen u. a. folgende **Quellen**:

- Fachzeitschriften und andere Publikationen (Fachbücher; Arbeits- und Diskussionspapiere, Diplomarbeiten, Dissertationen und Habilitationen)
- Studien von Marktforschungsinstituten
- Presseartikel
- Datenbanken
- Geschäftsberichte
- Kataloge, Prospekte und Broschüren
- Preislisten
- Adressen
- Websites von Unternehmen, Interessenverbänden und Beratungsunternehmen
- Messekataloge

Andere Informationen bezieht man am Besten von Experten, die sich auf Marketing-Forschung, die Erhebung von Brancheninformationen und/oder Betriebsvergleiche spezialisiert haben. Hierzu zählen u. a. (Quelle: *focus.de/D/DB/DBY/DBY05/DBY05A/dby05a.htm*; Stand: 17.06.2006):

- Öffentliche Einrichtungen und Behörden wie das *Statistische Bundesamt*, die *Statistischen Landesämter* oder das *Bundeswirtschaftsministerium* stellen interessierten Unternehmen Informationen zur Verfügung, die mitunter sogar kostenfrei bezogen werden können.
- Die *Bundesstelle für Außenhandelsinformationen* in Köln recherchiert und verkauft Informationen über Marktchancen und Branchenentwicklungen zu etwa 40 Branchen in über 100 Ländern der Erde. Auch die *Auslandshandelskammern (AHK)* halten Informationen zu rund 75 Ländern und ihren Märkten bereit.
- Die *Industrie- und Handelskammern (IHK)* führen eigene Marktuntersuchungen in ihren jeweiligen Kammerbezirken durch. Die Ergebnisse benutzen die Kammermitarbeiter im Rahmen ihrer kostenlosen Beratungen.
- Die *Handwerkskammern (HWK)* halten die Kennzahlen der Betriebsvergleiche ihrer Mitglieder bereit und analysieren die Marktsituation in ihrem Kammerbezirk. Der *Zentralverband des deutschen Handwerks (ZdH)* fasst die Ergebnisse aller Bezirke zu bundesweiten (nicht frei verkäuflichen, aber kostenlos einsehbaren) Konjunkturberichten zusammen. Zudem verfügen die Handwerkskammern über das Datenbanksystem MauSI (Markt- und Standort-Informationssystem). Es enthält die in die Handwerksrolle eingetragenen Betriebe sowie regionale Daten wie Einwohnerzahl, Kaufkraft, Betriebsdichte etc. Das System ist nicht öffentlich zugänglich. Allerdings unterstützt es die Berater der Kammern darin, Unternehmen darüber zu informieren, ob die Gründung an einem Standort Erfolg versprechend ist oder nicht.
- Die Schriftenreihen des *Deutschen Handwerksinstituts (DHI)* und seiner angeschlossenen Forschungseinrichtungen enthalten umfangreiche und detaillierte Untersuchungen zur Lage bestimmter Branchen. Interessenten können Publikationslisten anfordern und einzelne Schriftenreihen bestellen.
- Viele Berufs- und Branchenfachverbände (Bundesverbände, Bundesfachverbände, Bundesinnungsverbände sowie ihre Landesverbände) stellen mehr oder weniger umfangreiche allgemeine Marktdaten zusammen und bieten weitere Leistungen zur Unterstützung der Mitgliedsunternehmen.
- Empfehlenswert sind auch Veröffentlichungen von diversen Marktforschungsinstituten, die Marktinformationen erheben und anwendungsorientiert aufbereiten.
- Die meisten Kreditinstitute stellen eigene Marktinformationen zusammen. Die Veröffentlichungen der *Sparkassen* sowie *Volks- und Raiffeisenbanken* werden zum Beispiel sowohl von den *Industrie- und Handels-* als auch von den *Handwerkskammern* genutzt und verteilt.

Die *Sparkassenorganisation* verfasst sog. Branchenberichte zur konjunkturellen Entwicklung einzelner Branchen. Diese enthalten Aussagen zu Strukturen und Trends, zur aktuellen Lage sowie zu den kurz- und mittelfristigen Aussichten in der betreffenden Branche. Die Berichte basieren auf Daten der Wirtschaftsforschungsinstitute, des *Statistischen*

4.4 Primär- versus Sekundärforschung

Bundesamtes und der betreffenden Verbände. Außerdem fließt das Bilanzmaterial der *Sparkassenorganisation* ein.

Die genossenschaftlichen *Volks- und Raiffeisenbanken* bieten zwei Branchendienste an: „Branchen special" und die „Branchen-Briefe" (auch Branchen-Computer genannt). Beide sind auch für Nichtkunden erhältlich. Die Ausgaben der „Branchen special" (Umfang: 4 Seiten) berichten detailliert über die 100 wichtigsten Branchen der mittelständischen Wirtschaft und werden halbjährlich überarbeitet. Die „Branchen-Briefe" (Umfang: 20 Seiten) fassen darüber hinaus spezielle Informationen für Existenzgründer in einer Branche zusammen (z. B. besondere Anforderungen, Probleme, Hilfen, überregionale und regionale Förderung und Kontakte). Derzeit sind „Branchen-Briefe" zu rund 150 Branchen verfügbar.

- Wirtschaftsdatenbanken sind eine preisgünstige und schnelle Möglichkeit, im Internet Informationen zu recherchieren. Als Beispiel sei die Firma *Genios* genannt, die Interessenten rund 500 Datenbanken mit Informationen über Konkurrenz- und Marktbeobachtung bietet. Diese enthalten mehr als 750.000 deutsche Firmenprofile, aktuelle Berichte und Hintergründe aus 120 Pressequellen.
- Die *DATEV* ist ein Rechenzentrum und Softwarehaus für Steuerberater. Sie liefert Informationen zu konkreten Unternehmensprojekten. Privatpersonen können die Informationen über ihren Steuerberater abrufen lassen. Für die Standardrecherche sichtet die *DATEV* das vorhandene Material im eigenen Datenpool. Für individuelle Anfragen recherchiert sie auch in externen Datenbanken. Anfallende Kosten richten sich je nach Aufwand; den Kontakt zur *DATEV* kann der Steuerberater herstellen.

Im Zuge der Marketing-Forschung stehen Unternehmen immer wieder vor dem Problem, an **vergleichbare Daten der Wettbewerber** zu gelangen und dadurch einen Maßstab für die eigene Leistungsfähigkeit zu erhalten (sog. **Benchmarking**).

Sind die konkurrierenden Wettbewerber aufgrund ihrer Rechtsform oder ihrer Größe publizitätspflichtig, müssen sie nach Ablauf des Geschäftsjahres die gesetzlich vorgeschriebenen Informationen zur Entwicklung ihres Unternehmens veröffentlichen. Der Geschäftsbericht kann meistens über die Internet-Homepage des Wettbewerbers angefordert werden.

Zahlreiche Informationen über den Markt und seine Wettbewerber findet man in Fach- und Branchenzeitschriften, die auch Hinweise auf weiterführende Marktstudien und Literatur geben. Zusätzliche Quellen sind offizielle Statistiken, zum Beispiel von den *Statistischen Landesämtern*, sowie Veröffentlichungen von Industrieverbänden oder Marktforschungsinstituten.

Des Weiteren gibt es in vielen Unternehmen Mitarbeiter, die zuvor für Konkurrenten tätig waren und Hinweise zur Geschäftspolitik sowie zu Stärken und Schwächen geben können. Um möglichst viel über die Wettbewerber zu erfahren, sollten auch Gespräche mit gemeinsamen Vertriebspartnern, Lieferanten, Kunden und/oder Werbeagenturen geführt werden.

Beim Vergleich des eigenen Unternehmens mit der Konkurrenz bieten auch das *Institut für Handelsforschung (IfH)* in Köln und die *Landes-Gewerbeförderungsstelle des nordrhein-westfälischen Handwerks e.V. (LGH)* in Düsseldorf ihre Unterstützung an. Hierbei übermitteln die teilnehmenden Unternehmen ihre Daten wie z. B. Umsätze, Zahl der Mitarbeiter, Kosten u. ä. Die Institute anonymisieren die erhaltenen Informationen, erstellen Übersichten und berechnen Durchschnittswerte der Branche. Diese kann das teilnehmende Unternehmen dann mit den eigenen Daten vergleichen. Je mehr Betriebe an solchen **Betriebsvergleichen** teilnehmen, desto aussagekräftiger sind die Ergebnisse.

Die Sekundärforschung eignet sich zur:
- Feststellung des Bedarfs an Primärforschung,
- Erweiterung des Problemhorizonts sowie
- Bildung oder Festigung von Hypothesen.

In Abhängigkeit von der Qualität der Daten (etwa Texte, statistisches Material) kommen verschiede **Analysemethoden** zur Anwendung wie beispielsweise:
- Inhaltsanalyse = quantitative Auswertung von Texten (im Marketing beispielsweise Werbetexte und –aussagen) mit dem Ziel, von den Merkmalen eines Textes auf die Absicht des Verfassers sowie dessen Bild vom Leser zu schließen (Frequenzanalyse = deskriptive Auszählung der Worthäufigkeiten; Valenzanalyse = Erfassung, ob Inhalte positiv oder negativ bewertet werden; Intensitätsanalyse = Erhebung der Intensität von Bewertungen mit Hilfe geeigneter Skalen).
- Mind-Maps: Dabei wird das Hauptthema in der Mitte des Blattes oder – im Falle der Erstellung mittels EDV – des Dokuments positioniert und weitere Schlüsselwörter auf Linien notiert, die von der Mitte des Mind-Maps ausgehen. Dadurch entsteht eine bildhafte Darstellung der Erkenntnisse, also so etwas wie eine Gedankenkarte.
- Verfahren der uni-, bi- und multivariaten Datenanalyse (vgl. Abschnitt 4.5.6).

Verdichtet werden die Ergebnisse in einem **Rechercheprotokoll**, das neben Autor und Fundort die gewonnenen Erkenntnisse dokumentiert.

Als **Vorteile** der **Sekundärforschung** gelten die damit verbundene Zeit- und Kostenersparnis. Auf der Gegenseite sind folgende **Nachteile** zu nennen:
- Die problemrelevanten Daten sind u. U. nicht oder nur in zu stark aggregierter Form verfügbar.
- Die systematische Erfassung und Auswertung von Sekundärdaten sind nur selten möglich.
- Sekundärinformationen sind zumeist nur qualitativer Natur.
- Auch Konkurrenten können auf externe Datenquellen zugreifen.

4.5 Methodik einer empirischen Erhebung

4.5.1 Überblick

Liegen die erforderlichen Daten weder innerhalb noch außerhalb des Unternehmens in adäquater Qualität vor, müssen sie erhoben werden (sog. **Primär-** bzw. **Feldforschung**). Mit der Methodik einer solchen empirischen Erhebung, deren idealtypischer Ablauf in Abb. 4.5 wiedergegeben ist, beschäftigen sich die weiteren Ausführungen (vgl. im Folgenden *Backhaus/*

4.5 Methodik einer empirischen Erhebung

Erichson/Plinke/Weiber 1996; *Bellarba/Radtke/Wilmes* 1998; *Berekoven/Eckert/Ellenrieder* 1999; *Böhler* 1982; *Green/Tull* 1982; *Hammann/Erichson* 1994; *Homburg/Rudolph/Werner* 1995, S. 313–340; *Hüttner* 1979, 1999; *Kotler/Bliemel* 1995, S. 187–232; *Meffert* 1992, S. 177–385; *Nieschlag/Dichtl/Hörschgen* 2002, S. 375–576).

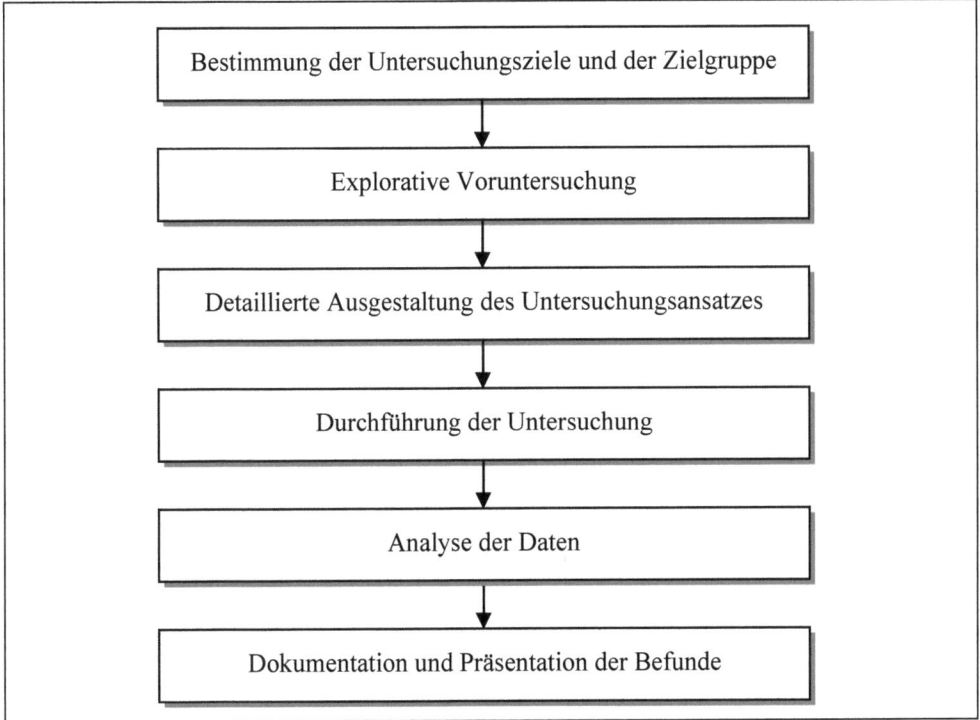

Abb. 4.5: Der Ablauf eines Marketing-Forschungsprojekts

Die **Hauptgütekriterien** einer empirischen Untersuchung, die aufeinander aufbauen, sind:

- **Objektivität** (Beobachterübereinstimmung), d. h. größtmögliches Ausschalten von Gefühlen, Vorurteilen und Wünschen, um so Ergebnisse ohne eine Wertung sowie subjektive Verzerrung und damit unabhängig vom Beobachter zu erzielen.
- **Reliabilität** (Messgenauigkeit) ist ein Maß für die Replizierbarkeit der Ergebnisse unter gleichen Bedingungen. Reliable Befunde sind frei von Zufallsfehlern, d. h. bei Wiederholung einer Untersuchung unter gleichen Rahmenbedingungen würde das gleiche Messergebnis erzielt. Treten hingegen starke Schwankungen auf, ist das Messinstrument wenig verlässlich.
- **Validität** (Zuverlässigkeit) gibt an, ob und wie genau ein Verfahren tatsächlich das misst, was es messen soll. Gerade bei komplexen hypothetischen Konstrukten wie Einstellung und Zufriedenheit gestaltet es sich schwierig, die Validität festzustellen. Existiert ein allgemein erkannter Konsens darüber, wie ein hypothetisches Konstrukt definiert und gemessen werden soll, steigt die Wahrscheinlichkeit einer hohen Validität.

Als Standardbeispiel für ein Verfahren, das objektiv und reliabel, nicht aber valide ist, wird häufig der **Intelligenzquotient** herangezogen. Er ist so konstruiert, das er sich weitgehend unabhängig vom Beobachter erfassen lässt (= objektiv) und die Messung ohne Verzerrungen wiederholt werden kann (= reliabel). Zweifel bestehen jedoch an der Validität, d. h. dahingehend, ob der Intelligenzquotient überhaupt in der Lage ist, die wahre Intelligenz eines Individuums zu erfassen.

4.5.2 Messung

Daten, die bereits vorliegen bzw. noch erhoben werden müssen, stellen das Rohmaterial für Datenanalysen dar. Die Qualität solcher Daten wird u. a. determiniert durch die Art der Messung. Messen bedeutet, dass Eigenschaften von Objekten nach bestimmten Regeln in Zahlen ausgedrückt werden (vgl. im Folgenden *Backhaus/Erichson/Plinke/Weiber* 2002; *Böhler* 1982; *Sixtl* 1982).

Im Wesentlichen bestimmt die Art einer Eigenschaft, wie gut man deren Ausprägung in Zahlen ausdrücken kann. Während sich beispielsweise Körpergröße und -temperatur eines Menschen (sog. manifeste Variablen) vergleichsweise einfach quantifizieren, d. h. in Zahlen ausdrücken lassen, gestaltet sich die Messung von Einstellung, Image, Kundenzufriedenheit oder Involvement (sog. latente Variablen) vergleichsweise schwierig. Zur Messung latenter Variablen ist eine gedankliche Hilfskonstruktion notwendig. Diese stellt eine Beziehung zwischen latenten Variablen und den beobachtbaren Indikatoren, den manifesten Variablen, her. Denn bei theoretischen Begriffen wie beispielsweise Kundenzufriedenheit handelt es sich um hypothetische Konstrukte. Diese sind Vorstellungen über die Realität und nicht die Realität als solche. Gemessen werden demnach die Indikatoren von theoretischen Begriffen und damit lediglich indirekte Aussagen zu den Phänomenen.

Die Ausprägungen einer Eigenschaft werden auf einer **Skala** abgetragen. Beispielsweise lässt sich ein Begriff wie Körpergröße durch die Anweisung „Messen mittels Meterstab" oder durch die Anweisung „Aufstellen in einer Reihe geordnet nach der Körpergröße" operationalisieren sprich messen. Hierbei unterscheidet man die in Abb. 4.6 sowie Tab. 4.5 aufgeführten **vier Skalenniveaus**, die sich sowohl hinsichtlich des Informationsgehalts der Daten als auch bezüglich der Anwendbarkeit von Rechenoperationen von links nach rechts steigern.

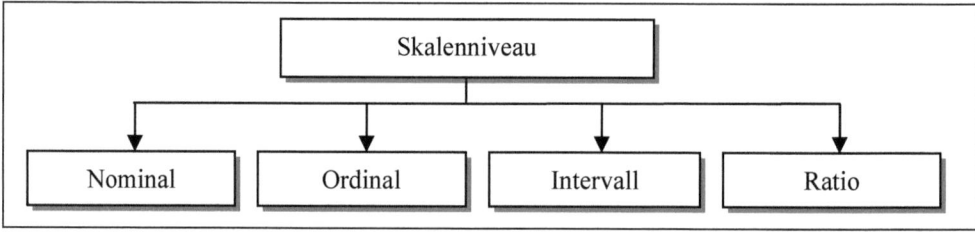

Abb. 4.6: Die Skalenniveaus im Überblick

4.5 Methodik einer empirischen Erhebung

Der Einsatz der **Nominalskala** stellt die einfachste Form des Messens dar. Beispiele für Nominalskalen sind Geschlecht (männlich – weiblich), Familienstand (ledig – verheiratet – verwitwet – geschieden) sowie Kundenstatus (Neukunde – Stammkunde). Nominalskalen sind demnach Klassifizierungen qualitativer Eigenschaftsausprägungen, mit deren Hilfe man Objekte Gruppen zuordnet. Daten auf Nominalskalenniveau lassen sich lediglich auf ihre (Un-)Gleichheit hin untersuchen.

Um die Verarbeitung solcher Daten per EDV zu erleichtern, werden die Ausprägungen von Eigenschaften in der Regel durch Zahlen ausgedrückt (z. B. männlich = 0, weiblich = 1). Hierbei handelt es sich lediglich um einen Kodierung der Merkmalsausprägungen, d. h. an die Stelle von Zahlen könnte man durchaus auch andere Symbole setzen. Demnach sind arithmetische Operationen (etwa Addition, Subtraktion, Multiplikation und Division) mit auf diese Weise genutzten Zahlen unzulässig. Lediglich durch Zählen der Merkmalsausprägungen bzw. der sie repräsentierenden Zahlen lassen sich Häufigkeiten ermitteln (z. B. 60 % Männer, 40 % Frauen).

Auf dem nächst höheren Messniveau ist die **Ordinalskala** angesiedelt, mittels derer Objekte in eine Rangordnung gebracht werden. Beispielsweise stufen Kunden Produkt B qualitativ besser ein als Produkt C und qualitativ schlechter als Produkt A. Die Rangfolge sagt jedoch nichts über die Abstände zwischen den Objekten aus. An der Ordinalskala kann demnach nicht abgelesen werden, um wie viel Produkt A qualitativ besser eingeschätzt wird als Produkt B. Dies hat zur Konsequenz, dass auch hier keine arithmetischen Operationen durchgeführt werden dürfen. Neben Häufigkeiten sind hier nur statistische Maße wie beispielsweise Median und Quantile zulässig. Während der Median die untere Hälfte aller Werte von der oberen trennt, bringt die Quantile zum Ausdruck, welcher Anteil aller Untersuchungseinheiten maximal einen zu bestimmenden Wert aufweist (vgl. hierzu sowie zu den weiteren Maßgrößen *Bleymüller/Gehlert/Gülicher* 2000; *Fischbach* 1999).

Auf der darüber liegenden Messebene befindet sich die **Intervallskala**, die gleichgroße Abschnitte ausweist. Ein hierfür typisches Beispiel ist die zur Temperaturmessung eingesetzte *Celsius*-Skala, die den Abstand zwischen Gefrier- und Siedepunkt des Wassers in einhundert gleichgroße Abschnitte untergliedert. Im Gegensatz zu nominalen und ordinalen Daten erlauben intervallskalierte Daten demnach Aussagen über Differenzen bzw. Abstände (z. B. großer versus kleiner Temperaturunterschied).

Infolge der Annahme gleicher Skalenabstände dürfen intervallskalierte Daten subtrahiert werden. Ergänzend zu den bereits angeführten statistischen Maßen können hier auch Mittelwert (= arithmetisches Mittel) und Standardabweichung (= Streuungsmaß, das definiert ist als positive Quadratwurzel aus der Varianz), nicht aber die Summe berechnet werden.

Die **Ratio- oder Verhältnisskala** repräsentiert das höchste Messniveau: Im Vergleich zur Intervallskala existiert hier ein natürlicher Nullpunkt, der sich dahingehend interpretieren lässt, dass das betreffende Merkmal nicht vorhanden ist. Das ist z. B. bei der angeführten *Celsius*-Skala nicht der Fall, weil auch bei Null Grad eine bestimmte Temperatur gegeben ist. Die *Kelvin*-Skala hingegen ist eine Ratioskala, da hier die Temperatur von 0 dem absoluten Nullpunkt entspricht, d. h. es ist keine Temperatur mehr vorhanden. Damit sind 40 Kelvin doppelt so warm wie 20 *Kelvin*. Die meisten physikalischen (z. B. Länge, Gewicht, Geschwindigkeit) und ökonomischen Merkmale (etwa Einkommen, Kosten, Preis, Umsatz, Absatz) verfügen über einen natürlichen Nullpunkt.

Aufgrund der Fixierung des Nullpunktes besitzt bei verhältniskalierten Daten nicht nur die Differenz, sondern auch der Quotient bzw. das Verhältnis (Ratio) Aussagekraft. Neben der Anwendung der Gesamtheit arithmetischer Operationen erlauben ratioskalierte Daten zusätzlich zu den bisher angeführten statistischen Maßen die Berechnung des geometrischen Mittels sowie des Variationskoeffizienten (= relatives Streuungsmaß, das definiert ist als Quotient aus der Standardabweichung und dem arithmetischen Mittelwert).

Nominal- und Ordinalskala werden als nichtmetrische Skalen, Intervall- und Ratioskala als metrische Skalen bezeichnet. Zu letzteren zählen die sog. Rating-Skalen, anhand derer die Probanden die subjektiven Ausprägungen eines Merkmals (z. B. Freundlichkeit des Personals auf einer 7-stufigen Skala, die von -3 = sehr unzufrieden bis $+3$ = sehr zufrieden reicht) angeben. Bei der Gestaltung einer **Rating-Skala** gilt es folgende Aspekte ins Kalkül zu ziehen:

- **Begrenztes Differenzierungsvermögen**: Der durchschnittliche Proband dürfte mit einer 10stufigen Zufriedenheitsskala sicherlich überfordert sein.
- **Angst vor Extrempositionen**: Probanden vermeiden im Regelfall das Ankreuzen der Extrempositionen. Dies führt dazu, dass bei einer 3stufigen Skala nahezu alle Probanden die mittlere Kategorie wählen, was die Befunde nahezu wertlos werden lässt.
- **Flucht-in-die-Mitte**: Bei einer ungeraden Anzahl von Antwortkategorien flüchten sich Probanden aufgrund von Unsicherheit, dem Bedürfnis, eine tatsächlich vorhandene, aber sozial inopportune Position zu verbergen, oder Nicht-Wissen in die Mittelkategorie. Letzteres lässt sich vermeiden, in dem hinter der Rating-Skala eine zusätzliche Kategorie „kann ich nicht beurteilen" eingeführt wird. Grundsätzlich hängt die Entscheidung, ob eine gerade oder ungerade Anzahl von Antwortkategorien gewählt wird, vom jeweiligen Untersuchungsobjekt ab.

Tab. 4.5 vermittelt einen zusammenfassenden Überblick über verschiedene Skalenniveaus sowie deren zentrale Charakteristika und Nutzungsmöglichkeiten. Zusammenfassend kann festgehalten werden: Je höher das Skalenniveau, desto größer ist der Informationsgehalt der betreffenden Daten und desto mehr Rechenoperationen und statistische Maße lassen sich auf die Daten anwenden. Dabei ist es generell möglich, Daten von einem höheren auf ein niedrigeres Skalenniveau zu transformieren, nicht aber umgekehrt. Eine solche **Datentransformation** kann sinnvoll sein, wenn es darum geht, die Übersichtlichkeit der Daten zu verbessern und/oder deren Analyse zu vereinfachen. Beispiele hierfür sind die häufig in Fragebögen anzutreffende Bildung von Einkommens- oder Preisklassen. Daran wird aber auch deutlich, dass die Transformation auf ein niedrigeres Skalenniveau mit einem Verlust an Information einhergeht.

*Tab. 4.5: Messniveaus und Messwerteigenschaften
(Quelle: Berekoven/Eckert/Ellenrieder 1999, S. 68)*

	Messniveau	Mathematische Eigenschaften der Messwerte	Beschreibung der Messwerteigenschaften	Beispiele
Nicht-metrische Daten	**Nominal-niveau**	$A = A \neq B$	*Klassifikation:* Die Messwerte zweier UEn sind identisch oder nicht identisch.	*Zweiklassig:* Geschlecht (männlich/weiblich) *Mehrklassig:* Betriebstyp (Discounter/Verbrauchermarkt/Supermarkt)
Nicht-metrische Daten	**Ordinal-niveau**	$A > B > C$	*Rangordnung:* Messwerte lassen sich auf einer MD als kleiner/größer/gleich einordnen.	*Präferenz- und Urteilsdaten:* z. B. „Marke X gefällt mir besser/gleich gut/weniger als Marke Y."
Metrische Daten	**Intervall-niveau**	$A > B > C$ und $A - B = B - C$	*Rangordnung und Abstandsbestimmung:* Die Abstände zwischen Messwerten können angegeben werden.	Kalenderzeit Temperatur (etwa *Celsius*-Skala)
Metrische Daten	**Rationiveau (Verhältnis-skala)**	$A = x \cdot B$	*Absoluter Nullpunkt:* Neben Abstandsbestimmung können auch Messwertverhältnisse berechnet werden.	Alter Jahresumsatz

↑ Zunahme des Informationsgehaltes

Legende: UE = Untersuchungseinheit, MD = Merkmalsdimension

4.5.3 Stichprobenziehung

4.5.3.1 Überblick

Die zentralen Fragen im Falle der Stichprobenziehung lauten: Wie viele Untersuchungsteilnehmer braucht man für eine vernünftige, d. h. aussagekräftige Erhebung, und wie werden diese ausgewählt? In diesem Zusammenhang sollte zunächst geklärt werden, auf welcher **Grundgesamtheit** die Untersuchung basieren soll. Werden beispielsweise nur die Kunden analysiert, oder beziehen wir auch potenzielle und abgewanderte Kunden in die Untersuchung ein?

In einem zweiten Schritt stellt sich die Frage: Führt man eine **Vollerhebung** durch, d. h. will man die vollständige Grundgesamtheit erfassen, oder beschränkt man sich auf eine **Teilerhebung**? Eine Vollerhebung empfiehlt sich bei einer überschaubaren Grundgesamtheit (etwa im Investitionsgütersektor oder bei wenigen Großkunden).

Zeit- und Kostengründe zwingen aber häufig dazu, nicht alle Kunden zu befragen, sondern sich auf einen Teil der Klientel zu konzentrieren. Nach welchen Kriterien aber soll eine solche Stichprobe ausgewählt werden? Hierzu bietet sich eine ganze Reihe sog. Stichprobenverfahren an (vgl. Abb. 4.7 sowie im Folgenden *Meffert* 1992, S. 189–195; *Nieschlag/Dichtl/Hörschgen* 2002, S. 430–442), von denen im Folgenden nur die für die Unternehmenspraxis leicht handhabbaren und demnach weit verbreiteten vorgestellt werden.

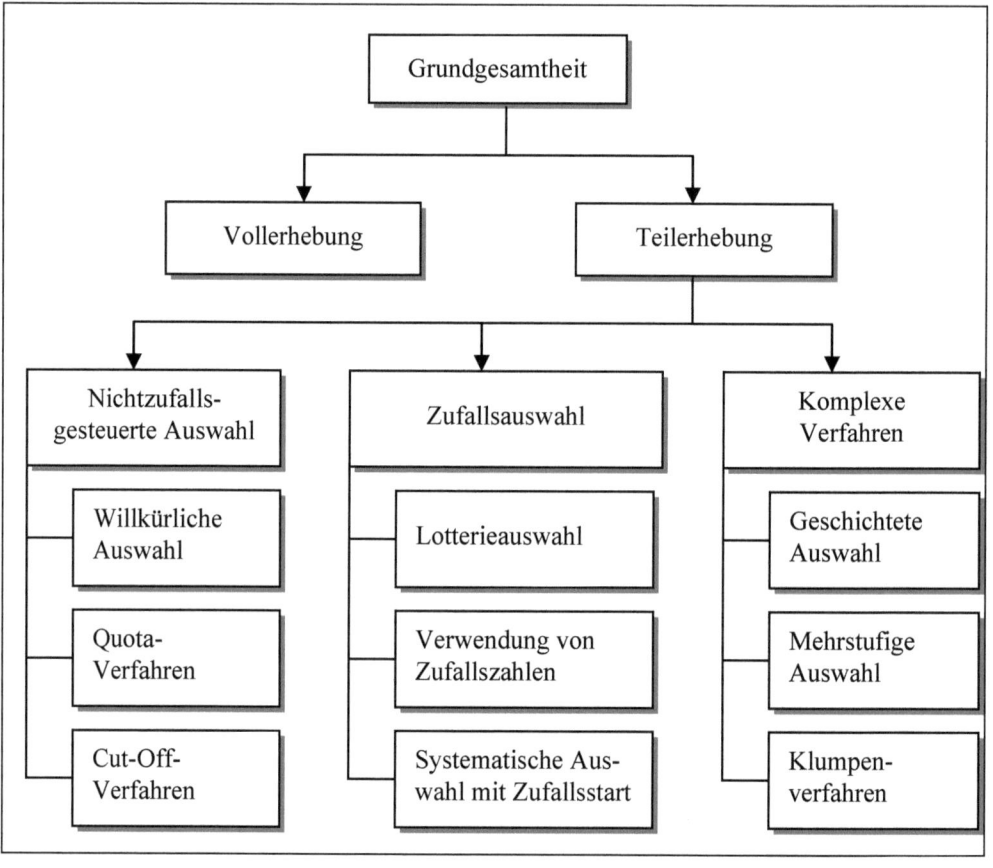

Abb. 4.7: Ausgewählte Stichprobenverfahren im Überblick

4.5 Methodik einer empirischen Erhebung

4.5.3.2 Nichtzufallsgesteuerte Auswahl

Die nichtzufallsgesteuerten Auswahlverfahren lassen sich in eine willkürliche und eine bewusste Auswahl unterscheiden. Bei der **willkürlichen Auswahl** liegt kein Erhebungsplan vor, sondern man geht aufs Geratewohl vor. Ein Beispiel dafür ist die Befragung von Kunden, die zu einer bestimmten Stunde ein Geschäft betreten. Je nach Tageszeit wird man dann in der Mehrzahl Berufstätige, Rentner, Schüler oder Studierende antreffen, deren Angaben aber keinesfalls die Meinung sämtlicher Kunden widerspiegeln. Folglich sind solche Befunde praktisch nahezu wertlos.

Basiert die Teilerhebung hingegen auf der Kenntnis über die Struktur einer Grundgesamtheit, spricht man von einer **bewussten Auswahl**. Hierbei unterscheidet man **zwei Verfahren**:

- **Quota-Verfahren**, d. h. dem Interviewer werden befragungsrelevante Merkmalsquoten als Auswahlvorgaben vorgegeben.

    Beispiel: „Befragen Sie 12 Personen, je 6 Männer und Frauen, gleich verteilt in den drei genannten Altersgruppen."

Quotenplan:	Männlich:	1, 2, 3, 4, 5, 6	Weiblich:	1, 2, 3, 4, 5, 6
	< 30 Jahre:	1, 2, 3, 4	30–40 Jahre:	1, 2, 3, 4
	41–50 Jahre:	1, 2, 3, 4		

    Konkret muss der Interviewer sechs Männer und sechs Frauen befragen. Für jedes Geschlecht müssen aus jeder Altersgruppe jeweils zwei Personen befragt werden. Nach jedem geführten Interview wird dann die jeweils zutreffende Ausprägung gestrichen, wodurch sich der Auswahlspielraum immer weiter einengt. Die Vorteile dieses Verfahrens liegen in der einfachen Planung und Durchführung, den vergleichsweise geringen Kosten sowie der hohen Flexibilität. Als Nachteile gelten die subjektive Festlegung der Quotenmerkmale sowie das schwierige Auffinden von Restquoten (etwa Privathaushalte mit einem Jahreseinkommen von mehr als 200.000 €(.

- **Cut-Off-Verfahren**, d. h. nur die wichtigsten Elemente (beispielsweise Kunden ab einem bestimmen Auftragsvolumen) werden in die Stichprobe einbezogen. Dieses Verfahren hat sich insbesondere im Investitionsgütermarketing und im Handelsmarketing bewährt.

4.5.3.3 Zufallsgesteuerte Auswahl

Zufallsgesteuerte Auswahlverfahren basieren auf der Grundidee, dass jedes Element eine berechenbare, von Null verschiedene Wahrscheinlichkeit haben muss, in die Stichprobe zu gelangen. Dies setzt ein vollständiges Verzeichnis der Grundgesamtheit (beispielsweise eine Kundendatei) voraus. Hierbei unterscheidet man **drei Verfahren**:

- **Lotterieauswahl**, d. h. die Ziehung von Zetteln o. ä. aus einem Behälter: Dieses Verfahren basiert auf dem sog. Urnen-Modell: Aus einer Urne, die für jedes Element der Grundgesamtheit eine Kugel beinhaltet, werden wahllos Kugeln gezogen (Stichprobe). Jedes Element hat dabei die gleiche Chance ausgewählt zu werden. Für große Grundgesamtheiten, wie sie normalerweise bei der praktischen Anwendung anzutreffen sind, ist dieses Verfahren zu aufwendig.

- **Verwendung von Zufallszahlen**, d. h. jedem Element wird eine Zahl zugeordnet und die Elemente werden in einem zweiten Schritt nach einem Zufallsgenerator (= Verfahren ur Erzeugung von Zufallszahlen) ausgewählt. Echte Zufallszahlen werden mit Hilfe physikalischer Phänomene (z. B. Münzwurf, Würfel, Roulette, Rauschen elektronischer Bauelemente, radioaktive Zerfallsprozesse oder quantenphysikalische Effekte) erzeugt. Diese sog. physikalischen Zufallszahlengeneratoren sind jedoch zeitlich oder technisch recht aufwendig. In der realen Anwendung genügt häufig eine Folge von Pseudozufallszahlen. Das sind scheinbar zufällige Zahlen, die nach einem festen, reproduzierbaren Verfahren erzeugt werden. Sie sind also nicht zufällig, da sie sich vorhersagen lassen, haben aber ähnliche statistische Eigenschaften (gleichmäßige Häufigkeitsverteilung, geringe Korrelation) wie echte Zufallszahlenfolgen. Solche Verfahren nennt man Pseudozufallszahlengeneratoren. Die Pseudo-Zufallszahlen werden entweder vom Computer erzeugt oder aus einer Zufallszahlentabelle entnommen. Auch dieses Verfahren ist in der Regel zu aufwendig und damit wenig praktikabel.
- **Systematische Auswahl mit Zufallsstart** (sog. **Herausgreifen des n-ten Falls**): Dieses Verfahren, das als leicht handhabbar gilt, soll an einem Beispiel vorgestellt werden: Ein Unternehmen verfügt über eine alphabetisch geordnete, 5.000 Adressen umfassende Kundendatei. Man will eine Stichprobe von 1.000 Personen ziehen. Das erste Element der Stichprobe wird zufällig bestimmt (z. B. unter Verwendung einer Zufallszahlentabelle). Davon ausgehend wählt man in Folge jede fünfte Adresse aus (Herausgreifen des n-ten sprich fünften Falles). Probleme entstehen, wenn die Auswahlgrundlage (z. B. eine Adress-Liste) bereits systematisch geordnet ist (etwa Kunden nicht alphabetisch angeordnet, sondern nach der Höhe des mit ihnen getätigten Umsatzes) und das Auswahlsystem mit dieser Ordnung zusammenhängt.

4.5.3.4 Komplexe Formen der Stichprobenziehung

Hier werden im Wesentlichen drei **Spielarten** unterschieden:
- **Geschichtete Auswahl**

  Bei diesem Verfahren müssen Kriterien gefunden werden, welche die heterogene Grundgesamtheit in möglichst homogene Schichten aufspalten. Beispielsweise werden die Kunden je nach Auftragsvolumen in A-, B- und C-Kunden aufgeteilt. Sodann stellt sich die Frage, ob diese drei Segmente gleichstark in der Stichprobe vertreten sein sollen (sog. proportionale Stichprobe) oder ob die A-Kunden überproportional stark vertreten sein sollen (sog. disproportionale Stichprobe).

- **Mehrstufige Auswahl**

  Sind Grundgesamtheiten hierarchisch aufgebaut (etwa Verkaufsregion, einzelner Vertreter in dieser Region, Kunden der jeweiligen Vertreter), kann man sich die mehrstufige Auswahl zunutze machen. Beispielsweise zieht man zunächst eine Stichprobe der Verkaufsregionen, aus den verbleibenden Regionen sodann eine Stichprobe aus den jeweiligen Vertretern und schließlich aus den vebleibenden Vertretern eine Stichprobe unter den jeweiligen Kunden. Als Vorteil ist die Kostenersparnis zu nennen, die im Wesentlichen auf eine technische Vereinfachung der Erhebungsarbeit (räumliche Konzentration, bessere Kontrolle der Interviewer) zurückzuführen ist. Dem steht das Problem einer exakten

Berechnung der Auswahlchancen der Einzelelemente gegenüber, auf die aber im vorliegenden Zusammenhang nicht weiter eingegangen werden soll.

- **Klumpenverfahren**

  Dabei muss die Grundgesamtheit in Untergruppen aufgeteilt werden. Aus diesen werden dann zufällig oder systematisch einzelne Gruppen ausgewählt, die ihrerseits vollständig in die Untersuchung eingehen. Folgendes Beispiel soll die Vorgehensweise verdeutlichen: Anstatt sämtliche Filialen eines Großbäckers in die Befragung einzubeziehen, werden alle Filialen in einer Stadt analysiert. Auch hier liegt der Vorteil wiederum in der Kosten- und Zeitersparnis. Gefahren liegen im sog. Klumpeneffekt, d. h. die Kunden in Stadt A haben vielleicht andere Vorstellungen als in Stadt B oder der ländlichen Region X.

4.5.3.5 Fehlerquellen

Bei der Stichprobenziehung sollten die folgenden **Fehlerquellen** im Auge behalten werden (vgl. *Nieschlag/Dichtl/Hörschgen* 2002, S. 441–442):

- **Planungsfehler**

  Aufgrund einer unpräzisen Definition des Untersuchungsziels und/oder einer unklaren Abgrenzung der Grundgesamtheit entstehen Fehler. Wenn beispielsweise den Ursachen für die Unzufriedenheit der Kunden auf den Grund gegangen werden soll, genügt es nicht, ausschließlich die derzeitige Klientel zu befragen. Vielmehr müssen auf jeden Fall auch die abgewanderten Kunden in die Analyse mit einbezogen werden, da sich ja gerade in diesem Segment zahlreiche Personen befinden, die ein Unzufriedenheitserlebnis mit dem Unternehmen hatten.

- **Systematische Fehler**

  Hierunter fasst man sämtliche Unzulänglichkeiten, die aufgrund der Art und/oder der Durchführung der Erhebung entstehen (sog. **Validität**). Derartige Fehler sind im Wesentlichen auf folgende Ursachen zurückzuführen:
  - Mangelhafte Fragebogengestaltung

    Beispielsweise drängt man die Auskunftspersonen durch Suggestivfragen („Wenn Sie zukünftig wieder bei uns einkaufen würden, welche der folgenden Produkte würden Sie dann erwerben?") zu einem bestimmten Antwortverhalten, das aber nicht deren eigentliche Meinung widerspiegelt. Für die Gestaltung von Fragen gelten folgende **Empfehlungen** (vgl. u. a. *Schnell/Hill/Esser* 2000):
    - Verzicht auf Fachausdrücke, Fremdwörter und wertende Begriffe wie „Bürokrat", „Boss", „Kapitalist"
    - Keine subjektiven sprich pseudo-quantitativen Begriffe (Negativbeispiel: „Gehen Sie häufig bei uns einkaufen?")
    - Kurze und konkrete Formulierung von Fragen
    - Vermeidung von Suggestivfragen und hypothetischen Formulierungen („Angenommen, Sie würden im Lotto gewinnen, …")
    - Nur einen Sachverhalt pro Frage (Negativbeispiel: „Wie zufrieden sind Sie mit der Freundlichkeit und den Fachkenntnissen des Personals?")
    - Keine doppelten Verneinungen (nicht unzufrieden = zufrieden!)

- Keine Überforderung der Probanden (Negativbeispiel: „Wie viel Prozent Ihres monatlichen Einkommens geben Sie für Obst und Gemüse aus?")
- Formale Ausbalancierung der Skalen (Negativbeispiel: linksschiefe Skala, die von völlig zufrieden über sehr zufrieden, zufrieden und eher zufrieden bis unzufrieden reicht)

– Unzureichendes Auswahlverfahren

Aufgrund der Vorgehensweise bei der Auswahl der Befragungsteilnehmer treten Verzerrungseffekte auf, die dazu führen, dass die Stichprobe die anvisierte Grundgesamtheit nicht ausreichend repräsentiert.

– Auswahl schlechter bzw. unehrlicher Interviewer

Diese füllen den Fragebogen schlampig (etwa bei offenen Fragen) oder im Extremfall gar selbst aus (deshalb immer stichprobenartige Kontrolle der Interviewer), geben bei der Beantwortung der Fragen keine entsprechenden Hinweise und/oder können bei Rückfragen keine kompetenten Auskünfte erteilen.

Fallbeispiel „Systematische Fehler im Rahmen der Meinungsforschung"

Ein anschauliches Beispiel für systematische Fehler bietet die Meinungsforschung, die den Ursprung der heutigen Marketing-Forschung bildet. So erklärten bei der Wahl des US-amerikanischen Präsidenten im Jahre 1948 mit Ausnahme des *Gallup-Instituts* sämtliche Meinungsforschungsinstitute *Thomas Dewey*, den Kandidaten der Republikaner, vorschnell zum neuen Präsidenten der USA. Lediglich das *Gallup-Institut* prognostizierte den richtigen Wahlsieger, den Demokraten *Harry S. Truman*. Während nämlich die Konkurrenten auf die Telefonbefragung setzten und in ihren Stichproben damit die wohlhabenden sowie traditionell eher republikanisch wählenden Bevölkerungsschichten überrepräsentiert waren, gelang es dem *Gallup-Institut*, durch persönliche Befragungen ein repräsentatives Stimmungsbild der Gesamtbevölkerung zu zeichnen.

Quelle: *Adler, M. K.*: Moderne Marktforschung, Stuttgart 1955, S. 65 ff.

- **Sachliche Fehler**

Dies sind Verzerrungseffekte aufgrund von falschen Auskünften (etwa sozial erwünschtes Antwortverhalten), Ausfällen (z. B. haben Berufstätige keine Zeit, beim Einkauf in der Mittagspause für ein 10minütiges Interview zur Verfügung zu stehen) u. ä. Derartige Fehlerquellen, die man unter dem Schlagwort mangelnde **Reliabilität** zusammenfasst, sind am schwierigsten auszumerzen.

- **Stichprobenfehler**

Darunter versteht man die Abweichung eines Stichprobenergebnisses vom wahren (jedoch unbekannten) Wert der Grundgesamtheit. Grundsätzlich ist folgender Zusammenhang festzustellen: Je größer die Stichprobe, desto größer ist die Chance, die tatsächliche Meinung der Grundgesamtheit zu treffen. Dem stehen jedoch häufig Kosten- und Zeitgründe entgegen. In diesem Zusammenhang werden häufig Faustregeln genannt (einige Autoren empfehlen einen Mindestumfang von 100 auswertbaren Befragungen, andere 50

4.5 Methodik einer empirischen Erhebung

oder gar 30), die auf Erfahrungswerten basieren. Es erscheint wenig zweckmäßig, sich an einer solchen Diskussion zu beteiligen, da der erforderliche oder auch praktikable Stichprobenumfang in hohem Maße von der jeweiligen Situation abhängt. Beispielsweise ist eine Befragung im Konsumgüterbereich kaum mit einer solchen im Investitionsgütersektor zu vergleichen. Der erste Fall ist gekennzeichnet durch zahlreiche Kunden mit geringen Auftragsvolumina, demnach muss der Stichprobenumfang vergleichsweise hoch ausfallen. Im zweiten Fall existieren in der Regel nur wenige Auftraggeber, die dafür aber über ganz andere Einkaufsvolumina verfügen. Folglich können hier bereits fünf Befragungen genügen, um einen umfassenden Eindruck über die Kunden zu erlangen.

4.5.3.6 Stichprobengröße

Nachdem festgelegt wurde, anhand welchen Verfahrens die Stichprobe gezogen werden soll, gilt es in einem nächsten Schritt zu entscheiden, wie viele Teilnehmer in die Untersuchung einbezogen werden sollen. Die **Stichprobengröße** hängt davon ab, wie groß die Grundgesamtheit ist, wie genau das Stichprobenergebnis sein soll und mit welcher Sicherheit die Aussagen zutreffen sollen. Als empfehlenswert hat sich eine Sicherheit von mindestens 95,5 % mit einer Genauigkeit von $\pm$ 5 % erwiesen. Die hierfür erforderliche Stichprobengröße errechnet sich nach folgenden Formeln:

„Bei einer Grundgesamtheit > 100.000   Bei einer Grundgesamtheit < 100.000

$$n = \frac{t^2 \cdot p \cdot q}{e^2} \qquad n = \frac{t^2 \cdot p \cdot q \cdot N}{t^2 \cdot p \cdot q + e^2 \cdot (N-1)}$$

n: Stichprobenumfang
t: zulässiger Fehlerbereich (t = 1: 68,3 % Sicherheit; t = 2: 95,5 % Sicherheit; t = 3: 99,7 % Sicherheit)
p: Anteil der Elemente in der Stichprobe, welche die Merkmalsausprägung aufweisen
q: Anteil der Elemente in der Stichprobe, welche die Merkmalsausprägung nicht aufweisen (da p und q im Voraus nicht bekannt sind, wird der ungünstigste Fall angenommen, nämlich jeweils 50 % [d. h. 50 x 50])
N: Grundgesamtheit
e: Genauigkeit

Bei einer Grundgesamtheit von 5.000 Kunden, einer anvisierten Sicherheit von 95,5 % und einer Genauigkeit von $\pm$ 5 % ergibt das einen Stichprobenumfang von 370 Personen." (*Hinterhuber/Handlbauer/Matzler* 1997, S. 75–76). Bei schriftlichen Befragungen ist zudem noch die erwartete **Rücklaufquote** miteinzuberechnen. Bei einem geschätzten Rücklauf von 20 % sind in unserem Beispiel 1.850 Fragebögen zu versenden, um die gewünschten Ergebnisse zu erzielen.

Fallbeispiel „Vermeidung systematischer Fehler bei telefonischen Befragungen mit Hilfe des RLD-Verfahrens"

Das RLD-Verfahren (engl. Randomized Last Digit = zufällige letzte Ziffer) ermittelt Stichproben bei rechner-unterstützten telefonischen Befragungen (Computer Assisted Telephone Interview). In manchen Ländern sind mittlerweile über 80 % aller Telefonkunden nicht mehr im amtlichen Telefonbuch eingetragen (sog. **Non-pubs**). Da große Unterschiede zwischen der soziodemographischen Struktur eingetragener und nicht eingetragener Haushalte bestehen, kann die Stichprobenziehung auf Basis des Telefonbuchs zu systematischen Fehlern führen. Diese versucht man mit dem RLD-Verfahren zu vermeiden. Hierbei wird eine zufällige Telefonnummer generiert, indem man die letzte Ziffer einer beliebigen Rufnummer mit einer Zufallszahl zwischen 1 und 9 addiert oder diese von ihr subtrahiert. Somit erhalten auch solche Haushalte eine Chance, in die (telefonische) Stichprobe zu gelangen, die nicht im Telefonbuch verzeichnet sind (Teilnehmer mit „Geheimnummern"). Beispielsweise wird von der dem Telefonbuch entnommenen Rufnummer 06221 – 801709 die letzte Ziffer – im vorliegenden Fall die 9 – durch eine Zahl ersetzt, die sich aus der Subtraktion mit der Zufallszahl 5 ergibt. Die so gebildete Rufnummer 06221 – 801704 wird nun kontaktiert. Das RLD-Verfahren wurde in den USA entwickelt und wird mittlerweile von fast allen führenden Markt- und Meinungsforschungsinstituten eingesetzt.

Quelle: *Krug, W./Nourney, M./Schmidt, J.:* Wirtschafts- und Sozialstatistik, 6. Aufl., München 2001, S. 85.

4.5.4 Datengewinnung

Für die Datengewinnung bieten sich grundsätzlich die in Abb. 4.8 angeführten Erhebungsinstrumente an.

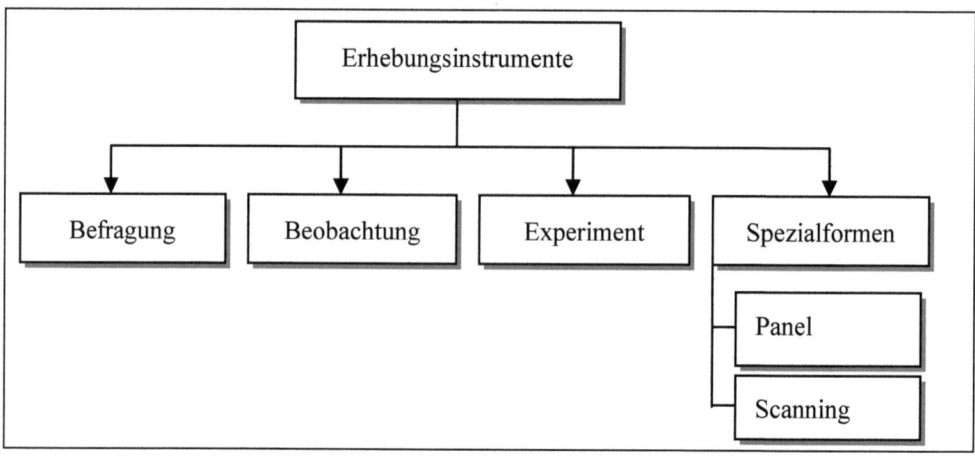

Abb. 4.8: Die Erhebungsinstrumente im Überblick

4.5.4.1 Befragung

Die am weitesten verbreitete Form der Feldforschung ist die Befragung, die sich in eine schriftliche, mündliche und telefonische Variante untergliedern lässt (vgl. im Folgenden *Be-*

rekoven/Eckert/Ellenrieder 1999, S. 98–112; *Böhler* 1982, S. 76–92; *Hammann/Erichson* 1994, S. 78–98; *Hüttner* 1997, S. 67–157; *Meffert* 1992, S. 201–206; *Bruhn* 2001, S. 100–103; *Meffert* 2000, S. 155–158; *Nieschlag/Dichtl/Hörschgen* 2002, S. 442–451).

4.5.4.1.1 Schriftliche Befragung

Bei der schriftlichen Befragung wird ein Fragebogen entwickelt, der nach einem sog. **Pretest** (Vorabtest) an die Auskunftspersonen verteilt oder verschickt wird. Beim Aufbau des Fragebogens empfiehlt sich folgendes **Phasenschema**:

- **Phase 1: Eisbrecherfragen (auch Kontaktfragen oder Einleitungsfragen)**

  Sie dienen dazu, das Interview einzuleiten, dem Befragten die Befangenheit zu nehmen und eine entkrampfte Atmosphäre zu schaffen (sog. Aufwärmphase).

- **Phase 2: Sachfragen**

  Sie betreffen den eigentlichen Untersuchungsgegenstand und bilden den Hauptteil der Befragung.

- **Phase 3: Kontrollfragen (auch Plausibilitätsfragen)**

  Damit verfolgt man zwei Ziele, nämlich sowohl die Antworten auf Konsistenz als auch den Interviewer zu überprüfen. Im Regelfall wiederholt man hierzu eine inhaltlich identische, aber von der Formulierung her variierende Frage an einer anderen Stelle des Fragebogens. Hierbei ist jedoch Vorsicht geboten: Entdeckt der Befragte die Wiederholung, reagiert er in den meisten Fällen verärgert und bricht nicht selten das Interview ab.

- **Phase 4: Fragen zur Person**

  Dieser Fragenkomplex sollte am Ende des Fragebogens positioniert werden, weil dann im Regelfall ein gewisses Vertrauen zur Befragungsperson aufgebaut ist. Er dient zur Erfassung von soziodemographischen Daten wie z. B. Alter, Einkommen, Haushaltsgröße usw. und ermöglicht eine spätere Marktsegmentierung, d. h. die Entwicklung und Umsetzung auf einzelne Zielgruppen zugeschnittener Maßnahmen.

Bei der Formulierung der Fragen stehen grundsätzlich drei Varianten zur Auswahl: die offene und die geschlossene Frage sowie eine Kombination aus beiden. **Offene Fragen** sind dadurch gekennzeichnet, dass keine Antwortkategorien vorgegeben werden (z. B. „Was sind aus Ihrer Sicht die Stärken, was die Schwächen unseres Hauses?").

Als **Vorteile offener** Fragen sind zu nennen:
- Aufspüren neuer Aspekte
- Keine Verzerrung der Antworten durch vorgegebene Antwortkategorien

Als **Nachteile** gelten:
- Mangelnde Vergleichbarkeit der Antworten
- Die Vielzahl an Antworten erschwert die Kodierung und die Auswertung der Daten.

Im Gegensatz dazu werden bei **geschlossenen Fragen** Antwortmöglichkeiten vorgegeben. Hierbei muss sich die Festlegung der Antwortkategorien am Differenzierungsvermögen der Befragungspersonen orientieren. Folgende **Varianten** stehen zur Verfügung:

- **Ja/Nein-Fragen** (Nominalskala: lediglich Klassifizierung, ohne Wertung)
  - Beispiel: „Kaufen Sie außer in unserem Hause noch in anderen Unternehmen Möbel ein?"
  - Antwortkategorien: Ja/nein
- **Alternativfragen** (Nominalskala: lediglich Klassifizierung, ohne Wertung), bei denen eine oder mehrere Antworten aus einer Reihe vorgegebener Antwortmöglichkeiten ausgewählt werden müssen
  - Beispiel: „An welchem Wochentag kaufen Sie meistens ein?"
  - Antwortkategorien: Mo., Di., Mi. usw.
- **Zuordnung von Rängen** (Ordinalskala: keine Aussage über Abstände)
  - Beispiel: „In welchem der folgenden Medien informieren Sie sich am liebsten, und welche Medien gefallen Ihnen weniger gut? Prospekt, TV, Rundfunk, Zeitung, Plakat, Handzettel usw. Vergeben Sie hierzu Ränge von 1 bis 10."
  - Antwortkategorien: Rang 1, 2, 3, ..., 10
- Skalierungsfragen (Intervall-/Verhältnisskala)
  - Beispiel: „Wenn Sie einmal Ihre Erfahrungen Revue passieren lassen: Wie zufrieden sind Sie mit den Leistungen unseres Hauses ganz allgemein?" (Intervallskala: feste Abstände, z. B. Temperatur)
  - Antwortkategorien:

sehr unzufrieden	unzufrieden	eher unzufrieden	weder/noch	eher zufrieden	zufrieden	sehr zufrieden
-3	-2	-1	0	1	2	3

  - Beispiel: „Wie viele Personen leben in Ihrem Haushalt?" (Verhältnisskala: absoluter Nullpunkt ist gegeben, z. B. Länge, Gewicht)
  - Antwortkategorien: 1, 2, 3, 4, 5 usw.

Grundsätzlich bleibt festzuhalten, dass überwiegend geschlossene Fragen eingesetzt werden, da deren Beantwortung, Codierung sowie Auswertung vergleichsweise wenig Mühe bereiten. Abb. 4.9 vermittelt einen zusammenfassenden Überblick der möglichen **Fragenvarianten**. Ein Beispiel für eine Kombination aus geschlossener und offener Frage wäre: „Besitzen Sie ein Auto?" Antwortkategorie: ja/nein; „Falls ja: Welche Marke/welches Modell? ...."

Nachdem die Probanden den Fragebogen erhalten haben, füllen sie diesen eigenständig aus und schicken ihn an das betreffende Unternehmen oder ein eingebundenes Marktforschungsinstitut zurück. Eine vergleichsweise innovative Form der schriftlichen Befragung, die in Zukunft an Bedeutung gewinnen wird, repräsentiert die Datenerhebung via Internet. Hierbei gilt es jedoch, etwaige Repräsentationsprobleme ins Kalkül zu ziehen, was darauf zurückzuführen ist, dass laut *Forschungsgruppe Wahlen* lediglich drei Viertel aller Erwachsenen in Deutschland Zugang zum Internet haben und Senioren unterdurchschnittlich repräsentiert sind (vgl. *Harenberg* 2008, S. 2008, S. 239–240).

4.5 Methodik einer empirischen Erhebung

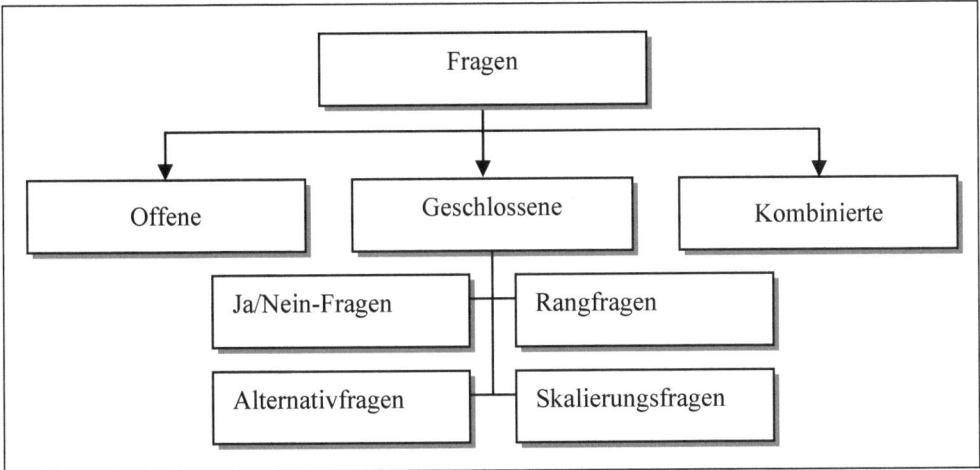

Abb. 4.9: Die Varianten von Fragen im Überblick

Als **Vorteile der schriftlichen Befragung** sind zu nennen:
- Man erhält schnelle Auskunft bei einer Vielzahl von Auskunftspersonen.
- Befragte haben ausreichend Zeit zum Nachdenken.
- Es sind keine Interviewer notwendig, d. h. die Befragung ist leichter zu organisieren.
- Es entsteht kein Interviewer-Einfluss (sog. Interviewer Bias), d. h. sozial-erwünschtes Antwortverhalten ist nahezu vollständig ausgeschlossen.
- Da keine Interviewer beschäftigt werden müssen, entstehen vergleichsweise geringe Kosten, was insbesondere in großen Befragungsgebieten zu Buche schlägt.

Als **Nachteile** der schriftlichen Befragung gelten:
- Mit steigendem Fragebogenumfang sowie bei heiklen Fragen (z. B. nach dem Einkommen) sinkt die Akzeptanz bei den Befragten.
- Es ist keine Abfrage spontaner Antworten möglich.
- Es besteht keine Sicherheit, dass auch wirklich der Adressat antwortet. Zum Beispiel wird der Fragebogen an den Vater verschickt, dieser hat aber wenig Zeit und bittet seinen Sohn (Schüler) oder seine Mutter (Rentnerin), den Fragebogen stellvertretend für ihn auszufüllen.
- Schriftliche Befragungen haben meist relativ geringe Rücklaufquoten (abhängig vom Interesse am Befragungsgegenstand).

Geringe Rücklaufquoten und damit Stichprobenausfälle können je nach Ursache erhebliche Gefahren in sich bergen. Die sog. unechten oder stichprobenneutralen Ausfälle (z. B. Kunden, die aus dem Einzugsgebiet eines Unternehmens weggezogen sind) stellen nichts anderes als eine Bereinigung des Adressmaterials dar und sind im Regelfall unproblematisch. Anders sieht es bei den echten Ausfällen (sog. Antwortverweigerungen) aus, die zu einer erheblichen

Verzerrung der Befunde führen können (sog. **Non-Response-Problem**). Aus diesem Grund sollte man versuchen, eine möglichst hohe Rücklaufquote zu erzielen.

Zur **Erzielung höherer Rücklaufquoten** bieten sich an:

- Einsatz überwiegend geschlossener Fragen (80/20-Regel)
- Optische Verkleinerung des Fragebogens (Bedrucken der Vorder- sowie Rückseite des Blattes, Verwenden kleinerer Schrifttypen)
- Überschaubarer Zeitaufwand für das Ausfüllen des Fragebogens (bei privaten Haushalten max. 15 Minuten, bei gewerblichen Kunden max. 30 Minuten)
- Suggestion eines baldigen Abschlusses („Nun noch einige Fragen zum Schluss")
- Pretest zur Kontrolle der Verständlichkeit der Fragen sowie des formalen Aufbaus des Fragebogens
- Einrichten einer Hotline für evtl. Rückfragen der Befragungsteilnehmer
- Anleitung zum Ausfüllen des Fragebogens
- Individualisierung des Anschreibens und eigenständige Unterschriften der Unternehmensvertreter
- Im Begleitschreiben Untersuchungszweck erklären, das zugrunde liegende Auswahlverfahren erläutern, dem Adressaten Anonymität zusichern und ihm bereits im Vorfeld sowie am Ende für seine Teilnahmebereitschaft danken
- Hinweis im Begleitschreiben auf Zeitpunkt, zu dem der Fragebogen spätestens zurückgeschickt werden sollte (14 Tage bis drei Wochen)
- Beilage einen bereits adressierten und frankierten Rückumschlags
- Materielle Anreize (sog. Incentives) für die Befragungsteilnehmer (etwa Teilnahme an einer Verlosung; Briefmarkenbriefchen, Telefonkarten, Gutscheine u. ä.)
- Wahl eines günstigen Versandzeitpunkts (für die Befragung privater Haushalte Donnerstag und Freitag; stressintensive Zeiten wie Vorurlaubs- und Urlaubszeit, Vorweihnachtszeit meiden)
- Gegebenenfalls Nachfassaktion in einer zweiten und dritten Welle; Beilage eines neuen Fragebogens

4.5.4.1.2 Mündliche Befragung

Bei der mündlichen Befragung stehen sich Interviewer und Auskunftsperson unmittelbar gegenüber (sog. Face-to-Face-Interview). In Bezug auf die Erhebungssituation sind folgende **Spielarten** möglich:

- **Home-Befragung**: Der Interviewer sucht die Auskunftsperson zu Hause auf und führt dort die Befragung durch.
- **Office-Interview**: Die Auskunftsperson wird an ihrem Arbeitsplatz befragt. Diese Befragungsvariante empfiehlt sich bei gewerblichen Kunden und einer vergleichsweise hohen Hierarchiestufe der Ansprechpartner.

- **In-Hall-Befragung**: Die Erhebung wird in einem Testlokal durchgeführt, etwa einem angemieteten Raum in einem Einkaufszentrum.
- **Street-Interview**: Die Befragung wird an einer beispielsweise viel frequentierten Straßenkreuzung oder in einer Fußgängerzone durchgeführt.
- **Store-Interview**: Das Interview findet in der Einkaufsstätte statt.

Als **Vorteile der mündlichen Befragung** sind zu nennen:
- Die Auskunftsbereitschaft ist größer als bei der schriftlichen Befragung, nicht zuletzt deshalb, weil der Interviewer psychologische Hemmschwellen und Zweifel der Befragten im direkten Gespräch ausräumen kann.
- Die Gesprächssituation ist kontrollierbar.
- Hilfsmittel wie Listenvorlagen, Bilder, Produktbeispiele können eingesetzt werden.
- Rückfragen sowohl des Interviewers als auch des Befragten sind möglich, so dass die Gefahr von Missverständnissen verringert werden kann.

Als **Nachteile** dieses Verfahrens gelten:
- Der Kostenaufwand ist vergleichsweise hoch.
- Es muss mit erhöhtem Zeitaufwand gerechnet werden.
- Der Interviewer übt (ungewollt) einen Einfluss auf den Befragten aus, was sozial erwünschtes Antwortverhalten fördert (sog. Interviewer-Bias).

Hinsichtlich der **Befragungsstrategie** haben sich zwei Methoden etabliert:
- Beim **standardisierten Interview** sind Inhalt und Reihenfolge der Fragen genau festgelegt. Der Interviewer muss die Fragen lediglich vorlesen und die Antworten detailliert dokumentieren, so dass er kaum einen Einfluss auf den Befragten ausüben kann. Diese Methode eignet sich insbesondere dann, wenn bei einer größeren Anzahl von Auskunftspersonen eine repräsentative Untersuchung mit vergleichbaren Ergebnissen angestrebt wird.
- Beim **freien Interview** liegen Formulierung und Reihenfolge der Fragen sowie das Hinzufügen von Erläuterungen weitgehend im Ermessensspielraum des Interviewers. Ihm steht lediglich ein Gesprächsleitfaden zur Verfügung, der Ablauf und Inhalt des Interviews grob festlegt. Ein zentraler Vorteil dieser Vorgehensweise liegt im stärkeren Eingehen auf den Befragten. Demnach eignet sich das freie Interview insbesondere für die Befragung von Experten sowie Vertretern höherer Hierarchieebenen. Außerdem können mit dieser Methode neuere und tiefere Einsichten in einen Problemkreis gewonnen werden, da dem Probanden keine Antworten aufgezwungen werden. Neben den im Regelfall geringen Fallzahlen sind die vergleichsweise hohen Kosten als weiterer Nachteil zu nennen. Diese sind im Wesentlichen auf folgende Gründe zurückzuführen sind:
  - Hoher Aufwand für die Auswertung der Daten aufgrund der Nichtstandardisierung der erhobenen Informationen und der daraus folgenden Möglichkeit offener Antworten
  - Hohe Anforderungen an die Interviewer
  - Evtl. Einsatz mehrerer Interviewer, um systematische Fehler und Verzerrungen zu verringern bzw. zu vermeiden

Des Weitern lassen sich **Einzel-** und **Gruppenbefragungen** unterscheiden. Letztere kommen vor allem in der Investitionsgüter-Marktforschung zur Anwendung. Hierbei befragt ein Moderator gleichzeitig eine Anzahl von Probanden, die dazu angehalten werden, ihre Meinung zu äußern und dabei auf vorherige Diskussionsbeiträge zu reagieren. Zwar werden dadurch gruppendynamische Prozesse ausgelöst, welche die objektive Gültigkeit der gegebenen Beiträge relativieren. Trotzdem vermeidet man mit dieser Methode etwa in der Investitionsgüter-Marktforschung, dass eine individuell gefärbte Aussage als repräsentative Meinung fehlinterpretiert wird. Die Diskussion im Teilnehmerkreis gibt für sachkundige Interviewer Hinweise auf interne Strukturen und Varianten zur vorgedachten Lösung, was zu ganz neuen Ideen führen kann. Der dabei u. U. entstehende Solidarisierungseffekt zwischen Kunde und zukünftigem Lieferant stellt eine solide Basis für eine langfristige Zusammenarbeit dar, der sich beide Seiten verpflichtet fühlen.

4.5.4.1.3 Telefonische Befragung

Die telefonische Befragung schließlich eignet sich immer dann, wenn nur wenige, leicht zu beantwortende Fragen gestellt werden, in deren Mittelpunkt eher Fakten denn die persönliche Sphäre des Befragten stehen. Dabei ist jedoch die zunehmende Skepsis der Bevölkerung gegenüber telefonischer Befragung zu berücksichtigen, da zahlreiche Direktvertreiber via Telefon vermeintliche Marktforschungsfragen als Einstieg in ein Verkaufsgespräch nutzen.

Bei telefonischen Befragungen findet seit geraumer Zeit der Computer Anwendung (sog. **CATI = Computer Aided Telephone Interviewing**), bei der der Interviewer die Antworten der Befragten direkt in den Computer eingibt. Mittels Software können so Stichprobenauswahl, Instruktionen für den Interviewer sowie die Dokumentation der Antworten via Bildschirm gesteuert werden.

4.5.4.1.4 Computerunterstützte Befragung

Neben dem Einsatz von Computern bei der telefonischen Befragung mittels **CATI** können Computer grundsätzlich auch für die schriftliche und mündliche Befragung genutzt werden. Im Falle des **CAPI (= Computer Assisted Personal Interviewing** = rechner-unterstützte persönliche Befragung) bedient sich der Interviewer eines Notebook-Rechners, auf dem das Fragebogenprogramm läuft. Er stellt dem Probanden die Fragen und gibt dessen Antworten in den Rechner ein.

Beim **CSAQ (= Computerized Selfadministered Questioning)** hingegen werden dem Probanden Fragen über einen Bildschirm eingespielt oder in ein Mikrofon gesprochen. Die Antworten werden dann über eine Tastatur, mit Maus oder durch Berühren des Bildschirms eingegeben. Damit wird der gesamte Interviewablauf vom Computer gesteuert.

Eine spezielle Variante des CSAQ ist die **Online-Befragung** (vgl. hierzu *Batinic/Gräf/Bandilla* 1999; *http://wirtschaftslexikon.gabler.de/Archiv/693/computergestuetzte-datenerhebung-v5.html*, Stand: 17.04.2012), bei der das Internet eingesetzt wird. Häufig werden dabei Pools von potenziellen Befragten genutzt, die in sog. Befragungspanels zusammengefasst werden. Dabei muss eine zu häufige Befragung vermieden werden, da sonst die Motivation zur Teilnahme abnimmt.

4.5 Methodik einer empirischen Erhebung

Ansonsten werden häufig Besucher bestimmter Websites durch Pop-up-Werbung gewonnen. Dieser Ansatz ist jedoch hinsichtlich der Repräsentativität der problematisch wegen der Selbstselektion der Befragten und eignet sich insbesondere für die Beurteilung einer Website durch die Befragten geht.

Als **Vorteile** der Online-Befragung gelten:
- Vergleichsweise geringe Kosten
- Kein Interviewereinfluss
- Eingeschränkter Einsatz von Hilfsmitteln wie Listenvorlagen, Bilder, bei DSL-Anschlüssen auch Filme und Ton
- Möglichkeit der Überprüfung der Spontaneität der Probanden
- Vergleichsweise einfache und kostengünstige Datenauswertung durch Kombination von Umfrage-Software und Analyseprogrammen

Mögliche **Nachteile** sind:
- Unzureichende Repräsentativität aufgrund (noch) inhomogener Verbreitung des Internet
- Kaum Kontrolle über die Befragten
- Meist relativ geringe Rücklaufquoten (abhängig vom Interesse am Befragungsgegenstand)
- Verärgerung aufgrund unverlangt übermittelter Umfrage-E-Mails

Vor diesem Hintergrund eignen sich Online-Befragungen für die Untersuchung der Mitglieder einer speziellen Grundgesamtheit, die sich dadurch auszeichnet, dass sie über einen Internetzugang verfügt und diesen auch nutzt (z. B. Hochschul-Mitarbeiter, Webmaster). Zusammenfassend sind die Formen der Befragung in Abb. 4.10 aufgeführt.

Abschließend gilt es noch eine Spezialform der Befragung, nämlich die **Omnibusbefragung** (lat. omnibus = für alle) zu beleuchten. Hierbei handelt es sich um eine Mehrthemenbefragung, bei der Fragen verschiedener Auftraggeber in einem Fragebogen zusammengefasst werden. Auf diese Weise lassen sich die Kosten pro Auftraggeber erheblich reduzieren. Die Fragen können durchaus aus sehr unterschiedlichen Themengebieten stammen, die Zielgruppen der auftraggebenden Unternehmen müssen jedoch übereinstimmen. Daher finden Omnibusbefragungen im Regelfall dann Anwendung, wenn ein repräsentativer Querschnitt der Bevölkerung untersucht werden soll.

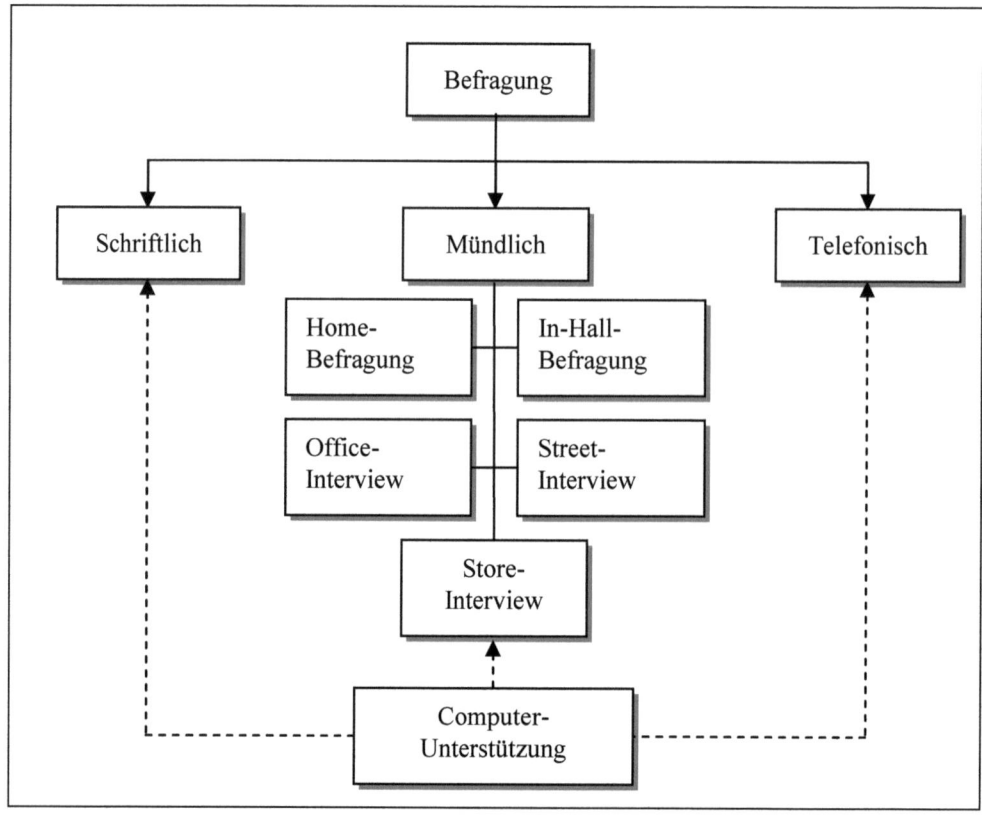

Abb. 4.10: Die Formen der Befragung im Überblick

4.5.4.1.5 Projektive Verfahren der Befragung

Ziel der projektiven Verfahren ist es, durch indirekte Befragung der Probanden geleugnete, unterdrückte oder aus anderen Gründen durch eine direkte Befragung schwer oder gar nicht ermittelbare Einstellungen, Meinungen, Motive, Eigenschaften usw. zu ermitteln (vgl. im Folgenden *Kepper* 1994; *http://wirtschaftslexikon.gabler.de/Definition/projektive-verfahren. html; http://imihome.imi.uni-karlsruhe.de/nprojektive_verfahren_b.html; http://www.gwa.de/ themen-wissen/werbe-wiki/?no_cache=1&tx_drwiki_pi1[keyword]=projektives%20Verfahren*; Stand: 05.04.2012). Die Idee, dass unbewusste oder unangenehme und widerspruchsvolle Regungen auf andere Personen projiziert (d. h. übertragen) werden, stammt aus der Tiefenpsychologie. Die projektiven Verfahren machen sich diesen Mechanismus zunutze, indem sie der Gesprächsperson „**Projektionshilfen**" bieten, welche die Person i. d. R. nicht als solche durchschaut, die aber die rationale Zensur der Antworten erschweren und somit Einblicke in die wirklichen Emotionen, Motive, Einstellungen, Erwartungen etc. des Probanden vermitteln.

4.5 Methodik einer empirischen Erhebung

Projektive Verfahren bieten sich konsequenterweise insbesondere dann an, wenn es um emotionsbeladene oder persönliche Inhalte geht, die mit den meisten anderen Befragungstechniken nicht aufgespürt werden können. Sie werden meist im Rahmen qualitativer Methoden wie beispielsweise Gruppendiskussionen eingesetzt, können aber auch in quantitative Methoden ergänzend eingebaut werden.

Zu den am weitesten verbreiteten projektiven Verfahren zählen Assoziationstests, Lückentests wie Wort-, Satz- und Bildergänzungsverfahren, das Einkaufslistenverfahren, der *Rorschach*-Test, der *Rosenzweig*-Test, der *Szondi*-Test, der TAT-Test.

In der Marktforschung gibt es eine Vielzahl projektiver Verfahren. Allen gemeinsam ist, dass die vorgegebenen Reize unbestimmt genug sind, um der Person genügend Spielraum für eine eigene Interpretation zu lassen, und dass sie eine gewisse spielerische Komponente enthalten, die den Probanden zugleich motivieren und vom eigentlichen Thema ablenken soll. Folgende Verfahren finden in der Marketingforschung Anwendung:

- **Projektive Frage**
  Durch eine indirekte Fragestellung, bei der nach Verhalten oder Einstellungen dritter Personen gefragt wird, will man auf die Einstellungen der befragten Person schließen. Statt der direkten Frage: „Was halten Sie von Bio-Produkten …?" könnte die projektive Frage lauten: „Was halten denn Ihre Arbeitskollegen von Bio-Produkten …?" Problematisch hierbei ist, dass man nicht weiß, ob die Person ihre eigene Einstellung auf die Drittperson projiziert oder tatsächlich die Meinung der Drittperson wiedergegeben hat.

- **Ballon-Test (auch Cartoon- bzw. Comic-Strip-Test)**
  Den Teilnehmern werden Bilder im Stile eines Comics mit Personen in konsum- oder produktspezifischen Reiz- oder Konfliktsituationen vorgelegt mit der Aufgabe, die leeren Sprech- und Denkblasen zu vervollständigen. Meist geht es in den Bildvorlagen um soziale Barrieren, Spannungen oder Stereotypen, die mit dem Konsumverhalten in Zusammenhang stehen. Beispielsweise werden zwei schematisch dargestellte Figuren mit Sprechblasen vorgelegt. Person A sagt: „Ich denke darüber nach, ob ich mir die neue Schokolade von … mal kaufen soll.". Der Proband soll nun die Antwort von Person B in die Sprechblase eintragen. Außerdem soll dort notiert werden, was B dabei denkt.

- **Bilder-Erzähl-Test**
  Hierbei werden ebenfalls Bilder vorgelegt, allerdings ohne verbale Reizvorlage und meist in Form von Fotografien. Die Probanden werden aufgefordert, zu jedem Bild eine Geschichte zu erzählen. Wie konkret sich die Fotografien auf die jeweiligen Kauf-, Konsum- und Verwendungssituationen des zu untersuchenden Gegenstandes beziehen, hängt von der Fragestellung ab. Meist werden mehrere unterschiedlich konkrete Bilder dargeboten. Beispielsweise dokumentiert eine Serie von Fotos ein spezifisches Konsumentenverhalten Das erste Bild thematisiert das Bedürfnis bzw. das Problem, das durch den Konsum gelöst werden soll. Es folgen ein Foto zur Kaufhandlung, eine Abbildung zur konkreten Nutzung des Produkts und ein abschließendes Bild, das den Nutzen des Produkts dokumentiert. Die Probanden werden nun gebeten, zu diesen Fotos eine Geschichte mit Dialogen, Gedankengängen und Handlungen der dargestellten Personen zu erzählen.

- **Produkt-Personifizierung**
  Hierbei steht die Charakterisierung des typischen Verwenders eines Produktes im Mittelpunkt. Diese Beschreibung kann entweder frei erfolgen oder anhand von Bildvorlagen,

auf denen unterschiedliche Personentypen zu sehen sind, denen das Produkt zugeordnet werden soll. Auf diese Weise lassen sich Produkt- oder Markenimage, aber auch Verwendungsmotive oder -barrieren ermittelt werden. Eine typische Fragestellung in diesem Zusammenhang wäre: „Beschreiben Sie bitte den typischen Verwender des Deodorants *AXE*. Wie sieht er aus, was macht er beruflich/in seiner Freizeit, warum verwendet er gerade *AXE* etc."

- **Einkaufslistentechnik**
  Dabei wird in einem Split-Ballot-Verfahren (= gegabelte Befragung) zwei Unterstichproben ein Einkaufszettel in zwei Versionen vorgelegt. Die Einkaufszettel unterscheiden sich in ihrer Zusammensetzung lediglich in der einen Position, die Gegenstand der Untersuchung ist, d. h. in dem Produkt, das untersucht wird (etwa Butter versus Margarine). Die Auskunftspersonen werden aufgefordert zu schildern, wie sie sich auf Grund der Einkaufsliste den Einkäufer vorstellen. Da die Listen nur in einer Position (z. B. ein Produkt oder eine Marke) voneinander abweichen, sind die Unterschiede in den Personenbeschreibungen auf die unterschiedliche Bewertung des Produkts und seiner typischen Verwender zurückzuführen.

- **Bilderzuordnungsverfahren/Collagen-Technik**
  Bei der Bildzuordnung soll der Proband aus einer Sammlung von Bildern (z. B. aus Zeitschriften) diejenigen auswählen, die dem inneren Bild des Produktes bzw. der Marke am ehesten entsprechen. Bei der Collagen-Technik sollen diese Bilder oder Ausschnitte daraus zu einem größeren Bild kombiniert werden. Beispielsweise werden die Gesprächspersonen gebeten, aus ihnen zur Verfügung gestelltem Material wie Zeitschriften und Bastelmaterial eine Collage zum Thema „Image des Warenhauses X" zu erstellen.

- **Ergänzungsverfahren**
  Bei den Ergänzungsverfahren geht es darum, dass die Teilnehmer einen unvollständigen Satz oder eine Geschichte nach ihren Vorstellungen ergänzen oder vollenden. Geschichten liegen häufig in Form eines Dialogs vor, der vervollständigt werden soll. Bei Sätzen sind an den aussagekräftigsten Stellen Lücken, die von den Teilnehmern spontan ergänzt werden sollen. Ein Beispiel für eine Satzergänzung ist: „*Aronal* ist eine ... Zahncreme, die man verwendet, um ... zu erreichen. Sie kann besonders gut ..., aber leider ist sie ..." Eine Geschichtenergänzung könnte folgendermaßen aussehen: Sie stehen im Supermarkt und hören zufällig ein Gespräch zwischen zwei Personen an: „Hast Du schon mal die neue Tiefkühlpizza von ... probiert?" „Nein leider nicht, aber ich esse ja oft Fertiggerichte, es fehlt mir einfach die Zeit zum Kochen." „Also ich habe neulich mit einem Freund zusammen dieses ...-Nudelfertiggericht gegessen. Das war total ..." In diesem Moment verschwinden die beiden Personen hinter einem Regal und sie können nichts mehr verstehen. Wie könnte der Dialog weitergehen?

- **Analogienbildung**
  Die Probanden sollen Analogien bilden nach dem Muster: „Wenn das Produkt/die Marke ein/e Tier/Getränk/Gebäude/Pflanze/Möbelstück etc. wäre, was wäre es/sie dann?". Hier zeigen sich dann intuitive Bewertungen und schwer verbalisierbare Gesamteindrücke der Gesprächspersonen vom entsprechenden Objekt. Zur Veranschaulichung dient folgendes Beispiel: „Wenn ...-Zigaretten ein Auto wären, was wären sie dann für ein Auto?" Die Antwort „Ein *Ferrari*" lässt die Interpretation zu, dass diese Zigarettenmarke für die be-

fragte Person ein ähnliches Image wie *Ferrari* hat und damit beispielsweise als Prestigeobjekt gilt.

4.5.4.2 Beobachtung

Im Zuge der Datengewinnung kommt neben der Befragung die Beobachtung zum Einsatz (vgl. im Folgenden *Böhler* 1982, S. 92–96; *Hüttner* 1997, S. 158–167; *Meffert* 1992, S. 198–200; *Bruhn* 2001, S. 103–105; *Meffert* 2000, S. 154–155; *Nieschlag/Dichtl/Hörschgen* 2002, S. 451–453). Sie ist gekennzeichnet durch eine systematische Erfassung von sinnlich wahrnehmbaren Verhaltensweisen bzw. Eigenschaften von Personen im Augenblick ihres Auftretens durch den Beobachter. Ausgewählte Beobachtungsformen sind in Abb. 4.11 aufgeführt.

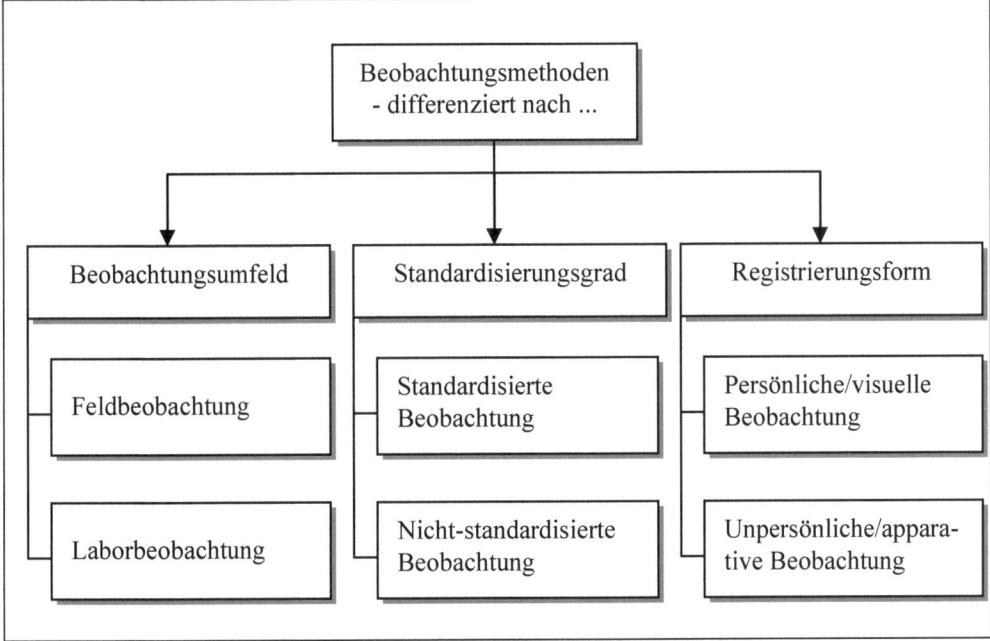

Abb. 4.11: Ausgewählte Beobachtungsmethoden im Überblick

Weit verbreitet ist die sog. **Kundenbeobachtung**, bei der – wie der Name schon vermuten lässt – die Klientel beim Einkaufsvorgang beobachtet wird, ohne dass diese das bemerkt. Hierbei handelt es sich um eine Beobachtung im Feld (= reales Handelsunternehmen), die in der Regel standardisiert (= anhand eines Fragebogens bzw. eines Lageplans) und persönlich (= durch einen Beobachter) durchgeführt wird. Denkbar wäre hier auch die apparative Beobachtung mittels einer Kamera. Neuerdings lassen sich **Kundenlaufstudien** auch auf elektronischem Wege durchführen. Hierbei wird der Kunde mit einem Funk-Tag ausgestattet, der die Laufwege aufzeichnet. Moderne Kundenlaufstudien gehen noch einen Schritt weiter: Sie integrieren auch die zeitliche Komponente, also auch die Frage, wo Kunden wie viel Zeit verbringen. Sie tun dies auf einer sog. **Heatmap**, deren Bilder denen einer Wärmebildkamera gleichen. Die Forscher erkennen an den roten Stellen, dass sich viele Kunden in den entsprechenden Bereichen lange aufhalten. Gelbe Zonen markieren die Bereiche, wo sich wenige Kunden lange aufhalten. Zonen, die grün markiert sind, zeigen an, dass sich dort nur wenig Kunden kurz aufhalten. Mittlerweile gibt es sogar virtuelle Kundenlaufstudien, bei der Probanden über einen Bildschirm mit einer Art Einkaufswagengriff, über den die Richtung des Weges gesteuert werden kann, durch ein virtuelles Geschäft geführt werden.

Der wesentliche **Vorteil** der Beobachtung liegt darin, dass man im Gegensatz zur Befragung und im Falle der verdeckten Beobachtung nicht auf die Mitarbeit der Probanden angewiesen ist. Daneben lassen sich bestimmte Sachverhalte durch den Einsatz apparativer Verfahren mit vergleichsweise großer Genauigkeit erfassen (z. B. Verhalten des Kunden am Point-of-Sale). Schließlich ist im Gegensatz zur Befragung ein geminderter Interviewereinfluß zu attestieren, was den Objektivitätsgrad erhöht.

Als **Nachteile** sind anzuführen:

- Komplexere psychische Prozesse und damit in der Regel sämtliche aktivierenden sowie kognitiven Prozesse (vgl. Abschnitt 2.4.2) sind einer Beobachtung nicht zugänglich.
- Bei bestimmten Fragestellungen treten Repräsentativitätsprobleme auf. Diese können auf (zu) kleine Stichproben bei Laborversuchen oder unterschiedliche Kundengruppen bei Beobachtungen in Geschäften je nach Tages-, Wochen- und Jahreszeit zurückzuführen sein.
- Im Falle einer offenen Beobachtung, bei der ein Proband im Gegensatz zur verdeckten Beobachtung weiß, dass er beobachtet wir, verändert er u. U. sein ursprüngliches Verhalten (sog. Beobachtungseffekt sprich *Hawthorne*-Effekt).
- Im Falle der offenen bzw. teilnehmenden Beobachtung besteht die Gefahr, dass der Beobachter den zu untersuchenden Sachverhalt steuert, die Daten nur selektiv erfasst und bei der nicht-standardisierten Beobachtung die Auswertung verzerrt.

Letztlich bestimmt der zu untersuchende Sachverhalt, ob die Beobachtung und, falls ja, welche Variante zum Einsatz kommen.

Fallbeispiel „Kundenbeobachtung" – Kundenlaufstudien mittels Infrarotkamera

Während *Aldi*, *Lidl* und *Kaufland* die Zwangsführung bevorzugen, lassen Vollsortimenter ihre Kunden die lange Leine, indem sie ihnen Abkürzungen und Überkreuzläufe ermöglichen. Damit gehen sie das Risiko ein, dass gut bestückte Verkaufsflächen nicht oder zu wenig besucht werden. Laut Experten frequentieren Kunden in einigen Supermärkten lediglich einen Drittel der Fläche. Den Weg zu den restlichen Regalen finden sie nur selten. In Laufstudien angefertigte Infrarot-Wärmebilder zeigen dort ein kaltes Blau, wohingegen die durchschnittlich frequentierten Flächen gelb und die stark besuchten Zonen rot leuchten.

Quelle: *Krost, H.:* Gesucht und gefunden, in: LebensmittelZeitung, Nr. 19 vom 08.05.2010, S. 19.

4.5.4.3 Experiment

4.5.4.3.1 Grundstruktur

Als Experiment bezeichnet man eine wiederholbare und unter kontrollierten, vorher festgelegten Umweltbedingungen durchgeführte Untersuchung, bei der festgestellt werden soll, wie sich die Veränderung einer oder mehrerer (unabhängiger) Variablen auf eine oder mehrere (abhängige) Variablen auswirkt (vgl., auch im Folgenden, *Böhler* 1982, S. 33–53; *Meffert* 1992, S. 206–212; *Bruhn* 2001, S. 105–108; *Meffert* 2000, S. 158–161). In der Marketing-Forschung soll mit Hilfe von Experimenten geklärt werden, ob und inwieweit der Einsatz oder die Variation von Marketingvariablen (= unabhängige Variablen; etwa Produkt, Verpackung, Preis, Vertriebsweg, Werbung) einer Veränderung der anvisierten Zielgröße (= abhängige Variable; etwa Kundenzufriedenheit, Umsatz, Marktanteil) bewirkt. Je nach Problemstellung kann die Messung durch Befragung oder Beobachtung erfolgen, wobei bei Experimenten häufig beide Verfahren miteinander kombiniert werden.

4.5.4.3.2 Versuchsaufbau

Folgende **Faktoren** fließen in das experimentelle Modell ein:
- **Untersuchungseinheiten** sind die Objekte, an denen das Experiment durchgeführt wird (z. B. Konsumenten, Unternehmen, Produkte, Medien).
- **Unabhängige Variablen** sind die Faktoren, deren Einfluss gemessen werden soll (z. B. Produktvarianten, Verpackungsentwürfe, Preise, Positionierungen, Werbespots).
- **Abhängige Variablen** sind diejenigen Größen, an denen die Wirkung des Einflusses der unabhängigen Variable/n gemessen werden soll (Kundenzufriedenheit, Umsatz).
- **Kontrollierte Variablen** sind diejenigen Größen, die konstant gehalten werden (Ceteris-Paribus-Bedingung), um einen möglichen Einfluss auf die abhängige/n Variable/n zu vermeiden. Soll beispielsweise die Wirkung unterschiedlicher Preise auf den Absatz eines Produktes gemessen werden, hält man alle anderen Marketingaktivitäten wie etwa Werbung, Verkaufsförderung und Positionierung konstant.
- **Störvariablen** sind alle Faktoren, die neben den unabhängigen Variablen einen Einfluss ausüben, die aber im Zuge des Experiments nicht kontrolliert bzw. gesteuert werden können (Konkurrenzaktivitäten während des Experiments, konjunkturelle und saisonale Einflüsse, Gesetzesänderungen während des Experiments).

Die Wirkung solcher Störvariablen versucht man, durch entsprechende Versuchsanlagen auszuschalten. Neben sog. formalen Experimenten, die von einer bestimmten Anordnung der unabhängigen Variablen und der Störfaktoren ausgehen (hier werden also auch die Störvariablen systematisch variiert) und in der Marktforschungspraxis wenig verbreitet sind, bedient man sich bei den informalen Experimenten Versuchsanlagen, bei denen keine systematische Variation der Versuchbedingungen durchgeführt wird.

Die **informalen Versuchsanlagen** lassen sich anhand folgender Eigenschaften beschreiben:
- **E = Experimentalgruppe** (Experimental Group): Hierbei handelt es sich um diejenige Gruppe, auf die ein Stimulus durch die unabhängige/n Variable/n ausgeübt wird.

- C = Kontrollgruppe (**Control Group**): Auf diese Gruppe wird zu Kontrollzwecken kein Stimulus durch die unabhängige/n Variable/n ausgeübt.
- B = Messung vor (**Before**) Einsatz bzw. Veränderung der unabhängigen Variable/n
- A = Messung nach (**After**) Einsatz bzw. Veränderung der unabhängigen Variable/n

Je nach Einsatz von Experimental- und/oder Kontrollgruppe sowie Zeitpunkt der Messung lassen sich demnach vier Versuchsanordnungen unterscheiden (vgl. Tab. 4.8).

Tab. 4.8: *Typen informaler Versuchsanlagen (Quelle: Meffert 1992, S. 211)*

Typ	Charakteristika	Beispiel	Wirkungsmessung	Beurteilung
EBA	Messung der Werte der abhängigen Variablen vor und nach Einsatz der (veränderten) unabhängigen Variablen in einer Experimentalgruppe	Messungen der Auswirkung einer Preissenkung auf den Umsatz eines Produktes in ausgewählten Einzelhandelsunternehmen	$X_1 - X_0$ Differenz zwischen Zeitpunkt 1 und 0 in Experimentalgruppe	Vernachlässigung von Störeinflüssen; Kontrollgruppe fehlt, d. h. ist Veränderung der abhängigen Variable(n) tatsächlich durch Veränderung der unabhängigen Variable(n) verursacht (Kausalität)?; zeitliche Entwicklungseffekte nicht messbar (Beispielsweise wäre in der Wachstums- bzw. Degenerationsphase eines Produktes der Absatz auch ohne Veränderung der unabhängigen Variable(n) gestiegen/gesunken.)
CB-EA	Messung der Werte der abhängigen Variablen vor Einsatz der (veränderten) unabhängigen Variablen in einer Kontrollgruppe und nach Einsatz der (veränderten) unabhängigen Variablen in einer Experimentalgruppe	Befragung eines repräsentativen Ausschnitts der Klientel nach ihrer Einstellung zu einem Produkt vor einer Werbeaktion und Befragung eines anderen repräsentativen Querschnitts nach Durchführung einer Werbeaktion	$X_1 - Y_0$ Differenz zwischen Experimentalgruppe im Zeitpunkt 1 und Kontrollgruppe im Zeitpunkt 0	Vernachlässigung von Störeinflüssen; keine richtige Kotrollgruppe; zeitliche Entwicklungseffekte nicht messbar

Tab. 4.8: Typen informaler Versuchsanlagen (Fortsetzung)

Typ	Charakteristika	Beispiel	Wirkungsmessung	Beurteilung
EA-CA	Messung der Werte der abhängigen Variablen nur nach Einsatz der (veränderten) unabhängigen Variablen in Experimental- und Kontrollgruppe	Preisaktion in ausgewählten Testgeschäften und Vergleich der Umsätze mit Geschäften, die nicht in die Aktion einbezogen wurden	$X_1 - Y_1$ Differenz zwischen Experimental- und Kontrollgruppe in Zeitpunkt 1	Vernachlässigung von Störeinflüssen; Annahme gleicher Ausgangslage von Experimental- und Kontrollgruppe
EBA-CBA	Messung der Werte der abhängigen Variablen vor und nach Einsatz der (veränderten) unabhängigen Variablen in Experimental- und Kontrollgruppe, die dem Einfluss nicht ausgesetzt war	Wie bei EBA-Design, jedoch werden zusätzlich weitere Geschäfte untersucht, in denen keine Preisaktion erfolgt	$(X_1 - X_0) - (Y_1 - Y_0)$ Differenz zwischen den gemeinsamen Unterschieden in Experimental- und Kontrollgruppe im Zeitpunkt 1	Bereinigung der Wirkung der unabhängigen Variablen in der Experimentalgruppe um Entwicklungseffekte, die sich in der Kontrollgruppe zeigen; Bereinigung um Störeinflüsse; Vernachlässigung von strukturellen Unterschieden zwischen Experimental- und Kontrollgruppe; Vernachlässigung von Lerneffekten (Hat Vormessung Verzerrung bewirkt?)

Im Falle eines E_1A-E_2BA-CBA Designs lassen sich im Vergleich zum EBA-CBA-Design auch strukturelle Unterschiede zwischen Experimental- und Kontrollgruppe aufspüren sowie Lerneffekte identifizieren.

4.5.4.3.3 Arten von Experimenten

4.5.4.3.3.1 Feldexperimente

Experimente lassen sich nach den Bedingungen, unter denen sie durchgeführt werden, in Feld- und Laborexperimente unterscheiden. **Feldexperimente**, die in realem Umfeld durchgeführt werden, zeichnen sich durch eine größere Wirklichkeitsnähe und damit durch eine im Vergleich zum Laborexperiment höhere externe Validität (= Generalisierbarkeit der Befunde auf die Grundgesamtheit = Allgemeingültigkeit sowie auf andere Zielgruppen, Situationen und Zeiträume = Verallgemeinerungsfähigkeit) aus.

Nachteilig sind die erheblichen Kosten sowie die u. U. geringe interne Validität (= Eindeutigkeit der Messung im Experiment), die auf den Einfluss von Störgrößen zurückzuführen ist. Ein hoher Grad an interner Validität liegt vor, wenn Alternativerklärungen für das Vorliegen oder die Höhe der gefundenen Effekte weitgehend ausgeschlossen werden können. Interne Validität (oder Ceteris paribus-Validität) ist demnach gegeben, wenn die Veränderung der abhängigen Variablen eindeutig auf die Variation der unabhängigen Variablen zurückgeführt werden kann und es somit keine Alternativerklärung gibt. Um dies zu gewährleisten, müssen Störvariablen kontrolliert bzw. ausgeschaltet werden, was im Feldexperiment nur schwerlich möglich ist.

Als **Formen des Feldexperiments** sind zu nennen:
- **Storetests**: Hierunter versteht man den (probeweisen) Verkauf von neuen, modifizierten oder variierten Produkten bzw. den Test innovativer Technologien unter kontrollierten Bedingungen in einer Reihe ausgewählter Handelsgeschäfte.
- **Markttests**: Hierunter fasst man den (probeweisen) Verkauf von neuen, modifizierten oder variierten Produkten unter kontrollierten Bedingungen in einem räumlich abgegrenzten Markt unter Einsatz ausgewählter oder sämtlicher Marketing-Instrumente. In diesem Zusammenhang bezeichnet man eine Stadt oder eine anderweitig überschaubare lokale Population, die in ihrer sozialen Zusammensetzung und den resultierenden Umfragebefunden der Gesamtbevölkerung eines Landes entspricht, als **Magic Town**. Eine Magic Town ist somit eine besondere Variante des Testmarkts. Eine reale Magic Town für Wahlumfragen in Deutschland ist beispielsweise die Gemeinde Niedermohr in der Pfalz. Eine weitere ist Hassloch, hier wird der Konsum der Bevölkerung von der *GFK-Gesellschaft für Konsumforschung* erforscht. Zudem wurde in Bremen ein biotischer Testmarkt aufgebaut, in dem Produkte, Werbekampagnen etc. unter realen Bedingungen getestet werden.

Fallbeispiel „Storetest" – der *„Extra* Future Store" der *METRO GROUP*

Die *METRO Group* eröffnete 2003 in Kooperation mit rund 40 Unternehmen aus unterschiedlichen Branchen (u. a. *SAP, Intel, Wincor-Nixdorf*) den „Extra Future Store". Hierbei handelt es sich um einen *Extra*-Verbrauchermarkt, der als Versuchswerkstatt bzw. Zukunftslabor dient und u. a. die Möglichkeit bietet, innovative Produkte in einem realen Umfeld auf ihre Praxistauglichkeit zu testen. Außerdem wird dem Kunden ein völlig neues Einkaufserlebnis vermittelt, verbunden mit umfangreichen, neuen Serviceleistungen. Zu diesem Zweck kommen im „*Extra* Future Store" **drei innovative Systeme** zum Einsatz:
- der **Personal Shopping Assistant (PSA)**, ein „mobiler Einkaufsassistent". Der PSA ist ein leistungsfähiger portabler Computer, der in einer Halterung am Einkaufswagen steckt und die Kunden im „*Extra* Future Store" begleitet. Als Scout und persönlicher Einkaufsberater gibt er Auskunft über das Sortiment, über einzelne Artikel und Konditionen. Der Kunde identifiziert sich am PSA mit seiner Kundenkarte. Das System kennt ihn jetzt und weiß, welche Artikel er bei seinen letzten Einkäufen bevorzugt hat. Beim

Weg durch den Store macht der PSA den Kunden auf solche Artikel aufmerksam, sagt, welche Artikel heute ganz besonders günstig sind, stellt ihm Aktionen vor und zeigt ihm auf Anfrage, wo er bestimmte Waren findet. Der Kunde kann mit dem PSA seine eingekauften Artikel auch gleich scannen und listet zum Überblick alle Einkäufe mit Wert und Menge auf. Der Shopping-Computer überträgt die Einkaufsdaten an die Kasse, ein Bon wird gedruckt und der Kunde bezahlt.

- das modular aufgebaute, skalierbare **Kiosk-Terminal** *Certo*. Die Kunden können sich Wege anzeigen lassen, über Promotions informieren, ausführliche Produktinformationen über sämtliche Artikel des Sortiments abfragen und in ihr Kundenkonto schauen, wenn sie sich vorher per Karte identifiziert haben. Ein Teil der Web-Anwendungen, die *Metro* seinen Kunden über das Internet anbietet, ist im Shop am Kiosk ebenfalls verfügbar. PSA und Kiosk ergänzen sich gegenseitig, wobei den überwiegenden Teil der Informationsabfragemöglichkeiten bereits der PSA gestattet. Die *Metro*-Mitarbeiter können den Kiosk ebenfalls nutzen und per Code das Mitarbeiterportal „*mymetro.de*" öffnen. Hier gibt es aktuelle Informationen über Aktionstermine, Liefersituationen und andere Interna. Auch für Schulungszwecke setzt man das Kiosksystem ein.
- die **Advertising Displays**: Hierbei handelt es sich um eine neue Generation skalierbarer Flachbildschirme aus der Produktfamilie *Beetle/iScreen*. Diese Advertising Displays geben Bild und Text gestochen scharf wieder und sind durch ihre flexiblen Einsatzmöglichkeiten dem herkömmlichen gedruckten Display weit überlegen. Die Displays werden über RF-LAN (drahtlose Datenübertragung) vernetzt, wodurch eine zentrale Verwaltung von Promotions ermöglicht wird. Beispielsweise können auf Knopfdruck Aktionsvideos an allen Standorten gleichzeitig gestartet werden. Man kann darüber auch Sonderangebote und Preise prominent herausstellen, vor allen Dingen aber die Inhalte jederzeit ändern und anpassen. Mit ihrer brillanten Bildqualität werden die Advertising Displays zur Produktinformation und zur Unterstützung von Aktionen eingesetzt.

2007 zog die *Metro Group* Future Store Initiative aus dem *Extra*-Testmarkt in Rheinberg in einen doppelt so großen Markt der Vertriebslinie *Real* in Tönisvorst bei Krefeld. Hier wird u. a. untersucht, wie Handelsunternehmen dem soziodemographischen Wandel mit zunehmend älteren Menschen und multikulturellen Anforderungen erfolgreich begegnen können. Dabei widmet man sich nicht nur technologischen Fragen, sondern auch strategischen Themen wie Umwelt, Personalmanagement, Ladendesign und Sortimentsgestaltung. Im Fokus des „Future Store 2.0" stehen das Handy, die Vielfalt am Checkout sowie RFID. Bei dem in Kooperation mit der *Deutschen Telekom* entwickelten „Mobilen Einkaufsassistenten" (MEA) handelt es sich um eine Software für Mobiltelefone, mit der Kunden Artikel selbst einscannen können. Auf diese Weise wird das Handy über das mobile Internet zum Einkaufsbegleiter. Die Software bietet dem Kunden Preisinformationen, den aktuellen Wert des Warenkorbs sowie Hilfe bei der Suche nach Produkten. Nach Abschluss des Einkaufs wird per Knopfdruck ein Strichcode auf dem Handy-Display erzeugt, der an der Kasse eingelesen wird. Da das Scannen der Ware an der Kasse auf diese Weise entfällt, beschleunigt MEA en Bezahlvorgang. Weiterhin bietet sich dem Kunden die Möglichkeit, seine Rechnung zukünftig mit seinem Fingerabdruck zu begleichen. Dieser wird vor dem ersten Einkauf einmalig registriert und ist an die EC-Karte gekoppelt. An der Kasse werden der Fingerabdruck eingescannt und der Betrag anschließend vom Konto abgebucht. Dadurch lassen sich der Ablauf an der Kasse beschleunigen und als Folge Personal einsparen.

In der Kassenzone stehen noch weitere Methoden zum Checkout zur Auswahl:
- Klassische Kassen mit Servicekräften
- SB-Kassen, an denen der Kunde selbst scannt und bezahlt
- SB-Kassen für getrenntes Scannen und Bezahlen: Nachdem des Kunde die Ware selbst eingescannt hat, geht er mit dem Bon zur von *IBM* entwickelten „Pecuron"-Zahlstation. Dort kann er seine Rechnung bar, mit Karte oder – wie bereits geschildert – mit seinem Fingerabdruck begleichen.

Weitere Kosteneinsparpotenziale verspricht die so genannte **Radiofrequenz-Identifikation (RFID)**. Hierbei handelt es sich um Spezialetiketten, die über einen Computerchip eine automatische Produkterkennung ermöglichen. RFID kommt im Future-Store aufgrund der noch beträchtlichen Kosten zunächst nur an den Kühltruhen mit Frischfleisch zum Einsatz. Der Chip speichert Informationen über das Verfallsdatum und meldet einem zentralen Computer, wenn sich ein abgelaufenes Produkt in der Truhe befindet. Weiterhin erhalten die Metzger in der Fleischerei Informationen über den Warenbestand. So können sie schnell verkaufte Ware nachfüllen und die Produktion weniger nachgefragter Waren reduzieren. Um RFID flächendeckend einsetzen zu können gilt es, die noch heute noch teure Technologie kostengünstiger zu machen. Aus dem Rheinberger Store wurde nach vier Jahren Pionierstatus wieder ein normaler Verbrauchermarkt. Allerdings blieben dort Technologien wie die Selbstbezahlerkasse und die intelligenten Ladenwagen mit Bilderkennung von Obst und Gemüse weiterhin im Einsatz. Neben den Future-Store betreibt die *Metro* ein „RFID Innovation Center" (RFID = Radio Frequenz Identifikation).

Quelle: *Bopp, L./Koch, B.:* Bezahlen mit dem Fingerabdruck, in: Frankfurter Allgemeine Zeitung, Nr. 125 vom 31.05.2008, S. 20; *o. V.:* Future Store zieht um, in: LebensmittelZeitung, Nr. 25 vom 22.07.2007, S. 18; *o. V.:* Metro präsentiert neuen Markt für Innovationen, in: LebensmittelZeitung, Nr. 22 vom 30.05.2008, S. 46; *www.wincor-nixdorf.com/internet/de/press/*; Stand: 30.04.2003.

Fallbeispiel „Markttest" – das Behavior Scan der *GFK*

Das *GFK*-Behavior Scan ist ein experimenteller Mikro-Testmarkt, mit dessen Hilfe man neu entwickelte oder veränderte Produkte und Produktlinien sowie Werbekonzepte testen kann und der 1986 in Hassloch in der Pfalz implementiert wurde. Die Wahl fiel auf diesen Ort, weil
- die soziodemographische Struktur ein verkleinertes Abbild der deutschen Haushalte repräsentiert,
- die dortige Kaufkraft dem bundesdeutschen Durchschnitt entspricht,

- die Haushalte verkabelt sind,
- der Bedarf in hohem Maße vor Ort gedeckt wird und
- die Handelsszene sämtliche relevante Betriebstypen abdeckt.

Als wesentliche **Ziele** des Behavior Scan sind zu nennen:
- Prognose der Marktchancen von Neuprodukten und Relaunches
- Analyse des Einflusses verschiedener Marketing-Maßnahmen auf den Absatz von Produkten.

Zu Marktforschungszwecken werden 3.000 Testhaushalte mit einer Identifikationskarte ausgestattet. Diese wird bei jedem Kauf an der Kasse vorgelegt und ermöglicht so die Analyse des Kaufverhaltens. In die Untersuchung einbezogen werden ein SB-Warenhaus, zwei Supermärkte, zwei Discounter sowie einige kleinere Lebensmitteleinzelhandelsunternehmen. Diese Geschäfte haben eine Umsatzbedeutung von 90–95 %. Als Anreiz erhalten die Panelteilnehmer einen Zuschuss zu den Kabelgebühren, die Möglichkeit der Teilnahme an gelegentlichen Verlosungen sowie den kostenlosen Bezug der Zeitschrift *Hörzu*.

2.000 der 3.000 Testhaushalte (= Testgruppe) sind zusätzlich zur Identifikationskarte mit einem Decoder ausgestattet. Dieses Gerät ist an das Fernsehgerät angeschlossen, wird mittels einer eigenen Fernbedienung gesteuert und ermöglicht es den Marktforschern, gängige Werbespots gegen solche neuer Produkte auszutauschen, ohne dass der Zuschauer es bemerkt. Auf diese Weise kann die Wirkung von Fernsehwerbung auf das Kaufverhalten kausal analysiert werden. Neben der TV-Werbung werden die Zeitschrift *Hörzu* (kostenloser Bezug für die Panelteilnehmer), die Tageszeitung *Rheinpfalz*, Anzeigenblätter wie die *IWZ*, Plakate sowie die Handelswerbung entsprechend präpariert.

Mittels des Behavior Scan lassen sich folgende **Kennziffern** berechnen:
- Abverkäufe im Handel
- Verkaufsanteile und Umschlagsgeschwindigkeit einzelner Produkte
- Erstkäufer- und Wiederkaufrate
- Einkaufsintensität, –menge und –wert
- Bedarfsdeckungsrate
- Struktur der Käufer, Verbrauchertypologien

Als **Vorteile** des Behavior Scan sind zu nennen:
- Realistische Testsituation
- Geringe Kosten
- Möglichkeit, zukünftige Umsätze zu prognostizieren
- Erprobbarkeit diverser Marketingpläne
- Analyse des Verhaltens einzelner Marktsegmente

Als **Nachteile** gelten:

- Die Fähigkeit des Herstellers, das Produkt beim Handel durchzusetzen, kann nicht überprüft werden.
- Die Wettbewerber werden u. U. vor flächendeckender Markteinführung auf das neue Produkt aufmerksam.
- Der Nutzen der Befunde ist angesichts des raschen Marktwandels fraglich.
- Rivalen stören absichtlich den Testmarkt, um Resultate zu beeinflussen.

Das Phänomen des Forced Attention, d. h. der forcierten Mehrfachkontakte zum Zwecke der Simulation der Langzeitwirkung, führt zu einer überhöhten Erstkäuferrate (sog. Zeitraffereffekt).
Das Testgebiet wird durch häufige Produktneueinführungen „übertestet".
Grundsätzlich eignet sich der Behavior Scan für den Test von Massengütern mit laufendem oder kurzperiodischem Bedarf. Nicht geeignet dagegen ist der Behavior Scan für:

- Produkte mit wenigen potenziellen Kunden (etwa exklusive, hochpreisige Produkte)
- Produkte, die in längeren Zeitabständen erworben werden, da in solchen Fällen die Befunde zu instabil sind
- Regionale Produkte und Spezialitäten
- Produkte, die schwerpunktmäßig über bestimmte Kanäle (z. B. Automaten, Tankstellen) vertrieben werden

Quelle: *www.gfk.de*; Stand: 23.12.2002; *Kals, U.*: Was Hassloch kauft, das kauft die Republik, in: Frankfurter Allgemeine Zeitung, Nr. 97 vom 26.04.2003, S. 15.

Fallbeispiel „Markttest" – der Testmarkt Lüneburg der *Gesellschaft für visuelle Kommunikation* (GVK)

Bei der Einlistungsargumentation gegenüber dem Lebensmitteleinzelhandel gewinnen Testmarktdaten zunehmend an Bedeutung, da reale Abverkaufsdaten hier meist mehr überzeugen als ein Konzepttest. Neben Hassloch in der Pfalz bietet hier Lüneburg, 50 Kilometer südöstlich von Hamburg gelegen, mit rund 72.000 Einwohnern die drittgrößte Mittelstadt in Niedersachsen, einem weiträumigen Einzugsgebiet sowie einer dem Bundesgebiet vergleichbaren Alters- und Einkommensstruktur, eine interessante Alternative.
Hier hat die *GVK* – nicht zu verwechseln mit der *GFK* (*Gesellschaft für Konsumforschung*) – gemeinsam mit einem Pool aus 20 LEH-Outlets und Drogerien einen Testmarkt aufgebaut. Markenartikler können beispielsweise die Wirksamkeit von Marketingaktionen, den Einfluss durch und auf das Wettbewerbsumfeld sowie die Akzeptanz neuer Produkte ermitteln bzw. simulieren. Neben regionaler Radio- und Onlinewerbung, Plakat-, Kino- und POS-Aktivitäten können Anzeigen in den lokalen Printmedien geschaltet werden.

Quelle: *o. V.*: In Lüneburg Neuheiten testen, in: LebensmittelZeitung, Nr. 34 vom 22.08.2008, S. 37.

4.5.4.3.3.2 Laborexperimente

4.5.4.3.3.2.1 Überblick

Laborexperimente werden unter künstlichen Bedingungen durchgeführt und sollen Teilaspekte der Realität simulieren. Sie verfügen im Vergleich zu Feldexperimenten über eine höhere **interne Validität**, da sie etwaige Störeinflüsse weitgehend ausschalten. Als Nachteile sind die höhere Realitätsferne, die sich negativ auf die **externe Validität** auswirkt, sowie die Beeinflussung der Probanden durch die Testsituation zu nennen.

Grundsätzlich lassen sich hierbei **Voll-** und **Partialtests** unterscheiden. Während beim Volltest ein Marketingkonzept bzw. ein Marketing-Instrument (Produkt-, Preis- und Werbetest) in seiner Ganzheitlichkeit untersucht wird, stehen beim Partialtest einzelne Module (z. B. Verpackung, Name) im Zentrum des Interesses. Im Falle des Produkttests handelt es sich um ein Experiment, bei dem ausgewählte Probanden ein marktreifes Erzeugnis (= Volltest) oder einzelne Produktattribute (= Partialtest; z. B. Funktionalität, Verpackung, Name, Preis) beurteilen sollen. Die Urteilsabgabe basiert dabei auf einer bloßen Betrachtung (= Betrachtungstest) oder auch auf dem Ge- bzw. Verbrauch (= Gebrauchstest) eines (= Einzeltest) oder mehrerer (= Mehrfachtest) Testobjekts/e.

Hierbei kommen nicht selten apparative Verfahren zum Einsatz, die auf objektiven Messungen mittels entsprechend gestalteten technischen Apparaturen basieren. Diese dienen dazu, zum einen physiologische Reaktionen und zum anderen Verhaltensabläufe zu messen.

4.5.4.3.3.2.2 Verfahren zur Messung psychobiologischer Reaktionen

Diese Verfahren werden dazu eingesetzt, die emotionale Aktivierung von Werbemitteln (z. B. TV-Spots, Anzeigen, Direct Mails) und Produktgestaltungen (etwa Verpackungen, Namen, Farben) zu messen (vgl. im Folgenden *Meffert* 1992, S. 222–224). Hierbei erfasst man die Intensität der emotionalen Erregung mittels Indikatoren, die auf der psychobiologischen Ebene des Individuums angesiedelt sind. Im Einzelnen sind dies Herzrate, Blutdruck bzw. -volumen, elektrodermale Reaktionen (z. B. Hautwiderstand), Gehirnströme (EEG), Lidschlagfrequenz, Pupillenweite sowie Stimmfrequenz. Störvariablen wie Tageszeit, Schwankungen der Raumtemperatur, Erwartungsanspannung aufgrund Laborsituation u. ä. wirken sich nachteilig auf diesen Messansatz aus. Hinzu kommt, dass eine Bewertung der Empfindung nicht möglich ist, d. h. die Frage, ob eine Situation als angenehm oder unangenehm empfunden wird, bleibt unbeantwortet.

4.5.4.3.3.2.3 Verfahren zur Messung von Verhaltensabläufen

Im Mittelpunkt steht hier die Beobachtung des Verhaltens bzw. von Verhaltensabläufen, insbesondere im Kontext von Wahrnehmungs- und Gedächtnisvorgängen (vgl. im Folgenden *Meffert* 1992, S. 224–225). Zur Messung dienen folgende Methoden:

- **Blickaufzeichnung (sog. Eye-Tracking)**
  Dabei wird mit Hilfe einer Augenkamera das Lese- bzw. Fernsehverhalten von Testpersonen beobachtet. Die Augenkamera ist ein Blickaufzeichnungsgerät, das die Testperson wie eine Brille aufsetzt und mit dessen Hilfe die Bewegungen der Pupille genau regist-

riert werden. Blickrichtung und Verweildauer der Augen auf einem bestimmten Punkt einer Zeitungsanzeige, eines Plakates oder eines Bildschirmpunktes werden erfasst. Ziel dabei ist es zu ermitteln, ob der Betrachter die angebotenen Informationen überhaupt wahrnimmt, und, falls ja, ob dies in der anvisierten Reihenfolge geschieht (vgl. *Kroeber-Riel/Weinberg* 1999, S. 261–265). Aufgrund des zunehmenden Tragekomforts der Blickaufzeichnungsgeräte wird das Eye-Tracking mittlerweile auch am Point-of-Sale eingesetzt, um dort das Suchverhalten der Konsumenten – etwa vor einem Regal – zu dokumentieren.

- **Tachistoskop**

  Dies ist ein Gerät, mit dessen Hilfe einer Testperson Produkte, Plakate oder Anzeigen in unterschiedlichen Darbietungszeiten – beginnend mit wenigen Millisekunden bis hin zu wenigen Sekunden – vorgeführt werden. Dabei handelt es sich in der Regel um einen Diaprojektor, der durch elektronische oder mechanische Einrichtungen entsprechend kurze Projektionszeiten ermöglicht. Die Zielpersonen werden nach jeder Präsentation gefragt, was sie alles erkennen konnten. Ziel ist die Ermittlung der hervorstechenden Schlüsselelemente einer Produkts bzw. einer Anzeige sowie der Zeit, die zur Übermittlung der anvisierten Information erforderlich ist. Kurzzeitige Darbietungen von Produkten und/oder Werbung erschweren die Wahrnehmung. Auf diese Weise lässt sich der Prozess des Entstehens visueller Wahrnehmung (Aktualgenese) sowie des (Wieder-)-Erkennens analysieren. In der Wahrnehmungspsychologie bezeichnet Aktualgenese den Prozess des Entstehens der Wahrnehmung und Auffassung einer Gestalt aus komplexhaft-ganzheitlichen Vorgestalten, aus anfänglich diffusen Eindrücken bis zur vollen Wahrnehmung. Dieser Entstehungsprozess der Wahrnehmung verläuft so schnell, dass er sich der bewussten Kontrolle des Individuums entzieht. Das Tachistoskop erlaubt es, in diesen Prozess einzugreifen und ihn zu kontrollieren. Untersuchungen mit dem Tachistoskop gehören deswegen zu den „aktualgenetischen Verfahren". Reagieren Untersuchungsteilnehmer bei einer kurzzeitigen Präsentation eines Verpackungsentwurfs oder einer Anzeige emotional negativ, obwohl lediglich ein diffuser Eindruck und keinesfalls ein Erkennen des Inhalts möglich waren, wird unterstellt, dass derartige negative Gefühle auch im Alltagsgeschehen unterschwellig auftreten und die Kommunikationswirkung negativ beeinflussen (vgl. *Kroeber-Riel/Weinberg* 1999, S. 273–275; *Leven* 2001, S. 1645).

- **Schnellgreifbühne**

  Hierbei handelt es sich um einen größeren Kasten, der eine Öffnung in Augenhöhe der Testperson aufweist und mehreren Produkten und Packungen nebeneinander Platz bietet. Zu Beginn eines Versuches ist die Bühne bzw. Öffnung durch eine Vorrichtung (Vorhang, Klappe) abgedeckt, die durch einen entsprechenden Mechanismus so geöffnet werden kann, dass ein Zugriff zu den dahinter befindlichen Produkten nur für einen Augenblick möglich ist. Die vorgesehene Darbietungszeit wird dabei vom Versuchsleiter über eine Drucktaste festgelegt, die auch die Beleuchtung steuert. Solange dieser Zustand anhält, hat sich die Versuchsperson für einen oder mehrere der ausgestellten Gegenstände zu entscheiden. Mit der Schnellgreifbühne werden vor allem die Anmutungsqualität und die Wahrnehmung des Preis-Leistungsverhältnisses von Produkten durch Versuchspersonen geprüft (vgl. *Berekoven/Eckert/Ellenrieder* 1999, S. 160).

Da die vorgestellten Verfahren nur begrenzte Rückschlüsse auf die dem Verhalten zugrunde liegenden Ursachen zulassen, müssen sie durch Befragungen flankiert werden. Obwohl Experimente, deren Varianten zusammenfassend in Abb. 4.12 aufgeführt sind, einen wesentlichen Beitrag zur fundierten Entscheidungsfindung im Marketing beitragen, sind im Regelfall nur Tendenzaussagen möglich, da die Genauigkeit der Testergebnisse aufgrund folgender zwei **Schwächen** eingeschränkt ist:

- Experimente messen lediglich kurzfristige Wirkungen. Langfristige Konsequenzen, die über den Zeitpunkt bzw. -raum des Experiments hinausreichen, werden nicht erfasst.
- Aufgrund von Kostenüberlegungen, unzureichender Erfahrung und/oder mangelnder Kooperationsbereitschaft von Herstellern und Handelsunternehmen müssen vereinfachte Versuchsanlagen gewählt werden, die den Störeinflüssen nicht gerecht werden.

4.5.4.4   Spezialformen

4.5.4.4.1   Panels

Panels sind Erhebungen, die bei einem konstanten Teilnehmerkreis (Personen, Einkaufsstätten, Unternehmen) in (regelmäßigen) zeitlichen Abständen zu einem gleichen Untersuchungsgegenstand durchgeführt werden. Hierbei existieren verschiedene Varianten (vgl. im Folgenden *Günther/Vossebein/Wildner* 1998; *Meffert* 1992, S. 213–220; *Schnell/Hill/Esser* 2005, S. 237–245). Beim **Haushaltspanel** bildet ein Haushalt die zu untersuchende Einheit, wobei der Erwerb sowohl von Verbrauchs- als auch von Gebrauchsgütern analysiert werden kann. Ein Vertreter in Deutschland ist das *G&I*-Haushaltspanel, ein Zusammenschluss der *GFK Nürnberg* und *Infratest München*. Hierbei werden die Daten aus einer repräsentativen Stichprobe von 30.000 Haushalten verwendet. Die Teilnehmer, die für ihre Auskunftsbereitschaft mit der Teilnahme an Preisausschreiben sowie Bonuspunkten, mit denen Prämien erworben werden können, belohnt werden, dokumentieren zu diesem Zweck sämtliche Einkäufe mit Hilfe eine Handlesegerätes anhand folgender **Kriterien**:

- Art des gekauften Produktes,
- Hersteller oder Marke,
- Einkaufsdatum und Ort,
- Preis, Packungsgröße und Einkaufsmenge sowie
- Einkaufsstätte (Betriebstyp, Name, Handelsgruppe).

Auftraggeber sind im Regelfall größere Markenartikelhersteller. Diese können mit Hilfe der Informationen aus dem Haushaltspanel feststellen, wann, wo, von wem in welcher Menge und zu welchem Preis die firmeneigenen Produkte gekauft werden. In jüngster Zeit nutzen auch verstärkt Handelsunternehmen diese Informationen, um das Kaufverhalten ihrer Kunden zu analysieren.

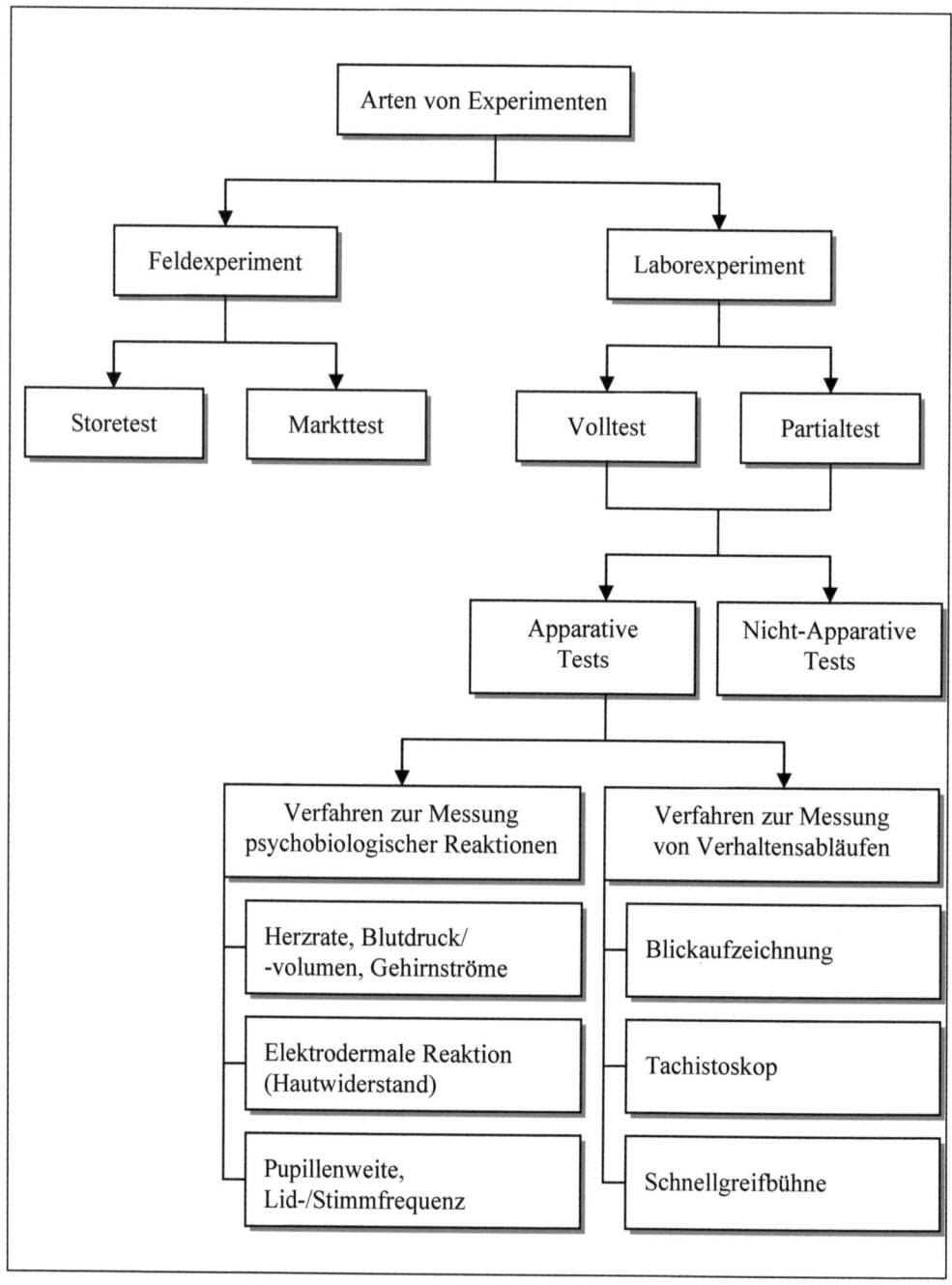

Abb. 4.12: Ausgewählte Arten von Experimenten im Überblick

4.5 Methodik einer empirischen Erhebung

Die Daten werden elektronisch übermittelt und können so in interne Datenbanken aufgenommen werden. Dabei ist noch zu unterscheiden zwischen Verbrauchsgütern und Gebrauchsgütern. Die vorgestellte Methode wird hauptsächlich für Verbrauchsgüter angewandt.

Die **Stärke** des Haushaltspanels liegt in der kontinuierliche Beobachtung des Marktes in systematischer Form. Dadurch werden Verhaltensweisen der Verbraucher transparent und nach einer hinreichend langen Zeit können sich Trends abzeichnen. Als **Schwächen** sind zunächst die hohen Kosten zu nennen. Hinzu kommt, dass die zu gewährleistende Konstanz der Messinstrumente die Gefahr in sich birgt, mit der Zeit nur noch suboptimale Verfahren einzusetzen (etwa Self-Scanning). Des Weiteren bestehen Zweifel an der Repräsentativität des Haushaltspanels, da schwer festzustellen ist, inwieweit von einer getreuen Abbildung der Grundgesamtheit gesprochen werden kann. Denn zum einen können persönliche Veränderungen der Probanden wie die Geburt von Kindern, Familienstandsänderungen oder der berufliche bzw. finanzielle Auf- oder Abstieg dazu führen, dass ein Panel seine Repräsentativität einbüßt (sog. **Panelerstarrung**: Die bei den Teilnehmern an einem Panel im Zeitverlauf eintretenden Merkmalsveränderungen, die die Repräsentativität des Panels gefährden, verschieben oder gar zerstören). Zum anderen können systematische Verzerrungen der Befunde durch selektive Rekrutierungsverfahren (etwa freiwillige Teilnahme aufgrund von Interesse, unterproportionale Teilnahme von Haushalten mit Migrationshintergrund) und selektive Ausfälle (beispielsweise infolge von weniger Zeit infolge eines beruflichen Aufstiegs) auftreten (sog. **Panelselektionseffekte**). Hinzu kommen ein häufiger Wechsel der Probanden infolge von Todesfällen, Krankheit, Wohnortwechsel sowie Austritt aufgrund mangelnder Teilnahmebereitschaft (sog. **Panelsterblichkeit**). Die Erhebungspraxis zeigt, dass die Panelmortalität bei den ersten Wiederbefragung am höchsten ist und sich danach die Anzahl der Panelteilnehmer stabilisiert. Die Panelmortalität lässt sich vergleichsweise einfach statistisch kontrollieren, weil man über eine Menge von Zusatzinformationen über die nicht wiederbefragten Personen aus der Erstbefragung verfügt. Flankierend lässt sich Panelsterblichkeit durch das Führen einer gewissen Reserve verringern, d. h. es wird zusätzlich ein Kreis von Haushalten bzw. Personen in exakt der gleichen Weise befragt, aus dem heraus dann entsprechende Lücken gefüllt werden können. Um die Ausfallquoten durch abnehmende Teilnahmebereitschaft zu reduzieren, erhalten die Panelteilnehmer Prämien, Geschenke, Sachpreise usw. Dies kann allerdings zu Verhaltensveränderungen aufgrund des Gefühls der Dankbarkeit (sog. reziprokes Verhalten) oder durch vermehrte Kaufkraft. Daher sind grundsätzlich immaterielle Zuwendungen zu bevorzugen.

Ein weiteres Problem stellen lückenhafte (= **Underreporting**: Auf Grund von Vergessen, Ermüdungserscheinungen, bewusstem Verschweigen und Nachlässigkeiten werden Einkäufe vergessen oder nicht eingetragen. Die Berichtsbögen sind damit nicht vollständig ausgefüllt. Auch bei der Nutzung eines Electronic Diary können Probleme auftreten, wenn z. B. die gekauften Produkte keine EAN-Nummer haben und die manuelle Eingabe als zu aufwendig empfunden wird. Als Folge werden weniger Produkte angegeben als tatsächlich erworben wurden, etwa aus Bequemlichkeit oder bei Produkten wie Alkohol, Zigaretten, Einweg-Verpackungen) oder fehlerhafte Angaben der Panelteilnehmer. Eine Facette des zuletzt genannten Problems stellt das sog. **Overreporting** da: Hier übertreiben die Panelteilnehmer bei der Angabe ihrer Konsumausgaben aus Gründen von Sozialprestige oder bei ökologischen bzw. gesunden Produkten wie Obst und Gemüse. Außerdem konnte eine im Zeitablauf zunehmende Veränderung des ursprünglichen Verbraucherverhaltens infolge der Dokumentation der eigenen Konsumausgaben festgestellt werden (sog. **Paneleffekt**: Die im Verlauf einer Panelerhebung bei den Panelteilnehmern auftretenden Lernvorgänge, d. h. Verhaltens- und Einstellungsänderungen, die sich bei den Panelmitgliedern ausschließlich auf Grund der Tatsache einstellen, dass sie an einer Untersuchung teilnehmen. Paneleffekte können die interne Validität eines Panels beeinträchtigen.). Als Folge werden Besorgungen vielleicht besser vorbereitet und Spontaneinkäufe unterlassen. Die Panelteilnehmer kaufen zudem verstärkt neue Produkte, was u. a. auf entsprechende Anregungen in dem Berichtsbogen zurückzuführen ist (sog. **Checklisten-Effekt**). Da es sich bei den Panelteilnehmern um vergleichsweise gut informierte Konsumenten handelt, besteht die Gefahr, dass Verbraucherreaktionen (etwa auf Skandale) vergleichsweise früh und überdurchschnittlich stark zu Buche schlagen und solche Effekte demnach überzeichnet werden.

Nicht zuletzt steht man dem Phänomen der **Panelroutine** gegenüber. Hierunter versteht man die im Zeitverlauf wachsende Unlust von Panelteilnehmern, sich dem Aufwand der Erhebung weiterhin zu unterziehen, die u. a. dazu führt, dass z. B. Einkaufsberichte durch Haushalte nicht mehr tagesgenau ausgefüllt werden, nur oberflächlich durchdacht sind und daher ungenau sowie unvollständig bleiben.

Um Panelsterblichkeit und -effekt gegenzusteuern, wurden spezielle Designs entwickelt, die darauf verzichten, in jeder Erhebungsrunde die gesamte Stichprobe einzubeziehen. Hierzu zählen:

- **Alternierendes Panel**: Dabei wird die Stichprobe in strukturgleiche Subgruppen unterteilt. Diese werden abwechselnd befragt, so dass sich sowohl die Belastung für die Panelteilnehmer als auch durch die längeren Zeitabstände die Gefahr von Paneleffekten reduzieren. Voraussetzung sind allerdings ausreichend große Stichproben.
- **Rotierendes Panel**: Bei jeder Erhebungswelle scheidet eine Subgruppe aus und wird durch eine neue ersetzt.

Mittlerweile zeichnen sich erhebliche Diskrepanzen wischen den Angaben der *GFK* und den Umsatzzahlen von Handel und Industrie ab. Kunden der Marktforscher vermuten Umstellungen bei der Erhebungsmethode sowie die Erweiterung um 10.000 auf 30.000 Haushalte als Ursache. Die *GFK*-Zahlen seien zwar nie 100-prozentig genau gewesen, die Richtung habe aber eigentlich immer gestimmt. Dies scheint aber nicht mehr der Fall zu sein, was die zunehmende Zahl von Beschwerden langjähriger Kunden belegt (vgl. *Schulz* 2010, S. 4).

Eine Spezialform bildet das **Word-of-Mouth-Panel**, das von *Burda Food.net* betrieben wird. Die registrierten Mitglieder erhalten kostenlos Produkte zum Testen zur Verfügung gestellt. Die Betreiber erhoffen sich davon, dass die Nutzer auf der Online-Plattform und in ihrem sozialen Umfeld über ihre Erfahrungen mit den Produkten berichten, diese weiterempfehlen und somit Mund-zu-Mund-Werbung im Sinne des zweistufigen Kommunikationsmodells betreiben.

Neben dem Haushaltspanel ist das **Individualpanel** zu nennen, das unmittelbar beim einzelnen Verbraucher ansetzt. Hier geht es also darum, individuell gültige Daten für den Interviewten persönlich festzuhalten. Das Individualpanel kann einerseits einen repräsentativen Überblick vermitteln. Andererseits bietet sich die Möglichkeit, die Verbrauchsgewohnheiten spezieller Bevölkerungsgruppen (etwa junge oder alte Menschen, Autobesitzer u. ä.) zu identifizieren. Eine Spezialform ist das **Online-Panel**. Hierbei handelt es sich um einen Kreis von Internetnutzern, der bereit ist, dauerhaft an Befragungen teilzunehmen.

Im Rahmen des **Unternehmerpanels** werden Unternehmer in regelmäßigen Abständen zu allgemeinen Einschätzungen wie Konsum- und Investitionsklima sowie zu konkreten Entwicklungen wie Auftragsbestand und Umsatz befragt. Hierbei kann es sich um eine repräsentative Stichprobe sämtlicher Unternehmer oder aber um einen Ausschnitt aus einem speziellen Segment (etwa Mittelstand, Exporteure, kleine und mittelständische Unternehmen) handeln.

Bei einem weiteren Vertreter, dem **Handelspanel**, lassen sich **Groß- und Einzelhandelspanel** unterscheiden, wobei letztere die häufigsten Vertreter dieser Spezies sind. Ähnlich wie beim Haushaltspanel werden auch hier regelmäßig Daten (in zweimonatigem Rhythmus) erhoben. Die Datenerhebung geschieht durch Besuche speziell ausgebildeter Mitarbeiter bei den Handelsunternehmen, die am Panel teilnehmen. Sie führen bei ihrem Besuch eine relativ aufwendige Inventur durch nach der folgenden **Formel**:

    Bestand zu Anfang der Periode
+ getätigte Einkäufe in der laufenden Periode
- Inventur des Bestandes am Ende der laufenden Periode
= Abverkauf während der Kontrollperiode

Dadurch lässt sich eine Reihe von Daten gewinnen, die über den reinen Umsatz pro Artikel und Händler hinausgehen. Beispiele hierfür sind:

- Menge, Wert und durchschnittliche Endverbraucherpreise,
- derzeitiger Lagerbestand beim Handel und durchschnittliche Einkaufsmengen sowie
- Distributionsquoten (= Anzahl und Anteil der Geschäfte, die das Produkt führen, bevorraten, einkaufen und verkaufen).

Darüber hinaus kann die Effizienz von Verkaufsförderungsaktionen, Werbemaßnahmen und ähnliches gemessen werden, da die Ergebnisse einen Zeitfaktor einschließen. In Abb. 4.13 sind die Arten von Panels im Überblick dargestellt.

Einschränkend ist zu vermerken, dass *Aldi* grundsätzlich nicht an Panels teilnimmt. Deshalb basieren die entsprechenden Größen auf Schätzungen, was entsprechende Fehlerquellen in sich birgt. Schließlich gilt es anzuführen, dass Haushaltspanels, die lediglich den In-home-Konsum von Haushalten dokumentieren, keine Informationen über den Out-of-home-Konsum privater Haushalte (etwa Produkte, die in der Mittagspause erworben und konsumiert werden), den Kauf gewerblicher Kunden im Lebensmitteleinzelhandel (etwa Büro- und Handwerksbedarf) sowie den Erwerb ausländischer Kunden in deutschen Geschäften liefern. Durch Vergleich der Daten aus Handels- und Haushaltspanel lässt sich diese Informationslücke schließen.

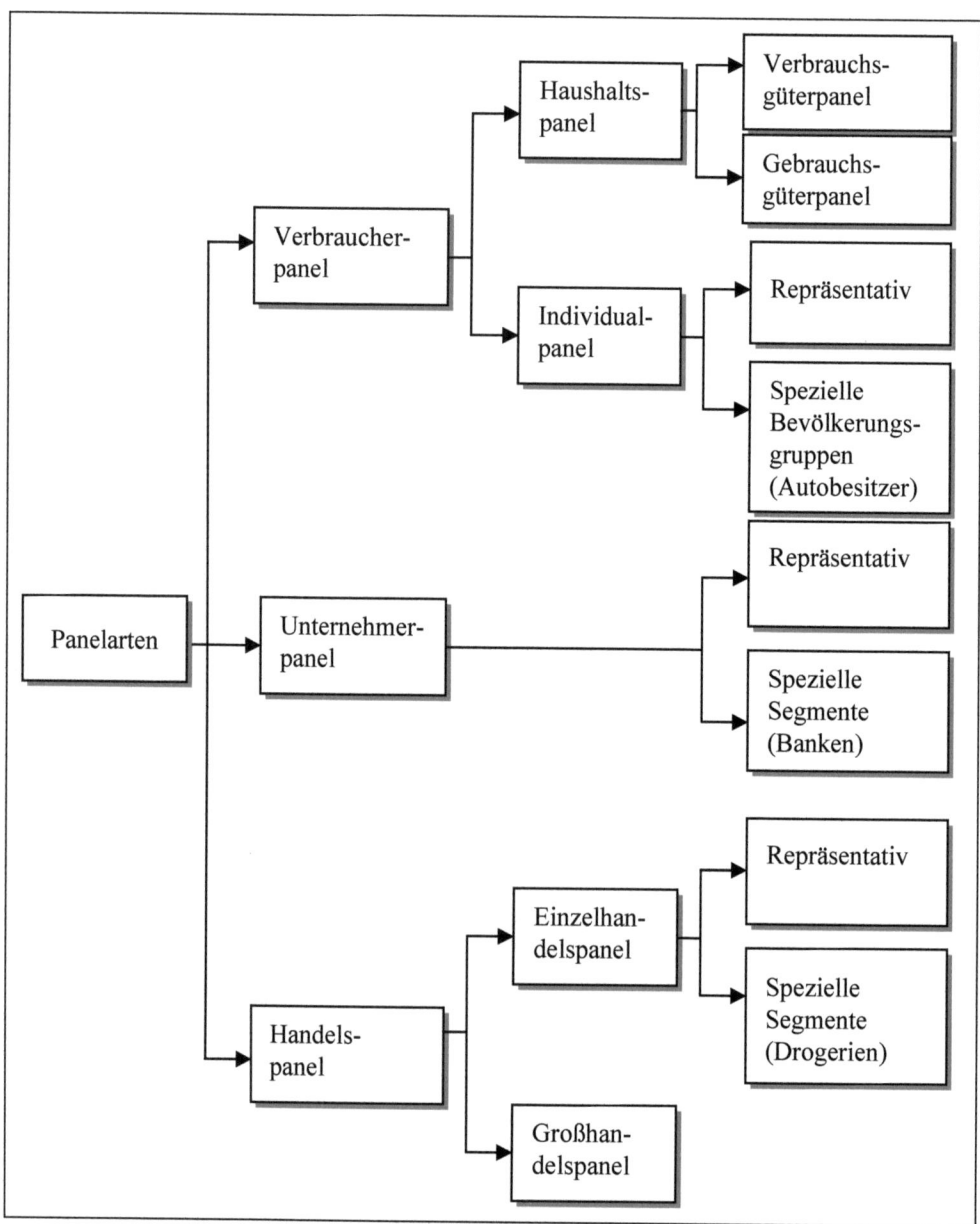

Abb. 4.13: Arten von Panels (Quelle: Meffert 1992, S. 214)

4.5.4.4.2 Scanning

Schließlich ist das Scanning als spezielle Form der Datengewinnung zu nennen (vgl. *Meffert* 1992, S. 226; *Zentes* 2001, S. 1508). Hierunter versteht man Verkaufsdatensysteme auf Basis von elektronischen Kassenterminals und Scannern am Point-of-Sale. Als Grundlage hierfür dient der sog. **EAN-Code** (EAN = Europäische Artikel Nummerierung), der auf jedem Artikel als Strichcode angebracht ist. Lesen und Registrieren dieses Codes erfolgen mittels eines Laserstrahls. Den auf diese Weise identifizierten Produkten werden dann die entsprechenden Verkaufspreise zugeordnet. Die mit Hilfe des Scanning gewonnenen Informationen können u. a. als Grundlage für Marketingentscheidungen (etwa Mischkalkulation, Platzierung von Produkten, Werbung und Verkaufsförderung) herangezogen werden. Heutzutage nutzen rund 1,5 Millionen Unternehmen weltweit den EAN-Strichcode.

Der EAN-13 (= 13-stelliger EAN-Barcode) wird auf absehbare Zeit das am weitesten verbreitete System zur automatischen Identifikation von Produkten bleiben. (*Aldi Süd* verwendet interessanterweise auf ihren Artikeln einen lediglich 9-stelligen Code, um auf diese Weise die Scanning-Geschwindigkeit zu beschleunigen). Er wird aber durch **drei neue Systeme** ergänzt:

- **GS1 Data Bar**, auch „Reduced Space Symbology" RSS genannt und ebenfalls ein Strichcode, braucht bis zu 62 % weniger Platz als der EAN-13 und kann gleichzeitig mehr Informationen aufnehmen: Damit eignet sich der Data Bar für mengenvariable Produkte (etwa Fleisch, einzelne Äpfel) und sehr kleine Produkte (z. B. Lippenstifte). Seit 01.01.2010 können alle Scannerkassen diesen Strichcode lesen.
- **EAN Data Matrix** ist eine neue grafische Kodierung, die einer aus Punkten zusammengesetzten Briefmarke ähnelt und nur von 2D-Scannern gelesen werden kann. Die Informationsdichte pro Fläche ist hier wesentlich höher als bei Strichcodes. Data Matrix eignet sich für sehr kleine Produkte (etwa von Pharma- und Elektronikindustrie) oder für die Überprüfung von Internet-Tickets.
- Die Funktechnologie **RFID** (Radio Frequenz Identifikation = Radiofrequenztechnologie für Identifikationszwecke) gilt als nächste Generation des EAN-Codes. Im Gegensatz zu Barcodes, die nur in direkter Sichtlinie eines Scanners gelesen werden können, genügt es bei RFID, dass ein Funktag in die Nähe eines geeigneten Lesegerätes gelangt. Die Funkchips bzw. Transponder, auf denen Informationen über das jeweilige Produkt gespeichert sind, können ohne Sichtkontakt und automatisch aus der Distanz ausgelesen werden, was zur Verbesserung und Beschleunigung von Prozessen führt. Warenströme lassen sich nunmehr lückenlos und in Echtzeit verfolgen, wodurch Lagerbestände reduziert, die Produktverfügbarkeit verbessert, Verfallsdaten überwacht, Artikel gesichert und Plagiate identifiziert werden. Des Weiteren werden durch die sog. Pulkerfassung alle Kartons auf einer Palette ohne Sichtkontakt und automatisch erfasst. Demnach entfallen das aufwendige Scannen einzelner Kartons bei der Wareneingangskontrolle sowie die manuelle Kontrolle bei der Kommissionierung. Letzteres führt dazu, dass Fehllieferungen noch vor der Verladung bzw. Versendung erkannt und korrigiert werden können. Nicht zuletzt lassen sich durch die Automatisierung von Buchungsprozessen Kosten sparen. Die Konsumgüterbranche setzt bei RFID auf das EPC-Modell. EPC (Elektronischer Produkt-Code) ist einerseits eine in einem Chip gespeicherte digitale Nummer. Das Modell er-

möglicht es, Milliarden von Objekten eine eindeutige Nummer zu geben – etwa jeder einzelnen Packung einer Ware statt wie bisher bei EAN nur der ganzen Produktreihe. Andererseits beschreibt das EPC-Modell, wie Industrie und Handel die per RFID gewonnen Informationen austauschen und damit gläserne Lieferketten realisieren können (vgl. Rode 2007, S. 27).

Fallbeispiel „Scanning" – *Ikea* **setzt Express-Kassen ein.**

Als Pionier bei den Self-Scanning-Kassen in Deutschland gilt *Real,* der SB-Warenhausbetreiber des *Metro*-Konzerns. Und auch die Konzernschwester *Metro Cash & Carry* sowie *Fegro-Selgros*, die Vertriebslinie von *Rewe* für Großverbraucher, bieten diese Form der Kun-denbezahlung.

In 2008 begann *Ikea* damit, die Hälfte aller 1.400 Kassenplätze in den deutschen Einrichtungshäusern durch je zwei Self-Scanning-Stationen zu ersetzen. An diesen „Expresskassen" erfassen und bezahlen die Kunden bis zu maximal 15 Artikel selbst. Es werden ausschließlich Kartenzahlungen akzeptiert. Dies bietet den Vorteil, dass ein Lesegerät am Bildschirm und ein separates Terminal für die Bankkarte genügen. Im Falle eines Automaten für Bar- und Kartenzahlungen würde man mindestens sechs Öffnungen benötigen: Eingabe Scheine, Ausgabe Scheine, Eingabe Münzen, Ausgabe Münzen, Eingabe Karte, Ausgabe Beleg.

Über je vier Kassen in der SB-Zone wacht eine Aufsichtsperson, unterstützt von Kameras. Rein rechnerisch könnte *Ikea* damit ein Viertel der Personalkosten an seinen Kassen in Deutschland einsparen. Weiteres Ziel ist es, den Bargeldanteil, der bei *Ikea* bereits heute bei der Hälfte des Branchendurchschnitts im Einzelhandel liegt, noch weiter zu reduzieren. Außerdem werden auf diese Weise lange Warteschlangen, die sich insbesondere am Spitzenverkaufstag Samstag bilden, reduziert.

Damit geht *Ikea* einen weiteren Schritt in seiner Strategie, Teile der Wertschöpfung an seine Klientel zu übertragen. Den Arbeitseinsatz der Verbraucher, der mit dem Möbeltransport sowie -aufbau begann und nunmehr an der Kasse seinen vorläufigen Endpunkt erreicht, entlohnt das Einrichtungshaus durch niedrige Preise. Kritiker führen in diesem Zusammenhang an, dass Kunden heutzutage keine Könige mehr sind, sondern klamm und heimlich zu Handlangern der Unternehmen mutiert sind.

Mittlerweile nutzt rund jeder zweite Kunde die Expresskasse. Die Inventurdifferenzen gingen zurück, da die Kunden offenkundig sorgfältiger scannen als die Kassierer/innen. Und nicht zuletzt hat sich die „gefühlte" Wartezeit an der Kasse erheblich reduziert. Die SB-Kassen kommen auf 62 Bons pro Stunde, die Bedienkassen auf 43. Über die Anzahl der Positionen pro Bon erteilt das Unternehmen keine Auskunft. Die Einführung von SB-Kassen, die nur Kartenzahlungen akzeptieren, ist ein weiterer Schritt in dem Plan, die Prozesse rund um die Kasse umzugestalten. Am Ende könnte ein biometrisches Verfahren stehen, mit dessen Hilfe der Kunde mit seinem Fingerprint bezahlen kann.

Quelle: *Ochs, D.*: Ikea bringt SB-Kassen Schub, in: LebensmittelZeitung, Nr. 41 vom 10.10. 2008, S. 2.

4.5.5 Feldphase

Nachdem die Methode der Datengewinnung feststeht, beginnt die Feldphase, in der die erforderlichen Daten erhoben werden. Im Falle einer Befragung, die hier als Beispiel dienen soll, sind folgende **Aufgaben** zu bewältigen:

- Druck der Fragebögen, Anfertigung der Begleitschreiben und Rückantwortkuverts sowie Versendung der Fragebögen (bei schriftlicher Befragung)
- Anwerbung, Schulung und stichprobenartige Kontrolle von Interviewern (bei mündlichen und telefonischen Befragungen)
- Auswahl eines geeigneten Standplatzes für die Interviewer (bei mündlicher Befragung)
- Dokumentation der Rücklaufquote und des Erhebungsfortschritts

4.5.6 Datenanalyse

4.5.6.1 Bereinigung und Codierung der Daten

Im Anschluss an die Feldarbeit ist es erforderlich, die Daten auf Vollständigkeit und Korrektheit der Angaben zu überprüfen. Mögliche Ursachen für **fehlende** bzw. **fehlerhafte Informationen** sind:

- unkonzentriertes bzw. bewusst falsches Ausfüllen des Fragebogens,
- Unfähigkeit des Teilnehmers, die Fragen zu beantworten, sowie
- Fehler bei der Übertragung der schriftlichen Angaben in die für die Analyse benötigte EDV-Datenmaske.

Bewusst falsch, widersprüchlich oder weitgehend unvollständig ausgefüllte Fragebögen werden von der Analyse ausgeschlossen. Bei Zweifeln an der Korrektheit von Angaben tritt jedoch folgende Schwierigkeit auf: Entweder werden widersprüchliche Angaben rational interpretiert. Demnach hat der Proband bewusst falsch geantwortet. Die Angaben machen keinen Sinn und müssen aus der Analyse ausgeschlossen werden. Oder aber Menschen verhalten sich durchaus widersprüchlich und geben dies auch im Fragebogen an. Dann müssten die Angaben streng genommen in die Auswertung einbezogen werden.

Fehlen bei einem Fragebogen nur einzelne Angaben, so sind diese mittels sog. **Missing-Values** fallweise auszuschließen. Entweder ersetzt man die fehlenden Werte durch einen Platzhalter, im Regelfall die Ziffer 9, oder durch den Mittelwert der Variablen.

Im Anschluss an die Analyse der Daten ist den Ursachen für unkorrektes bzw. unvollständiges Ausfüllen von Fragebögen auf den Grund zu gehen, um bei zukünftig durchzuführenden Befragungen nicht noch einmal die gleichen Fehler zu begehen. Hat etwa eine Vielzahl von Befragungsteilnehmern darauf verzichtet, eine bestimmte Frage zu beantworten, so kann dies auf mehrere **Gründe** zurückzuführen sein:

- Die Frage ist unverständlich formuliert, so dass der Proband nicht weiß, was er antworten soll.

- Der Befragungsteilnehmer will eine gewisse Frage nicht beantworten, weil es ihm peinlich, zu aufwendig oder ähnliches ist.
- Der Kunde kann einen bestimmten Sachverhalt nicht beurteilen, findet aber keine entsprechende Antwortkategorie vor („kann ich nicht beurteilen").
- Der Fragebogen ist zu umfangreich oder zu eintönig gestaltet, so dass der Teilnehmer mit der Zeit das Interesse an der Befragung verliert.

Um schließlich Übertragungsfehler, die erst nach der Eingabe der Daten in den Computer bemerkt werden, beseitigen zu können, ist es erforderlich, jedem Fragebogen eine bestimmte Nummer zuzuordnen. Diese ist sowohl auf dem Fragebogen als auch im Computer zu vermerken und ermöglicht den späteren Abgleich der Daten.

Im nächsten Schritt müssen die gewonnenen und bereinigten Daten codiert werden. Dabei werden den einzelnen Ausprägungen der Variablen Zahlen zugeordnet. Hat man zum Beispiel beim Geschlecht die Angabe weiblich und männlich, so erhalten weibliche Befragungsteilnehmer auf der Variable Geschlecht den Wert 1 und männliche Probanden den Wert 2. Anschließend wird eine Datenmatrix erstellt, die in den Spalten die erhobenen Merkmale (z. B. Zufriedenheit, Dauer der Beziehung zum Unternehmen, Alter, Geschlecht) und in den Zeilen die Elemente (Fälle, Cases; z. B. die Anzahl der Kunden) erfasst.

4.5.6.2 Analyse qualitativer Daten

Qualitative Daten werden mit Hilfe offener Fragen erhoben. Da hierbei keine festen Antwortkategorien vorgesehen sind, sondern der Befragte seine Antworten eigenständig formuliert, gestaltet sich die Auswertung recht aufwendig. Um den maximalen Nutzen aus offenen Fragen zu ziehen, den Analyseaufwand aber trotzdem in einem überschaubaren Rahmen zu halten, empfiehlt sich folgende **Vorgehensweise**:

- **Schnelldurchsicht der Antworten und Bildung von Kategorien**

  Um die Vielzahl der Antworten auf eine überschaubare Zahl von Informationen zu komprimieren, gilt es, in einem ersten Durchlauf übergeordnete Kategorien zu bilden. Um Verzerrungseffekte zu vermeiden, sollten mindestens zwei Mitglieder des Auswertungsteams voneinander unabhängig ein Kategoriensystem entwickeln, dieses miteinander abstimmen und auf ein gemeinsames System verdichten. Dabei sollte sich die Anzahl der Kategorien in einem überschaubaren Rahmen halten. Kategorien, die bei der späteren Häufigkeitsauszählung einen gewisse Prozenthürde (z. B. 3 %) unterschreiten, sollten unter einer Rubrik „Sonstiges" zusammengefasst werden.

- **Zuordnung der Antworten zu den einzelnen Gruppen und Häufigkeitsauszählung**

  In einem zweiten Schritt gilt es, die frei formulierten Antworten zu Gruppen zusammenzufassen und deren Häufigkeit zu erfassen. Auf diese Weise können erste Hinweise auf die Priorität von Verbesserungsmaßnahmen aufgedeckt werden.

- **Wörtliche Wiedergabe prägnanter Aussagen**
  Schließlich sollten sämtliche Aussagen auch in der Datenmaske wörtlich erfasst werden. Dies ist zwar, falls die Fragebögen nicht eingescannt werden, mit einem nicht zu unterschätzenden Eingabeaufwand verbunden, bietet aber die Möglichkeit, herausstechende Aussagen im Ergebnisbericht zu präsentieren. Diese Aussagen sind insbesondere dazu geeignet, quantitative Daten und Kennzahlen anschaulich zu untermalen, und überzeugen durch ihre hohe Anschaulichkeit.

4.5.6.3 Analyse quantitativer Daten

4.5.6.3.1 Überblick

Mit der Analyse quantitativer Daten verfolgt man in der Regel **drei Ziele**:
- Verdichtung der gewonnenen Einzeldaten (**Datenkomprimierung**: etwa Durchschnittsumsatz aller Filialen),
- Beschreibung von Sachverhalten (**Deskription**: Längsschnittuntersuchungen [etwa Entwicklung des Umsatzes in den vergangenen zehn Jahren] versus Querschnittsanalysen [Umsätze der Filialen A, B, C etc. im Vergleich]) und
- Aufdeckung von Ursache-Wirkungs-Zusammenhängen (**Erklärung** [Beispiel: Wie beeinflusst die Höhe des Werbebudgets den Absatz?] **und Prognose** [Beispiel: Wie wird sich eine Erhöhung des Werbebudgets um 10 % auf den Absatz im kommenden Jahr auswirken?]).

Für diesen Zweck stehen die in Abb. 4.14 aufgeführten Analyseverfahren zur Verfügung, die im Folgenden genauer vorgestellt werden (vgl. im Folgenden *Backhaus/Erichson/Plinke/Weiber* 1996, 2002; *Fahrmeir/Hamerle/Tutz* 1996; *Hammann* 2001, S. 258–260; *Meffert* 1992, S. 243–328; *Nieschlag/Dichtl/Hörschgen* 2002, S. 469–537).

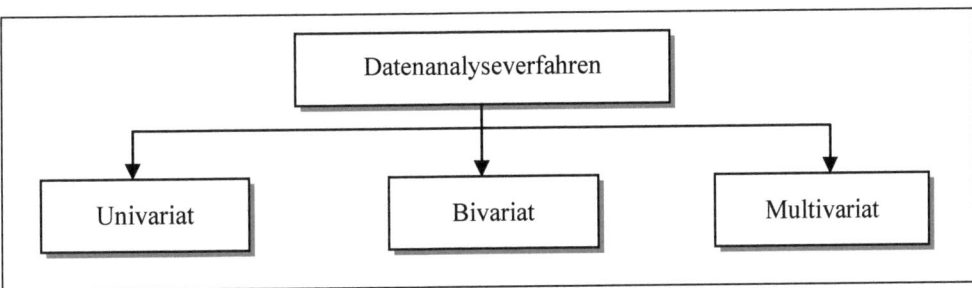

Abb. 4.14: Die Verfahren der Datenanalyse

4.5.6.3.2 Univariate Datenanalyseverfahren

Die univariaten Verfahren untergliedern sich in Maß- und Verhältniszahlen. **Maßzahlen** zielen darauf ab, Daten zu verdichten und Sachverhalte möglichst genau zu beschreiben. **Ver-

treter dieser Verfahrensgruppe sind (vgl. *Bleymüller/Gehlert/Gülicher* 2000; *Fischbach* 1999):

- **arithmetischer Mittelwert**, z. B. die durchschnittliche Zufriedenheit. Die Berechnung des arithmetischen Mittels erfordert metrisches Skalenniveau.
- **Median**, d. h. der genau in der Mitte liegende Wert einer Rangwertreihe. Links und rechts vom Median liegen also gleich viele Merkmalswerte. Da das arithmetische Mittel bei Vorliegen extremer Ausreißer an Aussagekraft verliert, nutzt man in solchen Fällen den Median. Außerdem benötigt man hierbei lediglich ordinales Skalenniveau.
- **Modus**, d. h. die Merkmalsausprägung, die am häufigsten vorkommt. Der Modus findet insbesondere bei nominal messbaren Merkmalen Anwendung.
- **Varianz**, die angibt, wie weit die Merkmalswerte um den arithmetischen Mittelwert streuen.

Die **Verhältniszahlen** verfolgen das gleiche Ziel wie die Maßzahlen, nur dass sie zwei Maßzahlen miteinander verknüpfen. Hierzu zählen:

- **Prozentzahlen** (z. B. 70 % der befragten Kunden sind mit den Leistungen unseres Hauses zufrieden)
- **Indexzahlen** (beispielsweise die Bildung eines Zufriedenheitsindex)

4.5.6.3.3 Bivariate Datenanalyseverfahren

Das Anliegen der bivariaten Verfahren besteht darin, den zwischen zwei Variablen bestehenden Zusammenhang zu entdecken und zu überprüfen. Vertreter sind u. a.:

- **Kreuztabellierung**, d. h. Anordnung aller möglichen Kombination von zwei Merkmalen in einer Tabelle. Beispielsweise kann aus Tab. 4.7 entnommen werden, dass der Anteil der zufriedenen Kunden unter den Käufern der Marke X mit 68,2 % über doppelt so hoch liegt wie bei Marke Y (31,8 %).

Tab. 4.7: Beispiel für eine Kreuztabelle

Erworbene Marke	Anteil der Kunden, die .... sind		
	unzufrieden	zufrieden	Summe
X	30 (37,5 %)	150 (68,2 %)	180 (60 %)
Y	50 (62,5 %)	70 (31,8 %)	120 (40 %)
Summe	80	220	300

- **Korrelationszusammenhang**, d. h. welche Stärke und welche Richtung hat der Zusammenhang zwischen zwei Variablen. Beispielsweise kann mit Hilfe der Korrelationsanalyse beantwortet werden, inwieweit ein Zusammenhang zwischen Kundenzufriedenheit und Wiederkaufabsicht besteht.

4.5 Methodik einer empirischen Erhebung

Fallbeispiel: Korrelation gleich Kausalität?

In Wissenschaft und Management-Praxis wird allzu oft Korrelation mit Kausalität gleichgesetzt. Garantieren zufriedene Mitarbeiter tatsächlich eine höhere Unternehmensperformance? Wahrscheinlicher dürfte sein, dass erfolgreiche Unternehmen erst die Grundlage für hohe Mitarbeiterzufriedenheit schaffen.

Quelle: *Rosenzweig, P.:* Der Halo-Effekt. Wie Manager sich täuschen lassen, Offenbach 2008.

Fallbeispiel „Korrelation" – Vorsicht bei der Interpretation von Ursache/Wirkungs-Beziehungen

Eine repräsentative Studie der *Universität St. Gallen*, die auf der Befragung von 12.000 deutschen Haushalten basiert, kommt zu dem Ergebnis, dass Menschen, die regelmäßig Sport treiben, 1.200 € im Jahr mehr verdienen als Bewegungsmuffel. Aus diesem Zusammenhang schließen die Forscher, dass regelmäßiger Freizeitsport (= Ursache) das Einkommen dauerhaft erhöhe (= Wirkung).

Kritisch bleibt anzumerken, dass genauso gut der Umkehrschluss zulässig ist: Menschen, die mehr verdienen (= Ursache), arbeiten tendenziell eher geistig (= „White-Collar-Jobs") und weniger körperlich (= „Blue-Collar-Jobs"), so dass sie nach Ausgleich im Freizeitsport suchen (Wirkung). Oder steckt hinter dem Phänomen eine dritte, bislang noch überhaupt nicht betrachtete Ursache? Beispielsweise könnte es sein, dass Menschen mit einem höheren Bildungsniveau sowohl mehr verdienen als auch höheren Wert auf ihre Gesundheit legen und demnach mehr Sport treiben.

Quelle: *o. V.:* Sport ist bares Geld wert, in: Focus, Nr. 27/2008, S. 14.

4.5.6.3.4 Multivariate Datenanalyseverfahren

4.5.6.3.4.1 Überblick

Multivariate Analyseverfahren untersuchen den zwischen mehr als zwei Variablen bestehenden Zusammenhang. Es erscheint an dieser Stelle nicht möglich, mehr als einen ersten Eindruck der Nutzungsmöglichkeiten dieser Verfahren zu vermitteln. Deshalb werden im Folgenden ausgewählte Verfahren aufgezählt, deren Zielsetzung skizziert und mögliche Fragestellungen, die sich mit Hilfe des jeweiligen Verfahrens beantworten lassen, exemplarisch aufgeführt (vgl. im Folgenden weiterführend *Backhaus/Erichson/Plinke/Weiber* 1996; 2002).

Multivariate Verfahren lassen sich grundsätzlich in **zwei Gruppen** untergliedern (vgl. Abb. 4.15):

- Im Falle der strukturprüfenden Verfahren existieren bereits Hypothesen über die Beziehung zwischen den Variablen. Diese gilt es nun zu testen.

- Im Falle der strukturentdeckenden Verfahren hingegen bestehen noch keine Hypothesen. Vielmehr ist es die Aufgabe der zu dieser Gruppe gehörenden Verfahren, etwaige Zusammenhänge zwischen den Variablen aufzudecken.

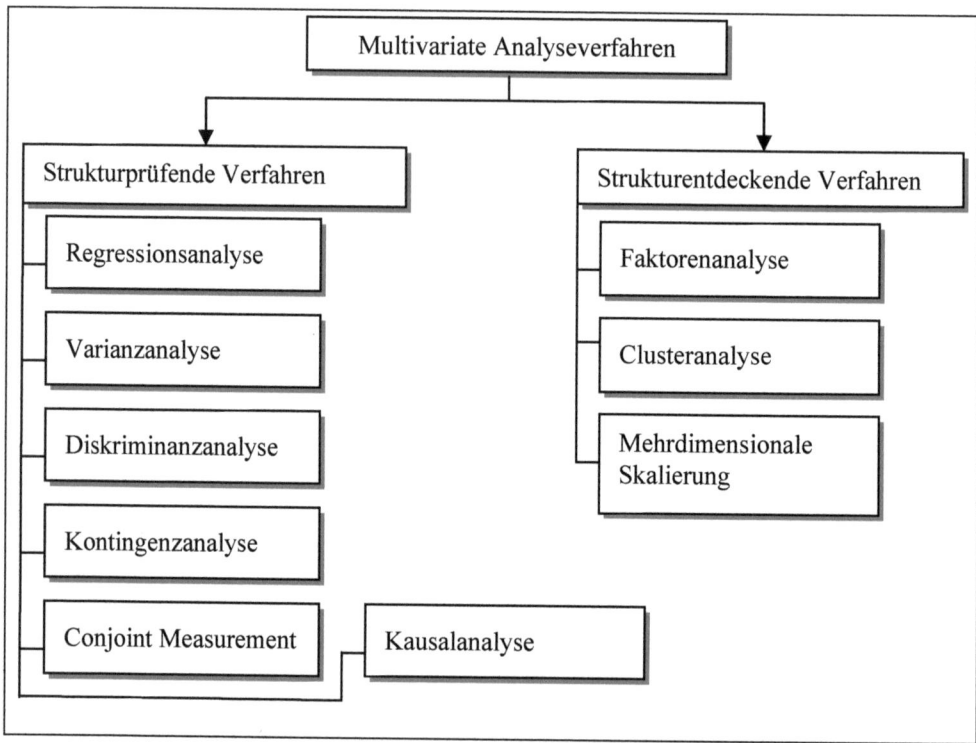

Abb. 4.15: Die multivariaten Datenanalyseverfahren im Überblick

4.5.6.3.4.2 Regressionsanalyse

Mittels der Regressionsanalyse werden Richtung und Stärke des Zusammenhangs zwischen einer abhängigen und einer oder mehreren unabhängigen Variablen analysiert. Voraussetzung für die Anwendung dieses Verfahrens ist, dass sämtliche Variablen **metrisches Skalenniveau** besitzen. Beispielsweise kann mit der Regressionsanalyse geklärt werden, inwieweit die Absatzmenge eines Produktes von Qualität, Preis, Werbebudget und Distributionsquote abhängt.

Bei der Regressionsanalyse handelt es sich um ein außerordentlich **flexibles Verfahren**, das sowohl bei der Analyse von Zusammenhängen als auch bei der Durchführung von Prognosen große Bedeutung besitzt. Damit ist es zweifelsfrei das wichtigste und am häufigsten eingesetzte multivariate Analyseverfahren.

4.5.6.3.4.3 Varianzanalyse

Mittels der Varianzanalyse wird die Wirkung von Faktoren auf die interessierende/n Variable/n untersucht. Hierbei erfasst man die unabhängige Variable auf nominalem und die abhängige/n Variable/n auf metrischem Skalenniveau. Die Varianzanalyse besitzt besondere Bedeutung bei der Auswertung von Experimenten. Beispielsweise kann damit untersucht werden, wie sich unterschiedliche Verpackungen und Platzierungen eines Produktes (= **unabhängige Variablen auf nominalem Skalenniveau**) auf die Absatzmenge (= **abhängige Variable auf metrischem Skalenniveau**) auswirken.

4.5.6.3.4.4 Diskriminanzanalyse

Die Diskriminanzanalyse dient dazu, **Gruppenunterschiede** zu **erklären** bzw. **Objekte** vorher definierten Gruppen **zuzuordnen**. Dabei ist die **abhängige Variable nominalskaliert**, die **unabhängigen Variablen** hingegen weisen **metrisches Skalenniveau** auf. Beispielsweise lässt sich mit Hilfe der Diskriminanzanalyse klären, inwieweit sich die Käufer von Produkt A hinsichtlich soziodemographischer und psychographischer Merkmale von den Käufern des Produkts B unterscheiden. Die abhängige nominale Variable legt die Gruppenzugehörigkeit fest, im vorliegenden Fall das gewählte Produkt. Die metrisch skalierten unabhängigen Variablen charakterisieren die Gruppenelemente, hier die Eigenschaften der jeweiligen Käufergruppe.

Daneben dient die Diskriminanzanalyse der Einordnung von Elementen. Wurden die Zusammenhänge zwischen Gruppenzugehörigkeit der Objekte und ihren Merkmalen analysiert, lässt sich darauf aufbauend die Gruppenzugehörigkeit neuer Objekte prognostizieren. Sind beispielsweise die Unterschiede zwischen den Käufern von Produkt A und denen von Produkt B bekannt, kann vorausgesagt werden, für welches der beiden Produkte sich ein potenzieller Käufer entscheiden wird.

4.5.6.3.4.5 Kontingenzanalyse

Die Kontingenzanalyse wird eingesetzt, um die Beziehungen zwischen ausschließlich **nominal skalierten Variablen** zu analysieren. Ein Anwendungsfall ist beispielsweise die statistische Überprüfung des Zusammenhangs zwischen Wohnort (Nord- versus Süddeutschland) und Kauf einer bestimmten Marke (Käufer versus Nichtkäufer). Mittels weiterführender Verfahren wie der **Logit-Analyse** kann die Abhängigkeit einer nominalen Variablen von mehreren nominalen Einflussgrößen analysiert werden.

4.5.6.3.4.6 Logistische Regression

Ähnliche Fragestellungen wie mit der Diskriminanzanalyse lassen sich mit der logistischen Regression beantworten. Hierbei wird die **Wahrscheinlichkeit** der Zugehörigkeit zu einer Gruppe in Abhängigkeit von einer oder mehreren Einflussgrößen bestimmt, die sowohl metrisches als auch nominales Skalenniveau aufweisen können. Mit Hilfe dieses Verfahrens lässt sich beispielsweise die Wiederkaufwahrscheinlichkeit von Kunden anhand ihrer Zufriedenheit und ihrem Alter bestimmen.

4.5.6.3.4.7 Conjoint Measurement

Beim Conjoint Measurement („Verbundmessung") wird die **abhängige Variable** im Regelfall auf **ordinalem Skalenniveau** gemessen. Ein zentrales Anwendungsgebiet im Marketing ist die Analyse ordinal gemessener Präferenzen von Konsumenten. Ziel ist es dabei herauszufinden, in welchem Maß einzelne Merkmale bzw. Merkmalskombinationen, die ein bestimmtes Produkt auszeichnen, zum Gesamtnutzen dieser Produkte beitragen. Dabei destilliert man den Beitrag einzelner Eigenschaften aus einem Globalurteil heraus (sog. **dekompositioneller Ansatz**). Als die drei wichtigsten Einsatzgebiete des Conjoint Measurement im Marketing gelten die Bereiche Produktentwicklung, Marktsegmentierung und Preisbestimmung (vgl. *Gustafsson/Herrmann/Huber* 2003).

Bei der **Gestaltung neuer Produkte** bzw. der Modifikation vorhandener Produkte gilt es im Zuge des Conjoint Measurement zunächst, durch die systematische Kombination der Ausprägungen einer Reihe von Eigenschaften (z. B. Material, Form, Farbe oder Preisstufe) Prototypen bzw. fiktive Produkte zu konstruieren. Diese müssen die Testpersonen dann gemäß der von ihnen empfundenen Präferenz in eine Rangordnung bringen. Auf Basis dieser Daten lassen sich mit Hilfe des Conjoint Measurement die Beiträge der einzelnen Eigenschaftsausprägungen zum Gesamtnutzen berechnen. Aufgrund ihrer spezifischen Vorgehensweise entspricht das Conjoint Measurement in hohem Maße dem tatsächlichen Bewertungsprozess einer realen Kaufsituation, in welcher der Konsument ebenfalls mit ganzheitlichen Produkten konfrontiert ist. Da diese Produkte aus Sicht der Probanden sowohl über gewisse Vor- als auch gewisse Nachteile verfügen, wird dieser dazu gebracht, die Bedeutung der verschiedenen Eigenschaften relativ zueinander abzuwägen und sich die tatsächliche Bedeutung der einzelnen Merkmale bewusst zu machen. Damit lässt sich zum einen die Frage beantworten, welche Merkmale eines Produktes dem Käufer den maximalen Nutzen stiften. Zum anderen kann festsstellt werden, ob einzelne Zielgruppen unterschiedliche Nutzenvorstellungen haben und inwieweit diese für eine **Marktsegmentierung** geeignet sind.

Nicht zuletzt kann das Verfahren dabei unterstützen, Kosten zu sparen bzw. **Preise zu optimieren**. Beispielsweise kann geklärt werden, inwieweit sich Nachteile gegenüber Konkurrenzprodukten durch **Preissenkungen** (über-)kompensieren lassen. Oder es können mit der Conjoint-Analyse diejenigen Produktmerkmale identifiziert werden, die für den Käufer irrelevant bzw. wenig bedeutsam sind, die in der Herstellung aber mit vergleichsweise hohen Kosten verbunden sind. In letzter Konsequenz verzichtet ein Produzent dann auf das Angebot bestimmter Komponenten, wenn seine Kosten die Preisbereitschaft der Konsumenten für die jeweilige Eigenschaft überschreiten. Nicht zuletzt ergeben sich Hinweise, ob sich für einzelne Leistungsbestandteile höhere Preise am Markt realisieren lassen, da der Verbraucher diesen einen hohen Nutzen beimisst.

Das Conjoint Measurement lässt sich auch zur Bestimmung von **Markenwerten** nutzen. Hierbei werden unter Quasi-Marktbedingungen identische Produkte simuliert, die sich nur durch ihre Markierung unterscheiden. Nunmehr lassen sich die Preisbereitschaft für die einzelnen Produkteigenschaften und damit auch für die Marke bestimmen. Daraus ergeben sich das Mengen- und das Preispremium. Das Mengenpremium beziffert die Bereitschaft des Verbrauchers, aufgrund der Marke eine bestimmte Stückzahl mehr zu erwerben. Das Preispremium gibt an, wie viel mehr der Konsument bereit ist, aufgrund der spezifischen Marke für das Produkt zu bezahlen. Multipliziert man Mengen- mit Preispremium, erhält man den markenspezifischen Ertrag. Zieht man von diesem die Kosten für den Markenaufbau ab, ergibt sich der Gewinn, der ausschließlich durch die Marke erwirtschaftet wurde. Eine anschließende Entwicklungsprognose dieses Gewinns unter Einbeziehung der markenspezifischen Chancen und Risiken ermöglich die periodenbezogene Bestimmung des monetären Markenwertes, den es nunmehr mit Hilfe der Kapitalwertmethode auf t_0 abzuzinsen gilt.

> **Fallbeispiel „Einsatzpotenzial des Conjoint Measurement" – Präferenzanalyse im PKW-Bereich**
>
> Ein Automobilproduzent will herausfinden, welche Bedeutung ein Käufer den Merkmalen „Hersteller", „PS-Zahl" und „Wagenfarbe" bei seiner Entscheidungsfindung beimisst. Im Zuge einer Conjoint-Analyse wird nun aus diesen Merkmalen eine Reihe von Gesamtprodukten kombiniert (z. B. ein grüner *Porsche* mit 240 PS). Der Proband gibt nun zu diesen Gesamtkonzepten sprich (fiktiven) Produkten jeweils ein Votum ab, indem er diese entsprechend seiner Präferenzen in eine Reihenfolge bringt. Im Rahmen des Conjoint-Verfahrens ist es möglich, anhand der Angaben auf die Präferenzen der Befragungsperson bezüglich der einzelnen Merkmale und Merkmalsausprägungen zu schließen.
>
> In unserem Beispiel könnte sich beispielsweise herausstellen, dass der Proband beim Kauf eines Neuwagens in erster Linie dem Produzenten sein Augenmerk schenkt, wobei er den Hersteller *Mercedes* präferiert. Will ein Wettbewerber dem präferierten Anbieter Kunden abwerben, lässt sich mit Hilfe des Conjoint Measurement in einem nächsten Schritt aufzeigen, wie sich der Markennachteil durch Preissenkungen und/oder Zusatzleistungen (über-)kompensieren lässt. Anhand des skizzierten Untersuchungsablaufes wird deutlich, dass es sich beim Conjoint Measurement um eine Kombination aus Erhebungs- und Analyseverfahren handelt.

4.5.6.3.4.8 Kausalanalyse

Die Kausalanalyse findet Anwendung, wenn nicht unmittelbar zu beobachtende Variablen, d. h. sog. hypothetische Konstrukte bzw. **latente Variablen**, in die Analyse einbezogen werden. Beispiele für solche Größen sind psychologische Konstrukte wie Emotion, Motivation und Einstellung oder soziologische Konstrukte wie Kultur, Gruppenzugehörigkeit und soziale Schicht. Bei der Kausalanalyse lassen sich grundsätzlich **zwei Modellebenen** unterscheiden:

- Das **Messmodell** gibt die Beziehungen zwischen den latenten Variablen und geeigneten Indikatoren für deren indirekte Messung vor.
- Das **Strukturmodell** gibt die Beziehungen zwischen den latenten Variablen vor. Diese gilt es letztlich zu überprüfen.

In Abb. 4.16 wird die Grundstruktur eines Kausalmodells angeführt, das den Zusammenhang zwischen Kundenzufriedenheit und Kundenloyalität klären soll. Da es sich hierbei um hypothetische Konstrukte handelt, die nicht unmittelbar zu beobachten sind, gilt es im Messmodell, geeignete Indikatoren zu finden. Im Falle der Kundenzufriedenheit könnten dies beispielsweise Anzahl der Weiterempfehlungen und Beschwerdeanlässe, im Falle der Kundenloyalität Anzahl der Wiederholungskäufe und Dauer der Beziehung zum Anbieter sein.

Nicht alle Variablen des Strukturmodells müssen latent sein. Ein Beispiel, in dem lediglich die unabhängigen Variablen latent sind, ist die Abhängigkeit der abgesetzten Menge eines Produktes von der subjektiven, d. h. von der von den Verbrauchern wahrgenommenen Produkt- und Servicequalität eines Anbieters.

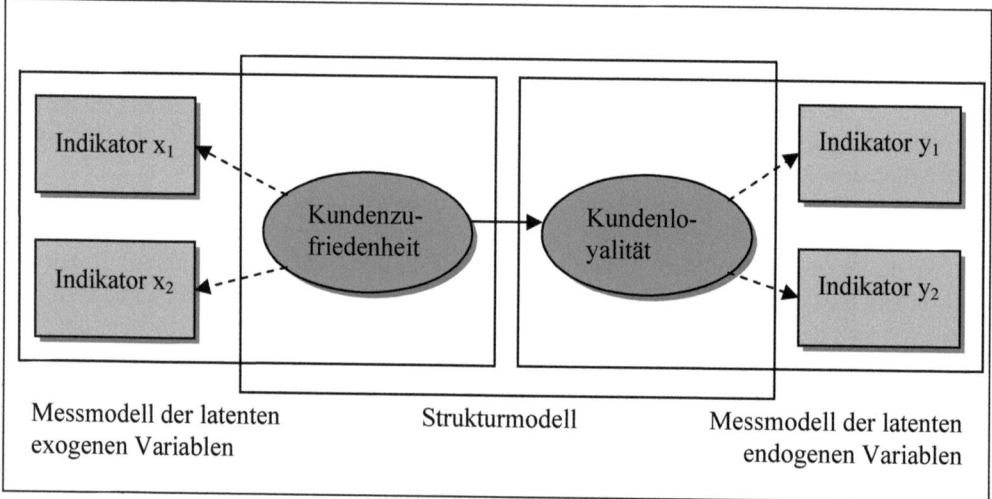

Abb. 4.16: *Der Aufbau eines Kausal-Modells*
  (Quelle: in enger Anlehnung an Meffert 1992, S. 307)

In Tab. 4.8 werden die strukturprüfenden multivariaten Analyseverfahren anhand des Skalenniveaus der abhängigen und unabhängigen Variablen angeordnet. Conjoint Measurement sowie Kausalanalyse lassen sich mehreren Zellen zuordnen und wurden dementsprechend aus der Betrachtung ausgeschlossen.

Tab. 4.8: Die Einordnung strukturprüfender Analyseverfahren anhand des Skalenniveaus der untersuchten Variablen (Conjoint Measurement und Kausalanalyse lassen sich mehreren Zellen zuordnen; Quelle: Backhaus/Erichson/Plinke/Weiber 2002)

Abhängige Variable \ Unabhängige Variable/n	Metrisches Skalenniveau	Nominales Skalenniveau
Metrisches Skalenniveau	Regressionsanalyse	Varianzanalyse
Nominales Skalenniveau	Diskriminanzanalyse	Kontingenzanalyse

4.5.6.3.4.9 Faktorenanalyse

Die Faktorenanalyse zielt auf eine **Reduktion** bzw. **Bündelung von Variablen** ab. Bei der **Verdichtung** der Informationen gilt es abzuwägen zwischen **Komplexitätsreduktion** und **Informationsverlust**. Konkret soll die Frage beantwortet werden, inwieweit zahlreiche Merkmale, die zu einem Sachverhalt erhoben wurden, auf wenige zentrale Eigenschaften zurückgeführt werden können. Beispielsweise lassen sich die zahlreichen technischen Eigenschaften eines Kraftfahrzeugs auf wenige Dimensionen wie Leistung, Größe und Sicherheit komprimieren.

Häufig wird die Faktorenanalyse im Rahmen von Positionierungsanalysen eingesetzt (sog. **faktorielle Positionierung**). Können die zahlreichen Eigenschaftsbeurteilungen von Objekten mittels der Faktorenanalyse auf zwei oder drei Dimensionen verdichtet werden, lassen sich die Objekte im Raum dieser Dimensionen grafisch darstellen.

4.5.6.3.4.10 Clusteranalyse

Im Gegensatz zur Faktorenanalyse, mit deren Hilfe Variablen verdichtet bzw. gebündelt werden, visiert die Clusteranalyse eine **Bündelung von Objekten** (etwa Käufergruppen) an. Dabei werden die Objekte so gruppiert, dass die Objekte in einer Gruppe möglichst ähnlich und die Gruppen untereinander möglichst unähnlich sind. Die Clusteranalyse wird im Marketing insbesondere für die Bildung von Marktsegmenten auf Basis nachfragerelevanter Merkmale der Konsumenten genutzt.

4.5.6.3.4.11 Multidimensionale Skalierung

Die Multidimensionale Skalierung (= MDS) dient der **Positionierung von Objekten im Wahrnehmungsraum von Personen**. Im Unterschied zur faktoriellen Positionierung bleiben im Falle der MDS die subjektiven Beurteilungen von Eigenschaften der untersuchten Objekte außen vor. Vielmehr werden nur wahrgenommene globale Ähnlichkeiten zwischen den Objekten erfragt. Beispielsweise lässt man die Automarken *BMW, Mercedes, Porsche* und *VW* nicht anhand der Dimensionen Qualität, Prestige und Sicherheit beurteilen, sondern man fragt die Probanden anhand von Eigenschaftspaaren, wie ähnlich sich die Automarken sind. Aufgrund dieser Urteile werden die Automarken grafisch so positioniert, dass die räumliche Nähe zweier Marken deren Ähnlichkeit ausdrückt (vgl. Abb. 4.17). Mittels der MDS lassen sich in einem zweiten Schritt die diesen Ähnlichkeiten zugrunde liegenden Wahrnehmungsdimensionen ableiten. Demnach bietet sich die MDS in solchen Fällen an, in denen man keine oder allenfalls vage Kenntnisse darüber hat, welche Eigenschaften für die subjektive Beurteilung von Objekten (z. B. Produkte, Marken, Unternehmen) relevant sind.

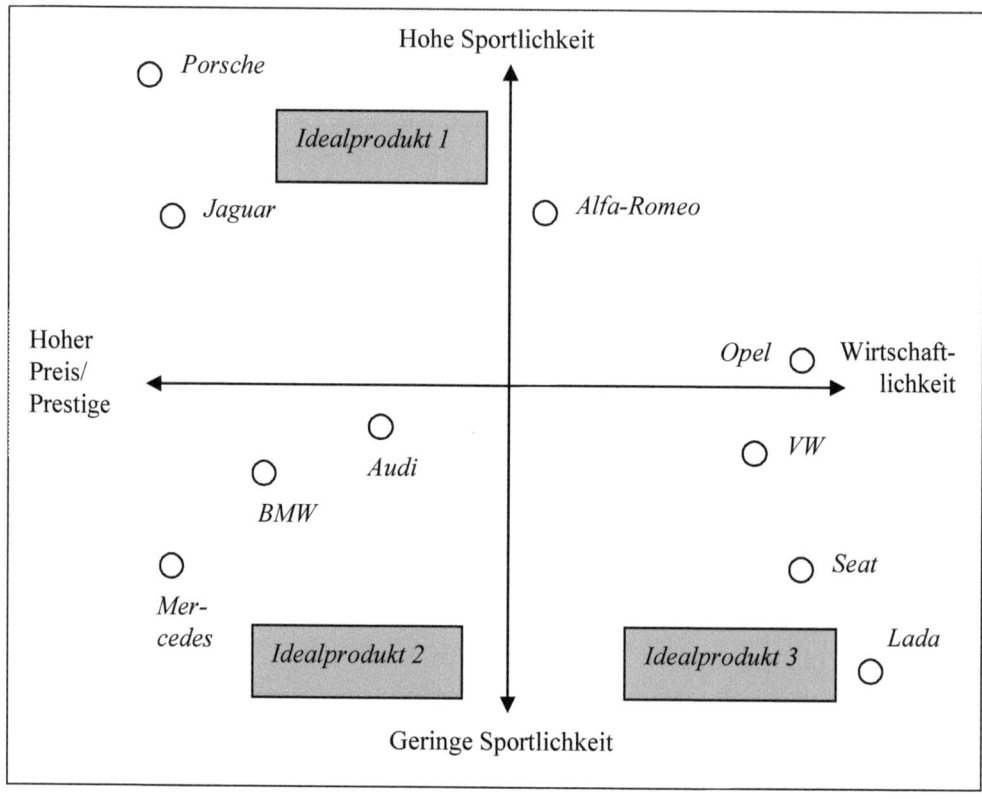

Abb. 4.17: Ein mittels Mehrdimensionaler Skalierung entwickelter Produktmarktraum (Quelle: in Anlehnung an Wind 1982, S. 87)

In Tab. 4.9 wird das Anwendungspotenzial der skizzierten multivariaten Analysemethoden noch einmal anhand von Beispielen verdeutlicht. Für die Nutzung stehen leistungsfähige Statistikprogramme (u. a. *SPSS*) zur Verfügung (vgl. hierzu ausführlich *Bausch/Opitz* 1993; *Janssen/Laatz* 1997; *Lehnert* 1994).

Tab. 4.9: Das Nutzenpotenzial multivariater Analysemethoden – verdeutlicht anhand von Anwendungsbeispielen aus dem Marketingbereich (Quelle: in Anlehnung an Backhaus/Erichson/Plinke/Weiber 2002)

Multivariates Analyseverfahren	Anwendungsbeispiel
Regressionsanalyse	Inwieweit lässt sich die Absatzmenge eines Produktes auf Preis, Qualität (gemessen anhand eines Index), eingesetztes Werbebudget und Distributionsquote zurückführen?
Varianzanalyse	Wie wirken sich alternative Verpackungen und Positionierungen (z. B. Einmal- versus Zweitplatzierung) auf den Absatz eines Produktes aus?
Diskriminanzanalyse	Lassen sich Käufer und Nichtkäufer eines bestimmten Produktes anhand soziodemographischer und psychographischer Kriterien, welche metrisch skaliert sind, unterscheiden?
Kontingenzanalyse	Inwieweit hängen der Kauf eines Produktes und der Wohnort einer Person zusammen?
Logistische Regression	Inwieweit lässt sich die Wiederkaufwahrscheinlichkeit bei Konsumenten auf deren Zufriedenheit und Alter zurückführen?
Conjoint Measurement	Inwieweit tragen alternative Materialien, Formen und Farben zur Präferenz von Produkten bei?
Kausalanalyse	Inwieweit hängt die Kundenloyalität von der vom Kunden subjektiv wahrgenommenen Produkt- und Servicequalität eines Anbieters ab?
Faktorenanalyse	Lässt sich die Vielzahl der in einer Befragung erhobenen Eigenschaften eines Produkts auf wenige zentrale Beurteilungsdimensionen verdichten?
Clusteranalyse	Lassen sich Konsumententypen auf Basis psychologischer Eigenschaften von Personen bilden?
Multidimensionale Skalierung	Wie lassen sich konkurrierende Marken im Wahrnehmungsraum der Konsumenten räumlich positionieren?

4.5.7 Prognose

„Früher war die Zukunft auch besser."
Karl Valentin (* 4. Juni 1882 in München; † 9. Februar 1948 in Planegg bei München), bayerischer Komiker, Kabarettist, Autor und Filmproduzent

Eine Prognose ist eine auf Erfahrung bzw. Beobachtungen oder theoretischen Erkenntnissen beruhende Aussage über künftige Ereignisse. Man unterscheidet zwischen **Entwicklungsprognose**, bei der eine Zeitreihe in die Zukunft verlängert wird, ohne dass die Unternehmung den zu prognostizierenden Sachverhalt beeinflussen könnte oder wollte (z. B. die Entwicklung der Einwohnerzahl im Absatzgebiet), und **Wirkungsprognose**, bei der die voraussichtliche Konsequenz einer getroffenen Maßnahme (z. B. Erfolg von Produktinnovation, neuer Verpackung, Werbekampagne) ermittelt wird (vgl. *Nieschlag/Dichtl/Hörschgen* 2002, S. 537–554).

Des Weiteren lassen sich quantitative und qualitative Prognoseverfahren differenzieren (vgl. im Folgenden *Meffert* 1992, S. 333–366). **Quantitative Prognoseverfahren** basieren auf mathematischen Kalkülen und zielen auf eine numerische Ermittlung der zu prognostizierenden Größen ab. Sie modellieren einen mathematischen Zusammenhang zwischen der vorherzusagenden Größe und den zur Prognose herangezogenen Einflussgrößen. Wichtige Vertreter sind:

- **Trendextrapolation**
  Hier wird die langfristige Entwicklungsrichtung einer Zeitreihe (= Trend) über den Beobachtungszeitraum hinaus als unverändert gültig erachtet und fortgeschrieben. Diesem Verfahren liegt demnach die Annahme zu Grunde, dass die in der Vergangenheit festgestellte Regelmäßigkeit, z. B. ein Trend, sich auch in der Zukunft fortsetzen wird. Hierbei bieten sich zwei Optionen: Zum einen die Schätzung bzw. Hochrechnung einer unbekannten Variablen aus zwei oder mehreren bekannten Variablen, zum anderen die Fortschreibung der in einer Datenreihe enthaltenen, auf die Vergangenheit bezogenen Werte in die Zukunft. Stieg beispielsweise der Absatz eines Produktes in den vergangenen zehn Jahren um durchschnittlich 4 % p. a., so wird sich das auch in der Zukunft fortsetzen.

> **Fallbeispiel „Trendextrapolation" – Demand-Planning der *Big Mac*-Absätze**
>
> Im Abb. 4.18 zu entnehmenden Beispiel werden die Absatzzahlen von *Big Macs* für das Restaurant 123 für den Zeitraum von November bis Dezember 2002 prognostiziert. Hierzu bedient man sich einer Absatzhistorie von zwei Jahren. In diese Ausgangsbasis werden Trends und sog. Kausalfaktoren (im vorliegenden Fall etwa Promotionaktionen, Veranstaltungen und Feiertage) eingerechnet. Aus Abb. 4.18 erkennt man beispielsweise, dass die Absatzzahlen an Sonntagen und an Weihnachten unterdurchschnittlich ausfallen. Im Gegensatz dazu können am ersten Wochenende des Ostermarktes sowie am Stadtfest, das von Freitag bis Montag stattfindet, Spitzenabsätze erzielt werden.
> Die prognostizierte Nachfrage für *Big Macs*, genannt **Forecast**, wird anhand der Rezeptur in die einzelnen Materialien aufgespalten. So enthält 1 *Big Mac* 1 Bun *Big Mac*, XY g Salat, XY g Zwiebeln, 1 Scheibe Käse etc. Nunmehr kann der Bedarf an Materialien auf die jeweiligen Verkaufseinheiten hochgerechnet werden. Zur Bedarfsprognose gelangt man, in dem die Vorhersage der Nachfrage am Point-of-Sale um etwaige Abfälle, vorhandene Lagerbestände sowie der Waren, die aktuell unterwegs sind, bereinigt wird. Jetzt kann ein Bestellvorschlag unterbreitet werden.

4.5 Methodik einer empirischen Erhebung   299

> Wenn bei einem Bestellvorschlag die Anzahl der Brötchen, in der Fachsprache Buns genannt, nicht zur Menge des georderten Fleischs passt, schlägt das System Alarm. Danach wird der automatisierte Bestellvorschlag geprüft. Die meisten Restaurants halten sich an diese Vorschläge.
>
> Quelle: *Schneider, W.:* McMarketing, Wiesbaden 2007, sowie die dort zitierte Literatur.

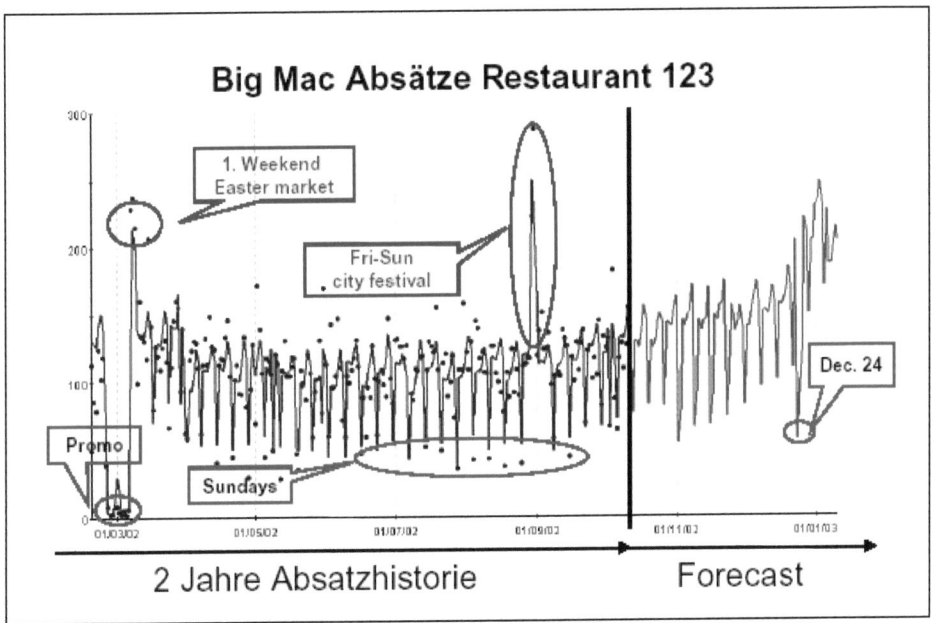

Abb. 4.18:   *Ein Beispiel für die Planung der Nachfrage nach Big Macs auf Restaurantebene (Quelle: Buchheim 2005, S. 37)*

- **Exponentielle Glättung**

Im Gegensatz zur Trendextrapolation wird bei diesem Verfahren ein Gewichtungsfaktor verwendet. Dem Verfahren, das eine Verallgemeinerung der Methode der gleitenden Durchschnitte darstellt, liegt die Vorstellung zu Grunde, dass die Zeitreihenwerte mit wachsender zeitlicher Entfernung vom Prognosezeitraum an Bedeutung verlieren. Konsequenterweise werden die aktuellen Zeitreihenwerte bei der exponentiellen Glättung höher gewichtet als die weiter zurückliegenden Werte, d. h. die Gewichtungskoeffizienten nehmen mit wachsender zeitlicher Entfernung geometrisch ab. Auf diese Weise wird der Einfluss jüngerer Beobachtungswerte für die Vorhersage relativ stärker berücksichtigt als der Einfluss weiter zurückliegender Werte. Dadurch trägt man der evolutionären Entwicklung des Marktgeschehens Rechnung. Dieses Verfahren eignet sich in erster Linie zur Ermittlung kurzfristiger Vorhersagen.

Qualitative Prognoseverfahren liefern auf der Basis von Erfahrung und Intuition Zukunftseinschätzungen. Hierzu zählen:

- **Szenario-Technik**

    Dieses Verfahren zielt darauf ab, in sich konsistente Zukunftsbilder (= Szenarien) zu entwickeln (vgl. *von Reibnitz* 1987). Auf der Basis der gegenwärtigen Situation wird versucht, den Endzustand des Prognosegegenstandes unter verschiedenartigen Rahmenbedingungen zu antizipieren und davon ausgehend mögliche Auswirkungen auf das Untersuchungsfeld abzuleiten. Beispielsweise wird versucht vorauszusagen, wie sich der Absatz von Pkws im Falle unterschiedlicher Kraftstoffpreise im nächsten Jahr entwickeln wird (etwa Preis für 1 Liter Superbenzin: Szenario 1 = 1,50 €, Szenario 2 = 1,75 €, Szenario 3 = 2 €).

- **Delphi-Methode**

    Hierbei handelt es sich um ein qualitatives Prognoseverfahren, das darauf abzielt, mittels der Intensivbefragung von Experten deren Know-how für die Formulierung von Prognosen zu nutzen. Dabei werden die Experten in mehreren Befragungswellen über den Untersuchungsgegenstand schriftlich und anonym befragt.

    Im Normalfall wird jeder Befragte zunächst darum gebeten, schriftlich eine möglichst differenzierte und begründete Prognose über einen Sachverhalt abzugeben. Die Ergebnisse werden sodann analysiert und in der nächsten Befragungswelle unter Wahrung der Anonymität der Probanden den Experten in Form von Durchschnittswerten und Streuungen erneut zugeleitet. Diese Form der Rückkoppelung gilt als eigentliches Spezifikum der Delphi-Methode.

    Nunmehr werden die Experten mittels stärker spezifizierten Fragen gebeten, ihre vorherige Prognose zu überprüfen und zu begründen, weshalb sie in der zweiten Befragung ihre erste Prognose revidiert bzw. beibehalten haben. Dieser Prozess wird idealtypischerweise so lange fortgesetzt, bis sich eine klare Mehrheit herausgebildet hat oder die befragten Experten keine Bereitschaft mehr zeigen, ihre Prognosen zu revidieren.

    Grundgedanke des Verfahrens ist es, durch Rückkoppelung allmählich Konsenses zu erzielen und dabei gleichzeitig den Konformitätsdruck, der von Gruppendiskussionen häufig ausgeht, zu vermeiden. Es existieren allerdings berechtigte Zweifel, ob das wirklich gelingt, da ein Mitläufereffekt durch Orientierung der Experten am Gruppenurteil zumindest nicht ausgeschlossen werden kann.

    Das Verfahren wurde 1959 von *O. Helmer* und *P. Rescher* von der *RAND-Corporation* entwickelt und findet heute vor allem in Konstellationen Anwendung, in denen es an objektiven Erfahrungsdaten fehlt und die subjektiven Einschätzungen von Experten eine sinnvolle Prognosebasis darstellen. Anwendungsfälle sind beispielsweise Absatzprognosen für neue Produkte sowie die Einschätzung der Wirksamkeit neuer Marketing-Instrumente bzw. -Maßnahmen (vgl. *Bogner/Littig/Menz* 2001).

Das Orakel von Delphi

Das Orakel von Delphi war die wichtigste Kultstätte der hellenistischen Welt und lag bei der Stadt Delphi. Das Orakel sprach zunächst nur einmal im Jahr am Geburtstag des *Apollon*, dem siebenten Tag des Monats Bysios. Später offenbarte es sich am siebten Tag jeden Monats im Sommer. Im Winter legte es für drei Monate eine Pause ein, das

4.5 Methodik einer empirischen Erhebung

sich nach antiker Vorstellung der Gott in dieser Zeit bei den *Hyperboreern* auf, einem sagenumwobenen Volk im Norden, aufhielt. Das Orakel wurde währenddessen von *Dionysos* regiert.

Bevor das Orakel sprach, bedurfte es eines Omens: Ein Oberpriester besprengte eine junge Ziege mit eiskaltem Wasser. Hielt das Tier still, fiel das Orakel für diesen Tag aus und die Ratsuchenden mussten einen Monat später wiederkommen. Zuckte das Tier zusammen, wurde es geschlachtet und als Opfertier auf dem Altar verbrannt. Nun konnten die Weissagungen beginnen.

Begleitet von zwei Priestern ging die *Pythia*, die weissagende Priesterin, nunmehr zur heiligen Quelle *Kastalia*, wo sie nackt ein Bad nahm, um kultisch rein zu sein. Aus einer zweiten Quelle, der *Kassiotis*, trank sie dann einige Schlucke heiligen Wassers.

Begleitet von zwei Oberpriestern und den Mitgliedern des Fünfmännerrates begab sich die *Pythia* anschließend in den *Apollon*-Tempel. Sie wurde nun vor den Altar der *Hestia* geführt, wo aus einer Erdspalte berauschende Dämpfe aufstiegen und sie in einem Trancezustand ihre Weissagungen machte. Es wird angenommen, dass es sich bei den Dämpfen um Ethylen oder eine Mischung aus Methan und Kohlendioxid handelte. Man glaubte, dass in diesem entrückten Zustand der Gott *Apollon* aus ihr sprach.

Interpretiert wurden ihre Worte von den Oberpriestern des Gottes. Die *Pythia* fungierte zunächst lediglich als Medium ohne Machtposition. Sie durfte als einzige Frau den *Apollon*-Tempel betreten. Ansonsten war der Kult ausschließlich männlichen Priestern und Gläubigen vorbehalten. Umstritten ist, wieweit die Aussagen der *Pythia* von den Priestern interpretiert sowie formuliert wurden oder inwieweit diese auch von Informanten gewonnene Erkenntnisse in ihre Deutung miteinbezogen.

Die *Pythien* wurden nicht besonders auserwählt, es waren einfache Jungfrauen aus der Stadt Delphi. Zu Beginn des Orakelkultes übten auch junge Mädchen das Amt aus, doch nach Übergriffen von Pilgern wurden nur noch reife, über 50jährige Frauen zu *Pythien*. Im Laufe der Zeit wurde das Orakel zu einem Publikumsmagneten. An stark frequentierten Tagen arbeiteten mehrere Priesterinnen im Schichtdienst.

In dieser Phase sprach die *Pythia* direkt zu den Fragestellern. Allerdings wurden nur die begüterten Klienten individuell beraten und bekamen ausführliche, wenn auch oft rätselhafte Antworten. Die Ärmeren mussten sich mit einem Binärorakel (Ja-Nein-Orakel) begnügen. Sie durften deshalb auch nur solche Fragen stellen, die sich mit Ja oder Nein beantworten ließen. Die *Pythia* griff dann in einen Behälter mit weißen und schwarzen Bohnen und nahm eine von ihnen heraus: Weiß bedeutete Ja, schwarz Nein.

Quelle: *Smith, W.*: Dictionary of Greek and Roman antiquities, Boston/London 1870.

Ungeachtet dessen, ob es sich um die Analyse oder Prognose von Daten handelt, müssen die erzielten Befunde zum Abschluss in verständlicher Weise, visuell ansprechend aufbereitet, fachlich kompetent kommentiert und managementorientiert kommunizierbar in einem **schriftlichen Ergebnisbericht** zusammengefasst werden. Dieser kann – je nach Bedarf – um einen Tabellen- und Abbildungsband, Overhead-Folien sowie eine CD-Rom ergänzt werden.

5 Praxisbeispiele „Marketing-Forschung am Beispiel der Analyse des Käuferverhaltens"

5.1 Aufbau

Die vorliegenden Praxisbeispiele vernetzen Käuferverhalten und Marketing-Forschung. Im Teil **„Desk Research"** werden geordnet nach den drei Phasen einer Kundenbeziehung, nämlich Kundenakquisition, Kundenbindung einschließlich Beschwerdemanagement sowie Kundenrückgewinnung (vgl. **Kundenbeziehungslebenszyklus**, Abschnitt 1.4), ausgewählte Kennzahlen vorgestellt, die sich in der Unternehmenspraxis bewährt haben. Berechnungsformel, ein veranschaulichendes Praxisbeispiel, Interpretation sowie eine kritische Abwägung der Vor- und Nachteile bieten hohen Praxisbezug.

Im Teil **„Field Research"** werden am Beispiel der Konzeption und Durchführung einer Kundenzufriedenheitsbefragung sämtliche Phasen eines Marketing-Forschungsprojekts beleuchtet:

- Festlegung der Zielgruppe
- Wahl der Befragungsform
- Aufbau des Fragebogens, Festlegung der Befragungsinhalte und Formulierung der Fragen
- Festlegung der Stichprobengröße
- Auswahl eines Stichprobenverfahrens
- Einsatzpotential multivariater Analyseverfahren

5.2 Desk Research am Beispiel ausgewählter Kennzahlen

5.2.1 Kennzahlen der Kundenakquisition

5.2.1.1 Angebotserfolgsquote

Formel

$$= \frac{\text{Anzahl der erzielten Aufträge}}{\text{Anzahl der abgegebenen Angebote}} \times 100\,\%$$

Beispiel

$$= \frac{300 \text{ Aufträge}}{500 \text{ Angebote}} \times 100 = 60\,\%$$

In einem Monat gibt ein Unternehmen gegenüber seinen (potenziellen) Kunden insgesamt 500 Angebote in schriftlicher und mündlicher Form ab. Von diesen Angeboten nehmen die Kunden 300 an, so dass die Angebote zu Aufträgen werden. Folglich beträgt die Angebotserfolgsquote 60 %.

Erläuterung

Die Angebotserfolgsquote zeigt, wie viel Prozent der abgegebenen Angebote zu Aufträgen geführt haben. Mit Hilfe dieser Kennzahl lässt sich die Angebotspolitik des Unternehmens beurteilen. Die Zahl der erteilten Aufträge sollte die Vertriebsabteilung bereithalten.

Aber: Weder die Finanzbuchhaltung noch die Kosten- und Leistungsrechnung erfassen üblicherweise die Zahl der abgegebenen Angebote. Deshalb sollte in der Vertriebsabteilung eine Datenbank eingerichtet werden, in der die Angebote dokumentiert und gegebenenfalls nach Mitarbeitern, Produkten und/oder Regionen unterschieden werden. Hierbei ist es wichtig, dass sowohl die Angebote in schriftlicher Form (Kostenvoranschläge) als auch die Angebote in mündlicher Form (z. B. beim Telefonat oder Besuch durch den Außendienstmitarbeiter) erfasst werden.

Vorteile/Nachteile

Tab. 5.1: Vor- und Nachteile der Angebotserfolgsquote

Vorteile	Nachteile
Besonders aussagekräftig im Zeitvergleich	Keine Aussage über das Volumen der erteilten Aufträge (Ergänzung mit ABC-Analyse nach Umsatzvolumen hilfreich)
Interessant im Vergleich verschiedener Produkte und Dienstleistungen, Vertriebsstandorte und/oder Vertriebsmitarbeiter	Sinnvoll nur bei konkreten Angeboten

5.2.1.2 Bekanntheitsgrad

Formel

$$= \frac{\text{Anzahl der Befragten, die einen Gegenstand kennen}}{\text{Gesamtzahl der Befragten}} \times 100\,\%$$

Beispiel

$$= \frac{656 \text{ kundige Personen}}{1.000 \text{ befragte Personen}} \times 100\,\% = 65{,}6\,\%$$

Von 1.000 Befragungspersonen kennen 656 Personen eine Biersorte. Die Biersorte hat demnach einen Bekanntheitsgrad von 65,6 %.

Erläuterung

Der Bekanntheitsgrad gibt an, wie viel Prozent einer bestimmten Zielgruppe eine Marke, Werbebotschaft, Firma oder andere Meinungsgegenstände kennen. Ohne eine Gedächtnishilfe für die Befragungsperson spricht man vom aktiven bzw. ungestützten, mit Gedächtnishilfe (z. B. Vorlegen einer Namensliste) vom passiven bzw. gestützten Bekanntheitsgrad. Die Erhebung des Bekanntheitsgrades erfolgt durch Befragungen.

Vorteile/Nachteile

Tab. 5.2: Vor- und Nachteile des Bekanntheitsgrades

Vorteile	Nachteile
Effektives Controlling von kommunikationspolitischen Marketing-Maßnahmen wie Werbung, Sponsoring, Verkaufsförderung und Öffentlichkeitsarbeit	Keine Aussage darüber, ob der Meinungsgegenstand auch positiv beurteilt
Insbesondere von Bedeutung bei sog. Low-involvement-Produkten, da Konsumenten bei solchen Fällen in der Regel im Vorfeld des Kaufes keine Informationsanstrengungen unternehmen	Gefahr des Over- bzw. Underreportings (Neigung der Befragten, in der Befragungssituation die Kenntnis eines Produktes vorzutäuschen bzw. Nichterinnerung der Befragen im konkreten Fall trotz eigentlicher Bekanntheit des Produktes)

5.2.1.3 Erstkaufrate

Formel

$$= \frac{\text{Absatz bzw. Umsatz mit Erstkäufern}}{\text{Gesamtabsatz bzw. Gesamtumsatz}} \times 100\,\%$$

Beispiel

$$= \frac{10.000 \text{ Fahrzeuge an Erstkäufer}}{25.000 \text{ Fahrzeuge (Gesamtabsatz)}} \times 100\,\% = 40\,\%$$

Ein Automobilhersteller setzt im Jahr 25.000 Fahrzeuge an gewerbliche Kunden ab. Von diesen gehen 10.000 Stück an Neukunden. Damit beträgt die mengenmäßige oder absatzbezogene Erstkaufrate 40 %.

Erläuterung

Die Erstkaufrate bestimmt den Anteil des Absatzes bzw. Umsatzes der Kunden, die ein Produkt zum ersten Mal erwerben, am Gesamtabsatz bzw. -umsatz. Mit der Erstkaufrate lässt sich auf der einen Seite der Erfolg der Neukundenakquisition berechnen, was insbesondere in wachsenden Märkten von Bedeutung ist. Auf der anderen Seite kann eine hohe Erstkaufrate darauf hinweisen, dass Kunden ein Produkt nur einmal erwerben und dann zu Wettbewerbern abwandern, weil ihre Erwartungen nicht erfüllt wurden. Dies hat insbesondere in stagnierenden bzw. schrumpfenden Märkten fatale Folgen, da hier die Neukundengewinnung mit einem vergleichsweise hohen Kostenaufwand verbunden ist.

Vorteile/Nachteile

Tab. 5.3: Vor- und Nachteile der Angebotserfolgsquote

Vorteile	Nachteile
Wichtig bei Erfolgskontrolle von Maßnahmen der Neukundenakquisition, z. B. der Umwandlung von Nicht-Käufern zu Käufern, der Gewinnung von neuen Zielgruppen in demselben Markt und der Erschließung neuer geographischer Gebiete	Nachgeordnete Bedeutung in stagnierenden bzw. schrumpfenden Märkten
Einfache Berechnung bei Vorliegen einer Kundendatenbank	Keine Berücksichtigung von Kosten (Kundenakquisition im Regelfall deutlich teurer als Kundenbindung)

5.2.1.4 Marktanteil, absoluter

Formel

$$= \frac{\text{Absatz bzw. Umsatz eines Unternehmens}}{\text{Absatz bzw. Umsatz sämtlicher Unternehmen im Markt}} \times 100\,\%$$

Beispiel

$$= \frac{4.000 \text{ Fahrzeuge}}{20.000 \text{ Fahrzeuge}} \times 100\,\% = 20\,\%$$

Ein Automobilhersteller verkauft in einer Region 4.000 Fahrzeuge. Insgesamt werden in diesem Gebiet 20.000 Fahrzeuge verkauft. Sein mengenmäßiger absoluter Marktanteil beträgt 20 %.

Erläuterung

Der absolute Marktanteil ist definiert als Absatz bzw. Umsatz eines Unternehmens im Verhältnis zum Absatz bzw. Umsatz sämtlicher Unternehmen der relevanten Branche, dem Marktvolumen. Dieser absolute Marktanteil kann sowohl in Wert- als auch in Mengeneinheiten gemessen werden.

Der absolute Marktanteil kann vertiefend nach einzelnen Produkten, Produktgruppen, Marktsegmenten, Vertriebswegen ermittelt werden. Die Kennzahl erlaubt Rückschlüsse auf die Position des eigenen Unternehmens im Markt und gilt als eine der wichtigsten Kennzahlen im Marketing.

Vorteile/Nachteile

Tab. 5.4: Vor- und Nachteile des absoluten Marktanteils

Vorteile	Nachteile
Einfache Berechnung der Kennzahl bei Vorliegen der entsprechenden Branchendaten	Bewertung immer vor dem Hintergrund des Marktwachstums zwecks Relativierung von steigenden Marktanteilen in einem schrumpfenden Markt
Wichtige Information über Erfolg der durchgeführten Marketing-Maßnahmen bei Einführung neuer Produkte und Erschließung neuer Märkte	Erfolg bei spezialisierten, flexiblen Nischenanbietern auch bei kleinem Marktanteil möglich

5.2.1.5 Marktanteil, relativer

Formel

$$= \frac{\text{Absatz bzw. Umsatz eines Unternehmens}}{\text{Absatz bzw. Umsatz des größten Konkurrenten}} \times 100\,\%$$

Beispiel

$$= \frac{4.000 \text{ Fahrzeuge}}{5.000 \text{ Fahrzeuge}} \times 100\,\% = 80\,\%$$

Ein Automobilhersteller verkauft in einer Region 4.000 Fahrzeuge. Der größte Konkurrent erzielt dort einen Absatz von 5.000 Fahrzeugen. Der mengenmäßige relative Marktanteil beträgt 80 %.

Erläuterung

Der relative Marktanteil ist definiert als Absatz bzw. Umsatz eines Unternehmens im Verhältnis zum Absatz bzw. Umsatz des Konkurrenzunternehmens mit dem größten Absatz bzw. Umsatz der relevanten Branche. Dieser relative Marktanteil kann sowohl in Mengen- als auch in Werteinheiten gemessen werden. Als weitere Marktanteilskennzahl kann der absolute Marktanteil berechnet werden, der das Verhältnis aus eigenem Marktanteil und dem Marktvolumen zum Ausdruck bringt.

Der relative Marktanteil kann vertiefend nach einzelnen Produkten, Produktgruppen, Marktsegmenten, Vertriebswegen ermittelt werden. Die Kennzahl erlaubt Rückschlüsse auf die Position des eigenen Unternehmens im Vergleich zum absatz- bzw. umsatzstärksten Wettbewerber.

Vorteile/Nachteile

Tab. 5.5: Vor- und Nachteile des relativen Marktanteils

Vorteile	Nachteile
Einfache Berechnung bei Vorliegen der entsprechenden Branchendaten	Relativierung durch Entwicklung des Marktwachstums in einem schrumpfenden Markt
Wichtige Information über die Wettbewerbswirkungen der Maßnahmen bei Einführung neuer Produkte sowie Erschließung neuer Märkte	Erfolg auch bei kleinem relativem Marktanteil bei spezialisierten, flexiblen Nischenanbietern

5.2.1.6 Marktausschöpfungsgrad

Formel

$$= \frac{\text{Absatz- bzw. Umsatzvolumen}}{\text{Absatz- bzw. Umsatzpotenzial}} \times 100\,\%$$

Beispiel

$$= \frac{15.000 \text{ Mengeneinheiten}}{20.000 \text{ Mengeneinheiten}} \times 100\,\% = 75\,\%$$

Das derzeitige Absatzvolumen eines Unternehmens beläuft sich auf 15.000 Mengeneinheiten pro Jahr. Nach internen Einschätzungen der Vertriebsabteilung und unter Einschaltung eines Marktforschungsinstituts prognostiziert man das Absatzpotenzial auf 20.000 Mengeneinheiten pro Jahr. Damit liegt der mengenmäßige Marktausschöpfungsgrad bei 75 %.

Erläuterung

Der Marktausschöpfungsgrad verdeutlicht, zu wie viel Prozent das Unternehmen sein mögliches Absatz- bzw. Umsatzpotenzial ausgeschöpft hat. Informationen zum Absatzvolumen finden sich in Branchenzeitschriften, Verbandsstatistiken und Veröffentlichungen von statistischen Behörden und Marktforschungsinstituten.

Ein niedriger Marktausschöpfungsgrad ist ein Indiz für hervorragende Wachstumsaussichten. In einem solchen Fall steht die Neukundenakquisition im Vordergrund. Bei einem hohen

Marktausschöpfungsgrad muss das Augenmerk hingegen auf der Kundenbindung liegen. Hierfür bieten sich neben einer Steigerung der Kundenzufriedenheit durch Produktqualität und Kundendienst die ökonomischen, juristischen, technologischen und sozialen Instrumente der Kundenbindung an (vgl. Abschnitt 1.5.3).

Vorteile/Nachteile

Tab. 5.6: Vor- und Nachteile des Marktausschöpfungsgrades

Vorteile	Nachteile
Wichtige Marktkennzahl	Kosten für Datenerhebung
Dient der Abschätzung von Wachstumsaussichten und hilft so, die Prioritäten zwischen Kundenbindungs- und Kundengewinnungsmaßnahmen richtig zu setzen	Gefahr der Fehlentscheidung, wenn die Akquisition neuer Kunden mit höheren Kosten verbunden ist, als es der Kundenwert der noch auszuschöpfenden Kunden rechtfertigt.

5.2.2 Kennzahlen der Kundenbindung einschließlich Beschwerdemanagement

5.2.2.1 Beschwerdequote

Formel

$$= \frac{\text{Anzahl der sich beschwerenden Kunden}}{\text{Gesamtzahl der Kunden}} \times 100\,\%$$

Beispiel

$$= \frac{125 \text{ Kunden mit Beschwerden}}{5.000 \text{ Kunden}} \times 100\,\% = 2{,}5\,\%$$

Ein Unternehmen weist einen durchschnittlichen Bestand von 5.000 Kunden auf. Die Beschwerdestatistik zeigt, dass sich im vergangenen Jahr 30 Kunden auf schriftlichem und 95 Kunden auf mündlichem Wege beschwert haben. Dies entspricht einer Beschwerdequote von 2,5 %.

Erläuterung

Die Berechnung der Beschwerdequote setzt voraus, dass die anfallenden Beanstandungen systematisch dokumentiert und ausgewertet werden. Die Vergleichbarkeit der in diesem Zuge anfallenden Daten kann sichergestellt werden, in dem eine entsprechende Prüfliste mit

5.2 Desk Research am Beispiel ausgewählter Kennzahlen

Antwortkategorien zum Ankreuzen (Erleichterung der späteren Auswertung und Vergleichbarkeit der Angaben) angefertigt wird. Da es bereits vor einem Kaufabschluss Grund zur Klage geben kann (z. B. unfreundliche Bedienung, unzulängliche Beratung, ungünstige Öffnungszeit), überschreiten Beschwerden den Rahmen rechtlich begründeter Reklamationen.

Vorteile/Nachteile

Tab. 5.7: Vor- und Nachteile der Beschwerdequote

Vorteile	Nachteile
Einfache Ermittlung	Beschwerden führen bei entsprechender Reaktion des Unternehmens nicht unbedingt zur Unzufriedenheit der Kunden
Schaffung der Möglichkeit, frühzeitig Unzufriedenheit aufzuspüren (sog. Frühwarnsignal) und durch Schaffung von Beschwerdezufriedenheit die Loyalität sowie die positive Mundpropaganda der Kunden zu erhöhen	Nicht jede Beschwerde ist auf eine unbefriedigende Leistung des Unternehmens zurückzuführen (z. B. bei Nörglern, Querulanten, Fehlverhalten des Kunden)

5.2.2.2 Kundenbeziehungsdauer, durchschnittliche

Formel

$$= \frac{\text{Summe der Dauer (Jahre, Monate) aller Kundenbeziehungen}}{\text{Zahl der Kunden}}$$

Beispiel

$$= \frac{1.500 \text{ Jahre}}{1.000 \text{ Kunden}} = 1{,}5 \text{ Jahre}$$

Ein Schraubenhersteller analysiert mit Hilfe seiner Kundenkartei das Einkaufsverhalten seiner Kunden. Insgesamt wurden im letzten Jahr 1.000 Kunden bedient. Das Unternehmen addiert die Zeiträume aller Kundenbeziehungen und erhält einen Wert von insgesamt 1.500 Jahren. Im Durchschnitt dauert die Kundenbeziehung eines Kunden damit 1,5 Jahre.

Erläuterung

Die Kennzahl zeigt an, wie lange die Kunden durchschnittlich bereits eine Kundenbeziehung unterhalten. Bei einer erfolgreichen Kundenbindung wird diese Kennzahl im Zeitablauf wachsen. Um die Kennzahlenwerte nicht durch eine erfolgreiche Neukundenakquisition zu verzerren, können Kunden, deren Kundenbeziehung unter sechs Monaten beträgt, herausgerechnet werden.

Vorteile/Nachteile

Tab. 5.8: Vor- und Nachteile der durchschnittlichen Kundenbeziehungsdauer

Vorteile	Nachteile
Zeitlicher Ausdruck der Kundenbindung	Grobe Zusammenfassung aller Kunden in der Durchschnittsbetrachtung, wobei Streuung vernachlässigt wird
Besonders aussagekräftig im Längsschnitt- (über mehrere Perioden) und/oder im Querschnittvergleich (z. B. zwischen einzelnen Filialen)	Kein Einblick in den Ertragswert der einzelnen Kunden (Ermittlung der Kundenbeziehungsdauer der Top-Kunden als Ergänzung sinnvoll)

5.2.2.3 Kundenfluktuation

Formel

$$= \frac{\text{Zahl der neu gewonnenen Kunden}}{\text{Zahl der verlorenen Kunden}} \times 100\,\%$$

Beispiel

$$= \frac{900.000 \text{ gewonnene Kunden}}{600.000 \text{ abgewanderte Kunden}} \times 100\,\% = 150\,\%$$

Ein Mobilfunkanbieter hat im Betrachtungszeitraum 900.000 neue Kunden gewonnen. Im gleichen Zeitraum haben 600.000 Kunden ihre Verträge gekündigt. Damit betrug die Kundenfluktuation 150 %. Demnach konnten 50 % mehr Kunden gewonnen werden als im gleichen Zeitraum abgewandert sind.

Erläuterung

Die Kundenfluktuation bringt das Verhältnis von neu gewonnenen zu verlorenen Kunden zum Ausdruck. Die Daten für die Berechnung der Kundenfluktuation sind der Kundenstatistik zu entnehmen. Eine Kundenfluktuation über 100 % bringt zum Ausdruck, dass mehr Kunden gewonnen als verloren werden. D. h. der Kundenstamm nimmt zu, was insbesondere in wachsenden Märkten von hoher Bedeutung ist. Eine Kundenfluktuation kleiner als 100 %

bedeutet, dass mehr Kunden abwandern als neue hinzugewonnen werden, d. h. der Kundenstamm schrumpft.

Vorteile/Nachteile

Tab. 5.9: Vor- und Nachteile der Kundenfluktuation

Vorteile	Nachteile
Einfache Ermittlung	Nicht berücksichtigt, dass es durchaus ökonomisch sinnvoll sein kann, wenn unrentable Kunden abwandern
Unterstützung der Entscheidung, ob Neukundenakquisition betrieben werden und/oder der Abwanderungsbewegung entgegengewirkt werden soll (Steigerung der Kundenzufriedenheit, ökonomische, juristische, technologische und soziale Instrumente der Kundenbindung; (vgl. Abschnitt 1.5.3)	Notwendigkeit einer großen Aktualität der Kundendatenbank

5.2.2.4 Retourenquote

Formel

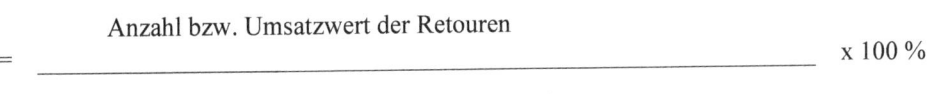

$$= \frac{\text{Anzahl bzw. Umsatzwert der Retouren}}{\text{Anzahl bzw. Umsatzwert der Gesamtverkäufe}} \times 100\,\%$$

Beispiel

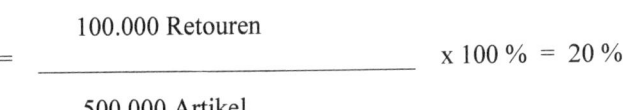

$$= \frac{100.000 \text{ Retouren}}{500.000 \text{ Artikel}} \times 100\,\% = 20\,\%$$

Ein Textilversender verzeichnet im Untersuchungszeitraum einen Gesamtabsatz von 500.000 Artikeln. Hiervon senden die Kunden 100.000 Artikel zurück. Demnach beläuft sich die Retourenquote auf 20 %.

Erläuterung

Die Retourenquote gibt das Verhältnis zwischen retournierter bzw. verweigerter Ware und insgesamt verkaufter Ware an. Die Retourenquote lässt sich sowohl monetär (in Geldeinheiten) als auch mengenmäßig (in Stück) berechnen.

Die Retourenquote sollte möglichst gering gehalten werden, da die Wiedervereinnahmung der Produkte sehr kostspielig ist. Kosten entstehen z. B. bei der Sortierung und Kontrolle der retournierten Ware, der neuerlichen Einlagerung, der Überarbeitung der Ware sowie der Verwaltung der Gutschriften. Weitere Kosten verursacht die seit 2000 existierende gesetzliche Regelung, dass „Kosten und Gefahr der Rücksendung ... der Unternehmer trägt." Diese einseitige Kostentragungspflicht ist außer in Deutschland nur noch in Finnland gesetzlich verankert.

Vorteile/Nachteile

Tab. 5.10: Vor- und Nachteile der Retourenquote

Vorteile	Nachteile
Besonders aussagekräftig im Zeitvergleich, im Vergleich zu anderen Unternehmen (falls Daten bekannt)	Keine Details über die Ursachen für Retouren
Interessant in der Ordnung nach Produktgruppen, Produkten, Verkaufsgebieten oder Ursachen für die Retouren	Kein Gradmesser für Kundenzufriedenheit durch geringe Retourenquoten: Versandhandelskunden z. B. bestellen häufig gleichzeitig mehrere Modelle bzw. Größen, um Textilien und Schuhe prüfen zu können

5.2.2.5 Stammkundenquote

Formel

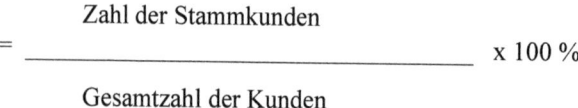

$$= \frac{\text{Zahl der Stammkunden}}{\text{Gesamtzahl der Kunden}} \times 100\,\%$$

Beispiel

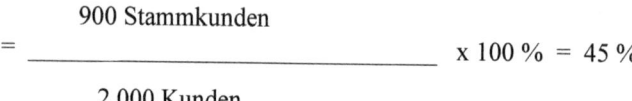

$$= \frac{900 \text{ Stammkunden}}{2.000 \text{ Kunden}} \times 100\,\% = 45\,\%$$

Ein Unternehmen bedient in einem Jahr 2.000 Kunden. Davon gelten 900 Kunden nach den Kriterien des Unternehmens als Stammkunden. Die Stammkundenquote beträgt 45 %.

Erläuterung

Die Kennzahl setzt die Zahl der Stammkunden ins Verhältnis zur Gesamtzahl der Kunden. Wann ein Kunde als Stammkunde gilt, legt das Unternehmen in eigener Verantwortung und in Abhängigkeit von branchentypischen Vergleichswerten fest. So können die Kriterien für die Bewertung eines Kunden als Stammkunden z. B. die Einkaufshäufigkeit, die Dauer der Geschäftsbeziehung und ein Mindestumsatz in einem bestimmten Zeitraum sein.

Eine hohe Stammkundenquote deutet darauf hin, dass viele der Kunden regelmäßig und in relevantem Maße Umsätze mit dem Unternehmen tätigen. Sie ist daher Ausweis einer guten Kundenbindung.

Vorteile/Nachteile

Tab. 5.11: Vor- und Nachteil der Stammkundenquote

Vorteil	Nachteil
Höhere Aussagekraft durch Differenzierung nach Produkten, Vertriebssparten und Kundengruppen (z. B. nach Altersklassen der Kunden)	Keine Aussage über den Kundenwert der Stammkunden. Ergänzend sollte daher untersucht werden, wie groß der Anteil der Stammkunden an den umsatzstärksten Kunden ist.

5.2.2.6 Wiederkäuferrate

Formel

$$= \frac{\text{Zahl der Wiederholungskäufer der Marke A in Periode 2}}{\text{Zahl der Erstkäufer der Marke A in Periode 1}} \times 100\,\%$$

Beispiel

$$= \frac{125.000 \text{ Wiederholungskäufer}}{500.000 \text{ Erstkäufer}} \times 100\,\% = 25\,\%$$

Eine neue Marke für Kartoffelchips wird auf dem deutschen Markt eingeführt. Im ersten Jahr kaufen 500.000 Personen dieses Produkt. Von diesen Erstkäufern bleiben im zweiten Jahr 125.000 Kunden der Marke treu, der Rest wendet sich anderen Produkten zu. Demnach beträgt die Wiederkäuferrate 25 %.

Erläuterung

Die Wiederkäuferrate bringt zum Ausdruck, wie hoch der Anteil der Erstkäufer der Marke A ist, die in der nächsten Periode wieder die Marke A kaufen. Damit dient die Wiederkäuferrate der Ermittlung der Markentreue von Kunden und ist letztlich eine Kennzahl für das Ausmaß von Kundenbindung und Kundenzufriedenheit.

Die Ermittlung der Kennzahl ist nicht einfach und kann mittels Daten geschehen, die in Haushaltspanels erhoben werden. Als Panel bezeichnet man einen bestimmten, gleich bleibenden Kreis von Adressaten (im vorliegenden Fall Haushalte), bei dem wiederholt (in regelmäßig zeitlichen Abständen) Erhebungen zum (im Prinzip) gleichen Untersuchungsgegenstand durchgeführt werden (vgl. Abschnitt 4.5.4).

Entsprechende Daten können bei Vorhandensein auch einer Kundendatenbank entnommen werden, die eventuell vom Einsatz einer Kundenkarte flankiert wird.

Vorteile/Nachteile

Tab. 5.12: Vor- und Nachteil der Wiederkäuferrate

Vorteil	Nachteil
Dokumentation des Erfolgs der Kundenbindung	Komplexe Berechnung und damit Notwendigkeit, dass die Erst- und Wiederholungskäufer in der betrieblichen Praxis identifiziert werden können.

5.2.3 Kennzahlen der Kundenrückgewinnung

5.2.3.1 Reaktivierungsquote

Formel

$$= \frac{\text{Anzahl der reaktivierten Kunden}}{\text{Anzahl der ruhenden Kunden}} \times 100\,\%$$

Beispiel

$$= \frac{750 \text{ reaktivierte Kunden}}{5.000 \text{ ruhende Kunden}} \times 100\,\% = 15\,\%$$

Ein Versandhandelsunternehmen weiß aus der Kundenstatistik, dass 5.000 Kunden seit mehr als 24 Monaten nichts mehr bestellt haben. In einer Mailing-Aktion werden diese Kunden gesondert angeschrieben. Daraufhin geben 750 Kunden eine neue Bestellung auf. Die Reaktivierungsquote beträgt 15 %.

Erläuterung

Die Reaktivierungsquote bringt zum Ausdruck, wie viele der ruhenden Kunden durch entsprechende Maßnahmen wieder aktiviert werden können. Grundsätzlich handelt es sich hierbei um einen vergleichbaren Sachverhalt wie bei der Rückgewinnungsquote.

Grundsätzlich ist eine hohe Reaktivierungsquote anzustreben. Auf Basis der Kundenwertbetrachtung und der Prognose der Reaktivierungswahrscheinlichkeit sollte dann eine Klassifizierung der ruhenden Kunden mittels der ABC-Analyse durchgeführt werden. Nun müssen die passiven Kunden entsprechend ihrer Ratings, d. h. ihrer Einstufung nach Kundenwert, kontaktiert werden.

Vorteile/Nachteile

Tab. 5.13: Vor- und Nachteile der Reaktivierungsquote

Vorteile	Nachteile
Anhaltspunkt für Maßnahmen zur Erhöhung der Kundenzufriedenheit und Kundenbindung	Keine Aussage über Gründe der Nichtreaktivierbarkeit
Besonders aussagekräftig im Zeitvergleich	Reaktivierung eines bestimmten Anteils ruhender Kunden trotz aller Anstrengungen nicht mehr möglich, z. B. Kunden, die nicht mehr im Einzugsgebiet des Unternehmens ansässig sind oder die keinen Bedarf mehr haben

5.2.3.2 Rückgewinnungsquote

Formel

$$= \frac{\text{Anzahl der zurückgewonnenen Kunden}}{\text{Anzahl der abgewanderten Kunden}} \times 100\,\%$$

Beispiel

$$= \frac{125.000 \text{ abgewanderte Kunden, die wieder zurückgewonnen werden können}}{500.000 \text{ abgewanderte Kunden}} \times 100\,\% = 25\,\%$$

Von einem Mobilfunkunternehmen planen in einer Periode 500.000 Kunden, ihren Vertrag nicht auslaufen zu lassen. Von diesen können mittels Rückgewinnungsaktivitäten 125.000

dazu bewegt werden, ihren Vertrag zu verlängern. Demnach beträgt die Rückgewinnungsquote 25 %.

Erläuterung

Die Rückgewinnungsquote bringt zum Ausdruck, wie viele der abgewanderten Kunden durch entsprechende Maßnahmen wieder zurückgewonnen werden konnten.

Um abgewanderte Kunden zurückzugewinnen, sollten die Kunden zunächst nach den Gründen für die Abwanderung gefragt werden und mit vertretbarem Aufwand die Ursachen beseitigt werden. Spezielle Serviceleistungen, die den Kunden aufwerten (Upgrading), sowie kleine Geschenke (Incentives) helfen bei der Rückgewinnung des Kunden.

Vorteile/Nachteile

Tab. 5.14: Vor- und Nachteile der Rückgewinnungsquote

Vorteile	Nachteile
Einschätzung von Maßnahmen zur Erhöhung der Kundenzufriedenheit und -bindung	Keine Rückgewinnungsmöglichkeit bei einem bestimmten Anteil abgewanderter Kunden, z. B. bei Kunden, die nicht mehr im Einzugsgebiet des Unternehmens ansässig sind oder die keinen Bedarf mehr haben
Besonders aussagekräftig im Zeitvergleich, wenn unterschiedliche Rückgewinnungsmaßnahmen bewertet werden sollen	Keine Aussage zur Rentabilität der zurückgewonnenen Kunden

5.2.3.3 Rückgewinnungskosten je zurückgewonnenem Kunden

Formel

$$= \frac{\text{Gesamte Rückgewinnungskosten}}{\text{Gesamtzahl der zurückgewonnenen Kunden}}$$

Beispiel

$$= \frac{144.000\ \text{€ Rückgewinnungskosten gesamt}}{4.800\ \text{zurückgewonnene Kunden}} = 30\ \text{€}$$

Einem Mobilfunkanbieter gelingt es, in einem Monat 4.800 Kunden zurückzugewinnen. Für Rückgewinnungsaktivitäten wurden in diesem Zeitraum insgesamt 144.000 € aufgewendet.

Demnach belaufen sich die Zurückgewinnungskosten je zurückgewonnenem Kunden auf 30 €.

Erläuterung

Rückgewinnungskosten sind Kosten, die entstehen, um einen abgewanderten Kunden für das Unternehmen zurückzugewinnen. Rückgewinnungskosten fallen im Zusammenhang mit der Befragung nach den Gründen für die Abwanderung und Beseitigung der Ursachen, im Zusammenhang mit speziellen Serviceleistungen im Sinne einer Aufwertung des Kunden (Upgrading) sowie im Zusammenhang mit kleinen Geschenken (Incentives) an.

Vorteile/Nachteile

Tab. 5.15: Vor- und Nachteile der Rückgewinnungskosten je zurückgewonnenem Kunden

Vorteile	Nachteile
Wichtige Kennzahl für das Rückgewinnungscontrolling	Keine Aussage über den voraussichtlichen Kundenwert des zurückgewonnenen Kunden
Besonders aussagekräftig im Branchen- und Zeitvergleich	Verdeckung von „Ausreißern" durch die Durchschnittsbetrachtung

5.3 Field Research am Beispiel einer Kundenzufriedenheitsbefragung

5.3.1 Phasen einer Kundenzufriedenheitsbefragung im Überblick

Nur wenige Themen haben in den vergangenen zwei Jahrzehnten in Wissenschaft und Praxis einen derart breiten Raum eingenommen wie die Kundenzufriedenheit. Wer nach diesem Stichwort „googlet", erhält ca. 4.950.000 Treffer (customer satisfaction = ca. 92.200.000; Stand: Mai 2012). Wer einen profunden Einblick in die Zufriedenheit seiner Kunden, seiner potentiellen Kunden bzw. seiner ehemaligen Kunden gewinnen will, kommt gewöhnlich nicht umhin, Primärforschung zu betreiben und eine Befragung durchzuführen.

Im Folgenden werden wir uns ausführlich damit auseinandersetzen, wie eine Studie zur Analyse der Kundenzufriedenheit geplant und durchgeführt werden sollte. Ausgangspunkt ist dabei ein sechsstufiger Ablaufplan (vgl. Abb. 5.1), der eine Kundenzufriedenheitsstudie am Beispiel einer schriftlichen Befragung erläutert (vgl. zum Folgenden *Schneider/Kornmeier* 2006b, S.77 ff.; *Backhaus u. a.* 2006; *Berekoven u. a.* 2006; *Homburg* 2006; *Nieschlag u. a.*

2002; *Meffert* 1992). Je nach unternehmensspezifischen Gesichtspunkten lässt sich das Phasenkonzept ohne Schwierigkeiten an andere Formen der Befragung anpassen.

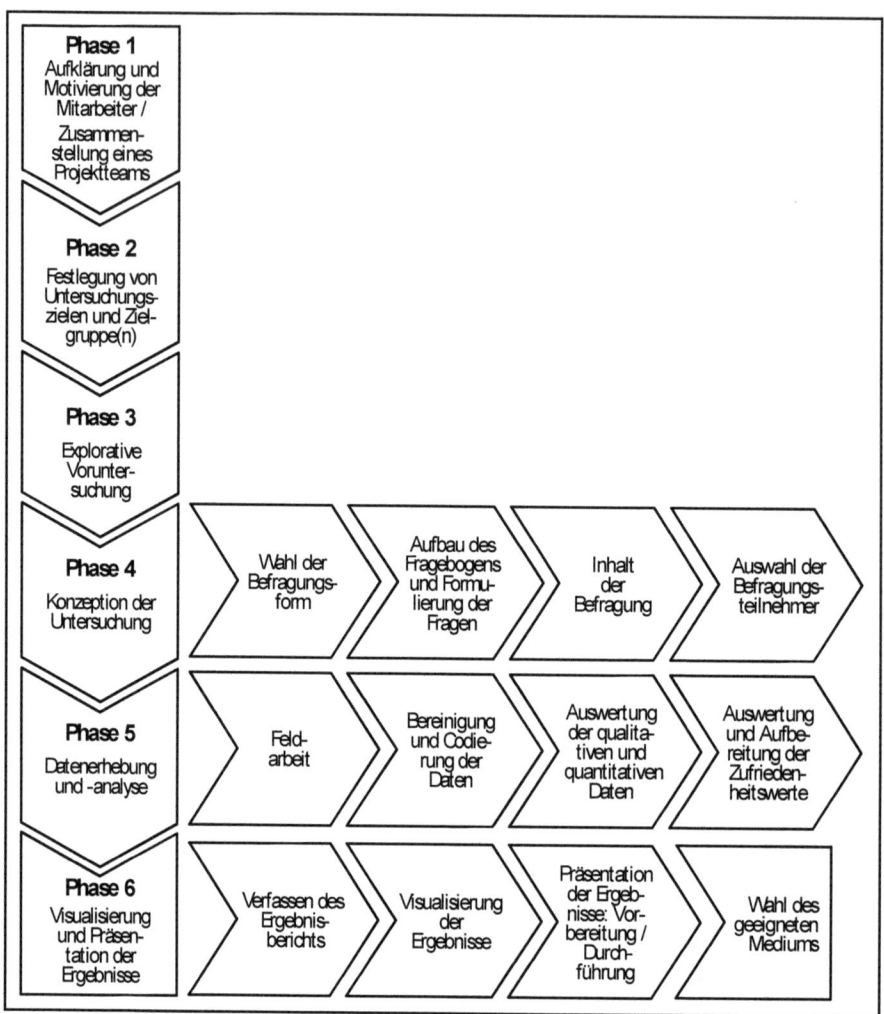

Abb. 5.1: Die sechs Phasen einer fundierten Studie zur Kundenzufriedenheit

Unternehmen sollten sich darüber im Klaren werden, ob sie ein solches Projekt in Eigenregie oder zusammen mit einem Marktforschungsunternehmen durchführen wollen.

Mit der Durchführung der Kundenzufriedenheitsstudie sollte man im Allgemeinen ein **Projektteam** – bestehend aus eigenen Mitarbeitern und Vertretern des externen Dienstleisters – beauftragen. Insbesondere kleine und mittelständische Unternehmen scheuen sich wegen der

Kosten häufig, Marktforschungsunternehmen in ein solches Projekt einzubeziehen, sind dann aber mit Aufgaben, wie Konzeption des Fragebogens und/oder statistische Auswertung der Daten, überfordert. Dies führt nicht selten zu dilettantischen Untersuchungen und gravierenden Fehlschlüssen – mit letztlich höheren Kosten. Viele Großunternehmen haben dies erkannt und vergeben deshalb zahlreiche Marktforschungsaufgaben an externe Spezialisten (= „Outsourcing"). Dennoch sollte ein Unternehmen gegenüber seinen Kunden signalisieren, dass es bei einem Kundenzufriedenheitsprojekt die Federführung übernommen hat; denn es unterstreicht damit den Stellenwert der Studie und verdeutlicht nach außen, v. a. aber nach innen, dass es sich dabei um eine „Chefsache" handelt.

5.3.2 Aufklärung und Motivierung der Mitarbeiter sowie Zusammenstellung eines Projektteams

Unternehmen, die eine Kundenzufriedenheitsstudie planen, sollten frühzeitig ihre Belegschaft in die Überlegungen mit einbeziehen, um so Akzeptanz und ggfs. Bereitschaft zur Mitwirkung zu steigern. Hierzu bietet es sich bspw. an, allen betroffenen Mitarbeitern Informationsmaterial zur Verfügung zu stellen, in welchem die Geschäftsführung Sinn und Bedeutung des Projekts erläutert. Außerdem ist es zweckmäßig, ein Projektteam einzurichten (vgl. hierzu auch *Doppler/Lauterburg* 1999, S. 277 ff.). Mit dessen Leitung sollte ein Mitarbeiter betraut werden, der bereits eine Funktion in der Organisations- und/oder Strategieentwicklung ausgeübt hat und folglich einschlägige Erfahrungen im Projektmanagement besitzt.

Um Stellenwert und institutionelle Verankerung des Projekts zu dokumentieren, sollte diese Stelle – falls möglich – mit einem Abteilungsleiter besetzt werden. Denn eine Führungskraft dieser Ebene könnte dann ggfs. die notwendigen weitreichenden Konsequenzen entsprechend absichern und jene Widerstände vermeiden, die dann entstehen, wenn hierarchisch untergeordnete Mitarbeiter Maßnahmen und Verhalten von Führungskräften kritisieren.

Außerdem sollten die Mitglieder des Projektteams einer ähnlichen Hierarchieebene angehören, nicht zuletzt weil dies eine offene, fruchtbare Kommunikation fördert. Nicht zuletzt ist es zweckmäßig, viele Unternehmenseinheiten, Sparten, Funktionsbereiche bzw. Abteilungen in das Projektteam zu integrieren, damit möglichst das gesamte Unternehmen das Projekt unterstützt. Da Teamarbeit mit zunehmender Größe ineffizient zu werden droht, sollten der Gruppe maximal acht bis zehn Mitarbeiter angehören.

5.3.3 Festlegung von Untersuchungszielen und Zielgruppe

Das Unternehmen muss nunmehr klären, welche Ziele es mit der Kundenbefragung verfolgt. Im Wesentlichen geht es darum, Antworten auf folgende Fragen zu finden:

(1) Wie viele **Kundensegmente** sollen befragt werden?
   In diesem Zusammenhang ist zunächst zu beantworten, ob sämtliche
   - Kundengruppen (z. B. Schlüsselkunden, Clubmitglieder, interne/externe Kunden),
   - Produktgruppen (z. B. LKW-Sparte),

- Verantwortungsbereiche (z. B. Niederlassungen),
- Vertriebswege,
- Länder und/oder
- Regionen

befragt werden sollen oder aber lediglich einzelne Segmente. Grundsätzlich sollte man sich bei der erstmaligen Durchführung einer Kundenzufriedenheitsbefragung (= Pilotprojekt) auf ein Segment konzentrieren. Auf diese Weise kann das Unternehmen aus „Anfängerfehlern" lernen. Um Vergleichbarkeit bzw. Repräsentativität der Befunde herzustellen, sollten zu einem späteren Zeitpunkt Kunden aller Marktsegmente befragt werden – vorausgesetzt, es sind entsprechende Budgets und Kapazitäten vorhanden. Außerdem lässt sich auf diesem Weg eine Unternehmenskultur im Sinne einer ganzheitlichen Kundenorientierung glaubwürdig verankern.

(2) Sollen **sämtliche Leistungskomponenten**, d. h. sowohl Produkte als auch Dienstleistungen analysiert werden?

Wie sich am Beispiel eines Kfz-Vertragshändlers verdeutlichen lässt, unterscheiden Kunden gemeinhin nicht zwischen Produkt und Dienstleistung, sondern betrachten die von einem Unternehmen angebotenen Leistungen als Ganzes (im Sinne einer Problemlösung). Denn wer etwa lediglich nach der Zufriedenheit mit dem erworbenen Kraftfahrzeug fragt, kann Ausstrahlungseffekte des Kundenservice – etwa bei Wartung und Reparatur – nicht erkennen. Wer indessen nur die Leistungen der Kfz-Werkstatt analysiert, lässt positive oder negative Einflüsse, die vom erworbenen Fahrzeug ausgehen, außen vor. Aus diesem Grund empfiehlt es sich, die Zufriedenheit mit sämtlichen Leistungskomponenten abzufragen.

(3) An wen wendet man sich, wenn **gewerbliche Kunden** befragt werden sollen?

Wie u. a. das „Buying center"-Konzept verdeutlicht, sind an einer gewerblichen Kaufentscheidung mindestens vier Funktionsbereiche unmittelbar beteiligt:
- Einkauf,
- Nutzer,
- Geschäftsleitung,
- Finanzabteilung.

Da in Unternehmen deshalb im Allgemeinen mehrere Personen mit den Leistungen eines anderen Unternehmens in Kontakt kommen, mag die Zufriedenheit der einzelnen Personen auch unterschiedlich ausfallen (= multipersonale Zufriedenheit). Deshalb müssen i. d. R. mehrere Funktionsbereiche bzw. Personen gleichzeitig befragt werden (vgl. hierzu auch *Schütze* 1994).

Das folgende Beispiel verdeutlicht, dass an einer gewerblichen Kaufentscheidung gewöhnlich mehrere Funktionsbereiche beteiligt sind, weshalb es für die Kaufentscheidung bedeutsam ist, dass alle Beteiligten mit einem bestimmten Produkt zufrieden (d. h. mit dessen Erwerb einverstanden) sind. Während in kleineren Unternehmen häufig eine einzige Person die angesprochenen Funktionen ausübt (so dass bei einer Befragung diesbezüglich keine Probleme auftreten), muss man bei einer Befragung in größeren Unternehmen (mit multipersonalen Kaufentscheidungen) den Fragebogen nach einzelnen Funktionsbereichen unterteilen (i. d. R. Einkauf, Geschäftsleitung, Nutzer, Finanzabteilung) und die einzelnen Module von den jeweiligen Vertretern ausfüllen lassen.

> **Fallbeispiel: Kauf eines Transporters**
>
> Die Geschäftsleitung der *Müller GmbH*, eines mittelständischen Unternehmens im Möbeleinzelhandel, beabsichtigt, für die Auslieferung an Kunden zwei neue Transporter zu beschaffen. Deshalb beauftragt sie die Einkaufsabteilung damit, entsprechende Angebote einzuholen. Der Chef der Einkaufsabteilung spricht zunächst mit einigen Fahrern, notiert deren Erfahrungen mit dem bisherigen Fuhrpark, erfragt deren Wünsche bezüglich der Anschaffung neuer Fahrzeuge und holt anschließend entsprechende Angebote ein. Nach deren Prüfung präsentiert er seine Vorschläge der Geschäftsführung: Diese schließt sich nach kurzer Überlegung der Empfehlung des Chefeinkäufers (Erwerb von zwei Transportern des Automobilherstellers CD) an. Um Details (Finanzierung, Leasing, Zahlungsabwicklung) zu klären, soll sich die Finanzabteilung mit dem Lieferanten in Verbindung setzen.

(4) **Welche Zielgruppen** sollen befragt werden?
Grundsätzlich kommen folgende Gruppen in Betracht:
- Potentielle Kunden (Aufspüren von Neukundenpotential, Akquisition neuer Kunden, Suche nach Verbesserungspotential durch Benchmarking)
- Derzeitige Kunden (Kundenbindung, „Cross-Selling")
- Ehemalige Kunden (Aufdecken von Schwachstellen, Rückgewinnung abgewanderter Kunden)

Insbesondere mit Blick auf die Befragung ehemaliger Kunden gilt: Sollen die Ergebnisse aussagekräftig sein, so muss wegen der in diesem Segment grundsätzlich recht geringen Rücklaufquote eine entsprechend große Stichprobe gezogen werden. Ehemalige Kunden nehmen insbesondere aus zwei Gründen nicht oder nur selten an derartigen Befragungen teil:
- Aus Unzufriedenheit abgewanderte Kunden sind häufig so verärgert, dass sie dem Unternehmen nicht auch noch mit ihren Auskünften behilflich sein wollen.
- Ein Teil der Kunden ist physisch abgewandert, d. h. aus dem Einzugsgebiet weggezogen und somit nur noch unter großem Aufwand erreichbar.

Am Ende von Phase 2 sollten folgende **Aufgaben** abgeschlossen sein:
- Formulierung/Konkretisierung der Problemstellung (Warum will das Unternehmen eine Befragung durchführen?),
- Festlegung der Zielgruppen (= derzeitige, potentielle und/oder abgewanderte Kunden),
- Übersicht über bereits vorhandene Daten (= Ergebnisberichte bisheriger Studien, sekundärstatistisches Datenmaterial wie Reklamations- und Garantiestatistiken, Unternehmenspublikationen, Geschäftsberichte, Umsatz- und Gewinnentwicklungen u. ä.),
- Budget und Zeitrahmen,
- Festlegung sog. Aktionsstandards (= Maßnahmen, die je nach Untersuchungsbefund ins Auge gefasst werden).

5.3.4 Explorative Voruntersuchung

Vor der detaillierten Ausgestaltung des Untersuchungsansatzes sollte das Unternehmen eine explorative, d. h. eine das Problemfeld aufhellende und strukturierende Voruntersuchung durchführen. Auf diese Weise lässt sich ermitteln, welche

- Erwartungen die Kunden an den Anbieter sowie an dessen Produkte und Dienstleistungen stellen und welche
- Faktoren (Preise, Frische der Waren, ...) die Kaufentscheidung beeinflussen.

Hierzu bieten sich **zwei Methoden** an:

(1) das halbstrukturierte Interview mit dem Ziel, tiefe Erkenntnisse zu erlangen,
(2) die Gruppendiskussion, die breite Einblicke gewährt.

Für die Gestaltung einer explorativen Voruntersuchung gilt:

- Unabhängig von der Befragungsmethode sollte vor der explorativen Studie ein Interviewerleitfaden erstellt werden, der die Vorgehensweise grob skizziert.
- Außerdem hat es sich als nützlich erwiesen, die Gespräche bzw. Diskussionen auf Tonband aufzuzeichnen – das Einverständnis der Teilnehmer vorausgesetzt.
- Man sollte sich darüber im Klaren sein, dass sowohl das halbstrukturierte Interview als auch die Gruppendiskussion vergleichsweise hohe Anforderungen an diejenigen stellt, welche die Interviews führen bzw. die dabei gewonnenen Angaben auswerten.
- Um Erkenntnisse über die konkrete Ausgestaltung des Untersuchungsansatzes zu gewinnen, sollten in der explorativen Phase sowohl einige Kunden als auch ausgewählte Mitarbeiter befragt werden.
- Weitere Anregungen ergeben sich i. d. R. aus der Beschwerdeanalyse, der „Critical incident"-Technik sowie aus der Kundenprozessanalyse.

5.3.5 Konzeption der Untersuchung

In dieser Phase der Primärstudie, in welcher es darum geht, den Befragungsansatz zu konkretisieren, sind insbesondere vier Sachverhalte zu klären:

(1) Welche **Befragungsform** soll genutzt werden: schriftlich, mündlich, telefonisch oder Befragung mittels Computer?

(2) Wie sollen der Fragebogen **aufgebaut** (Eisbrecher-, Sach-, Kontrollfragen, Fragen zur Person) und wie die Fragen **formuliert** werden (offen, geschlossen, kombiniert)?

(3) Was ist konkret **Gegenstand** der Befragung?

Im Mittelpunkt einer Kundenzufriedenheitsstudie stehen plausiblerweise Fragen zur Zufriedenheit des Kunden. Hierzu bieten sich zwei Methoden an, die es zu kombinieren gilt:

- Methode der kritischen Ereignisse,
- direkte Befragung der Kunden nach ihrer Zufriedenheit mit Hilfe des merkmalsgestützten Verfahrens.

Die **Methode der kritischen Ereignisse**, die sog. „Critical incident"-Technik (CIT), zählt zu den struktur-entdeckenden Verfahren. Für die hier diskutierte Problemstellung ist sie v. a. deshalb geeignet, weil bisherige Ergebnisse der Kundenzufriedenheitsforschung dafür sprechen, dass CIT das Verständnis dafür erweitert,
- wie Kunden die Qualität von Dienstleistungen wahrnehmen und bewerten und
- welche Konsequenzen sie daraus ziehen.

Die CIT wurde bereits in den 1950er Jahren entwickelt und lange Zeit vorzugsweise in der Arbeitszufriedenheitsforschung sowie in der Sozialpsychologie eingesetzt (vgl. *Lohmann* 1997, S. 98 ff.). Mittlerweile hat die CIT u. a. auch im Marketing große Aufmerksamkeit erlangt. Da Kunden gerade Extremerlebnisse in Erinnerung behalten, wenn sie an ein Unternehmen denken, eignet sich die CIT sehr gut, Defizite während der Erbringung von Dienstleistungen aufzuspüren und zu analysieren.

Wesentliches Ziel der CIT ist es, die während der Interaktion zweier Parteien (z. B. Restaurant/Kunde) auftretenden Probleme zu identifizieren. Kritische Ereignisse („critical incidents") sind kurze, in sich abgeschlossene Ereignisse (Episoden), die ein Kunde im Kontakt mit einem Unternehmen bzw. dessen Mitarbeiter(n) als besonders positiv bzw. negativ erlebt. „Kritisch" sind solche Erlebnisse dann, wenn sie die Wahrscheinlichkeit signifikant vergrößern (bzw. verringern), dass einer der Partner seine Ziele (z. B. Kundenloyalität) erreicht. In einem Restaurant etwa kämen folglich alle Situationen in Betracht, in welchen ein Gast den Restaurantbetreiber für das Ergebnis der Interaktion (= Zufriedenheit des Gastes) verantwortlich machen kann. Während eine angenehme Atmosphäre im Restaurant (z. B. leise Hintergrundmusik, Raumtemperatur, Dekoration von Raum und Tischen), eine schnelle, freundliche Bedienung oder der unkomplizierte Umgang mit einer Reklamation positive Erlebnisse darstellen, welche u. U. dafür sorgen, dass der Gast (noch) zufriedener wird, gehören etwa lange Wartezeiten, als überhöht empfundene Preise oder das berühmte „Haar in der Suppe" zu den negativen Erlebnissen.

Typische kritische Ereignisse im Restaurant in der Phase: „Bezahlung" sind (*Romeiß-Stracke* 1995, S. 45):
- Der Wunsch „Zahlen" wird lange Zeit ignoriert.
- Der Gast muss lange auf die Rechnung warten.
- Der Kellner kennt die verzehrten Speisen und Getränke nicht mehr.
- Der Kellner verrechnet sich zu ungunsten des Gastes.
- Der Kellner akzeptiert „getrennte Kasse" nicht.
- Der Gast muss lange auf sein Wechselgeld warten.
- Das Wechselgeld stimmt nicht.

Da sog. **offene Fragen** beantwortet werden, sind „critical incidents" relativ einfach zu operationalisieren: Der Interviewer bittet die Auskunftsperson, sich möglichst genau an positive bzw. negative Erlebnisse mit einem Unternehmen zu erinnern und diese zu schildern.

Beispiel:

a) Vielleicht haben Sie sich schon einmal oder mehrmals über unser Restaurant geärgert. Bitte schildern Sie dieses Erlebnis bzw. diese Erlebnisse kurz, aber so konkret wie möglich.

b) Hatten Sie in unserem Restaurant schon einmal ein Erlebnis, an das Sie sich gerne erinnern? Bitte schildern Sie dieses kurz, aber so konkret wie möglich.

Folgende sich daran anschließenden **Fragen** dienen dazu, die Ereignisse jeweils zu präzisieren (*Stauss* 1994):
- Was genau ist damals passiert? (= action)
- Wer genau machte was? (= actor)
- Wer oder was war Gegenstand des Vorfalls? (= object)
- Wo fand der Vorfall statt? (= place)
- Wann fand der Vorfall statt? (= time)
- Wie bewerten Sie das Ergebnis? (= evaluation)
- Was genau hat bei Ihnen (Un-)Zufriedenheit ausgelöst? (= cause)
- Wie haben Sie reagiert bzw. wie wollen Sie reagieren? (= consequence)

Die Methode der kritischen Ereignisse eignet sich insbesondere dann, wenn konkrete Erlebnisse der Kunden ermittelt und den Mitarbeitern plastisch vor Augen geführt werden sollen.

Ein Nachteil besteht allerdings darin, dass die Auswertung der Antworten wegen der zu analysierenden offenen Fragen vergleichsweise aufwendig ist. Außerdem vermitteln die von den Kunden geschilderten „critical incidents", bei denen es sich um Extremerfahrungen im Sinne besonders negativer bzw. positiver Erlebnisse handelt, plausiblerweise keinen repräsentativen Überblick über den Leistungsstand eines Unternehmens. Man kann aber die Methode der kritischen Ereignisse sehr gut mit dem merkmalsgestützten Verfahren kombinieren, um so im Vorfeld einer standardisierten Befragung sämtliche Dimensionen der Zufriedenheit aus Kundenperspektive zu erschließen.

Bei der direkten Befragung der Zufriedenheit mit Hilfe des **merkmalsgestützten Verfahrens** werden dem Probanden Merkmale eines Objekts vorgegeben, die er anhand einer Skala zu bewerten hat. Die Kundenzufriedenheit sollte hierbei grundsätzlich mit sog. Rating-Skalen gemessen werden, die i. d. R. von -3 (= sehr unzufrieden) bis +3 (= sehr zufrieden) reichen (vgl. Abb. 5.2).

5.3 Field Research am Beispiel einer Kundenzufriedenheitsbefragung

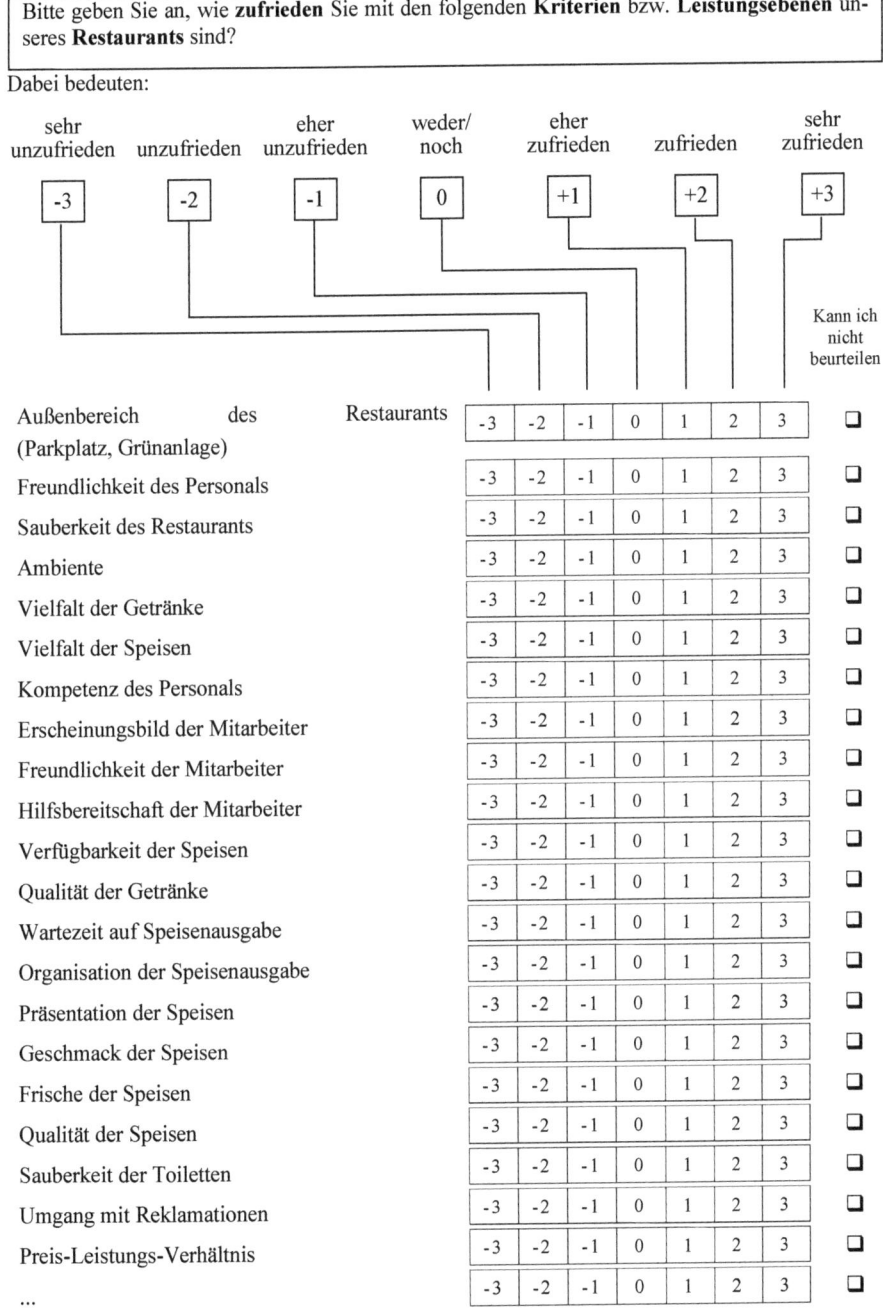

Abb. 5.2: Multiattributive Erfassung der Kundenzufriedenheit am Beispiel „Restaurantbesuch"

Andere Messmethoden, z. B. Vergabe von Schulnoten (von 1 bis 6) oder Angabe der Zufriedenheit auf einer Skala von 0 bis 100, werden zwar bisweilen angewandt, sind aber mit Blick auf deren Validität problematisch. Dasselbe gilt grundsätzlich auch für sog. **Smileys**. Diese sollten allenfalls dann eingesetzt werden, wenn in einem Land Verbraucher verschiedener Nationen befragt werden sollen (z. B. Befragung deutscher und ausländischer Kunden zu deren Zufriedenheit mit einem deutschen Discounter). Verbale und symbolische Umschreibung der Zufriedenheitsintensität sollten dann aber gemeinsam aufgeführt werden (vgl. Abb. 5.3).

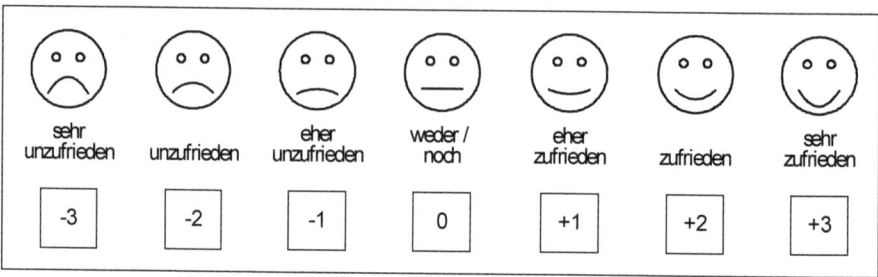

Abb. 5.3: Möglichkeit zur Nutzung von Smileys bei der Kundenzufriedenheitsmessung

Wenn Kunden, Gäste bzw. Konsumenten Einzelurteile – wie in Abb. 5.2 gefordert – abgeben, so stellt sich die Frage, wie sie diese „Einzelzufriedenheiten" zur **Gesamtzufriedenheit** verdichten. Daran unmittelbar angeknüpft ist die Frage, welche Bedeutung die Probanden den einzelnen Leistungseigenschaften beimessen.

Um den Fragebogen nicht unnötig durch die separate Abfrage der Wichtigkeit von Leistungseigenschaften aufzublähen, lässt sich diese mit dem sog. **dekompositionellen Verfahren** ermitteln. Dabei werden zunächst ein globales Zufriedenheitsurteil („Wenn Sie einmal all Ihre Erfahrungen Revue passieren lassen: Wie zufrieden sind Sie mit unserem Restaurant ganz allgemein?") sowie entsprechende Einzelzufriedenheiten ermittelt, um anschließend auf indirektem Wege mit Hilfe **multivariater Verfahren** (i. d. R. eine Kombination aus Regressions- und Faktorenanalyse) die Wichtigkeit einzelner Leistungskomponenten zu erschließen.

Regressionsanalytische Modelle sind wichtig, weil sie die Einzelzufriedenheiten (= unabhängige Variablen) und die Gesamtzufriedenheit (= abhängige Variable) verknüpfen und auf diese Weise Richtung und Stärke des Zusammenhangs zwischen diesen Größen analysieren. Das Spektrum an Möglichkeiten zur mathematischen Verknüpfung reicht dabei von linear-additiven über multiplikative bis hin zu komplexeren Modellen.

Folgende Gleichung, der ein **linear-additives Modell** zugrunde liegt, verdeutlicht den Einfluss der Teilzufriedenheiten (z. B. Preis-Leistungsverhältnis, Freundlichkeit der Mitarbeiter, Sortimentsbreite, Sortimentstiefe, Öffnungszeiten usw.) auf die Gesamtzufriedenheit. Die Regressionskoeffizienten (= a, b, c usw.) bilden dabei die **Wichtigkeit der Einzelzufriedenheiten** ab:

$$GZ = a \cdot EZ1 + b \cdot EZ2 + c \cdot EZ3 + \ldots + x \cdot EZi$$

Legende:
GZ = Gesamtzufriedenheit
EZi = Einzelzufriedenheit (= Zufriedenheit mit Leistungskomponente i)
i = 1, 2, 3, ..., n
a, b, c, ..., x = Regressionskoeffizienten (= analytisch ermittelte Wichtigkeit der einzelnen Leistungskomponenten)

Die **Relevanz der einzelnen Leistungskomponenten** lässt sich an der Größe der regressionsanalytisch gewonnenen „standardisierten Beta-Gewichte" ablesen. Deren Stellenwert erkennt, wer jedes standardisierte Gewicht zur Summe aller standardisierten Beta-Gewichte ins Verhältnis setzt: Je größer das anteilige Gewicht, desto bedeutsamer ist das betreffende Merkmal. In dem in Abb. 5.4 dargestellten Fall etwa ließ sich regressionsanalytisch nachweisen, dass drei Faktoren eines Unternehmens die Loyalität seiner Kunden beeinflussen – wenngleich in unterschiedlichem Maße. Denn wie das Verhältnis der standardisierten Beta-Gewichte offenbart, ist der Telefonkontakt am wichtigsten (= 45 %), gefolgt von Anlieferung (= 35 %) und Rechnung, das mit 20 % im Vergleich zu den beiden anderen am wenigsten Einfluss auf die Loyalität ausübt.

Häufig wird der **Regressionsanalyse** eine **Faktorenanalyse** vorgeschaltet mit dem Ziel, die Vielzahl der in einer Befragung erhobenen Teilzufriedenheiten auf wenige zentrale Zufriedenheitsdimensionen zu verdichten. Wie Abb. 5.4 zu entnehmen ist, konnten hierdurch neun Einzelzufriedenheiten auf drei unabhängige Dimensionen verdichtet werden. Diese Vorgehensweise hat **zwei Vorteile**:
- Sie stellt die für eine fundierte Regressionsanalyse notwendige Bedingung sicher, dass die unabhängigen Variablen (hier = Einzelzufriedenheiten) unkorreliert, d. h. tatsächlich unabhängig sind.
- Indem man statt der ursprünglichen Einzelzufriedenheiten die faktoranalytisch gewonnenen Zufriedenheitsdimensionen zugrunde legt, kann man in zukünftigen Befragungen den Erhebungsaufwand ggfs. reduzieren.

Angesichts des mit einer Zufriedenheitsstudie verbundenen Aufwands ist es zweckmäßig, neben der Zufriedenheit sowie den einzelnen Zufriedenheitsdimensionen **weitere Faktoren** zu erfragen, die geeignet sind, Hintergrund und Verhaltensweisen der Kunden zu beleuchten. Hierzu zählen z. B.
- Dauer der Beziehung zum Unternehmen,
- Zeitpunkt des letzten Unternehmensbesuchs,
- Grund für den letzten Unternehmensbesuch,
- positive bzw. negative Erlebnisse mit dem Unternehmen,
- Beschwerdeverhalten und -zufriedenheit,
- Benchmarking (z. B. Nennung eines mustergültigen Wettbewerbers),
- Wünsche an das Unternehmen,
- soziodemographische Merkmale (z. B. Geschlecht, Alter).

330 5 Praxisbeispiele „Marketing-Forschung am Beispiel der Analyse des Käuferverhaltens"

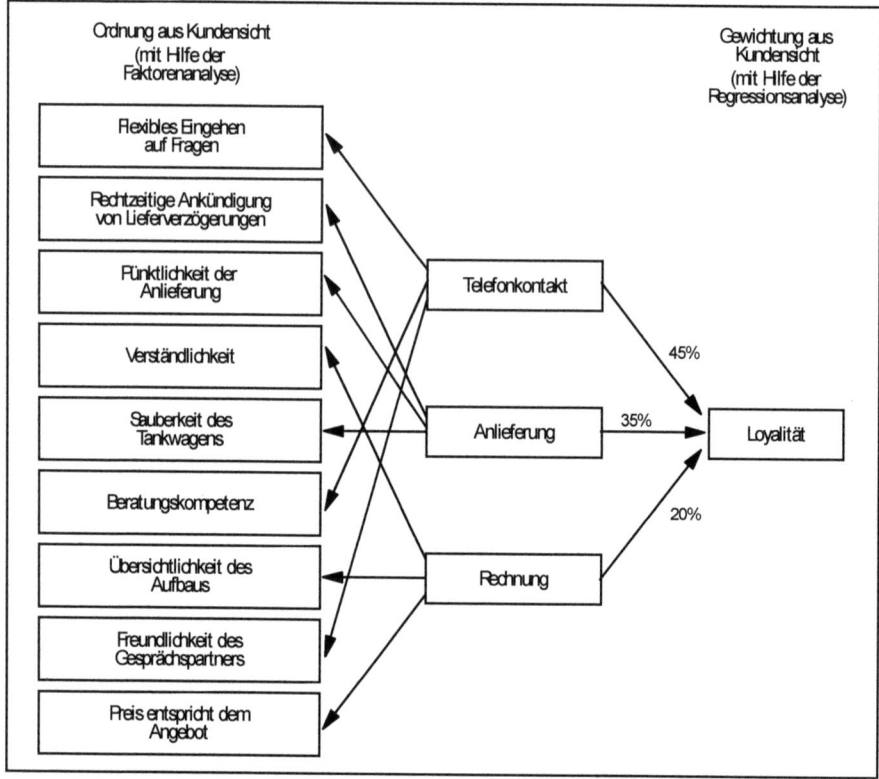

Abb. 5.4: Bedeutung der Einzelzufriedenheiten für die Loyalität der Kunden

(4) Wie viele Untersuchungsteilnehmer werden für eine aussagekräftige Erhebung benötigt, und wie werden diese ausgewählt?
Ausgangspunkt ist dabei die Frage nach der **Grundgesamtheit**: Werden bspw. lediglich die (derzeitigen) Kunden befragt, oder sollen auch potentielle bzw. abgewanderte Kunden in die Untersuchung einbezogen werden?
Darüber hinaus ist zu beantworten, ob man eine **Vollerhebung** (= Befragung sämtlicher Kunden) oder eine **Teilerhebung** (= Befragung eines Teils der Klientel) durchführen möchte.
- Eine **Vollerhebung** empfiehlt sich bei einer überschaubaren Zahl von Kunden, die ein bestimmtes Umsatzvolumen auf sich vereinen, z. B. Kunden eines Küchenstudios oder eines Automobilhändlers.
- Zeit- und Kostengründe zwingen indessen häufig dazu, sich bei der Befragung auf einen Teil der Kunden zu beschränken (= **Teilerhebung**). Entsprechende Stichproben lassen sich mit verschiedenen Verfahren ziehen (vgl. Abschnitt 4.5.3).

In der Literatur finden sich zahlreiche **Faustregeln**, die i. d. R. auf Erfahrungswerten basieren. So empfehlen manche Autoren einen Mindestumfang von 100 auswertbaren Fragebögen, andere wiederum nur 50 oder gar 30. Derartige Angaben sind allerdings nicht

5.3 Field Research am Beispiel einer Kundenzufriedenheitsbefragung

viel mehr als das Ergebnis von „Kaffeesatzleserei", zumal der erforderliche – oder mitunter praktikable – Stichprobenumfang auch von der jeweiligen Situation abhängt. Während etwa im Konsumgüterbereich viele Kunden jeweils relativ wenig Umsatz erbringen, finden sich im Investitionsgütersektor häufig nur wenige Auftraggeber mit großen Einkaufsvolumina. Wer einen umfassenden Eindruck von seinen Kunden gewinnen will, müsste im ersten Fall relativ viele Kunden befragen, während es im zweiten u. U. genügen könnte, die Meinung von lediglich ein paar Kunden einzuholen.

Der **Umfang einer Stichprobe** hängt davon ab,
- wie groß die Grundgesamtheit ist,
- wie genau das Stichprobenergebnis sein soll und
- mit welcher Sicherheit die Aussagen zutreffen sollen, wobei sich
- eine Sicherheit von mindestens 95,5 % mit
- einer Genauigkeit von 5 % als empfehlenswert erwiesen hat.

Mit einer der beiden folgenden Formeln lässt sich – abhängig von der Größe der Grundgesamtheit – berechnen, wie viele Elemente die Stichprobe enthalten muss:

Falls Grundgesamtheit N < 100.000:   Falls Grundgesamtheit N > 100.000:

$$n = \frac{t^2 \cdot p \cdot q \cdot N}{t^2 \cdot p \cdot q + e^2 \cdot (N-1)} \qquad n = \frac{t^2 \cdot p \cdot q}{e^2}$$

Dabei gilt:

n = Stichprobenumfang

t = zulässiger Fehlerbereich:
   - für t = 1: 68,3 % Sicherheit
   - für t = 2: 95,5 % Sicherheit
   - für t = 3: 99,7 % Sicherheit

p = Anteil der Elemente in der Stichprobe, welche die Merkmalsausprägung aufweisen

q = Anteil der Elemente in der Stichprobe, welche die Merkmalsausprägung nicht aufweisen. Da p und q im Voraus nicht bekannt sind, wird der ungünstigste Fall angenommen, nämlich jeweils 50% (d. h. 50·50).

N = Größe der Grundgesamtheit

e = Genauigkeit

Den Formeln zufolge ergäbe sich bei einer Grundgesamtheit von 5.000 Kunden bspw. ein Stichprobenumfang von 370 Personen, wenn man überdies eine Sicherheit von 95,5 % und eine Genauigkeit von 5 % anstrebte (vgl. *Hinterhuber* u. a. 1997, S. 75 f.). Berücksichtigt man darüber hinaus, dass bei schriftlichen Befragungen lediglich ein Teil der Angeschriebenen antwortet und legte man deshalb im vorliegenden Beispiel eine Rücklaufquote von 10 % (geschätzt) zugrunde, dann müssten in der 1. Befragungswelle 3.700 Fragebögen versandt werden.

5.3.6 Datenerhebung und -analyse

5.3.6.1 Feldarbeit

Auch während der sog. Feldphase, in der die erforderlichen Daten erhoben werden, sind zahlreiche Aufgaben zu erledigen. Im Falle einer Befragung sind dies etwa:
- Druck der Fragebögen,
- Verfassen eines Begleitschreibens und Versand der Fragebogen incl. Rückantwortkuverts (bei schriftlicher Befragung),
- Anwerbung, Schulung und stichprobenartige Kontrolle der Interviewer (bei mündlichen und telefonischen Befragungen),
- Suche nach einem geeigneten Standplatz für die Interviewer (bei mündlicher Befragung),
- Dokumentation der Rücklaufquote und des Erhebungsfortschritts.

5.3.6.2 Bereinigung und Codierung der Daten

Fragebogen, die ganz offensichtlich bewusst falsch, widersprüchlich oder weitgehend unvollständig ausgefüllt sind, sollten von der Analyse ausgeschlossen werden. Fehlen bei einem Fragebogen hingegen nur vereinzelt Angaben, so kann man dieses Problem sog. „Missing values" fallweise lösen, indem man die fehlenden Werte durch
- einen Platzhalter (häufig die Ziffer „9") oder durch
- den jeweiligen Mittelwert der Variable

ersetzt.

Wer bei künftigen Befragungen das Problem fehlender Werte mindern will, sollte nach der Datenanalyse den Ursachen für „Missing values" auf den Grund gehen. Haben bspw. auffällig viele Befragungsteilnehmer eine bestimmte Frage nicht beantwortet, so kann dies darauf zurückzuführen sein, dass
- die Frage unverständlich formuliert war, so dass der Proband gar nicht korrekt antworten konnte,
- der Befragungsteilnehmer nicht antworten wollte, bspw. weil ihm die Frage zu peinlich oder zu aufwendig erschien,
- die Antwortkategorie „Kann ich nicht beurteilen" fehlte,
- der Proband die Befragung vorzeitig abbrach, z. B. wegen Länge oder Monotonie des Fragebogens.

Um auch nach der Dateneingabe jeden Datensatz dem jeweiligen Fragebogen zuordnen zu können, ist es erforderlich, beide anhand einer Fragebogennummer (die im Datensatz und auf dem Fragebogen steht) zu verknüpfen. Im nächsten Schritt („Codierung der bereinigten Daten") weist man den einzelnen Ausprägungen der Variablen Zahlen zu (z. B. Geschlecht: weiblich = 1; männlich = 0), die anschließend in eine Datenmatrix eingetragen werden – mit den erhobenen Merkmalen (z. B. Zufriedenheit, Dauer der Beziehung zum Unternehmen, Alter, Geschlecht) in den Spalten und den Elementen (= Fälle; z. B. Kunden) in den Zeilen.

5.3.6.3 Auswertung der qualitativen und quantitativen Daten

Die Auswertung qualitativer Daten, die mit Hilfe offener Fragen erhoben werden, ist vergleichsweise aufwendig, nicht zuletzt weil standardisierte Antwortkategorien fehlen. Wer offene Fragen bestmöglich nutzen, den Analyseaufwand aber dennoch in einem überschaubaren Rahmen halten will, sollte folgende **Vorgehensweise** wählen:

(1) Schnelldurchsicht der Antworten und Kategorienbildung
(2) Zuordnung der Antworten zu den einzelnen Gruppen und Häufigkeitsauszählung
(3) Wörtliche Wiedergabe prägnanter Aussagen

Sämtliche Aussagen wörtlich zu erfassen (auch in der Datenmaske) ist zwar sehr aufwendig, erleichtert es aber, im Ergebnisbericht besonders bedeutsame Bespiele zu präsentieren. Nicht zuletzt eignen sich wörtliche Zitate dazu, quantitative Daten und Kennzahlen anschaulich zu untermalen.

Mit der Analyse quantitativer Daten will man im Wesentlichen

- Einzeldaten verdichten (= Datenkomprimierung),
- anhand der Daten beobachtbare Sachverhalte beschreiben (= Deskription) bzw.
- Ursache/Wirkungs-Beziehungen aufdecken (= Erklärung und Prognose).

Je nach Untersuchungsziel stehen die in Abschnitt skizzierten uni-, bi- und multivariaten Analyseverfahren zur Verfügung (vgl. Abschnitt 4.5.6).

5.3.6.4 Auswertung und Aufbereitung der Zufriedenheitswerte

5.3.6.4.1 Gesamtzufriedenheit und attributspezifische Zufriedenheitswerte

Zufriedenheitswerte lassen sich besser darstellen und sind leichter verständlich, wenn man die zugrunde liegende Skala (z. B. von -3 bis +3) auf eine von 0 bis 100 reichende Skala **transformiert**. Beispielsweise ist ein Zufriedenheitswert von 70 leichter nachvollziehbar als ein Mittelwert von +1,2. Betrachten wir der Anschaulichkeit halber im Folgenden die beispielhaften Ergebnisse einer Zufriedenheitsstudie aus dem Bereich „Kfz-Werkstatt". Die in dieser Studie ermittelten Skalenwerte (von -3 bis +3) wurden **transformiert** (von 0 bis 100), so dass sich eine durchschnittliche Gesamtzufriedenheit von 68 Punkten ergab. Da dieser Wert jedoch keinen Einblick in die Ursachen der (Un-)Zufriedenheit erlaubt, bot es sich an, die attributspezifischen Zufriedenheitswerte genauer zu analysieren.

In einem ersten Schritt wurden zunächst die ursprünglich 14 Leistungsbestandteile mit der **Faktorenanalyse** auf sieben **unabhängige** Kerndimensionen **verdichtet** und die jeweiligen Zufriedenheitswerte identifiziert:

- Leistungsqualität (= 85 Punkte)
  - Fachkenntnisse
  - Qualität der durchgeführten Arbeiten
- Preis-Leistungs-Verhältnis (= 66 Punkte)
  - Preiswürdigkeit der durchgeführten Arbeiten
- Transparenz (= 64 Punkte)
  - Verständlichkeit der Rechnung
  - Erklärung der durchgeführten Arbeiten
- Zuverlässigkeit (= 75 Punkte)
  - Einhaltung des vereinbarten Termins
  - Einhaltung des Kostenvoranschlags
- Freundlichkeit und Hilfsbereitschaft (= 70 Punkte)
  - Freundlichkeit und Hilfsbereitschaft
- Convenience (Bequemlichkeit) (= 48 Punkte)
  - Nähe der Werkstätte zu Wohnung/Arbeitsplatz
  - Bereitstellung eines Ersatzfahrzeugs/Taxigutschein
  - Öffnungszeiten
  - Flexibilität bei der Terminvereinbarung
  - Prompte Bedienung
- Erscheinungsbild (= 45 Punkte)
  - Optisches Erscheinungsbild der Werkstatt
  - Optisches Erscheinungsbild der Mitarbeiter

Diese Dimensionen sind in unterschiedlichem Maße für die Gesamtzufriedenheit der Werkstattkunden verantwortlich und werden mit Blick auf die Werkstätten auch unterschiedlich beurteilt. Während die Kunden die Leistungsqualität (= 85 Punkte) vergleichsweise positiv einstufen, fällt ihr Zufriedenheitsurteil in Bezug auf Bequemlichkeit (= 48 Punkte) und optisches Gesamterscheinungsbild (= 45 Punkte) deutlich schlechter aus. Offensichtlich besteht bei diesen weichen Faktoren erheblicher Verbesserungsbedarf.

5.3.6.4.2 Kundenzufriedenheitsportfolio als Instrument zur Strategie- und Maßnahmenfindung

Ein Kundenzufriedenheitsportfolio basiert auf zwei **Dimensionen**:

- **Zufriedenheit** der Kunden mit den einzelnen Leistungskomponenten,
- **Bedeutung** der einzelnen Leistungskomponenten (vgl. Abb. 5.5).

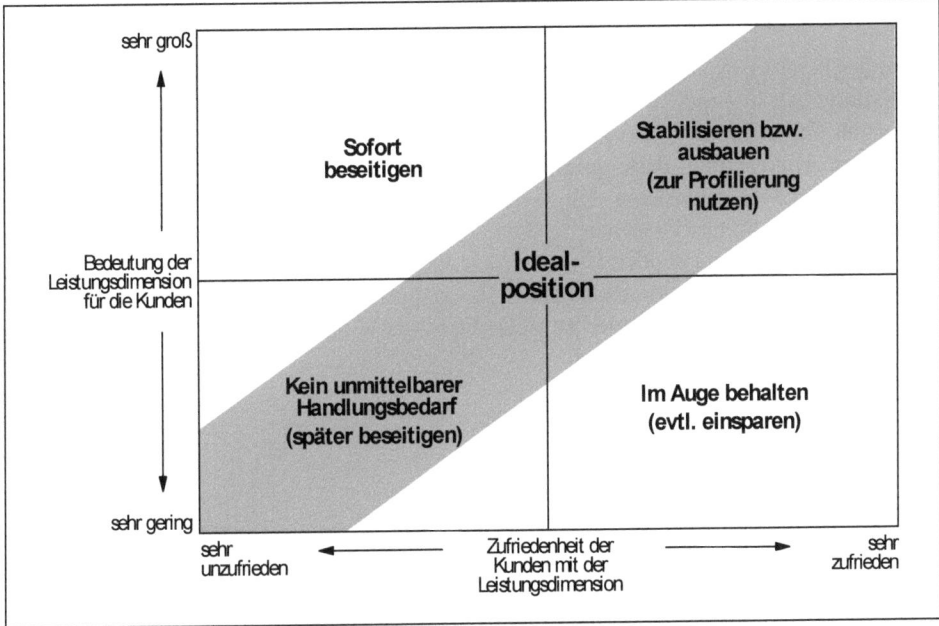

Abb. 5.5: Kundenzufriedenheitsportfolio

Beide **Dimensionen** spannen eine Fläche mit vier Quadranten auf. Hierfür lassen sich unterschiedliche **Normstrategien** ableiten:

- „**Rechts unten-Position**": Mit diesen Leistungsbestandteilen sind die Kunden zwar (sehr) zufrieden, sie spielen aber für deren Gesamtzufriedenheit lediglich eine unterdurchschnittliche Rolle. Unternehmen, die bei diesen Merkmalen „**over-spending**" betreiben, könnten – weil der eigentliche Kundennutzen gering ist – diese Kosten verursachenden Leistungen u. U. zurückschrauben oder gar streichen und damit Einsparpotential realisieren. Dennoch sollte man diese Leistungsbestandteile im Auge behalten, falls sich deren Relevanz im Zeitablauf vergrößert.
- „**Links unten-Position**": Kunden erachten diese Leistungskomponenten als vergleichsweise unbedeutend. Wenn Kunden mit diesen Merkmalen weniger zufrieden sind, so ist dieses Defizit folglich nicht so gravierend. Handlungsbedarf entsteht indessen, wenn sich die Kundenwahrnehmung verändern sollte.
- „**Rechts oben-Position**": Diese Leistungskomponenten, mit denen die Kunden (sehr) zufrieden sind, spielen für die Gesamtzufriedenheit eine große Rolle. Sie sollten ausgebaut oder zumindest gehalten und v. a. auch den Kunden **kommuniziert** werden, da sich Unternehmen damit **Wettbewerbsvorteile** verschaffen können.
- „**Links oben-Position**": Mit diesen Leistungen, die für Kunden eine große Bedeutung haben, sind die Kunden (sehr) unzufrieden. Ziel muss es demnach sein, die identifizierten Schwachstellen unter allen Umständen zu beseitigen.

5.3.6.4.3 Quer- und Längsschnittanalysen

Im Falle der bereits erwähnten Kundenzufriedenheitsstudie „Kfz-Werkstatt" ließ sich **querschnittsanalytisch** u. a. nachweisen, dass die Zufriedenheit der Kunden der einzelnen Niederlassungen erheblich variiert (vgl. Abb. 5.6). Beachtenswert erscheint dieser Zusammenhang vor dem Hintergrund, dass einige Kfz-Hersteller Bonussysteme eingeführt haben, die auf Kundenzufriedenheit basieren. Die Gegner dieser Systeme führen ins Feld, dass sie als Vertragshändler zahlreiche Ursachen der Kunden(un-)zufriedenheit (z. B. Qualität der Fahrzeuge) nicht beeinflussen könnten. Unbestreitbar aber ist, dass alle Händler dieselben herstellerbezogenen Rahmenbedingungen haben (z. B. Qualität der Fahrzeuge, Preise), so dass dennoch bestehende Unterschiede in der Zufriedenheit ihrer Kunden folglich auf die händlerspezifische Leistung zurückzuführen sind.

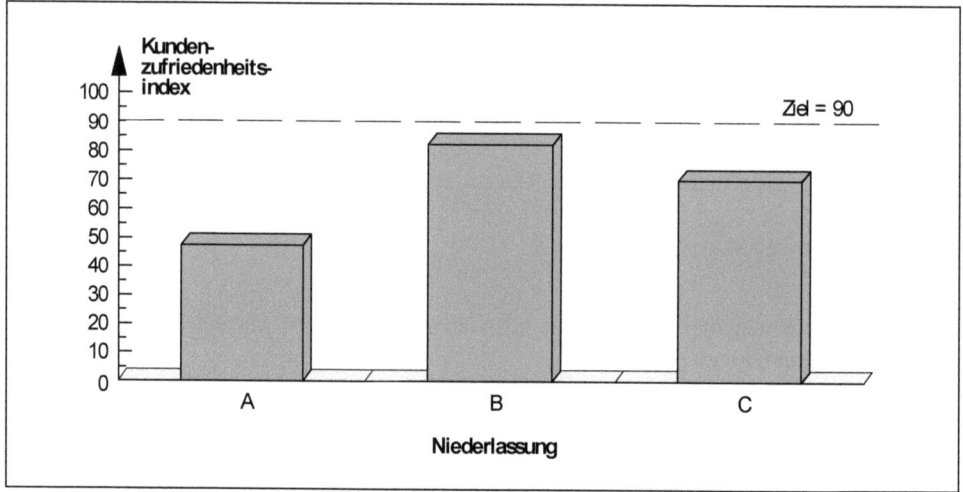

Abb. 5.6: Kundenzufriedenheit als Gegenstand der Querschnittsanalyse

Kundenzufriedenheit sollte nicht nur **zeitpunkt-**, sondern auch **zeitraumbezogen** analysiert werden. Während die Querschnittsanalyse einen Vergleich z. B. verschiedener Filialen einer Handelskette erlaubt und sich für **Benchmarking** eignet, ist die **Längsschnittanalyse** zweckmäßig, wenn man Veränderungen der Kundenzufriedenheit im Zeitverlauf beobachten will. Damit könnte man im vorliegenden Fall (vgl. Abb. 5.7) bspw. nachweisen, dass die Kunden seit 2001 zwar kontinuierlich zufriedener geworden sind, dass man aber von der Zielvorgabe (hier = 90 Punkte) noch weit entfernt ist.

5.3 Field Research am Beispiel einer Kundenzufriedenheitsbefragung

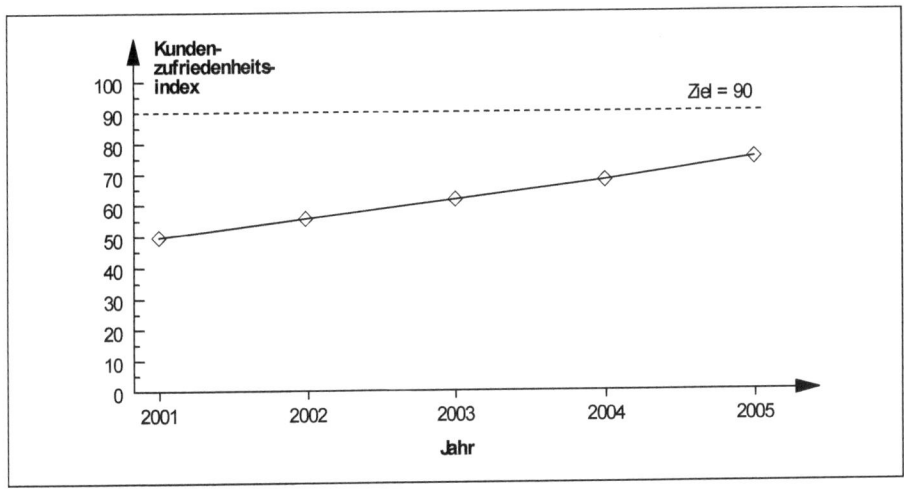

Abb. 5.7: Kundenzufriedenheit als Gegenstand der Längsschnittanalyse

5.3.6.4.4 Identifikation homogener Zielgruppen mit Hilfe der Clusteranalyse

Kunden stellen vielfältige Anforderungen an ein Unternehmen und sind deshalb mit den verschiedenen Leistungsebenen auch in unterschiedlichem Maße zufrieden. Wer Kundenzufriedenheit lediglich auf globaler Ebene betrachtet, übersieht deshalb die zwischen den Kundengruppen bestehenden Unterschiede. Viel aufschlussreicher ist es, mit der Clusteranalyse (vgl. Abschnitt 4.5.6) **homogene Zielgruppen** zu **identifizieren**, die ähnliche Bedürfnisse haben und deshalb mit spezifischen Marketinginstrumenten „zielgruppengerecht" bearbeitet werden können (= **Marktsegmentierung**).

Im vorliegenden Beispiel „Kfz-Werkstatt" wurden clusteranalytisch **fünf Zielgruppen** ermittelt:

- „**Die Bequemen**" empfinden Reparatur- und Wartungsarbeiten als lästiges Übel, das sie so bequem und schnell wie möglich beseitigen wollen. Deshalb stehen Kriterien wie Nähe der Werkstatt, günstige Öffnungszeiten, Flexibilität bei der Terminvereinbarung und prompte Bedienung ganz oben auf ihrer Prioritätenliste.

- Für „**die Preisorientierten**" sind Eigenschaften wie günstiges Preis-Leistungs-Verhältnis und Leistungstransparenz im Vordergrund. Bei älteren Fahrzeugen spielen zeitwertgerechte Reparaturen eine erhebliche Rolle.

- Für „**die Laien**" ist das Auto eine „Black box", die sie nicht verstehen, die aber funktionieren muss. Wegen fehlender Kompetenz beurteilen sie die Kfz-Werkstatt anhand von Ersatzgrößen, z. B. Freundlichkeit/Hilfsbereitschaft des Personals, optisches Erscheinungsbild des Gesamtunternehmens.

- **„Die Autointeressierten"** begeistern sich in weit überdurchschnittlichem Maße für das Thema Automobil und legen deshalb großen Wert auf Leistungstransparenz und Fachkompetenz der Werkstatt. Preisgünstigkeit hingegen ist weniger bedeutsam.
- **„Die Sicherheitsorientierten"** leben permanent in der Angst, übervorteilt zu werden. Vor diesem Hintergrund erlangen die Leistungsdimensionen Zuverlässigkeit (i. S. v. Einhaltung des Kostenvoranschlags) und Transparenz (= Verständlichkeit der Rechnung, Erklärung der durchgeführten Arbeiten) eine zentrale Bedeutung.

5.3.7 Visualisierung und Präsentation der Ergebnisse

5.3.7.1 Verfassen des Ergebnisberichts

Zum Abschluss des Projekts sollten die Analyseergebnisse in einem **schriftlichen Ergebnisbericht** zusammengefasst werden. Der Berichtsband kann je nach Bedarf um einen Tabellen- und Abbildungsband, Overhead-Folien sowie eine CD ergänzt werden.

Folgender **Aufbau eines Ergebnisberichts** hat sich bewährt:
- Zentrale Befunde im Überblick
- Ausgangssituation und Ziel der Untersuchung
- Darstellung des Untersuchungsdesigns
- Untersuchungssteckbrief
- Angaben zur Repräsentativität der Befunde
- Zusammenfassung, wobei keine neuen Argumente und Informationen nachgeschoben werden sollen
- Gestaltungsempfehlungen

Hier findet sich ein Beispiel für einen **Untersuchungssteckbrief**:
- Design der Untersuchung: Analyse der Zufriedenheit derzeitiger und abgewanderter Kunden
- Datengewinnung: Schriftliche Befragung mit standardisiertem Fragebogen
- Befragungsdauer: max. 10 Minuten
- Auswahlverfahren: Zufallsprinzip nach der Methode Herausgreifen des n-ten Falles aus der Kundendatei
- Stichprobenumfang: Je Filiale: n = 500 (derzeitige Kunden: n = 400, abgewanderte Kunden: n = 100), d. h. Stichprobenumfang (gesamt) bei 10 Filialen: n = 5.000
- Untersuchte Filialen: Dresden, Düsseldorf, Frankfurt, Freiburg, Köln, Leipzig, Mannheim, München, Oberhausen, Stuttgart

- Rücklaufquote: Derzeitige Kunden: 10 % (= 400 auswertbare Fragebögen)

  Abgewanderte Kunden: 5 % (= 50 auswertbare Fragebögen)
- Zeitlicher Ablauf: Konzeption:

  Pretest:

  Feldarbeit:

  Datenaufbereitung:

  Datenanalyse:

  Verfassen des Berichts:

5.3.7.2 Visualisierung der Befunde

Die Ergebnisse können verständlich, vergleichbar und leicht nachvollziehbar kommuniziert werden, wenn man sie in Form von Graphiken visualisiert. Hierzu stehen folgende **Typen von Schaubildern** zur Verfügung (vgl. *Kornmeier/Schneider* 2006; *Zelazny* 2003):

- Das **Kreisdiagramm** eignet sich, um Anteile an der Gesamtheit darzustellen.
  - Kennzeichen: Worte wie Anteil, Prozentsatz, X %
  - Bsp.: „35 % der Kunden sind mit Unternehmen X sehr zufrieden" oder „Das Unternehmen hatte 2004 einen Marktanteil von unter 3 %."

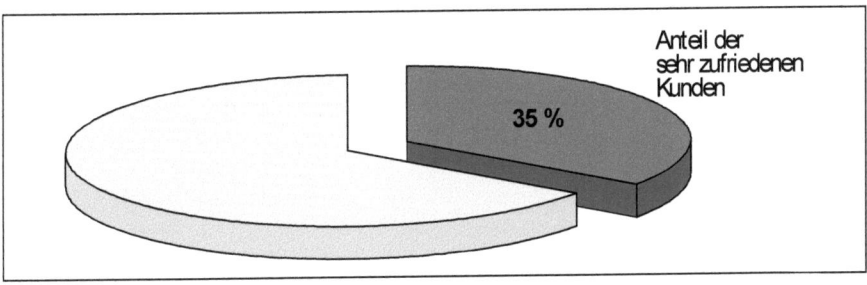

Abb. 5.8: Kundenzufriedenheit als Gegenstand der Längsschnittanalyse

- **Balkendiagramm** bzw. **Säulendiagramm** kommen in Betracht, um Einzelobjekte in eine Rangreihe zu bringen.
  - Kennzeichen: Worte wie größer als, kleiner als, gleich
  - Bsp.: „2005 waren die Kunden von Niederlassung B zufriedener als die der Niederlassungen A und C." (vgl. Abb. 5.6).

  Außerdem kann man mit einem Balken- bzw. Säulendiagramm die Besetzung von **Größenklassen** visualisieren.
  - Kennzeichen: Worte wie Verteilung, Häufigkeit, Bereich X – Y, Konzentration
  - Bsp.: „Verteilt nach Altersgruppen sind deutliche Unterschiede in der Kundenzufriedenheit festzustellen."

- Das **Kurvendiagramm** eignet sich, um Veränderungen im Zeitverlauf darzustellen.
    - Kennzeichen: Worte wie verändern, wachsen, steigen, zunehmen, fallen, sinken, schwanken
    - Bsp.: „Seit 2001 sind die Kunden unseres Unternehmens kontinuierlich zufriedener geworden." (vgl. Abb. 5.7).
- Das **Punktediagramm** ist sinnvoll, wenn es darum geht, Beziehungen zwischen Variablen darzustellen.
    - Kennzeichen: Worte wie relativ zu ..., steigt (nicht) mit ..., fällt (nicht) mit, verändert sich (nicht)
    - Bsp.: „Mit der Dauer ihrer Beziehung zum Unternehmen werden Kunden zufriedener."

Darüber hinaus bietet es sich an, Tabellen einzusetzen – allerdings möglichst sparsam und „hochverdichtet". Tab. 5.16 entspricht einem solchen „Idealfall", der auf engstem Raum sehr viel Information liefert.

Tab. 5.16: Filiale X im Leistungs-Check: Stärken und Schwächen gegenüber den anderen Filialen

Leistungsebene	Eigene Filiale	„Poor dog"	Abweichung vom „Poor dog"	„Benchmark"	Abweichung vom „Benchmark"	Alle Filialen (= Durchschnitt)	Abweichung vom Durchschnitt	Veränderung ggü. Vorjahr	Position im Ranking aller Filialen
Gesamtzufriedenheit	2,2	1,4	+0,8	2,8	-0,6	2,0	+0,2	-0,2	18
Außenbereich der Filiale	1,8	0,0	+1,8	2,6	-0,8	1,9	-0,1	+0,2	23
Sauberkeit des Marktes	……								
Verfügbarkeit der Waren	……								
……………	……								

Legende: „Poor dog"/„Benchmark" = Filiale, welche bei der jeweiligen Leistungsebene am schlechtesten/am besten abschneidet.

5.3.7.3 Präsentation der Ergebnisse

Wer seine Präsentation systematisch planen und durchführen will, sollte folgende **Grundsätze** beachten (vgl. *Kornmeier/Schneider* 2006; *Boylan* 1996):

1. Die Präsentation ist an den **spezifischen Bedürfnissen** der angesprochenen Zielgruppe auszurichten.

   Deshalb sind zunächst folgende Fragen zu beantworten:
   - Was **erwarten** die Zuhörer vom Vortrag, und was will der Referent bei ihnen erreichen bzw. auslösen? Neugier, Betroffenheit, Nachdenklichkeit, Skepsis, Begeisterung?
   - Was **weiß** das Publikum bereits über das Thema? Welches Fachwissen bzw. welche Vorbildung besitzen die Zuhörer? Hat es schon Erfahrungen mit der Thematik gesammelt? Die Klärung dieser Fragen ist von zentraler Bedeutung für die sprachliche Formulierung, die Auswahl der zu behandelnden Aspekte sowie die Visualisierung der Befunde. Bei Nichtberücksichtigung läuft der Referent Gefahr, seine Zuhörerschaft entweder zu langweilen oder zu überfordern.
   - Welcher **Hierarchiestufe** gehört das Auditorium an? Dies wirkt sich unmittelbar auf den Grad der Informationsverdichtung aus. Konkret bedeutet dies: Bei höheren Ebenen sollte man tendenziell generelle und strategische Aspekte in den Vordergrund stellen, bei nachgeordneten Hierarchieebenen sind detaillierte Informationen von größerer Bedeutung.
   - Mit welchen **Einwänden** ist zu rechnen, und wie kann man diesen bereits im Vorfeld begegnen? In diesem Zusammenhang hat sich die Strategie der zweiseitigen Argumentation bewährt. Als Redner sollte man mögliche Einwände im Vorfeld selbst aufgreifen und versuchen, diese zu entkräften. Der Referent steigert dadurch seine Glaubwürdigkeit und nimmt möglichen Widersachern frühzeitig den Wind aus den Segeln.

2. Die Präsentation muss das **Interesse der Zuhörer** wecken.
   - Ziel einer jeden Präsentation ist es, die Zuhörerschaft „in Bewegung zu setzen". Hierbei sollte der Vortragende zunächst klären, bei welchem Inhalt er das Auditorium auf welche Weise **einbeziehen** kann.
   - Beispielsweise könnte man die Teilnehmer **aktivieren**, indem man Fragen stellt, anstatt den kompletten Inhalt „mundgerecht" zu präsentieren. Um Beiträge kontinuierlich aufzunehmen, hat es sich bewährt, ein Flipchart einzusetzen.
   - Überdies gilt es zu klären, ob während der Präsentation **Zwischenfragen** möglich sind oder ob die Teilnehmer ihre Fragen notieren und am Ende des Vortrags stellen sollen.
   - Der Referent sollte **anschaulich** formulieren und seine Ausführungen durch Beispiele, eigene Erfahrungen und bildhafte Vergleiche („Talking by painting") anreichern.

- Wichtig ist ebenfalls, **Blickkontakt** zum Publikum zu halten. Seine Wirkung auf die Zuhörerschaft kann der Vortragende im Übrigen durch wohldosierte Visualisierung intensivieren.
- Darüber hinaus sollte man auf „Satzungetüme" ebenso verzichten wie auf Fremdwörter und ein Übermaß an Fachbegriffen. Wesentlich besser ist es, kurze, **einfache Sätze** und geläufige Wörter zu nutzen.

3. Die Präsentation muss **organisiert** sein.

Dabei ist zunächst zu klären, wie viel Zeit für die Vorbereitung des Vortrags sowie für die eigentliche Präsentation (Vortrags- und Diskussionszeit) benötigt werden. Der Referent muss sich außerdem darüber im Klaren werden,
- welche **Infrastruktur** (Hinweisschilder, ausreichende Sitzmöglichkeiten, Anordnung der Stuhlreihen, Möglichkeit zur Verdunklung des Raumes, Getränke, Schreibunterlagen für die Teilnehmer u. ä.) und
- welche **Hilfsmittel** (Overhead-Projektor, Flipchart, Pinnwand, PC-Beamer, Dia-Projektor, Stifte, Metaplan-Koffer usw.)

er nutzen kann bzw. will.

Zu denken ist schließlich auch an
- ein **Einladungsschreiben** (Thema, Ort, Datum, Uhrzeit [mit Beginn und Ende], Agenda, evtl. Anfahrtsskizze und Parkmöglichkeiten) sowie an
- Unterlagen für die Teilnehmer (sog. „**Hand out**").

Bei der logischen Gliederung von **Vorträgen** hat sich folgendes **Schema** bewährt:
- Einstieg, indem ein persönlicher oder sachlicher Kontakt zum Auditorium hergestellt wird,
- Anliegen des Vortrags,
- Ablauf,
- Erläuterung der einzelnen Punkte mit Vor- und Nachteilen, Fakten und persönlichen Erfahrungen zu den einzelnen Punkten,
- Fokussierung der Ergebnisse auf einige Kernaussagen, wobei keine neuen Argumente und Informationen nachgeschoben werden sollten,
- Gestaltungsempfehlungen,
- Ausstieg (mit persönlichem Stil),
- Diskussion mit den Teilnehmern im Anschluss an die Präsentation.

5.3.7.4 Wahl des geeigneten Mediums

Im Folgenden findet sich eine Reihe von Hinweisen zur Eignung der verschiedenen **Präsentationsmedien** (vgl. *Kornmeier/Schneider* 2006; *Boylan* 1996):

- Der **Overhead-Projektor** (vgl. Tab. 5.17) kommt für sämtliche Arten von Präsentationen in Betracht.

Tab. 5.17: Vor- und Nachteile des Overhead-Projektors als Präsentationsmedium

Vorteile	Nachteile
• Ständiger Blickkontakt des Redners mit dem Auditorium • Kopierbarkeit der Folien • Aktivierung des Publikums, indem Beiträge auf Blankofolie geschrieben werden	• Folienschlachten (im Durchschnitt pro Folie 5 Minuten einrechnen) • „Foliensalat" bei Rückfragen

- Der **Flipchart** (vgl. Tab. 5.18) eignet sich, um Gedankengänge zu entwickeln und Wortmeldungen zu sammeln.

Tab. 5.18: Vor- und Nachteile des Flipchart als Präsentationsmedium

Vorteile	Nachteile
• Nach kurzer Einübung leicht handhabbar • Einzelne Charts können später als Protokoll dienen	• Unleserlichkeit bei schlampiger Schrift • Verlust des Blickkontakts mit den Zuhörern

- Die **Pinnwand** (vgl. Tab. 5.19) kann man bspw. einsetzen, wenn Themen erst während der Präsentation entwickelt werden.

Tab. 5.19: Vor- und Nachteile der Pinnwand als Präsentationsmedium

Vorteile	Nachteile
• Aktivierung der Teilnehmer • Möglichkeit anonymer Beiträge • Zeitersparnis, da alle Teilnehmer gleichzeitig schreiben können	• Metaplan-Müdigkeit bei übermäßigem Einsatz • Evtl. Überforderung des Vortragenden, da der Inhalt der einzelnen Kärtchen spontan strukturiert werden muss

- Der **Dia-Projektor** (vgl. Tab. 5.20) eignet sich für die detailgetreue, reale Wiedergabe von Objekten.

Tab. 5.20: Vor- und Nachteile des Dia-Projektors als Präsentationsmedium

Vorteile	Nachteile
• Stimulierende Wirkung durch Farben	• Ermüdungsgefahr durch Abdunklung des Raumes • Hoher Zeitaufwand für Vorbereitung • Geringe Flexibilität, da Ablauf des Vortrags durch Reihenfolge der Dias vorgegeben ist

- Bei computergestützten Präsentationen ist der **Beamer** (vgl. Tab. 5.21) ideal.

Tab. 5.21: Vor- und Nachteile des Beamer als Präsentationsmedium

Vorteile	Nachteile
• Vermittlung eines professionellen Eindrucks	• Hohe Anschaffungskosten • Zum Teil ungenügende Lichtstärke

Quellenverzeichnis

Adams, J. S.: Toward an Understanding of Inequity, in: Journal of Abnormal and Social Psychology, Vol. 67 (1963), pp. 422–436.
Accenture (Hrsg.): KonsumGüter 2010. Handel – Macht – Marken, Kronberg im Taunus 2002.
ACNielsen (Hrsg.): Generation 45-Plus": A Market Opportunity Waiting to be Discovered in Germany, Frankfurt am Main 2004.
Adler, M. K.: Moderne Marktforschung, Stuttgart 1955.
Ajzen, I./Fishbein, M.: Attitude-Behavior-Relations: A Theoretical Analysis and Review of Empirical Research, in: Psychological Bulletin, Vol. 84 (1977), pp. 888–918.
Ariely, D.: Denken hilft zwar, nützt aber nichts – Warum wir immer wieder unvernünftige Entscheidungen treffen, München 2008.
Ariely, D.: Predictably irrational. The hidden forces that shape our decisions, New York 2008.
Aschenbrenner, K. M.: Komplexes Wahlverhalten: Entscheidungen zwischen multiattributiven Alternativen, in: *Hartmann, K. D./Koeppler, K.* (Hrsg.): Fortschritte der Marktpsychologie, Bd. 1, Frankfurt am Main 1977, S. 21–52.

Baacke, D./Sander, U./Kommer, S.: Zielgruppe Kind: kindliche Lebenswelt und Werbeinszenierungen, Opladen 1999.
Backhaus, K./Erichson, B./Plinke, W./Weiber, R.: Multivariate Analysemethoden, 8. Aufl., Berlin/Heidelberg 1996.
Backhaus, K./Erichson, B./Plinke, W./Weiber, R.: Multivariate Analysemethoden: Eine anwendungsorientierte Einführung, 11. Aufl. Berlin 2006.
Backhaus, K./Erichson, B./Plinke, W./Weiber, R.: Multivariate Analysemethoden. Eine anwendungsorientierte Einführung, in: *www.marketing.uni-trier.de/multivariate/verfahren. Htm*; Stand: 07.06.2002.
Backhaus, K.: Industriegütermarketing, 6. Aufl., München 1999.
Badura, B./Walter, U./Hehlmann, T.: Betriebliche Gesundheitspolitik – Der Weg zur gesunden Organisation, 2. Aufl., Berlin 2010.
Bagozzi, R. P./Rosa, J. A./Celly, K. S./Coronel, F.: Marketing-Management, München/Wien 2000.
Balderjahn, I./Scholderer, J.: Benefit- und Lifestyle-Segmentierung, in: *Albers, S./Hermann, A.* (Hrsg.): Produktmanagement, Wiesbaden 2000, S. 1–24.
Bänsch, A.: Käuferverhalten, 8. Aufl., München/Wien 1998.

Barth, J.: Tabakprävention durch Angst – Die Wirkung furchtinduzierender Medien bei Jugendlichen, München 2000.
Batinic, B./Gräf, A./Bandilla, W. (Hrsg.): Online Research. Methoden, Anwendungen und Ergebnisse, Göttingen u. a. 1999.
Bauer, H. H.: Markttypologie, in: *Diller, H.* (Hrsg.): Vahlens Großes Marketinglexikon, 2. Aufl., München 2001, S. 1080–1083.
Bauer, H. H./Knackfuß, Ch.: Emotionen – ein „Reiz"-Thema für die Kommunikation?, in: m:convisions, Sonderausgabe 06/Dezember 2007, S. 54–61.
Bauer, R. A.: Consumer Behavior as Risk Taking, in: *Hancock, R. S.* (Edt.): Dynamic Marketing for a Changing World, Chicago/Ill. 1960, pp. 389–398.
Bausch, Th./Opitz, O.: PC-gestützte Datenanalyse mit Fallstudien aus der Marktforschung, München 1993.
BBDO Consulting GmbH/gofelix GmbH: Grundlagenstudie: Der schwule Konsument, 2001, Kurzfassung: http://www.benjamin-krueger.net/wp-content/schwule_konsument.pdf; Stand: 19.06.2011.
Becker, J.: Das Marketing-Konzept, München 1999.
Becker, J.: Marketing- Konzeption, 7. Aufl., München 2001.
Behrens, G.: Konsumentenverhalten, 2. Aufl., Heidelberg 1991.
Bellabarba, A./Radtke, Ph./Wilmes, D.: Management von Kundenbeziehungen; 7 Bausteine für ein effizientes Kundenmanagement, München/Wien 1998.
Bengel, J./Barth, J.: Prävention durch Angst? (Stand der Furchtappellforschung), Bundeszentrale für gesundheitliche Aufklärung, Forschung und Praxis in der Gesundheitsförderung, Band 4, Köln 1998.
Berekoven, L./Eckert, W./Ellenrieder, P.: Marktforschung, 8. Aufl., Wiesbaden 1999.
Berekoven, L./Eckert, W./Ellenrieder, P.: Marktforschung: Methodische Grundlagen und praktische Anwendung, 10. Aufl., Wiesbaden 2006.
Berger et al.: Kano's Methods for Understanding Customer-defined Quality, in: Hinshitsu – The Journal of the Japanese Society for Quality Control, Herbst 1993, S. 3–35.
Berghoff, H. (Hrsg.): Marketinggeschichte, Wiesbaden 2007.
Bettman, J. R.: An Information Processing Theory of Consumer Choice, London et al. 1979.
Bleymüller, J./Gehlert, G./Gülicher, H.: Statistik für Wirtschaftswissenschaftler, 12. Aufl., München 2000.
Bock, C.: Schwule in der TV-Werbung – Von Schwanensee zu Fischstäbchen, 2001, auf: http://www.spiegel.de/panorama/a-117710.html; Stand: 19.06.2011.
Bode, T.: Die Essensfälscher, Frankfurt am Main 2010.
Bogner, A./Littig, B./Menz, W. (Hrsg.): Das Experteninterview. Theorie, Methode, Anwendung, Leverkusen 2001.
Böhler, H.: Marktforschung, 2. Aufl., Stuttgart 1982.
Borkowski, U.: Gender Marketing – Geschlechtsspezifische Unterschiede und Implikationen für die zielgruppenadäquate Marktbearbeitung, München 2007.
Bopp, L./Koch, B.: Bezahlen mit dem Fingerabdruck, in: Frankfurter Allgemeine Zeitung, Nr. 125 vom 31.05.2008, S. 20.
Boylan, B.: Bring's auf den Punkt! Professionelle Vortragstechnik schnell trainiert, München 1996.

Brändli, D.: Editorial – Werbeeffizienz entscheidend, Database Marketing, o. Jg. (2007), Nr. 2, S. 3.

Brisoux, J. E./Laroche, M.: A Proposed Consumer Strategy of Simplification for Categorizing Brands, in: *Summey, J. H./Taylor, R.* (Edt.): Evolving Marketing thought for 1980. Proceedings of the Annual Meeting of the Southern Marketing Association, No. 11, Carbondale/Ill. 1980, pp. 112–114.

Brosius, H.-B./Fahr, A.: Werbewirkung im Fernsehen. Kapitel 8: Wirkungen von Furchtappellen, München 1996, S. 188–227.

Brügge, M.: Der Duft der Firma, in: Die Zeit, Nr. 2 vom 31.12.2008, S. 62.

Bruggemann, A./Groskurth, P./Ulich, E.: Arbeitszufriedenheit, Bern 1975.

Bruggemann, A.: Zur Unterscheidung verschiedener Formen von „Arbeitszufriedenheit", in: Arbeit und Leistung, 28. Jg (1974), S. 281–284.

Bruhn M.: Kundenorientierung. Bausteine für ein exzellentes Customer Relationship Management, 2. Aufl., Wiesbaden 2007.

Bruhn, M.: Marketing, 5. Aufl., Wiesbaden 2001.

Buchheim, M.: Globale Netzwerksteuerung in einem Franchise-Unternehmen, Vortrag auf der Fachmesse „Transport und Logistik" der Bundesvereinigung Logistik, 31.05.2005, München 2005.

Ceranic, B./Lorenz, B.: Das Konsumentenverhalten aus dem Blickwinkel des Neuromarketing, in: *Technische Universität Braunschweig (Hrsg.)*: TU BS Marketing Report WS 06/07, Nr. 8, Braunschweig 2006, 1–5.

Chamoni, P.: Entwicklungslinien und Architekturkonzepte des On-Line Analytical Processing, in: *Chamoni, P./Gluchowski, P.* (Hrsg.): Analytische Informationssysteme: Data warehouse, on-line analytical processing, data mining, Berlin 1998, S. 231–250.

Chernatony, L./McDonald, M.: Creating Powerful Brands, Oxford 1992.

Cialdini, R. B.: Die Psychologie des Überzeugens: Ein Lehrbuch für alle, die ihren Mitmenschen und sich selbst auf die Schliche kommen wollen, Bern 1997.

Dahlhoff, H. D.: Kaufentscheidungsprozesse von Familien. Empirische Untersuchung zur Beteiligung von Mann und Frau an der Kaufentscheidung, Frankfurt am Main 1980.

Davis, H. L./Rigaux, B. P.: Perceptions of Marital Roles in Decision Processes, in: Journal of Consumer Research, Vol. 1 (1974), No. 2, pp. 51–62.

De Vries, J.: Ein Stück Lebensfreude, in: LebensmittelZeitung, Nr. 48 vom 28.11.2008, S. 92–93.

Debus, T.: Der heimliche Bestseller, in: Frankfurter Allgemeine Zeitung, Nr. 185 vom 11.08.2007, S. 46.

Dichtl, E./Schneider, W.: Kundenzufriedenheit im Zeitalter des Beziehungsmanagement, in: *Belz, Ch./Schögel, M./Kramer, M.* (Hrsg.): Lean Management und Lean Marketing, St. Gallen 1994, S. 6–12.

Dichtl, E.: Der Weg zum Käufer – Das strategische Labyrinth, 2. Aufl., München 1991.

Dichtl, E.: Strategische Optionen im Marketing – Durch Kompetenz und Kundennähe zu Konkurrenzvorteilen, 3. Aufl., München 1994.

Dijksterhuis, A./Aarts, H./Smith, P. K.: The Power of the Subliminal, in: *Hassin, R. R./Uleman, J. S./Bargh, J. A.* (Hrsg.): The New Unconscious. Oxford Series in Social Cognition and Social Neuroscience, Oxford 2005, pp. 77–107.

Diller, H. (Hrsg.): Vahlens großes Marketing-Lexikon, 2. Aufl., München 2001.

Diller, H.: Marketingumwelt (Marketingumfeld), in: *Diller, H.* (Hrsg.): Vahlens großes Marketinglexikon, 2. Aufl., München 2001, S. 1024–1025.

Diller, H.: Organisationales Beschaffungsverhalten, in: *Diller, H.* (Hrsg.): Vahlens Großes Marketinglexikon, 2. Aufl., München 2001, S. 1231–1233.

Ditzinger, T.: Illusionen des Sehens, München 1998.

Doppler, K./Lauterburg, C.: Change Management: Den Unternehmenswandel gestalten, 8. Aufl., Frankfurt/Main u. a. 1999 (11. Aufl. = 2005).

Ekman, P.: Darwin and Facial Expression: A Century of Research in Review, New York 2006.

Engel, J./Blackwell, R. D./Miniard, P.: Consumer Behavior, 9. Aufl., Chicago et al. 2000.

Erd, R./Rebstock, M.: Produkt- und Markenpiraterie in China, Aachen 2010.

Fahrmeir, L./Hamerle, A./Tutz, G.: Multivariate statistische Verfahren, 2. Aufl., Berlin 1996.

Fash Medien Verlag GmbH (2004–2011), auf: http://www.schwulissimo.de; Stand: 19.06.2011.

Feil, Chr.: Kinder, Geld und Konsum: die Kommerzialisierung der Kindheit, Weinheim/ München 2003.

Festinger, L.: Theorie der kognitiven Dissonanz, Bern 1978.

Festinger, L./Carlsmith, J.: A study of normal and informational social influences upon individual Judgement, in: Journal of Abnormal and Social Psychology, Vol. 58 (1959), pp. 203–210.

Fickinger, N./Horn, K.: Das Gehirn entscheidet anders, in: Frankfurter Allgemeine Zeitung, Nr. 244 vom 20.10.2007, S. 13.

Fischbach, S.: Lexikon der Wirtschaftsformeln und Kennzahlen, Landsberg am Lech 1999.

Fischer, L./Wiswede, G.: Grundlagen der Sozialpsychologie, München 1997.

Fischer, M.: Produktlebenszyklus, Lebenszyklus, in: *Diller, H.* (Hrsg.): Vahlens Großes Marketinglexikon, 2. Aufl., München 2001, S. 1407–1409.

Fonds Gesundes Österreich: Studie: Der schwule Konsument, 2008, auf: http://gesundesleben.at/zusammenleben/sexualitaet/schwul_lesbisch_bi/studie-der-schwule-konsument; Stand: 19.06.2011.

Freimüller, P.: Stakeholder, Stakeholder Management, in: *Diller, H.* (Hrsg.): Vahlens Großes Marketinglexikon, 2. Aufl., München 2001, S. 1597.

Freter, H.: Marktsegmentierung, in: *Diller, H.* (Hrsg.): Vahlens großes Marketinglexikon, 2. Aufl., München 2001, S. 1069–1074.

Froböse, M./Kaapke, A.: Marketing, Frankfurt/New York 2000.

Fürst, R. A./Heil, O./Daniel, J.: Die Preis-Qualitäts-Relation von deutschen Konsumgütern im Vergleich eines Vierteljahrhunderts, in: Die Betriebswirtschaft, 64. Jg. (2004), Heft 5, S. 219–234.

Gebert, D./von Rosenstiel, L.: Organisationspsychologie: Person und Organisation, Stuttgart 1996.
Georgi, D.: Einfluss der normativen Erwartungen auf die Transaktionsqualität: Bedeutung der Beziehungsqualität, in: *Bruhn, M./Stauss, B.* (Hrsg.): Jahrbuch Dienstleistungsmanagement 2001, Wiesbaden, S. 91–113.
Gigerenzer, G.: Bauchentscheidungen. Die Intelligenz des Unbewussten und die Macht der Intuition, München 2007.
Gigerenzer, G./Todd, P. M./ABC Research Group: Simple heuristics that make us smart, New York 1999.
Green, P.E./Tull, D. S.: Methoden und Techniken der Marketingforschung, Stuttgart 1982.
Gröppel-Klein, A.: Aktivierung, in: *Diller, H.* (Hrsg.), Vahlens Großes Marketinglexikon, 2. Aufl., München 2001, S. 36–39.
Groß, V.: Sexuelle Orientierung als Marktsegmentierungskriterium – Möglichkeiten und Grenzen einer markenpolitischen Marktbearbeitung, 2008, auf: http://www.grin.com/e-book/123691/sexuelle-orientierung-als-marktsegmentierungskriterium; Stand: 9.06.2011.
Günther, M./Vossebein, U./Wildner, R.: Marktforschung mit Panels. Arten – Erhebung – Analyse – Anwendung, Wiesbaden 1998.
Güttler, P. O.: Sozialpsychologie, 3. Aufl., München 2000.
Gustafsson, A./Herrmann, A./Huber, F. (Edt.): Conjoint Measurement, Third Edition 2003. Methods and Applications, Berlin/Heidelberg 2003.

Hammann, P.: Datenanalyse, in: *Diller, H.* (Hrsg.): Vahlens großes Marketinglexikon, 2. Aufl., München 2001, S. 258–260.
Hammann, P./Erichson, B.: Marktforschung, 3. Aufl., Stuttgart 1994.
Hammann, P./Erichson, B.: Marktforschung, 5. Aufl., Stuttgart 2006.
Hammann, P./Lohrberg, W.: Beschaffungsmarketing, 5. Aufl., Stuttgart 1999.
Hansen, F.: Consumer Choice Behavior. A Cognitive Theory, New York/London 1972.
Hansen, U./Emerich, A.: Sind zufriedene Kunden wirklich zufrieden? Eine Differenzierung des Kundenzufriedenheitskonstruktes auf der Grundlage organisationspsychologischer Erkenntnisse, in: Jahrbuch der Absatz- und Verbrauchsforschung, 44. Jg. (1998), Nr. 3, S. 220–238.
Harenberg: Aktuell Deutschland 2009, Mannheim u. a. 2008.
Hars, W.: Wer trinkt die wächserne Kaulquappe? Mythen, Märchen, Missgeschicke aus der Welt der Werbung, Hamburg 2009.
Hauschildt, J./Chakrabarti, A.: Arbeitsteilung im Innovationsmanagement, in: Zeitschrift für Organisation, 57. Jg. (1988), S. 378–388.
Häusel, H.-G.: Limbic Success: So beherrschen Sie die unbewussten Spielregeln des Erfolgs; die besten Strategien für Sieger, Freiburg im Breisgau 2002a.
Häusel, H.-G.: Think Limbic: Die Macht des Unterbewussten verstehen und nutzen für Motivation, Marketing, Management, 2. Aufl., Freiburg im Breisgau 2002b.
Havener, T.: Ich weiß, was Du denkst, 15. Aufl., Reinbek bei Hamburg 2010.
Heines, V.: Neuroeconomics und Neuromarketing, aus: http://www.isu.unizh.ch/marketing/research/diplomarbeit/NeuroeconomicsundNeuromarketing.pdf; Stand: 11.11.2004.

Helm, R./Stölzle, W.: Out-of-Stocks im Handel – Einflussfaktoren und Kundenreaktionsmuster, in: Jahrbuch der Absatz- und Verbrauchsforschung 52. Jg. (2006), Nr. 3, S. 306–325.

Helmke, S.: Effektives Customer Relationship Management. Instrumente – Einführungskonzepte – Organisation, Wiesbaden 2001.

Helnerus, K.: Die Lücke im Regal: Out-of-Stock-Situationen aus der Sicht der Kunden und des Handelsmanagements, Köln 2007.

Helson, H.: Adaption Level as a Frame of Reference for Prediction of Psychological Data, in: American Journal of Psychology, Vol. 60 (1947), pp. 1–29.

Helson, H.: Adaption Level Theory, New York 1964.

Hennig, A./Schneider, W. u. a: Kennzahlen der Balanced Scorecard, Wiesbaden 2008.

Hennig-Thurau, Th./Hansen, U. (Hrsg.): Relationship Marketing, Berlin u. a. 2000.

Hentschel, B.: Dienstleistungsqualität aus Kundensicht. Vom merkmals- zum ereignisorientierten Ansatz, Wiesbaden 1992.

Herkner, W.: Attribution: Psychologie der Kausalität, Bern 1980.

Herrmann, A.: Produktwahlverhalten: Erläuterung und Weiterentwicklung von Modellen zur Analyse des Produktwahlverhaltens aus marketingtheoretischer Sicht, Stuttgart 1992.

Herrmann, A./Seilheimer, C.: Erklärungsansätze zur Dynamik des Vergleichsmaßstabs im Rahmen des Lücken-Modells der Kundenzufriedenheit, in: Wirtschaftswissenschaftliches Studium, 29. Jg. (2000), Nr. 1, S. 14–20.

Herzberg, F./Mausner, B./Snyderman, B. B.: The Motivation to Work, New York 1959.

Hildebrandt-Woeckel, S.: Teuer erkaufte Rabatte, in: Frankfurter Allgemeine Zeitung, Nr. 82 vom 07.04.2007, S. 25.

Hinterhuber, H. H./Handlbauer, G./Matzler, K.: Kundenzufriedenheit durch Kernkompetenzen: eigene Potenziale erkennen – entwickeln – umsetzen, München/Wien 1997.

Hoffmann, K.: Skandalträchtig, in: LebensmittelZeitung, Nr. 88 vom 28.11.2008, S. 57–58.

Hofmann, M./Mertiens, M. (Hrsg.): Customer-Lifetime-Value-Management, Wiesbaden 2000.

Hofstede, G.: Die Bedeutung von Kultur und ihre Dimensionen im Internationalen Marketing, in: *Kumar, B. N./Hausmann, H.* (Hrsg.): Handbuch der Internationalen Unternehmenstätigkeit, München 1992, S. 302–324.

Homans, G. C.: The Human Group, London 1958.

Homburg, Ch. (Hrsg.): Kundenzufriedenheit: Konzepte, Methoden, Erfahrungen, 6. Aufl., Wiesbaden 2006.

Homburg, Ch./Fürst, A.: Complaint Management Excellence – Leitfaden für ein professionelles Beschwerdemanagement, Mannheim 2003.

Homburg, Ch./Koschate, N.: Behavioral Pricing-Forschung im Überblick – Teil 1: Grundlagen, Preisinformationsaufnahme und Preisinformationsbeurteilung, in: ZfB-Zeitschrift für Betriebswirtschaft, 75. Jg. (2005a), Nr. 4, S. 383–423.

Homburg, Ch./Koschate, N.: Behavioral Pricing-Forschung im Überblick – Teil 2: Preisinformationsspeicherung, weitere Themenfelder und zukünftige Forschungsrichtungen, in: ZfB-Zeitschrift für Betriebswirtschaft, 75. Jg. (2005b), Nr. 5, S. 501–524.

Homburg, Ch./Krohmer, H.: Marketingmanagement. Strategie – Instrumente – Umsetzung – Unternehmensführung, 2. Aufl., Wiesbaden 2006.

Homburg, Ch./Rudolph, B.: Messung und Management von Kundenzufriedenheit: Der Schlüssel zum langfristigen Erfolg, Wissenschaftliche Hochschule für Unternehmensführung, Otto-Beisheim-Hochschule, Vallendar 1995.
Howard, J. A./Sheth, J. N.: The Theory of Buyer Behavior, New York/London/Sydney/Toronto 1969.
http://imihome.imi.uni-karlsruhe.de/nprojektive_verfahren_b.html; Stand: 05.04.2012.
http://wirtschaftslexikon.gabler.de/Archiv/693/computergestuetzte-datenerhebung-v5.html; Stand: 17.04.2012.
http://wirtschaftslexikon.gabler.de/Definition/projektive-verfahren. html; Stand: 05.04.2012.
http://www.destatis.de/jetspeed/portal/cms/Sites/destatis/Internet/DE/Content/Statistiken/Bevoelkerung/VorausberechnungBevoelkerung/InteraktiveDarstellung/InteraktiveDarstellung, templateId=render Print.psml, Stand: 12.08.2010.
http://www.gwa.de/themen-wissen/werbe-wiki/?no_cache=1&tx_drwiki_pi1[keyword]=projektives%20Verfahren; Stand: 05.04.2012.
http://www.loyalty-hamburg.de/th_bed_kuwert_rfmr.html; Stand: 19.09.2003.
http://www.marketlineinfo.com/library/Default.aspx; Stand: 09.09.2009.
http://www.mediaundmarketing.de/mafo/zielgruppen/index.php; Stand: 16.01.2007.
http://www.sinus-sociovision.de/; Stand: 16.01.2007.
http://www.stiftung-warentest.de; Stand: 25.04.2006.
http://www.werbepsychologie-online.de/html/vergleiche.html; Stand: 16.07.2006.
http://www.werberat.de; Stand: 24.03.2010.
http://www.zeit.de/2003/47/Neuromarketing; Stand: 11.11.2004.
http://www.zoonpoliticon.ch/blog/wp-content/uploads/limbicmap.png; Stand: 23.07.2011.
http://weltderwunder.de.msn.com/mensch-und-natur-gallery.aspx?cp-documentid=149940114; Stand: 28.04.2012.
Hull, C. L.: The Conflicting Psychologies of Learning – A Way Out, Host:Yorku/Kalifornien 1935.
Hurth, J.: Gendermarketing im Handel: So kaufen Frauen und Männer wirklich, Saarbrücken 2008.
Hüttner, M.: Grundzüge der Marktforschung, 6. Aufl., München 1999.
Hüttner, M.: Informationen für Marketing-Entscheidungen. Ein Lehr- und Arbeitsbuch der Marktforschung, München 1979.

Institut für Handel und Marketing an der Universität St. Gallen/PricewaterhouseCoopers AG (Hrsg.): Generation 55+ – Chancen für Handel und Konsumgüterindustrie, Frankfurt am Main 2006.
Institut für Handelsforschung an der Universität Köln: Katalog E, 5. Ausgabe, Köln 2006.
Irle, M.: Lehrbuch der Sozialpsychologie, Göttingen 1975.
Izard, C. E.: Die Emotionen des Menschen, Weinheim 1994.

Jaffé, J.: Der Kunde ist weiblich – Was Frauen wünschen und wie sie bekommen, was sie wollen, Berlin 2005.
Jahn, I.: Produktdesign älter gemacht, in: Glücklich im Alter, Beilage der Frankfurter Allgemeine Zeitung, o. Nr. (2007), S. 15.

Janssen, J./Laatz, W.: Statistische Datenanalyse mit SPSS für Windows, 2. Aufl., Berlin usw. 1997.

Kals, U.: Was Hassloch kauft, das kauft die Republik, in: Frankfurter Allgemeine Zeitung, Nr. 97 vom 26.04.2003, S. 15.

Kano, N.: Attractive Quality and Must-be Quality, in: Hinshitsu: Journal of the Japanese Society for Quality Control, Vol. 14 (1984), No. 2, pp. 39–48.

Kapferer, J.-N./Laurent, G.: Consumers' Involvement Profile: New Empirical Results, in: Advances in Consumer Research, Vol. 12 (1985), pp. 290–295.

Kassebohm, K.: Grenzen schockierender Werbung. Benetton-Werbung vor dem Hintergrund wirtschaftlicher Interessen und juristischer Beurteilung, Berlin 1995.

Kegel, S.: Die Muttertagsmaschinerie, in: Frankfurter Allgemeine Zeitung, Nr. 109 vom 10.05.2008, S. Z!4.

Kegel, S.: Nesthockerinnen, wollt ihr ewig wohnen?, in: Frankfurter Allgemeine Zeitung, Nr. 102 vom 03.05.2003, S. 36.

Kepper, G.: Qualitative Marktforschung: Methoden, Einsatzmöglichkeiten und Beurteilungskriterien. Wiesbaden 1994.

Kilian, K.: Vom Erlebnismarketing zum Markenerlebnis: Wie und warum Erlebnisse und Marken einander bereichern können, in: *Herbrand, N.* (Hrsg.): Schauplätze dreidimensionaler Markeninszenierung: Innovative Strategien und Erfolgsmodelle erlebnisorientierter Begegnungskommunikation, Stuttgart 2008, S. 61–73.

Kirchler, E.: Kaufentscheidungen in der Familie. Eine Replikation der Studie von *Davis & Rigaux* (1974) unter Berücksichtigung der Kinder. Forschungsarbeit an der Universität Linz, Linz 1988.

Klein, A.: Strategisches Marketing, in: WISU – Das Wirtschaftsstudium, 35. Jg. (2006), Heft 12, S. 1515–1517.

Kleinaltenkamp, M./Plinke, W. (Hrsg.): Geschäftsbeziehungsmanagement, Berlin u. a. 1997.

Kleinaltenkamp, M./Plinke, W. (Hrsg.): Strategisches Business-to-Business-Marketing, Berlin u. a. 2000.

Kleinschmidt, C.: Konsumgesellschaft, Göttingen 2008.

Köhler, R.: Kundenorientiertes Rechnungswesen als Voraussetzung des Kundenbindungsmanagements, in: *Bruhn, M./Homburg, Ch.* (Hrsg.): Handbuch Kundenbindungsmanagement, 5. Aufl., Wiesbaden 2005, S. 401–433.

König, W.: Kleine Geschichte der Konsumgesellschaft, Stuttgart 2008.

Kotler, Ph./Armstrong, G./Saunders, J./Wong, V.: Grundlagen des Marketing, 2. Aufl., München u. a. 1999.

Kotler, Ph./Bliemel, F.: Marketing- Management. Analyse, Planung, Umsetzung und Steuerung, 9. Aufl., Stuttgart 1999.

Kotler, Ph./Bliemel, F.: Marketing-Management – Analyse, Planung, Umsetzung und Steuerung, 8. Aufl., Stuttgart 1995.

Kotler, P./Keller, K. L./Bliemel, F.: Marketing-Management. Strategien für wertschaffendes Handeln, 12. Aufl., München 2007.

Kotler, Ph.: A Generic Concept of Marketing, in: Journal of Marketing, Vol. 36 (1972), pp. 46–54.

KPMG Deutsche Treuhand-Gesellschaft AG WPG (Hrsg.): Trends im Handel 2010, Köln 2006.
Krafft, M.: Kundenbindung und Kundenwert, Heidelberg 2002.
Krafft, M./Rutsatz, U.: Konzepte zur Messung des ökonomischen Kundenwerts, in: *Günter, B./Helm, S.* (Hrsg.): Kundenwert, Wiesbaden 2001, S. 239–258.
Kreienkamp, E.: Gender Marketing, Landsberg am Lech 2007.
Kretschmer, W.: Operation „Homosexuell", 2002, auf: www.mi-st.de/download/ChangeX-OperationHomosexuell.pdf; Stand: 19.06.2011.
Kroeber-Riel, W./Esch, F. R.: Strategie und Technik der Werbung, 5. Aufl., Stuttgart 2000.
Kroeber-Riel, W./Weinberg, P.: Konsumentenverhalten, 7. Aufl., München 1999.
Krost, H.: Gesucht und gefunden, in: LebensmittelZeitung, Nr. 19 vom 08.05.2010, S. 19.
Krost, H.: „Wie Bluna bist Du?", in: LebensmittelZeitung, Nr. 48 vom 28.11.2008, S. 129.
Krug, W./Nourney, M./Schmidt, J.: Wirtschafts- und Sozialstatistik, 6. Aufl., München 2001.
Kuß, A./Tomczak, T.: Käuferverhalten, 2. Aufl., Stuttgart 2000.
Kuß, A.: Kaufentscheidung, in: *Diller, H.* (Hrsg.): Vahlens großes Marketing-Lexikon, 2. Aufl., München 2001, S. 744–746.

Labrecque, J./Ricard, L.: Children's influence on family decision-making: a restaurant study, in: Journal of Business Research, Vol. 54, Issue 2, November 2001, pp. 173–176.
Langhoff, T.: Den demographischen Wandel im Unternehmen erfolgreich gestalten: Eine Zwischenbilanz aus arbeitswissenschaftlicher Sicht, Berlin 2009.
Lehnert, U.: Datenanalysesystem SPSS für Windows, München/Wien 1994.
Lembke, J.: Der kleine Unterschied, in: Frankfurter Allgemeine Zeitung, Nr. 300 vom 27.12.2007, S. 18.
Lembke, J.: Die Macht des Marketing – die Geschichte einer höchst erfolgreichen Sozialtechnik, in: Franfurter Allgemeine Zeitung, Nr. 5 vom 07.01.2008, S. 12.
Leven, W.: Tachistoskop, in: *Diller, H.* (Hrsg.): Vahlens großes Marketinglexikon, 2. Aufl., München 2001, S. 1645.
Lewis, I./Watson, B./Tay, R./White, K. M.: The Role of Fear Appeals in Improving Driver Safety. A Review of the Effectiveness of Fear-Arousing (Threat) Appeals in Road Safety Advertising, in: International Journal of Behavioral and Consultation Therapy. Vol. 3 (2007), No. 2, pp. 203–222.
Link, J.: Welche Kunden rechnen sich?, in: absatzwirtschaft, 38. Jg. (1995), Nr. 10, S. 108–110.
Littmann, P.: Promi-Werbung: Bekannt dafür, bekannt zu sein, in: Handelsblatt, Nr. 248 vom 27.12.2007, S. 18.
Löwer, Ch.: Kurz ist in, in: Handelsblatt, Nr. 248 vom 21.12.2007, S. 18.
Lohmann, F.: Loyalität von Bankkunden, Wiesbaden 1997.
Loyalty Consulting Hamburg (Hrsg.): Kundenwert – Wie sich Kundenbindungsprogramme rechnen, auf: http://www.competence-site.de/; Stand: 19.09.2003.

Macharzina, K.: Unternehmensführung – das internationale Managementwissen. Konzepte, Methoden, Praxis, 3. Aufl., Wiesbaden 1999.
Manktelow, K.: Reasoning and Thinking, Hove (GB) 1999.
Maslow, A. H.: Motivation and Personality, 3. Aufl., New York 1987.

Mappes, M./Zerzer, M.: Zielgruppe Kinder: Verstehen der kindlichen Wahrnehmungs- und Denkstrukturen, in: *Naderer, G./Balzer, E.* (Hrsg.): Qualitative Marktforschung in Theorie und Praxis, Wiesbaden 2007, S. 517–528.

McAlister, L.: A Dynamic Attribute Satiation Model of Variety Seeking Behavior, in: Journal of Consumer Research, Vol. 8 (1982), No. 9, pp. 141–150.

Meffert, H.: Marketing (Grundlagen), in: *Diller, H.* (Hrsg.): Vahlens Großes Marketinglexikon, 2. Aufl., München 2001, S. 957–963.

Meffert, H.: Marketing, 9. Aufl., Wiesbaden 2000.

Meffert, H.: Marketingforschung und Käuferverhalten, 2. Aufl., Wiesbaden 1992.

Meffert, H.: Marketing-Geschichte, in: *Diller, H.* (Hrsg.): Vahlens Großes Marketinglexikon, 2. Aufl., München 2001, S. 976–979.

Meffert, H.: Marketing-Theorie, in: *Diller, H.* (Hrsg.): Vahlens Großes Marketinglexikon, 2. Aufl., München 2001, S. 1020–1024.

Mende, J.: Der Regelbrecher, in: LebensmittelZeitung, Nr. 28 vom 11.07.2008, S. 27.

Mende, J.: Die Quadratur des Kreises, in: LebensmittelZeitung, Nr. 41 vom 09.10.2009, S. 40–42.

Mende, J.: Neue Umlaufbahn, in: LebensmittelZeitung, Nr. 27 vom 03.07.2009, S. 29.

Metro Group: Metro-Handelslexikon 2007/2008, Düsseldorf 2008.

Meyer-Hentschel, H./Meyer-Hentschel, G. (Hrsg.): Jahrbuch Senioren-Marketing 2010/2011: Strategien und Innovationen, Frankfurt a. M. 2010.

Mielke, R. : Psychologie des Lernens. Stuttgart 2001.

Milliman, R. E.: Using Background Music to Affect the Behavior of Supermarkt Shoppers, in: Journal of Marketing, Vol. 46 (1982), pp. 86–91.

Morgen, E.: Angriff auf die Glückseligkeit, in: LebensmittelZeitung, Nr. 45 vom 12.11.2010, S. 2.

Müller-Jung, J.: Der Konsument – Im Kaufrausch, in: Frankfurter Allgemeine Zeitung, Nr. 3 vom 04.01.2007, S. 36.

Murphy, P. E./Staples, W. A.: A Modernized Family Life Cycle, in: Journal of Consumer Research, Vol. 5 (1979), No. 6, June, pp. 12–22.

Neckel, P./Knobloch, B.: Customer Relationship Analytics. Praktische Anwendung des Data Mining im CRM, Heidelberg 2005.

Neel, A. F.: Handbuch der psychologischen Theorien, 2. Aufl., München 1974.

Neibecker, B.: Semantisches Differential, in: *Diller, H.* (Hrsg.): Vahlens Großes Marketinglexikon, 2. Aufl., München 2001, S. 1528–1529.

Nerdinger, F. W.: Motivierung, in: *Schuler, H.* (Hrsg.): Lehrbuch der Personalpsychologie, Göttingen 2001, S. 349–371.

Neuberger, O.: Theorien der Arbeitszufriedenheit, Stuttgart 1974.

Nickel, V.: Schläge mit dem Werbehammer. Über die neue Qualität des Prinzips Provokation, Düsseldorf 1998.

Nicosia, F. M.: Consumer Decision Processes, Englewood Cliffs/N. J. 1966.

Nieschlag, R./Dichtl, E./Hörschgen, H.: Marketing, 4. Aufl., Berlin 1971; 18. Aufl., Berlin 1997; 19. Aufl., Berlin 2002.

O. V.: Am gesamten Autoleben beteiligt, in: Frankfurter Allgemeine Zeitung, Nr. 70 vom 23.03.2004, S. 16.
O. V.: Der Kunde sucht den Audi-Klick und den Mercedes-Klack, in: Frankfurter Allgemeine Zeitung, Nr. 304 vom 30.12.2008, S. 14.
O. V.: Die Marke macht's, in: Focus, Nr. 32/2007, S. 16.
O. V.: Dinner for one, in: chrismon – das evangelische Magazin, Nr. 11/2008, S. 6.
O. V.: Future Store zieht um, in: LebensmittelZeitung, Nr. 25 vom 22.07.2007, S. 18.
O. V.: Gesellschaft – Werbung entdeckt die Homosexuellen, 2011, auf: http://www.stern.de/wirtschaft/unternehmen/meldungen/gesellschaft-werbung-entdeckt-die-homosexuellen-525895.html; Stand: 19.06.2011.
O. V.: Händler zögern bei Halal-Produkten, in: LebensmittelZeitung, Nr. 42 vom 16.10.2009, S. 43.
O. V.: Ich suche, also bin ich; Interview mit Andreas Weigend, dem ehemaligen Chefwissenschaftler von Amazon.com, in: Focus, Nr. 41 vom 04.10.2004, S. 146–148.
O. V.: In Lüneburg Neuheiten testen, in: LebensmittelZeitung, Nr. 34 vom 22.08. 2008, S. 37.
O. V.: Kundenloyalität leidet, in: LebensmittelZeitung, Nr. 13 vom 30.03.2007, S. 28.
O. V.: Mehrheit der Senioren ohne Handy, in: Der Handel, Nr. 10/2008, S. 6.
O. V.: Melitta engagiert sich in neuer Produktkategorie, in: LebensmittelZeitung, Nr. 28 vom 09.07.2004, S. 17.
O. V.: Metro präsentiert neuen Markt für Innovationen, in: LebensmittelZeitung, Nr. 22 vom 30.05.2008, S. 46.
O. V.: Restanten verstopfen den Warenfluss, in: LebensmittelZeitung, Nr. 17 vom 24.04. 2009, S. 34.
O. V.: Scharfe Konkurrenz am Kaffeemarkt, in: LebensmittelZeitung, Nr. 13 vom 30.03. 2007, S. 12.
O. V.: Sinnesphysiologie – Augen entwickeln beim Trinken Geschmack, in: Welt am Sonntag, Nr. 7 vom 18.02.2007, S. 76.
O. V.: Sport ist bares Geld wert, in: Focus, Nr. 27/2008, S. 14.
O. V.: Tippgeber sind die besten Verkäufer, in: LebensmittelZeitung, Nr. 27 vom 04.07. 2008, S. 37.
O. V.: Wie aus dem Ostpaket ein Westpaket wurde, in: LebensmittelZeitung, Nr. 44 vom 30. 10.2009, S. 34.
Ochs, D.: Handels-Technik im Wandel der Zeit, in: LebensmittelZeitung, Nr. 48 vom 28.11. 2008, S. 150–151.
Ochs, D.: Ikea bringt SB-Kassen Schub, in: LebensmittelZeitung, Nr. 41 vom 10.10.2008, S. 2.

Panic, D./Holm, Ch.: Optische Täuschungen, auf: http://www.uni-hamburg.de/fachbereiche-einrichtungen/fb16/psych_1/Raumw.pdf; Stand: 09.05.2005.
Parasuraman, A./Zeithaml, V. A./Berry, L. L.: SERVQUAL. A Multiple Item Scale for Measuring Consumer Perceptions of Service Quality, in: Journal of Retailing, Vol. 64 (1988), pp. 12–40.

Parasuraman, A./Zeithaml, V. A./Berry, L. L.: A Conceptual Model of Service Quality and its Implications for Future Research, in: Journal of Marketing, Vol. 49 (1985), No. 3, pp. 41–50.

Payne, J./Bettman, J./Johnson, E.: The Adaptive Decision Maker, Cambridge 1993.

Payne, A./Rapp, R.: Handbuch Relationship Marketing. Konzeption und erfolgreiche Umsetzung, München 1999.

Pepels, W.: Marketing, 3. Aufl., München/Wien 2000.

Pfeil, Ch./Posselt, T.: Customer Relationship Management and Price Competition: Comments on the raison d'etre of Customer Loyalty Programs, in: *Bindseil, U./Haucap, J./ Wey, C.* (Hrsg.): Institutions in Perspective – Festschrift in Honor of Rudolf Richter on the Occasion of his 80th Birthday, Tübingen 2006, S. 175–193.

Plinke, W.: Investitionsgütermarketing (Industriegütermarketing), in: *Diller, H.* (Hrsg.): Vahlens Großes Marketinglexikon, 2. Aufl., München 2001, S. 706–711.

Popcorn, F./Marygold, L.: CLICKING: Der neue Popcorn-Report – Die neuesten Trends für die Zukunft, München 1999.

Porsche Automobil Holding SE: Geschäftsbericht 2007/08 Kurzfassung, Stuttgart 2008.

Porter, M. E.: Cases in Competitive Strategy, New York 1983.

Porter, M. E.: Competition in Global Industries, Boston/Mass. 1986.

Porter, M. E.: Competitive Advantage, New York 1985.

Porter, M. E.: Competitive Strategy. Techniques for Analyzing Industries and Competitors, New York 1980.

Porter, M. E.: Wettbewerbsstrategie, 2. Aufl., Frankfurt am Main/New York 1984.

Porter, M. E.: Wettbewerbsstrategie: Methoden zur Analyse von Branchen und Konkurrenten, 10. Aufl., Frankfurt am Main 1999a.

Porter, M. E.: Wettbewerbsvorteile, 9. Aufl., Frankfurt am Main 1999b.

Popper, K. R.: Logik der Forschung, 11. Aufl., Tübingen 2005.

Pümpin, C. B.: Langfristige Marketingplanung – Konzeption und Formalisierung, Bern/Stuttgart 1968.

PVG Presse-Vertriebs-Gesellschaft KG: Unternehmenspräsentation Ausschnitt „Das Presse-Grosso-System", Frankfurt am Main 2011.

Queck, M.: Caffè Lidl, in: LebensmittelZeitung, Nr. 34 vom 22.08.2008, S. 25.

Regan, R. T.: Effects of favor and liking compliance, in: Journal of Experimental Social Psychology, Vol. 7 (1971), pp. 627–639.

Reich, R.: Der Superkapitalismus. Wie die Wirtschaft unsere Demokratie untergräbt, Frankfurt am Main 2008.

Richins, M. L.: Measuring Emotions in the Consumption Experience, in: Journal of Consumer Research, Vol. 24 (1997), No. 2, pp. 127–146.

Rinne, S./Rennhak, C.: Information Overload – warum wir in der Kommunikation neue Wege gehen müssen, Munich Business School Working Paper, Nr. 5/2006, München 2006.

Robinson, P. J./Faris, C. W./Wind, Y.: Industrial Buying and Creative Marketing, Boston 1967.

Rode, J.: Automatisierung in Streifen, in: LebensmittelZeitung, Nr. 28 vom 13.07.2007, S. 27.

Rosenkranz, D.: Konsummuster privater Lebensformen – Analysen zum Verhältnis von familiendemographischem Wandel und privater Nachfrage, Wiesbaden 1998.

Rosenzweig, P.: Der Halo-Effekt. Wie Manager sich täuschen lassen, Offenbach 2008.

Rossbach, H.: Das Geheimnis der Emotionen, in: Frankfurter Allgemeine Zeitung, Nr. 190 vom 17.08.2007, S. 12.

Rossbach, H.: Das Tier im Konsumenten, in: Frankfurter Allgemeine Zeitung, Nr. 23 vom 28.01.2008, S. 12.

Roth, E.: Einstellungen als Determinanten individuellen Verhaltens, Göttingen 1967.

Rudolph, A./Rudolph, M.: Customer Relationship Marketing. Individuelle Kundenbeziehungen, Berlin 2000.

Ruhfus, R.: Kaufentscheidungen von Familien. Ansätze zur Analyse des kollektiven Entscheidungsverhaltens im privaten Haushalt, Wiesbaden 1976.

Sabel, H.: Die hundertjährige Geschichte des Marketing in Deutschland, Bonn Working Papers in Business Administration, Rheinische Friedrich-Wilhelms-Universität Bonn, MA 1/98, Bonn 1998.

Samland, B. M.: Das Ohr is(s)t schneller als das Auge, in: LebensmittelZeitung, Nr. 16 vom 23.04.2010, S. 72.

Sand, H./Hörner, W.: Praktische Beispiele erfolgreicher Marktforschung vom Schreibtisch aus, Kissing 1981.

Schapperer, T.: Kommunikationspolitik, Trier 2009.

Schneider, D.: Marketing als Wirtschaftswissenschaft oder Geburt einer Marketingwissenschaft aus dem Geiste des Unternehmensversagens, in: Zeitschrift für betriebswirtschaftliche Forschung, 35. Jg. (1983), Nr. 3, S. 197–222.

Schneider, N. F./Rosenkranz, D./Limmer, R.: Nichtkonventionelle Lebensformen, in: *Nauck, B./Mueller, U.* (Hrsg.): Handbuch der Demographie, Berlin 2000, S. 998–1012.

Schneider, R. U.: Das Experiment -- «Iss Popcorn!», in: NZZ Folio – die Zeitschrift der Neuen Zürcher Zeitung, Heft 11/01, auf: http://www.nzzfolio.ch/www/d80bd71b-b264-4db4-afd0-277884b93470/showarticle/17af3e96-dff1-449d-b817-6482c3eeba50.aspx; Stand: 08.05.2007, 17:15 Uhr.

Schneider, W./Hennig, A.: Kennzahlen Marketing und Vertrieb, 2. Aufl., Heidelberg 2008a.

Schneider, W./Hennig, A.: Kennzahlen für profitable Kundenbeziehungen, Wiesbaden 2008b.

Schneider, W./Hennig, A.: Zur Kasse, Schnäppchen – Warum wir immer mehr kaufen, als wir wollen, München 2010.

Schneider, W./Kornmeier, M.: Balanced Management, Berlin 2006a.

Schneider, W./Kornmeier, M.: Kundenzufriedenheit – Konzept, Messung, Management, Bern 2006b.

Schneider, W./Kornmeier, M.: Maxime Kundenzufriedenheit – ein Königs- oder Irrweg?, in: Frankfurter Allgemeine Zeitung, Nr. 36 vom 12.02.2007, S. 18.

Schneider, W.: McMarketing – Einblicke in die Marketing-Strategie von McDonald's, Wiesbaden 2007.

Schneider, W./Ossola-Haring, C.: Praxiswissen Management, Landsberg am Lech 2002.

Schneider, W.: Kundenzufriedenheit – Strategie, Messung, Management, Landsberg am Lech 2000.

Schneider, W.: Profitable Kundenorientierung durch Customer Relationship Management (CRM): Wertvolle Kunden gewinnen, begeistern und dauerhaft binden, München 2008.

Schneider-Lindbergh, Chr.: Schwule und Lesben: Eine Zielgruppe des WienTourismus, 2008, auf: http://www.synergie-durch-vielfalt.de/pdf/schneider_lindbergh.pdf?PHPSESSID= lce7uh9n2mpsufptgj6ll7nrj5; Stand: 19.06.2011.

Schnell, H./Hill, P. B./Esser, E.: Methode der empirischen Sozialforschung, München 2005.

Schobert, R.: Die Dynamisierung komplexer Marktmodelle mit Hilfe von Verfahren der Multidimensionalen Skalierung, Berlin 1979.

Schulz, H. J.: GfK-Zahlen geraten in die Kritik, in: LebensmittelZeitung, Nr. 33 vom 20.08. 2010, S. 4.

Schütz, P.: Durchführung eines Marktforschungsprojekts, in: *Verlag Handelsblatt* (Hrsg.): Marketing Praxis Kalender, Düsseldorf 1996, S. 34.

Schütz, P.: Professioneller Umgang mit Marktforschungsinstituten, in: *Verlag Handelsblatt* (Hrsg.): Marketing Praxis Kalender, Düsseldorf 1996, S. 37.

Schütze, R.: Kundenzufriedenheit: After-Sales-Marketing auf industriellen Märkten, Nachdruck der 1. Auflage, Wiesbaden 1994.

Sherif, M./Hovland, C. J.: Social Judgement, New Haven/Conn. 1961.

Siefer, W./Miltner, F.: Mal Intuition, mal Strategie, in: Focus, Nr. 30/2007, S. 64–74.

Silberer, G.: Warentest – Informationsmarketing – Verbraucherverhalten: Die Verbreitung von Gütertestinformationen und deren Verwendung im Konsumgüterbereich, Berlin 1979.

Simon, H.: Menge und Marge in der Krise, in: Frankfurter Allgemeine Zeitung, Nr. 287 vom 08.12.2008, S. 20.

Sixtl, F.: Messmethoden der Psychologie, Weinheim u. a. 1982.

Skarka, C.: Onkel Mehmet, wohin?, in: LebensmittelZeitung, Nr. 25 vom 18.06.2004, S. 53.

Skinner, B. F.: Die Funktion der Verstärkung in der Verhaltenswissenschaft, München 1974.

Smith, W.: Dictionary of Greek and Roman antiquities, Boston/London 1870.

Solomon, M./Bamossy, G./Askegaard, S.: Consumer Behavior. A European Perspective, New York et al. 1999.

Spehr, M.: Einfach, schlicht und schnörkellos, in: Frankfurter Allgemeine Zeitung, Nr. 166 vom 21.07.2009, S. T1.

Spiegel-Verlag (Hrsg.): Der Entscheidungsprozess bei Investitionsgütern, Hamburg 1982.

Spitzer, M.: Das neue Unbewusste, in: Nervenheilkunde, 25. Jg. (2006), Nr. 8, S. 615–622.

Stadelmann, M./Wolter, S./Reinecke, S./Tomczak, T. (Hrsg.): Customer Relationship Management – 12 CRM-Best Practice-Fallstudien zu Prozessen, Organisation, Mitarbeiterführung und Technologie, Zürich 2003.

Statistisches Bundesamt (Hrsg.): Bevölkerung Deutschlands bis 2050, 11. koordinierte Bevölkerungsvorausberechnung, Wiesbaden 2006.

Stauss, B.: Perspektivenwandel: Vom Produkt-Lebenszyklus zum Kundenbeziehungs-Lebenszyklus, in: Thexis, 17. Jg. (2000), Nr. 2, S. 15–18.

Stender-Monhemius, K.: Marketing – Grundlagen mit Fallstudien, München/Wien 2002.

Stoffl, M.: Total Quality im Handel, in: Das Wirtschaftsstudium, 26. Jg. (1997), Nr. 4, S. 340–349.

Strauß, R.: Customer Relationship Management, in: *Diller, H.* (Hrsg.): Vahlens großes Marketinglexikon, 2. Aufl., München 2001, S. 249–251.

Strothmann, K.: Investitionsgütermarketing, München 1979.

Struck, P.: Wie viel Marke braucht mein Kind?: So gehen Sie mit dem Konsumverhalten Ihrer Kinder um, Frankfurt am Main 2002.

Stuber, M.: Ungleich Besser Diversity Consulting, 2011: auf: http://homoeconomics.de; Stand: 19.06.2011.

Synovate Kids + Teens: Kunde Kind, in: Focus, Nr. 30/2007, S. 14.

Theus, K. T.: Subliminal Advertising and the Psychology of Processing Unconscious Stimuli: a Review of Research, in: Psychology & Marketing, o. Jg. (1994), No. 11, pp. 271–290.

Thibaut, J. W./Kelley, H. H.: The Social Psychology of Groups, New York 1959.

Thaler, R. H./Sunstein, C. R.: Nudge – Wie man kluge Entscheidungen anstößt, Berlin 2009.

Töpfer, A./Mann, A.: Kundenzufriedenheit als Meßlatte für den Erfolg, in: *Töpfer, A.* (Hrsg.): Kundenzufriedenheit messen und steigern, Berlin 1996, S. 25–81.

Topritzhofer, E.: Absatzwirtschaftliche Modelle des Kaufentscheidungsprozesses unter besonderer Berücksichtigung des Markenwahlaspektes, Wien 1974.

Toscani, O.: Die Werbung ist ein lächelndes Aas, 2. Aufl., Mannheim 1996.

Trechow, P.: Was Nevaeh, Laura und Else verraten, in: Die Welt vom 19.02.2007, S. 27.

Trommsdorff, V./Heine, K.: Das Marketing von Luxusprodukten", in: WISU – Das Wirtschaftsstudium,. 37. Jg. (2008), Nr. 12, S. 1669–1674.

Trommsdorff, V.: Die Messung von Produktimages für das Marketing, Köln u. a. 1975.

Trommsdorff, V.: Konsumentenverhalten, 4. Aufl., Stuttgart 2002.

Tsai, S.-P.: Impact of Personal Orientation on Luxury-Brand Purchase Value: An International Investigation, in: International Journal of Market Research, Vol. 7 (2005), pp. 429–454.

TV Hören und Sehen/Verlagsgruppe Bauer (Hrsg.): Dokumentation zur familiären und partnerschaftlichen Kaufentscheidung. Zusammenstellung von Verlagsuntersuchungen zum Kaufentscheid – Ergebnisauszüge, Hamburg 1985.

Uhr, W./Müller, S. (Hrsg.): BWL Lernsoftware Interaktiv: Marketing, Stuttgart 1998.

Underhill, P.: Warum kaufen wir?, München 2000.

Veblen, T.: Die Theorie der feinen Leute, Frankfurt am Main 1993.

Vershofen, W.: Handbuch der Verbrauchsforschung, Berlin 1940.

Vigneron, F./Johnson, L. W.: A Review and a Conceptual Framework of Prestige-Seeking Consumer Behavior, in: Academy of Marketing Science, Vol. 3 (1999), Nr. 1; www.ams-review.org/articles/vigneron01-1999.pdf; Stand: 22.02.2007.

Vollborn, M./Georgescu, V.: Konsumkids: wie Marken unseren Kindern den Kopf verdrehen, Frankfurt am Main 2006.

Von Reibnitz, U.: Szenarien – Optionen für die Zukunft, Hamburg u. a. 1987.

Von Rosenstiel, L.: Motivation und Leistung. München 1969.
Von Rosenstiel, L./Kirsch, A.: Psychologie der Werbung, Rosenheim 1996.
Von Rosenstiel, L./Neumann, P.: Einführung in die Markt- und Werbepsychologie, 2. Aufl., Darmstadt 1991.

Walter, A.: Der Beziehungspromotor: Ein personaler Gestaltungsansatz für erfolgreiches Relationship Marketing, Wiesbaden 1998.
Watson, J. B.: Psychology as the Behaviorist Views It, in: Psychological Review 20 (1913), pp. 158–177 (auch enthalten in: *Watson, J. B.*: Behaviorismus, Köln 1968 bzw. Frankfurt am Main 1976).
Webster, F. E./Wind, Y.: Organizational Buying Behavior, Englewood Cliffs/N. J. 1972.
Weinberg, P.: Erlebnisorientierte Einkaufsstättengestaltung im Einzelhandel, in: Marketing ZFP, 8. Jg. (1986), Heft 2, S. 97–102.
Weinberg, P.: Konsumentenverhalten, 7. Aufl., München 1999.
Wells, W. D./Gubar, G.: Life-Cycle Concepts in Marketing Research, in: Journal of Marketing Research, Vol. 3 (1966), No. 11, pp. 355–362.
Wermuth, I./Hahn, A./Perzhorn, O.: Werbetrends 2007, auf: www.slogans.de; Stand: 05.01.2008.
Wessel, A.: Heimatliebe beim Discount, in: LebensmittelZeitung, Nr. 45 vom 06.11.2009, S. 2.
Wessling, H.: Aktive Kundenbeziehungen mit CRM. Strategien, Praxismodule und Szenarien, Wiesbaden 2001.
Wieczorek, T.: Die verblödete Republik, München 2009.
Wilsberg, K./Schäfer, T.: Neuromarketing – Werbung mit Köpfchen, in: mailingtage[news], Nr. 14, November 2007, S. 3.
Wind, Y.: Product-Policy. Concepts, Methods and Strategy, Reading/Mass. 1982.
Wiswede, G.: Soziologie des Verbraucherverhaltens, Stuttgart 1972, 1998.
Witte, E.: Organisation für Innovationsentscheidungen: Das Promotoren-Modell, Göttingen 1973.
Wöhe, G.: Einführung in die Allgemeine Betriebswirtschaftslehre, 21. Aufl., München 2002.
Wuennenberg, U.: Schockierende Werbung – Verstoß gegen §1 UWG?, Frankfurt am Main 1996.
www.acnielsen.de; Stand: 09.07.2011
www.arcor.de; Stand: 05.10.2008.
www.communication-college.org; Stand: 30.06.2008.
www.gfk.de; Stand: 30.04.2003.
www.gfk.de; Stand: 17.01.2007.
www.gfk.de/geomarketing; Stand: 09.07.2011.
www.icg.informatik.uni-rostock. de; Stand: 20.10.2002.
www.ikea.com; Stand: 30.09.2008.
www.label-online.de; Stand: 23.02.2007.
www.marketing-blog.biz/blog/plugin/tag/singlehaushalte; Stand: 09.07.2011.
www.single-dasein.de; Stand: 09.07.2011.
www.single-boerse. de; Stand: 09.07.2011.
www.trendbild.de/text/gesellschaft/single-haushalte.html; Stand: 09.07.2011.

www.wincor-nixdorf.com/internet/de/press/; Stand: 30.04.2003.
www.wiwi.uni-tuebingen.de/marketing/Definitionen/MkDF0004.htm; Stand: 26.03.2003.

Yalsh, R. F.: Using Store Music for Retail Zoning: A Field Experiment, in: Advances in Consumer Research, Vol. 20 (1993), pp. 632–636.

Zacharias, C.-T.: Kundenbindung durch Couponing – Grundlagen, Ziele, Einsatzoptionen, Saarbrücken 2007.

Zeithaml, V.A./Parasuraman, A./Berry, L. L.: Qualitätsservice: Was die Kunden erwarten, was sie leisten müssen, Frankfurt/Main u. a. 1992.

Zentes, J.: Scanner, in: *Diller, H.* (Hrsg.): Vahlens großes Marketinglexikon, 2. Aufl., München 2001, S. 1508.

Zimbardo, Ph./Boyd, J.: The Time Paradox, Stanford 2008.

Stichwort- und Firmenverzeichnis

A
ABC-Analyse 38, 189, 190, 305, 317
Ablauforganisation 221
Absatzhelfer 232
Absatzmittler 232
Absatzwegewahl 8
Absatzwirtschaft 1, 2, 3, 6
Abwanderung 24, 36
Abwrackprämie 91
Accenture 74, 345
ACNielsen 345
Actimel 99
Adaptionl-Level 100
Afri-Cola 154
Agrarfrost 80, 214
AIO-Ansatzes 82
Akkommodation 64
Akquisitorisches Potential 33
Aktivierende Prozesse 121
Aktivierung 49, 54, 89, 108, 121, 127, 128, 132, 133, 166, 275, 343, 349
Aktualgenese 276
Aldi 6, 30, 99, 101, 202, 204, 205, 209, 266, 281, 283
Aldi Süd 202, 283
Allgemeines Gedächtnismodell 168
Alternativfragen 256
Alterssimulationsanzug 77, 202
Amazon 196, 209, 355
Analogienbildung 264
Angebotserfolgsquote 304, 305, 307
Appetenz-Appetenz-Konflikt 145
Appetenz-Aversions-Konflikt 145, 146
Apple 139
Approver 222, 223
Arcor 25
Arousalansatz 166
Assimilation 64
Assimilations-Kontrast-Theorie 21, 97, 102
Attribuierung 112, 113

Attributdominanz 172, 174, 182
Attributionstheorien 97, 112
Audi 112, 124
Aufbauorganisation 221
Auslistung 215
Ausschreibung 216, 217, 218
Autopilot 182, 183
Aversions-Aversions-Konflikt 145
AXE 110, 264

B
B2A 212
B2B 46, 212
B2C 46, 212
B2G 46, 212
Balance 72, 183, 184, 186, 187
Balkendiagramm 339
Ballon-Test 263
Bandwagon-Effekt 144
Barcode 232, 283
Basisanforderungen 22
Beamer 342, 344
Bedürfnishierarchie 140, 141
Befragung 35, 135, 196, 238, 249, 251, 253, 254, 255, 256, 257, 259, 260, 262, 266, 267, 268, 285, 286, 297, 300
Begeisterungsanforderungen 22
Behavioral Economics 48
Behaviorismus 88, 89
Bekanntheitsgrad 81, 129, 305
Benchmarking 241, 323, 329, 336
Benetton 83, 129, 130, 138, 352
Beobachtung 89, 179, 265, 266, 267, 275, 279
Beschwerdemanagement 15, 16, 101, 303, 310, 350
Beschwerden 15, 16, 17, 20, 24, 35, 36, 46
Beschwerdeparadoxon 24
Beschwerdequote 310, 311
Betriebstyp 83, 206, 247, 277

Betriebsvergleiche 239, 240
Bezugsgruppen 3, 4, 8, 55, 116, 144
Bild 47, 49, 92, 158, 173, 214, 227, 242, 264, 271
Bilder-Erzähl-Test 263
Bilderzuordnungsverfahren 264
Bionade 25
Birkel 203
Black-Box-Modelle 88, 90
Blickaufzeichnung 275
Blickaufzeichnungsgeräte 276
Blogs 8
Blue-Ray-Disc 6
Bluna 353
BMW 112, 139, 144, 295
Bomann 71
Bonusprogramme 31
Bonussysteme 31, 336
Bosch 30
BP 32, 33
Brandlands 139
Bundeszentrale der Verbraucherverbände 80
Bünting 204
Burda Food.net 280
Burger King 68, 69, 154, 155
Buyer 222, 223, 351
Buygrid-Modell 219
Buying-Center 220, 222, 223, 322

C

C2B 47
Call Center 43
Camel 68
Campbell 170
Cash&Carry 80
Chancen-Risiken-Analyse 232
Checklisten-Effekt 280
Chilled Food 203
Chrysler 188
Clusteranalyse 295, 297, 337
Co-Branding 30
Coca-Cola 3, 73, 117, 133, 163, 204, 214
Cocooning 210, 213
Comic-Strip-Test 263
Computer Aided Telephone Interviewing 260
Computer Assisted Personal Interviewing 260
Computerized Selfadministered Questioning 260
Condomi 81
Conjoint Measurement 292, 293, 294, 295, 297, 298, 349

Convenience Goods 57
Coop 204
Corporate Visitor Center 139
Cross-Selling 43, 195, 196, 197
Customer-Life-Cycle 13
Customer-Lifetime-Value 38, 189, 196, 197, 198, 350
Customer-Relationship-Management 350, 358, 359
Customizing 102, 126
Cut-Off-Verfahren 249

D

Daimler 188, 235
Data Mining 196, 354
Data Warehouse 239
Datenanalyse 227, 242, 285, 287, 346, 349, 352
Datenanalyseverfahren
 bivariate 288
 multivariate 289
 univariate 287
Datengewinnung 227, 254, 265, 285
Datenkomprimierung 287, 333
Datentransformation 246
Decider 222, 223
Deduktion 228, 229
Dekompositionelles Verfahren 328
Delphi-Methode 300
Desk Research 239, 303, 304
Deskription 287, 333
Deutsche Bank 79, 138
Deutsche Telekom 271
Deutschland-Card 32
Develey 214, 215
DHL 71
Dia-Projektor 342, 344
Differenzierung 12
Discounter 117, 151, 201, 202, 204, 206, 232, 247, 273
Diskriminanzanalyse 291, 295, 297
Disney 67, 69
Distributionsquote 91, 290, 297
Diversifikation 235
Diversity Marketing 81
DM 31, 77
Dolormin 112
Domestic Marketing 215
Dominanz 57, 72, 183, 184, 185, 186, 187
Door-in-the-face-Technik 107
Drei-Komponenten-Theorie 23, 147

Dual Sourcing 214

E
EAN Data Matrix 283
EAN-Code 283
Edeka 117
Egelbusch 80
Egoistischer Altruismus 203
Eigenforschung 227, 236, 237
Eigenmarken 203, 207
Einkaufslistentechnik 264
Einkaufswagen 77, 174, 206, 232, 270
Einkaufszentrum 259
Einstellung 14, 23, 24, 88, 95, 97, 98, 122, 147, 148, 149, 151, 243, 244, 263, 268, 293
Einzelhandel 193, 232, 360
Eisbrecherfragen 255
Elektronische Kasse 232
Elmex 112
Emotion 88, 122, 133, 135, 136, 146, 293
Entwicklungsprognose 298
E-Plus 79
Erbengeneration 201
Erfahrungskurveneffekte 214
Ergänzungsverfahren 264
Ergebnisbericht 287, 301, 333, 338
Erhebungsinstrumente 254
Erklärung 4, 48, 88, 95, 112, 113, 121, 141, 147, 164, 166, 181, 220, 287, 333, 334
Erklärungsansätze des organisationalen Beschaffungsverhaltens 220
Erstkaufrate 306
Erwartungen 17, 18, 19, 20, 21, 24, 36, 37, 95, 104, 148, 349
Ethik 85, 141
Ethno-Marketing 79, 80
Ethno-Produkte 201
Euro-Socio-Styles 82, 83, 84
E-V-Hypothese 147
Evoked Set 169, 170
Experiment 109, 163, 164, 267, 270, 275, 357
Experimentalgruppe 267, 268, 269
Exponentielle Glättung 299
Extensive Kaufentscheidungen 50
Extra 80, 270, 271
Eye-Tracking 275

F
Fa 109
Face-to-Face-Interview 258
Fachpromotoren 225, 226

Faktorenanalyse 293, 295, 297, 328, 329, 334
Falsifikationismus 230
Familien-Lebenszyklus 61
Fear Appeals 127, 129
Fegro-Selgros 284
Feldarbeit 238, 285, 332, 339
Feldexperimente 269
Feldforschung 239, 242, 254
Feldinstitute 237
Feldphase 227, 285
Ferrero 60
Field Research 239, 303, 319
Fishbein-Modell 149
Fit 127
Flagship Stores 138
Fleurop 120
Flipchart 341, 342, 343
Fluktuationsmatrix 91
Fluktuationsmodelle 91
Fokussierung 12, 55
Ford 3
Forecast 298
Frankfurter Allgemeine Zeitung 39, 49, 77, 78, 109, 120, 124, 189, 209, 210, 236, 272, 274, 346, 347, 348, 350, 351, 352, 353, 354, 355, 357, 358
Freies Interview 259
Fremdforschung 236, 237
Fünf-Kräfte-Modell 12
Furchtappelle 127
Fürst von Metternich Riesling Sekt 117

G
Galeria Kaufhof 75
Garantie 16, 236
Gate-Keeper 222, 223
Gay Marketing 81
Geld-zurück-Garantie 99
Gender Marketing 72, 73, 353
Generation 50+ 75
GEOX 110
Gerechtigkeits-Theorie 97, 105
Geschichtete Auswahl 250
Geschlossene Frage 255
Gesellschaft für visuelle Kommunikation 274
GFK 82, 83, 84, 125, 270, 272, 274, 277, 280, 358
GFK-Behavior Scan 272
Gillette 27
GlaxoSmithKline 30
Globalisierung 71, 204

Goldmilch 214
Google 25
Großhandel 193
Grundgesamtheit 247, 248, 249, 250, 251, 252, 253, 261, 270, 279, 330, 331
Gruppenbefragungen 260
GS1 Data Bar 283
GVK 274

H

Habitualisierung 51
Habituelle Kaufentscheidungen 51
Halal 80, 81, 116
Halloren-Kugeln 204
Halo-Effekt 173, 177, 182, 289, 357
Handelsmarken 29, 42, 117
Handelspanels 281
Handelsunternehmen 6, 8, 32, 99, 126, 173, 202, 207, 215, 265, 271, 277, 281
Handy 74, 75, 78, 232, 271
Happy Digits 32
Happy Frugality 203
Haribo 80
Haushaltspanel 92, 277, 279, 280, 281
Heatmap 265
Hedonismus 145, 203
Herausgreifen des n-ten Falls 250
Hermes 43
Herstellermarken 117
Herzberg 22, 142
Heuristiken 50, 55, 172, 179, 182
Hochland 214
Hofer 204
Holding 356
Home-Befragung 258
Homo oeconomicus 47, 48, 49, 181
Homosexuelle 81
Hormel 175
Hybride Konsumenten 206
Hygienefaktoren 142
Hypothese 127, 148, 149, 183, 229, 230, 231
Hypothetische Konstrukte 94

I

IBM 272
IKEA 22, 23, 33, 83, 154, 284, 355
Image 68, 172, 214, 215, 235, 244, 264, 265
Imitatives Lernen 111
Impulskäufe 51
Indexzahlen 288

Indikatoren 34, 35, 105, 134, 135, 138, 149, 154, 244, 275, 293, 294
Individualismus 114, 115
Individualpanel 280
Induktion 228, 229
Industrieunternehmen 8, 215
Influencer 222, 223
Information-Overload 137, 153, 154, 155
Informationsaufnahme 55, 88, 121, 137, 151, 166, 224
Informationsspeicherung 151, 179
Informationsüberlastung 137, 153, 154
Informationsverarbeitung 55, 137, 151, 170, 178
In-Hall-Befragung 259
Inhaltsanalyse 242
Internet 24, 26, 33, 47, 50, 77, 87, 205, 232, 241, 256, 261, 271, 283
Intervallskala 245, 256
Investitionsgütermarkt 212, 213
Involvement 54, 55, 57, 98, 99, 102, 149, 206, 244, 352
Irradiation 173, 175

J

Ja/Nein-Fragen 256

K

Kamps 214
KANBAN-System 16
Kano-Modell 23, 143
Kapitalwertmethode 196, 198
Kartenzahlung 232
Katjes 227
Kaufhaus 51
Kaufhof 31
Kaufkraft 1, 78, 240, 272
Kaufland 266
Kaufphase 24, 45
Kausalanalyse 293, 294, 295, 297
Kausal-Modell 294
Key-Account-Management 192
Key-Issue-Matrix 235
Kindchenschema 123
Kiosk-Terminal 271
Kisju.de 204
Klassifikationsschlüssel 189, 193
Klassische Konditionierung 90, 109, 110, 179
Kleingeldeffekt 146
Klumpenverfahren 251
Kognitive Dissonanz 168

Kognitive Prozesse 151
Kognitives Lernen 112, 179
Kommunikationsmanagement 8, 9
Komplexitätsansatz 166
Konsistenztheorie 98, 102
Konsumentenverhalten 41
Konsumgütermarkt 212, 213
Konsumpatriotismus 202, 203, 204
Kontingenzanalyse 291, 295, 297
Kontrahierungsmanagement 8
Kontrasttheorien 97, 100, 101
Kontrollfragen 255
Kontrollgruppe 268, 269
Kooperation 220, 270
Korrelation 250, 289
Korrelationsanalyse 288
Kostenführerschaft 12
Kosten-Nutzen-Ansatz 169
Köstritzer Schwarzbier 204
Kotler 243, 352
Kraft Foods 29, 30
Kreisdiagramm 339
Kreuztabellierung 288
Kritischer Rationalismus 230
Kultur 114, 115, 293
Kulturdimensionen 114, 115
Kundenakquisition 14, 303, 304, 307
Kundenbeobachtung 265
Kundenbewertung 190
Kundenbeziehungsdauer, durchschnittliche 311
Kundenbeziehungslebenszyklus 13, 14, 15, 303
Kundenbindung 14, 15, 24, 26, 27, 29, 30, 31, 32, 33, 34, 36, 37, 38, 69, 188, 198, 199, 200, 303, 307, 310, 311, 312, 313, 315, 316, 317, 323, 353, 361
Kundendeckungsbeitragsrechnung 189, 191
Kundenfluktuation 312, 313
Kundenkartenprogramme 32
Kundenlaufstudien 265, 266
Kundenloyalität 35, 105, 294, 297, 355
Kundenmanagement 8, 346
Kundenorientierung 8, 38, 347
Kundenrückgewinnung 14, 15, 38, 198, 303, 316
Kundenverweildauer 199
Kundenwert 14, 188, 191, 195, 353
Kundenzufriedenheit 17, 20, 21, 23, 26, 34, 36, 38, 39, 104, 199, 200, 229, 230, 244, 267, 288, 294, 310, 313, 314, 315, 317, 318, 319, 320, 326, 327, 336, 337, 339, 347, 350, 351, 357, 358, 359
  Messung von 35
Kundenzufriedenheitsportfolio 334, 335
Kündigungsmanagement 15
Kündigungspräventionsmanagement 15
Kurvendiagramm 340

L
Laborexperimente 269, 275
Lacoste 144
Ladengestaltung 8, 132
Ladenschlussgesetz 232
Latente Variablen 244, 293
Law of Effect 110
Lebenshaltungskosten 231
Lebensphasen-Konzept 61, 62, 63
Leistungsanforderungen 22, 222
Lernen am Modell 111, 179
Lerntheorien 97, 109
Levitt, Theodore 4
Lidl 6, 204, 206, 209, 266, 356, 358
Lifestyle-Segmentierung 82, 83, 85, 87, 345
Limatec 71
Limbische Konsumententypologie 186
Limitierte Kaufentscheidungen 50
Lock-in-Effekt 27
Logistische Regression 291, 297
Logit-Analyse 291
Lohas 203
Lotterieauswahl 249
Lufthansa 31

M
Machtdistanz 114, 115
Machtpromotoren 225, 226
Made in Germany 167, 168
Maggi 80
Magic Town 270
Magnetfeldresonanztomographie, funktionelle 48
Makro-Umwelt 221, 227, 228, 231
Manifeste Variablen 244
Marke 24, 26, 29, 53, 92, 95, 110, 129, 133, 205, 247, 277, 288, 291
Markenartikel 3, 51, 142, 205
Marken-Erlebniswelten 138
Marken-Experimentierfelder 138
Markenfamilie 173
Marken-Freizeit-/Themenparks 139
Markenloyalität 91, 92

Markenname 55, 172
Markenwert 292
Marketing, Konzentriert-undifferenziertes 72
Marketing-Audit 9
Marketing-Ethik 11
Marketing-Forschung 9, 41, 197, 227, 228,
  231, 232, 233, 236, 237, 239, 241, 252, 267
Marketing-Kontrolle, ergebnisorientierte 9
Marketing-Mix 9
Marketing-Myopia 4
Marketing-Strategie 9, 144
Marketing-Ziele 9
Marktanteil 6, 35, 91, 92, 267
Marktanteil, absoluter 307
Marktanteil, relativer 308
Marktattraktivität 12
Marktausschöpfungsgrad 309
Marktforschung 26, 42, 82, 227, 228, 252,
  260, 263, 345, 346, 349, 351, 354, 357
Marktforschungsinstitut 83, 238, 256
Marktsegmentierung 255, 292, 337, 348
Markttest 270, 272, 274
Marktvolumen 91
Maslow 140, 141, 142, 353
McDonald's 66, 67, 68, 69, 116, 117, 123,
  174, 175, 213, 214, 215, 227, 357
Median 170, 245, 288
Meemken, Bernhard 80
Meggle 214
Mehrspeichermodell des Gedächtnisses 180
Mehrstufige Auswahl 250
Meinungsführer 45, 61, 105, 152, 197
Melitta 29, 30, 51, 53, 355
Mercedes 2, 79, 124, 139, 154, 188, 293, 295
Messen 244
Messmodell 229, 230, 293, 294
Messung 34, 35, 134, 135, 136, 148, 227,
  244, 267, 268, 269, 270, 275, 293, 353,
  357, 358
Methode der kritischen Ereignisse 35, 36,
  325, 326
Me-too-Produkte 30
Metro 33, 74, 80, 271, 272, 284, 354
Metro Cash & Carry 284
Metro Group 79
Michael E. Porter 12
Migrationshintergrund 78, 79, 279
Mikro-Umwelt 221, 227, 231, 232
Mind-Maps 242
Mischkalkulation 30, 105, 173
Missing-Values 285, 332
Mittelhirn 48

Mittelschicht 85, 201
Mittelwert 245, 246, 285, 288, 332, 333
  arithmetischer 288
Modus 288
Motivation 6, 88, 89, 122, 139, 147, 293
Motivatoren 22, 142
Müller 6, 109, 156, 170, 354, 359
Multi Sourcing 211, 214
Multidimensionale Skalierung 295, 297
Mündliche Befragung 258
Mund-zu-Mund-Werbung 24, 25, 26, 46, 101,
  188, 197, 280
Muss-Artikel 51
MyHammer.de 47

N
Nachkaufphase 18, 24, 44, 46, 50, 99
Neobehaviorismus 88, 89
Neokortex 181, 182, 183
Nestlé 29, 30, 80
Netto 117
Neuromarketing 132, 133, 349, 351
Neuroökonomie 47, 48, 49, 98, 100, 107, 108
Nichtzufallsgesteuerte Auswahl 247, 249, 251
Niedrigstpreis-Garantien 99
Nivea 2
Nokia 73, 209
Nominalskala 245, 256
No-Names 49
Non-pubs 254
Norma 204

O
Objektivität 237, 243
Odol 2
Öffentliche Einrichtungen 215, 216
Office-Interview 258
Omnibusbefragung 261
One-Stop-Shopping 174
Onkel Mehmet 80, 358
Online-Befragung 260
Online-Panel 281
Opel 154
Operante Konditionierung 90, 110, 111, 146,
  179
Opponenten 225, 226
Optische Täuschungen 156, 158
Orakel von Delphi 300
Ordinalskala 245, 246, 256
Organisationales Beschaffungsverhalten 211,
  348

Ostalgie 204
Otto 43
Otto Group 43
Out-of-Stocks 51, 53, 350
Outsourcing 321
Overhead-Projektor 342, 343
Overreporting 279

P
Pampers 42
Panel, alternierendes 280
Paneleffekt 280
Panelerstarrung 279
Panelroutine 280
Panels 277, 281, 282, 333
Panelselektionseffekte 279
Panelsterblichkeit 279, 280
Paradigma 3, 17, 89
Partialmodelle 93, 221
Patent 163, 164
Pawlow 89, 109
Payback 31, 32
Penny 204
Pepsi-Cola 133
Persil 2
Personal Shopping Assistant 270
Personalmarketing 12
Philips 29
Pilot 182, 195
Pinnwand 342, 343
Planungsfehler 251
Plus 345
Popper, Karl 230
Porsche 33, 146, 148, 205, 293, 295, 356
Porter, Michael E. 12
Portfoliotechnik 189, 191
Praktiker 195
Präsentation 109, 131, 135, 136, 164, 238, 239, 276, 327, 338, 341, 342, 343
Präsentationsmedien 343
Preis-Absatz-Funktion 33, 34, 320, 335, 337, 339
Preisbereitschaft 292
Preis-Leistungsverhältnis 3
Preiswettbewerb 31, 194
Primacy-Effekt 177
Primärforschung 227, 239, 242
Procter&Gamble 30, 42
Produktdifferenzierung, emotionale 137
Produktentwicklung 292
Produktinnovation 298

Produktkonzeption 3
Produktmanagement 7, 345
Produkt-Personifizierung 263
Prognose 147, 227, 273, 287, 297, 298, 300, 301
Prognoseverfahren 298, 300
   qualitative 300
   quantitative 298
Projektive Frage 263
Projektive Verfahren 262, 263
Projektteam 238, 320, 321
Promotoren 225
Promotoren-Opponenten-Modell 225
Prozentzahlen 288
Prozesspromotoren 225, 226
Psychogalvanische Reaktion 121
Punktediagramm 340

Q
Qualitative Daten 286
Qualitätsführerschaft 12
Quantitative Daten 287
Quota-Verfahren 249

R
Rabatte 14, 31, 236, 350
Rating-Skalen 246, 326
Ratioskala 246
Reaktanz 127
Reaktivierungsquote 316, 317
Real 80, 216, 271, 284
Recency-Effekt 177
Regressionsanalyse 289, 290, 295, 297, 329
Regressionsanalytische Modelle 91, 328
Reifephase 15
Rekognitions-Heuristik 53
Relationship-Marketing 106, 212, 343, 344
Reliabilität 243, 252
Remissionsrecht 43, 44
Rentabilität 38, 188
Reptiliengehirn 183
Response 88, 89, 90, 91, 95, 110, 258
Retourenquote 43, 46, 313, 314
Return on Investment 12
Revitalisierungsmanagement 15
Revolving-Credit-Cards 108
Rewe 99, 284
Reziprozität 49, 63
Reziprozitätsnorm 98, 100, 106, 107
RFID 232, 271, 272, 283
RFMR-Ansatz 189, 193

Risikotheoretischer Ansatz 168
Risikotheorie 97, 104
RLD-Verfahren 253, 254
ROI 12
Roland Berger Strategy Consultants 205
Rolex 144
Ronald McDonald 67, 68, 69, 116, 176
Rotierendes Panel 280
Rückgang 14, 202, 204
Rückgewinnungskosten je
    zurückgewonnenem Kunden 318, 319
Rückgewinnungsquote 317, 318
Rücklaufquote 238, 253, 258, 285

S
Sachfragen 255
Sachliche Fehler 252
Säulendiagramm 339
SB-Warenhäuser 117, 273
Scanning 283
Schnäppchenjagd 37, 205, 209
Schnellgreifbühne 276
Schreibtischforschung 239
Schriftliche Befragung 255
Scoring-Methode 189, 194, 195
Scoring-Modell 170, 195
Sekundärforschung 239, 242
Selbstbedienung 232
Selektivität 153, 174, 177, 178, 182
Self-Scanning-Kasse 232
Selling-Center 220, 223
Senioren 71, 74, 75, 77, 84, 201, 256, 355
Senioren-Marketing 75, 77, 202, 203, 354
Serviceleistungen 3, 105, 196, 270
Servqual-Ansatz 17
Seven Up 175
Share-of-Wallet 191
Shopping Goods 57
Simon, Hermann 235
Single Sourcing 211, 214
Singles 70, 71
Sinus-Milieus 82, 85, 86
Skala 150, 170, 194, 244, 245, 246, 247, 252, 326, 328, 333
Skalenniveau 244, 246, 288, 290, 291, 292, 294, 295
Skalierungsfragen 256
Smart 37, 144, 205, 206
Smart Shopper 37, 205, 206
Smart Shopping 205
Smileys 328

Snobs 145
Social Marketing 3
Sokrates 1
Sonderangebote 205
SOR-Modelle 92
SOR-Paradigma 93, 132
Sortimentsmanagement 8
Soziale Austauschtheorie 97, 105
Soziale Schicht 115
Spar 123
Speciality Goods 57
SPSS 296, 352, 353
SR-Paradigma 70, 90
Stabsabteilung 236
Stakeholder 4
Stakeholder-Value-Ansatz 4
Stammkundenquote 314, 315
Standardisiertes Interview 259
Standardisierung 208
Stärken-Schwächen-Analyse 232, 234
Stichprobenfehler 252
Stichprobengröße 253, 303
Stichprobenverfahren 248
Stichprobenziehung 227, 247, 250, 251, 254
Stiftung Warentest 50, 55, 99, 167, 172
Stimulanz 183, 184, 185, 186, 187
Stimuli 89, 90, 94, 109, 123, 137, 152
Stochastische Prozessmodelle 91
Store-Interview 259
Storetests 270
Street-Interview 259
Strukturmodelle 92
Subkultur 115
Subliminale Wahrnehmung 163
Supermärkte 117, 232, 247, 273
SWOT-Analyse 12, 234
Systematische Fehler 251
Szenario-Technik 300

T
Tachistoskop 276, 353
Tchibo 29, 30
Teilerhebung 248, 249, 330
Telefonische Befragung 260
Telekom 31, 154
Tempo 208
Tengelmann 31, 33
That's-not-all-Technik 107
Theorie der kognitiven Dissonanz 97, 98, 101, 348
Thorndike 110, 173

Tiefkühltruhe 232
Totalmodelle 88, 93, 221
Transaktions-Marketing 343, 344
Trendextrapolation 298, 299
Trendforschung 206, 209
Trommsdorff-Modell 150
Trust Shopper 205
Twitter 77
Typologie der Wünsche 82

U

Ultimatum-Spiel 47
Umsatz 35, 53, 106, 188, 194, 195, 197, 238, 246, 267, 268, 281
Underreporting 279
Unique Selling Proposition (USP) 8
Universal Studios 139
Unternehmerpanels 281
Untersuchungssteckbrief 338
User 222, 223

V

Vadossi 204
Validität 35, 243, 251, 269, 275
Vampireffekt 127
Varianz 245, 288
Varianzanalyse 291, 295, 297
Variety-Seeking 26
Veblen-Effekt 144
VerbraucherAnalyse 82
Verbrauchermärkte 117, 270, 272
Verhältnisskala 245, 247, 256
Verhältniszahlen 287, 288
Verkaufsförderung 31, 55, 148, 267
Verkaufskonzeption 3
Verpackung 8, 45, 267, 275, 298
Versuchsanlagen 267, 268, 269, 277
Vertriebslogistik 8, 233, 234
Vertriebsmanagement 8, 9
Vita Cola 204

Voith 139
Volkswagen 79, 154
Vollerhebung 248, 330
Voluntary Simplicity 140
Vorkaufphase 24, 44, 99
VW 139, 148, 178, 296

W

Wachstumsphase 194
Wahrnehmung 102, 104, 112, 133, 151, 152, 153, 156, 163, 172, 173, 276
Warenkorb 231
Wartezeit 101, 119, 284, 327
Webster-Wind-Modell 221, 224
Werbung 19, 31, 37, 55, 62, 110, 112, 123, 128, 129, 130, 146, 147, 152, 163, 164, 188, 267, 273, 276, 352, 360
Wertkette 7, 12
West 120, 168
Wettbewerbsstrategien 12
Wiederkäuferrate 91, 315, 316
Wiederkaufrate 197, 198, 199, 200, 273
Wiesenhof 80
Wirkungsprognose 298
WMF 71
Word-of-Mouth-Panel 280

Z

Zahlungsbedingungen 8
Zielgruppe 8, 45
Zott 214
Zufallsgesteuerte Auswahl 249
Zufallszahlen 250
Zuvielisation 203
Zweistufiges Kommunikationsmodell 280

Λ

λ-Hypothese 128

Bei Fragen zur Produktsicherheit wenden Sie sich bitte an:
If you have any questions regarding product safety,
please contact:

Walter de Gruyter GmbH
Genthiner Straße 13
10785 Berlin
productsafety@degruyterbrill.com